KB081311

북한의 금융

한국수출입은행 북한·동북아연구센터 총서 2

북한의 금융

초판 1쇄 발행: 2016년 6월 25일
초판 2쇄 발행: 2017년 9월 30일

엮은이: 한국수출입은행 북한·동북아연구센터

발행인: 부성옥
발행처: 도서출판 오름
등록번호: 제2-1548호 (1993. 5. 11)
주 소: 서울특별시 중구 퇴계로 180-8 서일빌딩 4층
전 화: (02) 585-9122, 9123 / 팩 스: (02) 584-7952
E-mail: oruem9123@naver.com

ISBN   978-89-7778-462-8   93320

* 잘못된 책은 교환해 드립니다.
* 값은 뒤표지에 있습니다.

한국수출입은행 북한·동북아연구센터 총서 2

북한의 금융

한국수출입은행 북한·동북아연구센터 편

North Korean Financial System and Its Challenges

Edited by

The Export-Import Bank of Korea's Research Institute for
North Korea and Northeast Asia

ORUEM Publishing House
Seoul, Korea
2017

머리말

북한은 미지의 땅이다. 같은 역사적 뿌리와 같은 언어를 공유하는 동족이 건만 지난 70년 동안 분단된 채 살아온 그네들의 모습은 전혀 딴판이다. 지난 30여 년간 경험했던 남북 간 교류협력의 우여곡절만 보더라도 우리와 그들의 다름을 넘어선다는 게 얼마나 어려운 일인지 충분히 짐작하고도 남는다.

그런데 서로 닮은 데 역시 많다. 그들의 표정과 말투와 몸짓이 무엇을 의미하는지 그리고 어떻게 반응해야 하는지 쉽게 알아챌 수 있는 민족은 오직 우리뿐일 것이다. 서로가 서로의 속을 잘 알기 때문에 더 갈등하게 되는 것인지도 모른다.

그래서 북한은 기회의 땅이다. 그들이 하지 못하는 것들을 하도록 도와주고 그들이 하고 있는 것들을 그만 멈추게 할 수 있는 눈치와 배짱과 애정이 우리에게 있기 때문이다. 우리가 '한강의 기적'을 이루는 데 필요했던 끈기와 인내와 열정이 분명 그들의 DNA 속에도 존재할 것이기 때문이다. 우리의 경험과 그들의 잠재력이 만나기만 한다면 '한반도의 기적'은 먼 얘기가 아닐 것이다.

그러나 북한은 지금 병들어 있다. 핵과 미사일 개발에는 막대한 자원을 낭비하면서 주민들의 허리띠는 더 졸라매게 하고 있는 김정은 정권의 판단과 행동은 결코 정상적이지 못하다. 이를 교정하기 위하여 한국과 국제사회는 각종 제재를 통해 북한을 격리하고 있는 중이다. 병이 깊은 환자를 치료하고 재활운동을 통해 정상생활로 복귀시키는 데에 막대한 돈과 시간과 애정이 필요한 것처럼, 우리의 반쪽인 북한을 정상국가로 일으켜 세우는 것 또한 그러할 것이다.

'한반도의 기적'을 이루어가는 데에 있어서 한국수출입은행도 책임과 역할을 다할 것이다. 그러기에 창립 40주년을 맞이하여 남북협력기금 수탁기관으로서의 각오는 더욱 각별하다. 특히, 남북협력기금 지원 업무의 대내외 환경 변화에 부합하는 효과적인 단·중·장기 전략을 수립하기 위해 한국수출입은행의 대외개발협력 경험과 북한경제 연구 역량을 십분 활용해 나갈 것이다. 이번에 발간하는 『북한의 금융』은 그러한 노력의 일환이다.

이 연구보고서는 북한의 대내 금융, 북한의 대외 금융, 그리고 북한의 금융개혁 등 세 부분으로 구성된다. 고립되고 폐쇄된 계획경제체제 속에서 북한의 금융은 어떤 경제적 의미를 지니고 있는지, 어떻게 작동하는지, 어떻게 변하고 있는지, 그리고 우리는 무엇을 해야 하는지 등에 관해 14명의 전문가들이 포괄적인 해설과 심도 있는 분석을 제시하고 있다. 이에 덧붙여, 16개의 북한 금융 관련 법령들도 〈부록〉으로 수록하고 있다.

이를 통해 현재 북한에서 진행되고 있는 달러라이제이션과 사금융 등 주요 금융현상에 대한 이해를 높일 수 있을 뿐만 아니라, 향후 북한 금융체제의 변화 가능성과 방향을 엿보고 우리의 준비과제를 점검할 수 있게 될 것이다. 본 연구보고서가 나오기까지 기획력과 추진력을 발휘해준 당행 북한·동북아연구센터의 조동호 소장과 연구에 기꺼이 참여해주신 연구자 여러분께 깊이 감사드리며, 아무쪼록 본 연구보고서가 북한 연구자뿐만 아니라 대북 정책결정자에게도 유용한 참고자료가 되기를 바란다.

2016년 6월
한국수출입은행장
이덕훈

8

차 례

제1부   북한의 대내 금융

Contents

제2부   **북한의 대외 금융**

Contents

북한의 금융개혁

Contents

제 **1** 부

북한의 대내 금융

제1장

북한 금융의 특징과 제도·정책 변화*

문성민·이동현 | 한국은행

I. 서론

1990년 이후 북한은 사회주의 시장 붕괴, 김일성 사망 등으로 경제난이 심화되었으며, 국가 재정상황이 악화되고 계획경제 운영을 위한 자금이 부족하여 기업 활동이 위축되는 상황에까지 이르렀으며, 이는 다시 경제상황을 더욱 악화시키는 악순환을 초래하였다.

이러한 상황은 북한 경제뿐 아니라 금융부문에 있어서도 다양한 변화들을 일으켰다. 이러한 변화는 시장경제의 효율성을 도입하려는 방향성을 가지면

---

* 본 연구 가운데 일부는 문성민, "북한 금융의 최근 변화와 개혁과제"(『금융경제연구』(2005.11)와 문성민 "북한의 재정 및 금융정책"(『KREI 북한농업동향』 제15권 제3호 (2013.10)의 북한 금융 관련 논의를 발전시킨 것입니다. 본 연구의 내용은 집필자 개인의 의견이며, 한국은행의 공식견해와는 무관합니다. 따라서 본 연구의 내용을 보도하거나 인용할 경우에는 집필자명을 반드시 명시하여 주시기 바랍니다.

서도 시장경제로의 전환까지는 가지 않도록 최대한 속도를 조절하면서 진행되고 있으며, 제도적 변화 이외에 비공식 사금융이 확산되고 공식과 비공식의 중간형태의 새로운 금융이 나타나기도 했다.

　여기에서는 이러한 전반적인 변화의 한 부분이라 할 수 있는 제도적 측면에서의 변화를 살펴보고자 한다. 먼저, II절에서 북한 금융의 주요 특징과 문제점을 살펴봄으로써 북한이 왜 나름대로의 변화를 추구했는지를 알아본다. 다음으로, 이러한 기초지식을 바탕으로 북한 금융의 제도적 측면에서의 변화를 살펴보기 위해 III절에서 1990년 이전의 금융제도를 정리하고, IV절에서는 시기별로 구분하여 북한 금융의 제도적 변화를 살펴본다.

II. 북한 금융의 특징 및 문제점

1. 북한 금융의 주요 특징

　제도적 관점에서 볼 때 북한 금융의 가장 주요한 특징은 구사회주의 국가들의 전형을 따르고 있다는 것이다. 그래서 북한의 금융은 일반적인 시장경제의 금융과는 개념 정의, 주요 기능, 내용 구분, 정책 수단 등에서 차이가 있다.

　첫째, 개념 정의를 보면, 북한은 금융을 "국가은행을 중심으로 하여 화폐자금을 계획적으로 융통하는 과정에서 이루어지는 경제관계"라고 정의하면서, "경제주체 간에 이루어지는 자금의 융통"이라고 정의되는 시장경제에서의 금융[1]과 다르게 정의하고 있다. 다시 말해서 북한에서는 모든 금융행위

---

1) 시장경제에서는 정부의 기능 수행에 필요한 경제활동을 재정으로, 경제주체 간에 이루어지는 자금의 융통을 금융으로 정의하고 있다.

〈그림 1〉 북한의 재정 및 금융(기본 개념)

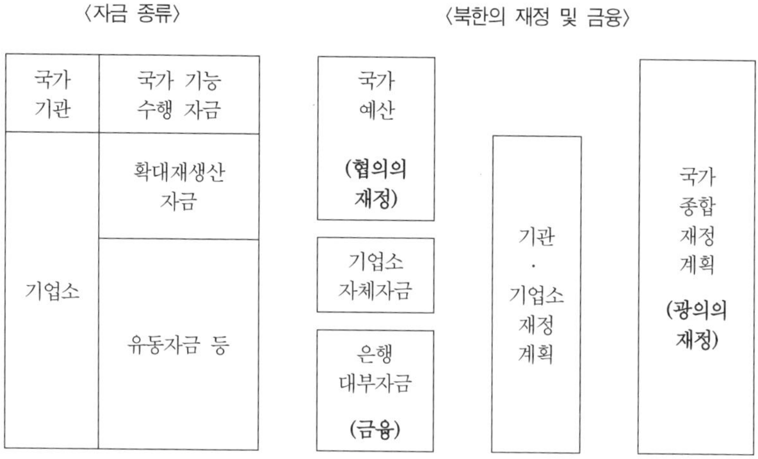

가 '국가은행을 중심으로' 이루어져야 하며 기업 또는 개인들 사이에서 이루어지는 직접적인 금융행위는 제도적으로 금지되어 있다.[2] 또한 '계획적인' 경우만을 금융으로 인정하고 있어 모든 자금의 융통이 국가의 경제계획에 의해서 이루어진다.

둘째, 금융의 기능에 대해서는 '재정의 보조', '원에 의한 통제' 등과 같이 계획경제 수행에 필요한 기능을 중요시하고 있다. 북한의 금융은 〈그림 1〉에서 보는 바와 같이 국가예산(협의의 재정)과 함께 국가계획을 수행하는 데 필요한 자금을 조성하고 배분하는 역할을 담당한다.[3] 국가예산(협의의 재정)은 국가 기관의 필요자금과 기업의 확대재생산(공장 건설 및 기계설비

---

[2] 북한에서는 직접금융시장이 금지되어 있으나 시장경제부문이 확산되면서 고리대금 형태의 사적 금융활동이 늘어나고 있다.

[3] 북한의 국가예산(협의의 재정)은 "나라의 기능을 수행하는 데 필요한 화폐자금을 중앙집중적으로 형성하고 분배하는 국가의 기본 재정계획"이라고 정의되는데, 이는 정의상으로만 보면 시장경제의 국가 재정과 유사하지만, 북한이 사회주의 계획경제라는 특성을 고려하면 나라의 기능에 국유기업의 경제활동까지 포함되기 때문에 자본주의 시장경제 국가의 재정에 비해 그 포괄범위가 넓다.

도입 등) 자금을 담당하고, 금융은 기업의 유동자금을 지원한다. 이때 국가
예산 자금이 부족하게 되면 이를 금융으로 충당하게 되는데, 이 과정에서
재정의 보조적 역할을 담당하는 금융의 규모가 확대된다.

이러한 재정의 보조 역할과 함께 북한이 중요시하는 금융의 기능은 통제
기능이다. 이는 국가은행이 기업으로부터 예산수입금을 거두어들이거나 기
업에 예산자금을 공급하는 과정에서 기업 활동의 타당성이나 재정계획과의
적합성 등을 점검하는 기능으로서, 화폐를 매개로 한 통제라는 점에서 법적
또는 행정적 통제와 구별하여 '원에 의한 통제' 또는 '자금에 의한 통제'라고
불린다.4) 이러한 관점에서 북한은 금융기관에 대해 기업이 필요로 하는 자
금을 지원해 주면서 경영활동을 재정적으로 통제하는 국가기관이라고 설명
하고 있다.

이에 반해 북한은 시장경제에서 중요시되는 자금중개기능은 중요시하지
않고 있으며, 그 기능에 대해서도 다르게 설명하고 있다. 즉, 시중의 유동자
금을 동원해서 국가계획을 수행하기 위한 자금으로 사용하는 것만을 중요시
여기고 있다. 그래서 경제 전체적으로 자금의 배분과 이용이 효율적으로 이
루어지지 못하고 국가경제발전에도 악영향을 주고 있다.

셋째, 이처럼 개념 정의와 주요 기능이 다르기 때문에 금융의 내용에 대
한 구분도 다르다. 즉, 북한은 국내금융을 자금공급, 신용, 화폐유통 등 3가
지로 구분하고 있다.5) 자금공급은 기업의 경제활동에 필요한 자금을 국가
가 예산으로 지원하는 재정집행기능을 의미하며, 신용은 유휴화폐자금을 동
원하고 이용하는 예금 및 대출 업무를 의미한다. 화폐유통은 일종의 지급결
제제도를 의미하는 것으로서 이는 다시 현금유통과 무현금유통으로 구분된
다. 결국 북한의 국내금융은 재정집행, 자금중개, 지급결제 등 세 가지 기능
을 수행하는 것으로 설명할 수 있다. 북한은 이 중에서 재정집행기능을 가

4) '원에 의한 통제'는 (구)소련의 '루블에 의한 통제'에서 유래되었으며, 북한 화폐인 '원'
   을 사용하여 재정적 통제를 실시하는 것을 의미한다.
5) 북한은 금융을 국내금융과 국제금융으로 구분하고 있다.

장 중요시하였으며 자금중개기능인 신용은 재정의 보조수단 정도로 여겨지고 있어 중요성이 떨어진다.

넷째, 금융정책의 수단에서도 약간의 차이가 있다. 금융정책이 광의의 정부가 수행하는 경제정책의 주요 수단이라는 점에서는 북한도 비슷하다. 그렇지만 구체적인 수단에 있어서는 시장경제 국가와 차이가 있다. 시장경제의 경우 재정정책은 세율을, 금융정책은 금리를 주요 수단으로 사용하고 있지만, 북한에서는 세율이나 금리 조정보다는 제도의 변경을 주요 정책수단으로 사용하고 있다. 결국, 북한은 경제정책 목표를 달성하기 위해 금융제도를 변경해서 기업이 필요로 하는 자금을 어떻게 조달해서 누구에게서 얼마를 대출해줄 것인지 등을 조절한다.

이러한 금융제도의 네 가지 특징과 함께 은행제도에서도 중요한 차이가 있다. 북한은 계획경제의 집행을 금전적으로 보장하고 통제하기 위해 단일은행제도(mono-banking system)를 채택하고 있다.[6] 단일은행제도란 조선중앙은행이 중앙은행 기능과 상업은행 기능을 모두 담당하고, 조선중앙은행의 업무를 보완하기 위해 '전문화 원칙'에 따라 대외금융 업무를 담당하는 전문은행, 기타 특수한 기능을 담당하는 합영 및 기타 금융기관이 있다.[7]

한편, 구사회주의 금융과 차이를 보이는 특징도 있다. 바로, 비공식 사금융의 활성화이다. 북한의 경우, 계획 및 배급체계가 붕괴된 이후 경제 전반에 걸쳐 시장화가 진전됨에 따라 비공식 사금융이 활성화되고 있다. 비공식 사금융은 주로 '돈주'라고 불리는 자본가가 고리대금업 및 사채업을 영위하

---

6) 단일은행제도란 중앙은행의 기능과 상업은행의 기능을 하나의 은행이 동시에 수행하는 은행제도로서, 중앙은행과 상업은행의 기능을 분리하는 이원적 은행제도(two-tier banking system)와 대비되는 제도이다.

7) 대외금융을 담당하는 전문은행에는 조선무역은행과 권력기관의 무역결제업무를 전담하는 조선대성은행, 조선금강은행, 조선창광신용은행, 조선금성은행, 조선통일발전은행, 고려은행 등이 있으며, 합영 금융기관은 합영법 제정 이후 외국인 투자기업들의 원활한 기업활동 보장을 위해 설립된 금융기관으로서 조선합영은행, 고려상업은행, 화려은행, 조선제일신탁금융 합영회사 등이 있다. 이외에 기타 금융기관으로 협동농장 신용부, 황금의 삼각주은행, 보험기관 등이 있다.

는 금융행위로서 급속히 확산되고 있으며(임을출, 2016),[8] 최근에는 중국 사업가가 합영 형식으로 은행을 설립하여 외화예금 수취 및 투자행위를 영위하는 등의 영역으로까지 확대되고 있다. 이러한 현상은 소련을 비롯한 동구 사회주의 국가들에서는 없었던 특이한 현상으로 평가된다.

2. 1990년 이후 환경변화에 따른 문제점

1990년대 이후 북한이 금융제도 및 정책의 변화를 추진한 것은 (구)사회주의권 시장 붕괴 등으로 경제적 환경이 크게 변경되었기 때문이다. 이러한 환경변화와 이에 따라 전통적 금융제도를 유지할 경우 나타날 수 있는 문제점을 살펴보자.

1) 재정지원 축소

북한의 대출 관련 제도에 영향을 준 환경변화로는 계획경제부문의 위축과 국가재정의 악화로 기업에 대한 재정지원을 축소한 재정 관련 제도 변화가 있으며, 이로 인해 자금이 부족해진 기업의 대출수요 확대, 대출수요 증가에 따른 은행의 대출재원 부족 등을 들 수 있다.

1990년대에 들어서면서 북한은 (구)사회주의권 시장의 붕괴 등으로 경제상황이 계속 악화되고 기업의 자금난도 심화되었다. 북한 기업은 (구)사회주의권 국가와의 무역협정 폐기로 이 지역에 대한 수출이 급감한 반면, 자본주의권 시장 개척은 전혀 이루어지지 못해 수출규모가 급감하였으며, 이는 다시 수입 감소를 초래하였다. 특히, (구)사회주의권 국가의 원조성 무역이 없어짐에 따라 원유, 코크스 등의 원자재도 국내기업에 제대로 공급되지 못하는 상황이 되었다. 이에 따라 공장가동률이 30% 아래로 떨어지는 등 기업

---

8) 임을출, "북한 사금융의 발전, 영향 및 전망," KDI『북한경제리뷰』제18권 제4호(2016), pp. 45-47.

의 경영에 많은 어려움을 겪게 되었다.

이와 함께 북한 정부의 재정상태 역시 계속 악화되었으며 결국 1990년대 중반과 2002년에 재정제도를 고쳐 기업에 대한 자금보장책임을 국가 재정에서 기업 및 은행으로 전환하였다.

1995년을 전후하여 본격 시행된 재정제도 변경은 북한의 독립채산제 기업에 대한 유동자금9) 공급제도의 폐지가 핵심이다. 유동자금은 원자재 구입 등 생산활동에 필요한 기업 운영자금으로서, 그동안에는 계획수행에 필요한 유동자금 전액을 국가가 공급하였고 계획에 포함되지 않은 예상치 못한 추가적 자금수요 중에서 경영상 잘못이 아닌 경우는 '유동자금 조절펀드'라는 준 재정으로 지원하였으며, 경영을 잘못하여 발생하는 추가적인 자금

〈표 1〉 기업의 자금조달방식 변화

구분		1990년대 중반 이전	1990년대 중반~2001년	2002년 이후
경영을 잘못하여 발생한 추가적 자금수요		은행 대출	자기자금 또는 은행대출	자기자금 또는 은행대출
경영상 잘못이 아니면서 예상치 못한 자금수요		유동자금 조절펀드		
유동자금(운영자금)		국가예산에 의한 자금공급		
고정재산 보수자금			국가예산에 의한 자금공급	국가예산에 의한 자금공급
고정재산 건설자금	단순재생산			
	확대재생산			
	신설			

---

9) 북한의 경제사전(1985)은 유동자금을 "유동재산과 유통재산에 투하된 자금의 총체"라고 정의하고 있다. 유동재산은 원료, 자재, 연료 등과 같이 생산과정에서 완전히 소비되어 새로 창조되는 생산물에 자신의 가치를 완전히 이전시키는 것을 의미하며 유통재산은 유통과정에 있는 기업 재산을 의미한다.

수요는 은행 대출로 충당하도록 되어 있었다.[10] 이와 같은 유동자금 공급제도를 1995년 전후에 본격 폐지하고 기업의 생산활동에 필요한 유동자금을 기업 자체자금이나 은행 대출로 충당하도록 하였다.

이와 함께 건설 관련 지원대상도 일부 축소하여 계획 이외의 고정재산 건설 중에서 규모가 작은 경우 기업 자체자금으로 건설할 수 있도록 하였다.[11] 또한 기업에 대한 재정지원을 줄이는 대신 기업이 자체적으로 사용할 수 있는 내부유보 대상도 확대하였다.[12]

2002년 7·1 조치로 예산지원이 더욱 축소되어 독립채산제 기업에 대한 국가예산 지원이 사실상 폐지되었다. 감가상각금을 국가에 납부하지 않고 기업 내부에 적립하여 생산확대기금으로 사용하는 대신 감가상각금을 재원으로 지원하던 고정재산 보수비용(대보수자금)과 사용기간이 만료된 고정재산의 교체비용(단순 재생산자금용 기본건설자금)을 자체적으로 적립한 감가상각금으로 충당하도록 하였다.[13] 그리고 경우에 따라서는 고정재산의 확대 재생산(기본건설자금)도 기업 내부에 적립한 충당금으로 사용할 수 있게 되었다.

결국 1995년 전후와 2002년의 재정제도 개편에 따라 국가가 지원하던 예산지출 중에서 유동자금공급과 대보수자금공급이 사실상 없어졌으며, 기

---

10) 북한의 경제사전(1985)은 "1964년부터 독립채산제 기업소의 계획수행에 필요한 류동자금 전액을 국가가 책임지고 중앙은행을 통하여 유일적으로 공급하고 있다"고 설명하고 있다.

11) 투자액 5만 원, 건물 연면적 1,000평방미터 이하인 건축물, 단위당 가격이 300원 미만인 보충완비설비 등 일부 건물 및 기계설비가 대상이다.

12) 내부유보 대상을 기업소기금, 상금기금, 기업 소속 예산제단위의 경비, 살림집 유지비 이외에 자체 유동자금, 자체 기본건설자금, 자체 과학기술발전비 등을 추가하였다.

13) 한편 2005년 재정보고에서는 2002년에 국가예산 납부대상에서 제외되었던 감가상각금을 다시 중앙에 집중시키도록 제도를 변경하였다. 이는 2004년 재정수입의 3.3% 수준에 이르는 막대한 재정적자를 봄에 따라 재정수입을 증대시키기 위한 조치이다. 그러나 감가상각금을 중앙에 집중시키는 조치에도 불구하고 2002년 국가예산 지원대상에서 제외된 대보수자금과 일부 기본건설자금이 다시 지원되지는 않는 것으로 보인다.

본건설 자금공급도 대폭 축소됨에 따라 기업 신설의 경우를 제외하고는 독립채산제 기업에 대한 자금공급제도가 사실상 폐지되었다. 이에 따라 북한은 독립채산제 기업의 경우 경영상 독자성을 보장한다는 명분하에 경영활동을 위하여 필요한 자금을 자체로 조성하고, 기업 활동을 위한 모든 지출을 자체의 수입으로 충당하며 모자라는 경우에는 은행으로부터 차입하도록 하였다.

기업에 대한 재정지원이 사실상 폐지되고 기업에 대한 자금보장책임이 재정에서 기업과 은행으로 전환됨에 따라 부족한 자금을 충당하기 위한 기업의 대출수요는 크게 증가하였다. 그러나 북한의 은행 역시 어려운 경제난 속에서 자금이 부족하기는 마찬가지였다. 북한 은행은 대출로 활용할 수 있는 은행자원 범위 내에서만 대출할 수 있으며 은행자원의 규모는 저금, 보험료, 개인송금자금, 협동농장돈자리에 들어온 유휴화폐자금을 합한 금액으로 제한되어 있었기 때문에 대출수요가 늘어나더라도 대출을 마음대로 늘릴 수 없게 되어 있었다. 게다가 경제적 어려움과 팽배해 있는 저금기피현상 등으로 주민들의 저금규모가 축소되어 은행의 대출가능 규모는 전혀 늘어나지 않았다.

2) 저금기피현상

북한주민들은 돈이 생겨도 은행에 저금을 해야 한다는 생각은 전혀 하지 않고 있다. 북한에서는 저금을 많이 하면 저금액이 노출되어 문제가 될 뿐 아니라 돈이 필요해서 찾아 쓰려 해도 제때에 찾아 쓰기 어렵기 때문이다.

이러한 현상이 나타나는 것은 북한 정부나 은행이 저금을 보는 기본 개념에서부터 차이가 있기 때문이다. 북한은 저금을 일반주민들의 재산증식 수단으로서가 아니라, 국가가 재정계획을 수행하는 데 필요한 자금을 동원하는 수단으로 생각하거나, 시중의 현금을 흡수하여 현금통화량을 조절하는 통화조절수단 정도로 생각하고 있다. 게다가 북한 은행은 자금부족현상이 심각하기 때문에 예금주의 인출요구가 있더라도 인출해줄 돈이 없어 돈을 제 때에 찾아 쓰기 어렵다는 것이다.

그렇기 때문에 북한에는 저금기피현상이 만연해 있으며 돈이 생기면 은행에 저금하기보다 장롱이나 집안의 은밀한 곳에 현금 형태로 보관하는 현상이 보편화되어 있다. 결국 북한에서는 중앙은행에서 발행된 화폐가 중앙은행으로 다시 환수되지 못하고 시중에 남아 있게 되는 통화과잉 현상이 심각하다.

이와 같은 통화과잉 현상은 시장에서의 물가상승으로 이어져 공식물가와 시장물가의 괴리를 더 확대시켰으며, 이러한 현상은 물자나 노동력을 계획경제에서 시장경제로 유출시켜 계획경제를 더욱 위축시켰다. 계획경제의 위축으로 국영상점에서 살 수 있는 물건은 더 줄어들었으며 국영상점망을 통해 현금을 흡수하던 과거의 현금유통경로가 제대로 작동하지 않게 되어 화폐퇴장에 의한 통화과잉 현상이 더 심각해지게 되는 악순환이 계속되는 것이다.

3) 비공식 사금융 확산

북한주민들은 은행을 거의 이용하지 않고 있다. 저금은 기피현상이 만연해 있기 때문이며, 대출은 원칙적으로 금지되어 있기 때문이다. 북한에서는 원칙적으로 기업에 대해서만 대출이 이루어질 수 있다.[14]

결국 북한주민들은 급한 일이 생겨 돈이 필요할 때 돈을 빌릴 곳도 없고 목돈이 생겨 이를 운용할 수 있는 금융기관도 없다. 그래서 북한주민들은 돈이 필요할 때 직장에서 월급을 가불받거나 암시장에서 고리대 자금을 빌리는 등 비공식 사금융을 활용할 수밖에 없다.

박석삼(2002)이 실시한 탈북주민들에 대한 설문조사에 따르면 1990년대 후반을 기준으로 볼 때 사금융을 통한 차입이 있는 가구는 전체 가구의 30% 정도이며 많게는 80%에 달하는 지역도 있었으며, 최근의 연구인 임을출(2014), 양문수 외(2014) 등에서는 이러한 비공식 사금융이 김정은 집권 이

---

14) 생활비대부, 부업경리자금대부 등의 용어가 사용되고 있어 일반주민들에 대한 대출이 있을 것으로 생각될 수도 있으나 이는 모두 기업이나 협동단체에 지급되는 대출이다. 다만, 협동농장원들에 대해서는 협동농장신용부에서 부업경리자금 또는 소비자금을 대여받을 수 있도록 되어 있으나 사실상 대출을 받을 가능성은 크지 않다.

후 더욱 확산되고 있다고 분석하고 있다.

4) 시장 물가 및 환율 상승

1980년대 말부터 물자부족현상이 심화되고 시중에 유통되는 통화량이 늘어나면서 시장 물가가 상승하는 등 부작용이 나타났으며 이러한 문제를 해소하기 위해 북한은 1992년 7월 화폐교환 조치15)를 단행하였으며, 화폐교환 조치 이후 시중에 유통되는 현금 규모가 줄어들어 일시적으로 시장물가가 안정되었으나 김일성 사망(1994.7.8)을 전후한 시기부터 물가가 빠르게 상승하여 고난의 행군기(1995~97)까지 물가불안이 계속되었다.16)

고난의 행군기(1995~97)를 정점으로 하여 1998년부터 2002년 6월 말(7·1 조치 이전)까지는 북한의 시장물가가 하향 안정세를 보였다. 이는 고난의 행군기 이후 북한 경제가 최악의 상황에서 벗어나 1999년부터 소폭이나마 양(+)의 성장을 하기 시작한 데 근거한 것으로 보이며, 통화조절사업 강화도 나름대로의 역할을 했을 것으로 추정된다.

2002년 7월 7·1 조치 이후 시장물가는 다시 빠르게 상승하기 시작하여 2004년 3분기까지 빠르게 상승하였으며, 그 후 등락을 거듭하며 횡보하는 모습을 보였다. 7·1 조치 이후의 물가상승은 물자부족보다는 현금통화증발에 더 큰 원인이 있었을 것으로 추정된다.

2009년 11월 말의 화폐개혁 이후에도 상승 후 횡보하는 현상이 반복되고 있다. 구화폐를 100분의 1 액면의 신화폐로 교환하는 조치 이후 시장 물가도 100분의 1로 하락했으나 이후 빠르게 상승하여 2012년 4분기까지 상승

---

15) 화폐권종은 바꾸지 않은 상태에서 1979년의 화폐교환 이후 사용하던 은행권(100원권, 50원권, 10원권, 5원권, 1원권)을 새 돈으로 교환하였다. 화폐교환을 실시하면서 화폐교환 한도액을 정해 교환해 주었으며 한도액을 넘는 돈은 중앙은행에 입금시킨 후 따로 정한 기준에 따라 지불하였다. 또한 국가기관, 기업, 협동단체들은 구화폐를 모두 은행에 입금시키고 필요한 만큼 새 돈을 받아가도록 하였다.

16) 이 시기의 물가상승에는 극심한 경제난에 따른 물자부족현상이 가장 중요한 원인으로 작용하였으며 완화된 통화정책(북한의 경우 통화조절사업)으로 현금통화가 늘어난 것 역시 물가상승에 일조를 한 것으로 보인다.

세를 이어갔다가 2013년부터는 등락을 보이며 횡보하고 있다.

북한에는 국가가 정하는 국정가격과 시장에서 정해지는 시장가격의 두 가지 가격이 있는데 1990년대 들어 이들 간의 가격 격차는 상당히 큰 문제로 대두되었다.

국정가격에 비해 시장가격이 많게는 수백 배에 달하는 등 엄청난 차이를 보임에 따라 국정가격에 물건을 구입하여 시장가격으로 매도할 때 엄청난 이익을 얻을 수 있게 된다. 따라서 힘 있는 권력층을 중심으로 배급물자를 빼돌리는 사례가 증가하게 되었다. 결국 국정가격과 시장가격의 차이는 국가에 의한 계획경제부문을 약화시키는 대신 시장경제부문을 확산시키는 작용을 하게 되는 것이다. 이러한 부작용을 막기 위해 북한은 2002년 7·1조치와 2009년 말의 화폐개혁 등의 정책을 시행하였으나 이들 두 가격의 격차를 줄이지 못하였으며, 외화선호 현상만 확산시켜 달러라이제이션이 확산되어 통화주권을 상실하는 결과를 초래하였다.

이러한 시장물가 상승과 국정가격과의 격차 확대는 시장 환율에서도 거의 유사한 방식으로 나타나고 있다.

5) 외화선호 확산

북한은 (구)사회주의 시장 붕괴 이후 극심한 경제난을 겪으면서 외화부족의 심각성을 절감하였으며 이에 따라 북한 기업들에게 외화벌이사업에 매진할 것을 종용하면서 외화선호 현상이 확산되기 시작하였다.

이와 함께 시장물가가 급격히 상승하면서 북한 원의 환율이 평가 절하되었으며 안정적 가치를 유지하는 외화에 대한 선호는 더욱 높아졌다. 또한 중국과의 공식 및 비공식 거래가 활성화되면서 중국 위안화에 대한 선호도 계속 높아지고 있다. 이와 같은 상황 속에서 1990년대 말부터는 외화상점과 장마당에서 외화현금이 사용되기 시작하였다.

이처럼 외화선호 현상이 확산되면서 외화 누수현상을 방지하기 위한 외화관리 차원에서 1979년부터 시행해오던 '외화와 바꾼 돈표'제도는 외화누수방지의 목적달성에는 별 도움이 되지 못하는 반면, 세도시행에 따른 불편

함과 부작용이 커지는 등의 문제가 발생하였다.[17] 일반 주민이나 기업의
외화선호 확산으로 외화보유 경향이 확산되면서 외화와 바꾼 돈표제도를 통
한 외화집중 목적을 달성하는 데에 어려움이 증대되었으며, '외화와 바꾼
돈표'는 일반 화폐와 달리 외화상점에서만 판매되는 명품을 구입할 수 있
어[18] 뇌물의 수단으로 사용되는 등 부작용이 나타났다.

III. 1990년 이전의 전통적 금융제도

1990년 이전 북한의 전통적 금융제도를 북한의 분류방식에 따라 국내금
융과 국제금융으로 구분하여 설명하면 다음과 같다.

1. 국내부문 금융제도

국내금융을 북한의 분류방식 및 순서에 따라 자금공급, 신용, 화폐제도와
통화정책의 순으로 설명한다.

1) 자금공급
자금공급은 은행의 재정 집행기능을 의미하는 것으로서, 우리의 국고대

---

17) '외화와 바꾼 돈표'제도가 사라지게 된 이유에 대해 조명철 전 김일성종합대학 경제학
  과 교수는 외국인들이 끊임없이 항의를 했기 때문일 것이라고 관측했다. 외국인들은
  수십 배의 실질가치가 있는 '외화와 바꾼 돈표'를 일반화폐와 구별하지 못해 피해를
  보는 사례가 많아 불만과 항의가 그치지 않았다는 것이다.
18) 일반화폐로는 외화상점에서 물건을 살 수 없었으며 국가가 배급하는 물건을 사는 데
  사용되었으나, 배급이 제대로 이루어지지 못하면서 주로 장마당에서 유통되었으나 외
  화나 외화와 바꾼 돈표에 비해 선호도가 크게 떨어졌다.

리점 업무와 유사한 측면이 있으나 이보다는 역할이 크고 중요하다. 북한은
자금공급에 대해 "국가가 기업 경영에 필요한 자금을 국가예산에서 계획적
으로 지원하는 금융형태로서 반환할 필요가 없는 특징이 있다"고 설명하고
있다. 자금공급은 국가예산을 기업에 지원하는 일종의 재정집행에 해당되
나, 은행을 통해 지원된다는 점에서 북한은 자금공급을 금융의 한 형태로
구분하고 있다. 일반적으로 금융에 포함되지 않는 재정자금의 집행을 금융
으로 구분하고 있는 것은 북한 기업의 자금조달 방법 중에서 자금공급이
가장 중요한 부분을 차지하고 있기 때문이다.

자금공급은 예산지출항목 구분에 따라 기본건설자금,[19] 대보수자금,[20]
유동자금,[21] 인민경제사업비,[22] 사회문화시책비[23] 등으로 구분된다. 기본
건설자금, 대보수자금, 유동자금은 주로 독립채산제[24] 기업에 지원되며, 사
회문화시책비는 '예산제 기관 또는 기업'[25]에 공급되는 자금이다.

북한은 기업의 정상적인 경영활동에 필요한 모든 자금을 중앙은행이 책
임지고 재정자금에서 공급하며 이를 '유일적 자금공급체계'라 한다.[26]

---

19) 기본건설자금은 기계설비, 건물, 구축물 등의 고정재산을 신설하거나 확대 또는 단순
　재생산하는 데 지출되는 자금을 의미한다.
20) 대보수자금은 고정재산을 보수하거나 개선하는 데 필요한 자금을 의미한다.
21) 유동자금은 원자재나 반제품 등을 구입하는 데 필요한 자금을 의미한다.
22) 인민경제사업비는 인민경제의 균형적 발전과 인민생활 향상을 위하여 국가예산에서
　지출되는 비용으로서 기본건설자금에 해당되지 않으면서 국가에서 지원할 필요가 있
　는 자금을 국가가 지원해 주는 예산지출 항목이다.
23) 사회문화시책비는 교육, 문화, 보건, 과학, 체육, 사회보장, 사회보험 등 사회주의 문
　화건설과 근로자들의 복리증진을 위한 국가예산 자금 지출을 의미하며 '경비예산 자
　금공급'이라는 형태로 예산제기관에 지원된다.
24) 북한의 기업관리방식으로서 재정금융사전(1995)은 이를 "국가의 중앙집권적 지도 밑
　에 경영상 상대적 독자성을 가지고 경영활동을 하면서 자체로 수입과 지출을 맞추고
　국가에 리익을 주는 사회주의 국영기업소의 계획적이고 합리적인 관리운영방식"이라
　고 설명하고 있다.
25) 자체적인 수입원이 없어 국가예산에서 자금을 받아쓰는 기관 또는 기업으로서 독립채
　산제 기업에 대비되는 개념이다.
26) 이와 같은 체계는 1964년 국가건설자금은행이 조선중앙은행에 통합되면서 완성되었다.

2) 신용

신용은 일반적인 의미의 금융과 가장 유사한 개념으로서 북한은 이를 "반환을 전제로 하여 일시적 유휴화폐자금을 계획적으로 동원하고 이용하는 금융형태"라고 정의하고 있다. 신용에는 유휴화폐자금을 흡수하는 저축(저금 및 예금)과 보험, 그리고 유휴화폐자금을 이용하는 대출[27]이 있다.

북한에서는 저축을 저금과 예금으로 구분한다. 저금은 일반주민들이 자율적 의사에 따라 금융기관에 맡기는 은행예치금을 의미하며, 예금은 국영기업이 의무적으로 금융기관에 입금한 자금을 의미한다. 주민들은 유휴화폐자금만을 은행에 맡기지만, 기업은 현금 보유한도를 넘는 부분을 모두 은행에 예치하도록 의무화되어 있다. 따라서 주민들의 저금에는 이자가 지급되

〈표 2〉 북한 저금의 종류

저금종류	내용 및 특징	연이율
준비저금	일정액을 3개월 이상 예금하고, 만기 시에 인출하는 장기성 저금(우리의 정기예금에 해당)	3.6%
보통저금	저금 금액과 기한이 정해져 있지 않으며 입출금이 자유로운 단기성 저금(우리의 보통예금에 해당)	3%
저금권저금	저금액에 해당하는 저금증서를 통장 대신 발급하는 단기성 저금으로서, 저금권 발급은행 이외의 은행에서도 인출 가능(우리의 CD와 유사)	3%
추첨제저금	입출금이 자유로운 보통저금과 유사하나 별도 이자지급 없이 분기 1회 실시하는 추첨에 당첨되면 당첨금(또는 당첨품) 지급	–

주: 월 또는 분기마다 일정액을 정기적으로 예금하는 정액저금(우리의 정기적금에 해당, 연이율 4%)이 있었으나 1987년 6월 중단되었음
자료: 경제사전(1985)

---

27) 북한은 대출보다는 대부라는 용어를 주로 사용하고 있으나 본 장에서는 대출이라는 용어를 주로 사용하였다. 다만, 대부계획, 대부한도 등과 같이 별도의 용어로 굳어진 표현은 북한방식 그대로 사용하였다.

지만 기업의 예금에는 이자가 지급되지 않는다.

한편, 북한주민들은 은행에 저금을 하면 저금액이 노출될 뿐 아니라 은행의 자금부족 등으로 필요할 때 즉시 인출하지 못하는 경우가 많다. 따라서 이들은 여유자금이 생길 경우 은행에 저금하기보다는 현금으로 집에 보관하는 현상이 보편화되어 있다. 이러한 현상 때문에 북한에는 화폐퇴장으로 인한 통화과잉(monetary overhang) 현상이 심각하다.

북한의 보험28)은 개념상으로는 우리의 보험과 비슷하지만, 보험으로서의 기능보다 자금을 형성하는 유휴자금 동원수단으로서의 의미를 더 중요시하고 있다는 점에서 차이가 있으며, 사회보장제도에 추가되는 이중적 보장의 성격을 갖고 있다. 그러나 이러한 보험 및 사회보장제도는 극심한 경제난 등으로 정상적인 운영이 이루어지지 못하고 있는 실정이다.

북한은 대출을 "기관·기업소29)에 필요한 경영자금을 계획적으로 보충해 주면서 '원에 의한 통제'를 실시하는 반환적 성격의 자금보장형태"라고 정의하고 있어 정의상으로도 시장경제에서의 일반적인 대출과 차이가 있다. 또한 내용 면에서도 상당한 차이가 있다. 북한에서는 기업만이 대출을 받을 수 있으며 일반주민들은 은행으로부터 대출을 받을 수 없다.30) 국가의 재정계획을 근거로 작성된 조선중앙은행의 '대부계획'에 포함되어 있어야만 대출을 받을 수 있다. 북한 중앙은행의 '대부계획'은 대출로 활용할 수 있는 은행자원 총액('대부한도')과 기업이 신청한 자금수요 등을 근거로 분기별로 작

---

28) 북한에서는 보험을 자연재해나 사고로 일어날 수 있는 피해를 미리 막거나 발생된 손해를 보상하기 위하여 자금을 형성하고 이용하는 경제관계라고 정의하고 있다.

29) 경제활동을 영위하는 모든 기업을 통칭하는 표현으로서 기관은 생산활동에 필요한 모든 자금을 국가예산에서 지원받는 예산제 기관을, 기업소는 독립채산제로 운영되는 대부분의 기업을 의미한다.

30) 북한의 기업은 은행이 세운 대부수요계획에 따라 배정된 '대부한도' 내에서 필요한 자금을 대출받을 수 있다. 일반주민들에 대한 은행대출은 원칙적으로 금지되어 있어 돈이 필요할 경우 직장에서 월급을 가불받거나 암시장에서 고리대 자금을 빌리는 방법을 사용하고 있으나 모두가 불법이다. 다만, 협동농장원들에 대해서는 협동농장신용부에서 부업경리자금 또는 소비자금을 대여받을 수 있도록 되어 있으나 사실상 대부를 받을 수 있는 가능성은 크지 않다.

성된다. 이때 대출로 활용할 수 있는 은행자원은 저금, 보험료, 개인송금자금, 협동농장 돈자리[31]에 들어온 유휴자금 등이며 기업의 예금은 포함되지 않는다.

한편, 대출의 형식은 시장경제에서의 대출과 유사하다. 예를 들어, 북한의 대출에도 이자가 부과되며[32] 상환기한이 있어 기한 내에 상환이 안 될 경우 연체이자가 부과된다. 북한의 대출은 대출기한에 따라 단기대부(1년 이내)와 장기대부(1년 이상)로, 대출 대상의 소유형태에 따라 '국영기업소대부', '협동단체대부', '기타대부'로 구분된다. '국영기업소대부'는 국영기업에 대하여 경영활동을 잘 하지 못하여 모자라는 계획 외의 일시적·추가적 자금수요에 대한 대출이며, '협동단체대부'는 협동농장이나 협동조합(생산협동조합, 수산협동조합, 편의협동조합) 등의 협동적 소유 기업에 대한 대출이다. 협동단체는 경영활동에 필요한 자금을 자체자금으로 조달하는 것을 원칙으로 하고 있으며 대출은 경영활동 과정에서 불가피하게 발생하는 추가적 자금수요를 보충해주는 역할을 담당한다. '기타대부'는 독립적인 재정상태표(대차대조표)와 은행돈자리를 가지고 경영활동을 하는 부업반, 가내작업반 등에 대한 대출로서 외화벌이자금대부, 부업경리자금대부 등이 있다.

앞에서 설명한 중앙은행 중심의 국내금융체계에 포함되지 않는 금융기관으로서 협동농장의 농민들을 대상으로 금융 업무를 하는 협동농장신용부가 있다. 협동농장신용부는 협동농장원들을 대상으로 소비금융업무 수행을 목적으로 조직된 농촌신용기관으로서, 협동농장원들이 낸 출자금과 사업과정에서 축적한 자금을 바탕으로 농민들에게 부업자금이나 생활비자금 등을 대

---

31) 은행계좌를 일컫는 북한식 표현으로서 북한의 조선말대사전(1992)은 돈자리를 "기관, 기업소 또는 개인이 은행에 돈을 맡겨놓고 돈거래를 계산하기 위하여 설정한 계산자리"라고 설명하고 있다.

32) 북한의 대출이자율은 정확히 알려지지 않고 있다. 그러나 경제사전(1985)에서 "사회주의 사회에서의 리자률은 국가에 의하여 계획적으로 설정되며 높지 않을 것이 특징으로 되고 있다. … 저금리자는 대부리자수입에 의하여 충당된다"고 설명되는 것을 볼 때, 대출이자율은 저금이자율보다는 높으나 전체적인 수준에서는 대체로 낮은 편인 것으로 해석된다.

출해 주는 업무를 수행한다.

3) 화폐 및 지급결제제도

북한은 화폐를 현금과 무현금으로 구분하면서 이를 국가가 정한 기준에 따라 선별적으로 사용하도록 규정하고 있다. 거래되는 물건 기준으로 보면 상품(소비재) 거래에는 현금을, 생산수단 거래에는 무현금을 사용하도록 규정하고 있다. 또한 거래주체의 소유형태 기준으로 보면 사회주의적 소유형태의 경제주체 간[33] 거래는 무현금으로, 그리고 개인적 소유형태(일반주민)와 사회주의적 소유형태의 경제주체 간 거래는 현금으로 거래하도록 되어 있다.

현금은 일반화폐와 특수화폐(외화와 바꾼 돈표)로 구분된다.[34] 일반화폐는 내국인이 사용하는 보통의 북한 돈을 의미한다. 이 화폐는 북한의 조선중앙은행이 1947년 12월 화폐개혁과 함께 발행하기 시작하였으며 그 후 2차례에 걸친 권종 변화가 있었다.

무현금은 은행에 예치된 예금을 의미하는 것으로서 기업 간 거래대금을

〈표 3〉 현금 또는 무현금 적용 유형

		기업	개인
생산수단	생산목적	무현금	소유 또는 거래 금지
	기타목적		
소비상품	생산목적	무현금	현금
	기타목적	무현금 및 현금	

---

33) 사회주의적 소유형태의 경제주체란 국가 또는 협동단체 소유의 경제주체를 의미하며, 국가 소유에는 국가기관 및 국영기업이, 협동단체 소유에는 협동단체기업과 협동농장이 포함된다.

34) 특수화폐인 '외화와 바꾼 돈표'는 외화와 교환할 때 지급되는 화폐로서 외화누수현상 방지를 위하여 1979년부터 발행되기 시작한 일종의 외화 교환권이다(자세한 내용은 2. 2) 외화관리제도 참조).

〈표 4〉 일반화폐 권종 변화 연혁

발행년도	종류		비고
1945	군표(원)	1, 5, 10, 100	붉은군대 사령부 발행
1947	은행권(원)	1, 5, 10, 100	화폐개혁
1949	은행권(전)	15, 20, 50	화폐개혁 추가조치
1959	은행권(원) 은행권(전) 주화(전)	1, 5, 10, 50, 100 50 1, 5, 10	1차 화폐교환
1979	은행권(원) 주화(전)	1, 5, 10, 50, 100 1, 5, 10, 50	2차 화폐교환

자료: 재정금융사전(1995)

계좌이체 방식으로 지급할 때 사용된다. 무현금결제에는 ① 공급자 기업이 은행을 통하여 대금지불을 청구하면 즉시 돈을 받게 되는 '즉시지불청구서에 의한 결제'(신용장방식과 유사), ② 공급자 기업이 수요자 기업으로부터 무현금 행표(일종의 은행 수표)를 받아 은행에 제출하면 즉시 대금을 받게 되는 '무현금 행표에 의한 결제', ③ 돈을 받을 기업이 은행을 통하여 대금지불을 청구한 데 대하여 돈을 지불할 기업이 이를 확인하면 돈을 받게 되는 '지불청구서에 의한 결제'(일종의 추심방식), ④ 돈을 지불할 기업이 은행에 지급을 위임하여 결제가 이루어지는 '지불위탁서에 의한 결제'(일종의 송금방식) 등이 있다. 이 중에서 '즉시지불청구서에 의한 결제'(①)가 가장 많이 이용되는 것으로 보인다.

4) 통화정책

북한에도 중앙은행이 통화량을 조절한다는 측면에서 우리의 통화정책과 유사한 '통화조절사업'이 행해지고 있다.[35)

북한은 계획경제체제이기 때문에 가격변수뿐 아니라 각 기업의 생산이나 투자까지 국가가 결정하며 따라서 물가안정 또는 경제성장을 위한 통화정책이 불필요한 것으로 생각할 수 있다. 그러나 현금통화량은 관리할 필요가 있다. 대부분의 (구)사회주의국가들과 마찬가지로 북한에서도 통화량 증대로 많은 문제점이 야기되고 있어 유통(중)화폐량을 적정한 수준으로 유지시키는 통화조절사업은 매우 중요한 정책이라 할 수 있다. 일반적으로 통화과잉 현상은 가격변수에 영향을 미치지만 가격을 국가가 결정하는 계획경제에서는 국정가격에 영향을 미치지 못하고 단지 상품의 부족현상을 심화시키며, 이러한 상품 부족현상은 암시장 확산, 계획경제부문으로부터 시장경제부문으로의 상품 유출, 국가경제 위축 등을 초래하게 된다.

북한의 중앙은행은 화폐유통의 원활화와 화폐가치 안정을 위하여 화폐유통량을 조절하는 사업을 시행하고 있다. 이는 '유통(중)화폐량'을 '필요화폐량'에 일치시키는 것을 주요 내용으로 하고 있다. 유통(중)화폐량은 상품구입 등을 위해 사용되고 있는 현금통화 총량으로서 중앙은행의 현금발행총량에서 퇴장된 화폐를 제외하는 방식으로 계산된다. 또한 필요화폐량은 상품유통에 필요한 화폐량으로서, 거래되고 있는 상품 및 서비스의 총액을 화폐(현금)유통속도로 나누는 방식으로 계산된다. 이때 화폐(현금)유통속도는

유통화폐량 = 현금발행총량 – 현금의 고정적 잔고

필요화폐량 = 상품 및 서비스 총액 ÷ 화폐(현금)유통속도

$$현금환류속도 = \frac{일정\ 기간\ 은행의\ 현금수입총액}{해당\ 기간의\ 현금발행\ 평균잔액}$$

---

35) 한편 북한의 재정금융사전(1995)은 사회주의 통화정책을 "화폐를 수단으로 하여 경제발전과 인민생활향상을 도모하기 위한 경제정책"이라고 정의하면서, 통화정책의 내용으로 사회주의 화폐제도의 수립, 통화의 안정보장, 현금유통 및 무현금유통 관련 정책의 수립·집행, 화폐발행량 조절, 주민의 유휴화폐 동원, 외화관리 등을 포함하는 것으로 설명하고 있다.

일정 기간 동안 액면이 같은 단위화폐(현금)의 회전수를 의미하며, 계산상
의 편의를 위하여 중앙은행을 통해 현금이 발행 또는 회수되는 횟수를 의미
하는 현금환류속도가 대신 사용된다.

한편, 통화조절을 위한 정책수단으로는 조선중앙은행의 현금계획 수립
및 집행, 화폐유통구조 개선, 화폐교환 등이 사용된다.

현금계획은 일정 기간 동안 발생한 중앙은행 현금수입의 규모와 원천, 그
리고 현금지출의 규모와 방향 등을 규정한 것이다. 이것은 중앙은행이 각
기업과 은행지점으로부터 받은 현금계획초안과 인민경제계획지표, 재정계
획지표 등을 근거로 하여 분기별로 작성하며 정부의 승인을 받아 집행된다.

화폐유통구조 개선은 현금유통과 무현금유통의 구분을 명확히 하고, 유
통경로별로 현금을 은행기관에 흡수할 수 있는 대책을 마련하는 것을 주요
내용으로 하고 있다.

화폐교환은 그 목적에 따라 개혁적 성격의 화폐교환(화폐개혁), 가격기준
을 고치는 화폐교환(화폐단위 변경), 조폐기술이 발전하는 데 따라 새 화폐
를 만들어 유통시키기 위한 화폐교환(신권 발행) 등으로 구분할 수 있다.
북한에서는 1차례의 화폐개혁과 2차례의 화폐교환이 있었으며 모두 나름대
로의 목적이 있었다고 설명하고 있으나 실제로는 주민들의 유휴화폐자금과
퇴장화폐를 흡수하는 것이 주목적이었다.

2. 국제부문 금융제도

1) 환율제도

북한의 환율제도는 사실상 고정환율제도(fixed exchange rate system)와
유사한 방식으로 운영되어 왔으며, 중앙재정지도기관(무역성 또는 재정성)
이 결정한 환율을 조선무역은행이 발표한다.

북한은 공식환율, 무역환율, 비무역환율 등 세 가지 환율을 사용하는 '복
수환율제'를 채택하였으나 (구)사회주의권 붕괴 등으로 1990년대 초 비무역

환율이 폐지되었으며[36] 공식환율도 거의 사용되지 않게 되었다.

북한의 환율결정은 대부분의 국가와 마찬가지로 기준이 되는 통화의 환율을 먼저 정하고 나머지 통화의 환율은 동 환율에 재정하는 방식으로 정하고 있다. 이때 기준이 되는 통화의 환율은 그 통화로 표시된 국제시장가격과 북한 상품의 국정가격을 비교하여 결정한다. 1990년까지는 환율결정의 기준이 되는 통화로 (구)소련의 루블화가 사용되었으나 (구)사회주의권 붕괴 이후 미달러화로 변경되었다.

2) 외화관리제도

북한의 외화는 통일적 외화관리, 수지균형 유지, 계획적 외화관리 등 세 가지 원칙하에 국가가 중앙집중적으로 관리하고 있다.

북한은 1979년부터 외화누수현상을 방지하고 효율적인 외화관리를 실현하기 위하여 북한 내에서 외화를 사용할 때에는 '외화와 바꾼 돈표'로 교환하여 사용토록 하였으며 일반인뿐 아니라 기업도 외화를 직접 사용하지 못하도록 하였다. 1988년까지는 조선중앙은행이 발행하다가 발행처가 조선무역은행으로 바뀌었다.[37]

1990년대 초부터 이러한 중앙집중적 외화관리방식에 변화가 나타났다. (구)사회주의권 붕괴 등으로 경제난이 최악의 상태에 이르면서 경제질서가 문란해지고 특히, 외화난 극복을 위한 외화벌이 사업을 강화하는 과정에서 외화에 대한 통제가 완화되고 외화선호 현상이 확산되는 등 외화관리에 문제점이 발생하였다. 이에 따라 1997년경부터는 북한의 호텔이나 외화상점 등 외국인상대 업소에서 외국인이 물건을 살 때 북한 점원이 외화를 현찰로 지불해 줄 것을 공공연히 요구하는 것으로 알려져 있다.

---

36) 북한은 비무역환율이 (구)사회주의권의 붕괴로 더 이상 이용가치가 없어 폐지되었다고 설명하고 있다(『재정금융사전』(사회과학출판사, 1995), p.629).

37) 1997년 6월 먼저 나진·선봉지대부터 외화와 바꾼 돈표제도를 폐지한 후 다른 지역에서도 사용을 계속 축소해 오다가 2002년 동 제도를 완전히 폐지하였다.

〈표 5〉 외화와 바꾼 돈표 변화 연혁

발행년도	구분		종류		발행기관
1979	비전환성 외화와 바꾼 돈표 (적색)	외국인용	은행권(원) 주화(전)	1, 5, 10, 50 1, 5, 10, 50	조선중앙은행
		내국인용	은행권(원) 주화(전)	1, 5, 10, 50	
	전환성 외화와 바꾼 돈표 (청색)	외국인용	은행권(원) 주화(전)	1, 5, 10, 50 1, 5, 10, 50	
		내국인용	은행권(원) 주화(전)	1, 5, 10, 50	
1988	비전환성 외화와 바꾼 돈표(적색)		은행권(원) 은행권(전)	1, 5, 10, 50 1, 5, 10, 50	조선무역은행
	전환성 외화와 바꾼 돈표(청색)		은행권(원) 은행권(전)	1, 5, 10, 50 1, 5, 10, 50	

자료: 재정금융사전(1995)

3) 국제결제 및 국제금융제도

종래 북한은 '청산결제'와 '경화결제'의 두 가지 결제방식을 함께 사용하였으나, (구)사회주의권 붕괴 이후에는 청산결제형태를 사용하지 않고 있다.

북한도 경화결제방식에 있어 국제기준을 따르고 있지만 신용도가 세계 최하위 수준[38]이기 때문에 결제은행 및 결제방식 선택에 많은 제약을 받고 있다. 북한은 1987년 채무상환불이행(default) 국가로 선포[39]된 이후 국제 신용도가 회복되지 않고 있어 대부분의 무역거래에서 신용장방식의 이용이

---

38) 미국의회 산하 회계감사국은 북한의 신용도를 조사대상 170개국 가운데 167위로 (1995년), 유로머니는 178개국 가운데 176위로(1996년) 평가했다(통일부, 『북한개 요』(2000)).

39) 1987년 8월 영국, 오스트리아, 뉴질랜드, 일본 등의 140여 개 은행 대표단이 북한의 채무상환불이행(default)을 공식 선언하였다.

곤란하기 때문에 주로 현금결제방식을 이용하고 있다.[40]

한편, 북한도 한국과 미국을 제외한 대부분 국가의 금융기관과 환거래계약을 체결하여 송금 등의 국제결제업무를 수행하고 있다.

북한의 국제금융거래는 국내금융과 달리 국제적 기준과 제도를 따를 수밖에 없어 제도적 측면에서는 일반적인 국제금융거래와 크게 다르지 않다. 그러나 1987년 8월 서방은행에 의해 채무상환 불이행 국가로 공식 선언된 이후 서방 국가와의 국제금융거래가 중단되었으며, (구)사회주의권이 붕괴된 이후에는 이들 국가와의 국제금융거래도 없어져 북한의 국제금융거래는 사실상 완전히 중단된 상태이다.

3. 은행제도

북한은 1976년 산업은행을 조선중앙은행에 통합함으로써 단일은행제도(mono-banking system)를 구축하였으며 부문별 전문화와 기능별 전문화가 결합된 기존의 체계에서 기능별 전문화 체계로 변경하여 조선중앙은행이 국내금융업무를 담당하고 조선무역은행이 국제금융업무를 담당하는 현행 금융체계의 기본 틀을 마련하였다.

단일은행제도는 중앙은행의 기능과 상업은행의 기능을 동시에 수행하는 하나의 대형은행만이 존재하도록 한다는 의미와 함께, 하나의 은행이 모든 은행을 지휘 통제하여 통일적인 은행체계를 만든다는 뜻을 동시에 갖고 있다. 이에 따라 북한에서는 중앙은행의 업무와 상업은행의 업무를 모두 수행하는 「조선민주주의인민공화국 중앙은행(이하 조선중앙은행)」이 있다.

조선중앙은행은 평양 소재한 본점 이외에 12개의 도(특급시) 총 지점과

---

40) 중국과의 무역에서는 신용장방식의 국제결제가 이루어졌으나 북한의 무역대금 결제 지연 등으로 문제가 발생하고 있어 중국 정부가 자국업체들에 북한 은행의 신용장을 접수하지 말도록 지도한 것으로 알려지고 있다("중국 정부 '북한 신용장 받지 말라'," 『한겨레신문』, 1999년 4월 15일 자).

220개의 지점으로 구성된다. 중앙은행 총 지점은 은행장 산하에 10여 개의 업무영역으로 구분되어 있다. 시, 군지역에 설치된 지점에는 지배인과 부지배인이 있으며 건설자금(처)과 등 업무영역별로 처 또는 과로 구분되어 있다.

조선중앙은행의 업무를 보완하기 위하여 「기능별 전문화 원칙」에 따라 대외 금융업무를 전문으로 담당하는 「조선민주주의인민공화국 무역은행(이하 조선무역은행)」과 몇 개의 외환전문은행을 두고 있다.

한편, 합영법 제정(1984년) 이후 합영 금융기관이 설립되면서 국내금융에 있어서의 단일은행제도와 대외금융의 전문화원칙이 다소 완화되었다.

Ⅳ. 1990년 이후의 금융 관련 제도 및 정책 변화

여기에서는 앞에서 설명한 금융의 특징 중에서 1990년대 이후 추진된 금융제도·정책의 변화를 정리하고, 이러한 변화가 북한 경제에 미친 영향 등을 분석한다.

1. 7·1 조치 이전(1995~2001년)

1) 신용 계획화 체계로의 변화

북한은 1995~2001년 중 기업에 대한 자금지원 방식을 "재정 계획화 체계"에서 "신용 계획화 체계"로 전환함에 따라 금융제도를 변경하였다.[41] 이에 따라 그동안 국가예산 또는 유동자금 조절펀드에서 지원하던 독립채산제 기업의 유동자금, 국가예산에서 지원하던 기본건설자금 등을 자체자금 또는

---

41) 북한의 홍영의(1997) 참조.

〈표 6〉 기업의 자금조달방식 변화

구분		1990년대 중반 이전	1995~2001년
경영을 잘못하여 발생한 추가적 자금수요		은행 대출	자기자금 또는 은행대출
경영상 잘못이 아니면서 예상치 못한 자금수요		유동자금 조절펀드	
유동자금(운영자금)			
고정재산 보수자금		국가예산에 의한 자금공급	국가예산에 의한 자금공급
고정재산 건설자금	단순재생산		
	확대재생산		
	신설		

은행 대출로 충당하도록 하였다.

2) 대출 관련 제도

이에 따라 대출제도에도 변화가 나타났다. 국가예산 또는 유동자금 조절
펀드에서 지원하던 기업에 대한 유동자금공급, 국가예산에서 지원하던 기본
건설자금공급 등이 줄어든 대신 '대출대상 확대 및 대출종류 다양화', '대출
재원 관련 원칙 완화', '대출금리 인하 및 다양화' 등이 이루어졌다.

〈표 7〉 북한 금융의 환경 및 제도 변화

환경 변화	제도 변화
- 기업에 대한 재정지원 축소 및 폐지 - 대출수요 확대 및 대출재원 부족	- 대출대상 확대 및 대출종류의 다양화 - 대출재원 관련 원칙 완화 - 대출금리 인하 및 다양화

(1) 대출대상 확대 및 대출종류 다양화

1995년을 전후하여 기업에 대한 자금보장을 국가재정에서 은행대출로 변경하였으며 이에 따라 은행대출 대상이 확대되고 그 종류도 다양해졌다.

1990년대 초까지는 계획을 제대로 이행하지 못하였거나 경영활동을 잘못하여 자금이 모자라는 경우에 한하여 은행으로부터 대출을 받도록 되어 있었다. 그러나 1995년경부터는 경영을 잘못하여 발생하는 추가적인 자금수요 이외에 계획에 의한 정상적인 생산활동 과정에서 모자라는 자금도 은행으로부터 대출을 받아야 하는 상황이 되었다. 이와 관련하여 북한은 국영기업에 대한 대출을 필요사유에 따라 계획대부, 조절대부, 보충대부로 구분하고 있다. 정상적인 생산활동을 위한 계획상의 대출은 계획대부라는 이름으로, 그리고 생산계획 추가 등 객관적인 요인으로 더 요구되는 자금에 대한 대출은 조절대부라는 이름으로 신설되었으며, 기존의 대출대상은 보충대부라 명명하였다.

(2) 대출재원 관련 원칙 완화

앞에서 설명한 바와 같이 북한 기업의 대출수요는 크게 증가한 반면, 대출을 하기 위한 은행자원은 늘어나지 않았으며 따라서 은행의 기업 대출

〈표 8〉 대출재원 관련 원칙 변경 추이

시기	내용	변경 전	변경 후
1992~1994	은행자원 범위 확대 (완화)	주민저금, 보험료, 개인송금자금, 협동농장 돈자리에 들어온 유휴자금	주민저금, 보험료, 개인송금자금, 협동농장 돈자리자금, 은행 자체자금, 국영기업 예금돈자리자금, 예산돈자리자금, 기타자금
1994~1997	신용 창조 인정 논쟁	신용창조 불가	대출을 받은 기업의 은행예금 평균잔고 범위 내에서 대출(신용창조) 가능
1997~2001	대부 한도 관리 완화	대출금 규모는 은행자원 범위를 벗어나지 못함	대출금 규모와 은행자원 규모의 균형을 유지

역시 늘릴 수 없는 상황이었다. 이에 북한은 대출재원을 은행자원 총액 범위 내로 정한 원칙을 부분적으로 변경하면서 대출을 늘려온 것으로 보인다.

1992~1994년 중에는 은행자원의 범위를 확대하였고, 1994~1997년 중에는 대출로 형성된 자금을 대출재원으로 사용할 수 있는지에 대해 논쟁이 벌어졌으며, 1997~2001년에는 대출재원을 은행자원 총액범위 내로 제한하는 원칙을 완화하는 등의 변화가 있었다.

(3) 대출금리 인하 및 다양화

기업의 부족자금을 국가재정이 아닌 은행대출로 보장하는 새로운 자금보장제도가 시행되면서 상환하지 않아도 되는 재정자금 대신 상환을 전제로 이자까지 지불하는 은행대출을 사용해야 하는 기업은 부담이 증가하였다. 이에 북한 중앙은행은 기업의 부담을 줄여주기 위해 대출 금리를 인하하였다. 1990년대 초까지는 대출이자율이 저금이자율보다 높게 설정되었으나 1995년경 재정제도 변경과 함께 대출이자율을 저금이자율보다 낮은 수준으로 인하하였다(재정금융사전, 1995: 901).

이와 함께 대출 이자율을 대출종류에 따라 세분화하여 달리 설정하였다. 정상적인 활동에 필요한 대출 즉, 계획대부와 조절대부에 대해서는 낮은 이자율을 부과하고, 기업의 결함으로 더 요구되는 대출 즉, 보충대부에 대해서는 상대적으로 높은 이자율을 부과하도록 하였다.[42)]

대출이자율에 대해 북한의 조선대백과사전(1998)은 "대부리자는 은행의 업무수입, 리자수입을 늘이는 수단이 아니라 기관, 기업소들에서 경리운영을 개선하고 살림살이를 알뜰히 꾸리도록 자극 통제하기 위한 수단이다"라고 설명하고 있어 은행 수익과 무관하게 대출이자를 낮춘 것으로 보인다.

---

42) 보충대부에 대한 이자율도 저금이자율보다 낮은지에 대해서는 명확하지 않다. 보충대부의 경우 벌칙성 이자가 부과되어 저금이자율보다는 높게 설정하는 것이 타당할 것으로 보이지만, 북한의 재정금융사전(1995)에는 특별한 구분 없이 대출이자율이 저금이자율보다 낮다고만 설명하고 있어 보충대부에 대한 이자율도 저금이자율보다 낮은 것으로 추정되기도 한다.

그러나 실상은 대출이자율을 낮추더라도 은행 수익을 내는 데에는 무리가 없기 때문인 것으로 판단된다. 북한 중앙은행은 기업의 예금돈자리나 예산 돈자리에 대해서는 이자를 지급하지 않고 있으며 따라서 예금돈자리나 예산 돈자리 등을 원천으로 지급되는 대출에 낮은 이자율을 부과하더라도 은행의 수익에는 큰 영향이 없다.

2. 7·1 경제관리 개선조치에 따른 변화(2002~2005년)

이 기간에는 대출 관련 제도의 변화는 거의 없었고, 7·1 조치와 관련한 지급·결제제도의 변화와 대출 증가에 따른 물가상승 압력을 완화하기 위한 통화정책 관련 제도 변화가 있었다.

〈표 9〉 북한 금융의 환경 및 제도 변화

	환경 변화	제도 변화
지급 결제	- 기업 간 현금거래 확산	- 기업 간 현금결제의 부분적 인정 - 외화와 바꾼 돈표제도 폐지
통화 정책	- 시장에서의 극심한 인플레이션 - 국정가격과 시장가격 간의 격차 확대	- 통화관리 대상 확대 - 통화정책 수단의 변화

1) 저금제도 관련

(1) 저금의 반환 필요성 인식

오선희(2004b)는 유휴화폐자금을 동원하려면 동 자금의 본질적 특징을 잘 이해해야 한다고 설명하면서 그 특징을 3가지로 제시하고 있는데 이 중에서 유휴화폐자금의 반환적 성격을 강조하고 있다.[43]

"국가에 집중된 주민들의 유휴화폐자금이나 협동단체 기업소들의 유휴화

폐자금은 그들이 요구하면 돌려주어야 한다. … 국영기업소 유휴화폐자금은
국가소유의 자금이지만 기업소에 돌려주어야 한다"(오선희, 2004b: 23-24).

결국 그동안 북한에서는 저금(또는 예금) 형태로 은행에 집중된 유휴화폐
자금을 제대로 돌려주지 않았다는 것을 반증하고 있으며 이제야 유휴화폐자
금을 은행으로 흡수하기 위해서는 신뢰가 중요하다는 사실을 깨닫게 된 것
으로 보인다. 이와 같은 논문의 주장과 관련하여 실제 은행의 행동이 어떻
게 변화하고 있는지에 대해서는 아직 알려진 바가 없다.

(2) 저축수단의 다양화

저금은 아니지만 유휴자금을 동원한다는 의미에서 저금과 유사한 기능을
하는 공채가 2003년 5월~11월 중 북한에서 발행되었다. 북한은 2002년
7·1 조치의 일환으로 개인이 보유하고 있는 '장롱 현금'을 흡수하기 위해
액면가 5백원, 1천원, 5천원권 등 모두 3종의 인민생활공채(만기 10년)를
발행하였다. 또한 판매촉진을 위해 이자지급 대신 추첨을 통해 당첨금을 지
급하는 방식으로 발행되었으며, 실제로 2003년 12월과 2004년 7월에 추첨
이 실시되었다.[44] 이는 북한 정부가 유휴화폐자금을 저금이나 보험과 같은
기존 방식으로는 흡수하기 어렵다고 판단하여 유휴자금 동원수단을 다양화
한 것으로서, 나름대로의 의미는 있다. 그러나 공채발행이 일시적으로만 이
루어지는 상품이며 이자지급 방식이 아니라 추첨제 방식으로서 일종의 복권

---

43) 오선희는 유휴화폐자금이 반환적 성격의 자금이라는 특징 이외에 일시적으로 유휴화
   된 자금이며 여러 소유의 자금이라는 특징이 있다고 설명하고 있다. 오선희, "유휴화
   폐자금과 그 은행자금화," 『경제연구』 제4호(2004b), pp.23-24.

44) 북한 물품 전문 경매 사이트인 'NK옥션(www.nkauction.com)'이 23일 공개한 실물
   인민생활공채 뒷면에는 1등 추첨자에게 원금의 50배를 주도록 하는 등 당첨금 내역
   이 상세히 나와 있다. 당첨 액수는 추첨 등수에 따라 25배(2등), 10배(3등), 5배(4등),
   4배(5등), 3배(6등), 2배(7등)순이나 당첨매수는 44장(1등), 88장(2등), 132장(3등),
   880장(4등), 1,760장(5등), 6,600장(6등), 9만 2,400장(7등)으로 당첨금이 적을수록
   수혜자는 늘어난다. 액면가 5천원짜리 공채를 갖고 있는 북한주민이 1등에 당첨되면
   원금의 50배인 25만 원을 돌려받을 수 있다. 북한에서 쌀 1kg의 시중 가격이 대략
   700원 안팎인 점을 감안하면 쌀 360kg을 살 수 있는 적지 않은 금액이다.

과 유사한 형태를 띠고 있어 저금제도의 개선으로 보기는 어려운 측면이 있다.

한편 북한 무역잡지인 '조선의 무역'(2005.1)에 따르면 북한의 화려(華麗) 은행은 "손님들의 요구에 따라 여유자금을 일정한 기간 은행이 위탁받아 운영하며 자금을 경제적 효과성과 이윤이 높은 부문에 투자하여 그 과정에 이뤄진 이익금을 분배하는 투자신탁 업무를 진행하고 있다"고 소개하고 있다. 투자 기간은 최소 1년, 투자방식은 설비투자나 유동자금 투자 등, 투자 방법은 단독투자와 공동투자 등이라고 이 잡지는 소개하고 있다.[45] 그러나 이와 같은 투자신탁 상품이 북한주민들을 대상으로 판매되는 것인지, 그리고 투자가 북한 기업을 대상으로 이루어지는 것인지 등에 대해서는 명확하지 않아 북한 저금제도의 변화를 나타내는 것으로 보기는 어렵다. 이것은 오히려 중국인을 대상으로 북한 투자를 유치하려는 상품으로 북한주민이나 기업과는 무관한 상품으로 보인다.

2) 지급결제 관련 제도

(1) 기업 간 현금결제의 부분적 인정

북한은 2002년 7·1 조치를 통해 기업 간 원부자재 및 부속품을 직거래할 수 있도록 허용하고 사회주의 물자교류시장을 개설하였다. 7·1 조치 당시에는 물자교류시장에서의 거래대금결제를 은행을 통한 무현금결제만으로 제한하였으나 얼마 지나지 않아 거래대금을 현금으로 결제할 수 있게 허용하였다.

2001년 10월, 김정일 국방위원장이 당과 내각의 경제관리 일꾼들에게 내린 지시문[46]에 따르면 "기관 및 기업소 사이의 거래에서는 공장·기업소 간에 과부족이 생기는 일부 원자재, 부속품 등을 거래할 수 있는 '사회주의

---

45) "北 은행서도 '자본주의 꽃' 펀드 운용," 『연합뉴스』, 2005년 4월 27일 자.
46) "국가 무상공급 없앨 건 없애자," 『중앙일보』, 2002년 8월 2일 자.

물자교류시장'을 조직, 운영하도록 하되 거래되는 물자의 종류와 범위를 적절히 규정하는 한편 거래대금은 반드시 은행을 통해 결제해야 한다."고 명시하고 있어 화폐의 무현금유통 원칙이 유지되는 것으로 보였다.

그러나 직거래 속성상 대금결제가 현금으로 이루어질 수밖에 없어 이와 같은 무현금 원칙은 제대로 지켜지지 않았을 것이며 이에 따라 북한 정부도 무현금 원칙을 완화한 것으로 보인다. 이와 관련하여 조선신보(2003년 12월 22일 자)는 "지난날에는 국가계획에 따라 무현금유통으로 공장·기업소의 생산에 필요한 모든 연료, 자재가 보장될 수 있었지만 개선조치 이후는 각 단위가 현금을 쥐고 자기 결심에 따라 확대재생산을 진행하게 되었다"라고 표현하고 있어 7·1 조치 이후 현금거래가 허용되었음을 짐작할 수 있다. 북한의 홍영의(2004)도 "현 시기 상품은 물론 일부 생산수단들이 현금거래에 의하여 기관·기업소들 사이에 거래되는 조건에서"라는 표현을 사용하고 있어 물자교류시장에서의 기업 간 거래에 현금결제가 이루어지고 있음을 알 수 있다.

2005년경부터 보이지 않는 시장이었던 물자교류시장이 구체적인 공간을 의미하는 시장으로 발전하고 있다. 북한의 조선중앙통신에 따르면 2005년 6월 북한의 무역성 산하 중앙수입물자교류총회사와 중국 기업들이 공동으로 운영하는 '보통강 공동 교류시장'이 개설되었다. 여기에서는 주로 중국에서 수입된 각종 원자재 및 기계 부품 등의 원자재가 도매가격으로 판매되며 일부 가전제품, 가구 등의 소비재도 판매된다.[47]

한편, 북한은 이와 같은 물자교류시장을 통한 직거래와 현금결제의 확산을 우려하고 있는 것으로 보인다. 북한의 리동구(2004: 53-56)는 사회주의 물자교류시장에서의 거래는 계획적인 물자공급을 보충하는 형태로서 거래의 대상과 방법뿐 아니라 가격도 국가가 정해야 하며 대금결제도 은행을 통해 이루어져야 한다고 주장하고 있다. 이렇게 질서를 잘 세워야 비사회주의적 현상을 낳는 요소를 철저히 막을 수 있다는 것이다.

---

47) "북·중 공동운영 도소매장 평양에 개업,"『연합뉴스』, 2005년 6월 24일 자.

결국 물자교류시장 관련 제도는 제대로 정비되지 못하였으며 물자교류 대상, 가격결정방식, 현금결제 가능여부 등에 대해 논의가 계속되었다.

3) 통화정책 관련

(1) 통화관리 대상 확대 논란

2002년 7월 이후의 물가상승은 앞에서 설명한 바와 같이 물자부족보다는 현금통화증발에 의한 것이며 현금통화증발의 가장 큰 원인은 은행대출의 증가인 것으로 추정된다. 7·1 조치로 물가와 임금이 인상된 이후 물자구입 및 임금 지급 비용이 늘어나 기업의 자금수요가 증대되었으며 이를 지원하기 위해 북한의 조선중앙은행은 기업에 대한 대출규모를 확대하였다. 이와 같이 늘어난 대출자금 중 일부가 현금으로 인출되어 시장에서 유통됨에 따라 시장에서의 물가상승을 유발하게 된 것이다.[48] 대부분의 은행대출은 기업의 경영활동을 위한 것으로서 현금으로 인출되지 않고 무현금으로 유통되었으나 2002년 7·1 조치로 기업 간 생산수단 거래에서 현금지급이 인정된 이후 은행대출을 현금으로 인출할 수 있는 합법적인 통로가 만들어졌다.

결국 과거에는 은행대출이 현금으로 인출되어 시장으로 유출될 가능성이 크지 않았으나 7·1 조치 이후에는 그 가능성이 확대된 것이다. 이에 따라 시장에서의 물가상승을 유발하는 현금통화량을 관리하기 위해서는 무현금 통화량에 대해서도 관리해야 할 필요성이 대두되었다.

이러한 상황을 반영하여 리창혁(2005)은 유통화폐량을 필요화폐량에 일치시키는 화폐유통법칙의 적용대상을 현금통화만으로 할 경우 무현금에 대

---

[48] 북한에서는 현금통화만이 시장물가 상승에 직접적인 영향을 준다. 중앙은행으로부터 받은 대출을 현금으로 인출하지 않고 무현금으로만 사용할 경우에는 가격을 국가가 통제하는 계획경제부문에서만 대출이 사용되므로 시장가격에는 영향을 미치지 못하게 되며, 기업이나 정부가 중앙은행으로부터 받은 대출을 현금으로 인출하여 임금 지급이나 시장에서 구입한 물품대금 지급 등에 사용할 경우에만 물가상승으로 이어진다.

한 통제를 제대로 하지 못하는 오류를 범하게 된다고 지적하면서 무현금을 포함하는 법칙으로 재해석해야 한다고 설명하고 있다. 결국, 현금과 무현금에 대해 종합적으로 통화조절사업(북한의 통화정책)을 수행할 것을 암시하고 있다.[49] 그러나 리창혁(2005)의 주장처럼 북한의 통화조절사업 대상이 확대되었는지에 대한 구체적인 증거는 아직 발견되지 않고 있다.

다만 최근 들어 지역별 특성을 감안하여 통화정책을 실행하여야 한다는 주장이 발견되고 있어 주의 깊게 살펴볼 가치가 있다. 북한의 홍금옥(2014)은 지역에 따라 경제발전수준과 주민의 생활수준이 달라 화폐유통상태도 다를 수밖에 없으며 화폐유통규모를 반영하는 지표를 지역에 따라 구분하여 설정하여야 한다고 주장하고 있다.[50]

(2) 통화정책 수단의 변화

북한의 조선중앙은행이 유통화폐량과 필요화폐량의 균형을 달성하기 위하여 사용하는 정책수단으로는 중앙은행의 현금계획, 화폐유통구조 개선, 화폐교환 등이 있었으나 최근에는 이들 정책수단 이외에 새로운 정책수단이 사용되고 있다.

먼저, 2002년 7·1 조치를 통해 발표된 국정가격 인상과 시중의 유휴화폐자금을 흡수하기 위한 인민생활공채 발행을 들 수 있다. 과거 시중에 현금이 과다하게 유통된다고 판단할 때 자주 사용하던 화폐교환 대신 다른 방식

---

49) 리창혁은 "현금과 무현금의 호상전화가 부단히 이루어지고 또 현시기 생산수단의 적지 않은 부분이 현금으로도 류통되고 있는 현상은 필요한 현금량과 무현금량을 따로따로 타산하고 그에 현금류통량과 무현금류통량을 각각 일치시키기 위한 화폐류통조직사업이 진행되기 어렵게 하고 있다. 그러므로 화폐류통법칙은 현금과 무현금의 전체 화폐류통량과 상품 및 상품적 형태(봉사포함)의 가격총액과의 일치를 요구하는 법칙이라고 말할 수 있다"라고 설명하고 있다. 리창혁, "화폐류통법칙의 작용령역에 대한 연구," 『경제연구』 제3호(2005), p.30.

50) 북한의 홍금옥은 "농촌지역을 비롯한 산간지역의 은행지점들에서는 화폐수입보다 지출이 더 많으며 화폐류통이 정상적으로 진행되지 못하고 년말 결산분배를 하는 시기에 보다 활발히 진행된다"고 설명하고 있다. 홍금옥, "화폐류통통계지표의 합리적 설정," 『경제연구』 제4호(2012), p.46.

을 사용한 것은 상황변화에 대해 변화된 대응방식을 사용하려는 북한 통화
당국의 노력으로 보인다.

또한 시장에서의 물가상승을 억제하기 위해 도입된 도매반이라는 제도
역시 나름대로의 변화를 예고하고 있다. 도매반은 종합시장에 시장가격보다
낮은 가격으로 물건을 판매하여 시장 물가를 조절하는 새로운 방식의 정책
수단이다.

4) 국제금융 관련 제도

(1) 외화와 바꾼 돈표제도 폐지

북한은 '외화와 바꾼 돈표'제도가 외화관리에 큰 도움이 되지 못할 뿐 아
니라 부작용까지 커짐에 따라 1990년대 중반에는 외화와 바꾼 돈표제도를
폐지하기로 결정하였다. 이에 따라 1997년 6월 먼저 나진·선봉지대에서
'외화와 바꾼 돈표'제도를 폐지하는 한편 1999년 3월에는 평양시의 외교관
등 외국인에 대해 외화를 직접 사용할 수 있도록 허용하는 조치를 취하는
등[51] 외화와 바꾼 돈표의 사용을 계속 축소해 왔으며 2002년에는 이 제도
를 완전히 폐지하여 외화를 '북한 원'과 직접 환전하도록 하였다.

(2) 일반인의 외화사용 허용

북한은 1990년대 중반 이후 농민시장 등에서 외화가 널리 사용되고 있는
현실을 반영하여 북한 내 모든 지역의 일반 주민들이 외화를 보유하거나
물품구입에 사용하는 것을 사실상 허용한 것으로 보인다. 2001년 6월경 김
정일의 특별지시를 통해 해외송금 창구인 조선합영은행에 해외송금은 한푼
도 건드리지 말고 본인에게 정확히 전해주도록 지시한 것으로 전해지고 있
다.[52]

---

51) 러시아방송은 북한당국이 북한주재 외국대표부에 1999년 3월 1일부터 경화를 결제통
    화로 사용하도록 통보하였다고 보도하였다(통일부, 「북한정보」 제424호).

그동안 북한에서는 1990년대 중반 이후 경제난이 심화되면서 해외의 친
척들로부터 송금된 외화를 '외화와 바꾼 돈표'로 지급하거나 심지어 암시장
시세의 100분의 1에 불과한 공식환율을 적용해 일반화폐로 지급하는 등,
은행의 횡포가 많았을 뿐 아니라 일본의 조총련을 제외한 다른 국가에서
보낸 돈은 거의 본인에게 전달되지 않는 등 문제가 발생하였다. 이에 따라
당시 해외로 전해진 비공식 편지에는 은행으로 송금하지 말고 인편이나 직
접 방북할 때 가져오라는 내용이 많았으며 결국 해외로부터의 송금이 급격
히 감소하는 현상이 빚어졌다.

이와 같이 급격히 줄어드는 해외송금을 정상화하기 위하여 김정일의 특
별지시가 내려진 것으로 추정된다.

한편, 북한의 「외화관리법」(2002년 2월 21일)에는 아직도 외화현금을
'북한 원'으로 바꾸어 사용하도록 규정되어 있으며 일정 기준 내에서만 외화
보유가 허용되어 있으나 실상은 이와 달리 운영되고 있는 것으로 보인다.

(3) 외화예금제도 신설

과거에는 북한의 일반 주민과 기업이 외화를 은행에 예치하려 할 경우
외화를 북한 원으로 바꿔 '외화원돈자리'에 입금하였으나[53] 2002년 2월 외
화관리법 개정으로 이 제도를 폐지하고 외화를 직접 '외화돈자리'에 예치하
도록 하였다. 당시 북한의 조선무역은행은 최근 우대금리가 적용되는 외화
정기예금을 취급하기 시작해 평양 거주 외국인 사이에 관심을 끌었던 것으
로 전해지고 있다.[54] 도쿄신문 보도에 따르면 정기예금의 대상이 되는 외화
는 미달러화와 엔, 유로, 스위스 프랑화 등 네 종류이며, 금리는 6개월 3%,
1년 4%, 2년 이상 5% 등 세 종류였다.

---

52) ""해외서 송금된 돈 손대지 마" 김정일 특별지시로 단속,"『조선일보』, 2002년 11월
20일 자.
53) 외화관리법(1999년 2월 26일) 제13조.
54) 도쿄(東京)신문이 2005년 4월 2일 베이징(北京)발로 보도했다.

3. 중앙은행법 및 상업은행법 제정(2004~2006년 초)

북한은 2004년 9월, 「조선민주주의 인민공화국 중앙은행법」(이하 중앙은행법)을 제정하였으며 2006년 1월에는 「조선민주주의 인민공화국 상업은행법」(이하 상업은행법)을 각각 제정하였다. 그동안 북한에는 중앙은행법이 없었으며 상업은행법도 없었다.[55] 다만, 1946년 10월 북조선 임시 인민위원회의에서 채택된 "국가규율을 강화하여 북조선중앙은행을 창설할 데 대하여"와 그 부칙인 「중앙은행 규정」[56]이 있었다.

1) 이원적 은행제도로의 전환

법 내용에 대한 분석만을 근거로 보면 「중앙은행법」 및 「상업은행법」 제정은 북한의 은행제도를 그동안의 단일은행제도(mono-banking system)에서 이원적 은행제도(two-tier banking system)로 전환하기 위한 것으로 보인다.

이들 법의 주요 내용은 ① 중앙은행 업무 변화, ② 상업은행제도 신설, ③ 통화정책 관련 변화, ④ 현금 및 무현금 구분 폐지 등으로 정리할 수 있다.

(1) 중앙은행 업무 변화

그동안 북한의 중앙은행은 중앙은행 고유업무, 국가재정 관련 업무, 상업은행 업무 등을 동시에 수행하였으나 「중앙은행법」 제정과 함께 일반 상업은행 업무 및 보험 업무를 분리함에 따라 중앙은행 고유 업무를 주로 수행하고, 국가예산 관련 업무도 크게 축소되어 우리나라와 유사한 수준의 국고 대리업무, 금융감독 기능 등을 수행하게 되었다.

---

55) 상업은행법이 없었던 것은 그동안 북한이 단일은행제도(mono-banking system)를 채택해왔기 때문에, 즉 상업은행이 없었기 때문이다.

56) 동 규정은 총칙, 자본금, 기관, 업무, 결산 등으로 구성된다.

중앙은행 고유업무로는 화폐발행, 통화정책 수립 및 집행, 지급결제업무 등으로 이들 업무는 조선중앙은행이 수행하던 업무로서 종전과 같이 중앙은행이 수행한다. 화폐는 금융기관 대출, 외화·귀금속·증권매매 등의 방법으로 발행한다. 다만, 화폐제조 규모는 국가가 정하며, 중앙은행은 정해진 규모 내에서 통화조절사업 실시한다. 통화정책 수행을 위해 기준이자율 제정(「중앙은행법」 제30조), 금융기관 대출(「중앙은행법」 제28조), 지불준비금 적립(「중앙은행법」 제32조) 등의 업무를 담당한다. 지급결제업무를 담당한다는 측면에서는 변화가 없으나 담당하고 있는 지급결제업무 내용은 달라졌다. 그동안 기업 간 지급결제를 담당하였으나 법 제정 이후에는 상업은행이 기업 간 결제업무를 담당하고 중앙은행은 은행 간 결제만 담당하게 되었다.

국가예산 관련 업무도 우리나라와 유사한 수준의 국고대리업무만을 담당하게 되었다. 이는 종전의 '국가예산자금의 수입 및 공급'이라는 표현 대신 '국고대리'라는 표현을 사용하고 있는 법 규정(「중앙은행법」 제38조 및 「상업은행법」 제40조)을 통해 알 수 있다. 이는 그동안 재정계획 수립, 재정자금의 수입 및 지출, 이를 통한 기업 통제 등 재정관리 체계에서 중추적인 역할을 수행하던 중앙은행이 이제는 단순히 국가재정 관련 업무를 정부 대신 하는 것임을 명시한 것이다.

한국은행과 북한 중앙은행의 업무영역 차이

- 한국은행의 업무 중 북한 중앙은행이 담당하지 않는 업무
  : 외화관리업무
  - 북한은 기준환율(환자시세) 결정 등 외화관리 업무를 「무역은행」이 담당

- 북한 중앙은행의 업무 중 한국은행이 담당하지 않는 업무
  : 금융사업에 대한 지도·통제, 국가재산 관리, 귀금속 관리 등
  - 상업은행의 설립승인, 감독 등을 우리나라에서는 금융감독위원회(또는 금융감독원)가 담당하고 있으나 북한에서는 중앙은행이 담당

아울러 금융감독 기능을 수행하도록 임무가 부과되었다. 금융기관의 설립 승인 및 해산·통합, 금융감독 및 지도, 금융회계항목과 계산방법 제정 등의 업무를 수행한다. 북한에서는 일반 상업은행이 없으며 부문별 전문은행 등은 당이나 군부 등의 권력기관 소속이기 때문에 중앙은행의 감독을 받는 금융기관이 아니다.

이외에 이원적 은행제도로의 변화된 환경 속에서 필요하게 된 업무를 새롭게 수행하도록 규정하고 있다. 금융기관과의 외환매매, 채권발행의 등록 관리, 금융정보 교환, 조사·통계 등의 업무 등이 새롭게 신설되었으며 고정재산 관리, 귀금속관리 등의 업무는 과거와 같이 중앙은행이 담당한다.

(2) 상업은행제도 신설

중앙은행이 취급하던 기관·기업소 및 일반 주민의 예금업무를 상업은행이 담당하도록 변경하였으며(「중앙은행법」 제32조) 이와 관련하여 지불준비제도가 도입되었다. 「상업은행법」 제21조 및 제22조에는 상업은행이 예금의 정상적인 지불을 위하여 지불준비금을 보유해야 하며 중앙은행에 준비금을 예금하도록 규정하고 있다.

또한 그동안에는 중앙은행이 기관·기업소·단체에 대출을 실시하도록 되어 있었으나 「중앙은행법」 제28조(금융기관의 대부)에서는 중앙은행이 금융기관에 대해서만 대부를 줄 수 있도록 규정하고 있으며 기관·기업소에 대한 대출업무는 상업은행이 담당하도록 하였다. 「상업은행법」 제23조에서는 "상업은행은 거래자의 요구에 따라 경영활동을 개선하는 데 필요한 자금을 대부하여 줄 수 있다"라고 규정하고 있다.

상업은행 대출제도를 보완하기 위해 담보 및 보증제도를 규정하고 있다. 「상업은행법」 제26조에서는 '차입자의 자금으로 마련한 동산 또는 부동산'을 담보로 할 수 있도록 하고 있어 북한에서도 담보 및 보증제도가 도입되었다.

이자율과 대고객 환율에 대해서도 중앙은행이 정한 기준하에서 상업은행이 자율적으로 정하도록 규정하고 있다. 「상업은행법」 제28조는 상업은행의 이자율을 중앙은행이 정한 기준이자율과 변동폭 범위 내에서 상업은행이 자율적으로 정하도록 규정하고 있으며 「상업은행법」 제33조에는 대고객환율을 기준환율(기준환자시세)와 변동폭 범위 내에서 상업은행이 자율적으로 정하도록 규정하고 있다. 기준환율(기준환자시세)의 결정주체에 대한 언급이 없는 점을 볼 때 기존의 방식을 변경하지 않고 「무역은행」이 결정하는 것으로 보인다.

한편, 상업은행의 업무에 금융채권 발행 또는 매매, 외환 매매 등을 포함시킨 규정57)을 볼 때 채권 및 외환시장 형성이 가능하게 될 수도 있다. '금융채권의 발행 및 매매' 관련 규정은 채권시장의 형성을 의미하며 중앙은행과 상업은행 간 '외환 매매(화폐의 사고팔기)' 관련 규정은 은행 간 외환시장의 형성을 가능케 하는 제도 마련으로 해석된다.

이외에 결제제도와 국고업무에 대해서도 새롭게 규정하고 있다. 「상업은행법」 제29조(결제의 조직), 제31조(대금의 결제) 및 제32조(대외결제, 수

〈표 10〉 상업 금융제도 관련 변화 내용

구분	법제정 이전	법제정 이후
민간 예금 담당	중앙은행	상업은행
지불준비금제도	-	자체보유 + 중앙은행 예치
민간 대출 담당	중앙은행	상업은행
담보 및 보증제도	-	동산·부동산담보 + 제3자보증
이자율	국가: 결정 중앙은행: 시행	중앙은행: 기준이자율 제정 상업은행: 기준율과 변동폭 범위 내에서 자율 결정
금융 시장	-	채권·외환시장 형성 가능

57) 「중앙은행법」 제29조(화폐의 팔고사기), 제33조(채권발행의 등록관리), 「상업은행법」 제35조(금융채권의 발행 및 팔고사기), 제38조(화폐의 팔고사기).

형, 증권의 인수 및 할인, 환자조작) 등은 기업이나 개인의 대금결제, 대외결제 등을 상업은행이 담당하도록 규정하고 있으며 중앙은행은 금융기관 간 결제만을 담당하게 된다(「중앙은행법」 제32조). 국고업무의 경우 「중앙은행법」 제38조(국고대리), 「상업은행법」 제40조(국고업무의 대리)에 따르면 그동안 중앙은행이 독점적으로 맡아오던 업무를 상업은행과 함께 실시하도록 변경되었다.

(3) 통화정책 관련 변화

통화정책의 목표가 「중앙은행법」 제3조58)의 문구로 볼 때 '화폐유통의 안정 공고화'에서 '화폐가치와 환율의 안정'으로 변경되었다.

'화폐유통의 안정 공고화'는 통화가치의 안정이라는 의미를 포함하고는 있으나 주된 의미는 화폐가 상품의 교환을 매개하는 교환수단으로서의 역할을 제대로 수행할 수 있도록 상품유통에 필요한 적정 양의 화폐를 공급하는 것을 의미한다. 이와 달리 '화폐가치와 환율의 안정'은 적정 통화량 공급에 더하여 물가와 환율의 수준과 변동률을 안정적으로 관리하겠다는 것을 의미한다.

이는 결국 북한의 조선중앙은행의 통화정책 목표가 시장경제 국가처럼 변화되었음을 의미한다.

또한 「중앙은행법」 제25조와 제26조로 볼 때 통화정책 대상이 현금과 예금통화(무현금)를 모두 포함하고 있는 것으로 분석된다.59)

---

58) 「중앙은행법」 제3조(중앙은행권과 화폐류통원칙)에는 "조선민주주의 인민공화국 화폐는 중앙은행권이다. 국가는 통화조절과 화폐류통조직사업을 합리적으로 하여 화폐의 가치와 환율을 안정시키도록 한다"라고 규정하고 있다.

59) 그동안의 통화정책 대상으로 유통화폐를 표현할 때에는 주로 현금통화를 의미하였으나 「중앙은행법」 제25조와 제26조를 볼 때 유통화폐는 예금통화(무현금)가 포함되는 것으로 해석될 수 있어 통화정책 대상이 확대된 것으로 보인다. 「중앙은행법」 제25조(화폐의 발행)에는 "중앙은행은 국가가 승인한 범위에서 화폐를 발행하여야 한다. 발행된 화폐는 금융기관에 대한 대부 또는 외화, 귀금속, 증권의 팔고사기 같은 방법으로 류통에 내보내거나 류통과정에서 회수한다"라고 규정되어 있으며, 「중앙은행법」 제26조(통화조절)에는 "통화조절은 화폐류통을 원활히 보장하기 위하여 류통화폐량

〈표 11〉 통화·금융정책 관련 변화 내용

구분		법제정 이전	법제정 이후
중앙은행 고유업무		업무범위는 동일하나 구체적인 업무내용은 달라짐	
	통화정책 대상	현금 통화량	현금 + 예금 통화량
	화폐발행 통로	기업 대출	상업은행 대출
	지급결제 대상	기업 간 결제	상업은행 간 결제
국가재정 관련 업무		국가재정의 일부	국고 대리
예금계좌 개설		국영기업 예금계좌 개설	금융기관 예금계좌 개설
금융감독		-	금융기관 설립승인 및 감독
기타 중앙은행 업무		보험, 고정재산 등록	고정재산 등록 + 외환매매, 채권 등록 등

(4) 현금 및 무현금 구분 폐지

「중앙은행법」 및 「상업은행법」 모두 현금과 무현금을 구분하여 설명하지 않고 있으며 무현금이라는 용어도 사용되지 않고 있다. 이를 근거로 볼 때 현금과 무현금의 구분이 폐지되는 것으로 보인다. 또한 「상업은행법」 제31조[60])에서는 대금결제 방식으로 무현금결제라는 용어 대신 '환치'라는 용어를 사용하고 있다. '환치'는 그동안 사용하던 무현금결제를 대체하는 용어로 보이며 우리의 '이체'와 같은 개념인 것으로 보인다.[61])

을 줄이거나 늘이는 중요한 사업이다. 중앙은행은 통화조절사업을 시기별, 지역별로 조직하여야 한다"라고 규정되어 있다.

60) 「상업은행」 제31조(대금의 결제)에는 "상업은행은 거래자의 지불지시에 따라 대금결제를 하여야 한다. 대금결제는 환치로 하는 것을 기본으로 한다"라고 규정하고 있다.

61) 북한의 재정금융사전(1995)은 환치를 "대금의 지불을 청구 또는 위탁하는 결제문서에 의하여 은행에 설치된 돈자리 사이에 자금을 옮겨 놓는 방법으로 화폐거래를 진행하는 무현금결제"라고 정의하고 있다.

2) 금융 관련 법의 용도 폐기

「중앙은행법」및 「상업은행법」은 사실상 폐기된 것으로 생각되어 왔다. 이러한 판단은 이들 법이 제정되었음에도 불구하고 이원적 은행제도로의 전환을 위한 실질적인 움직임[62]이 나타나지 않을 뿐 아니라 2006년 이후의 북한 문헌에서도 이들 법 제정 관련 내용이 거의 언급되지 않고 있다는 점 등에 근거한 것이다.

다만 최근 들어 약간의 변화 조짐이 나타나고 있다. 북한 언론보도에 함경북도은행, 자강도은행, 양강도은행 등의 표현[63]이 등장하고 있는 것에 비추어 중앙은행의 지방조직에 일부 변화가 발생한 것으로 보인다. 경제지대 또는 자유무역지대[64]와 관련된 문헌에도 '지대중앙은행'이라는 표현이 있음을 볼 때 자유무역지대에서 중앙은행의 조직 및 기능에 일부 변화가 발생하였을 가능성이 있다. 그 배경으로는 지역현금유통책임 강화 등의 주장이 제기되는 등 지역별로 다른 현금유통체제 수립 필요성이 발생한 것을 생각해볼 수 있다. 한편 각도별로 지방상업은행이 새로이 설립되었을 가능성이 있다는 주장도 있으므로 추가적인 확인이 필요하다.

한편, 이들 법률이 규정하고 있는 여러 가지 새로운 제도 중에서 지불준비금제도는 어느 정도 시행되고 있는 것으로 보인다. 이는 북한의 홍영의(2006), 김용현(2007) 등에서 은행의 저금 및 예금에 대한 인출요구가 있을 때 즉시 지불할 수 있도록 지불준비금을 충분히 가지고 있어야 한다고 강조하고 있는 점에 비추어 볼 때 저금 및 예금인출에 대비한 지불준비금제도는 시행되고 있는 것으로 보인다.

---

62) 상업은행 신설 또는 중앙은행으로부터 상업은행업무 분리 등을 의미한다.
63) 북한의 노동신문은 2015년 12월 14일 개최된 제3차 전국재정은행일꾼대회 소식을 다루면서 "함경북도은행 총재 리광호가 토론자로 나섰다"고 보도하였다.
64) 북한의 특별 지대에는 나선경제무역지대, 황금평·위화도경제지대, 신의주국제경제지대 및 원산-금강산국제관광지대의 4개가 있다.

4. 제도적 보수화 시기(2006년 이후)

2006년 이후 금융제도의 변화는 2002년 이후 취해졌던 제도들은 대체로 축소되고 있는 반면, 1995~2001년경부터 시행된 '신용 계획화 체계'로의 금융제도 변화는 대체로 확대되고 있는 것으로 요약된다.

1) 현금과 무현금 구분 강화

최근 들어 현금과 무현금의 구분을 강화할 필요성을 주장하는 북한 문헌이 늘었다. 이는 2002~2004년 중에 시행된 기업 간 현금결제 부분 인정 조치가 폐지되었거나 단속이 강화되었을 가능성이 있음을 시사한다. 2002~2004년 중에는 기업 간 현금결제가 인정됨에 따라 무현금 형태의 은행예금이 현금으로 인출되어 사용될 가능성이 있었다. 그러나 이러한 현상은 현금 통화량을 증대시켜 시장 물가 상승의 원인으로 작용하여 그동안에도 지속 여부에 대해 논란이 있었으며 북한의 리원경(2009)은 현금과 무현금의 구분을 강화해야 한다고 주장하고 있다.

2) 대출 증가 가능성

최근 북한 문헌들을 보면, 은행의 대출이 늘어나고 있을 것으로 추정된다. 최근 북한 문헌에서 나타난 금융제도 관련 내용은 다음 두 가지로 요약된다.

먼저, 대출 자금으로 활용될 수 있는 은행자금의 범위가 확대되고 있는 것으로 설명되고 있다. 북한의 리상조(1994)와 윤영순(2009)을 비교해 보면, 은행이 대부 재원으로 활용할 수 있는 은행자금에 포함되지 않았던 결제도 중자금, 화폐발행자금 등이 추가된 것을 알 수 있다. 특히, 은행 자체자금에 화폐발행자금이 포함된다는 점이 특징적이다.[65] 중앙은행이 화폐발행자금

---

65) 북한의 윤영순은 이와 관련하여 "은행자체자금은 다른 자원이 모자랄 때 돌려 쓸 수 있는 은행자원을 이루며 화폐발행 및 현금수납과 관련된 화폐재산으로 있게 된다"라고 설명하고 있다.

〈표 12〉 은행자금 범위 확대 내용

변경 전	변경 후
예산돈자리자금, 주민저금, 보험료, 개인송금자금, 협동농장 돈자리자금, 국영기업 예금돈자리자금, 은행 자체자금, 기타자금	(국가예산자금), (흡수자금: 주민저금, 보험자금, 송금자금, 기관·기업소 예금돈자리자금, 결제도중자금, 특수결제자금, 업무수입 등), (자체자금: 기본기금, 화폐발행자금)

주: 변경 전은 북한의 리상조(1994), 변경 후는 북한의 윤영순(2009)을 참조하였음

을 대출재원으로 활용할 수 있다면 중앙은행의 대출의 증가 가능 규모가 상당히 클 수 있기 때문이다.

또한, 사회주의 은행의 역할에 대해 신용, 특히 경제건설을 위해 필요한 자금을 지원하는 대출의 중요성이 강조되고 있다. 이는 최근 들어 홍영의(2009), 최선용(2009) 등 많은 북한 문헌에서 은행 신용과 대출의 중요성을 강조하고 있다는 점을 통해 알 수 있다. 그동안 북한에서는 은행 신용을 중요시하지 않았기 때문에 이에 대해 논의한 문헌이 적었으나 최근 들어 크게 증대되었다.

3) 화폐개혁 조치

2006년 이후 북한이 취한 보수화조치의 절정이라 할 수 있는 화폐개혁 조치가 2009년 11월 30일에 단행되었다. 북한당국은 구화폐 100원을 신화폐 1원으로 액면단위를 변경하고 11월 30일~12월 6일 중 화폐교환을 실시하였다. 가구당 구화폐 10만 원[66]을 신화폐로 교환할 수 있으며 나머지는 은행에 저금한 후 신화폐로 인출해서 사용하도록 하였는데, 은행에 저금한 현금은 인출이 불가능하여 사실상 몰수되는 것과 마찬가지라 할 수 있다.

---

66) 10만 원을 초과하는 현금에 대해서는 5~20만 원까지 1,000:1로 교환할 수 있도록 했다는 보도도 있다.

〈표 13〉 1990년 이후 일반화폐 권종 변화 연혁

발행년도	종류		비고
1992	은행권(원) 주화(원) 주화(전)	1, 5, 10, 50, 100 1 1, 5, 10, 50	3차 화폐교환
2002	은행권(원)	500, 1,000	은행권종 추가발행
2005	은행권(원)	2,000, 5,000	은행권종 추가발행
2009	은행권(원) 주화(원) 주화(전)	5, 10, 50, 100, 200, 500, 1,000, 2,000, 5,000 1 1, 5, 10, 50	4차 화폐개혁

이 같은 몰수적 화폐개혁 조치의 결과 외화선호 현상 확산, 극심한 인플레이션 등의 부작용이 초래되었다.

5. 김정은 시대(2010년 이후)

김정은 시대에는 2009년 화폐개혁 이후 인플레이션이 심화됨에 따라 통화관리 및 현금과 무현금 구분 강화 등의 조치 이외에는 대체로 시장 친화적인 조치들이 취해지고 있다. 시중의 유휴화폐자금 흡수를 통한 자금동원 및 통화관리가 더욱 중요해지고 있으며 나래카드 등 전자결제카드의 역할이 커지고 있는 것으로 보인다.

1) 현금과 무현금 구분 및 현금에 대한 관리 강화

2010년 이후 기관, 기업소 등의 독자적인 경영활동의 폭이 커지면서 현금결제가 증가될 개연성이 증대되었음에도 2012년까지 시장에서 지속되고 있는 인플레이션을 완화하기 위해 김순학(2011; 2012), 홍영의(2012) 등 많은 문헌에서는 현금과 무현금의 구분을 강화해야 한다고 주장하고 있다.

아울러 현금통화의 관리를 보다 철저히 하기 위해 지방별 현금유통책임제가 시행된 것으로 보인다. 북한의 장경식(2015: 70)은 지방별 현금유통책임제를 "지방의 책임성과 창발성을 높여 나라의 모든 지역에서 현금수입과 지출의 균형을 자체로 보장하고 현금류통의 계획적 조절을 성과적으로 실현할 수 있게 하는 우월한 제도"라고 설명하면서 "지방행정경제기관들의 책임성과 역할을 높임으로써 지방이 자체로 자금을 마련하여 지방의 현금수요를 보장할 것을 필수적으로 요구한다"고 주장하고 있다.

이와 관련하여 조선중앙은행의 'ㅇㅇ도총지점'의 명칭을 'ㅇㅇ도은행'으로, 그 수장을 총재로 격상한 것으로 보인다.[67]

2) 저금에 대한 이자지급 확대

민간이 보유한 유휴화폐자금의 흡수가 북한 경제의 당면과제로 대두되면서 최근 들어 저금제도에도 변화의 조짐이 나타나고 있다. 북한의 일부 학자들은 예금잔고의 크기 또는 예금기간에 따라 이자율을 달리 적용하여야 한다고 주장[68]하였으며 그동안 이자가 발생하지 않았던 기업 예금에 대해서도 기업이 유휴현금을 입금시키는 정기예금(정기예금돈자리)의 경우 은행이 이자를 지급하여야 한다고 주장하고 있다. 다만 대금결제에 주로 사용되는 기업의 당좌예금(시좌돈자리)에 대해서는 은행이 이자를 지급할 필요

---

67) 북한의 노동신문은 2015년 12월 13일에 개최된 제3차 전국재정은행 일군대회 소식을 전하면서 "함경북도은행 총재 리광호가 토론자로 나섰다"라는 내용을 전하고 있으며, 2월 4일 평양방송이 자강도 은행이라는 이름을 언급했다는 점 등을 근거로 북한에 중국의 개혁개방 초기와 유사한 지방은행이 등장한 것으로 해석하고 있다. "북한에도 '지방은행' 속속 등장 … 中 개혁개방 초기와 유사," 『연합뉴스』, 2016년 2월 9일 자. 그러나 이는 조선중앙은행의 도총지점의 명칭이 변경된 것일 개연성이 더 크며 이러한 명칭변경은 지방별 현금유통 책임제 시행에 따른 것으로 해석된다.

68) 북한의 김영남은 '저금 또는 예금 기간과 잔고의 크기에 따라 이자율을 다르게 정하여야 한다'고 주장하고 있다. 김영남, "현시기 유휴화폐자금과 그 동원리용," 『경제연구』 제4호(2014), p.72.

가 없으며 일정비율의 수수료를 부과하게 된다.

3) 전자결제카드의 확대

2010년 12월 조선무역은행에서 충전이 가능한 전자결제카드인 '나래'카드를 도입한 이후 전자결제카드의 사용이 확대되고 있다. 나래카드는 IC칩이 장착되어 있으며 외화를 충전한 뒤 결제시스템을 갖추고 있는 외화상점에서 상품을 구매하거나 서비스를 받고 대금지급 시 사용할 수 있다. 카드 사용은 공식환율로 계산된 원화표시 충전금액에서 차감되는 방식으로 이루어지고 일정 가맹점에서 외화를 사용하여 추가충전이 가능하므로 우리나라의 티머니카드와 유사한 것으로 생각된다.

2011년에는 고려은행이 '고려'카드를 발행하고 2015년에는 황금의삼각주은행이 나진선봉지구에서 사용할 수 있는 전자결제카드인 '선봉'카드를 출시하는 등 전자결제카드의 사용이 확대되고 있는 것으로 보인다.

이어 2015년에는 조선중앙은행도 전자결제카드인 '전성'카드를 출시한 것으로 보인다. 다만 전성카드는 나래카드와 달리 IC칩이 장착되어 있지 않고 발행자인 조선중앙은행이 내화업무를 전담하는 중앙은행임을 감안할 때 외화카드인지의 여부가 불확실하며 사용용도와 사용처의 범위도 알려져 있지 않다. 또한 북한당국은 물품 또는 서비스 구매 후 대금을 후불로 결제할 수 있는 '신용카드'의 도입에도 관심[69]을 가지고 있는 것으로 보이나 실제로 도입되어 사용되고 있는지는 추가적인 확인이 필요하다.

북한의 문헌에서도 전자결제카드의 이용 증대가 유통화폐자금의 규모를 줄이고 은행에 자금을 집중시킬 수 있다고 높이 평가하고 있다.[70]

---

69) 경제연구에 게재된 '신용카드의 종류와 경제적 기능(김혁)'에서는 '신용카드는 우리나라에서도 최근 널리 보급되는 추세에 있다(김혁, "신용카드의 종류와 경제적 기능," 『경제연구』 제3호(2013), p.57)'고 언급하고 있는데 이는 엄밀한 의미에서의 '신용카드'보다는 '전자결제카드'를 지칭하는 것으로 보인다.

70) 북한의 김영남은 "나래카드, 현금카드와 같은 신용카드를 많이 개발하여 리용하는 것은 류통중화폐량을 줄이고 근로자들이 많은 현금을 가지고 다니면서 봉사를 받는 불합리성을 없앨 뿐 아니라 은행에 많은 자금을 집중시킬 수 있게 한다"고 설명하고

〈그림 2〉 나래카드와 전성카드

자료: 연합뉴스 및 조선의 오늘

4) 합영은행에의 외화예치 확산

2010년 이후 국제사회의 북한제재로 인하여 북한의 기존 은행시스템이 정상적인 국제송금과 무역대금결제 실행이 불가능하게 되었다. 이후 외국인 투자를 유치하여 새로이 평양지역에 설립된 30여 개의 '합영은행'이 영업을 개시하고 북한당국이 주민이 보유한 외화예금에 대해 묵인하는 태도를 취하면서 변화가 나타나고 있다. 북한에서 대외무역 등을 통해 외화를 다량 보유하게 된 북한주민들 중 일부가 외화를 현찰로 보관하기보다는 합영은행들에 예치하기 시작하였으며, 돈주를 중심으로 하는 사금융시장도 활성화되고 있는 것으로 보인다. 이들 합영은행들은 개인의 외화예금에 대하여 연 7~10% 정도의 금리를 지급하는 것으로 알려지고 있다.

이와 더불어 북한당국은 주민들이 보유한 달러자금을 양성화하기 위해 2013년 3월 1일부터 '협동화폐제[71]'를 실시하여 개인과 기관의 외화계좌 개설 및 이용을 장려하고 있으며 카드 사용도 권장하고 있는 것으로 보인다.

있다. 김영남, "현시기 유휴화폐자금과 그 동원리용," p.73.

71) '협동화폐제'는 은행에 외화구좌를 개설하고 여기에 예치된 외화를 시장에서 거래되는 환율의 움직임을 반영한 협동환율을 적용하여 내화로 인출할 수 있도록 하는 제도이다("북한, '협동화폐제' 실시 중 확인돼," 『통일뉴스』, 2013년 5월 27일 자). 이 제도는 북한당국이 2003년 평양시 각 구역에 '협동거래소'를 설치하여 시장거래환율로 외화를 환전할 수 있도록 허용한 제도가 진일보한 것으로 보인다.

5) 나선경제무역지대에서의 은행제도 변화 실험

나선경제무역지대에 대해서는 이원적 은행제도를 인정하는 특별 통화·금융 지대로 만들 생각을 하고 있는 것으로 보인다. 북한의 유철남(2014: 49)은 경제무역지대에서의 금융기관에 대해 "사회주의 경제관리원칙이 적용되는 '국가소유 금융기관'들과 '자본주의 경영방식으로 운영되던 해외 금융기관'들이 병존하고 있으며, 해외 금융기관들은 지대개발에서 자금보장적 성격보다도 리윤중시적인 성격이 강한 금융활동을 진행한다."라고 설명하면서 나선경제무역지대의 금융제도 개선 방향에 대해 "해외 금융기관들을 지대중앙은행72)을 중추로 하는 금융사업체계에 행정적으로가 아니라 통화금융적으로 결속시키고 그들의 경영활동에서의 독자성을 일정하게 허용하면서 금융거래에서의 규제적인 자유를 보장하는 원칙에서 금융사업체계와 질서를 완비해 나가야 한다."라고 주장하고 있다.

V. 결론

북한의 금융은 구사회주의 국가들의 전형을 따르고 있어 기본적으로 모든 금융행위가 국가은행을 중심으로 이루어져야 하며 기업 또는 개인들 사이에서의 금융행위는 제도적으로 금지되어 있다. 그러다가 구사회주의권 시장이 붕괴된 1990년대 이후 외부환경 변화와 국내경제사정 악화로 북한 금융에도 다양한 변화가 나타나기 시작하였다.

1990년대에는 극심한 경제난과 이에 따른 재정악화에 대처하기 위해 기업의 필요자금을 국가 예산으로 지원하지 않고 은행 대출로 충당하도록 제

---

72) 지대 중앙은행이라는 용어가 사용되기 시작한 시기는 불명확하며 이 은행이 황금의 삼각주은행을 일컫는 말인지 여부는 확인 중이다.

도를 변경하였으며 2002년 7·1 경제관리개선조치 이후에는 시장경제적 요소를 도입하려는 동 조치의 정착을 위한 보조적 조치가 취해졌다.

2004~2006년 초에는 중앙은행법과 상업은행법이 처음으로 제정되었다. 그러나 법 제정 이후 현재까지 상업은행이라 할 수 있을 만한 금융기관이 설립되지 않고 있는 등 이원적 은행제도로 전환하기 위한 실질적인 움직임은 나타나지 않고 있다.

2006년부터 재정 및 시장관련제도의 보수화 경향이 나타나기 시작하여 2009년에는 그 절정이라 할 수 있는 조치로서 신구화폐를 1대 100으로 교환하는 몰수적 화폐개혁 조치가 단행되었으나 이후 외화선호 현상 확산, 극심한 인플레이션 등의 부작용만 초래하였다.

2010년 김정은 시대 이후에는 금융제도적 변화보다는 실질적인 측면에서 시장 친화적 조치가 취해지고 있는 것으로 보인다. 시중의 외화현금을 흡수하기 위해 나래카드 등 충전이 가능한 전자결제카드가 도입되어 그 사용이 확대되고 있으며, 외국인투자를 유치하기 위해 설립된 합영은행들을 중심으로 주민들의 외화예금제도가 정착되기 시작하였으며, 돈주를 중심으로 하는 사금융시장도 활성화되고 있다.

향후에도 실제 정책 운용측면에서 현재와 같은 시장 친화적인 기조가 이어질 것으로 보인다. 다만 제도적으로는 경제무역지대 등 특수지역을 중심으로 변화를 위한 실험이 진행되고 있는 점을 볼 때 중앙은행제도를 비롯한 은행제도에 변화가 있을 개연성이 보이고 있으나 기존 사회주의 전형에 가까운 북한 금융의 틀을 근본적으로 변화시킬 정도로까지는 어려울 것으로 보인다.

• 참고문헌 •

김광진. 2007. "북한의 외화관리시스템 변화연구." 북한대학원대학교 석사학위논문.

김영윤. 1997. "북한 암시장의 경제·사회적 영향."『통일연구논총』. 서울: 평화문제
연구소.

김용복·문성민. 2003. 「2개국 평가법에 의한 북한원의 구매력평가」. 서울: 한국
은행.

류승호. 2003. "북한의 '경제개선조치' 이후 환율동향 및 시사점."『수은해외경제』.
서울: 한국수출입은행.

문성민. 2000. 「북한의 금융제도」. 서울: 한국은행.

_____. 2001. 「중국의 금융개혁 현황과 전망」. 서울: 한국은행.

_____. 2004. 「북한 재정제도의 현황과 변화추이」. 서울: 한국은행.

_____. 2005. "북한 금융의 최근 변화와 개혁과제."『금융경제연구』. 서울: 한국
은행.

박석삼. 2002. 「북한의 사경제부문 연구: 사경제 규모, 유통현금 및 민간보유 외화
규모 추정」. 서울: 한국은행.

안예홍. 2004. 「북한의 금융현황과 최근의 변화」. 서울: 한국은행.

윤덕룡·정형곤·남영숙. 1999. 「체제전환국 사례를 통해본 북한의 금융개혁 시나리
오」. 서울: 대외경제정책연구원.

이영훈. 2005. "농민시장."『북한의 경제』. 경기: 세종연구소.

전홍택·이영섭. 2002. 「남북한 화폐·금융통합에 관한 연구: 시나리오별 분석」. 서
울: 한국개발연구원.

정연호. 2002. 「최근 북한의 달러화 사용금지 조치의 배경 분석」. 서울: 한국개발연
구원.

통계청. 각년호. 『남북한 경제사회상 비교』.

통일부. 2004. 『북한개요』.

한국무역협회. 2003. 『최근 북한의 환율동향과 시사점』.

한국산업은행. 2009. "북한중앙은행의 기능변화와 전망."『산은조사월보』. 2009년
1월호.

_____. 2015. 『북한의 산업』.

홍익표·동용승·이정철. 2004. 「최근 북한의 가격·유통체제 변화 및 향후 개혁과제: 중국과의 비교 연구」. 서울: 대외경제정책연구원.

연합뉴스(http://www.yonhapnews.co.kr).
조선신보(http://www.korea-np.co.jp).
통계청 통계정보시스템(http://kosis.nso.go.kr).
통일부(http://www.unikorea.go.kr).

▸▸ **북한 발간자료**

강경희. 1999. "우리나라 현금운동의 본질적 특성." 『경제연구』 제2호. 평양: 과학백과사전종합출판사.
김 혁. 2013. "신용카드의 종류와 경제적 기능." 『경제연구』 제3호. 평양: 과학백과사전종합출판사.
김명심. 2015. "현시기 독립채산제기업소들에서 무역상품생산에 필요한 자금보장에서 지켜야 할 기본요구." 『경제연구』 제3호. 평양: 과학백과사전종합출판사.
김성옥. 1997. "유휴화폐자금과 그 특성." 『경제연구』 제4호. 평양: 과학백과사전종합출판사.
김성희. 2011. "독립채산제기업소 류동자금조직의 기본요구." 『경제연구』 제2호. 평양: 과학백과사전종합출판사.
김수희. 2013. "국가기업리익금납부공간의 합리적 리용에서 나서는 중요 요구." 『김일성종합대학학보(경제학)』 제4호. 평양: 김일성종합대학출판사.
김순학. 2012. "현금류통과 무현금류통을 통일적으로 보장하는 것은 화폐류통조직에서 나서는 중요한 요구." 『경제연구』 제1호. 평양: 과학백과사전종합출판사.
김영남. 2013. "사회적자금운동과 은행의 역할." 『경제연구』 제2호. 평양: 과학백과사전종합출판사.
_____. 2014. "유휴화폐자금동원을 위한 경제조직사업을 개선하는데 나서는 중요문제." 『김일성종합대학학보(철학·경제학)』 제4호. 평양: 김일성종합대학출판사.
_____. 2014. "현시기 유휴화폐자금과 그 동원리용." 『경제연구』 제4호. 평양: 과학백과사전종합출판사.
김철성. 2014. "화폐류통전략을 정확히 작성하고 수행하는 것은 사회주의 경제 강국

건설에서 나서는 중요한 요구."『김일성종합대학학보(철학·경제학)』제2호. 평양: 김일성종합대학출판사.

류 천. 2013. "전자화폐의 리용."『경제연구』제4호. 평양: 과학백과사전종합출판사.

리기성. 1992.『주체의 사회주의 정치경제학의 법칙과 범주』. 평양: 사회과학출판사.

리동구. 1998. "사회주의 사회에서 농민시장가격의 올바른 조정."『경제연구』제3호. 평양: 과학백과사전종합출판사.

_____. 2004. "사회주의 물자교류시장은 계획적 물자공급의 보충적 형태."『김일성종합대학학보(철학·경제학)』제4호. 평양: 김일성종합대학출판사.

리상조. 1994. "은행자원과 그 구성."『경제연구』제4호. 평양: 과학백과사전종합출판사.

리원경. 1986.『사회주의 화폐제도』. 평양: 사회과학출판사.

_____. 1997. "사회주의 은행의 자금문제."『김일성종합대학학보(경제학)』제3호. 평양: 김일성종합대학출판사.

_____. 2002. "인민경제적자금수요해결의 원칙적방도."『경제연구』제3호. 평양: 과학백과사전종합출판사.

_____. 2003. "나라의 화폐자원 관리에서 제기되는 몇 가지 문제."『김일성종합대학학보(철학·경제학)』제4호. 평양: 김일성종합대학출판사.

리창혁. 1996. "사회주의 하에서 화폐류통법칙과 그 리용."『경제연구』제2호. 평양: 과학백과사전종합출판사.

_____. 2005. "화폐류통법칙의 작용령역에 대한 연구."『경제연구』제3호. 평양: 과학백과사전종합출판사.

박경순. 1997. "독립채산제기업소 자금관리의 기본내용."『김일성종합대학학보(경제학)』제4호. 평양: 김일성종합대학출판사.

박성호. 2013. "공업기업소들에서 류동자금회전을 촉진하기 위한 방도."『김일성종합대학학보(경제학)』제3호. 평양: 김일성종합대학출판사.

박종훈. 2013. "은행의 류형과 그 기능."『경제연구』제2호. 평양: 과학백과사전종합출판사.

백과사전출판사. 1995~2001.『조선대백과사전 1~30』.

법률출판사. 2004.『조선민주주의 인민공화국 법전(대중용)』.

사회과학원 언어학연구소. 1992.『조선말대사전』.

사회과학출판사. 1985.『경제사전』.

_____. 1995.『재정금융사전』.

양선희. 1995. "사회주의 사회에서 은행권의 발행과 그 규모 규정방법론." 『경제연구』 제1호. 평양: 과학백과사전종합출판사.

오선희. 2004a. "사회주의경제에서 화폐자금의 운동." 『경제연구』 제3호. 평양: 과학백과사전종합출판사.

_____. 2004b. "유휴화폐자금과 그 은행자금화." 『경제연구』 제4호. 평양: 과학백과사전종합출판사.

유철남. 2014. "경제무역지대에서 금융업조직의 일반적 원칙." 『경제연구』 제4호. 평양: 과학백과사전종합출판사.

임효빈. 1996. "사회주의 화폐제도의 기본특징." 『경제연구』 제4호. 평양: 과학백과사전종합출판사.

장경식. 2014. "현시기 은행의 현금류통사업에서 나서는 중요한 문제." 『김일성종합대학학보(철학·경제학)』 제3호. 평양: 김일성종합대학출판사.

_____. 2015. "위대한 령도자 김정일동지께서 독창적으로 밝히신 지방별 현금류통책임제의 우월성에 관한 리론." 『김일성종합대학학보(철학·경제학)』 제3호. 평양: 김일성종합대학출판사.

조선중앙통신. 각 연도. 『조선중앙년감』.

최경희. 1993. "사회주의 사회에서 화폐류통 공고화의 기본 방도." 『경제연구』 제3호. 평양: 과학백과사전종합출판사.

한영철. 2015. "사회주의사회에서 원의 구매력을 높이는데서 나서는 중요문제." 『김일성종합대학학보(철학·경제학)』 제4호. 평양: 김일성종합대학출판사.

허철환. 2014. "고정재산감가상각금공간의 합리적 리용에서 나서는 중요한 요구." 『경제연구』 제4호. 평양: 과학백과사전종합출판사.

홍금옥. 2012. "화폐류통통계지표의 합리적 설정." 『경제연구』 제4호. 평양: 과학백과사전종합출판사.

_____. 2014. "은행의 역할을 높이는 것은 경제강국건설에서 나서는 중요한 요구." 『경제연구』 제3호. 평양: 과학백과사전종합출판사.

홍영의. 1996. "은행자원과 그 계획화에서 나서는 방법론적 문제." 『경제연구』 제3호. 평양: 과학백과사전종합출판사.

_____. 1997. "대부수요계획 작성사업을 개선하기 위한 몇 가지 방법론적 문제." 『김일성종합대학학보(경제학)』 제2호. 평양: 김일성종합대학출판사.

_____. 2004. "현시기 무현금결제를 통한 통제를 강화하는데서 제기되는 몇가지 문제." 『경제연구』 제4호. 평양: 과학백과사전종합출판사.

제2장

북한 금융기구의 종류와 역할

김광진 | 국가안보전략연구원

I. 서론

사회주의권의 특징인 단일은행제도(mono-banking system)를 정권수립과 동시에 추진해 정착시킨 북한의 금융기관체계는 비교적 단순하다. 크게 은행, 비은행부문으로 구분된다.

은행부문에는 중앙은행 기능 및 북한 원화결제를 전담하는 조선중앙은행(Korea Central Bank or the Central Bank of DPRK)과, 국가유일의 외화관리기관으로서 국가무역회사들의 대외결제를 담당하는 조선무역은행(Korea Foreign Trade Bank or the Foreign Trade Bank of DPRK)이 있다. 이 외에 노동당 39호실, 군수공업부 등 특수기관들이 관리하거나 특별한 역할을 수행하는 대성은행, 단천상업은행, 동북아시아은행과 같은 외환결제은행들이 있으며, 외국인이 투자한 은행 또는 북한과 합영한 합영 외환은행들이 존재한다.

〈그림 1〉 북한의 금융기관 체계

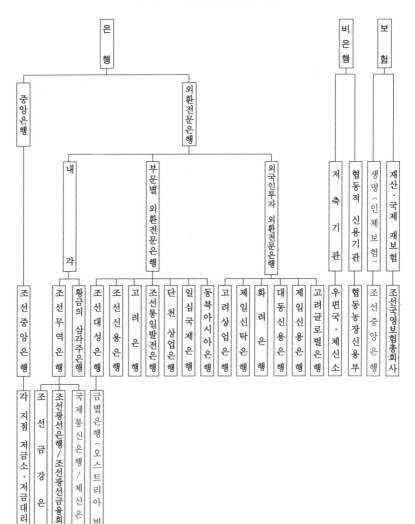

* 현존하는 은행, 시스템은 진한 글자로 표시하였음
* 변화된 내용은 본문 각 부분에서 다룸

자료: 김광진, 「북한의 외화관리시스템 변화연구」(북한대학원대학교 석사학위논문, 2007), p.25
　　　을 가공하여 작성

〈그림 2〉 북한의 기능별 은행기관체계

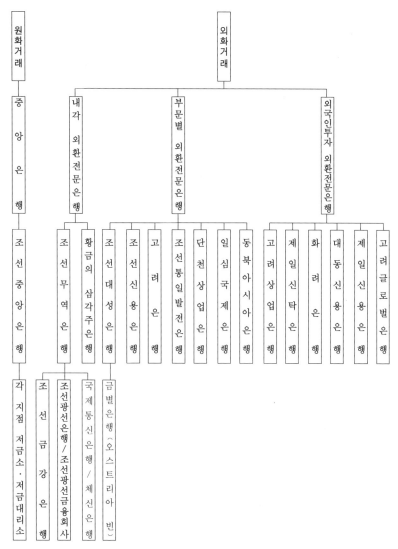

* 현존하는 은행, 시스템은 진한 글자로 표시하였음
* 변화된 내용은 본문 각 부분에서 다룸

자료: 김광진(2007: 76)을 가공하여 작성

비은행부문에는 우편국·체신소를 통해 진행되는 저축업무시스템이 있으며, 협동농장신용부의 역할을 하는 협동적 신용기관체계가 있다. 또한 조선민족보험총회사가 독점하고 있는 보험분야도 비은행부문에 존재한다.

장기간의 경제난, 재정난으로 전반적인 북한의 금융시스템은 오랜 기간 정상적인 작동을 하지 못하고 있다. 조선중앙은행의 전국 지점망을 통해 주민들은 북한 원화와 관련된 적금, 현금업무를 하기로 되어 있으나 북한주민들 대부분은 자기 거주지 어느 곳에 중앙은행 지점이 있는지 모르고 있거나, 은행거래 경험을 전혀 가지고 있지 않을 정도이다. 즉, 북한당국의 강제적인 적금이나 화폐교환 조치를 제외하고는 주민들은 일상 시 은행거래를 전혀 하지 않는다. 돈을 맡겨도 찾지 못하고, 또 맡기려고 하는 사람도 없다.

당국과의 외환거래에 대한 불신이나 회피는 북한 원화보다 훨씬 더 심하다. 이론상으로는 조선무역은행 및 그 지점을 통해 외화를 적금할 수도 있고 또 찾아 쓸 수도 있으며, 체크카드도 발행되나 실제 개인이 외환은행을 이용하는 일은 전무하다. 우편시스템을 통한 저축, 농업을 대상으로 한 협동적 신용체계도 빈 껍데기만 존재한다. 따라서 본 연구는 북한의 주요 금융기관 및 그들의 역할만 다루도록 한다.

II. 은행부문

1. 조선중앙은행

1) 단일은행제도 수립
사회주의제도하의 재정의 유일관리제 원칙, 즉 인민이 벌어들인 돈을 인민을 위하여 국가가 통일적으로 장악하고 관리하는 원칙에 따라 북한은 자본주의경제에서의 보편적인 이원적 은행세도(two-tier banking system)와는 다른 일원적 은행제도를 도입하게 된다. 이는 북한 원화 거래는 조선중앙은행이, 외환은 조선무역은행이 독점적으로 관리하는 은행제도 도입으로 완성하게 된다.

　해방되자마자 북한은 1945년 8월 '산업 및 은행 국유화 법률'을 제정하여 은행들을 모두 국유화시킨다. 같은 해 12월 소련군정의 지시에 따라 조선은행 평양지점 내에 임시로 '계산소'를 설치하며, 구체적인 사회주의 금융제도 도입을 시작한다. 조선은행 북한 측 영업망을 토대로 1946년 1월에는 **'북조선중앙은행'**이 설립되며 맨 처음에는 소련군정에 의해 관할된다. 4월에는 주식회사형태의 협동적 신용기관인 **북조선농민은행**도 생겨났다. 같은 해 10월 29일 북조선중앙은행은 북조선임시인민위원회 직속으로 옮기며, 조선은행, 조선식산은행 등 58개의 금융기관 지점들을 이관받으면서 이를 토대로 재정성 소속의 북조선중앙은행이 새롭게 탄생하게 된다.[1] 이후 신용개혁(1946년 11월), 화폐개혁(1947년 12월)을 거쳐 북조선중앙은행은 1959년 2월에야 비로소 지금의 **'조선민주주의 인민공화국 중앙은행'**으로 개칭되게 된다.

　1946년 11월 1일 북조선중앙은행과 북조선농민은행의 본 지점을 제외한 모든 금융기관들은 폐지하게 되며, 결과 단일은행제도와 경제에 대한 은행의 화폐적 통제, 화폐유통의 계획화는 강화된다. 1947년 2월에는 처음으로 연간현금계획에 이어 현금유통·무현금유통이 반영된 신용계획이 도입되며, 4월부터는 1기관 1구좌 원칙이 적용돼 화폐자금의 은행집중과 기업에 대한 은행의 재정적 통제가 제도적으로 강화되게 된다. 1947년 12월 1차 화폐개혁이 실시돼 화폐발행시스템, 통일적인 단일화폐유통이 실현되며, 이로써 본격적으로 종합적인 사회주의적 화폐 및 금융제도의 모습을 갖춰가게 된다.

　우체국 저금소는 1947년 11월에, **국립건설은행**은 1950년 1월에 설립된다. 당시 부족한 북조선중앙은행 지점망을 보충해 유휴자금을 산업자금으로 동원할 목적으로 설치된 저금소체계는 농촌지역의 저축동원을 위해 1952년

---

1) 현재 이날이 북한에서 기념하는 중앙은행 창설일이다.

2월 농민은행으로 이관되며, 도시저금업무는 이후 다시 중앙은행에 속하게 된다. 독자적인 **우편저금체계**는 1957년 8월에 세워진다.

농업과 상공업에 대한 사회주의적 협동화가 완성되자 북한은 1958년 10월 농촌금융을 담당하던 북조선농민은행을 국가은행인 **조선농업은행**으로 개편하며, 1959년 7월에는 이를 조선중앙은행에 통합시켜 결국 전반적인 농촌금융도 중앙은행이 담당하도록 한다. 따로 조직된 **농촌신용협동조합**은 협동조합원들의 유휴자금동원과 소비자금에 대한 대부를 다뤘다.

생산관계의 사회주의적 개조가 완료되면서 국가자금의 유일적 공급체계와 은행의 통제적 기능을 더욱 강화할 필요성이 제기되자 북한은 1964년 **국립건설자금은행**을 중앙은행에 흡수시켜 투자 및 운전자금 등 국가자금 공급업무를 전담케 하였다. 다른 한편으론 **산업은행**을 신설하여 중앙은행이 하던 저금, 대부, 보험 등 신용업무와 협동농장에 대한 재정적 통제를 담당하게 하였다. 산업은행은 중앙은행이 하던 저금사업과 재정성이 하던 보험업무까지 수행하다 1976년에 조선중앙은행에 통합되었다. 이로써 북한에는 조선중앙은행 단일은행제도가 완성되었다.

2) 중앙은행 및 상업은행 기능 모두 수행

현재 조선중앙은행은 행정적으로는 내각 직속기관으로 내각의 지휘를 받으며, 당적으로는 노동당 계획재정부의 지도를 받는다. 국가 금융사업 전반에 대한 통제와 지도, 발권, 통화조절, 지급결제, 대부, 현금, 기준이자율 제정, 귀금속 관리, 은행 간 지급결제, 채권발행 및 관리, 고정재산 관리, 국고금 관리 등 중앙은행 고유의 역할뿐만 아니라 국가정책금융, 기업금융 (corporate banking), 개인대상 금융업(private banking)까지 모두 맡아 수행한다.

(북한의) "중앙은행법"

제11조 (중앙은행 리사회 리사장) 중앙은행 리사회의 리사장은 중앙은행총재가 한
다. 리사장은 자기 사업에 대하여 내각 앞에 책임진다.
제39조 (기타 금융사업) 중앙은행은 내각이 승인한 범위의 금융사업을 할 수 있다.

제4조 (금융사업의 원칙) 조선민주주의인민공화국에서 금융사업은 중앙은행이 정
한데 따라 한다.……
제36조 (회계항목과 계산방법의 제정) 중앙은행은 금융기관의 회계항목과 계산방법
을 정확히 정해주어야 한다. 금융기관은 종합된 회계자료를 정해진 기간에 중
앙은행에 보고하여야 한다.
제40조 (금융사업에 대한 지도) 금융사업에 대한 지도는 내각의 지도 밑에 중앙은
행이 한다. 중앙은행은 금융기관에 업무활동을 정상적으로 료해하고 바로 하도
록 지도하여야 한다. 금융기관과 해당 기관은 중앙은행이 요구하는 자료를 제
때에 보장하여야 한다.
제41조 (금융기관의 설립승인) 금융기관을 설립하려는 기관은 설립신청문건을 중앙
은행에 내야 한다. 중앙은행은 신청문건을 검토하고 설립을 승인하거나 부결하
여야 한다. 설립이 승인된 금융기관에는 영업허가증을 발급하여야 한다.
제42조 (금융기관의 해산, 통합) 해산하거나 통합하려는 금융기관은 해산 또는 통합
신청문건을 중앙은행에 내야 한다. 중앙은행은 신청문건을 검토하고 영업허가
증을 회수하며 청산사업을 지도하여야 한다.
제43조 (금융사업에 대한 감독통제) 금융사업에 대한 감독통제는 중앙은행과 해당
감독통제기관이 한다. 중앙은행과 해당 감독통제기관은 금융기관의 사업정형
을 엄격히 감독 통제하여야 한다.

제2조 (발권은행) 중앙은행은 조선민주주의인민공화국의 발권은행이다.……

제13조 (중앙은행지점, 임무, 권한) 중앙은행은 필요한 지역에 지점을 조직한다. 지
점은 해당 지역의 통화조절과 화폐류통을 조직하고 금융사업을 감독한다. 지점
은 사업정형을 정기적으로 중앙은행에 보고하여야 한다.
제26조 (통화조절) 통화조절은 화폐류통을 원활히 보장하기 위하여 류통화폐량을
줄이거나 늘이는 중요한 사업이다. 중앙은행은 통화조절사업을 시기별, 지역별
로 조직하여야 한다.

제27조 (결제조직) 중앙은행은 화폐류통을 촉진하기 위한 결제를 신속 정확히 조
직하여야 한다. 결제방법을 정하는 사업은 중앙은행이 한다.

제28조 (금융기관의 대부) 중앙은행은 화폐자금이 부족 되는 금융기관에 대부를 준다. 대부를 받으려는 금융기관은 대부 신청문건을 중앙은행에 내야 한다.

제29조 (화폐의 팔고사기) 중앙은행은 화폐류통을 조절하기 위하여 금융기관과 화폐의 팔고사기를 할 수 있다. 금융기관도 필요에 따라 중앙은행과 화폐의 팔고사기를 할 수 있다.

제30조 (기준리자률의 제정) 기준리자률을 정하는 사업은 중앙은행이 한다. 금융기관은 중앙은행이 정한 기준리자률 범위에서 자체실정에 맞게 대부리자률과 예금리자률을 적용하여야 한다.

제31조 (귀금속의 관리) 귀금속의 관리는 중앙은행이 한다. 중앙은행은 금, 은 같은 귀금속의 장악, 보관, 리용, 판매 사업을 조직 진행하여야 한다. 귀금속의 대외판매는 중앙은행이 위임한 금융기관도 할 수 있다.

제32조 (예금 돈자리의 개설) 금융기관은 중앙은행에 예금돈자리를 개설하여야 한다. 중앙은행에 한 예금은 금융기관 사이의 결제, 지불준비금의 적립 같은 것에 리용하여야 한다.

제33조 (채권발행의 등록관리) 중앙은행은 국가가 승인한 채권의 발행을 등록하고 관리하여야 한다. 채권발행을 승인받은 기관은 채권발행등록보고서를 중앙은행에 내야 한다. 발행된 채권은 금융기관에서 거래할 수 있다.

제34조 (고정재산의 장악) 중앙은행은 국가의 고정재산을 종합적으로 장악하고 그것을 기관, 기업소, 단체에서 합리적으로 리용하도록 하여야 한다. 고정재산의 장악은 부문별, 형태별, 금액별로 하여야 한다.

제38조 (국고대리) 중앙은행은 국고 대리업무를 수행한다. 중앙은행은 중앙재정지도기관과의 련계 밑에 국가예산수입금을 받아들이며 지출은 수입범위 안에서만 하여야 한다.

조선중앙은행의 기구체계를 살펴보면, 평양에 본점(평양시 중구역 소재)이 있으며 11개의 도총지점(9개 도 소재지, 나선특별시, 개성직할시)과 210개의 지점(시·군·구역)을 가지고 있다.

은행총재(2016년 현재 김천균)가 대표자이며 총재는 당연직 최고인민회의 대의원, 노동당 중앙위 후보위원 자격을 갖는다. 복수의 부총재들이 총재

〈그림 3〉 조선중앙은행 기구체계

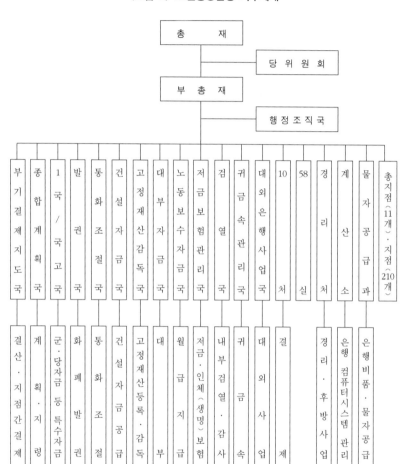

자료: 김광진(2007), p.26

를 보좌하며 행정조직국의 은행 전체 행정관리를 담당한다.

은행의 총참모부서 격은 부기결제지도국이며 이 국의 결산업무를 통해 은행 전체 자산, 부채, 현금흐름, 손익, 거래자잔고, 지점 간 거래 등이 매일 같이 체크되고 통제된다.

종합계획국은 국가의 재정계획에 따라 연간 자금공급계획과 예산계획을 수립하며 이를 각 지점들에 쪼개어 내려 보내 그 집행여부를 지도하고 감독한다.

1국(국고 국)은 국고대리 업무를 수행하며 고유의 국가예산수입금을 납부받는 것 외에 노동당 산하기관들, 군의 특수자금과 관련된 국가예산수입금 납부도 다룬다.

고정재산감독국은 국가의 주요 고정재산(fixed assets)을 부문별(전기, 석탄, 운수, 항만, 항공 등), 형태별(건물, 토지, 기계설비 등), 금액별로 종합적으로 장악하고 지점을 통하여 거래자들이 합리적으로 이용하도록 감독, 통제하는 사업을 한다. 북한 중앙은행 특유의 업무영역이다. 각 기관, 기업소들은 빠짐없이 고정재산을 등록하고 은행에 보고하며 그에 대한 감가상각을 재정적으로 기입하고 정기적으로 감가상각금을 적립한다. 고정재산을 구입하거나 신설할 경우에는 고정재산등록신청서를 은행에 접수시키고 승인을 받아야 하며, 사용연한 만료, 폐기 또는 이관할 경우에도 기관, 기업소는 고정재산폐기신청서와 이관신청서를 은행에 제출하며 은행은 이를 검토, 승인하는 방법으로 관리, 감독한다.

이외에 화폐발행을 관장하는 발권국, 건설자금을 전문으로 보장하는 건설자금국, 노동보수자금국, 대부자금국, 저금보험관리국, 귀금속관리국, 결제를 전문으로 하는 10처, 검열국 등 실무부서들이 있으며 대외사업을 맡은 대외은행사업국, 직원들의 월급과 배급 그리고 후방사업을 담당하는 경리처, 물자공급과 등 보장부서들이 있다.

북한 재정금융에서의 핵심은 국가의 일원화된 통제(이를 일명 '원에 의한 통제'라고 함)와 화폐유통의 계획화, 중앙집권적 결제제도, 무현금 업무 원칙이다.

국가자금공급에는 기본건설 자금공급(고정재산 확대와 관련한 자금), 대보수자금공급(고정재산 보수용 자금), 유동자금공급(원자재 구입과 생산에 필요한 자금), 경비예산자금공급(예산제 기관, 기업소 경비에 필요한 자금)이 있다. 자금공급의 목적은 국가계획수행에 필요한 자금보장과 은행통제에 의한 기관·기업소들의 계획적인 경영보장에 있다.

　대부는 은행의 수익성(이윤) 보장을 위한 것이 아니라 유휴화폐자금을 동원하여 자금이 모자라는 기관·기업소들에 여유자금을 공급해주고 대부조건에 따라 원금과 이자를 제때에 상환받는 경제적 공간으로 활용된다. 대부형태로는 국영기업소 대부(계획대부, 조절대부, 보충대부), 협동단체대부, 기타대부가 있다. 조절대부는 정상적인 경영활동과정에 생산계획에 변동이 생기거나 자재를 계획보다 추가로 구입할 경우 부족한 자금을 계획대부 외에 더 조달해주는 대부이다. 보충대부는 경영활동을 잘하지 못하여 발생하는 부족자금에 대한 대부형태이다.

　각 지점들에는 그 규모에 따라 건설자금처 또는 과, 대부자금(처)과, 저금보험(처)과, 회계결제(처)과, 통화조절(처)과, 생활비자금(처)과, 고정재산등록(처)과 귀금속관리처, 특수자금처가 기본 업무부서들로 구성되어 있다.

2. 조선무역은행

1) 국가유일의 외화관리기관

　1959년 11월 국가의 무역활동 증대로 중앙은행으로부터 분리된 대외결제 및 외화관리업무 전담 은행으로 탄생한 조선무역은행(Korea Foreign Trade Bank)은 북한 유일의 '국가외화관리기관'이다.

　북한의 『경제사전』은 조선무역은행에 의한 국가유일의 외화관리, 즉 환자(foreign exchange)독점과 국가 대외무역의 상관성에 대해 다음과 같이 서술하고 있다.

　　"(환자독점은) 사회주의국가가 다른 나라와의 일체 무역 및 비무역(non-commercial trade)[2] 외화거래와 화폐용 귀금속을 국가의 수중에 집중시키며

---

2) 상품교역이 아닌 여행자 경비, 서비스, 자본거래를 의미한다.

그것을 국가의 통제 밑에 계획적으로 운영하는 제도. 환자독점은 사회주의국가들의 중앙은행, 무역은행 등을 통하여 실시된다. 우리나라에서는 무역은행에 일체 환자거래를 집중시키는 방법으로 환자독점을 실시하고 있다. 환자독점은 사회주의국가의 유일무역제도와 뗄 수 없는 밀접한 관계에 놓여 있다. 국가유일무역제도가 없이는 실제상 환자의 국가독점을 실현할 수 없다. 한편 환자독점은 국가의 유일무역제도를 공고화하는 데 이바지한다. …… 환자독점은 사회주의 국가들에서 경제건설을 촉진하는 데 외화를 가장 합리적으로 리용할 수 있게 한다. 모든 환자거래를 국가가 유일적으로 틀어쥠으로써 국가는 외화예비를 계획적으로 마련할 수 있으며 경제건설에 필요한 물자수입에서 선후차를 옳게 구분하여 외화를 계획적으로 쓸 수 있다. 환자독점은 인민들이 국가주권과 생산수단의 주인으로 되고 있으며 인민경제가 계획적으로 운영되는 사회주의제도하에서만 실시될 수 있다. 환자독점을 실시할 수 없는 제국주의국가는 국가독점자본주의에 의하여 환자시장에 대한 통제와 간섭을 강화하려 하지만 그것은 극히 부분적이며 일시적이고 불철저한 형태로밖에 실현되지 못한다."[3]

김정일은 "재정은행사업을 개선 강화할 데 대하여"라는 문헌에서 무역은행의 지위와 역할에 대해 "무역은행은 나라의 외화관리를 책임진 국가기관으로서 외화관리사업을 혁명적으로 개선하여 당의 외화관리정책을 철저히 관철하여야 한다"[4]고 지적하였다.

북한의 『재정금융사전』(1995)은 무역은행의 역할에 대해 "… 나라의 외화수입과 지출상태를 종합적으로 분석하면서 국제수지균형을 정상적으로 맞추는 사업을 한다"[5]고 기술하고 있다. 이는 국가의 종합적인 국제수지균형을 담당한 외화관리은행으로서의 역할을 강조한 것이다.

또한 사전은 외화예금과 저금, 대부, 송금 및 외화 교환업무 등 외국환자은행이 진행하는 "모든 은행 업무를 통일적으로 조직하고 집행하며" 국제금

3) 사회과학원 주체경제학연구소, 『경제사전1』; 『경제사전2』(평양: 사회과학출판사, 1985).
4) 김정일, "재정은행사업을 개선 강화할 데 대하여," 『김정일 선집10』(평양: 조선로동당출판사, 1990), p.33.
5) 사회과학원 사회주의경제관리연구소, 『재정금융사전』(평양: 사회과학출판사, 1995), p.937.

〈그림 4〉 조선무역은행 기구체계

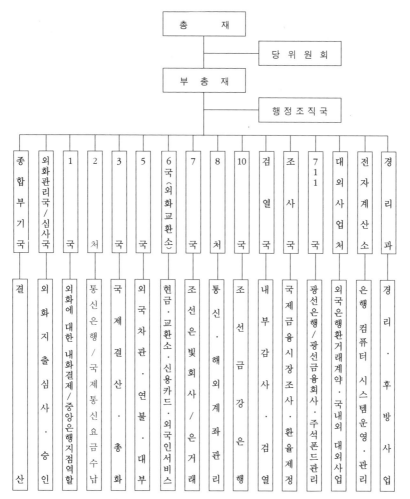

* 현존하는 부서는 진한 글자로 표시하였음

자료: 김광진(2007: 29)을 가공하여 작성

융시장에서 주요나라 화폐시세와 이자율의 변동에 맞게 북한 원에 대한 다른 나라 화폐의 시세와 이자율을 유일적으로 제정 공포한다고 지적하고 있다. 업무적 측면에서의 역할을 나열한 내용이다.

『외화관리법시행규정』제6조는 외화관리기관(재정성)은 외화관리와 관련한 법규범 집행의 방법론적 지시를 만들고 외국환자은행과 외국투자은행의 외국환자 업무범위를 승인하며 조선원에 대한 외국환지의 기준시세를 정하는 반면 외화거래, 대외결제와 관련한 절차와 방법, 조선원에 대한 외화현금교환시세와 외국환자의 결제시세, 대외결제 취급 수수료율, 외화의 예금, 저금, 대부리자률은 무역은행이 정한다고 하고 있다.

국가유일의 외화관리기관으로서 무역은행은 '1기관, 1은행, 1계좌' 원칙에 준해 북한의 모든 무역회사, 기관들의 무역결제(international trade settlement)를 맡아 수행한다. 무역결제의 흐름은 계좌개설 → 연간 무역(수출입)계획 제출 → 외화관리국(심사국)에 계획에 따르는 건별 지출 신청서 제출 및 심사 → 3국(대외결제 담당부서)을 통한 송금, 신용장[6] 등 결제 → 거래종결과 동시에 3국(대외결제 담당부서)을 통한 총화의 순으로 진행된다.

북한은행, 금융기관의 성격은 서비스보장 및 이익창출보다는 '원에 의한 통제'기관임으로 모든 외화에 대한 엄격한 지출 심사와 그 지출에 대한 총화가 따른다. 또한 무역은행 검열국은 문제가 되는 국가무역회사의 외화재정을 검열할 권한도 갖는다. 이와 관련해 김일성은 이렇게 지시하기도 하였다. "재정은행기관들이 예산총화나 짓고 밸런스나 맞추는 것으로 자기 임무를 다하였다고 생각한다면 그것은 큰 잘못입니다. 재정은행기관들은 마땅히 인민경제 모든 부문의 기관, 기업소들이 예산을 어김없이 집행하여 국가자금을 바로 쓰도록 끊임없이 통제하고 검열하여야 합니다. 특히 검열성이 없는 조건에서 재정은행기관들이 통제 사업을 강화하는 것은 더욱 중요합니다."[7]

---

6) 북한은 1987년 140여 개의 서방 대북한 채권은행들로부터 채무불이행국으로 지정돼 이후 신용장을 포함한 모든 신용거래, 신용자금조달을 하지 못하고 있다.

이외에 무역은행은 외화와 관련된 대부, 개인외화저금, 직불카드(내국인 대상), 신용카드(외국인·해외동포 대상), 현금업무, 북한주재 해외공관·국제기구·외국회사·외국인 금융서비스도 보장하고 있다.

또한 환율제정, 국가 외채, 외국은행들과의 청산결제서비스(한국수출입은행 포함), 북한 내 외환은행 간 청산결제서비스의 기능도 수행하고 있으며 '외화와 바꾼 돈표'가 발행될 때는 중앙은행을 대신해 발권은행의 역할도 수행하였다. 현재는 북한에서 장려하는 무현금 서비스의 한 형태인 '외화행표' 발행과 서비스는 지속하고 있다.

2) 조선광선은행 또는 조선광선금융회사

조선광선은행 또는 조선광선금융회사는 무역은행의 한 개 부서인 711국으로 존재한다. 은행안의 은행과 같으며, 행정적으로는 무역은행 소속이지만 맡은 역할과 자금관리는 무역은행 통제를 전혀 받지 않고 독자적으로 수행한다. 자금원천은 외화거래를 하는 모든 무역은행 거래자들로부터 의무적으로 징수하는 국가외화수익 납부금 3% 등이다. 김경희의 직접적인 관리를 받아왔다. 즉, 김씨 일가의 비자금, 특수자금을 별도 관리하는 조직인 셈이다. 독자 은행인 만큼 자금지출심사, 국제결제, 총화, 결산 등 모든 업무처리를 독립적으로 한다. 다만 현금업무, 무역은행 종합결산, 직원 인사사업, 해외파견 인사사업, 당 생활은 무역은행에 귀속되어 있다.

2005년 BDA(Banco Delta Asia, Macao)에 대한 미국 재무부의 대북금융제재 전까지는 중국 주하이에 대표부를 두고 인접 마카오를 근거지로 많은 활동을 하였다. 또한 중국 단둥에 2002년 9월 대표부를 설치하여 해외결제를 도왔다. 중국 선양에도 대표부를 개설하였다. BDA사건 후 북한 대외금융 전반이 큰 타격을 받은 반면 광선은행은 엄청난 자금력과 특권을 활용해 오히려 이 시기부터 북한 정권의 전적인 지지를 받으며 북한외환 돈세탁,

---

7) 김일성, "사회주의기업소들의 경영활동에 대한 재정은행기관들의 통제적 기능을 강화할 데 대하여," 『김일성저작집』 제16권(평양: 조선로동당출판사, 1982), p.103.

해외결제 대행을 도맡아 수행해 왔다. 이를 이유로 현재 유엔안보리, 미국의 대북금융제재의 단골 타깃이 되고 있다.

광선은행 핵심 3인방에는 은행장 리동림, 단동 대표 리일수, 주해 대표 김귀철이 있다. 리동림은 국제관계대학을 졸업하고 1980년 6월 무역은행 지도원을 거쳐 2004년 711국 국장으로 임명되었으며, 소련 연방 붕괴 시 러시아 마피아와 결탁해 소련 경내 은행에 예치돼 있던 당 자금 450만 달러를 무사히 인출하면서 노동당으로부터 인정을 받아 통치자금을 관리하는 광선은행장으로 승진한 것으로 알려지고 있다. 무역은행 근무 중 불량대부, 거래자들로부터 뇌물착복 등으로 검열을 받아 6개월간 혁명화 경력도 있으며 1999년 복직되었다.

광선은행 단동 대표 리일수는 1990년대 중반 무역은행 주해대표부 부대표와 이후 711국 부국장도 지냈다. 711국 부국장 재직 시 부서의 특수성을 내세워 독자적인 해외대표부 설립을 주도해 2002년 9월 단동에 광선은행 대표부를 설립하였다. 2006년 단동대표 부임 후 중국 건설은행 단동지점과 '중북 무역대금 위안화 결제 합의' 등 협력관계를 비약적으로 발전시켰다. 또한 동 은행지점과 합작 금융회사를 설립함으로써 사실상 중국 지방정부로부터 동북 3성 지역에 한해 외환업무를 승인받는 특권을 얻어냈다. 중-북무역이 주로 동북 3성에서 이루어지는 만큼 동 합작은행에 대해서 무역자금 입금과 동북지역 내 송금을 예외적으로 허락받은 것이다. 이에 힘입어 광선은행 단동대표부는 북한의 해외자금 세탁의 중심으로 부상하였으며, 동북 3성 지역에 국한되지 않고 동북 3성 지역의 한 은행으로 자금을 송금한 이후에 재송금하는 방식으로 동북 3성 이외의 중국 지역이나 제3국에도 송금을 하게 됐다. 특히 단동 대표 리일수는 중국이 특별히 허가를 해준 것을 이용해 다른 북한 은행의 중국은행과의 합작을 고의로 막고 독점권을 유지하면서, 편의를 봐주어야 할 북한 무역일꾼들로부터 더 높은 고리의 수수료를 뜯어내 빈축을 사기도 했다.

주해 대표 김귀철은 1984년 4월 무역은행에 입사해 2000년대 중반 리비아 주재 대표부 파견근무도 하였다. 또한 광동어와 보통어를 모두 현지인처

럼 구사하는 중국 통으로 광동지역에서만 10년 넘게 활동하였고, 북한 내에
서도 몇 손가락 안에 꼽히는 외환전문가이다. 김귀철은 김씨 일가의 자금
외에도 수백만 달러의 북한 고위층 개인 비자금을 현지에서 관리해 이 고위
층들의 비호하에 장기간 자리를 유지할 수 있었으며 때론 이 자금 중에서
수십만 달러의 손해를 내기도 하였다. BDA사건 이후 주해대표부는 과거
마카오 금융권 인맥을 그대로 활용해 활동을 이어갔으며, 금융시스템이 휠
씬 발달된 홍콩으로까지 범위를 넓혔다.[8] 또한 주해를 포함해 중국에서도
경제수준이 높은 심천, 광주 등지의 여러 은행에 차명계좌를 열어 자금을
분산, 은닉하였고, 인민폐 결제를 통해 미국의 추적을 회피하려 했다.

3) 조선금강은행

무역은행 10국으로 편재된 조선금강은행도 광선은행의 역할과 유사하다.
김경희가 맡아보던 노동당 경제정책검열부의 직접적인 지도를 받으며 그 산
하기관들의 자금관리, 대외결제를 담당하였다. 거래자들로는 주로 무역성
소속 조선봉화무역상사, 제2경제과학원의 기계연합무역회사 등 특수자금거
래처들이다. 자금의 비밀성, 시급성, 보장성 때문에 만들어진 은행인 셈이
다. 역시 현금업무, 인사, 조직생활, 종합결산 등은 무역은행에 귀속되어
작동되나 거래자, 잔고관리, 지출심사, 결제, 거래 총화 등은 모두 독립적으
로 진행한다.

---

8) 홍콩 금융관리국은 북한 광선은행 주해 대표부가 차명회사를 홍콩에 설립하고 이 회사
를 통해 돈세탁을 하고 있는 정황을 포착해 조사하기도 하였다. 차명회사 대표는 홍콩
인이 아닌 중국 대륙 여성으로 홍콩에는 거주하지 않은 것으로 알려졌으며, 수년 전부
터 미화 1천만 달러 이상의 거액이 수시 입출금되고 있는 정황이 있고, 특히 계좌 흐름
이 과거 광선은행 주해대표부의 은행 계좌와 연계된 혐의가 있는 것으로 파악되어 본
격 조사가 시작되었다. 이미 UN 금융제재 대상에 포함된 '홍콩 리더 인터내셔널'도
이 사건과 유사하다. 등기부에 따르면 이 회사도 중국 장춘에 거주하는 한 중국인 일인
명의로 사실상 깡통 회사인 것으로 확인되었다. 따라서 이 회사에 대한 제재는 그저
북한 지하 금융권 내 수많은 차명회사 중 하나를 찾아낸 것에 불과하며 실제로 계좌에
남아있는 잔고도 얼마 없어 자금동결 효과도 미미한 것으로 평가된다.

4) 국제통신은행 또는 체신은행

국제통신은행은 체신성 소속 은행이었으나 업무특성상 국제통신과 관련한 외화요금 수납업무가 주영역이었으므로 그 규모가 작아 먼저 조선합영은행에 합병되었다가 이후 무역은행 2처로 편입되었다. 북한 내 국제전화, 팩스, 텔렉스 등 국제통신과 관련된 모든 요금 수납을 맡아 처리한다. 이집트 오라스콤(Orascom) 회사가 북한 무선통신업에 투자하면서 업무량이 폭증해 2009년부터 조선체신은행으로 독립하였다.

3. 기타 대외결제은행들

북한의 외화관리시스템은 경제가 내각이 관장하는 국가계획경제, 인민경제와 노동당이 직접 관리하는 '김정일 궁정경제'로 분리되면서 1970년대 후반부터 이원화된 모습을 갖게 된다. 원래 국가의 모든 외화자금은 원칙상 조선무역은행을 통해 관리되기로 되었으나 '김정일 궁정경제'의 각 특수단위들에 자체 외환은행들이 생겨나면서 국가의 유일적 외화관리시스템이 파괴된 것이다.

가장 먼저 노동당 39호실 소속으로 1978년 11월에 조선대성은행이 창설되며, 이후 각 부문별 은행들이 설립되었다. 노동당 군수공업부가 관장하는 군수산업부분인 2경제위원회에는 창광신용은행, 당 38호실 소속으로는 고려은행, 심지어 장성택이 맡아 본 조직지도부 행정부문에는 동북아시아은행이 생겨났다. 이 은행들은 자금의 비밀성, 거래의 특수성 때문에 무역은행이나 중앙은행, 재정성 등 국가재정금융 당국의 간섭을 거의나 받지 않으면서 철저한 독자성을 유지한 채 활동하고 있다.

1) 조선대성은행

가장 대표적인 부분별 외환은행은 1978년 11월 창설된 조선대성은행(Korea Daesung Bank)이다. 주소지는 평양시 보통강구역 세거리동 경흥

〈그림 5〉 외화자금의 흐름과 북한의 경제구조

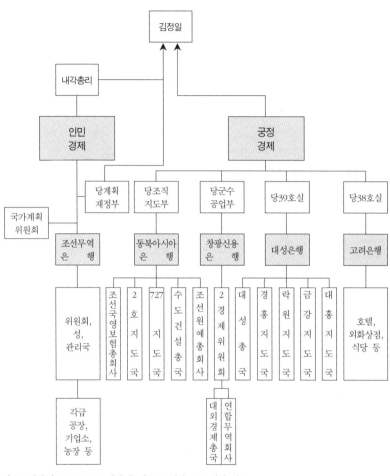

자료: 김광진(2007: 55), 변화된 내용은 해당 본문에서 다룸

거리이다. 김 부자의 통치자금, 혁명자금을 관리하는 노동당 39호실 소속으로 39호실이 운영하는 기관들의 외국환업무를 주로 관장한다.

39호실이 경영하는 가장 대표적인 기관은 대성지도국이 있다. 과거 대성총국으로도 있었으며 일명 대성경제연합체, 대성그룹, 조선대성무역총회사,

〈그림 6〉 당 39호실 소속기관 및 외화자금 흐름도

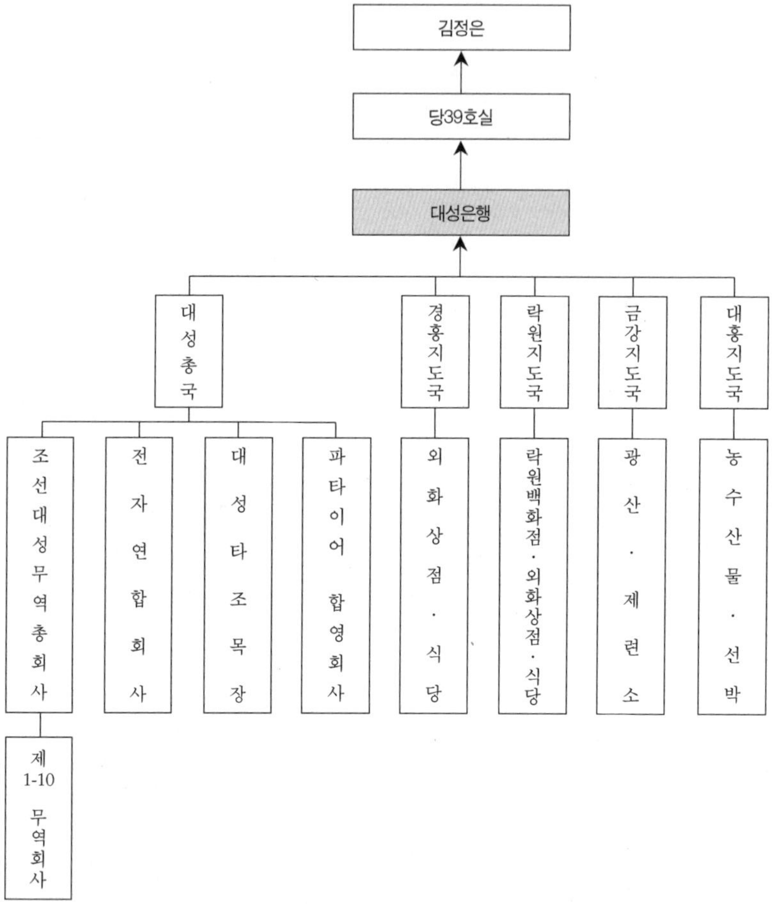

```
                    ┌──────────────┐
                    │    김정은     │
                    └──────────────┘
                           ↑
                    ┌──────────────┐
                    │   당39호실    │
                    └──────────────┘
                           ↑
                    ┌──────────────┐
                    │   대성은행    │
                    └──────────────┘
                           ↑
```

대성총국				경흥지도국	락원지도국	금강지도국	대흥지도국
조선대성무역총회사	전자연합회사	대성타조목장	파타이어합영회사	외화상점·식당	락원백화점·외화상점·식당	광산·제련소	농수산물·선박
제1-10무역회사							

자료: 김광진(2007), p.66

조선대성무역상사로도 불린다. 이외에 금 제련, 판매를 맡아 수행하는 금강지도국, 수산물 수출을 전업으로 하는 대흥지도국,[9] 외화상점인 락원백화점

---

[9] 평양시 중구역에 위치한 대흥지도국은 금강지도국과 마찬가지로 대성총국의 한 개 부

을 운영하는 락원지도국, 외화상점, 외화식당 등 서비스업을 전업으로 하는 경흥지도국이 고객이다. 조선동해해운회사, 조선만경무역상사, 김정일이 자기의 친위부대로 지칭한 1호 별장(김 부자 사용), 시설건설 및 관리를 전담하는 인민보안부 소속 1여단의 대외결제도 관장하였다. 39호실과 연관된 조총련 계열 투자자금, 이들 합영기업들의 대외결제도 맡아 진행하였다. 한때 은행의 부실한 자금을 충당하기 위해 외화 채권을 발행하기도 하였다.

주업무는 외화현금, 송금이다. 신용카드결제도 가능하다. 조선무역은행과 마찬가지로 북한의 채무불이행국 지위로 인해 해외 신용업무, 자금조달은 막혀있다. 초기 39호실 소속 기관들의 호황으로 업무량이 증가하고 번성하였으나, 북한지도부의 무차별적인 자금차출, 부실채권 증가, 강제적인 고객자산동결로 은행은 오래전부터 사실상 기술적으로 파산(bankrupt)한 상태나 다름없다.

마카오, 싱가포르, 홍콩, 빈 등지에 해외대표부(representative office)를 두고 대외결제를 도모하게 하였다. 오스트리아 빈에는 1980년에 현지 법인으로 금별은행(Gold Star Bank)이라는 자회사를 설립하였지만 대북금융제재, 국제사회의 감시, 경영악화로 철수하였다.

2) 대동신용은행

대성은행은 1995년 노르웨이 투자회사와 합자하여 대동신용은행을 설립하였으며, 1996년에는 홍콩의 페레그린투자(주)로 거래대방을 바꿔 공동출자하여 합영은행인 페레그린-대성개발은행을 출범시켰다. 이후 홍콩 페레그린이 파산하면서 1999년 합영이 깨졌고 다른 투자자를 모색하였다. 2006년부터 은행 지분 70%가 외국의 한 컨소시엄에 넘어갔으며, 2011년에는 다시 중국의 컨소시엄이 인수하였다. 현재도 여전히 대동신용은행이라는 합영은행으로 영업 중에 있다.

서가 분리돼 생긴 39호실소속 중앙기관으로서 송이버섯과 성게, 해삼, 낙지 등 고급어족에 대한 수출을 거의 독점하였다.

주 거래자들은 대성은행 거래자, 39호실 소속 기관들, 평양주재 외국 지사 및 대리인들, 외국인들, 국제기구들이다. 주 업무는 송금, 현금, 환자이다.

2016년 1월 6일 북한의 4차 핵실험 강행과 뒤이은 2월 장거리로켓 시험으로 촉발된 사상최강의 유엔안보리제재(결의 2270호)로 대북제재가 한층 강화된 가운데 파나마 로펌 모색 폰세카에 의한 전 세계적인 조세회피 관련 문서가 유출돼 대동신용은행이 또 한 번 세간의 주목을 받았다. 대동신용은행이 모색 폰세카를 이용해 영국령 버진아일랜드에 DCB 파이낸스(Dadong Credit Bank Finance)를 설립한 것이 드러났으며, 이 회사의 공동대표로 평양 대동신용은행 은행장인 영국인 코위와 북한인 김철삼이 등록된 것으로 알려졌다.[10] 외부세계는 DCB 파이낸스를 통해 북한당국이 유엔 등 국제사회의 제재를 피해 해외에 무기를 팔거나 핵무기 개발프로그램에 필요한 자금을 조달했을 것으로 우려하고 있다.

미국 재무부 해외자산국통제국(OFAC)은 이미 2013년에 핵개발 및 탄도미사일 등 대량살상무기(WMD) 확산에 관여한 북한 금융기관으로 대동신용은행과 DCB 파이낸스를 지목하였으며, 대동신용은행 중국 다롄지점 대표였던 김철삼을 같이 제재대상에 포함시키기도 하였다. 당시 대동신용은행은 북한 군수산업 핵심조직인 2경제위원회 소속 조선광업무역회사(KOMID)와 단천상업은행(전신 조선창광신용은행)에 금융서비스를 제공하였으며, DCB 파이낸스는 2006년부터 미국의 제재를 피하기 위한 금융거래 수단으로 활용돼왔다고 미재무부는 밝혔다. 또한 김철삼은 다롄지점 대표로서 대동신용은행 계좌를 통해 수백만 달러를 거래 또는 관리한 것으로 지목되었다.

본사인 조선대성은행도 북한 김 부자의 통치자금, 비자금, 혁명자금을 관리하고 핵미사일 개발을 돕는 창구로 이용된다는 이유로 오래전부터 유엔, 미국, 국제사회의 단골 제재대상으로 되어 왔다. 미 재무부는 2010년에 제

---

10) 모색 폰세카는 DCB 파이낸스의 공동대표 코위가 은행장으로 있는 대동신용은행의 주소지가 북한 평양으로 돼 있었으나 이것이 북한회사임을 인지하지 못하였으며, 2010년 버진아일랜드 금융조사당국의 문의를 받고서야 그 정체를 알고 대리인을 그만둔 것으로 알려졌다.

재대상 리스트에 올렸다.

3) 동북아시아은행

(1) ING-동북아시아은행

　동북아시아은행(North East Asia Bank)의 모체는 장성택 노동당 조직지도부 행정부문 제1부부장이 조직지도부 행정부문 602과를 통해 관장했던 대회보험총국(대외적으로는 조선국제보험회사, Korea Foreign Insurance Company)[11]과 네덜란드 ING(International Netherland Group)와 1995년 12월에 합영한 ING-동북아시아은행(ING-NEAB)이다. 평양시 보통강구역 보통강호텔에 소재해 업무를 전개하였다. 당시 북한은 법적으로 외국은행의 평양진출을 허용하지 않았다. 다만 특별경제무역지대로 지정된 라진-선봉에서는 허용되었다. ING와 홍콩 페레그린은 각각 대외보험총국과 대성은행과 합영은행을 설립하면서 라진-선봉지역이 활성화돼 그곳으로 이전하기 전까지 임시로 평양에서의 운영을 허가받았다.

　그러던 중 1999년 ING의 동북아시아지역 구조조정으로 평양에서 철수를 결정하게 되며, 그때부터 동북아시아은행으로 영업하기 시작하였다. ING의 철수 배경에는 당시 아시아를 휩쓴 금융위기(남한에서는 IMF위기로 칭함)와, 라진-선봉 경제지대의 활성화 부진, 평양에서의 압박이 작용한 것으로 보인다. 평양에서 영업하던 기간 ING-NEAB는 높은 국제적 신용과 지위, 네트워크를 활용해 최고 수준의 은행서비스(주로 현금, 송금, 외환업무 진행)를 보장하였으며, 결과 상대적으로 꽉 막혀버린 조선무역은행의 금융서비스를 피해 많은 외국회사, 기관들이 몰려오는 사태가 발생하였다. 외국회

---

11) 대외보험총국은 2004년 초 장성택의 실각으로 노동당 조직지도부 행정부문이 해체되면서 39호실 소속으로 옮겼다가 2007년 12월 장성택의 노동당 행정부장 부임으로 다시 그의 지휘를 받게 된다. 그러다 2013년 12월 조카 김정은에 의한 장성택 처형으로 노동당 행정부가 해체돼 그 기능이 조직지도부로 흡수되면서 다시 39호실로 편입되었다.

사, 지점, 대리인은 물론이고 법적으로 조선무역은행과만 거래가 허용된 평양주재 외국대사관, 국제기구들도 거래하기 시작했다. 또한 법적으로 금지된 북한 원화 거래(외화와 바꾼 돈표) 의혹에도 한때 휘말리게 된다.

당시 위기를 느낀 조선무역은행은 공문을 수차례 보내 항의하였으며 조선중앙은행, 재정성도 개입하려 하였다. 다행히 장성택의 위상이 막강했고, 당 조직지도부 소속이라는 방패막이 있어 ING가 철수할 때까지 별 탈은 없었지만, 외부의 시각으로 볼 때는 국가재정, 금융당국의 압박이 매우 심했던 것으로 느껴졌을 것이다.

철수할 때까지 마무리짓지 못한 것은 투자한 자본금 회수였는데 북한은 법적 근거를 내세워 외국 자본을 북한의 3자 은행(당시 대외보험총국이 추천하고 선택한 것은 합영은행)에 예치하도록 하였다. 합영은행은 다른 북한 외환은행들과 마찬가지로 극도로 부실한 상태였으며, 돈이 없어 그리고 의도적으로도 이 자금반환을 끝까지 거부하였다.

(2) 동북아시아은행

동북아시아은행의 사명은 초창기부터 대외보험총국의 업무를 뒷받침하는 것이었다. 대외보험총국은 은행을 창설하기 전까지 무역은행거래를 하였는데 무역은행의 부실로 많은 지장을 받았다. 2000년 장성택은 김정일로부터 노동당 조직지도부 행정부문의 자금을 자기가 관장하는 동북아시아은행을 통해 관리하겠다고 말씀[12]을 받게 되며, 그때부터 동북아시아은행은 대외보험총국은 물론 노동당 조직지도부 행정부문 소속기관들과 장성택이 하사받거나 책임지는 혁명자금에 대한 관리를 하기 시작하였다.

장성택은 조직지도부 행정부문에 600계열 과들을 만들어 놓고 많은 경제적 이권에 개입하였다. 이 중에서 혁명자금을 가장 많이 번 기관은 대외보

---

12) 북한은 최고통수권자의 지시를 말씀, 친필지시, 방침, 보아주신 문건 등으로 그 중요도, 우선순위를 구분한다. 이 중 구두 말씀은 무조건 관철해야 하는 가장 중요한 지시이다.

험총국이었다. 호위총국은 청운산이라는 명칭 아래 각 무역회사들을 설립하고 무역활동을 하였다.[13] 리을설 전 호위총국장의 둘째딸은 련못무역회사(청운산 2부) 사장을 맡아 하면서 동북아시아은행 거래를 하였다. 이외에 강선제강소에서 강재를 받아와서 전문 장사하는 회사도 있었는데 강철생산이 부진하였지만 북한 내부에서도 수요가 대단해 높았고, 달러로 모두 거래되었기에 호위총국은 막강한 권력을 배경으로 이 장사에서 짭짤하게 수익을 보았다. 당시 강재는 쿠바 원조 분과 군이 가져가는 것밖에 생산되지 않았다.

군수동원총국은 김정일의 방침을 받아 뱀장어양어장 사업을 하였는데 혁명자금을 할당받아 양어를 하였다. 이와 관련된 계좌와 자금이 동북아시아은행을 통해 거래되었는데 액수는 그렇게 많지 않았다.

국가안전보위부는 본사계좌는 없었으나 산하기관인 세관총국이 동북아시아은행 고객으로 거래를 하였으며, 세관을 통관하여 장사하는 개인거래품목에 한해서 북한 원화로 된 세금을 부과하기 시작하면서 북한 원화 거래도 많이 하였다.

인민보안부(당시는 인민보안성)는 조직이 방대하고 외화벌이 관련 회사들도 많아 동북아시아은행의 주고객이었다. 부 재정처에서는 김정일을 '모실' 목적으로 련못동에 건설한 식용 개를 사육하기 위해 사료수입을 혁명자금을 할당받아 거래하기도 하였다. 김정일이 김일성종합대학 재학 중 룡성고속도로 건설에 참가한 적이 있는데 당시 련못동에 유명한 단고기집(개장집)이 있어 자주 회고해 장성택이 주도하여 벌인 일이었다. 결국 김정일은 이 목장을 다녀갔다. 김 부자 별장, 특각건설을 전업으로 하는 인민보안부 소속 1여단도 동북아시아은행 거래를 하였다. 과거 무역은행, 대성은행과

13) 1990년대 극심한 경제난, 식량난으로 호위총국을 비롯한 대부분의 군단 급 군부대들은 당시 저마다 외화벌이 회사들을 차려놓고 장사를 하였다. 각자 그럴듯한 명분을 걸고 김정일의 방침을 받아 설립하였는데 예로 호위총국은 자기가 맡은 영원발전소 건설에 필요한 건설자금을 마련한다는 구실로 회사를 만들기도 하였다. 청운산 산하에 세워진 각 회사들은 대합, 홍합, 해삼, 꽃게, 광어, 바지락 등 조개류와 어류수출에서 철강재 거래까지 돈이 되는 것은 닥치는 대로 장사하였다.

거래하였으나 2000년 김정일 말씀이 하달되면서 취해진 조치였다.

최고의 특수기관이다 보니 외화도 잘 쓰고 돈도 잘 벌었다. 사금채취를 해 금괴도 정기적으로 팔았고 아프리카, 동남아시아에 우상화대상물 건설도 해줘 파견된 근로자들의 월급도 정기적으로 송금되었다. 인민보안부 소속에는 도로 및 대상건설을 전업으로 하는 건설부대인 7총국, 8총국도 있었다. 장비 수입, 건설보장을 위한 외화벌이 회사들을 각기 가지고 있었는데 은행 거래가 매우 활발하였다.

중앙검찰소는 외화거래는 거의 없었으나 사건취급을 하면서 몰수한 국고 납부 조 외화자산들이 좀 있었다.

수도건설총국은 1980년대 후반 제13차 세계청년학생축전을 계기로 장성택과 연이 닿아 노동당 조직지도부 행정부문이 관리하였는데, 재일동포 출신 사장을 비롯해 많은 외화관련 업무를 하고 있었다. 무역, 사금채취, 외화식당, 외화상점 등 문어발식으로 사업을 확장하였으며 비교적 벌이도 잘 되었다.

2호지도국은 장성택과 함께 숙청된 평양시당 책임비서 문경덕이 국장으로 사업하던 전쟁비축미(2호미)를 관리하는 기관이다. 자체로 선박운영 및 무역업을 하는 회사들을 가지고 있었는데 역시 노동당 조직지도부 행정부문 소속이라 동북아시아은행과 거래하였다. 큰 타조목장도 혁명자금이 대량 투입돼 건설, 운영되고 있다.

727지도국은 독일에서 도입한 씨리카트벽돌공장을 운영하는 중앙기관이다. 공장현대화를 위해 할당된 혁명자금이 가장 많았으며 장성택이 자기가 데리고 있던 과장을 지도국장으로 앉히고 부리였다. 지도국에 새별무역회사가 있었는데 동북아시아은행 거래자였다.

조선원예총회사, 남새연구소, 화초연구소도 동북아시아은행과 거래를 하였는데 신의주장관으로 임명됐던 네덜란드계 중국인 양빈의 도움으로 설립되었으며, 룡성에 대형온실을 지으면서 장성택이 이를 직접 관장하였다. 이 외에도 많은 외국지사, 대리인들이 은행거래를 하였다.

동북아시아은행의 주요 임무는 또한 노동당 조직지도부 행정부문, 장성택에게 할당된 혁명자금을 관리하는 것이었다. 월에 한 번씩 자금 집행정형, 잔고, 이자를 산출해 602과를 통해 김정일에게 직접 보고하였다. 당시 혁명자금이 투입돼 진행된 대표적 프로젝트들은 다음과 같다.

▶ 평양시 닭공장 현대화
▶ 씨리카트벽돌공장 현대화
▶ 대동강 맥주공장 건설(화학공업부)
▶ 타조목장건설(2호지도국)
▶ 컴퓨터 수재양성기지 꾸리기(교육성, 만경대학생소년궁전)
▶ 뱀장어 양어장 건설(군수공업총국)
▶ 무궤도 전차용 단독선(전기) 건설

　동북아시아은행의 주 업무내용 역시 현금, 송금, 환자이며 신용이 높아 외국은행에 담보금을 맡기고 신용장(Letter of Credit)에 의한 거래도 많이 하였다. 장성택의 실각과 행보에 따라 당 39호실, 이후 당 행정부에 소속되었다가 현재는 군 총정치국에 배속되어 활동 중에 있다. 즉 〈그림 7〉에 나타나 있는 과거 노동당 조직지도부 행정부문 소속 동북아시아은행 거래자들은 다시 다 조정되었다고 보면 된다. 현재 장성택이 맡아 보던 당 행정부는 해체돼 그 기능이 당 조직지도부에 축소, 보존되었다. 조선중앙은행과 함께 평양시에 은행건물을 크게 신축하기도 하였다.
　동북아시아은행 기구체계는 은행총재, 부총재, 심사과, 관리과, 부기과, 혁명자금관리로 되어 있었다. 심사과는 자금지출에 대한 심사를 맡는다. 거래자의 연간 외화무역거래 계획을 받고 그에 준해 정확히 자금지출이 되는지 심사하는 것이다. 관리과는 결재를 담당한다. 대부분 송금업무이다. 해외 은행잔고관리와 필요한 환자(foreign exchange), 통신(송금지시 텔렉스, 팩스, 국제전화), 대외사업까지도 관장한다. 부기과는 현금업무, 거래자 계좌개설, 결산(일일 결산서, 손익계산서, 현금거래서 등)을 맡는다. 혁명자금 관리자는 비밀, 업무의 특수성으로 인해 혁명자금과 관련해서는 거래자 계

〈그림 7〉 당 조직지도부 행정부문 소속기관 및 외화자금 흐름도

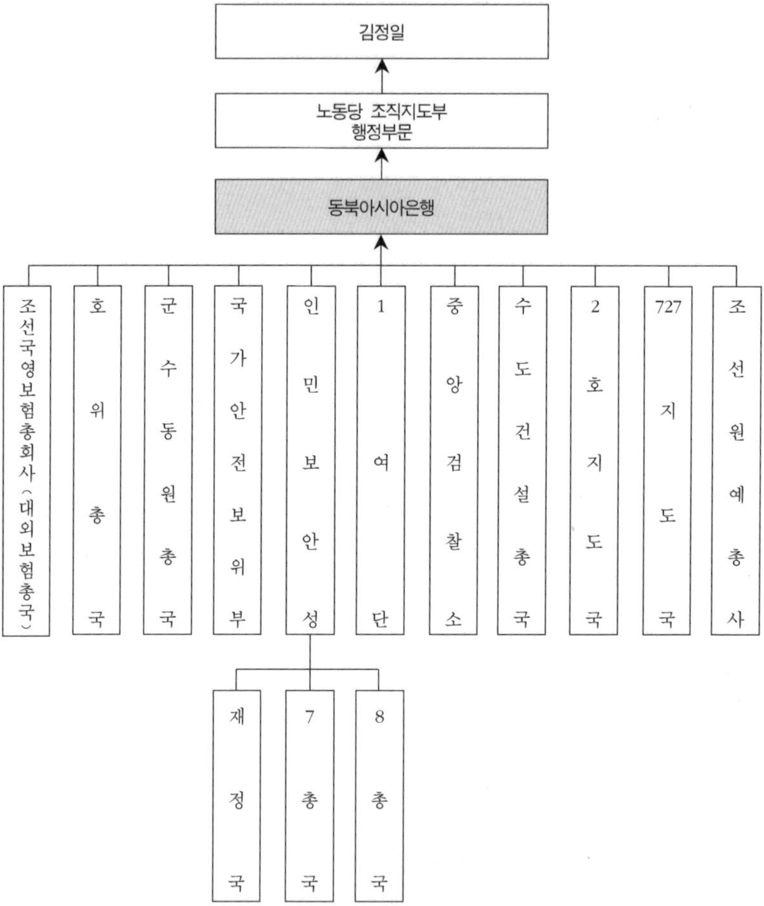

자료: 김광진(2007: 64), 변화된 내용은 해당 본문에서 다룸

좌개설부터 마지막 결산까지 모두 맡아 진행한다.

4) 단천상업은행

단천상업은행은 낭 군수공업부기 맡은 군수산업부분인 2경제위원회 소속

회사, 기관들의 자금관리와 대외결제를 담당한다. 전신은 조선창광신용은행
이며 1986년 9월에 창립되었다. 창설 초기에는 조선룡악산은행으로 불렸
다. 한때 대성은행에 흡수되었다가 1989년 8월 조선창광신용은행으로 독립
하였다. 또한 1998년부터는 창광신용은행으로 이름을 바꿨다. 감시를 피하
기 위해 북한은행이라는 출처를 숨기려는 목적에서였다.

단천상업은행은 북한 외환은행 중 자본금, 자금 현금흐름이 가장 큰 은행
이다. 평양시 평천구역 새마을동의 재정성 옆 청사에 위치해 있다. 은행 부
서 중 압록강개발은행 타이틀로 대외적으로 활동하는 것도 있다. '뱅커스
앨머낵'의 자료에 따르면 2011년 7월 당시 압록강개발은행의 자산총액은 미
화 5억 2,650만 달러를 넘는 규모로, 영업외 수익은 약 1,171만 6천 달러로
신고되었다. 이는 공식자료상 북한 외환은행들 가운데 가장 많은 규모이다.

물론 북한은 대외적 이미지 제고를 위해 조작된 자료를 제출하는 것이
보통이지만 자산총액을 반으로 축소해도 북한 외환은행 중 최대 규모를 자
랑한다. 단천상업은행은 베트남, 미얀마, 중국, 싱가포르 등지에 해외대표부
들을 운영하였거나 하고 있다. 주요 은행업무 역시 현금, 송금, 환자이다.

5) 고려은행

고려은행은 당 38호실 소속 은행이다. 평양시 보통강구역 붉은거리에 소
재해 있다. 자본주의 국가들과의 합영·합작, 자본조달, 남한기업들과의 교
류 활성화를 위한 목적으로 1990년대 초에 탄생하였으나, 지금은 이 사업들
이 많이 위축돼 38호실 소속 북한 내 외화벌이 서비스기관들을 주 고객으로
영업활동을 하고 있다. 외화벌이를 목적으로 하는 호텔, 백화점, 식당들이
주로 거래한다. 당 38호실이 해체, 독립을 반복하여 현재는 39호실에 병합
되었으며 고려은행도 당 39호실 소속으로 활동하고 있다. 주요 업무내용은
송금, 현금, 환자이다.

북한 부문별은행, 금융 관련 기관들의 연혁 및 현황은 〈표 1〉과 같다.
전 세계 금융기관의 등급과 신용, 위험도 등 각종 자료를 제공하는 전문기관
인 '뱅커스 앨머낵'에 따르면 2011년 7월 현재 북한이 제출한 북한은행들은

〈표 1〉 부문별은행 및 금융회사들

No	창립연도	은행명	소속기관	거래자	비고
1		조선광선은행/ 조선광선 금융회사	조선무역은행	"주석 폰드" 관리	조선무역은행 711국으로 중국단둥('02.9), 주하이, 선양에 대표부 운영
2	1978년 9월	금강은행	조선무역은행	무역성 소속 조선봉화 무역상사, 제2경제과학원의 연합무역회사 등 특수단위	당 경제정책 검열부 산하 기관들의 자금관리, 대외결제담당
3	1978년 11월	조선대성은행	당 39호실	조선대성 무역상사 (대성지도국), 금강지도국 등 대성경제연합체 산하 당 외화벌이 기관	
4	1982년	금별은행 (Golden Star Bank)	대성은행의 유럽현지법인 (오스트리아 빈 소재)	유럽주재 북한기업, 대표부, 회사	대성은행자금, 김정일비자금, 당 자금 관리, 2004년 폐쇄
5	1983년 2월	조선룡악산은행	당 군수공업부/ 2경제위원회	조선룡악산무역 총회사 등	대성은행에 흡수되었다 '89.8 조선창광 신용은행으로 독립, 현재는 단천상업은행으로 활동
6	1986년 9월	조선창광 신용은행/ 창광신용은행	당 군수공업부/ 2경제위원회	제2경제위 소속 군수공업회사, 기관들	전신 조선룡악산은행, 은행 중 자금규모가 가장 큼
7	1986년 9월	국제신용은행	당 군수공업부/ 2경제위원회	은덕무역총 회사 등	'89.8 조선신용은행으로 개칭
8	1987년 5월	조선락원금융 합영회사			조총련계가 투자한 종합금융회사

9	1988년	고려금융 합영회사			조총련계가 투자한 종합금융회사
10		고려은행	당 39호실/ 전 당 38호실	호텔, 외화상점, 식당 등	
11	1988년	고려상업은행	당 통전부	민경련 등 거래	재미교포와 합작, 금강산 국제그룹과 연관
12	1989년 4월	조선합영은행 (SWIFT는 그대로 유지)	당 경제정책 검열부	조총련과 합영· 합작회사들, 귀국동포들	신탁은행과의 합병으로 경영신용은행 ('03.1)으로 바뀜
13	1989년 8월	조선신용은행	전 당 중공업부		전신 국제신용은행
14	1991년 11월	조선통일 발전은행/ 전 묘향산은행	당 경제정책 검열부, 이후 경공업부	당 경제정책 검열부, 이후 경공업부 산하 기관들	홍콩과 합영, 홍콩투자 무산
15	2003년	단천상업은행	당 군수공업부/ 2경제위원회	제2경제위 소속 군수공업회사, 기관들	전신 창광신용은행
16	1993년	일심국제은행	인민무력부	군 무역회사, 기관들	전신 조선금성은행, 내화는 중앙은행의 한개 지점 역할 수행
17		조선체신은행 국제통신은행/ 체신은행	체신성, 무역은행 2처로 영업	국제 통신 이용하는 모든 기관들	체신성 소속 은행이었으나 조선합영은행에 합병, 다시 무역은행 부서로 편입, 2009년 조선체신은행으로 독립
18	1993년 2월	제일신탁은행	인민무력부 25국	군, 25국 소속 무역회사들, 외국지사	조총련계와의 합영금융회사인 조선제일신탁금 융합영회사로 발족하였음
19	1995년	황금의 삼각주 은행	내각	라진·선봉경제 무역지대 안의 무역회사, 경제기관들	무역은행 나진지점을 확대 개편하여 설립, 현재는 독자은행임

20	1995년 12월	ING-동북아시아 은행	네덜란드 ING와 대외보험총국과 합영	대외보험총국 및 소속 회사들, 외국회사, 지사, 국제기구, 외국인	구조조정으로 '99 ING 철수함
21	1996년 2월	페레그린-대성 개발은행	조선대성은행과 홍콩 페레그린 그룹 합영	대성은행 거래자, 외국회사, 지사, 외국인	홍콩페레그린 그룹의 파산으로 '99 합영 실패
22	1997년 11월	화려은행	노동당 공작부서	외국지사, 외국인	북중합영으로 위안화 결제업무 담당
23	1999년	동북아시아은행	당 조직지도부, 이후 39호실, 현재 군	조선국영보험 총회사, 세관총국, 새별무역회사 등 당 조직지도부 행정 부문 산하 기관들이었으나 이후 바뀜	ING가 철수한 후 독자은행으로 존속
24	1999년	대동신용은행	대성은행과 외국기업과의 합영은행	대성은행 거래자, 외국회사, 지사, 외국인	홍콩페레그린 그룹의 파산 후 독자은행으로 존속
25	2003년 1월	제일신용은행/ 경영신용은행	당 대외연락부, 이후 사회문화부, 이후 내각 225국, 이후 당 통전부	대진무역, 상명무역 등 대외연락부 소속 회사, 연락소들	조선합영은행과 신탁은행 합병으로 설립
26	2005년 6월	전 고려글로벌 신용은행/ 현 고려신용개발 은행	당 39호실/ 전 당 38호실/ 고려은행	외국지사 등	고려은행과 영국 글로벌그룹이 합작, 2008년부터 고려신용개발은행으로 이름 변경
27	2010년 1월	국가개발은행	국방위원회 결정	조선대풍국제투자 그룹이 자금유치	외국자본을 유치해 국가정책· 개발 금융 실현을 목표하였으나 대풍 그룹의 부진으로 2012년 5월 폐지됨
28	2011년	압록강개발은행	군수공업부/ 2경제위원회/ 단천상업은행 의 한 부서		국제재제를 회피하는 수단으로 활용

29	2002년	**동방은행**	군	동방경제그룹, 청송경제연합 소속 회사, 기관들	
30		삼천리은행	군수공업부/ 2경제위원회		2003년 창관신용은행에 합병
31		**하나은행/** 전신 화려은행			조선중앙은행과 중국중앙은행 사이 합영은행, 위안화 거래 집중, 중국에 지점들 운영, 서울에 지점 내려했으나 아직 미확정
32		**조선농업투자은행**			
33		**오라은행** (평양 해방산 호텔 소재)	체신성	고려링크 핸드폰 요금 수납	체신성, 오라스콤 합영은행, 이집트 오라스콤이 수익금, 자본금 회수를 위해 설립, 아직까지 송금 불가능
34		**국제산업은행** (평양 해방산호텔 소재)	당 선전부/ 만수대창작사	만수대창작사 소속 회사들	우상화물, 미술품 수출 관련 결제
35		**동해은행**			
36		**하이펀드 국제은행**	당 행정부, 이후 군	무연탄수출 주도 승리경제연합소속 회사, 기관들	북한, 중국회사들이 공동투자

* 현존하는 은행, 시스템은 진한 글자로 표시하였음
* 변화된 내용은 본문 각 부분에서 다룸

자료: 김광진(2007: 77)을 가공하여 작성

조선중앙은행, 압록강개발은행, 동방은행, 조선대성은행, 조선광선은행, 단천상업은행을 포함해 18개인 것으로 나타났다.

III. 비은행부문

1. 조선민족보험총회사

조선민족보험총회사(Korea National Insurance Corporation)는 북한의 비은행 금융기관을 대표하는 조직이다. 북한에서 독점적인 보험, 국제재보험업을 영위하고 있다. 대내 공식기관명은 대외보험총국이며 2005년 대외적으로 조선민족보험총회사로 불리기 전에는 조선국제보험회사(KFIC: Korea Foreign Insurance Company)로 활동하였다. 소재지는 평양시 중구역 창광동이다. 현재 단천상업은행이 쓰고 있는 평천구역 건물에서 옛 헝가리 대사관자리로 2000년에 옮겼다.

단일은행제도를 구축하면서 북한은 은행뿐 아니라 비은행 금융기관도 설립하기 시작한다. 1946년 4월 북한 최초의 **민간보험회사인 고려화재보험주식회사**가 설립되며 1947년 7월에는 북조선중앙은행과 민간이 공동으로 경영하는 **국민공영고려보험주식회사**로 개편되었다. 이날을 현재 북한은 최초 국영보험의 시작으로, 보험회사의 창립일로 기념하고 있다. 동 회사는 1951년 2월 **조선보험주식회사**로 개칭되었다가 1954년 1월 **재정성 보험관리국**에 업무를 이관하며 해산되게 된다. 이로서 사적소유에 기초한 보험이 북한에서 완전히 사라지게 되며 국가가 전적으로 보험사업을 장악하고 관리 운영하는 단일보험제도가 도입되게 된다.

이후 북한은 국가보험제도에 의한 국제보험업무를 도입하면서 해상보험업무를 담당할 조선국제보험회사(Korea Foreign Insurance Company)를 재정성 산하에 설립하였다. 이후 기구는 대성총국으로 편입되었다가 1990년대 초반 독립하게 되며, 그때부터 장성택 당 조직지도부 행정부문 산하기관으로 장성택의 지휘를 받게 된다. 2004년 장성택 실각과 조직지도부 행정부문 축소로 대외보험총국은 당 39호실로 편입되며, 2007년 10월 장성택이 당 행정부장으로 복귀하면서 다시 그의 휘하에 들어가게 된다. 2013년 12월

〈그림 8〉 조선국영보험총회사 조직체계도

```
                          ┌──────────┐
                          │   총국장   │
                          └──────────┘
   ┌──────────┐                    ┌──────────┐
   │   이사회   │                    │  당위원회  │
   └──────────┘                    └──────────┘
                                    ┌──────────┐
                                    │ 행정조직국 │
                                    └──────────┘
   ┌──────────┐                    ┌──────────┐
   │  부총국장  │                    │  부총국장  │
   └──────────┘                    └──────────┘
   ┌──────────────┐              ┌──────────────────────┐
   │  재산보험 1국  │              │     재산보험 3국      │
   ├──────────────┤              ├──────────────────────┤
   │  재산보험 2국  │              │        제정처         │
   ├──────────────┤              ├──────────────────────┤
   │   생명보험국   │              │ 정보기술처(626기술봉사소) │
   ├──────────────┤              ├──────────────────────┤
   │    재보험국    │              │       대외사업처       │
   ├──────────────┤              ├──────────────────────┤
   │    청산국      │              │        투자국         │
   ├──────────────┤              ├──────────────────────┤
   │   경제조사국   │              │       선박운영국       │
   ├──────────────┤              ├──────────────────────┤
   │ 도, 시, 군 보험지국 │          │       해상보험국       │
   └──────────────┘              ├──────────────────────┤
                                  │        후방처         │
                                  ├──────────────────────┤
                                  │   과거 동북아시아은행   │
                                  └──────────────────────┘

                    ┌────────────────────────┐
                    │        해외대표부들       │
                    │  Asure Re Broker PTE LTD │
                    └────────────────────────┘
```

장성택이 처형되고 행정부가 폐지되면서 현재는 다시 당 39호실 소속으로 편입된 것으로 보인다.

북한의 보험업은 국내보험, 국제재보험업무로 구분된다. 국내보험은 국가의 의무적이고 계획화된 시스템에 따라 작동한다. 전국 도·시, 군, 구역에 보험지사가 있으며 조선민족보험총회사가 본사이다. 화재, 농작물, 해상,

기계, 자동차, 가축, 항공, 조선 등이 그 대상이다. 국내보험은 북한 원화로 행해진다. 보험국과 산하 지점들을 통해 시스템 상 운영이 되며, 해마다 연말에 100억 북한 원에 달하는 총 보험 순수익은 중앙은행 국고국에 자동 납부한다.

2005년부터는 중앙은행으로부터 생명보험을 인계받아 생명보험국을 새로 내오고 이 업무도 도모하고 있다. 북한에서는 생명보험을 인체보험이라고 한다. 월급의 일정 부분을 의무적으로 자동 납부하며 이를 국가복지예산으로 활용하는 구조이다. 사망하거나 병에 걸리면 보상금을 주는 형태가 아니라 국가에서 인체보험 부분을 활용해 보건, 복지 등 다양한 예산에 투입되는 식으로 운영된다. 조선민족보험총회사가 군이 내화로 운영되는 생명보험 업무를 중앙은행으로부터 넘겨받은 것은 이를 원천으로 재보험업무를 통해 외화를 버는 데 목적이 있다. 당시를 전후에 생명보험 관련 손해청구가 부쩍 늘고 있으며, 이는 혁명자금 확보의 큰 원천으로 활용되고 있다.

재보험은 조선민족보험총회사 재보험국이 담당하며 북한 국내보험 위험을 원천으로 해외 재보험사들에 재보험에 가입해 국내에서 손해가 발생하거나 보상이 이뤄지는 경우 국제재보험사들에게 손해를 청구하는 방법으로 작동된다. 국내보험은 보험회사와 피보험자인 기관 또는 개인과의 계약이지만 재보험은 조선민족보험회사와 재보험회사 사이의 계약관계이다. 외화로 보험료가 지불되며 보통 북한의 위험이 높기 때문에 국제적 기준보다 높은 프리미엄을 지불한다. 이를 위해 조선민족보험총회사가 움직이는 운영자금은 연평균 4~5천만 달러에 달한다.

재보험의 목적은 북한 원화로 결제되는 국내보험 위험을 담보로 외화를 벌어들이는 것이다. 조선민족보험총회사의 실제 존재 이유이기도 하다. 국내에 보험사고가 많으면 많을수록 북한지도부에 더 많은 혁명자금, 외화가 들어가는 구조이다. 해마다 결산 마감일은 12월 31일이며 조선민족보험총회사는 김정일 시대 때는 그의 생일 2월 16일에 매번 2천만 달러의 현금을 충성자금으로 바쳤다. 그리고 북한이 가장 어려웠던 '고난의 행군'시기인 1990년대에도 이 계획은 미달하지 않았다.

영국의 런던, 스위스 취리히, 독일 함부르크, 프랑스 파리, 오스트리아 빈, 불가리아, 싱가포르, 멕시코, 칠레, 파키스탄, 인도네시아, 말레이시아, 두바이, 중국 베이징, 단둥, 선양, 대련 등지에 해외 대표부를 운영하였거나 하고 있다.

이외에 silibank.com 이메일서비스와 프로그램개발을 전문으로 하는 626기술봉사소, 대동강라면공장, 대동강무역회사, 선양 칠보산호텔, 연마지회사, 위생대(생리대)공장을 운영하는 투자국, 여러 척의 선박을 운영하는 선박국, 선박보험, 항공보험, 자동차보험, 과거 KEDO보험 업무를 담당한 해상보험국이 있다. KEDO, 선박, 항공, 외국인 대상 자동차보험은 외화로 보험료를 납부 받고 있다. 동북아시아은행도 운영하였으나 현재는 군에 이관된 것으로 파악된다. 경제조사국은 해외시장 조사 및 무역, 투자업무도 겸하고 있다. 또한 법률적인 문제도 함께 다룬다. 대외사업처는 면담, 해외파견업무 협조, 해외대표부들과의 연계 등 대외사업을 담당하는 보장부서이다. 후방처는 총회사의 배급, 월급, 사무품 등 후방사업을 보장하고 있다.

2. 기타 비은행부문 금융업

북한의 비은행 금융시스템에는 우편국, 체신소를 통한 저축기관과 협동적 신용기관인 협동농장신용부가 있다. **우체국 저금소**는 1947년 11월에 처음 설치되었다. 당시 부족한 북조선중앙은행 지점망을 보충해 유휴자금을 산업자금으로 동원할 목적으로 설치된 저금소체계는 농촌지역의 저축동원을 위해 1952년 2월 농민은행으로 이관되며, 도시저금업무는 이후 다시 중앙은행에 속하게 되었다. 독자적인 **우편저금체계**는 1957년 8월에 세워졌다.

1958년 10월 농촌금융을 담당하던 북조선농민은행이 국가은행인 조선농업은행으로 개편되고, 1959년 7월부터는 조선중앙은행에 통합되어 결국 전반적인 농촌금융도 중앙은행이 담당케 함으로써 따로 조직된 **농촌신용협동조합**만이 협동조합원들의 유휴자금동원과 소비자금에 대한 대부를 다루게 되었다. 이렇게 우체국을 활용한 저금체계가 마련되고 협동농장을 위한 신용기관이 존재하지만 북한 경제의 몰락과 주민들의 은행기피로 현재 그 기능은 빈 껍데기만 존재하고 있는 것이 현실이다.

•참고문헌•

김광진. 2007. 「북한의 외화관리시스템 변화연구」. 북한대학원대학교 석사학위논문.
성채기 외. 2003. 『북한 경제위기10년과 군비증강능력』. 서울: 한국국방연구원.
양문수. 2001. 『북한경제의 구조: 경제개발과 침체의 메커니즘』. 서울: 서울대출판부.
정광민. 2005. 『북한기근의 정치경제학: 수령경제·자력갱생·기근』. 서울: 시대정신.
한국수출입은행. 『수은북한경제』. 2004~2015 각호.
한국정책금융공사. 2010. 『북한의 산업』. 서울: 보림에스앤피.

▶▶ 북한 발간자료

과학백과사전종합출판사. 1998~2004 각호. 『경제연구』. 평양: 과학백과사전종합출판사.
과학백과사전출판사. 2006. 『현대국제금융사전』. 평양: 과학백과사전출판사.
김일성. 1982. "사회주의기업소들의 경영활동에 대한 재정은행기관들의 통제적 기능을 강화할 데 대하여." 『김일성저작집』 제16권. 평양: 조선로동당출판사.
김정일. 1990. "재정은행사업을 개선 강화할 데 대하여." 『김정일선집10』. 평양: 조선로동당출판사.
사회과학원 사회주의경제관리연구소. 1995. 『재정금융사전』. 평양: 사회과학출판사.
사회과학원 주체경제학연구소. 1985. 『경제사전1』, 『경제사전2』. 평양: 사회과학출판사.
사회과학출판사. 1982. 『경제사전』. 평양: 사회과학출판사.

제3장

북한의 달러라이제이션

양문수 | 북한대학원대학교

I. 서론

1990년대 북한의 경제위기는 여러 가지 측면에서 북한 경제의 구조적 변화를 강제했다. 대표적인 것의 하나가 달러화(dollarization) 현상이다. 주민들 입장에서는 자국 화폐인 북한 원을 기피하고 외화인 달러나 위안화를 선호하는 현상, 국민경제 입장에서는 외화가 자국 화폐를 일정 정도 대체해가는 현상, 이른바 달러라이제이션 현상은 1990년대 경제위기 이후 새롭게 대두된 북한 경제의 주요 특징적 현상이자 북한 정부의 최대 고민거리의 하나이다. 물론 엄밀히 따지면 경제위기 이전에도 달러라이제이션 현상이 없었다고 할 수는 없지만 아직은 주변적·제한적 존재였다. 그것이 경제위기 이후 수면 위로 떠오르고 급격히 확대·심화되었다.

주지하다시피 북한에서는 극히 일부를 제외하고는 외화의 보유나 유통이 법적·제도적으로 엄격히 금지되어 있다. 그런데도 개인이나 기관·기업소는 너도 나도 북한 원화보다는 외화를 보유하려고 하고 있으며, 외화가 없으면 물품을 구입하는 것을 비롯해 각종 경제활동을 할 수 없는 경우도 계속 늘고 있다. 이에 따라 북한에서 외화통용은 이제 보편적인 현상이 되어 버렸다. 대체 왜 이런 일이 벌어지게 되었으며, 또 어떻게 해서 이런 상황이 가능하게 된 것일까.

북한의 달러라이제이션은 오늘날의 북한 경제를 체계적으로 이해하고 미래상을 전망함에 있어서 핵심적인 요소의 하나이다. 특히 오늘날 북한 경제가 본격적인 개혁개방 또는 체제전환 이전의, 이른바 고전적 사회주의 경제로부터 상당 정도 이탈해 있다는 사실의 대표적인 사례로 제시될 수 있다. 아울러 이 주제는 향후 북한의 체제전환 혹은 남북경제통합 과정에서 거시경제 안정화 및 가격 자유화의 추진 방안 모색 시, 매우 중요한 변수로 작용할 전망이다.

달러라이제이션이라고 하지만 달러뿐만 아니라 엔, 유로 등 다른 외화의 사용도 같은 의미를 가지고 있다. 북한에서도 달러뿐 아니라 위안, 엔, 유로 등도 많이 사용되고 있다. 특히 북한에서 달러라이제이션은 미국 달러가 통용되는 달러화(dollarization)와 중국 위안화가 통용되는 위안화(yuanization)와 동시에 진행되고 있는 것이 특징이다. 이 연구에서는 달러, 위안 등 북한에서 많이 사용되는 외화를 한데 묶어 분석대상으로 하되, 필요시에는 달러화와 위안화를 별도로 분석하는 접근방법을 취하기로 한다.

이 글은 문헌분석과 함께, 선행연구에서의 탈북자 설문조사 결과, 그리고 필자의 탈북자 및 설문조사 결과 등을 자료로 사용하기로 한다. 이를 토대로 북한의 달러라이제이션 실태를 정리하고 달러라이제이션의 원인, 파급효과를 분석하는 것이 이 글의 목적이다.

II. 달러라이제이션의 개념[1]

외화통용 현상은 통상 '달러라이제이션(dollarization)'이라고 부른다. 미 달러화뿐만이 아니라 유로를 비롯한 다른 외화가 사용되는 경우도 있지만 달러화가 가장 흔하게 사용되며 세계 기축통화로서 외화를 대표하는 상징성을 갖고 있기 때문에, 모든 종류의 외화 통용을 통틀어 달러라이제이션이라고 부르는 것이 관례로 정착되어 있다.

달러라이제이션은 크게 '비공식(unofficial)' 달러라이제이션과 '공식(official)' 달러라이제이션으로 나누어볼 수 있다. 비공식 달러라이제이션이란 자국의 법정 통화가 존재함에도 불구하고 외화가 자국 통화와 병행하여 사용되는 경우를 가리킨다. 비공식 달러라이제이션은 외화가 화폐의 기능을 부분적으로 대체하고 있다는 점에서 '부분적(partial)' 달러라이제이션이라고 부르기도 하며, 외화를 법정 통화로 채택한 것이 아니라는 의미에서 '사실상의(de facto)' 달러라이제이션이라고도 부른다. 주의해야 할 것은 '비공식'이라는 용어가 반드시 '불법'을 의미하는 것은 아니라는 점이다. 비공식 달러라이제이션이 진행된 나라에서 외화 사용은 합법적이거나 또는 불법적이더라도 사실상 용인되는 경우가 대부분이다.

공식 달러라이제이션은 자국의 법정통화를 폐지하고 외화를 법정통화로 채택하는 경우를 말한다. 이 경우는 '완전(full)' 달러라이제이션이나 '법정(de jure)' 달러라이제이션이라고 부르기도 한다. 공식 달러라이제이션을 실시한 대표적인 나라로는 파나마, 에콰도르, 엘살바도르 등을 들 수 있다.[2]

---

1) 달러라이제이션의 개념을 비롯한 이론적 논의에 대해서는 예컨대 Tomas J. T. Balino et al., "Monetary Policy in Dollarized Economies," *IMF Occasional Paper*, No. 171(1999); Guillermo A. Calvo and Carlos A. Vegh, "Currency Substitution in Developing Countries: An Introduction," IMF Working Paper 92/40(1992) 등을 참조.
2) 파나마는 1904년부터, 에콰도르는 2000년부터, 엘살바도르는 2001년부터 공식 달러라이제이션을 실시하고 있다.

그 외의 대다수 개도국, 체제전환국에서 나타난 달러라이제이션은 비공식 달러라이제이션이지만, 간혹 외화를 자국 통화와 병행하여 제2의 법정통화로 인정한 나라들도 있으며 그런 경우는 '반(半)공식적(semi-official)' 달러라이제이션이라고 부르기도 한다.

달러라이제이션은 진행단계 또는 진행범위에 따라 구분해볼 수도 있다. 달러라이제이션이란 외화가 자국 통화의 기능을 대체하는 것을 말하는데, 화폐의 3대 기능은 교환의 매개, 회계 단위, 가치 저장이므로 외화가 이 중 어느 부분을 대체하는가 하는 것이 중요하다.

대부분의 경우 달러라이제이션은 화폐의 가치저장 기능의 대체에서부터 시작한다. 달러라이제이션은 자국 통화의 가치를 신뢰할 수 없을 때 일어나는 현상이다. 이 경우 자산으로서 화폐를 보유할 때 자국 통화보다는 외화로 보유하려는 경향이 가장 먼저 일어난다. 이런 현상을 가리켜 '자산대체(asset substitution)'라고 부른다. 자산대체 현상이 일어날 때, 부동산을 비롯한 고액 거래의 경우에는 회계 단위 기능도 외화가 맡게 된다. 자국 통화 가치가 불안정하므로 부동산 같은 대규모 실물자산의 가치를 자국 통화로 표시하는 것은 많은 위험을 수반하기 때문이다.

달러라이제이션이 더 많이 진행된 나라에서는 소액 거래에서도 외화가 사용된다. 즉 외화가 교환의 매개 기능과 소액 거래에 대한 회계 단위 기능을 맡게 된다. 이런 경우를 가리켜 '통화대체(currency substitution)'라고 부른다. 요컨대 달러라이제이션은 자산대체와 통화대체로 이루어지는데, 그 진행 수준이 낮은 나라에서는 주로 자산대체를 의미하지만, 진행 수준이 높은 나라에서는 자산대체와 통화대체를 모두 포함한다. '통화'라는 용어는 좁은 의미로는 교환의 매개 기능을 가리키지만, 넓은 의미로는 화폐 그 자체를 가리키기도 하기 때문에, 통화대체를 달러라이제이션과 동의어로 사용하는 학자들도 많다. 하지만 이 글에서는 통화대체를 좁은 의미로 사용하여 달러라이제이션의 한 구성부분으로 취급하기로 한다.

III. 북한 달러라이제이션의 역사적 개관[3]

1. 경제위기 이전(1950~1980년대)

북한은 오래전부터 철저한 외화 집중제를 실시해 왔으며, 이 외화 집중제가 유지되는 상황에서 국내에서 외화의 보유 및 사용이 매우 엄격하게 통제되었다. 북한에서 외화관리는 이른바 '국가독점' 원칙에 의해 수행되었는데, 이러한 외화관리의 국가독점은 사회주의 경제에서의 중앙집중적 외화관리제도의 또 다른 표현이다. 외화관리의 국가독점은 대외무역의 국가독점과 동전의 양면을 이룬다.

북한의 중앙집중적 외화관리제도에서는 1959년 설립된 조선무역은행이 핵심적 역할을 수행한다. 즉 북한에서는 조선무역은행을 통해 모든 대외결제와 외화관리를 통일적·독점적으로 수행한다. 이러한 공식 제도하에서 개인, 나아가 기관·기업소의 외화 보유 및 사용은 매우 엄격하게 제한되었다.

그런데 북한의 철저한 중앙집중적 외화관리제도는 시간이 지나면서 조금씩 느슨해지기 시작했다. 이는 무엇보다 외환관리 독점과 동전의 양면 관계인 대외무역 독점이 약화·완화된 데 따른 것이다.

북한에서 무역의 분권화와 관련된 최초의 움직임은 1970년대 말에서 1980년대 초에 걸쳐 나타났다. 이에 따라 대외무역에 참여하고, 외화에 접근할 수 있는 기관·기업소가 약간 늘어나기 시작했다. 그리고 대외무역에 종사하는 개인들이 벌어들인 외화의 일부를 무역은행에 예치하지 않고 개인적으로 보유·사용할 수 있는 가능성이 발생하기 시작했다.

개인의 외화 보유는 엄격히 금지되어 있지만 특권층의 경우, 대외무역이나 대외서비스업에 직접 종사하지 않아도 외화를 보유할 수 있는 사람들이

---

3) 이 장은 이석기 외, 『북한 외화통용 실태 분석』(서울: 산업연구원, 2012), 제3장을 압축, 수정·보완한 것이다.

조금씩 늘어났다. 무엇보다도 1970년대 초부터 이른바 '선물정치'가 등장했
다. 김정일은 측근들 및 권력 엘리트에게 현물뿐 아니라 현금, 특히 외화로
'선물공세'를 폈다. 이에 따라 개인(특권층)의 외화 보유가 사실상 합법화되
는 단초가 마련되었다.

한편 북한은 국내에서 외화의 직접적인 유통을 막고 외화에 대한 통일적·
독점적 관리를 위해 1979년부터 '외화와 바꾼 돈표'라는 특수화폐를 도입했
다. 그런데 점차 외화부족에 시달리게 되면서 특히 선물정치 차원에서 '외화
와 바꾼 돈표'를 마구 찍어내어 특권층에게 나누어주는 등 이를 남발하게
되었다. 사실상의 통화증발인 셈이다. 이에 따라 '외화와 바꾼 돈표'는 필요
유통량을 훨씬 초과하게 되었으며 화폐가치가 급격히 하락했다.

또한 북한은 각 기관·기업소 간 외화거래에서 있어서 현금 유통을 억제
하기 위해 외화행표제도를 운영해 왔다. 이는 무현금결제의 방식으로 거래
하는 전형적인 사회주의적 결제방식의 하나이다. 하지만 1970년대 말 이후
북한의 외화사정이 악화되면서 외화행표제도의 기능은 약화되기 시작했다.

북한은 아울러 1975년부터 외국인 전용 상점으로서 외화상점을 개설했
다. 그런데 1980년대에 국영상점을 통한 상품공급이 애로를 빚게 되자 상품
부족에 시달리게 된 일반주민들은 외화상점을 비공식적으로 이용하기 시작
했다. 또한 외화부족에 허덕이게 된 당국 입장에서는 주민들이 보유한 외화
를 합법적으로 흡수해야 할 필요성이 커졌다. 결국 북한당국은 1986년부터
내국인들도 외화상점을 이용할 수 있게 허용했는데, 이에 따라 일반 주민들
은 외화를 사용해 외화상점에서 물품을 구입할 수 있게 되었다.

2. 1990년대 경제위기 이후

1990년대 경제위기로 북한당국은 경화 부족을 극복하기 위하여 대외무역
확대를 위한 다방면의 조치를 취했다. 특히 1991년의 '새로운 무역체계'는
생산자들이 대외무역을 직접 수행하는 무역체계로서 본격적인 무역 분권화

조치로 평가할 수 있다. 1990년대 중반 이후 대외무역은 북한에서 가장 우선순위가 높은 경제행위가 되었다. 무역규모가 확대되었을 뿐만 아니라 대외무역에 참여하는 경제주체의 수도 크게 증가했다. 특히 당경제, 군경제 등 특권부문이 대외무역을 장악하고, 이들이 자신들이 가진 권력을 활용하여 공식적인 제도를 우회하여 외화벌이 활동을 함에 따라 대외무역에 대한 국가의 통제는 크게 약화되었으며, 사실상의 무역 자유화가 크게 진전되었다.

이에 따라 각 경제주체들은 외화와 접할 수 있는 기회가 크게 늘어났다. 그런데 북한당국의 외화 관리능력이 약화되는 상황에서 북한 내부로 유입되는 외화가 공식부문에 집중되지 않고 비공식부문에 축적되는 경향이 두드러졌다. 외화가 북한 원화를 대체하는 달러라이제이션이 본격화되기 시작했다.

1990년대에 외화부족 사태가 심화되면서 '외화와 바꾼 돈표'의 남발 현상은 심각한 수준에 달했다. 이에 따라 '외화와 바꾼 돈표'의 인플레이션이 심화되고 이에 따라 '외화와 바꾼 돈표'의 기피현상이 심화되었다. 급기야는 은행에서 '외화와 바꾼 돈표'와 외화 현금의 교환을 거부하는 사태도 발생하기 시작했다. 이에 따라 '외화와 바꾼 돈표'의 유통량은 점차 줄어들고 '외화와 바꾼 돈표'제도는 유명무실해졌다. 결국 북한은 1998년 나진·선봉 경제무역지대에 이어 2002년 7·1 조치 때 '외화와 바꾼 돈표'의 사용을 사실상 폐지했다.

아울러 경제위기 이후 '외화행표'의 역할이 상당히 약화되면서 기관·기업소 간 외화 현금거래가 늘게 되었다. 또한 애초에 외국인들을 대상으로 해서 설립되었던 각종 외화상점, 외화식당들이 1990년대 경제위기를 거치면서 내국인들의 수중에 있는 외화를 겨냥해 그야말로 무차별적으로 평양시를 비롯하여 전국 방방곡곡에 들어서게 되었다.

3. 7·1 경제관리개선조치 이후

2000년대 들어 북한은 대외무역이 상당 수준 확대되었으며, 특히 북중무역이 크게 늘어나기 시작했는데 이는 달러라이제이션을 가속화시키는 역할을 했다. 공식적인 무역뿐만 아니라 밀수 등 비공식적인 무역도 크게 확대되었다. 특히 중국과의 소비재 무역은 시장화와 달러라이제이션을 연결시키는 가장 중요한 매개역할을 했다. 또한 북중무역의 비약적인 증가는 중국 위안화의 영향력을 확대시키는 작용도 했다.

이와 함께 종합시장의 등장, 즉 시장의 합법화에 따라 시장거래에 참여하는 주민의 수가 크게 늘어났는데 이들 중 상당수는 상행위(장사)를 통해 화폐를 축적했다. 대규모 상인이나 대외무역에 직간접적으로 참여하는 자들이 자산을 기본적으로 외화로 보유하려는 경향을 보였다. 아울러 종합시장에서 거래되는 소비재의 대부분이 중국 등에서 수입된 제품인 만큼 수입상인과 도매상인, 소매상인 간의 거래에서 외화는 자연스럽게 주요한 교환수단으로 부상했다.

한편 그동안 기관·기업소에 의해서 이루어지던 시장거래의 상당 부분을 사실상 합법화한 7·1 조치를 계기로 기관·기업소에 의한 외화 보유도 일부 합법화되었다. 북한당국은 2002년에 외화관리법을 개정해 기관·기업소의 외화 보유를 허용하는 조치를 단행했다. 이에 따라 수입 원자재가 필요한 제품의 거래에 있어서 외화를 통한 거래가 확대되었다. 뿐만 아니라 국내에서 생산되는 원자재의 거래에도 외화 사용이 증가했다. 또한 기업 간 외화 현금거래도 '국내수출제도'라는 명목으로 부분적으로 합법화되었다.

2000년대 들어 대도시를 중심으로 한 주택 신축, 특히 아파트 신축 및 매매는 하나의 붐을 형성했다. 초기에는 당, 군 등 특권기관의 외화벌이 차원에서 시작되었으며, 이들은 특히 돈주(錢主)와 연계하여 사업을 확대했다. 아파트라는 대규모 자산의 거래는 거의 다 달러화를 통해 이루어졌다.

4. 2009년 화폐개혁 이후

2009년 12월에 전격적으로 단행된 화폐개혁 조치는 북한주민들에게 '마

른하늘에 날벼락'과 같은 존재였다. 북한의 화폐개혁은 구권과 신권을 100:1
로 교환하고, 은행 저금분은 10:1로 교환하는 것으로 시작되었다. 그리고
여기에는 구권과 신권의 교환 한도가 설정되어 있었으며, 시간이 지남에 따
라 한도가 약간 상향조정되었는데 한도의 액수와 조건4)은 정확하게 파악되
지 않고 있다.5)

그런데 이 조치는 상행위(장사)를 통해 축적한 자산의 상당 부분을 북한
원화로 보유하고 있던 중소상인들과 일반 주민들에게 직접적으로 큰 타격을
주었다. 교환 한도를 초과한 현금 보유분은 그야말로 휴지조각이 되어 버렸
기 때문에 주민들은 자산몰수와 동일한 피해를 보게 되었다. 그나마 신권으
로 교환한, 얼마 되지 않은 북한 원조차 화폐개혁 직후의 환율 및 물가급등
으로 구매력이 폭락하는 손실을 입게 되었다. 따라서 2009년의 화폐개혁은
주민들로 하여금 북한 화폐에 대한 신뢰를 포기하게 만든 결정적인 계기로
작용했다.

이제 대부분의 북한주민들은 외화로 보유할 수 있는 최소한의 규모, 예를
들면 100달러 또는 100위안으로 환전할 수 있는 규모를 보유하게 되면, 이
를 달러화 또는 위안화로 환전하여 보유하려고 하는 경향을 강하게 나타내
고 있다. 이와 함께 화폐자산은 달러를 비롯한 외화로 보유하고, 규모가 큰
거래 시에는 외화를 직접 사용하고, 소규모 거래 시에는 외화를 북한 원으로
환전하여 사용하는 방식이 광범위하게 확산되었다.

화폐개혁의 직접적인 영향은 아니지만 중국과의 대외무역 확대와 결합되
어 외화 보유 및 사용에 있어 중국 위안화의 비중이 빠른 속도로 상승하고
있는 것이 2000년대 후반 이후의 특징적 현상이다. 신의주, 혜산 등 국경지

---

4) 일부에서는 교환한도가 처음에는 1인당 10만 원(구권 기준)이었던 것이, 15만 원으로,
   이어 30만 원으로, 다시 50만 원으로 계속해서 인상되었다고 전하고 있다. 그런가 하
   면 교환한도는 가구당 10만 원이며, 가족 수에 따라 1인당 5만 원씩 추가로 교환할
   수 있게 상향조정되었다는 전언도 있다.
5) 아울러 화폐개혁 이후 무상 배려금을 1인당 500원(신권 기준)씩 지급한 것으로 전해지
   고 있다. 자신들이 가지고 있던 현금자산이 휴지조각으로 변해버리는 데 대한 주민들
   의 불만과 반발을 무마하기 위해서 취해진 조치인 것으로 알려졌다.

대는 위안화가 가치축적 기능뿐만 아니라 교환의 매개 기능까지 상당 부분 대체하고 있다. 위안화의 유통이 제한적이었던 평양 등지에서도 위안화의 보유 및 유통이 확산되고 있다.

IV. 북한 달러라이제이션의 실태와 특징

1. 화폐의 기능 측면에서의 달러라이제이션의 진전 정도

달러를 비롯한 외화가 가치 저장수단으로서 북한 원화를 본격적으로 대체하기 시작한 것은 1990년대 경제위기 이후부터라고 해야 할 것이다. 대외무역에 대한 국가독점이 사실상 해체되고, 외환 집중제가 유명무실화됨에 따라 대외무역에 직간접적으로 참여하는 경제주체들은 대외무역을 통하여 획득한 외화를 북한 원으로 교환하지도 않고, 게다가 국내 금융기관에 예치하지 않고 직접 보유하기 시작했다. 현재 일정 규모 이상의 화폐자산을 북한 원으로 보유하는 것은 예외적인 현상이라고 해도 과언이 아닐 정도도 자산대체는 광범위하게 이루어지고 있다.

또한 여타 국가에서와 마찬가지로 북한에서도 고가품 거래에서부터 통화대체가 일어나고 있다. 처음에는 주택이, 그 다음에는 TV, 냉장고 등 가전제품이 외화를 통하여 거래가 이루어지기 시작했다. 아울러 고가품이든 저가품이든 소매보다는 도매에서 외화를 통한 거래가 이루어지기 시작했다. 그리고 달러라이제이션이 진전됨에 따라 이제는 종합시장에서의 식량 및 생필품의 소매, 즉 소규모 거래에서도 외화의 사용이 증가하고 있다. 한편, 수입품을 매개로 한 거래에서 외화는 주된 교환수단으로 기능하고 있다.

통상 회계단위로서의 기능대체는 규모가 큰 자산에서 초기에 발생한다. 북한에서도 달러로의 계산은 주택, 특히 신축 아파트·빌라에서 발생했다.

이와 관련, 개인의 경제력을 평가하는 기준도 달러로 계산되고 있다. 그런데 이러한 고가 자산뿐만 아니라 점차 더 많은 재화의 가치가 외화로 표현되고, 계산되는 경향이 나타나고 있다. 이는 무엇보다 환율의 변동이 매우 심하기 때문에 북한 원화로 표시한 가격이 해당 재화의 실질적인 가치를 나타내기 어려워지는 경향이 뚜렷해지기 때문이다.

종합적으로 보면 북한의 달러라이제이션은 자국의 법정 통화가 존재함에도 불구하고 외화가 자국 통화와 병행하여 사용되는 경우이기 때문에 '비공식(unofficial)' 달러라이제이션이다. 또한 외화가 자국 화폐의 기능을 부분적으로 대체하고 있다는 점에서 '부분적(partial)' 달러라이제이션이다. 또한 외화를 법정 통화로 채택한 것이 아니라는 의미에서 '사실상의(de facto)' 달러라이제이션이다.

북한에서도 달러화는 가치 저장수단, 회계 단위, 그리고 교환의 매개 등 세 가지 기능 중 가치 저장수단에서 우선적으로 북한 원화를 대체하고 있으며(자산대체), 교환의 매개 측면에서도 북한 원화를 부분적으로 대체하고 있다(통화대체). 또한 고액거래에서는 회계단위의 기능도 맡고 있다. 소액거래는 자국 통화가 주된 회계단위 기능을 수행하지만 점차 외화도 회계단위의 기능을 수행하는 비중이 높아지고 있다. 특히 2009년 화폐개혁 이후, 그리고 국경지대에서는 소액거래도 외화가 주된 회계단위의 기능을 수행하기 시작했다. 결국 북한에서 달러라이제이션의 진행 정도는 상당히 높은 수준이라고 평가할 수 있다.

2. 탈북자 설문조사결과를 통해 본 북한 달러라이제이션의 수준과 추세

북한의 달러라이제이션의 구체적 실태, 특히 양적 실태에 관해서는 공개된 통계자료가 없다. 따라서 여기서는 두 가지의 탈북자 설문조사 결과를 통해 북한 달러라이제이션의 수준과 추세를 살펴보기로 한다.

첫 번째 설문조사는 당초에 2012년 3월부터 11월까지 총 1,426명의 탈북
자를 대상으로 실시한 설문조사 결과인데 그중에서 2005~2012년 탈북자 중
유효응답자 926명을 대상으로 필자가 통계분석을 실시한 것이다.6) 설문 당
시 탈북자들에 대해서는 자신이 해당 장마당의 사정을 가장 잘 알고 있는
연도를 기입해 달라고 요청했고, 해당 장마당에서 가장 많이 사용되는 화폐
는 무엇인지 물어 보았다. 응답결과는 다음과 같다.

〈표 1〉과 〈그림 1〉에서도 잘 나타나듯이 북한에서 달러라이제이션은
2009년 12월의 화폐개혁 이후 급격하게 진행되었다. 각 지역의 장마당(종
합시장)에서 가장 많이 사용되는 화폐를 조사했는데 2005년부터 2009년까
지는 원화가 가장 많이 사용되는 장마당이 전체의 90%를 넘었으나 2010년

〈표 1〉 북한 장마당(종합시장)에서 가장 많이 사용되는 화폐

(단위: 명, %)

연도	북한 원화	미국 달러화	중국 위안화	합계
2005	75(97.4)	0(0)	2(2.6)	77(100.0)
2006	72(91.1)	0(0)	7(8.9)	79(100.0)
2007	99(91.7)	0(0)	9(8.3)	108(100.0)
2008	79(95.2)	1(1.2)	3(3.6)	83(100.0)
2009	97(94.2)	0(0)	6(5.8)	103(100.0)
2010	143(82.2)	1(0.6)	30(17.2)	174(100.0)
2011	209(76.0)	4(1.5)	62(22.5)	275(100.0)
2012	20(74.1)	0(0)	7(25.9)	27(100.0)

6) 함경북도가 592명(63.9%)으로 압도적으로 많고 그 다음이 양강도(214명, 23.1%)인데
이들 두 개 지역이 전체 조사대상자의 87.0%를 차지하고 있다. 다음이 함경남도(52명,
5.6%), 평안남도(22명, 2.4%), 평안북도(20명, 2.2%), 황해북도(15명, 1.6%), 황해남
도(13명, 1.4%), 평양시(10명, 1.1%) 등이었다.

〈그림 1〉 북한 장마당(종합시장)에서 가장 많이 사용되는 화폐

(단위: %)

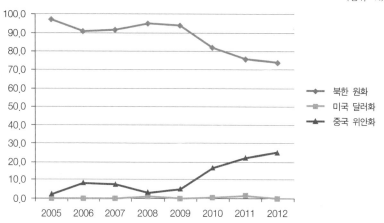

에는 82.2%로 떨어졌고, 2011, 2012년에는 각각 76.0%, 741.%로 감소했다. 반면 미국 달러화든 중국 위안화든 외화가 가장 많이 사용되는 장마당은 2009년 이전에는 전체의 10%를 밑돌았으나 2010년에는 17.8%로 껑충 뛰었고 2011, 2012년에는 각각 24.0%, 25.9%로 늘었다. 특히 외화 중에서도 중국 위안화가 가장 많이 사용되는 장마당이 2009년의 5.8%에서 2010년에 17.2%, 2011년에 22.5%, 2012년에 25.9%로 급격히 증가했다.

아울러 2009년 12월 화폐개혁 이전에도 일정 수준의 달러라이제이션이 진행되고 있었다는 점 또한 상기의 설문조사를 통해 확인할 수 있었다. 2005년부터 2009년까지를 보면 전체 장마당(종합시장) 중에서 위안화 또는 달러화를 가장 많이 사용하는, 즉 외화를 북한 원보다 더 많이 사용하는 장마당의 비중이 2.6~8.9% 수준이었던 것으로 조사되었다.

한편 이러한 조사결과의 해석에 있어서 탈북자들의 지역적 편중성이 상당하다는 점은 지적될 필요가 있다. 전체 조사 대상자의 87%가 함경북도와 양강도 출신이다. 따라서 〈표 1〉과 〈그림 1〉은 북한 전역의 상황이라기보다는 함경북도와 양강도를 포함한 일부 지역의 상황이라고 해석하는 것이

안전할 것이다.

그리고 두 번째 설문조사는 2013년에 실시한 탈북자 설문조사인데 그중에 2011년부터 2013년 사이에 탈북한 사람 828명[7]을 추려서 이들을 대상으로 통계분석을 실시한 결과를 간단히 소개하기로 한다. 이 조사는 자신의 탈북 연도와 탈북 직전 거주지역의 장마당(종합시장)에서 거래되는 화폐의 비율을 조사한 것이다.

〈표 2〉와 〈그림 2〉에 잘 나타나 있듯이 2011년부터 2013년 사이에 북한 시장에서 북한 원화의 거래비율이 급격히 하락하고 중국 위안화의 거래비율이 급격히 상승하고 있다. 북한 원화의 경우, 거래비율이 2011년 76.2%에서 2012년 58.7%, 2013년 42.0%로 급격히 하락했다. 반면 중국 위안화는 같은 기간 11.5%, 33.1%, 56.8%로 빠른 속도로 상승했다. 이에 따라 2013년에는 중국 위안화의 거래비율이 북한 원화의 거래비율을 추월했다는 점이 흥미롭다. 또 하나 눈에 띄는 것은 같은 기간 동안에 미국 달러화의 거래비율도 8.6%, 6.8%, 1.2%로 감소했다는 점이다.

한편 이번 설문조사 대상자도, 앞의 설문조사결과와 마찬가지로 조사대상 탈북자의 3/4이 함경북도와 양강도 출신이라는 점이 고려되어야 한다.

〈표 2〉 북한 장마당(종합시장) 내 거래 화폐 비율

(단위: %)

연도	북한 원화	미국 달러화	중국 위안화	기타	합계	비고
2011	76.2	8.6	11.5	3.7	100.0	n=454
2012	58.7	6.8	33.1	1.4	100.0	n=293
2013	42.0	1.2	56.8	–	100.0	n=81

7) 전체 조사대상자 828명 가운데 2011년에 탈북한 사람이 454명, 2012년에 탈북한 사람이 293명, 2013년에 탈북한 사람이 81명이다. 이들에 대해서는 자신이 탈북 직전에 거주하고 있던 지역의 장마당(종합시장)이 탈북 직전 시점에 어떤 상황이었는지 질문했다.

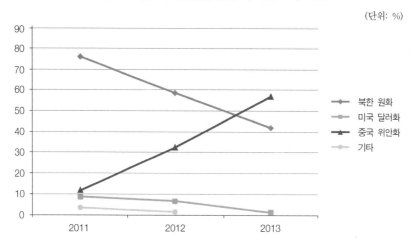

〈그림 2〉 북한 장마당(종합시장) 내 거래 화폐 비율

(단위: %)

즉 대표성의 측면에서는 다소 문제점이 있다는 것이다. 따라서 〈표 2〉와 〈그림 2〉는 북한 전역의 상황이라기보다는 함경북도와 양강도를 포함한 일부 지역의 상황이라고 해석하는 것이 안전할 것이다.

3. 북한 달러라이제이션의 특징

북한의 달러라이제이션은 몇 가지 특징을 가지고 있다. 우선 지적할 수 있는 것은 북한에서 달러화(dollarization)와 위안화(yuanization)가 동시에 진행되고 있다는 점이다. 이는 북중 무역이 북한 대외무역에서 압도적인 비중을 차지하고 있을 뿐만 아니라, 중국과 비공식 무역이 활발하게 이루어지고 있다는 점과도 관련이 있는 것으로 보인다.

초기에는 자산의 축적이나 교환에 있어 달러화가 압도적인 비중을 차지했다. 일부 국경지대에서만 위안화가 유통되었으며, 여타 지역에서는 중국 관광객 정도가 위안화를 사용했다. 그런데 2000년대 들어 북한 내 인민폐의 유통이 빠르게 확대되고 있다. 이제 국경지대만이 아니라 일부 내륙지역, 특히 평양에서도 인민폐를 보유하고, 사용하는 경향이 나타나고 있다. 최근에는 달러라이제이션보다 위아나이제이션이 훨씬 빠르게 진행되고 있다는 것이 특징적인 현상이다.

북한에서의 달러와 인민폐의 상대적 위상 변화는 달러라이제이션 및 위아나이제이션의 억제·촉진 요인의 상호작용에 의존하고 있다. 위아나이제이션을 중심으로 억제 및 촉진 요인을 간단히 살펴보기로 하자.

위아나이제이션의 억제 요인(달리 보면 좁은 의미의 달러라이제이션의 촉진 요인)으로 대표적인 것은 공식적으로 달러화는 태환화폐지만 위안화는 그렇지 못하다는 점이다. 즉, 북중 간의 무역거래 시 결제는 위안화가 아니라 달러화를 통하여 이루어지고 있으며, 따라서 무역과 관련된 외화 자산의 축적 역시 달러화를 통하여 이루어지고 있다.

위아나이제이션의 억제요인도 있지만 위아나이제이션의 촉진요인이 더 많은 편이다. 첫째, 공급 측면에서 보면 접경국가의 특성상 위안화가 달러화보다 조건이 양호하다. 북한의 대외무역이 대부분 중국과 이루어지고 있을 뿐만 아니라 비공식적 무역은 사실상 중국과만 이루어지고 있다. 둘째, 2008년부터 북한과 중국 간에 위안화를 통한 무역이 공식적으로 가능하게 되었다. 중국은 위안화 국제화 정책의 일환으로 2008년 2월부터 북중 간 무역에서 위안화 결제를 허용하고 있다. 이에 따라 북중 간 무역에서 위안화를 통한 결제가 크게 늘고 있다. 셋째, 단속 시 처벌의 측면에서 위안화가 달러화보다는 유리한 조건이다. 일반 주민이 합법적으로 달러화를 가지게 될 기회는 매우 드물지만 위안화는 그렇지 않다. 넷째, 북한주민들 입장에서는 위안화 환율이 달러화 환율보다 낮기 때문에 소규모 자산을 축적하고, 거래를 매개하는 데 있어 위안화가 달러화에 비해 유리하다. 다섯째, 장기적으로 보아 위안화 환율이 절상되는 추세에 있다. 즉 달러화 보유보다 위안화 보유가 환율 측면에서도 유리하다.

아울러 북한에서는 국경지역과 내륙지역, 도시지역과 농촌지역, 평양과 비평양지역 간에 달러라이제이션의 진전 정도, 달러화와 위안화의 위상 등에 있어 매우 큰 차이가 나타나고 있다. 일반적으로 국경지역이 내륙지역보다 달러라이제이션이 더 진전되고 있다. 또한 북중 국경지역에서는 여타 지역보다 위안화가 더 많이 축적되고 사용되고 있다.

예컨대 신의주 지역에서는 위안화로 계산할 수 있는 정도의 규모가 되면 위안화로 거래되는 빈도가 매우 높다. 반면, 여타 지역, 특히 농촌지역에서는 위안화의 사용 빈도는 매우 떨어진다.

평양지역은 여타 지역에 비해 달러라이제이션이 더 진전되어 있으며, 가치저장수단으로서뿐만 아니라 일상적인 거래에서도 달러는 광범위하게 사용되는 것으로 파악되고 있다. 위안화가 공식적인 외화로 승인되기 전에는 평양지역에서 위안화의 사용은 관광객 등 제한적인 영역에서만 가능하였지만, 2000년대 후반 이후에는 평양지역에서도 위안화가 광범위하게 사용되기 시작했다.

V. 북한 달러라이제이션의 원인

1. 외화수요적 요인

통상 달러라이제이션의 원인에 대해서는 외화수요적 요인, 외화공급적 요인, 제도적 요인으로 나누어 살펴볼 수 있다. 북한에 대해서도 같은 방식으로 고찰 가능하다. 우선 외화수요적 요인을 살펴본다.

첫째, 인플레이션[8]이다. 1990년대 인플레이션은 경제위기 속에서 나타났

---

8) 북한의 물가 및 인플레이션에 대해서는 이 책의 제4장에서 자세히 다룰 것이기 때문에 여기서는 간단히 언급하기로 한다. 북한의 인플레이션에 관한 최근의 연구성과로서 주목할 만한 것으로는 이영훈, "북한의 시장가격 및 인플레이션 관련 주요 쟁점," 북한연구학회 기획, 양문수 편저, 『김정은 시대의 경제와 사회』(파주: 한울, 2014); 최지영,

다. 북한에서 인플레이션은 공식경제의 붕괴 및 암시장 발달의 산물이다. 국정가격은 고정되어 있었지만 암시장에서의 물가는 계속 가파른 상승세를 보였던 것이다. 이러한 인플레이션으로 인해, 즉 북한 원화가 지속적으로 가치 하락세를 보임에 따라 경제주체들은 가치가 안정적인 외화를 선호하게 된 것은 매우 자연스러운 일이다.

그동안 북한의 경제위기 이후 나타난 인플레이션의 원인에 대해서는 △ 시장에서의 공급부족 등 실물부문의 요인, △ 통화증발, 달러라이제이션 등 화폐부문의 요인 등 다양한 요인이 지적되어 왔으나 관련 통계·자료의 부족으로 인해 학자들 사이에서 의견의 일치를 보기가 어려웠다. 다만 장기적 추세로서의 인플레이션의 원인에 대해서는 통화증발을 꼽지 않을 수 없다.

둘째, 몰수형 화폐개혁이다. 북한은 건국 이래 지금까지 모두 다섯 차례의 화폐개혁을 실시한 바 있다. 물론 시기별로 화폐개혁의 목적과 내용이 다소 상이한 측면이 있다. 1947년 12월, 1959년 2월, 1979년 4월, 1992년 7월에 실시되었다. 가장 최근인 2009년 12월에는 구화폐와 신화폐가 100:1 비율로 교환되었으며 교환의 한도도 강력하게 제한되었다. 한편 1992년과 2009년의 화폐개혁 중간에 2002년 7·1 조치 시행과 동시에 화폐개혁을 단행할 예정이었던 것으로 전해지고 있다.

북한의 화폐개혁 역사를 되돌아보면 1947년과 1979년의 화폐개혁은 부분적 몰수형 화폐개혁이고, 1992년과 2009년의 화폐개혁은 전면적 몰수형 화폐개혁이라고 볼 수 있다. 그런데 주민들에 준 충격의 강도로 보면 2009년의 화폐개혁은 1992년에 비할 수 없이 컸던 것으로 보인다. 2009년에는 시장화가 20년 가까이 진행된 시점에서 주민들이 상당 정도 화폐자산을 축적해 두었으며, 따라서 몰수당한 화폐규모가 엄청났다는 점을 고려해야 한다. 결국 2009년 화폐개혁은 주민들로 하여금 북한 원에 대한 신뢰를 포기하게 만든 결정적인 계기로 작용했다.

"북한의 물가와 인플레이션: 연구동향과 과제,"『북한연구학회보』제19권 제1호(2015)를 참조.

셋째, '네트워크 외부성(network externality)'이다. 달러라이제이션이 많이 진행된 나라에서는 다른 사람들이 흔히 달러를 사용하므로 나도 거래에 참여하려면 달러를 사용하지 않을 수 없는 결과가 발생한다. 이는 네트워크 외부성의 한 사례로서 달러라이제이션을 가속화시키는 요인으로 작용한다. 북한의 경우, 이는 국가에 의해 위로부터 강요된 측면도 있고 아래로부터 자생적으로 발생한 측면도 있다.

우선 경제위기로 국가재정이 사실상 파탄이 난 상태에서 북한당국은 기관·기업소에 대해 자력갱생을 강하게 요구했다. 거기에다 지속적으로 외화벌이 과제, 사회적 과제 등의 부담을 안겼다. 기관·기업소로서는 외화의 확보가 사활적 과제가 되었으며, 따라서 외화벌이에 총력을 기울이지 않을 수 없었다.

또한 북한당국은 외화부족이 심각한 수준에 달하자 주민들로부터 공식·비공식적으로 외화로 징수하는 요금·수수료를 크게 늘렸다. 특히 국내의 각종 외식/레저/오락 서비스 시설을 계속 늘려가며, 더욱이 지속적으로 휴대전화, 택시 등 새로운 시장을 창출하며 중간층 및 부유층들이 보유하고 있는 외화를 흡수하고자 하는 이른바 '국내의 외화벌이사업'에 열을 올리고 있다.

아울러 경제위기 이후 북한에서 시장화(marketization)가 진전되었음은 주지의 사실이다. 생산재시장, 소비재시장, 자본·금융시장, 노동시장 등 4대 시장이 발생, 확대되고 아울러 생산의 기본단위인 기업 또는 개인수공업자가 원자재, 자금, 노동력의 조달과 생산물의 처리를 시장을 통해 수행하고 그 비중이 점차 커지면서 시장화가 진전되고 있다. 이러한 시장화는 화폐화(monetization)를 필연적으로 수반한다. 그런데 북한에서 화폐화는 달러화(dollarization)와 동시에 진행되었다는 특성이 있다. 경제위기로 국내자원이 고갈되었으며, 아울러 국내 소비재 시장을 수입상품이 거의 다 장악했다는 점이 주된 요인으로 작용했다. 화폐 중에서도 내화가 아니라 외화가 절대적으로 중요해지는 방향으로 시장화가 진전되었다.

2. 외화공급적 요인

북한에서 달러라이제이션이 진행되기 위해서는 북한의 경제주체들이 달러나 위안화를 상당히 큰 규모로 획득할 수 있어야 한다. 즉 북한 내에 달러나 위안화가 충분히 공급되어야 한다.

북한은 공식적으로는 대외경제교류가 활발하지 않지만 비공식적인 영역까지 고려하면 다양한 경로를 통해 상당 정도 대외경제교류가 이루어지고 있다고 볼 수 있다. 특히 밀무역, 그리고 대외무역 종사자들의 외화 반입, 해외 파견 노동자 및 해외 주재원들의 외화 반입, 북송교포 및 친척, 중국의 친척, 남한 거주 탈북자들의 송금 등과 같이, 공식적인 통계에 포착되지 않는 광범위한 외화 유입 및 축적 경로가 존재하고 있는 것으로 파악되고 있다.

북한의 종합 외화수지가 흑자를 기록하고 있는지 여부는 관련 자료의 입수 불가능으로 인해 판단하기 어렵다. 이와 관련, 눈길을 끄는 중국 측의 조사 자료가 있다. 중국 측은 2000년대 중반에 중국과 북한 사이에 오고가는 인민폐 유통 규모와 북한에 체류하는 인민폐 규모에 대한 추정을 시도한 바 있다.[9] 중국인민은행이 2006년에 단동세관을 통해 북한으로 오고가는 사람들 200명에 대해 설문조사를 실시한 결과를 토대로 한 해 동안의 대북 인민폐 유통량을 추정했다. 단동을 통한 위안화의 대북 유출액은 20.7억 위안, 단동을 통한 위안화의 유입액은 18.3억 위안으로서 총 2.4억 위안이 당해 연도에 북한에 잔류한 것으로 추정되었다.

아울러 2004, 2005, 2006년 조사결과를 합쳐 보면 단동과 북한 사이의 인민폐 유통량은 크게 증가하는 추세를 보이고 있다. 2005년 단동에서 북한으로 유출된 규모는 전년에 비해 2.3% 증가했고, 2006년에는 전년 대비 31.4% 증가했다. 또한 2004, 2005, 2006년에 북한에서 유입된 인민폐 규모는 당해 연도에 북한으로 유출된 인민폐의 각각 82.4%, 81.6%, 88.6%에

---

9) 〈朝鮮經濟問題研究〉 課題組, 『朝鮮經濟問題研究』(센양, 랴오닝성 금융학회 내부자료, 2008), pp.170-175.

불과했다. 즉 각각 17.6%, 18.4%, 11.4%의 인민폐가 북한에 잔류한 셈이
다. 요컨대 양국 간 인민폐 이동속도가 더 빨라지고 대규모로 유출입되며,
북한으로의 유출 규모의 10% 이상이 잔류하는 특징을 보이고 있다.

아울러 국내의 어느 연구[10])에서는 1991년부터 2012년을 대상으로 북한
의 '외화수급'을 추정해 보았다. 이 연구에 의하면 북한은 이 기간 동안(남한
을 제외한) 국제사회와의 무역을 통해 179억 달러에 달하는 엄청난 무역수
지 적자를 기록했지만 서비스수지, 소득수지, 경상이전수지, 자본수지, 남한
으로부터의 외화수급을 종합적으로 고려하면 오히려 14억 달러 이상 흑자
를 나타낸 것으로 추정되었다. 게다가 무기수출과 불법거래 수입을 고려하
면 이 기간 동안 28억 달러의 흑자를 기록한 것으로 추정되었다. 또한 시기
적으로 보면 1991~96년과 2009~2010년은 외화수급이 좋지 않았지만 여타
의 시기는 양호한 것으로, 특히 2011~12년은 5·24 조치와 국제사회의 대북
제재에도 불구하고 상당한 흑자를 기록한 것으로 추정되었다.

3. 제도적 요인

북한 달러라이제이션의 제도적 원인으로서는 크게 보아 다음의 두 가지
를 지적할 수 있다.

첫째, 중앙집중적 외화관리제도의 와해이다. 북한의 중앙집중적 외화관
리제도는 1970년대 이후 점차 약화되기 시작했는데 이는 무엇보다 외환관
리 독점과 동전의 양면 관계인 대외무역 독점이 약화된 데 따른 것이다.
북한에서 1970년대부터 무역의 분권화는 크게 보아 두 가지 경로로 이루어
졌다. 하나는 내각경제(인민경제) 내에서 생산단위 및 지방에게 무역권한이
주어지는 것이고, 또 하나는 당경제, 군경제 등 이른바 특권경제가 내각경제

---

10) 장형수, "북한의 외화수급추정과 분석: 1991~2012년," 『통일정책연구』 제22권 2호
    (2013).

로부터 독립하고, 이들 특권경제 내에서 각급 단위에 대해 무역권한이 주어지는 것이다.

종전에는 모든 무역회사들과 기관들이 무역은행에 의무적으로 계좌를 개설하고 대외무역을 수행했으며 이에 따라 중앙집중적 외화관리도 제대로 기능했다. 하지만 무역의 분권화와 더불어, 특히 특권경제 소속 무역회사의 급증 및 부문별 은행의 출현으로 인해 국가의 중앙집중적인 외화관리시스템은 균열이 생기기 시작했다. 또한 중앙집중적인 외화관리시스템 차원에서 실시된 외화행표제도, '외화와 바꾼 돈표'제도, 외화상점제도가 각각 제 기능을 다하지 못함에 중앙집중적인 외화관리시스템의 와해는 가속화되었다.

둘째, 기관·기업소의 외화보유 허용이다. 북한은 7·1 조치의 일환으로 2002년에 「외화관리법」 및 「외화관리법 시행규정」을 개정해 외화관리제도 상의 획기적 변화를 시도했다. 즉 북한당국이 기관·기업소의 외화보유를 허용하고, '외화의무납부제'를 시행한 것이다. 이는 중국의 외화유보제와 유사한 것으로 외화수입의 일정비율을 국가에 납부한 후, 나머지 외화에 대해서는 자체 보유를 인정하는 제도이다.

이러한 외화관리제도의 변경은 외화보유에 있어 국가와 기업의 분리가 시작되었음을 의미한다. 국가가 외화를 보유·분배하는 구조의 균열과 함께 기업이 제한적이나마 외화관리 주체로 등장하게 된 것이다. 하지만 새로운 외화관리제도 변경도 기존의 '아래로부터의 변화'를 완전히 수용하지 못했다. 제도와 현실의 괴리, 정부의 통제와 하부단위의 자력갱생 간 갈등을 해소하지 못한 결과, 하부단위에서 일탈행위가 발생할 가능성을 내포하고 있었으며 이는 이후 현실화되었다.

한편 대부분의 개도국이나 체제전환국의 경우, 국내은행에 대한 외화예금 예치 허용 조치가 달러라이제이션의 결정적 계기를 제공했지만 북한은 그렇지 않다. 국내 은행 혹은 합영은행에 대한 외화예금 예치 자체는 허용된 것으로 알려지고 있다. 하지만 주민들은 은행 외화 예금을 기피하고 있는 것으로 전해지고 있다. 자금 출처에 대한 추궁이 있을 수도 있다는 우려감과 은행 예금 인출이 불가능할 수 있다는 우려감 등이 복합적으로 작용하고 있는 것으로 보인다.

VI. 달러라이제이션의 파급효과와 북한당국의 대응

1. 달러라이제이션이 북한 경제에 미치는 파급효과

달러라이제이션이 북한 경제에 미치는 파급효과는 부정적 측면과 긍정적 측면으로 나누어 생각해 볼 수 있다.

부정적 측면에서 가장 큰 것은 화폐발행이익(seigniorage)의 상실이다. 현대의 화폐는 화폐의 액면가치 대비 제조비용이 매우 작은 법정 불환지폐 (不換紙幣, inconvertible paper money)로서 정부가 신규 발행하는 화폐는 그 금액의 대부분이 정부의 수입이 되며, 이를 가리켜 화폐발행이익이라고 한다. 화폐발행이익은 인플레이션을 통해 정부가 국민에게 부과하는 세금 (inflation tax)으로도 해석할 수 있다. 그런데 달러라이제이션이란 경제주 체들이 국내화폐 보유를 줄이고 외화 보유를 늘린다는 것이기 때문에 달러 라이제이션이 진행되면 화폐발행이익의 크기가 줄어들게 된다. 이에 따라 정부는 통화증발을 통해 재정적자를 메우는 것이 점점 더 어려워지게 된다. 아울러 동일한 규모의 화폐발행 차익을 얻기 위해 정부는 종전보다 훨씬 더 큰 규모의 통화(북한 원화)를 발행해야 하고,[11] 이는 그만큼 인플레이션 압력을 증가시킨다.

그런데 달러라이제이션은 북한의 화폐발행 이익을 축소시키는 작용을 하

---

[11] 더욱이 북한에서는 국영상업망의 기능이 사실상 와해되었기 때문에 중앙은행이 공급 한 화폐가 기업과 주민을 거쳐 다시 중앙은행으로 환수되는 비율이 크게 떨어진 상 태(이른바 화폐침전)이고, 따라서 국영기업에 대한 화폐의 추가적인 발행규모가 더 욱 커질 수밖에 없다.

기도 하지만, 동시에 화폐발행 이익이 발생할 수 있도록 하는 작용도 하고 있다. 화폐시장이 존재하지 않는 상황에서 화폐 발행이익은 국영기업을 통하여 발생한다. 즉, 북한 중앙은행이 국영기업에 공급한 화폐를 통하여 국영기업들이 노동력과 재화를 구매하는 방식을 통하여 화폐발행 이익이 발생한다. 달러라이제이션으로 인해 북한 내부에 외화가 축적되면서 비공식적인 외화시장을 형성하게 되면, 국영기업에 공급된 북한 원은 비공식적인 외환시장에서 달러로 환전되어서 수입 원자재를 구매할 수 있게 한다. 이에 따라 북한 원이 실질적인 구매력을 가질 수 있도록 한다.[12]

따라서 북한 원에 대한 북한주민의 신뢰 상실에 따른 달러라이제이션이 북한 정부의 화폐발행 차익의 가능성을 축소시키는 작용을 하는 동시에 달러라이제이션에 의해 형성된 외화시장이 사실상의 화폐시장 기능을 함에 따라 화폐발행 차익이 발생할 수 있는 환경을 조성하는 이중적인 영향을 미치고 있다고 볼 수 있다.

한편 달러라이제이션이 진행되는 과정에서는 환율의 불안정성이 심화될 우려도 크다. 경제주체들이 국내화폐를 외화로 대체하려 하므로 외화에 대한 수요가 정상적인 경제의 경우보다 더 빨리 증가하게 되어 자국 통화에

---

[12] 더욱이 달러라이제이션에 의해 형성된 외화시장이 사실상의 화폐시장 기능을 함에 따라 화폐발행 차익이 발생할 수 있는 환경이 조성되고, 북한당국은 이를 직간접적으로 활용하고 있다. 그 극단적인 사례가 '국가기관 사람들이 신권을 대량으로 가지고 와서 암달러상에게 달러로 바꾸어가는' 것이다. "내가 살았던 황해남도 연안군의 암달러 시장에 종종 소문이 돌았다. 평양에서 사람이 내려와 달러를 대량으로 바꾸어 간다고 했다. 이들은 보통 외화벌이에 종사하는 사람이거나 국가기관 사람이다. 상부에서 임무를 주었는데 조선돈 신권을 한 가방 주면서 지방에 내려가 깜빠니아로 해서 달러를 거둬들이라, 예컨대 1만 달러 바꿔오라고 했다는 식이다. 그러면 달러 암시장을 통해 달러를 빨아들이고 조선돈 새 돈을 쫙 푼다(탈북자 A씨, 2012년 8월 면담)." "2011년 11월의 일이다. 사리원에 있는 암달러상의 집을 방문할 일이 있었다. 그런데 그 달러 장사꾼이 조선돈 새 돈을 다발째 가지고 있는 것을 목격했다. 조선돈 5,000원짜리 100장 다발을 몇십 개 가지고 있었다. 그것도 모두 은행에서 바로 나온 새 돈이었다. 깜짝 놀랐다. 돈다발 가운데에 띠가 있었는데 "5,000×100"이라고 씌어 있었다(탈북자 B씨, 2012년 8월 면담)." 이런 방식을 통하여 북한 원을 공급받은 국영기업은 일부이겠지만 비공식적인 외화시장을 통하여 수입품에 대한 구매력을 확보할 수 있게 되는 것이다.

대해 급격한 절하 압력이 가해질 수 있다. 경제주체들이 절하를 예상하게 되면 외화에 대한 수요는 더욱 늘어나 환율이 균형 수준보다 훨씬 높은 수준으로 오버슈팅할 가능성도 커진다. 북한과 같이 중국에 대한 무역의존도가 높은 나라는 이러한 환율의 상승은 수입식량가격의 상승 등을 통해 전반적인 물가를 상승시키는 작용을 한다.

그런데 달러라이제이션은 북한 경제에 대해 부정적 파급효과뿐만 아니라 긍정적 파급효과도 가져온다. 과도한 인플레이션이 발생할 경우 국내화폐가 기능을 잃어 경제활동이 크게 위축되는데, 이때 외화가 대신 화폐기능을 수행해 줌으로써 경제활동을 정상화시켜줄 수 있다. 이 경우 외화는 안정적인 통화가치가 보장되는 화폐로서 경제적 거래의 불확실성을 완화시켜 북한의 경제활동을 촉진하는 기능을 수행한다.

또한 달러라이제이션으로 인해 그동안 민간 부문에 축적된 외화가 화폐의 기능을 일정 정도 수행하면서 생산활동을 위한 자본의 기능을 부분적으로 수행한다. 즉 경제위기 이후 붕괴되었던 자금순환구조를 일부 복원하는 것, 즉 북한 내에서 부분적이지만 '돈을 돌게 해 주는 역할'을 수행하는 것이다. 주민들이 장롱 속에 감추어 두었던 외화가 밖으로 나와 투자자금으로 바뀌는 것, 즉 민간 부문에 축적된 자금이 '금고'에서 '금융'으로 전환하는 상황이다. 대표적인 사례가 김정은 시대 들어 활기를 띠고 있는 부동산(아파트) 신축이다. 국가 차원의 대규모 건설 사업에 민간의 사적 자본이 비공식적 경로를 통해 대거 투입되면서 침체된 북한 경제에 활력을 불어넣고 있다.

한편 달러라이제이션이 물가에 부정적인 영향만을 미치는 것은 아닐 수 있음은 생각해 볼 필요가 있다. 달러라이제이션이 급격히 진행되는 단계에서는 급격한 통화대체를 통해 물가를 크게 상승시키지만 달러라이제이션이 일정 수준 이상 또는 충분히 진행된 이후에는 오히려 물가를 안정시키는 방향으로 작용할 수도 있기 때문이다. 즉 달러라이제이션이 크게 확산되면 통화증발을 통한 재정조달능력이 감소 또는 억제될 수 있다. 즉 달러라이제이션의 급격한 진행으로 북한 원화에 대한 수요가 급격히 감소해 북한당국이 통화증발을 할 수 있는 수단을 확보하기 어려울 수 있다. 또한 달러라이제이션의 확산으로 전체 유통 통화 중 국내 통화의 비중이 크게 감소하면, 국내 통화증발이 전체 물가상승에 주는 영향력이 감소할 수도 있다. 이런 상황에서는 달러라이제이션이 오히려 이제는 물가를 안정시키는 쪽으로 작용할 수도 있다. 북한에서 2009년 화폐개혁 이후 달러라이제이션이 1년 또는 2~3년 급격하게 진행되고 난 이후 달러라이제이션의 진행이 일단락되었다고 하면 북한에서도 이러한 사태가 벌어졌을 개연성은 생각해볼 수 있다. 물론 현재로서는 관련 자료·정보의 부족으로 명확하게 이야기하기는 힘들다.[13)]

종합적으로 보면 정부 재정능력 약화가 계획경제의 해체를 가속화시키고 있다면, 달러라이제이션은 화폐화 및 시장화의 확대/심화에 기여하고 있는 셈이다. 달러라이제이션은 거시경제의 불안정성 및 소득격차를 심화시키는 동시에 시장을 중심으로 경제활동을 활성화시키는 이중적인 영향을 북한 경제에 미치고 있다고 볼 수 있다. 동시에 물가에 대해서도 달러라이제이션 초기에는 물가를 상승시키는 요인으로 작용하지만 일정 기간이 경과한 이후에는 오히려 안정시키는 요인으로 작용하는 등 물가에 대한 영향 또한 이중적이라고 할 수 있다.

2. 북한 정부의 대응

달러라이제이션 현상이 북한 경제에 미치는 영향이 양면적이기 때문에 북한 정부의 대응 역시 양면적, 모순적이다.

당국은 기본적으로 외화를 당국에 집중시키고, 민간의 외화 사용을 억제하려고 한다. 특히 주기적으로 물리적인 외화사용 금지 조치를 내리고 외화

---

13) 일각에서는 2013년 이후 3년이 넘게 북한 물가가 안정되고 있는 가장 큰 원인으로서 달러라이제이션의 급격한, 그리고 충분한 진행을 지적하고 있다. 물론 하나의 원인이 될 수는 있겠지만 과연 가장 큰 원인인지에 대해서는 향후 심도 있는 연구와 토론이 필요하다고 본다.

사용에 대한 단속조치를 실시한다. 그러나 이러한 당국의 달러라이제이션 억제 노력은 실효성을 담보하지 못하고 있다. 달러라이제이션 현상은 북한 화폐의 신뢰도 하락에 근본적인 원인이 있는데, 근본적인 원인을 제거하지 않은 채 정치적/물리적 강제 조치만으로 북한주민의 외화 보유 및 사용의 확산을 막는 것은 불가능하다. 뿐만 아니라 외화 부문은 대외무역의 확산과 밀접하게 관련이 되어 있는데, 개인 및 기업의 외화 보유 및 사용에 대한 통제는 대외무역을 통한 외화 획득에 부정적으로 작용한다. 따라서 정부의 외화 사용 금지 조치는 지속되기 어렵다.

북한 정부는 큰 실효를 거두지는 못하지만 외화 사용 억제 및 외화 환수 등을 통하여 외화 통용을 억제하려고 노력하는 동시에 달러라이제이션 현상을 활용하려는 이중적인 태도를 취하고 있다. 재정능력이 약화된 정부는 외화 흡수를 주요한 재정 확충 수단의 하나로 활용하고 있다. 북한 정부는 주민들의 외화 보유를 사실상 인정하고, 외화로 거래되는 시장을 스스로 창출하여 외화를 흡수하려고 하고 있다. 휴대폰 시장이 대표적인 사례이다. 더욱이 앞에서도 밝혔듯이 북한 정부는 외화만으로 이용 가능한 패스트푸드, 레스토랑, 수영장 등 국내의 각종 외식/레저/오락 서비스 시설을 계속 늘려가며 중간층 및 부유층들이 보유하고 있는 외화를 흡수하고자 하는 이른바 '국내의 외화벌이사업'을 사실상 진두지휘하고 있다. 뿐만 아니라 당국은 국내화폐를 발행하여 비공식적 외화시장에서 외화를 사들이는 등 직접적으로 외화시장에 개입하기도 한다.

이러한 정부의 달러라이제이션 활용이 공식경제의 작동, 나아가 전반적인 경제성장에 어느 정도 기여하는 것은 사실이다. 그러나 제도의 변화를 수반하지 않는 정부의 달러라이제이션 활용 및 외화시장 개입은 통화 및 외화에 대한 제도적 통제를 약화시키며, 나아가 국가의 경제관리 역량을 약화시킨다.

VII. 결론

달러라이제이션은 북한 경제와 당국의 정책수행에 양면적 영향을 주고 있다. 한편으로는 정부의 통화정책 수행 능력, 나아가 경제 전반의 관리 능력을 약화시키는 반면 또 한편으로는 공식경제의 작동, 나아가 전반적인 경제성장에 도움을 주고 있다. 당국으로서는 한편으로는 달러라이제이션을 억제해야 하지만, 또 한편으로는 달러라이제이션을 활용하지 않을 수 없다. 당국 입장에서는 달러라이제이션이 딜레마적 존재일지도 모른다. 어찌 되었든 북한 정부가 앞으로 달러라이제이션에 대해 어떤 정책을 취하느냐에 따라 북한 경제의 미래가 적지 않은 영향을 받을 수밖에 없다.

북한의 달러라이제이션은 기본적으로 경제위기 이후의 경제 이슈이다. 물론 엄밀히 따지면 경제위기 이전에도 달러화 현상이 없었다고 할 수는 없지만 아직은 주변적·제한적 존재였다. 그것이 경제위기 이후 수면 위로 떠오르고 급격히 확대·심화되었다.

그리고 달러라이제이션은 북한만의 현상이 아니다. 남미, 동남아 등 많은 개발도상국 및 체제전환국 경제에서 지난 수십 년 동안 흔하게 나타난 현상이기도 하다.

이러한 점이 함축하는 바는 적지 않다. 우선 오늘날의 북한 경제는 개혁개방 이전의, 이른바 고전적인 사회주의 경제체제로부터 크게 이탈되었음을 여실히 보여준다. 달리 보면 고전적인 사회주의 경제의 분석틀만으로는 오늘날의 북한 경제를 도저히 설명할 수 없음을 확인시켜준다. 아울러 오늘날의 북한 경제를 체계적으로 이해하기 위해서는 체제전환국 경제, 그리고 개발도상국 경제의 경험에 대한 학습이 필수적임을 시사한다.

한편 북한의 달러라이제이션 현상은 현재도 그러하지만, 향후 체제전환 및 남북경제통합 과정에서 매우 중요한 변수로 작용할 전망이다. 예컨대 달러라이제이션 현상, 인플레이션, 환율하락 등 거시경제의 안정성이라는 초기 조건(initial conditions) 면에서 보면 북한은 중국보다는 베트남에 가깝다. 따라서 향후 북한이 체제전환 시 중국모델을 전적으로 수용하는 것이 가능하지도, 바람직하지도 않다는 시사점이 도출된다.

특히 본격적인 개혁개방 혹은 체제전환과정에서 베트남은 중국에 비해 상대적으로 급진적인 거시경제 안정화 및 가격 자유화 정책을 폈는데 이는 달러라이제이션 현상, 인플레이션, 환율하락 등 거시경제의 불안정성이라는 베트남의 초기 조건상의 특성에 기인하는 바가 크다. 따라서 향후 북한 경제의 개발모델 모색 시, 중국모델뿐 아니라 베트남모델에 대해서도 관심을 기울여야 할 필요성이 여기에서도 도출된다.

• 참고문헌 •

김광진. 2007. "북한의 외화관리시스템 변화 연구." 서울: 북한대학원대학교 석사학
    위 논문.

양문수. 2010. 『북한경제의 시장화: 양태, 성격, 메커니즘, 함의』. 파주: 한울.

이석기 외. 2012. 『북한 외화통용 실태 분석』. 서울: 산업연구원.

이영훈. 2014. "북한의 시장가격 및 인플레이션 관련 주요 쟁점." 북한연구학회 기획,
    양문수 편저. 『김정은 시대의 경제와 사회』. 파주: 한울.

장형수. 2013. "북한의 외화수급추정과 분석: 1991~2012년." 『통일정책연구』 제22
    권 2호.

최지영. 2015. "북한의 물가와 인플레이션: 연구동향과 과제." 『북한연구학회보』 제
    19권 제1호.

Balino, Tomas J. T. et al. 1999. "Monetary Policy in Dollarized Economies."
    IMF Occasional Paper, No.171.

Calvo, Guillermo A., and Carlos A. Vegh. 1992. "Currency Substitution in
    Developing Countries: An Introduction." IMF Working Paper 92/40.

〈朝鮮經濟問題硏究〉課題組. 2008. 『朝鮮經濟問題硏究』. 센양, 랴오닝성 금융학회 내
    부자료.

제**4**장

북한시장의 물가와 인플레이션*

최지영 · 정승호 | 한국은행

I. 서론

물가란 시장에서 거래되는 개별 상품들의 가격 및 서비스 요금을 경제생활에서 차지하는 중요도를 고려하여 평균한 종합적인 가격수준을 뜻하며, 인플레이션이란 이러한 물가가 지속적으로 오르는 현상을 의미한다. 우리가 물가와 인플레이션에 관심을 갖는 것은, 이 지표들이 경제주체들의 삶에 직접적으로 영향을 미치기 때문이다. 다른 요인들이 일정하다면, 소비자물가 상승은 실질소득의 저하를 의미한다. 또한 높은 인플레이션은 임금소득자에

---

* 본 연구 가운데 일부는 최지영, "북한의 물가와 인플레이션: 연구동향과 과제"(『북한연구학회보』 제19권 제1호(2015))의 북한의 시장가격 관련 논의를 발전시킨 것입니다. 본 연구의 내용은 집필자 개인의 의견이며, 한국은행의 공식견해와는 무관합니다. 따라서 본 연구의 내용을 보도하거나 인용할 경우에는 집필자명을 반드시 명시하여 주시기 바랍니다.

게서 실물자산보유자에게로, 채권자에서 채무자에게로 소득을 재분배하는 결과를 가져온다. 경제성장의 측면에서 본다면, 인플레이션은 저축을 감소시키고, 기업의 설비투자를 위축시켜 성장을 저해한다. 통화당국이 인플레이션을 막기 위해 금리를 인상하게 되므로, 이는 국민경제의 성장 기반을 약화시키는 결과를 낳기도 한다. 각국이 물가안정목표를 지표로 설정하여 통화정책을 운영하는 것은 이와 같이 물가와 인플레이션이 경제주체의 삶에 깊이 영향을 미치기 때문이다.

북한주민들의 경제생활에 있어서도 물가와 인플레이션의 영향은 크게 다르지 않다. 다만, 북한 경제는 계획(국정)가격이 적용되는 공식부문과 시장가격이 적용되는 비공식부문으로 이원화되어 있고, 계획(국정)가격은 2002년 이후 큰 변화를 보이지 않고 있기 때문에 인플레이션은 주로 비공식부문의 거래에서 나타나는 현상이라고 할 수 있다.

사회주의 경제의 인플레이션에 대한 기존 연구에 따르면, 비공식부문의 비중이 작은 경우 인플레이션은 잘 드러나지 않는다. 공식부문의 부족이 심화될 경우 비공식부문에 대한 초과수요가 발생하여 비공식가격(unofficial price)은 상승하지만 이는 공식적 인플레이션에는 반영되지 않는다. 또한 비공식부문의 비중이 작은 경우 가계는 보유한 유동성을 소비할 수 있는 경로가 없고, 이에 따라 화폐퇴장(monetary overhang)이 발생하게 된다. 화폐퇴장이 발생하는 경우 이는 비공식가격의 상승으로 반영되지 않는다. 사회주의 경제에서 발생하는 인플레이션의 이러한 특징을 일컬어, 전자를 은폐된 인플레이션(hidden inflation), 후자를 억압된 인플레이션(repressed inflation)으로 구분하기도 한다.[1]

북한의 비공식부문은 1990년대 중후반 배급제가 마비되면서 확대된 것으로 알려져 있지만, 국가가 공식적으로 소비재의 시장거래를 인정한 것은

---

[1] Domenico Mario Nuti, *Hidden and Repressed Inflation in Soviet-type Economies: Definitions, Measurements and Stabilization* (Dordrecht: Springer Netherlands, 1989), pp.102-103.

2002년 7월 1일 경제관리개선조치(이하 7·1 조치)부터이다. 7·1 조치를 기점으로 비공식부문이 확대되면서, 북한의 시장가격은 큰 폭으로 상승하기 시작했다. 이는 가계가 보유했던 초과유동성이 시장으로 유입되면서 억압된 인플레이션이 반영된 결과일 수 있다. 또한 국정가격이 시장가격 수준으로 인상되고, 사회주의 물자교류시장에서의 현금거래가 허용되면서 기업의 대출수요가 확대되고 경제전체의 유동성이 증가한 결과일 수도 있다. 물론, 북한은 통화량 규모를 발표하지 않기 때문에 통화량과 인플레이션 간의 정확한 인과관계를 추정할 수는 없다. 분명한 것은 2002년 7·1 조치 이후 북한의 비공식부문의 비중이 확대되었고, 시장을 통해 상품을 교환할 기회가 증가하면서, 억압된 인플레이션은 부분적으로 해소되기 시작했다는 점이다. 따라서 동 조치 이후 북한시장의 인플레이션은 북한 경제의 현황을 파악하는 주요 지표 가운데 하나로 자리 잡았다.

특히, 2000년대 이후 북한의 대외무역이 확대되기 시작하면서 북한시장가격에 대한 정보가 제한적이지만 입수되기 시작했으며, 이 가운데 쌀의 시장가격 데이터가 누적되면서 이는 북한 경제의 현황을 유추할 수 있는 대표적인 지표로 활용되기 시작했다. 또한, 북한당국이 실시하는 경제정책의 효과를 판단하거나 경제제도의 변화를 유추하는 근거로 이용되기도 했다.

현재 북한시장의 물가와 인플레이션에 대한 연구는 북한 경제의 현황 파악과 구조 변화에 대한 이해를 제고시키는 데 기여하고 있지만, 장기적으로 북한의 체제전환과 남북한 경제통합 과정에서도 물가와 인플레이션은 중요한 이슈이다. 가격자유화 시행 이후 물가안정은 체제전환의 성공을 결정짓는 중요한 요인이다. 또한, 남북한 경제통합 과정에서 북한의 물가수준을 파악하는 것은 북한주민에 대한 생계비 지원과 같은 정책에서부터 남북한 화폐교환비율 결정에도 영향을 미친다.

본 연구는 2000년대 이후 북한시장의 인플레이션의 추이를 살펴보고, 인플레이션의 원인에 대한 기존 연구를 검토하여 성과와 한계를 살펴보고자 한다. 또한, 화폐개혁 전후의 인플레이션의 주요 원인과 2013년 이후 물가안정의 원인에 대한 새로운 시각을 제시하고자 한다.

본 연구의 구성은 다음과 같다. II절에서는 북한시장 인플레이션의 추세를 연도별, 분기별, 지역별로 살펴본다. III절에서는 북한시장 인플레이션의 원인을 시기별로 정리하고자 한다. 시기 구분은 네 단계로 2000년대 전후반과 화폐개혁 이후 인플레이션 심화기와 최근 안정기이다. 마지막으로 IV절에서 결론과 시사점을 도출한다.

II. 북한시장 물가의 변동 추이 및 특징

2000년 이전의 북한시장 가격에 대한 정보는 극히 제한되어 있다. 정부기관의 보고서[2]를 통해 일부 품목의 시장가격 정보가 간헐적으로 공개되었기 때문에 1990년대 북한시장의 물가 변동을 파악하기 어렵다.

북한시장의 물가변동에 대한 연속적인 자료가 입수되기 시작한 것은 2000년 이후 북한의 대외무역이 활발해지면서부터인데, 특히 북한시장의 쌀 가격은 북한과 교역하는 중국 상인 또는 탈북자 인터뷰 등을 통해 입수되어 북한 경제의 현황을 파악하는 자료로 이용되기 시작했다. 특히, 북한시장 쌀 가격에 대한 시계열 자료는 화폐개혁 이전의 경우 한기범의 연구[3]가 중요한 자료 가운데 하나이다. 동 연구는 2000년부터 2009년까지 분기별 시장 쌀 가격을 제공하고 있다. 화폐개혁 이후부터 최근까지의 자료는 데일리 NK가 '북한 장마당 동향'을 통해 1~2개월 간격으로 평양, 신의주, 혜산의 시장 쌀 가격을 제공하고 있다.

---

2) 통계청, 『남북한 경제사회상 비교』(1996); 통일부, 『2001년도 북한의 물가동향 조사결과』(2001), 보도참고자료; 문성민, "북한 가격 및 환율 동향과 가격수준 국제 비교," 『통계를 이용한 북한경제 이해』(서울: 한국은행, 2014), pp.83-84 재인용.

3) 한기범, "북한 정책결정과정의 조직행태와 관료정치: 경제개혁 확대 및 후퇴를 중심으로(2000~09)"(경남대학교 정치외교학과 박사학위 논문, 2010), p.133.

이 절에서는 북한시장의 쌀 가격 변동을 연도별, 분기별, 지역별로 살펴보고 각각의 특징을 정리하고자 한다.

1. 시기별 특징

1990년대 북한시장의 물가변동에 대한 통계청과 통일부의 자료[4]를 이용하여 공통된 2개 품목의 시장가격 변동만을 비교하면 다음의 〈그림 1〉과 같다. 조사된 품목은 식료품(쌀, 돼지고기)에 해당하는데, 1996년의 시장가격은 1992년 대비 300~500% 증가한 것으로 나타났다. 1993~1995년 기간 중의 시장가격에 대한 정보는 없지만, 1992년과 1996년의 가격 차이로 미

〈그림 1〉 1990~2001년 기간 중 북한시장의 가격 변동

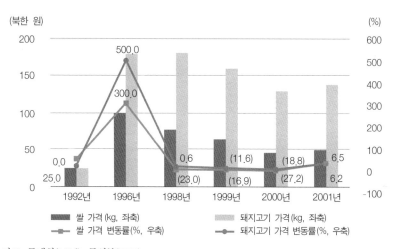

자료: 통계청(1996); 통일부(2001)

---

4) 통계청, 『남북한 경제사회상 비교』; 통일부, 『2001년도 북한의 물가동향 조사결과』; 문성민, 『통계를 이용한 북한경제 이해』, pp.83-84 재인용.

루어볼 때, 동 기간 시장가격은 지속적으로 상승한 것으로 추정된다. 이 기간 동안 북한은 극심한 식량난을 겪었으며, 북한의 경제성장률은 연평균 4% 하락하는 추세를 보였다. 따라서 총공급의 감소가 시장가격을 상승시킨 요인으로 추정된다. 1998~2000년 기간 중에 시장가격은 10~20% 정도 하락하는 추세를 보이고 있는데, 국제사회의 원조 등으로 식량부족의 정도가 1990년대 중반에 비해 완화된 것이 주요 원인인 것으로 보인다. 또한, 북한 경제는 연평균 2.3% 정도 성장한 것으로 나타나고 있어 총공급 감소 또한 어느 정도 완화된 것으로 보인다. 그러나 시장가격 수준이 1990년대 초반 수준으로 회복되지는 못한 것으로 나타나고 있다.

다음으로 2001~2009년 기간 중의 북한의 연도별 시장가격 추세를 살펴보자(〈그림 2〉 참조). 동 기간 북한시장 쌀 가격에 대한 자료는 한기범의 연구[5]에 분기별 평균가격이 제시되어 있다. 이를 연평균으로 환산하면, 쌀 가격의 수준과 변동률은 〈그림 2〉와 같다. 변동률 추세를 살펴보면, 2003년 180%가 넘는 상승률을 나타내었다가 점차 완화되고, 다시 2008년 급등세를 보였으며, 2009년 화폐개혁 직전에는 전년 대비 6% 정도 하락했던 것으로 나타난다.

2003년 발생한 인플레이션의 원인은 무엇일까? 우선, 2002년 7·1 조치를 통해 소비재 및 생산재의 시장거래가 허용되었다. 소비재의 시장거래는 종합시장의 개설을 통해, 생산재의 시장거래는 사회주의 물자교류시장의 개설을 통해 허용되었다. 특히, 사회주의 물자교류시장 개설 이전에 기업 간 생산재 거래는 무현금을 원칙으로 하였으나, 시장 개설을 계기로 현금을 통한 거래가 허용되었다. 이에 따라 원자재를 구매하기 위한 기업의 화폐 수요가 증가했을 개연성이 있다. 또한, 시장 거래의 공식화가 가계가 보유하고 있는 초과유동성(퇴장화폐)이 시장에 유입되는 계기로 작용하면서 억압된 인플레이션(repressed inflation)이 반영된 것일 수 있다.

---

5) 한기범, "북한 정책결정과정의 조직행태와 관료정치: 경제개혁 확대 및 후퇴를 중심으로(2000~09)," p.133.

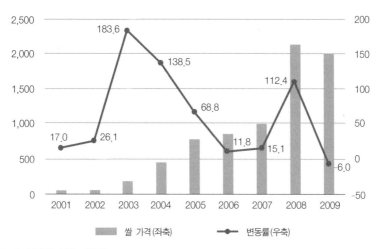

〈그림 2〉 2001~2009년 기간 중 북한시장의 쌀 가격 변동

주: 1) 연평균 가격 기준임
   2) 2009년의 경우 화폐개혁 직후인 4/4분기 평균가격은 제외
자료: 한기범, "북한 정책결정과정의 조직행태와 관료정치: 경제개혁 확대 및 후퇴를 중심으로
   (2000~09)," p.133

　　다음으로, 2003~2005년의 인플레이션은 과도한 통화증발의 결과일 수
있다. 북한당국은 2002년 7·1 조치 당시 국정가격과 임금을 시장가격 수준
으로 인상한 바 있는데, 이에 따라 쌀의 수매가격은 82전/kg에서 40원/kg
으로 50배, 쌀의 판매가격은 8전/kg에서 44원/kg으로 550배 인상되었으며,
임금 수준은 직종에 따라 9~30배 정도로 인상되었다. 이러한 국정가격과
임금 수준의 인상은 통화량 증가로 이어졌을 개연성이 있다. 따라서 북한당
국의 2003년 인민생활공채 발행은 통화량을 흡수하여 인플레이션을 완화하
기 위한 목적으로 시도된 것으로 보인다.[6] 이에 따라 2004~2005년 시장가
격 상승률은 138.5%에서 68.8%로 점차 완화되는 추세를 보인다.

---

6) 최수영, 『7·1 경제관리개선 조치 이후 북한경제 변화전망』(서울: 통일연구원, 2004),
   pp.34-37.

2006년과 2007년은 10%대의 상승률을 보였으나, 2007년 하반기부터 시
장 쌀 가격이 상승하기 시작하여 2008년에는 2007년 대비 시장 쌀 가격
수준이 2배 이상 상승하였다. 2008년 인플레이션은 통화적 요인보다는 국
제곡물가격 상승이나 북한당국의 시장 억제화 조치에 따른 기대인플레이션
증가가 주요 요인으로 제시된다. 국제시장의 곡물가격은 2002~2007년 기간
중 약 10% 내외의 상승률을 보였으나, 2008년 60% 정도 급등한 바 있다
(〈그림 3〉 참조).

달러 표시 북한 쌀 가격은 대체로 국제시장의 곡물가격 변동률과 유사한
추세를 나타낸 것으로 보아, 2008년의 경우 국제시장의 곡물가격 급등이
북한시장 쌀 가격 상승의 원인인 것으로 추정된다. 다만, 북한시장의 쌀 가
격 상승률(150%)은 국제시장에 비해 매우 높아, 북한당국의 시장 억제화
조치가 추가적인 상승 요인으로 작용한 것으로 추정된다. 또한, 2007년을

〈그림 3〉 **북한시장과 국제시장의 쌀 가격 변동률(2001~2009년)**

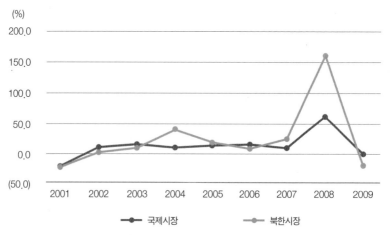

주: 1) 국제시장 쌀 가격은 태국가격(5percent broken milled white rice)
　　2) 북한시장 쌀 가격은 한기범("권력승계 시기 북한의 지배구조와 대내외 정책 전망," p.133)
　　　의 분기별 자료를 연평균한 가격임
자료: IMF, International Financial Statistics, 같은 글, p.133

기점으로 북한당국은 시장 거래를 억제하기 시작하며, 이러한 정책 변화는 2009년 화폐개혁 조치로 이어진다. 시장의 부분적 폐쇄 및 시장에서 거래할 수 있는 품목 감소가 2008년 시장가격 상승으로 이어진 것으로 보인다.

다음으로, 2009년 화폐개혁 조치 이후 최근까지의 시장 쌀 가격 변동을 살펴보자. 데일리 NK는 '북한 장마당 동향'을 통해, 북한의 세 지역(평양, 신의주, 혜산)의 시장 쌀 가격과 환율을 1~2개월 주기로 발표하고 있다.

2009년 11월 말 북한당국은 신구화폐를 1:100으로 교환하며, 가구당 교환한도를 1,000원(신권 기준)으로 제한하는 조치를 실시했다. 이와 같이 화폐개혁에서 교환한도 및 교환기간을 제한함으로써, 교환되지 못한 구권 기준 화폐보유액은 몰수되는 결과를 가져오는데, 이러한 방식의 화폐개혁을 '몰수형 화폐개혁(confiscatory currency reform)'이라 한다. 몰수형 화폐개혁 이후 북한시장의 쌀 가격은 큰 폭으로 상승하여, 2010년 상승률(연평균 기준)은 1,300% 이상을 기록하였다. 이러한 초인플레이션의 원인에 대해서

〈그림 4〉 2010~2015년 기간 중 북한시장의 쌀 가격 변동 추이

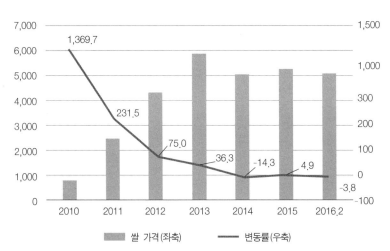

주: 1) 연평균가격 기준임
   2) 2016년은 1~2월 평균가격임
자료: 데일리 NK, 북한 장마당 동향

는 적정통화량 이상의 통화증발, 달러라이제이션(외화 통용)의 급격한 진행
에 따른 환율 상승 등이 원인으로 지적되고 있다. 또한, 화폐개혁 당시 북한
당국은 비공식부문에 대한 통제를 강화한 바 있는데, 시장거래의 불확실성
증가가 기대인플레이션을 상승시킨 것으로 추정된다.

2011년 중에도 연 230% 이상의 시장 물가 상승률을 보였으나, 2012~
2013년에는 100% 이하로 하락하여 화폐개혁 이후 시장가격 변동률은 점차
축소되는 추세를 보이고 있다. 김정은 집권(2012년) 이후 비공식부문을 통
한 거래를 통제하지 않고 있고, 화폐개혁 이후 달러라이제이션이 급격히 진
행됨에 따라 통화증발의 실효성이 약화된 것이 최근 물가안정의 주요 요인
인 것으로 추정된다. 또한, 최근 북한의 식량수급 여건 개선 및 국제곡물가
격의 하향 안정세도 북한시장의 물가 안정에 기여하고 있는 것으로 보인다
(〈그림 5〉 참조). 2014~2015년 북한시장 쌀 가격 변동률은 10% 안팎으로
감소하였다.

〈그림 5〉 북한시장과 국제시장의 쌀 가격 변동률(2010~2015년)

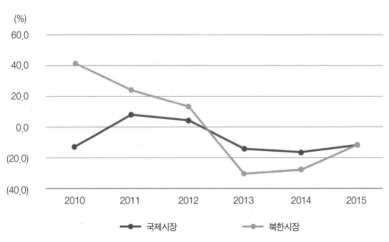

주: 1) 국제시장 쌀 가격은 태국가격(5 percent broken milled white rice)
　　2) 북한시장 쌀 가격은 데일리 NK의 자료를 연평균한 가격임
자료: IMF, International Financial Statistics, 데일리 NK

2. 분기별 특징

현재 북한의 시장가격에 대한 시계열 자료는 쌀 가격으로 제한되어 있기 때문에, 북한시장의 물가 변동 추이는 시장 쌀 가격을 대리지표로 하여 분석되고 있다. 그렇지만 쌀은 계절적 요인으로 인한 곡물 수급 여건에 따라 변동이 심한 품목이고, 북한과 같은 식량부족 국가에서 이러한 계절적 요인의 영향은 상대적으로 높을 수 있어 물가 변동 추이를 설명함에 있어, 이를 감안할 필요가 있다.

시장 쌀 가격 변동의 분기별 추이를 살펴보자. 화폐개혁 이전에 해당하는

〈표 1〉 2001~2009년 기간 중 북한시장 쌀 가격의 분기별 변동률[1]

(%)

연도	1/4	2/4	3/4	4/4
2001	5.6	-7.0	3.8	-3.6
2002	7.5	5.3	13.3	32.4
2003	33.3	91.7	-8.7	4.8
2004	0.0	40.9	106.5	7.8
2005	1.4	14.3	1.3	2.5
2006	2.4	3.5	-3.4	9.4
2007	-14.0	-1.3	51.9	4.2
2008	22.4	60.1	2.0	-16.0
2009[2]	-9.5	2.6	12.8	
2001~2009년 평균	5.5	23.3	19.9	5.2

주: 1) 분기별 평균 가격의 전분기 대비 변동률임
2) 2009년 4/4분기는 화폐개혁 직후로 제외하였음
자료: 한기범, "북한 정책결정과정의 조직행태와 관료정치: 경제개혁 확대 및 후퇴를 중심으로 (2000~09)," p.133

한기범 연구의 자료는 분기별로 쌀 가격을 제시하고 있고, 데일리 NK 자료는 1~2개월 간격으로 제공되기 때문에 분기 평균 자료로 환산하여 정리할 수 있다.

먼저, 화폐개혁 이전 2001~2009년 기간 중 시장 쌀 가격의 전분기 대비 변동률을 살펴보면 〈표 1〉과 같다. 2/4분기와 3/4분기 평균 변동률은 각각 23.3%와 19.9%로 상대적으로 높지만, 수확 이후 4/4~1/4분기 변동률은 5%로 낮은 것으로 나타났다.

다음으로 데일리 NK의 자료를 이용하여 화폐개혁 이후 시장 쌀 가격의 분기별 변동률 추이를 살펴보면, 〈표 2〉와 같은데 3/4분기의 상승률이 가장 높게 나타난다. 2010년과 2011년의 경우 1/4분기 변동률이 다른 분기에 비해 두드러지게 높게 나타나는데, 2010년의 경우 2009년 11월 말 화폐개혁 직후 초인플레이션이 2010년 1/4분기까지 지속되었기 때문이고, 2011년의 경우 연평도 포격 도발(2010년 12월)과 북중국경 통제 등의 요인이 1/4분기 상승 요인으로 지적된다. 따라서 2010~2011년의 경우 곡물수급의 계절적 요인이 분기별 변동률에 미치는 영향이 상대적으로 감소한 것으로 보인다.[7] 그러나 2012~2015년의 분기별 변동률을 살펴보면, 3/4분기는 29.6% 상승한 반면, 다른 분기의 쌀 가격은 전기 대비 하락하는 것으로 나타났다.

이러한 분기별 변동률 추세는 화폐개혁 이전과는 약간의 차이를 보인다. 화폐개혁 이전에는 시장 쌀 가격이 2/4분기부터 상승하기 시작하는 추세를 보였고, 2/4분기 상승률이 3/4분기에 비해 더 높게 나타났다. 그러나 화폐개혁 이후에는 시장 쌀 가격이 2/4분기까지는 안정되는 추세를 보인다. 이러한 변화가 북한의 전반적인 곡물수급 여건 개선을 의미하는 것인지는 추가적인 분석이 필요한 것으로 보인다.

---

7) 2010년 12월의 경우에는 지정학적 리스크 증대로 인해 환율이 급등한 것이 시장 쌀 가격 상승의 요인인 것으로 보인다. 따라서 시장 쌀 가격을 미달러 기준으로 환산하여 분기별 변동률을 살펴보면, 2011년의 경우에도 2012~2015년과 유사한 분기별 변동률 추이를 나타낸다.

〈표 2〉 2010~2015년 북한시장 쌀 가격의 분기별 변동률[1]

(%)

	1/4	2/4	3/4	4/4
2010년	898.5	-1.6	91.7	3.7
2011년	107.3	-8.5	21.7	59.0
2012년	-13.8	2.1	80.6	11.1
2013년	4.6	-15.8	-3.1	-8.2
2014년	-13.6	1.9	27.6	-7.0
2015년	-4.3	0.9	13.2	-5.7
2010~2015년 평균	16.1	-3.5	38.6	8.8
2012~2015년 평균	-6.8	-2.7	29.6	-2.5

주: 1) 분기별 평균 가격의 전분기 대비 변동률임
자료: 데일리 NK, 북한장마당 동향

3. 지역별 특징

세 지역의 쌀 가격 수준을 비교하면, 혜산지역의 쌀 가격이 전 기간에
걸쳐 신의주, 평양에 비해 높은 것으로 나타났다.[8] 또한, 신의주와 평양을

———————

8) 2015년 자료의 경우, 2월과 4월의 각 지역 쌀 시장가격을 비교하면 평양과 신의주의
쌀 가격은 5,000원으로 변동이 없으나, 혜산지역은 4,500원에서 4,000원으로 하락했
다. 또한 5월에는 평양과 신의주 쌀 가격은 5,100원으로 전월 대비 100원 상승했으나
혜산지역은 5,200원으로 전월 대비 1,200원 상승했다. 혜산지역의 2~5월 기간 중 변동
률은 이례적인 것으로 보이며, 이를 포함할 경우 지역 간 가격 격차가 2010~2014년
추이와 정반대로 나타난다(평양 〉 신의주 〉 혜산). 본 연구에서는 이러한 현상이 4월
혜산지역 가격 자료의 문제일 가능성이 있다고 판단하여, 2015년 각 지역의 연평균가
격에서 4월 자료를 제외하였다.

비교한 경우에는 대체로 신의주의 쌀 가격이 평양에 비해 높은 것으로 보인
다. 따라서 세 지역의 쌀 시장가격의 전반적인 수준은 평양지역이 가장 낮
고, 혜산지역이 가장 높다고 평가할 수 있으며, 이로부터 평양지역의 식량
수급 상황이 가장 안정적이라는 결론을 도출할 수도 있다.

이러한 현상이 나타나는 여러 가지 원인 가운데 하나로 다음과 같은 상황
을 상정할 수 있다. 평양, 신의주, 혜산의 지역적 특징을 각각 구분하자면,
평양은 세 지역 가운데 소득수준이 높고, 식량 수급 상황도 가장 안정적일
것으로 추정된다. 또한 신의주는 대규모 도매시장이 위치한 도시로서의, 혜
산지역은 북중 접경 지역에 위치한 도시로서의 특징을 가진다. 식량 배급을
받는 소수의 계층이 평양에 집중되어 있고, 이러한 계층이 배급받은 쌀의
일부가 시장가격과의 가격 격차를 이용한 판매를 위해 시장에 공급되고, 이
는 도매시장인 신의주를 거쳐 혜산으로 공급되는 유통경로를 가정하면, 지
역 간 가격 격차가 부분적으로 설명된다.

〈표 3〉 평양·신의주·혜산의 쌀 시장가격[1]

(북한 원)

	지역별 가격				지역 간 가격 격차					
	평양	신의주	혜산	평균	혜산-신의주		혜산-평양		신의주-평양	
2010	703	723	761	729	38	(5.2)	58	(7.9)	20	(2.7)
2011	2,392	2,440	2,553	2,462	113	(4.6)	161	(6.6)	48	(2.0)
2012	4,378	4,333	4,528	4,413	194	(4.4)	150	(3.4)	-44	(-1.0)
2013	5,511	5,778	5,978	5,756	200	(3.5)	467	(8.1)	267	(4.6)
2014	4,815	4,953	5,205	4,991	252	(5.0)	390	(7.8)	138	(2.8)
2015	5,269	5,263	5,350	5,294	88	(1.7)	81	(1.5)	-6	(-0.1)

주: 1) 2015년의 경우 4월 가격 정보는 제외하였음
　　2) ( )은 평균 가격 대비 지역 간 가격 격차의 비율(%)임
자료: 데일리 NK, 북한 장마당 동향

그러나 자료의 한계로 인하여 이러한 시장 쌀 가격의 지역 간 차이가 전반적인 지역 간 물가 수준의 차이를 반영하는 것인지는 확인할 수 없다. 대중 수입소비재인 경우 도매시장이 위치한 신의주나 접경지역인 혜산의 상대가격이 평양에 비해 낮을 가능성도 있다.

한편, 현재 북한의 지역별 시장가격 정보는 데일리 NK의 북한 장마당 동향을 통해서, 평양, 신의주, 혜산지역의 환율 및 쌀 가격 자료를 구할 수 있다. 각 지역의 시기별 상승과 하락의 추세는 유사하게 나타나고 있어, 북한 경제의 교통 및 통신 수준 개선의 증거로 제시되고 있다.9)

실제로, 세 지역의 쌀 가격 자료를 월별 자료로 환산하여 변동률의 시차 상관계수를 구하면 〈표 4〉과 같이 나타나는데, 같은 시점에 가장 높은 상관계수를 나타내어 지역 간 시차가 발생하지 않는 것으로 나타났다. 이는 북한 지역 시장 간 정보 격차가 축소된 것으로 해석할 수도 있으나, 지역 간 시차가 있더라도 시차가 짧아 월별로 환산한 자료에는 포착되지 않았을 가능성도 있다.

〈표 4〉 북한의 지역별 쌀 가격 변동률의 시차상관계수

	t-2	t-1	t	t+1	t+2
혜산(t), 신의주(t ± 1)	-0.33	0.30	0.98	0.23	-0.31
신의주(t), 평양(t ± 1)	-0.33	0.33	0.97	0.20	-0.28
평양(t), 혜산(t ± 1)	-0.27	0.16	0.95	0.36	-0.34

주: 2009년 9월~2014년 11월 기간에 대해 월별 자료로 환산하여 추정
자료: 데일리 NK, 북한 장마당 동향

9) 이영훈, "최근 북한의 인플레이션 관련 주요 쟁점," 『북한 경제 쟁점 분석』(서울: 산업연구원, 2013), p.190.

III. 북한시장 물가의 변동 원인

인플레이션의 원인은 총수요와 총공급의 분석틀로 설명되는데, 총수요가 증가함으로써 나타나는 물가상승을 수요견인(demand-pull) 인플레이션, 총공급 측면에서 원가상승으로 발생하는 물가상승을 비용인상(cost-push) 인플레이션이라 구분한다.

총수요는 경제주체들의 소득, 유동성이 증가하거나, 인플레이션 기대심리가 상승하는 경우 증가한다. 경제주체들이 가진 유동성이 증가하면 가계소비 혹은 기업투자 등을 통해 수요가 증가하는데, 수요 증가분만큼 공급이 증가하지 못하면 유동성 증가는 바로 물가상승으로 이어진다. 또 소득 증가로 경제주체의 구매력이 증가하는 경우 총수요 증가로 물가가 상승하게 되며, 경제주체들이 향후 인플레이션 발생을 예상하는 경우에도 총수요가 증가하여 물가 상승의 원인이 된다. 총공급 측면에서는 원자재가격과 환율 상승은 원가 상승을 가져와, 주어진 생산요소 및 기술수준에서 이윤을 감소시키고 이에 따라 총공급 감소의 원인이 된다.

이러한 분석틀에 근거하여 일정 기간 동안 발생한 인플레이션의 원인은 각각 수요 측면과 공급 측면으로 구분하여 요인을 분석한다. 수요 측면에서 유동성, 구매력, 기대인플레이션 등 상승 요인을 살펴보고, 공급 측면에서 국제원자재 가격, 환율 등의 상승 요인을 살펴보는 것이다.

그러나 북한시장의 인플레이션은 분석대상 기간에 인플레이션을 발생시킨 여러 요인이 혼재되어 있음에도 불구하고, 특정 사건과 인플레이션의 인과관계가 주로 부각되어 설명되었다. 이는 자료의 제약으로 인하여, 북한시장의 인플레이션 자체를 분석한 기존 연구가 거의 없기 때문이기도 하다. 북한시장의 인플레이션을 언급한 기존연구들은 대부분, 북한 경제의 구조변화를 분석하거나, 북한의 경제정책을 평가하기 위한 근거로 시장 쌀 가격의 변동 추이를 제시하고 있다. 이러한 접근방법은 분석대상 기간 중 북한시장 인플레이션의 원인을 수요 측면과 공급 측면으로 구분하여 다면적으로

분석하지 못하고, 지배적인 요인과 인플레이션의 관계만을 부각하여 설명한
다는 점에서 한계를 가진다.

그러나 이러한 한계에도 불구하고, 특정 기간에 북한시장 인플레이션을
야기한 지배적인 요인들이 하나씩 제시되고 축적되면서, 이는 북한시장의
인플레이션을 발생시키는 다양한 경로를 설명하는 결과를 가져왔다. 기존
연구의 전개과정 자체가 수요와 공급 측면에서 북한시장의 인플레이션을 발
생시키는 다양한 원인들을 찾아내고, 이를 북한 경제의 구조 변화로 연결하
는 계기가 되었다고 볼 수 있다.

이 절에서는 북한시장의 인플레이션 원인을 시기별로 정리하고자 한다.
대상기간은 다음과 같이 네 단계로 구분한다. 첫 번째 단계는 7·1 조치의
정책효과가 반영된 2000년대 초중반으로, 북한당국이 소비재 및 생산재 거
래 시장을 허용한 '시장화 촉진기'이다. 두 번째 단계는 2007년 이후부터
화폐개혁(2009년 11월) 실시 이전 단계로, 북한당국의 '시장화 억제기'이다.
세 번째 단계는 화폐개혁을 실시한 이후 인플레이션이 급등했던 2010~
2012년 기간이며, 네 번째 단계는 2013~2015년 물가안정기간이다.

1. 7·1 조치 이후(2000~2006년)

1990년대 중후반 이후부터 2002년 7·1 조치 직후까지의 연구들은 주로
북한 경제의 만성적인 부족(shortage) 문제를 인플레이션의 원인으로 지적
하고 있다. 이는 1990년대 중반 북한시장 쌀 가격의 급등이 식량난으로부터
비롯되었고, 식량부족이 점차 완화된 1998~2001년 기간 중에는 시장 쌀 가
격이 하향 안정화되는 추세를 나타냈기 때문이다. 따라서 곡물의 수급여건
등 실물 시장에서 공급측 요인이 시장 쌀 가격에 영향을 미치는 주요 요인
으로 해석되었고, 이는 2002년 7·1 조치 직후 북한시장 가격 상승 추세에
대한 설명에도 적용되었다.

7·1 조치 직후 북한시장 가격 변동에 대한 주요 연구[10]에 따르면, 7·

1 조치 이전 2년 동안 쌀의 시장가격은 40원/kg 수준이었으나, 국정가격 인상 직후 시장가격은 80원/kg으로 급등했고, 2003년 3월에는 130~150원/kg까지 상승하는 추세를 보였다. 동 연구는 이러한 시장 쌀 가격의 지속적 상승을 실물 시장의 공급 감소가 주요 요인이라고 설명하고 있다. 7·1 조치 직후의 시장 쌀 가격 상승은 3/4분기 계절적 요인에 의한 식량 공급 감소가 주요 요인이라고 해석하고 있으며, 2003년 1/4분기 인플레이션은 미국의 대북 중유 공급 중단으로 인해 공장 가동률이 전반적으로 하락하면서 물자 공급이 감소한 것이 주요 요인이라고 분석하고 있다.

이와 같이 7·1 조치 직후의 연구들은 국정가격 및 임금 인상이 통화량 증가로 이어지고, 경제주체들이 가진 유동성과 인플레이션의 관계에 대해서는 주목하지 않았다. 당시 북한시장 가격의 상승세에 대한 관심은 북한당국의 국정가격 현실화 조치의 성공 여부 때문이었다. 당시 북한당국은 쌀의 국정 판매가격을 시장가격 수준으로 인상하였는데, 이는 재정수입을 증대하고 시장가격과 국정가격 간의 격차로 인해 공식 부문의 자원이 비공식부문으로 유출되는 것을 억제하려는 시도로 이해되었다. 또한, 종합시장을 개설하여 소비재의 시장 거래를 허용했다. 따라서 이러한 조치는 가격 메커니즘을 국정가격과 시장가격으로 이원화하여, 공식부문을 복원하려는 시도로 이해되었다. 그러나 북한시장의 가격은 지속적으로 상승 추세를 보였고 국정가격을 시장가격에 준하여 조절하는 조치가 다시 취해지지 않았기 때문에, 북한당국의 공식부문 복원 시도는 일단 실패한 것으로 이해되었다.

북한시장의 인플레이션 발생을 통화적 요인으로 설명하기 시작한 것은 최수영의 연구[11])에서부터이다. 동 연구는 북한시장의 인플레이션을 총수요 증가로 설명하고 있다. 첫째, 국정가격 인상 조치의 단행은 공식 부문을 통한 배급제 유지를 축소한 것이며, 소비재의 시장 거래를 허용함에 따라 비공

---

10) 남성욱, "2002년 북한의 임금과 물가인상에 따른 주민 생산·소비행태의 변화에 관한 연구,"『통일문제연구』제15권 4호(2003), pp.111-112.

11) 최수영,『7·1 경제관리개선 조치 이후 북한경제 변화전망』, pp.34-37.

식부문에서의 수요가 증가하게 된 것이 인플레이션을 발생시킨 원인이다. 둘째, 국정가격 및 임금이 시장가격 수준으로 인상됨에 따라 경제 전체의 유동성이 확대된 것 또한 총수요 증가의 원인이 되었다. 북한당국은 2003년 인민생활공채를 발행하는데, 동 연구는 이를 통화량 환수 조치로 해석하고 있다. 당시, 북한은 10년 만기인 액면가 500원, 1천 원, 5천 원의 채권 발행을 발표하고 5월부터 판매하기 시작했다. 인민생활공채는 추첨을 통해 1등 당첨 시 액면가의 50배를 돌려준다는 조건으로 판매하였다. 이는 북한 정권 수립 이후 두 번째로 시도된 공채 발행이다. 이는 재정확보와 통화량 조절의 목적으로 해석되었으나, 북한시장의 인플레이션은 2003~2004년 중 140~180%로 나타나 인플레이션 억제에는 큰 효과를 거두지 못한 것으로 보인다.[12]

문성민의 연구[13]는 기업이 보유한 유동성이 확대되어 총수요 증가로 이어졌을 가능성을 제기하였다. 동 연구에 따르면, 1990년대 중반 북한의 금융제도가 기업에 대한 은행대출을 확대하는 방향으로 개편되었는데, 2002년 7·1 조치로 인한 국정가격과 임금 수준 상승은 기업의 자금수요 확대의 계기로 작용했다.

북한의 재정규모는 1990년대 중반 이후 축소되었는데, 이에 따라 국가재정으로 지원되던 기업의 필요자금을 은행대출로 지원하는 방향으로 제도개혁이 단행되었다.[14] 은행대출 확대를 위해 대출재원 관련 원칙을 완화하였으며, 대출대상을 확대하고 대출 금리를 인하하였다.[15] 동 연구는 이러한

---

12) 동 채권에 대한 추첨은 4차례 이루어졌으나 이후 추가적인 채권 발행은 이루어지지 않고 있다(통일부, 북한정보포털).

13) 문성민, "북한 금융의 최근 변화와 개혁과제," 『금융경제연구』 제236호(2005), p.40.

14) 이는 북한의 독립채산제 기업에 대한 유동자금 공급제도 폐지를 가리키는 것으로, 유동자금이란 원자재 구입 등 생산활동에 필요한 기업 운영자금이다. 1995년 이전에는 국가가 유동자금을 공급하였고, 계획이외에 발생하는 추가적인 자금수요의 일부는 '유동자금 조절펀드'로 지원하였다. 같은 글, p.17.

15) 은행대부는 계획달성이 실패한 경우와 같이 추가적인 자금수요에 한하여 가능했으나 1990년대 중반 이후 계획에 의한 정상적인 생산활동과정에서 발생하는 자금수요에

북한의 금융제도 변화를 '재정계획화 체계'에서 '신용계획화 체계'로의 변화로 정의하고 있다. 한편, 이러한 정책이 시행되기 시작한 1990년대 중반에는 기업 간 거래의 경우 무현금결제를 원칙으로 하는 등, 현금과 무현금 유통이 엄격하게 구분되어 은행대출 증가가 현금통화 증가로 이어지지 않았다.

그러나 7·1 조치는 기업의 대출수요가 증가한 계기로 작용하였는데, 국정가격과 임금 수준 인상에 따라 기업이 생산요소 구입을 위해 보유해야 할 유동성의 규모가 확대되어야 했기 때문이다. 또한, 소비재 거래 시장인 '종합시장'의 개설과 함께, 생산재 거래 시장인 '사회주의 물자교류시장'도 개설되었다. 원래 기업의 원자재 공급은 계획을 통해 배분되며, 기업 간 거래는 '무현금거래'를 원칙으로 했다. 그러나 계획을 통해 조달할 수 없는 원자재의 경우 시장을 통해 조달할 수 있게 되었고, 기업 간 거래에서도 '현금거래'가 허용되면서, 기업의 은행대출이 현금으로 인출될 가능성이 증가하게 되었다.

정리하면, 1990년대 중반 이후 2002년 7·1 조치 직후까지 북한시장의 인플레이션은 실물 부문의 총공급 감소가 원인인 것으로 해석되었으나, 2003~2004년 연평균 100% 이상의 인플레이션이 나타나면서, 경제 전체의 유동성 확대로 인한 총수요 증가 원인에 주목하기 시작했다. 기존 연구들은 국정가격과 임금 인상 조치가 가계와 기업이 보유한 유동성을 증가시킨 배경이며, 상품의 시장거래가 허용되면서 경제 주체가 보유한 유동성이 시장의 수요 증가로 이어졌다고 해석하고 있다.

그러나 통화량 증가와 인플레이션의 인과관계는 북한당국이 통화량 지표를 발표하지 않기 때문에 그 인과관계를 실증적으로 분석하기 어렵다는 한계가 있다. 또한, 탈북자 인터뷰 등을 토대로 7·1 조치 이후 임금 지급 등을 조사하면, 정상적으로 임금이 지급되는 경우가 드물었기 때문에 통화량 증가의 개연성을 찾거나 통화량 증가 규모를 추정하는 것도 한계가 있었다.

대해서도 은행대부가 가능하게 되었고, 대부금리가 저축금리보다 낮은 수준으로 인하되었으며 대출종류에 따라 대부금리가 차등화되었다. 같은 글, pp.23-24.

2. 2007년~화폐개혁 이전(2009년 11월)

2000년대 북한시장의 인플레이션 추세는 2003년 연평균 180%로 급등했다가 이후 점차 상승률이 축소되는 패턴을 보여, 2006년과 2007년에는 연평균 10%대의 증가율을 나타내었다. 이에 따라 2000년대 후반 북한시장 쌀 가격 상승은 곡물 수급 여건에 의해 주로 설명되었다. 특히, 2005년 북한 핵실험 이후 국제사회의 대북식량지원 규모가 감소했고, 2007~2008년에는 국제시장의 곡물가격도 급등하여 북한의 식량부족분은 2000년대 전반에 비해 증가한 것으로 추정된다.

국제곡물가격의 변동이 북한시장 쌀 가격에 미치는 영향을 분석한 주요 연구들로는 권태진, 문성민, 김일한 및 김영훈의 연구가 있다.[16] 먼저, 권태진 연구의 경우 국제곡물가격 상승이 국제사회의 대북 식량지원량 감소로 이어질 수 있음을 지적하고 있다.[17] 즉, 같은 금액으로 지원하더라도 국제곡물가격이 상승하면, 중량단위로 계산한 지원량은 감소할 수밖에 없어 곡물공급에 부정적인 영향을 미친다.

실제로 북한시장의 쌀 가격을 달러 기준으로 환산하여 국제시장의 쌀 가격 변화추이와 비교한 결과에 따르면(〈그림 3〉 참조), 국제시장 쌀 가격이 연평균 50% 이상으로 급등했던 2008년의 경우, 북한시장 쌀 가격 상승 추세도 유사하게 나타난다. 당시 국제사회의 식량지원 규모는 2007년 77만 톤에서 2008년 33만 톤으로 절반 이상 감소하여, 식량 부족이 심화되었던 것으로 추정할 수 있다.

또한, 국제곡물가격의 상승은 북한의 곡물 수입 단가 상승으로 이어져,

16) 권태진, "국제곡물시장 동향과 북한의 식량 문제,"『한국농촌경제연구원논집』제10권 1호(2008), pp.9-12; 문성민, "구매력평가이론에 근거한 북한 가격 및 환율 분석,"『통일정책연구』제17권 2호(2008), pp.106-107; 문성민, "북한 가격 및 환율 동향과 가격수준 국제 비교," pp.70-74; 김일한, "북한의 경제개혁 논쟁: 가치법칙의 재해석,"『통일정책연구』제12권 12호(2012), pp.84-97; 김영훈, "북한의 농업,"『KREI 북한 농업동향』제15권 제2호(2013).
17) 권태진, "국제곡물시장 동향과 북한의 식량 문제," pp.9-12.

북한시장 쌀 가격에 영향을 미친다. 북한은 대부분의 상업적 곡물수입을 중국으로부터 조달한다. 기존 연구 가운데, 중국시장 쌀 가격과 북한시장 쌀 가격의 관련성을 분석한 연구들을 살펴보면 다음과 같다. 문성민의 연구는 2002~2007년 기간 중 북한과 중국, 태국, 미국 쌀 가격을 이용하여, 일물일가(law of one price)의 성립 여부를 검증하였다.[18] '일물일가법칙'이란 효율적 시장에서 동일한 상품이 동일한 가격을 갖는다는 경제법칙이다. 서로 다른 시장 간 재정거래가 자유롭게 이루어진다면, 임의의 한 시점에 서로 다른 시장의 동일 재화의 가격을 그 시점의 환율로 환산하면 일물일가의 법칙이 성립한다. 북한의 경우 국정가격은 관련국의 쌀 가격과 일물일가법칙이 성립하지 않으나, 시장가격은 중국시장 쌀 가격과 일물일가법칙이 성립하는 것으로 나타났다.

또한, 2001~2012년 기간 중 북한시장의 달러 표시 쌀 가격을, 중국, 태국, 미국 쌀 가격과 비교한 기존연구에 따르면 북한시장의 달러 표시 쌀 가격 추이는 분석대상 전 기간(2001~2012년)에 대해서는 중국의 변화 추이와 유사하다.[19] 김영훈의 연구의 경우[20] 2009년 8월~2013년 4월 기간 중 북한시장 쌀 가격과 중국시장 쌀 가격을 2009년 8월 가격을 기준으로 지수화하여 비교하고 있다. 동 연구에 따르면 북한과 중국시장의 쌀 가격은 2010년 상반기까지 상승하다가 이후 안정화되는 유사한 추세를 보이고 있다.[21]

한편, 2007년을 기점으로 북한당국의 시장관리정책이 '시장화 촉진'에서

18) 문성민, "구매력평가이론에 근거한 북한 가격 및 환율 분석," pp.106-107.
19) 문성민, "북한 가격 및 환율 동향과 가격수준 국제 비교," pp.70-74.
20) 김영훈, "북한의 농업," pp.19-21.
21) 중국 이외 국가 가운데에서는 태국 시장의 쌀 가격이 북한시장의 쌀 가격에 영향을 미치는 것으로 분석되기도 했으며(김일한, "북한의 경제개혁 논쟁: 가치법칙의 재해석," pp.84-97), 전반적인 추세를 보면 2001~2009년까지 북한과 태국 시장의 쌀 가격은 유사한 추세를 보이고 있다(문성민, "북한 가격 및 환율 동향과 가격수준 국제 비교," pp.70-74). 그러나 중국시장 쌀 가격의 경우 북한의 대중수입 단가를 통해 북한시장 쌀 가격에 영향을 미치는 것으로 추정되는 반면, 태국 시장의 쌀 가격의 경우 어떤 경로를 통해 영향을 미치는 것인지 확실하지 않다.

'시장화 억제'로 전환되었는데, 이러한 정책 변화와 인플레이션과의 연관성도 제기되었다.[22] 시장화 억제 조치는 일반적으로 시장거래 품목을 제한하여, 시장에서의 공급 부족을 야기하고, 시장거래의 불확실성을 증가시켜 인플레이션 기대심리를 상승시키는 요인이 된다. 북한당국의 '시장화 억제' 조치는 장소 및 시장거래 품목 제한, 판매시간 및 판매자의 연령 제한 등 다방면으로 이루어졌고, 2009년 화폐개혁 직후 시장에 대한 물리적 폐쇄 조치로까지 이어졌다. 화폐개혁 직후, 북한당국은 2010년 1월 14일을 기점으로 종합시장을 농민시장으로 환원한다고 발표하고, 시장거래를 단속하기 시작했다. 화폐개혁 실패의 부작용으로 자국 통화에 대한 신뢰가 저하된 것도 화폐개혁 직후 시장 물가 상승의 주요 원인 중 하나이지만, 시장에 대한 물리적 단속 또한 상품 공급 축소 및 인플레이션 기대심리를 상승시킨 원인이라고 볼 수 있다.

정리하면, 2007~2009년 기간 중에는 국제곡물가격 상승, 국제사회의 대북식량지원 감소 등으로 인한 식량수급 여건 악화와 더불어 북한당국의 정책 변화가 시장 쌀 가격 상승의 주요 원인이 된 것으로 보인다. 그러나 '시장화 촉진기'와 '시장화 억제기'를 단순하게 비교하면, 2000년대 후반의 시장화 억제기간의 물가상승률이 상대적으로 낮다. 실물시장의 공급부족보다는 유동성 확대에 따른 총수요 증가가 더 높은 인플레이션을 야기한 것으로 해석할 수 있다.

3. 화폐개혁 직후(2010~2012년)

2010년 1/4분기 북한시장 쌀 가격 변동률은 전기 대비 약 900%까지 급등했다. 이러한 초인플레이션의 원인으로는 화폐개혁 이후 적정통화량 이상의 통화증발, 자국 통화에 대한 신뢰 저하로 인한 외화수요 급증, 일시적

---

22) 양문수, "북한의 화폐개혁: 실태와 평가," 『통일문제연구』 제53호(2010), pp.128-134.

시장 폐쇄 조치에 따른 공급 감소 및 인플레이션 기대심리 상승 등을 들수 있다. 이 가운데 시장 폐쇄 조치의 영향은 2007년 이후 북한당국의 시장화 억제 조치의 연장선상으로 해석된다.

2009년 화폐개혁 당시 적정통화량 이상 통화량이 발행되었다는 주장은 이영훈의 연구23)를 통해 제기되었다. 화폐개혁 당시(2009년 11월 30일)에는 가구당 1,000원 한도(신권 기준) 내에서 신권과 구권을 현금의 경우 1:100, 예금의 경우 1:10의 비율로 교환하는 조치를 취했다. 그러나 국정가격과 임금 수준은 이와 비례하여 인하하지 않았다. 동 연구는 화폐개혁 시점의 통화량 규모를 적정통화량이라고 가정한다면, 화폐개혁 이후인 12월, 노동자 임금과 농민에 대한 현금분배가 추가적으로 이루어지면서 적정통화량 이상의 현금통화가 지급되었다고 보고 있다. 또한, 화폐개혁에 대한 주민 불만이 가중되자, 김정은 무상배려금이라는 명목으로 1인당 500원의 현금이 추가 발행되기도 했다.

즉, 동 연구는 화폐개혁의 부작용은 인플레이션 억제라는 경제논리보다는 비공식부문에 축적된 현금자산 몰수라는 정치논리에 의해 화폐개혁이 이루어졌기 때문이라고 평가하고 있다. 이에 따라 리디노미네이션에도 불구하고 임금수준은 기존 수준을 유지했고, 주민 불만이 가중되자 무상배려금 등의 명목으로 통화가 추가 발행되면서, 화폐개혁 초기 급증한 통화량이 인플레이션 압력으로 작용했다는 것이다.

다음으로, 화폐개혁 이후 달러라이제이션(외화통용 확대)이 급속하게 진행된 것이 인플레이션의 주요 요인이라는 주장을 살펴보자. 이석기·김석진의 연구에 따르면, 화폐개혁 이후 자국 통화에 대한 신뢰가 전반적으로 하락하고, 화폐가치가 불안정하여 가치저장 수단으로서뿐만 아니라 교환 및 회계단위의 수단으로서도 외화를 선호하는 현상이 확대되었다.24) 동 연구는

---

23) 이영훈, "최근 북한의 인플레이션 관련 주요 쟁점," pp.205-207.
24) 이석기·김석진·양문수, 『북한외화통용실태분석』(서울: 산업연구원, 2012), pp.113-118.

탈북자 인터뷰 등을 토대로 화폐개혁 전후의 외화통용 실태를 조사하였다. 일반적으로 북한 내에서 달러화는 가치저장 수단으로, 위안화는 교환 수단으로 선호되는데, 화폐개혁 이후 위안화의 보유 및 유통이 급속하게 확대되었다. 화폐개혁 초기 북한 원화의 가치 불안정이 이러한 현상을 촉진하였고, 위안화의 경우 북중무역을 통해 유입이 용이하기 때문에 위안화 중심의 외화통용 확대가 가속화되었다.

이와 같이 외화통용이 확대되는 경우 화폐발행 차익(시뇨리지)은 감소하게 되는데, 북한당국이 2000년대 초반과 같이 재정적자를 통화증발을 통해 조달하고 있다면, 일정한 화폐발행 차익을 얻기 위해 추가적으로 발행해야 하는 북한 원화의 규모는 지속적으로 증가할 수밖에 없다. 또한, 동 연구는 2011~2012년 기간 중 발생한 인플레이션은 외화통용의 급속한 진전으로 인해 북한당국의 화폐발행 규모가 증가한 결과라고 추론하고 있다. 동 연구의 경우 북한의 인플레이션은 기본적으로 통화량 증가의 결과이나, 외화수요 증가에 따른 환율 상승이 수입 단가(특히, 곡물) 상승으로 이어져 원화표시 식량가격의 상승을 초래하여 물가상승 압력으로 작용한다고 분석하고 있다.

화폐개혁 이후 북한시장 쌀 가격의 변동 추이를 연도별로 살펴보면, 상승률 변동폭이 축소되는 추세를 보이고 있지만 2012년에도 연평균 75%의 상승률을 기록했다. 통상, 화폐개혁으로 인한 시장 교란이 2010년 연 1,000% 이상의 인플레이션을 불러일으켰고, 이러한 현상이 점차 완화되고는 있지만, 2011년까지 지속된 것으로 보고 있다. 반면, 2012년의 경우 화폐개혁 실패에 따른 물가 불안정 요인보다, 다른 측면에서 인플레이션 압력이 제기되고 있다.

2012년의 경우, 북한당국의 재정지출 수요가 증대했기 때문에, 이를 조달하기 위해 화폐발행 규모가 확대되었을 가능성도 제기되었다.[25] 북한은 2012년을 '강성대국' 건설의 해로 선포하고, 대규모 수력발전소, 주택, 공장 건설 등에 주력했다. 동 연구는 이러한 대형 건설사업이 김정은 권력승계를

---

25) 이영훈, "최근 북한의 인플레이션 관련 주요 쟁점," pp.207-209.

위해 필요했고, 이에 따라 북한 원화의 추가 발행이 이루어졌을 가능성을 제기했다. 이러한 추론은 2013년 이후 재정수요 감소로 인한 통화공급 축소와 인플레이션 완화 현상을 설명하기도 한다.

2010년 한국의 대북제재조치(5·24 조치)가 북한 외화수급상의 흑자폭을 축소하여, 환율 상승을 통해 인플레이션 압력으로 작용했다는 견해도 있다.26) 북한은 남북교역으로부터 최대 연간 5억 달러에 이르는 흑자를 얻고 있었으나, 2010년 5·24 제재조치 이후 이러한 외화수급상의 흑자가 축소됨에 따라 시장환율이 상승했고, 이는 인플레이션을 유발하여 북한당국의 실질적인 재정능력을 약화시켜 추가적인 화폐발행을 유발하고 있다는 것이다. 그러나 북한의 외화수급을 공식적으로 확인하기 어려워, 실질적으로 5·24 조치가 시장환율 상승을 불러왔는지에 대해서는 인과관계를 입증하기 어렵다.27)

이외에도 2012년 상반기 북한당국이 시범적으로 실시한 것으로 알려진 대내경제개혁 조치로 인해 인플레이션 기대심리가 급등했을 가능성도 있다. 당시 2002년 7·1 조치와 유사한 형태의 대내경제개혁 조치가 5월 30일경 실시되었다고 알려진 바 있는데, 국정가격과 임금 인상 우려가 북한시장 내 인플레이션 기대 심리를 자극하여 3/4분기 물가를 급등시킨 요인으로 작용했을 가능성이 있다.

2012년 3/4분기 이후 북한시장의 쌀 가격 변동률은 비교적 안정적이다. 분기별 변동률을 살펴보면 춘궁기의 경우에도 전기 대비 10~20% 정도의 상승률을 보이고 있다. 또한 2014년의 쌀 가격은 전년 대비 14% 하락, 2015년의 경우에도 4% 상승에 그쳤다.

---

26) 이석, "2012년 상반기 북한경제동향 분석," 『KDI 북한경제리뷰』 2012년 7월호(2012), pp.17-19.

27) 장형수("북한의 외화수급 추정과 분석: 1991~2012년," 『통일정책연구』 제22권 2호 (2013), pp.180-181)는 2002~2012년 기간 중 북한의 외화수급을 추정한 바 있는데, 동 연구는 2010년에는 북한의 외화수급이 26백만 달러 적자를 기록했지만, 2011년과 2012년에는 연간 3억 달러 이상의 흑자를 기록한 것으로 보고 있다.

북한시장의 쌀 가격이 10% 전후의 변동률을 나타낸 것은 매우 이례적이다. 2013년 이후 북한의 식량수급 여건이 양호한 것으로 평가되고 있고, 국제시장의 곡물가격, 원자재 가격이 하향안정화 추세를 보이고 있어 공급 측면의 물가상승 압력이 적은 것으로 평가된다. 또한, 2012년 이후 북한당국의 재정지출 수요가 크게 증가하지 않았고, 김정은 집권 이후 시장거래에 대한 억제를 시도하지 않은 것 또한 인플레이션 기대심리를 안정화시킨 요인으로 평가된다. 이러한 물가안정 추세의 원인을 검토한 연구는 아직까지 이루어지지 않았다. 다음 절에서는 최근의 물가안정 추세를 통화적 요인에 초점을 맞추어 설명하고자 한다.

4. 최근 물가안정기(2013~2015년)

북한의 물가는 화폐개혁 이후 급등했다가 2013년 이후 지금까지 비교적 안정적인 움직임을 지속하고 있다. 북한 물가가 3년 이상 오랜 기간 동안 안정적으로 움직이고 있는 것은, 1990년대 이후 처음 나타나는 현상으로서 그 원인에 대해 더 많은 관심이 모아지고 있다. 최근의 물가 안정세도 이전 시기의 물가 변동과 같이 다양한 요인이 복합적으로 작용하였을 가능성이 있지만, 본 절에서는 통화적 요인에 초점을 맞추어 물가 안정의 원인을 분석하고자 한다.

북한 통화량과 인플레이션에 대한 기존 연구의 결과를 확장해보면, 최근 물가 안정세의 원인은 역으로 북한당국이 통화 증발을 억제하였거나, 그 효과가 감소하여 시장 환율이 안정되고, 이로 인해 물가 안정이 유도되었다는 결론에 이르게 된다. 조선중앙은행의 발권량에 대한 자료가 가용하지 않기 때문에 이러한 주장의 타당성을 검증할 수 있는 방법은 아직까지는 없다. 하지만 2015년 9월에 통화공급과 인플레이션과의 관계를 간접적으로나마 추론해볼 수 있는 사건이 발생한다. 북한당국이 노동당 창건 70주년을 앞두고 전체 군인과 주민들에게 월 생활비의 100%에 해당하는 특별 격려금을 지급한다고 발표한 것이다.[28] 동 특별상금 규모는 북한주민들의 월 기준 생활비를 3~8천 원, 특별상금 지급대상 인구를 1,500만으로 가정한다면 지급에 필요한 북한 원화 총규모는 450~1,200억 북한 원 정도로 추정된다.

이는 2015년 북한의 국가예산(7,366억 북한 원)과 비교해 보면 6~16% 정도로 상당한 규모였다. 일부 언론에서는 이로 인해 상당한 인플레이션이 발생할 것으로 예상하였지만, 예상과는 달리 당시 시장 물가에 미치는 영향은 거의 없는 것으로 나타났다.[29] 그럼 대규모 통화 공급이 있다고 할지라

〈그림 6〉 북한의 시기별 시장환율과 국정환율의 격차

(단위: 배)

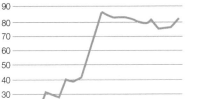

7·1 조치 이후(02.3Q~09.3Q)   화폐개혁 이후(10.2Q~15.4Q)

자료: 한기범(2010), Bundesbank, *Exchange*   자료: 데일리 NK 북한 장마당 동향, Bundesbank,
　　　Rate Statistics, 각월호　　　　　　　　　　*Exchange Rate Statistics*, 각월호

---

28) 조선중앙통신은 "조선노동당 창건 일흔 돌을 맞으며 전체 인민군 장병과 근로자들, 연금·보조금·장학금을 받는 모든 대상들에게 월 기준 생활비의 100%에 해당하는 특별상금을 수여한다"고 보도했으며, "이 같은 결정이 지난 23일 발표된 최고인민회의 상임위원회 정령에 따른 것"이고 "이번 특별 격려금 지급은 당에 드리는 충정의 노력적 선물을 마련하기 위하여 헌신적으로 투쟁한 데 따른 것"이라고 설명했다(북한 『조선중앙통신』, 2015년 9월 25일 자).

29) "北 '전인민 특별상여 100%' … 초인플레이션 온다," 『노컷뉴스』, 2015년 10월 3일 자.

도 시장 물가에 미치는 영향이 미미하게 된 이유는 무엇일까? 이는 국정가격과 시장가격의 격차가 심화되었기 때문인 것으로 보인다.

〈그림 6〉에서 보는 바와 같이 화폐개혁 직후 북한의 물가상승은 7·1 조치 이후 인플레이션과는 다소 다른 양상을 보인다. 7·1 조치 이후에 비해 화폐개혁 이후 환율을 기준으로 한 시장가격과 국정가격의 격차가 더 빠른 속도로 증가하였고, 시장가격이 가장 높이 상승했을 때의 시장가격과 국정가격의 격차도 7·1 조치 이후에는 30배 정도인 데 비해 화폐개혁 이후 시기에는 80배 정도로 2배 이상 더 커졌다. 결국, 화폐개혁 이후에는 시장 물가와 국정 물가의 격차가 80배 이상이기 때문에 국정가격 기준으로 북한당국이 통화 증발하더라도 시장 물가에 미치는 영향이 미미하게 되는 것이다.

화폐개혁 이후 불과 2년 사이에 80배라는 기록적인 화폐가치 절하를 기록하게 된 배경은 앞서 선행문헌에서 설명하였듯이 '외화통용 확산' 현상이 가장 중요한 요인이었던 것으로 판단된다. 2015년 한국은행이 북한이탈주민 231명을 대상으로 북한의 외화통용 실태에 대해 설문조사를 실시한 바 있다. 설문 결과에서 나타난 화폐개혁 이후 북한의 외화통용 정도는 북한경제에 대한 일반적인 상식을 뛰어넘는 것이었다. 북한가계가 자산의 전체 현금성 자산 중 외화로 보유하는 비중(자산대체)은 화폐개혁 이전 40~60% 정도에서, 화폐개혁 이후에는 60~90%까지 확대되었다.

또한 가계 월 지출액 중 외화지출의 비중도 화폐개혁 이전 20% 내외였던 것이, 화폐개혁 이후 40~60%까지 확대된 것으로 조사되었다. 외화가 사용되는 품목도 확대된 것으로 나타났다. 화폐개혁 이전에는 주로 가전제품, 주택구매 등 고액 거래에서 주로 사용되었으나, 화폐개혁 이후에는 쌀, 밀가루 등 곡물 구매 시에도 사용 비중이 점차 확대된 것이다.[30] 결국 이전 시기에는 없었던 외화통용의 급격한 진전으로 화폐개혁이후 외화에 대한 수요는 급증하는 반면, 원화에 대한 수요는 급감하여 환율이 폭증하면서 이전시기

---

30) 문성민·정승호, "화폐개혁 이후 북한의 외화통용 확산 실태 점검," 한국은행 내부 세부 세미나자료(2015).

보다 훨씬 급격한 인플레이션 현상을 보이게 된 것이다.

〈그림 6〉의 두 기간 간 비교에서 나타나는 또 다른 차이는 7·1 조치 이후는 시장가격과 국정가격의 격차가 지속적으로 확대된 것인 데 비해, 화폐개혁 이후는 격차가 빠르게 확대되지만 일정 시기 이후(2013년 4/4분기)에는 그 차이가 더 이상 커지지 않는 모습을 보인다. 흥미로운 사실은 이러한 물가안정의 원인 역시 '외화통용 확산'으로 보인다는 것이다.

〈표 5〉에서 보는 바와 같이, 외화통용이 확산된 국가에서는 초기에 급격한 외화로의 통화대체 현상으로 물가가 급등한 이후, 다시 물가가 안정화되는 모습을 보였다. 이와 같이 현상은 외화통용 확산으로 당국의 통화발행이

〈표 5〉 달러라이제이션 지수[1]와 물가상승률 추이

		1990	1995	1998	1999	2000	2001
캄보디아	달러라이제이션 지수	–	92	93	92	93	95
	물가상승률(%)	–	–	15	4	-1	3
라오스	달러라이제이션 지수	18	57	76	90	85	83
	물가상승률(%)	36	20	91	128	25	8
베트남	달러라이제이션 지수	–	35	37	39	40	42
	물가상승률(%)	67	6	7	4	-2	0
페루	달러라이제이션 지수	46	65	64	66	68	66
	물가상승률(%)	7,485	11	7	3	4	2
아르헨티나	달러라이제이션 지수	47	57	58	62	65	74
	물가상승률(%)	2,314	3	1	-1	-1	-1
러시아	달러라이제이션 지수	–	29	44	41	37	34
	물가상승률(%)	–	197	28	86	21	21

주: 1) 달러화지수는 총예금 대비 외화예금 비중으로 계산
자료: Alvarez-Plata and Garcia-Herreo, "To dollarize or dedollarize: Consequences for Monetary Policy," *DIW Discussion Papers* (Berlin: DIW, 2008)

억제되고, 이를 제도화하기 위한 통화, 환율제도가 도입되었기 때문이다. 예를 들면, 베트남의 경우는 통화량 목표제와 함께 고정환율제가 시행되었고, 아르헨티나에서는 통화위원회제도(currency board)[31]를 도입하는 등의 제도적 뒷받침이 있었기 때문이다.

그러나 북한의 경우는 당국의 별다른 정책적 영향 없이 외화통용 확산 현상의 영향만으로도 물가안정세가 유지되고 있는 것은 앞서 설명하였듯이 북한 이중가격체제의 모순이 일부 작용하였던 것으로 보인다. 즉 화폐개혁 직후 국정가격과 시장가격이 격차를 없앴던 시점에서는 현금 통화량 공급 증가에 비례하여 물가상승이 이어지지만, 외화통용 확산 등으로 국정가격과 시장가격의 격차가 커진 시점에서는 국정가격을 기준으로 이루어지는 통화 공급이 물가에 미치는 영향은 감소되기 때문이다.

외화통용 확산은 통화 공급의 효과뿐만 아니라, 통화 공급 자체를 억제할 가능성도 있다. 문성민의 연구에서는 중앙은행의 무현금 기업 대출이 현금으로 인출된 것이 시장의 현금통화량을 증대시키는 주요 원인 중 하나라고 주장하였다.[32] 2016년 한국은행이 북한 거주 시 기업 경영 경험이 있는 지배인 출신 북한이탈주민을 대상으로 한 인터뷰 조사에서도, 7·1 조치 직후 기업 대출을 현금으로 인출한 사례를 확인할 수 있었다. 그러나 외화통용 확산으로 인한 원화수요 감소는 이러한 기업의 대출 수요를 감소시켰을 것으로 보인다.

앞의 탈북자 조사에서 또 다른 기업 출신 탈북자는 기업 대출을 현금으로 인출하는 것이 가능하기는 하나, 실제 기업 활동에 필요한 원자재 구입은 시장가격이나 달러로 구매하기 때문에 국정가격을 기준으로 한 북한 원화 대출에 대한 필요를 느끼지 못했다는 증언도 있었다. 기존 문헌들도 외화통

---

31) 외환보유액을 본원통화(monetary base)의 100% 이상 유지, 미달러화에 대한 패소화 환율을 1:1로 고정, 제한없이 달러화로의 교환보장 등을 주요 골자로 한다.
32) 문성민(2005; 2013)은 북한 경제연구에 발간된 논문 중에서 현금과 무현금의 구분을 강화해야 한다는 문헌(리원경 2009; 김순학 2011; 2012; 홍영의 2012)이 많아졌다는 점을 근거하여 무현금 은행 대출이 현금으로 인출될 가능성이 있다고 주장하였다.

용 이후 기업 자금에서 외화 수요가 늘었다는 보고가 많이 있다. 큰 규모의 연합기업소나 탄광의 경우 제품 수출로 획득한 외화 중 일부를 기업의 자체 투자 목적으로 유보하고 있으며,[33] 외화를 보유한 주민은 이를 자산으로 보유만 하지 않고, 개인, 공장기업소, 협동단체에 빌려주거나, 투자하여 자산을 증식하려 한다고 지적하였다.[34] 이와 같이 기업이 필요자금을 중앙은행으로부터의 대출에 의지하기보다 무역·사금융을 통한 외화자금 확보에 더 집중하게 된다면, 북한당국 입장에서 통화 증발을 통해 추가적인 통화를 공급하고자 하더라도 적절한 공급 수단을 확보할 수 없게 된다.

기존의 북한 인플레이션과 통화량과의 관계에 대한 연구결과는 외화통용 이후의 물가안정을 설명하는 데 여전히 유효한 것으로 판단된다. 다만 화폐개혁 이후에는 외화통용 확산이라는 새로운 통화현상이 발생하였기 때문에, 이후 인플레이션 연구에서는 원화 통화량뿐만 아니라 외화통화량의 영향도 함께 고려할 필요가 있다.

본 절에서는 외화통용하에서는 북한당국의 통화정책 수행 능력이 제약될 가능성이 있음을 보였다. 이러한 제약의 원인으로 북한의 이중가격 체계가 가지는 모순으로 인해 국정가격을 기준으로 통화 공급을 하더라도 그 영향력이 제한된다는 점과 기업의 대출 수요 감소로 인한 통화 공급 수단이 축소되었을 가능성을 제시하였다.

---

33) 이석기·김석진·김계환, 『2000년대 북한의 산업과 기업: 회복 실태와 작동방식』(서울: 산업연구원, 2010), p.143.
34) 임을출, "북한 사금융의 형성과 발전: 양태, 함의 및 과제," 『통일문제연구』 제27권 1호(2015), pp.218-219.

IV. 결론

물가와 인플레이션은 경제성장률과 함께 한 경제의 현황을 파악하기 위해 필요한 기본적인 거시경제지표 가운데 하나이다. 북한의 경우 국민소득 추정치는 한국은행, 유엔(UN)과 같은 외부기관을 통해 연 1회 발표되고 있으며, 물가와 인플레이션은 시장 쌀 가격 자료를 대리지표로 하여 분석되고 있다. 물론 시장 쌀 가격 자료로 인플레이션 추이를 파악하는 것은 여러 한계가 있다. 그러나 시장 쌀 가격 자료는 2000년 이후 분기별 추이를 분석할 수 있는 수준까지 시계열이 확보되고 있고, 최근에는 1~2개월 단위로 입수되어 공개되고 있어 북한 경제의 현황을 보여주는 시의성 있는 자료로 활발히 이용되고 있다.

본 연구에서도 기존의 축적되어 있는 다양한 물가 데이터를 정리하여, 2000년대 이후 시장 쌀 가격을 중심으로 시기별 물가변동의 추이를 살펴보고 그 변동 원인을 검토하였다. 우선, 연 100%를 상회하는 인플레이션은 북한당국이 통화·금융 부문의 제도와 관련된 정책 변화를 시도한 직후에 발생했다고 볼 수 있다. 2003~2004년, 2010~2011년 기간 중 인플레이션은 각각 2002년 7·1 조치와 2009년 화폐개혁이 영향을 미쳤다고 볼 수 있다. 2008년의 경우에는 통화적 요인보다는 국제곡물가격 상승과 북한당국의 시장억제 정책 등이 인플레이션의 요인으로 지목되고 있다.

분기별 특징은 화폐개혁 이전 시기에는 2/4, 3/4분기에는 변동률이 높고, 1/4, 4/4분기는 변동률이 낮아지는 특징을 보였지만, 화폐개혁 이후 시기에는 2/4분기까지 상승률이 낮아지는 특징을 보였다. 일반적으로 북한의 분기별 물가변동은 곡물 생산 주기와 관련된 계절적 요인의 영향을 크게 받았으나, 화폐개혁 이후 시기에는 이러한 영향이 다소 약화된 것으로 보인다. 지역적 특징을 보면, 평양, 신의주, 혜산의 시장 간 시기별 상승, 하락의 추세가 유사하고, 지역 간 가격 시차도 없는 것으로 보여 시장 간 유통구조가 개선되고 정보격차도 축소된 것으로 판단된다.

물가변동 원인에 대해 북한의 시장정책과 화폐개혁을 기준으로 네 시기로 구분하고, 기존연구 등을 토대로 변동요인을 정리하였다. 화폐개혁 이전 시기는 시장화 촉진기(2002~2006년)와 시장화 억제기(2007~2009년)로 구분하고, 화폐개혁 이후 시기는 물가 급등기(2010~2012년)와 안정기(2013~2015년)로 구분하였다.

먼저 7·1 조치 이후 시장화 촉진기의 인플레이션의 원인은 국정가격과 임금인상, 기업 대출의 증가 등의 경제주체가 보유한 유동성이 시장 수요를 증가시킨 것으로 해석하고 있다. 반면 시장화 억제기에는 국제곡물가격 상승 등으로 대북 식량지원량이 감소한 것과 함께 시장에 대한 물리적 단속으로 인한 상품 공급 축소와 인플레이션 기대 심리 상승을 물가상승의 주요 원인으로 꼽았다.

화폐개혁 이후 시기의 하이퍼인플레이션 원인으로는 기존 수준의 임금 지급, 무상 배려금 추가 지급 및 2012년 '강성대국' 건설 관련 재정조달 등을 위해 화폐 발행이 증가하였고, 여기에 외화통용 현상 확산으로 인해 원화수요가 감소하면서 환율이 급등한 것이 물가상승의 원인으로 설명되고 있다. 한편, 최근 2013년 이후 물가안정세가 지속되고 있는데, 이는 2000년대 이후 처음 관찰되는 현상으로 아직까지 이에 대해 많은 연구가 진행되지는 못하였다. 본 연구에서는 외화통용 확산으로 국정가격과 시장가격의 격차가 7·1 조치 이후에 비해 2배 이상 심화되어 국정가격 기준으로 통화가 공급되더라도 그 영향이 감소한 것과 기업의 대출 수요 감소로 인한 통화 공급 수단이 축소된 점 등을 물가안정의 이유로 제시하였다.

이상과 같이 북한 물가와 인플레이션에 대한 연구는 북한당국이 실시한 경제정책의 실효성을 평가하고, 북한의 경제 구조 변화에 대한 이해를 제고하는 데 기여한 바가 컸다고 할 수 있다. 다만, 시장 쌀 가격을 대리지표로 이용함으로써 발생하는 한계, 인플레이션 발생의 주요 원인 가운데 하나로 추정되는 통화량에 대한 정보가 없어 통화량과 인플레이션 간의 인과관계를 검증하기 어렵다는 한계를 감안할 필요가 있다.

향후 북한 인플레이션 연구는 다음의 두 가지 측면에서 개선 내지 발전의 여지가 있다고 판단된다. 첫째, 소비자 물가지수 추정을 통해 인플레이션 추이를 파악하는 것이 필요하다는 점이다. 쌀 가격이나 환율 등 소수의 품목을 통해 물가 추이를 파악하는 것은 계절적 요인, 단기적 대외충격 등에 따라 변동률이 크게 나타난다는 문제를 지니고 있다. 따라서 북한이탈주민 조사 등을 통해 북한 일반주민의 실제적인 소비지출 구성에 대한 조사가 이루어질 필요가 있다. 이를 통해 물가지수를 추정하고 보다 종합적이 관점에서 인플레이션 변동 요인이 연구되는 것이 필요하다.

둘째, 화폐개혁 이후 외화통용 현상까지 감안한 인플레이션 연구가 필요하다. 국제적으로는 베트남, 라오스, 캄보디아 등 동남아 체제전환국이나, 페루, 아르헨티나 등 남미국가 등 달러화된 경제를 대상으로 외화통용 확산과 인플레이션 간의 관계에 대한 활발한 연구가 진행되고 있다. 반면, 북한과 관련해서는 아직까지 두 변수의 상관관계를 분석한 연구는 많지 않은 상황이다. 최근 북한의 물가 변동 추세에서 보이는 바 같이, 외화통용 현상이 물가 급등 및 안정에 미치는 작용 기제에 대해 보다 심층적인 분석이 필요하다 하겠다.

•참고문헌•

권영경. 2005. "북한의 최근 경제개혁 진행동향에 대한 분석."『수은북한경제』.
　　　2005년 겨울호. 서울: 한국수출입은행.

권태진. 2008. "국제곡물시장 동향과 북한의 식량 문제."『한국농촌경제연구원논집』
　　　제10권 1호. 서울: 한국농촌경제연구원.

김병로. 2012. "북한의 분절된 시장화와 정치사회적 함의."『북한연구학회보』제16
　　　권 1호. 서울: 북한연구학회.

김영훈. 2013. "북한의 농업."『KREI 북한농업동향』제15권 제2호. 서울: 한국농촌
　　　경제연구원.

김일한. 2011. "북한의 시장가격 결정 요인 분석."『북한연구학회보』제15권 2호.
　　　서울: 북한연구학회.

_____. 2012. "북한의 경제개혁 논쟁: 가치법칙의 재해석."『통일정책연구』제12권
　　　12호. 서울: 통일연구원.

김중호. 2012. "대북 경제제재의 효과와 대북 정책 시사점."『수은북한경제』. 서울:
　　　한국수출입은행.

남성욱. 2003. "2002년 북한의 임금과 물가인상에 따른 주민 생산·소비행태의 변화
　　　에 관한 연구."『통일문제연구』제15권 4호. 서울: 평화문제연구소.

문성민. 2005. "북한 금융의 최근 변화와 개혁과제."『금융경제연구』제236호. 서울:
　　　한국은행.

_____. 2008. "구매력평가이론에 근거한 북한 가격 및 환율 분석."『통일정책연구』
　　　제17권 2호. 서울: 통일연구원.

_____. 2013. "북한의 재정 및 금융정책."『KREI 북한농업동향』제15권 3호. 서울:
　　　한국농촌경제연구원.

_____. 2014. "북한 가격 및 환율 동향과 가격수준 국제 비교."『통계를 이용한
　　　북한경제 이해』. 서울: 한국은행.

문성민·정승호. 2015. "화폐개혁 이후 북한의 외화통용 확산 실태 점검." 한국은행
　　　내부 세부 세미나자료. 서울: 한국은행.

양문수. 2010. "북한의 화폐개혁: 실태와 평가."『통일문제연구』제53호. 서울: 평화
　　　문제연구소.

이 석. 2012. "2012년 상반기 북한경제동향 분석." 『KDI 북한경제리뷰』 2012년 7월호. 서울: 한국개발연구원.

이석기·김석진·김계환. 2010. 『2000년대 북한의 산업과 기업: 회복 실태와 작동방식』. 서울: 산업연구원.

이석기·김석진·양문수. 2012. 『북한외화통용실태분석』. 서울: 산업연구원.

이영훈. 2005. "북한 경제정책의 변화와 향후 전망: 가격을 중심으로." 『금융경제연구』 제220호. 서울: 한국은행.

_____. 2007. "탈북자를 통한 북한경제 변화상황 조사." 서울: 한국은행.

_____. 2013. "최근 북한의 인플레이션 관련 주요 쟁점." 『북한 경제 쟁점 분석』. 서울: 산업연구원.

임을출. 2015. "북한 사금융의 형성과 발전: 양태, 함의 및 과제." 『통일문제연구』 제27권 1호. 서울: 평화문제연구소.

장형수. 2013. "북한의 외화수급 추정과 분석: 1991~2012년." 『통일정책연구』 제22권 2호. 서울: 통일연구원.

정형곤·김병연·이 석. 2012. 『북한의 시장화 현황과 경제체제의 변화 전망』. 서울: 대외경제정책연구원.

최수영. 2004. 『7·1 경제관리개선 조치 이후 북한경제 변화전망』. 연구총서 04-19. 서울: 통일연구원.

통계청. 1996. 『남북한 경제사회상 비교』.

통일부. 2001. 『2001년도 북한의 물가동향 조사결과』. 보도참고자료.

하성근. 1997. "통화통합과 통화신용정책의 과제." 『한반도 통일시의 경제통합전략』. 서울: 한국개발연구원.

한기범. 2010. "북한 정책결정과정의 조직행태와 관료정치: 경제개혁 확대 및 후퇴를 중심으로(2000~09)." 경남대학교 정치외교학과 박사학위 논문.

홍익표·동용승·이정철. 2004. "최근 북한의 가격·유통체제변화 및 향후 개혁과제: 중국과의 비교연구." 연구보고서 04-15. 서울: 대외경제정책연구원.

황의각·장원태. 1997. 『남북한경제·화폐통합론』. 경기: 법문사.

Alvarez-Plata, P., and P. García-Herrero. 2008. "To dollarize or dedollarize: Consequences for Monetary Policy." *DIW Discussion papers*. Berlin: DIW.

Nuti, Domenico Mario. 1989. *Hidden and Repressed Inflation in Soviet-type Economies: Definitions, Measurements and Stabilization*. Dordrecht:

Springer Netherlands.

Gros, Daniel, and Alfred Steinherr. 2004. *Economic Transition in Central and Eastern Europe: Planting the Seeds*. New York: Cambridge University Press.

제5장

북한의 사금융시장

박영자 | 통일연구원

I. 서론

경제난 이후 북한의 공식은행이 제대로 작동하지 않으며 북한 사회에는 아래로부터의 경제활동이 왕성해지면서 사금융이 발전하고 있다. 특히 시장화 진전과 함께 사금융이 하나의 시스템으로 작동하는 '사금융시장'이 자리잡아 가고 있다는 정보가 다양한 영역에서 확인되고 있다. 또한 북한의 변화와 시장경제 발전, 그리고 최근에는 대북제재 등과 관련하여 관련 연구의 필요성이 증대되고 있다. 그러나 북한 사금융 실태 연구는 최근 시작되었으며, 그 시스템을 규명하려는 사금융시장 연구는 아직 본격화되지 못하고 있다.

그러므로 이 글의 목적은 북한 사금융시장의 역사적 실태 및 구조 규명이다. 사금융시장은 그 범위 및 개념이 다양한 형태로 정의된다. 예를 들면, 비조직적 금융시장, 지하금융시장, 사채시장 등으로 불린다. 대개 금융자산의 유형, 거래조건, 시장진입 등이 정부에 의해 규제되거나 관리되지 않는,

사채업자(자금 공급 및 중개인)에 의한 불법적인 금융거래 또는 탈세현상이
발생하는 금융시장으로 정의되곤 한다.[1] 이 글에서는 사금융시장의 개념을
북한의 현실까지를 고려하여 정부당국에 의해 공식적으로 인정되지 않는 환
전, 금융중개(송금, 물자대금결제 대행), 고리대금, 자금 대부 등의 금융거래
가 이루어지는 금융시장으로 정의한다. 그리고 영리를 목적으로 하는 중개
인 및 수요-공급자 간 금융거래가 이루어지는 비공식 사금융시장을 주요한
연구범위로 한다.

Ⅱ절에서는 북한 사금융의 역사와 현황을 다룬다. Ⅲ절은 북한 사금융시
장의 유형과 실태를 살펴본다. Ⅳ절은 북한 사금융시장의 구조와 행위자 분
석이다. 이 절에서는 앞서 다룬 북한 사금융 및 사금융시장의 다양한 유형
과 실태에 기반해 그 구조를 밝힌다. 구조 분석은 북한 사금융시장의 주요
행위주체를 중심으로 그 거래 관계를 조명한다. 이를 통해 북한 사금융시장
의 실태와 구조를 체계적으로 접근하려 한다. 마지막으로 Ⅴ절 결론에서는
현 단계 북한 사금융시장의 특성을 정리하고 향후 전망을 다룬다.

연구방법은 질적 분석으로 주요 선행연구와 문헌 분석 및 다양한 대북소
식통 정보 등을 분석하고, 본 주제와 관련된 탈북민 심층면접 구술자료 분석
및 최근 북한 금융시장 관련 정보가 풍부한 핵심 탈북민 심층면접을 실시한
다. 따라서 문헌분석과 탈북민 구술텍스트 분석을 통해 최대한 타당성 높은
자료를 활용한다. 이 연구에 직간접적으로 활용된 심층면접 탈북민 인적사
항은 다음의 〈표 1〉과 같다.

---

1) 이와 관련한 다양한 정의 및 분류는 정지만, "우리나라 사금융시장의 연구,"『경제정
   책연구』제2권(1996), pp.160-164; 자본주의 및 1990년대까지 한국 사금융시장의 특
   징은 한국금융연구원, 『우리나라 사금융시장에 관한 연구』(한국금융연구원, 1996.8)
   참조.

〈표 1〉 심층면접 탈북민 인적사항

사례 번호	성별	출신지역	연령대	재북시 직업	학력	탈북 시기
1	남성	평양	50대	당간부	대졸	2008.9
2	남성	함북-회령	30대	군관	중졸	2002
3	여성	함북-온성군	40대	협동농장 간부	중졸	2006.1
4	여성	함북-회령	40대	협동농장 간부	중졸	2005.11
5	여성	양강도-혜산	30대	장사	중졸	2006.8
6	여성	함남-함흥	40대	대학교원 (교수)	대졸	2005
7	남성	평양	50대	무역 일꾼	대졸	2013.4
8	여성	평양	40대	미용사	중졸	2003.12
9	여성	함북-청진	40대	사무직	대졸	2012.3
10	여성	평양	50대	장사	대졸	2010
11	여성	함북-청진	40대	중학교 교원	대졸	2009.12
12	여성	함북-연사군	40대	협동농장 간부	중졸	2010.8
13	여성	함북-청진	40대	사무직	대졸	2004
14	남성	함북-청진	40대	대학교원	대졸	2007
15	여성	평양	30대	연구원	대졸	2007.9
16	남성	평안북도	40대	밀수	전문대졸	2008.6
17	남성	함북-무산군	50대	기업 기능공	대졸	2007.11
18	남성	평남-남포	40대	공장간부	대졸	2002.8

19	남성	양강도-혜산	40대	예술가	대졸	2006.8
20	남성	함북	40대	공장간부	대졸	2004.8
21	여성	함북-회령	40대	유치원 교양원	대졸	2006.1
22	여성	평양	40대	공장간부	대졸	2006.2
23	여성	함북-청진	40대	주부	전문대졸	2005.11
24	남성	함남-함흥	40대	대학교원	대졸	2003.11
25	남성	평양	50대	외교관	대졸	2000
26	여성	양강도-혜산	40대	돈장사	대졸	2013.11
27	남성	함북-청진	50대	기업소 행정부원	대졸	2014.1
28	남성	평남-남포	40대	노동과 간부	대졸	2014.2

II. 북한 사금융의 역사와 현황

북한의 사금융은 1980년대 환전, 1990년대 고리대, 2000년대 대부/투자 기능으로 확장되면서, 2010년대에는 송금시스템이 갖추어지며 수요와 공급 구조가 갖추어진 시장으로 발전하고 있다. 무엇보다 최근에는 북한 내 시장 경제시스템이 되돌릴 수 없는 체계로 발전하며, 사금융이 개인 간 또는 기업 간 물자대금결제대행 업무를 일상적으로 하게 되어 시장의 중요한 한 부분 으로서 자리 잡았다. 즉, 중국과의 거래는 물론이고 북한 내 도시 간 물자거 래 대금을 각 지역에 돈장사 또는 송금 브로커들이 해결해 주는 구조가 형 성된 것이다.

1. 역사

북한 사금융 발전의 역사적 기원은 1970년대 북한의 경제 불안정으로부터 시작된다. 고위층 탈북민 증언에 따르면, 북한의 경제가 결정적으로 나빠지기 시작한 시점이 1970년대 초 '70일 전투·속도전' 운동의 전개(1973)와 동상, 사적비, 교시비 등 경제와 상관없는 대규모 기념비 건설에 치중하면서부터이다. 특히 '70일 전투'는 속도와 균형을 중시하는 사회주의 경제 원칙을 허물어뜨려 이후 북한 경제의 쇠락에 결정적 계기가 된다(사례 25).

1970년대 중반 이후 특수단위 무역이 허용되며 북한의 경제구조가 다양화되었다. 정무원·내각에서 운영하는 제1경제, 군수산업을 중심으로 한 제2경제, 그리고 당에서 운영하는 제3경제로 나뉘어져 있으며, 이를 총괄적으로 통제할 수 있는 제도적 장치가 없다. 특히 당에서 운영하는 제3경제의 경우 수령의 뒷돈주머니를 불려주는 역할을 한다. 그리고 소련·중국·동구권 등 사회주의 경제체제와의 청산결재 교역 방식으로 근근이 유지해온 북한 경제는 1989년 말 1990년대 초 사회주의체제의 붕괴와 함께 연간 경제계획을 수립할 수 없는 상태에 처하게 되었다. 이에 따라 북한 경제는 월별 생산·분배계획으로 유지되어 왔으며 제대로 된 경제계획을 수립하지 못하게 되었다. 북한 경제는 탄광 → 전기 → 강판생산 등 대부분의 경제부문이 연관되어 있어 한 부분만 제대로 작동되지 않아도 연쇄적으로 작동되지 않는 생산적 공황상태에 놓여 있다(사례 25).

이 과정에서 중앙은행이 기업자금을 지원해줄 수 없는 상황이 되었다. 그리고 2000년대 이후 현재 북한의 사금융은 개인뿐 아니라 기업들과 밀접히 연계되어 성장하고 있다. 신흥부유층인 돈주들은 자신의 자금을 가지고 국유기업과도 네트워크를 구축하며 북한의 건설, 서비스업, 제조업 활성화를 주도하고 있다. 특히 김정은 정권의 경제개혁 조치로 평가받는 '우리식 경제관리방법'이 사금융시장을 더욱 확장시키고, 북한 경제발전의 원동력으로 투자자·경영자·자본가 역할까지도 하는 돈주들이 성장하는 데 기여했다고 평가받기도 한다. 국가 공식 금융기관이 제 역할을 하지 못하고 경제

주체들로부터 불신을 받으니 은행을 대행하는 사금융시장의 주체들이 등장
했다. 은행의 기본적 업무인 대출, 송금, 환전 업무 등을 대행하는 돈주를
중심으로 하는 사금융의 다양한 주체들이 등장하였으며, 이들은 고리대금
업, 아파트 건설 등 다양한 사업에 개입 및 투자하며 부를 축적하고 있다.[2]
 사금융이 발전하다 보니 분화 및 전문화도 이루어지고 있다. 대표적인
것이 송금 브로커이다. 현재 북한에는 전문적으로 송금만 담당하는 사람들
이 따로 있다. 이들은 자신의 선을 가지고 국내외 물자대금결재 대행을 주
도한다. 그 규모는 남포시의 경우 인구 10만 명에 돈장사꾼이 20명이라면,
직업적인 전문 송금 브로커는 10명 미만이다. 대체로 이들이 돈장사이거나
돈주인 경우가 많으며, 대행 전문으로 돈주 아래에서 송금대행을 전문으로
하는 이들도 있다(사례 28).
 현재 이 사금융시장을 주도하는 돈주는 2009년 화폐개혁 이후 자리 잡은
이들로 크게 두 부류이다. 한편으론 당과 군대의 외화벌이 회사에서 국가물
자를 가지고 큰 돈을 번 사람들이다. 또 다른 부류는 북한의 시장화 과정에
서 자생적으로 성장하여 돈을 번 사람들이며 이들은 권력층을 뒷배경으로
가지고 있다. 평양이나 신의주 등 대도시 왕초(돈주들 중 중심인물)는 차를
3~4대 운영하며 약 10만 달러 이상을 보유하고 있는 것으로 추정되기도 한
다.[3]
 환전으로부터 시작되어 30년 이상 진화한 사금융시장 형성과 발전의 주
요 역사적 계기 및 환경으로 다음의 세 가지를 들 수 있다.[4]
 첫째, 90년대 중반 식량배급이 중단되면서 확산된 장사활동이 자금을 필
요로 했다. 당시 장사를 위해 개인들이 월 20%의 고리대로 사금융을 활용하
기도 했다.
 둘째, 북한당국이 자력갱생을 요구하며 기관, 기업소, 단체 등에 자체 무역

---

2) 임을출, "북한 사금융의 발전, 영향 및 전망,"『KDI 북한 경제리뷰』(2016년 4월호),
   pp.39-43.
3) 정 영, "북 돈주, 사금융 통해 영향력 키워,"『RFA』, 2015년 6월 19일 자.
4) 김영희, "북한 사금융의 형성과 발전,"『북한』통권 527호(2015년 11월호), pp.65-66.

으로 외화를 벌도록 하면서 수많은 무역회사들이 형성되었다. 이 회사들 역시 외화가 필요했다. 중국에서 물건을 사들여 북한시장에서 원화를 받고 판매한 후 이를 다시 외화로 교환해야 했다. 또한 내화도 필요했다. 이로 인해 이전에는 개인을 상대로 환전을 해주던 "외화장사꾼"들의 역할이 국가기관을 상대로 환전하거나 개인 상대로 돈을 빌려주는 역할까지로 확장되었다.

셋째, 시장경제 원리를 부분적으로 받아들인 2002년 7·1 조치 이후 기관, 기업소 등에 부분적 관리 자율성이 부여되며 기업 스스로 종업원들의 생활과 식량을 책임져야 했다. 이를 계기로 기업들이 사금융시장을 통해 불법적으로 돈을 빌리거나 외화를 교환하는 등 불법자금 마련의 공간이 열렸다. 즉, 사금융이 확장된 것이다. 주택건설 담당 업주들은 개인 돈으로 건설을 추진하였고, '돈주'로 칭해지는 사금융업자들은 거액의 주택투자 등을 할 수 있게 되었다.

2. 현황

북한 사금융시장에서 거래되는 금융은 기본적으로 생산금융적 특성이 강하다. 시장화와 함께 발전하면서 소비 목적보다는 생산 목적의 거래가 일반적이다. 거래 화폐는 주로 외화이며 내화(북한 원)는 일부 사용된다. 예외적인 경우는 협동농장 농장원들의 거래이다. 이 경우도 농장원 개인 간 거래가 있으나 점차 협동농장 자체 또는 농장 작업반·분조에 대한 금융과 결합되어 있다. 대출과 상환은 현물이 주를 이루다 최근에는 현금거래도 발전하고 있다.[5]

이 사금융 활성화에 주요 행위주체가 전문적 사채업자라 할 수 있는 '돈장사'이다. 그들은 어떤 일을 하며 어떻게 움직이는지 최근 현황을 인용하면 다음과 같다.

---

5) 이석기·양문수·정은이, 『북한 시장실태 분석』(산업연구원, 2014), p.230.

"북한은 은행에서 달러를 바꿔주고 그런 건 없습니다. 그러니까 개인들이 그런 공간을 이용해서, 달러 환율이 있단 말입니다. 달러나 인민폐나 엔 같은 게. 지방마다 또 돌아가는 시세가 있단 말입니다. 자기들 끼리 그 정보를 주고받습니다. 큰 돈 갖고 있는 사람들이 있고 그 밑에 종사하는 사람들이 있는데 그 사람들은 (장마당) 거리바닥에 서 있단 말입니다. 길바닥에서 서서 돈 바꾸러 오게 되면 어떤 사람은 달러를 갖고 와서 내화돈(북한 원)을 받으려는 사람이 있고 또 어떤 사람은 내화돈을 달러로 바꿔서 자기 저금하려는 사람도 있고. 그러니까 그 사람들한테 프로수를 떼먹고. 모이는 장소가 있죠. 그건 자리가 고정되어 있으니까. 또 전문 바꾸는 사람은 압니다. 위치가 정해져 있습니다. 또 집도 있고. 시장 앞에. 시장 안에도 매대에 있는 게 아니고 입구 같은데 몇이 … 불법이죠. 북한은 다 불법으로 이루어지는 거니까. 하나도 모르는 사람이 와서 바꾸지는 못합니다. 그런 일은 극히 드물고요. 그냥 내가 남포시 사람이면 남포에서 돈 바꾸는 데는 어디고 이쯤한 건 다 알고 있습니다. 계속 통제를 하니까 돈은 집에다 두고. 집에 가서 하는 거죠." _사례 28

북한에서 사금융이 발전함에 따라 규모에 따라 그 기능도 분화되고 있다. 적은 규모의 사금융은 대개 소규모 대출 기능에 국한되나, 규모가 큰 사금융은 예금(수신)과 대출(여신) 기능도 한다. 또한 이자율도 점점 하락 안정화가 되고 있다. 2000년대 초 대출 이자율은 월 13~15% 수준이었으나 2010년 이후에는 5~10% 수준인 것으로 증언되고 있다. 자금 유통이 원활해지고 그 위험도 역시 완화되었기 때문이다. 또한 최근 수신 이자율도 5% 수준으로 증언된다. 주목할 점으론 신용도에 따라 이율이 다르게 적용되고 있다는 것이다. 고위층 외화벌이 일꾼에 대한 이자율은 월 3%, 중규모 상인에게는 10%, 밀수꾼들에게는 20~30% 등을 적용한다. 상환 위험 때문에 자금공급자인 돈주 주도의 관계가 일반적이며, 대출기간 또한 대부분 단기로 1~6달 사이가 일반적이다. 현재 북한 사금융시장의 연평균 대출 금리는 60~120% 수준으로 추정되고 있다.[6]

---

6) 이영훈, "북한의 화폐금융 현황 및 최근의 금융조치 평가: 인플레이션·달러라이제이션·사금융을 중심으로," 『북한연구학회보』 19권 2호(2015), pp.106-109.

환전은 일상적이며 북한 전역에 월 20% 내외의 높은 이자를 받고 돈을 빌려주는 고리대금도 보편화되었다.[7] 또한 타인의 여유자금을 평균 월 5% 내외 이자로 빌린 다음 자금을 필요로 하는 사람들에게, 거기에 2~3%를 더한 7% 내외 이자로 빌려주는 대부 중개업도 성행하고 있다. 대개 믿을 만한 사람들에게 돈을 빌려준다. 그러나 상환이 제대로 이루어지 않을 경우 법기관에 호소할 수가 없기 때문에 한국의 깡패처럼 채무자의 집에 찾아가서 "야, 너 돈 왜 안 내" 하면서 집안을 부순다든지 하며 돈을 받아내는 폭력배들도 고용한다(사례 28).

북한 사금융시장은 주로 외화를 매개로 움직인다. 따라서 사금융시장 확장은 북한 사회 내 외화통용 현상과 관련된다. 그 주요 원인을 수요, 공급, 제도적 측면에서 이해할 수 있다.[8]

첫째, 외화 수요 요인으로, 1990년대 공식경제 위기 및 암시장 발달과정에서 전개된 인플레이션, 북한주민들의 원화에 대한 신뢰를 잃게 한 2009년 11~12월 실시된 화폐개혁, 기관·기업소의 자력갱생 정책 및 외화벌이 과제 증대 등이다.

둘째, 외화 공급 요인으로, 대외경제교류 증대, 대외무역 종사자들의 외화반입, 해외 파견노동자 및 주재원들의 외화반입, 해외 친척들의 대북송금 등이다.

셋째, 제도적 요인으로, 1970년대 이후 진전된 무역의 분권화(내각경제 내 생산단위·지방에 무역권한 부분 이전 및 당·군 등 특권경제 독립)와 부문별 은행 출현 등으로 중앙집중적 외화관리제도의 와해, 기관·기업소의 외화보유 허용, 자금 출처 추궁 우려와 은행 예금 인출 어려움 등이다.

이러한 요인들이 작동하여 2000~2008년까지 9년간 북한의 외화수급 누

---

7) 하종훈, [서울&평양 경제 리포트] "돈 떼일라 은행 기피 … 월 20% 고리대금 성행," 『서울신문』, 2015년 3월 14일 자.
8) 이석기·양문수, "북한 외화통용 실태와 시사점,"『KIET 산업경제』(산업연구원, 2014. 2), pp.51-54; 더 구체적 내용은 이석기·김석진·양문수,『북한 외화통용 실태 분석』(산업연구원, 2012) 참조.

적 흑자가 약 20억 달러에 달하는 것으로 추정되고 있다.9)

　사금융 상황을 부분적으로 인정할 수밖에 없는 북한당국은 2007년 3월 민법을 수정하며 제221조에 북한주민들 간에 돈이나 물건을 꾸어 주거나 꾸는 행위인 "꾸기 계약"을 할 수 있게 하였다.10) 나아가 2009년 화폐개혁 실패 이후 현실을 인정할 수밖에 없는 북한당국은 2010년 이후 사금융시장을 통해 거래되는 외화를 국가사업에 이롭도록 끌어오기 위한 제도를 실시하고 있다. 대표적인 것이 결제카드와 전당포의 등장이다.

　먼저 선불식 전자결제카드를 발행해 사금융 자금을 순환시키려는 조치를 취한다. 2011년 북한화폐 및 외화로 거래할 수 있는 플라스틱 카드 2종이 발행되어 매장 결제 시 사용되고 일부 공무원은 급여를 카드계좌로 송금받기도 한다. 또한 2015년 8월에는 신용카드 국제규격인 EMV11) 칩이 내장된 선불식 전자결제카드를 발행하였다.12)

　다음으로 국가로부터 공식 승인을 받아 물건에 대한 담보를 잡고 돈을 빌려주는 전당포가 생겨났다. 전당포의 경우 공식 금융기관으로 분류할 수 있다. 중국의 경우 개혁개방 초기 전당포가 사금융 기관으로서 급성장했다. 임을출의 경우, 전당포를 "공식적인 고리대금업종"이라고 정의한다. 북한의 전당포는 단기자금을 공급하는 것 외에 이잣돈을 빌려주는 돈주들이 저당물을 넘겨서 원금을 회수하는 방편으로 이용하고 있음을 근거로 제기했다. 최근 탈북민 증언에 기반해서 전당포가 공식적인 사금융 조달의 창구로 기능한다는 것이다.13) 그러나 공식 제도인 전당포가 돈주들에 의해 운영된다고

---

9) 장형수, "북한의 2000년대 외화수급 추정,"『비교경제연구』 16권 2호(2009).

10) 그러나 이자 또는 이자 형태의 물건을 거래하는 대출계약은 할 수 없다고 규정하였다. 장명봉, 『최신 북한법령집』(북한법연구회, 2011), p.307.

11) EMV는 세계 3대 신용카드 회사인 Europay, MasterCard, Visa 3개 회사가 공동으로 결제하는 IC카드의 표준 규격이다.

12) 박선후, "기지개를 펴는 북한의 사금융,"『IBK 경제 소식지』 326호, IBK경제연구소, 2015년 10월 20일.

13) 김정일이 2004년 3월 17일 〈전당포 관리운영 규정〉을 만들고, "전당포를 많이 만들어 인민들의 생활을 윤택하게 하도록 하라"는 전당포 관리운영지침까지 내리고 전당포

단정짓긴 어려운 상황이다. 이미 국가기관 내 사금융 구조가 깊숙이 개입한 상태이기 때문에 그 경계가 모호하나 운영방식은 정부당국의 관리하에 있다. 그 구체적 현황을 인용하면 다음과 같다.

"전당포를, 청진에서도 들어가 보고 평양에서도 들어가 봤어요. 평양에도 전당포 있어요. 그래서 들어가 보니까 전당포가 전당포 역할만 하는 게 아니라 물건도 팔고 받기도 해요. 주민등록증과 함께 어떤 뭔가 담보물을 맡기고 돈을 빌려가더라고요. 전당포를 이용한다는 말은 들었는데 직접 이용해서 돈을 빌렸다는 사람은 주위에서 못 봤어요 ⋯ 합법적이죠. 북한은 공식적인 세금은 없으니까 계획양이 있겠죠. 너희 영업을 해서 얼마를 바쳐라. 식당도 같아요. 식당이 다 국영식당인데 운영은 개인 돈으로 운영돼요. 개인 돈 이만큼 갖고 이만큼의 이익을 창출해서 여기서 국가 납부금도 해야 하고 일하는 사람들의 월급 형식으로 나눠도 가져야 하고 또 다음 운영을 위해서 원 자재도 사오고 이렇게 운영이 되는 거죠. 거기도 같다고 보면 되죠."   _사례 27

이 상황에서 특히 주목할 북한당국의 행보는 2015년 12월 13일 개최된 〈제3차 전국 재정은행일꾼대회〉이다. 이 대회는 1978년과 90년에 이어 25년 만에 개최되었다. 박봉주 내각총리를 비롯한 내각 부총리들, 오수용 등 당정치국 위원, 기광호 재정상, 김천균 중앙은행 총재, 김성의 무역은행 총재 등이 참가한 이 대회에서 김정은의 서한, "재정은행사업에서 전환을 일으켜 강성국가건설을 힘있게 다그치자"가 발표되었다. 이 서한을 통해 김정은은 '재정은행 사업을 개선 강화하는 것은 강성국가건설을 다그치기 위한 필수적 요구'라며 '자체의 믿음직한 재정원천 마련'을 지시하였다. 이를 위한 총적 과업으로 "나라의 재정 토대를 튼튼히 다지고 화폐유통을 공고히 하여

관리는 내각 상업부에서 하며 외화상점처럼 개인이 운영하는 방식이라고 한다. 탈북민 증언에 따르면, 전당포라는 간판을 내걸고 운영하는 데, 물건 가치의 50% 정도의 돈을 내주고 상환 기간을 한 달로 짧게 운영한다. 또한 주로 취급하는 물건은 텔레비전, 냉장고, 시계 등이다. 그러나 전당포 운영이 잘되지 않기에 중고 제품과 차압품, 그리고 새 제품까지 전시하고 매매하는 등 상점 같은 분위기라고 한다. 임을출, "북한 사금융의 형성과 발전," 『통일문제연구』 27권 1호(2015년 상반기), pp.224-225.

당의 선군혁명영도와 사회주의 강성국가 건설을 재정적으로 믿음직하게 담보하는 것"을 제시하였다. 이와 함께 재정은행 일꾼들이 '당이 지시에 따라 재정은행 사업에서 새로운 전환'을 일으켜야 한다고 강조하였다.[14]

핵보유 국가를 선언한 북한이 대북제재 강화 등으로 북한 경제가 어려워질 수 있다는 판단하에 금융기능을 강화해서 자금을 확보하려는 목적으로 개최되었다는 평가이다.[15] 이미 2015년 2월 조선중앙은행 총재 김천균이 조총련 기관지 『조선신보』와의 인터뷰에서 '나라의 경제건설에서 제기되는 자금 수요를 국내 자금을 원활하게 회전시키는 방법으로 충족시켜 나가는 데 주력하고 있다며 그 일환으로 새로운 금융상품 개발 및 인민생활에서 카드 이용 등을 추진하고 있다'고 소개한 것의 연장선으로 볼 수 있다.[16]

그러나 북한주민들이 정부의 자금출처 파악 가능성 및 외화관리에 대한 불신이 여전하므로 공식 은행의 기능 회복 및 금융상품 확산 여부는 불투명하다. 또한 현재 북한의 전당포가 평양을 중심으로 확장되고 있으나 그 실효성 여부 또한 판단하기 어렵다. 최근 탈북민들의 증언에 따르면, 오토바이나 부동산 등 물건의 가치를 감정하여 담보로 잡고 고액을 대출해주는 전문적 대출업자들이 출연하는 등,[17] 사금융시장이 발전하여 김정은 정권이 추진하는 금융제도의 안착화는 쉽지 않을 것으로 보인다.

북한은 2007년 10월 형법 제118조 '고리대죄'를 신설해서, 고리대를 통해 이익을 얻는 이에게 2년 이하의 노동교화형을, 이익의 규모가 크면 2년 이상 5년 이하의 노동교화형까지 받도록 했다.[18] 그러나 사금융을 주도하는 돈주가 고위관리 또는 그들의 가족이거나 권력층과의 후견-피후견 관계로

---

14) 『조선중앙통신』, 2015년 12월 13일 자.

15) 김은지, [기획보도] "북한 재정은행 일꾼대회 … 금융 기능 정상화 통한 자금 확보 목적," 『VOA 미국의 소리』, 2015년 12월 25일 자.

16) 『조선신보』, 2015년 2월 3일 자.

17) 이상현, "북한 신흥 부유층 돈주 아파트 건설에도 투자," 『연합뉴스』, 2015년 6월 10일 자; 정은이, 『통일시대』 민주평통 106호(2015.8).

18) 장명봉, 『최신 북한법령집』(북한법연구회, 2011), p.190.

보호받는 이들이기에 처벌은 쉽지 않다. 또한 북한에서 뇌물과 사회적 부패
가 심각하여 법제도적 통제의 효과성이 높지 않다. 시장화 이후 북한 사회
에서 정치범죄는 강하게 처벌하지만 경제범죄는 뇌물을 통해 무마되는 것이
일상적이다. 그리고 외화벌이 및 독립채산제로 작동하는 국가기관·기업소
활동이 사금융시장과 긴밀히 연결되어 있다. 이러한 배경으로 인해 돈장사
들은 자신이 하는 일이 위험하다는 인식이 거의 없다고 한다.

III. 사금융시장의 유형과 실태

선행연구를 통해 다루어진 북한 사금융의 유형은 현물화폐 거래, 부동산
을 매개로 이루어지는 화폐거래 및 투기, 공장·기업소·상업시설 등에 대한
자재투자 및 기재운영, 개인과 협동농장 간 거래, 고리대금업 등이다.[19] 수
요와 공급에 초점을 맞춘 사금융시장의 유형은 일반적인 개인 간 금융, 상인
간 금융, 개인과 농장원 간 금융, 개인과 기업 간 금융, 특수은행(당과 군
내 무역 등을 관할하는 권력기관의 독자적 은행들)과 기업 간 금융이다.[20]
가장 일상적으로는 농촌을 중심으로 번성한 현물거래(쌀과 같은 현물화
폐를 매개로 한 고리대), 장마당을 중심으로 전개되는 상인 간 금융거래,
도시 중심으로 일반화된 환전 및 송금이 있다. 주목해야 할 유형은 권력층
내부의 금융거래 및 송금시장과 함께 국내외 상업·제조업분야에서 널리 일
반화되고 있는 '물자대금결제 대행업'이다.
이하에서는 북한의 주요 '사금융 유형' 및 '사금융시장 유형'을 연결하여,

---

19) 각각의 구체적 실태는 김윤애, "북한 사금융의 흐름과 구조 동학에 대한 탐색," 한국
세계지역학회, 『세계지역연구논총』 33권 3호(2015), pp.69-77 참조.
20) 각각의 구체적 실태는 이석기·양문수·정은이, 『북한 시장실태 분석』(산업연구원,
2014), pp.231-241 참조.

탈북민 증언을 중심으로 그 다양한 유형과 실태를 밝힌다.

1. 농촌의 현물 고리대: 개인과 농장원 간 거래

주로 농촌에서 광범위하게 이루어지는 현물 고리대의 초기-중기-현재 단계를 탈북민 증언을 통해 살펴보자.

"(아버지가 하셨다는 고리대는 어떤 것이었나요?) 봄에 사람들이 항상 엄청 바쁘거든요, 종자철이고. 그래갖고 집에 항상 보게 되면 우리가 곡식이 한, 거의 2톤 500까지 있었어요, 2톤 500. 도라무통, 기름도라무통 이런데다가 곡식을 채워서 … 콩, 그러니까 콩이 두부콩, 그 다음에 줄단콩 뭐 강냉이 이렇게 해가지고. 그런데 이 두부콩도 거기서 고르면 씨종자도 할 수 있는 콩이에요. 강냉이도 그렇고, 줄단콩도 그렇고 다 씨를 할 수 있는 거예요. 그냥 먹어도 되고. 네, 그런 걸 다 했다가 봄철이 되게 되면 … 곡식을 종자 살 돈이 있어야 되는데, 종자는 또 엄청 비싸요. 네, 그런데 이거 종자를 1킬로 살려면 이거 사는 거에 몇 배를 돈을 줘야 되요. 그런데 이거 사게 되면 여기서 종자도 빼고 또 이렇게 먹는 콩도 뺄 수가 있어요. 네, 사람들이 이걸 많이 선호했거든요. 그래서 봄에 이걸 한 집에 1킬로그램을 꿔주게 되면 가을에 가서 … 2월부터 들어가거든요, 고리대가. 그럼 3~10월까지는 놔둬요. 11월에 다 말라서 곡식이 들어오니까. 8개월 동안 주는 거죠. 꿔주는 거죠. 꿨다가 그때 가서 3킬로그램씩 받아요. 가을에 가서. 3대 1로. 네, 세배로. 그런데 진짜 바쁜 사람들이 와갖고 해달라는 사람 있어요. 그런데 그 사람들한테 받기 너무 힘든 사람들 있어요. 안 준다. 이런 사람들은 5대 1까지 해 달래요. 1킬로에 5킬로. 그런데 1킬로를 가져가는 게 아니고 10킬로를 가져가면 가을에 가면 5대 1이니까 50킬로가 들어와요. 그런데 그 사람들 10킬로 갖고 안 돼요. 한 번에 가져갈 때 20킬로는 돼야 돼요. 네, 먹고 종자하고 해야 되니까. 20킬로 가져가면 100킬로로 들어오는 거예요. 네, 그리고 이게 또 이렇게 3대 1짜리는 이 사람들도 20킬로 가져가면 60킬로가 들어오고. 그럼 이게 지금 몇 킬로를 주고 몇 킬로를 받는 거예요."

_사례 2

"그래 가지고 곡식을 끌어 모으고. 또 쌓아 놓고. 그 쌓는 거 엄마하고 제가 했거든요. 강냉이를, 북한에 가을에 딱 수확해 갖고 강냉이 말려 가지고 막 올 강냉이를 팔잖아요. 그때 강냉이 엄청 싸요. 만약에 강냉이가 10원 해요. 10원 한다면 그게 가을에 10원 하고, 막 가을 수확해 갖고 막 내려올 때요, 네. 그때 하고 조금 점차 점차 지나면 11원, 12원, 13원, 15원 이렇게 올라가는 거예요, 점점. 네, 점점점점. 그게 봄까지 돌아온 거예요. 아까 고리대 줄 때까지. 그때 까지 돌아 거의 25원까지 올라가는 거예요. 진짜 몇 배를, 몇십 배를. 그때까지 돌아와 가지고 그러니까 우리는 강냉이 살 때 진짜 초가을에, 돈이 있으니까 10원짜리를 사는 거예요, 10원짜리를. 10원짜리를 사가지고 이렇게 고리대를 줘도 되고, 이걸 그냥 팔아도 되고, 시장에다. 시장에 나가 팔아도 … 시중에서 뭐 25원 한다면 시장 나가 그냥 넘겨주는 값으로 빨리 팔자면, 넘겨주는 값으로 쭉 팔게 되면 23원 50전. 그런 장사군들은 1원 50원전을 먹겠다고 완전 까맣게 달려들거든요. 1원 50전. 1킬로당 1원 50전 먹겠다. 10킬로면 10원 50전 먹잖 아요. 그런데 10원 50전이란 돈이 그게, 작은 돈 아니거든요. 엄청 큰돈이거든 요. 그러니까 막 그런 식으로 해갖고 저희가 생활을, 가정생활을 유지를 했죠. 그 동네에서도 진짜."   _사례 2

"(농장차원에서 고리대는 어떻게 이루어졌나요?) 그것을 관리위원회에서 해 요. 고리대를 하거든요. 이게 위반은 위반인데 법에서 그것은 통제를 안 해요. 이 고리대는 국가에서도 반대하는 건데요. 그런데 관리위원회에서 내놓고 하는 거거든요. 위에서 법에서 알아도 그것은 말을 안 해요. 여기로 말하면, 경찰이 란 사람들이 다 알거든요. 담당들이 다 아는데 그래도 말은 안 해요. 비법인데 도 그것은 말을 안 해요 … 강냉이 한 킬로에 벼 3킬로요. 가을에요. 간부들이 하는 거예요. 그러니까 강냉이 한 킬로에 가을에 벼 3킬로 그렇게 줘야 하거든 요. 그것을 고리대로 먹어요. 바쁜 사람들은요. 그러면 가을에 또 없잖아요. 그 러니까 농장원들은 다들 그렇게 빚을 지고 살아요. 대체로 작업반장이나 분조 장이나 이런 사람들은 안 그래요. 세포 비서나 그런 사람들은 그런 것이 없고 요. 일반 농장원들이 그렇게 살아요. 농장원들은 100% 다 그래요. 그렇게 고리 대로 먹고 살아요. 그러니까 바쁜 사람들은 도둑질을 하거든요. 농장 강냉이를 훔쳐오고 그렇게 살거든요. 그리고 농장원들은 개인 텃밭이 있거든요. 그래서 그 텃밭 농사를 지어서 사는 사람들은 조금 괜찮고요."   _사례 3

"(농민은 고리대로 어떤 작물을 얼마나 빌려서 먹고 사나요?) 옥수수를요. 일 년에 한 번 50킬로 그렇게 먹어요. 제일 바쁠 때 김매기 철이요. 이때 풀도 나오기 전이고, 어쨌든 3월부터 5월달, 단오되기 전까지는 제일 바빠요. 그때 꿔서 먹고, 그 다음부터는 산에 가서 무엇을 캐서 먹든, 약초를 캐서 팔아 먹든 그때는 조금 나아요. 이때에 바빠서 사람들이 일 년에 꿔 먹는 것이 30~40킬로 정도 되죠."   _사례 4

"(농민들이 쌀이나 입쌀을 몇 배까지도 무는 고리대금은 얼마정도인가요?) 그러니까 내가 돈이 없잖아요. 그래서 실제 굶어 죽게 되었잖아요. 그런데 여기는 돈도 많고 쌀도 많아요. 그러면 좀 빌려달라고 한단 말이에요. 그럼 계산을 해봐요. 가을에 가서 물어줄 수 있을까 해요. 그러면 조건을 걸어요. 내가 만약에 입쌀을 너희한테 1킬로 줬다, 그러면 가을에 가서 감자를 40킬로 물겠냐고 물어요. 쌀하고 감자는 또 4:1이에요. 그러면 당장 먹고 살자면 꿔야 하잖아요. 꿨는데 가을에 가서 분배를 받았거든요. 그런데 내가 봄에 이만큼을 먹었잖아요. 그걸 물어주고 나면 어때요. 1년분의 식량을 받았는데 반년분의 식량도 안 되거든요."   _사례 5

"(고리대 하는 사람들은 문제가 생기지 않나요?) 그 사람들은 어떤 사람들인가 하면, 22호란 말 들어봤죠. 거기 안전원들이, 자기 자식들이 거기서 식량을 내다가 고리대로 내놔요. 그 다음에 또 그것을 거두어 가고 그래요. 고리대같은 것을 먹으면 어떤 사람들은 많이 먹어서 그 한 해 탄 분배를 몽땅 바치는 이런 형편이 되었어요. 장사하는 사람한테 하죠. 그러니까 잘사는 사람은 잘살고, 못사는 것들은 영 못살고 그러죠."   _사례 6

"(2000년대 중반되어서는) 농촌도 잘사는 사람 있단 말입니다. 돈 많은 사람들은 농촌에서 꿀도 치고 짐승도 많이 먹여서, 개인 땅을 일구거나 약초나 나물 캐고 팔아서 그 집에 돈이 많다 하면 이 분들은 가을에 쌀이 쌀 때 많이 사드립니다. 그러면 보릿고개가 있죠. 그때 가서 가난한 사람들이 와서 꿔갑니다. 한 킬로 주면 가을에 가서 두 배를 받아내고. 농촌에 쌀이 없어도 꿔서는 먹을 수 있단 말입니다. 가을에 가서 두 배 주기로 하고. 또 그 다음해 가면 또 없어지고. 보릿고개는 대체로 6, 7월인데 꿔서 먹는 분들은 대체로 3월이면 먹을 게 다 떨어집디다. 그래서 4월부터 막 꾸고 다닙니다. 그러면 농사해서 11월에 빚으로 나가고, 가을에 농사짓는 거 보니까 받는 사람들은 거기서 거둬들이죠 …
이제 농장 간부들은 잘 못합니다. 간부들은 그게 벌써 그렇게 됐다 하면 국가
쌀 도둑질해서 그렇게 한다고 생각한단 말입니다. 우리 동네 누가 쌀 꿔달라면.
오히려 농촌 간부들 보다 더 잘 사는 사람 많거든요."   _사례 26

"(그 이후에는) 이제는 쌀 갖고 고리대보다 돈이 돌기 시작해요. 그런데 예를
들어 농촌지역은 이렇게는 하더라고요. 농장에 필요한 비료면 비료 기름이면 기
름을 대거나 타이어 대고. 그러면 가을에 가서 얼마를 받는다. 작업반장하고 계
약을 하고. 이렇게는 하더라고요. 또 그건 현물로 해서 (농촌에서 필요한) 기계
부품 주고 나중에 쌀로 받는 거죠. 그래야 나중에 이득이니까."   _사례 27

이처럼 초기에는 3~5배까지 하던 현물 고리대가 2000년대 시장화 이후
2배 수준으로 안정화되었다고 한다. 또한 농촌지역에서 비사회주의 검열이
심화되면서 농장간부들은 직접 나서지 않았으며, 농촌에도 잘사는 사람들이
형성되어 이들을 중심으로 현물화폐가 거래된다고 한다.

2. 도시의 고리대금: 상인 간 거래 및 개인 간 거래

사금융이 작동하기 시작한 2000년대 초까지 도시의 초기 고리대금업은
아직 질서가 잡히지 않았고 밀수업자들이 겸업하였으며, 고리대금이 전문화
되지 못하여 이윤도 불안정하였다. 이에 대한 구술을 인용하면 다음과 같다.

"그때도 북한에 백만장자가 있다는 소리는 들었어요. 근데 우리 동네에는 별
로 없었어요. 우리 동네엔 밀수하는 사람들이 돈을 조금 가지고 있지만, 그 사
람들은 저축을 하지 않아요. 북한에는 은행에 적금을 들거나, 은행에 입금을
하면 돈을 내주지 않기 때문에 찾을 수가 없죠. 그러니까 돈 많은 사람들이 고
리대금을 해서 이자를 받아먹고, 강타기(밀수)하는 사람들도 대부분 현금을 가
지고 있지 저축하고 이런 건 없어요 … 고리대금업을 하는 사람도 많은데, 그
돈을 빌려쓰다가 장사에서 밑지기 시작하면 돈을 다 까먹고 결국 빚을 지게

되니까, 돈을 못받고."   _사례 8

"(도시에서 주민들 100명 중에서 몇 명 정도가 고리대로 돈을 빌리나요?)
100명에서 보면 두세 명이요. 돈을 안 꿔줘요. 돈 있는 사람이 꿔주지 않아요.
그게 왜 그러냐 하면 돈을 주면 그것은 그냥 나간 돈이라고 생각을 하니까요.
돈을 꾸는 사람은 비법장사를 많이 하거든요. 비법장사라는 것은 돈을 벌 때는
벌다가도 못 벌 때는 아예 못 벌거든요."   _사례 5

또한 자금 거래 규모도 크지 않으며 일상적으로 시장에서 활동하는 상인
들이 이용하는 소규모 사채 수준이었다. 일상적으로 이루어지는 사채 실태
는 다음과 같다.

"장사꾼들에겐 항상 자금이 필요한거죠. 저는 그때 친구하고 남의 이잣돈을
굴려가며 했어요. 4, 5천 원 투자해서 물고기 장사 정도는 합니다. 100원 투자하
면 30원 정도 이익이 남죠. 힘들게 버는 건데요. 그런데 해상경보가 지속되고
오늘 생산물이 없고 그러면 3일 동안 나갔는데 그 배가 생산물이 없다 그러면,
거꾸로 돈이 들어가는 거예요. 나는 이자돈을 쓰니까. 그게 이제 사채가 됩니다.
우리대로 말하면 대거리인데요. 저는 개인한테 돈을 빌렸거든요. 돈 빌려주는 사
람을 돈주라고 합니다. 내 친구들 중에 돈 있는 사람이 많았어요. 그래서 친구들
한테 돈을 빌리고 이자를 꼭 줬습니다. 아는 사람이라 형편을 봐주긴 하지만 달
라지는건 없죠. 다른 사람도 북한은 제가 있을 때까지만 해도 '담보로 정한다'
그런 것까지 있진 안 했습니다. 돈을 못 갚으면 감옥에 가야 합니다." _사례 9

시장 상황에 따른 변동 폭이 크다보니 점차 지불능력이 없는 채무자들이
늘어나게 된다. 이러다 보니 돈을 빌려준 사람이 돈을 받으러 다녀야 해서,
"일등 머저리가 돈 빌려주는 거고 이등 머저리가 갚아주는 게 이등머저리"
라는 인식이 확장되었다. 이에 따라 "웬간해선 돈 빌리기도 힘들고, 이제는
안 빌려줍니다. 그때 고난의 행군 시초니까 사람들이 그렇게 해서라도 돈을
벌려고 하다나니까 그랬지 지금은 그런 방법 안쓰게 된 것이다"(사례 13).
이 상황에서 2009년 화폐개혁으로 돈주의 분화가 이루어진다. "화폐교환

으로 10만 원씩밖에 안 바꿔주니까 돈주들이 다 농촌으로 돈 없는 사람들한 테 달려갔는데 그분들도 자기 연줄도 있고 하니까. 돈을 못바꾼 사람들은 바닥으로 나앉았"게 된 것이다(사례 11). 북한의 1차 계층 균열은 2002~ 2003년 이루어졌고, 2차 계층균열 2009년 말 화폐개혁 이후 2010년에 이루 어졌다. 특히 화폐개혁 이후 북한 시장경제를 작동하던 돈주, 소매, 도매상 인, 차판 장사 등이 연결되어 있던 거래관계가 깨지면서 다시 구성된 것이 다. 돈주를 중심으로 그 실태를 살펴보면 다음과 같다.

> "(시장거래 관계가) 다 깨지죠. 돈주는 돈을 가지고 있으면서도, 돈 가치는 뚝 떨어져 가지고. 그 돈을 그때 상황에서 물건을 사든지 했으면, 더 부자가 되었고. 상하로 아예 갈라져 가지고. 그러니까 당시 보니까 돈주라 하면 뭐 10 명이던 게, 그 물건을 가지고 있는 사람은 살고, 그 다음에 물건을 가지고 있지 못하고 돈을 가지고 있는 사람은 망했죠."   _사례 12

화폐개혁에서 살아남은 돈주들이 현재 북한의 사금융시장을 주도하며 점 차 그 내부에 위계구조도 뚜렷해졌다. 그 실태를 보면 다음과 같다.

> "어떤 사람들은 몇십만 달러 가지고 움직이는 사람 있고, 그 밑 단계에 뭐 한 만 달러 정도 가지고도 그 돈 가지고 뭐 고리대금업을 하든 뭐 이런 돈장사를 하는 그런 사람도 있고. 또 몇천 달러 가지고 하는 사람도 있고. 그러니까 다 그 급이 다르니까. 레벨이 다 다른데. 그런 식으로 말하지요. 사람들은. 그런 사람 들이 돈주다. 근데 그 사람들이 꼭 돈주라는 법은 없어요. 회사 사장 한다고 해서 뭐 … 그런데 더군다나 회사 사장이라고 하는 거는 국가기업에서 정확하게, 국가 공무원이나 같단 말이죠. 그러나 돈주, 일반적으로 돈 많은 돈주라고 할 때, 그 사람들은 북한시장에 매달려서 사는 사람들이죠. 돈을 통해서 매달려서, 돈을 가 지고 살든 뭐하든 간에. 그래서 그거는 좀 갈라 봐야 될 거 같아요." _사례 7

이 과정을 거치며 2013~14년도에는 사채이율도 하강 안정화되었고, 자금 수요자가 사회적 지위가 있을 경우에는 낮은 이율로 빌려준다. 그 실태는 다음과 같다.

"(사회적 지위가 있는 사람이 돈을 좀, 믿을만한 돈장사꾼들을 통해서. 이 사람들은 돈을 빌려주는 경우죠. 사채 같은 거잖아요. 사채를 여기서 만약에 얼마를 빌려주려면 몇 프로나?) 5프롭니다. 한 달 이자가 5프롭니다. 이런 수요자들은 뭐냐 하면 그저 10프로로 꾸려고 하거든요. 10프로가 고정 가격이거든요. 어데서 꿀 때 나는 10프로면 다 쓴단 말입니다. 그런데 이분들은 여기다 맡길 때는 믿음성이 있고 오래 쓰고. 우리는 장사할 때만 쓰고 이자 돈이니까 준단 말입니다. 안 쓰겠다고. 그런데 이분들은 장기적으로 쓸 수 있단 말입니다. 여기다 5프로로 맡겨 놓으면. 모르는 데다 10프로를 주면 사기를 당하기 때문에 믿는 데다가 5프로로 맡깁니다. 그러면 이분들은 이 돈을 또 자기가 믿는 장사꾼한테 10프로로 꿔주거든요. 꿔주거나 자기가 모자라는 돈으로 쓸 수도 있고."

_사례 26

"(사채를 해서 100달러를 한 달 빌려주면 나중에 얼마를 보통?) 다르더라고요. 평양시는 5프로 정도 해요. 한 달인데 이게 가장 낮은 거예요. 근데 5프로도 비싸다고 안 쓰는 사람이 있어요. 어떤 경우냐면 북한주민들이 좀처럼 돈을 남한테 안 빌려줘요. 일등 머저리가 꾼 돈을 물어주는 사람이 일등 머저리. 이등 머저리가 꿔 주는 사람이에요. 이런 말이 있는데. 그러니까 잘 안 꿔준다는 거죠. 그런데 돈이 있는 사람들은 돈은 있는데 장사를 할 능력은 안 돼. 돈을 불려야겠는데 불릴 능력이 없으니까 장사를 잘하고 믿을 수 있는 사람. 내가 줘도 망하지 않을 사람. 이런 사람들한테는 찾아오더라고요. 돈을 쓰지 않겠냐고. 이런 경우에는 이자가 다운되는 거죠. 그런가 하면 어떤 사람들은 장사를 하려는데 돈이 없어. 여기저기 하는데 어떤 데는 이자를 20퍼센트 부르는데, 20프로 정도 쓰는 사람은 정말로 급한 사람이죠. 20프로 돌아가는 건 많아요. 10프로도 있는데. 내가 아는 사람들은 5프로를 쓰라고 찾아와도 안 쓰더라고요. 안 쓰고 나중에 왜 안 썼냐. 3프로 주겠다는 것도 있는데 내가 왜 5프로를 쓰겠냐. 이러더라고요. 내 돈을 쓰라고 찾아오는 경우는 싸고."

_사례 27

3. 권력층 대부: 고위직 및 은행과 기업 간 거래

상층 고위직들에 의해 이루어지는 대부는 일반 시장에서의 대부와는 다소 상이하다. 이윤이 주목적이기보다는 소수 권력층의 공생 관계에 기반하기 때문이다. 주로 국가자금을 자신의 개인자금처럼 관리할 수 있는 최고위층과 그 고위층과 사업상 또는 개인적 긴밀한 관계를 맺고 있는 기관·기관 책임자 네트워크를 통해 작동한다. 또한 국가의 공식 금융기관인 은행 특히 당과 군 내 무역 등을 관할하는 권력기관의 특수은행들과 기업 간 거래도 이와 유사하게 비공식적으로 이루어진다.

즉, 권력층 대부는 주로 고위직과 기업 간 거래, 주로 특수은행과 기업 간 거래로 사금융시장이 작동하는데, 그 핵심에는 권력층 내부의 후견-피후견 관계가 놓여 있다. 정치우위 독재체제인 북한 사회에서 정치적 후견인 중심의 후견-피후견 관계로 움직이는 권력층 대부 실태에 대해 고위층 탈북민들은 다음과 같이 구술한다.

> "(예를 들어 김경희가 권력의 정점에서 활동하던 시절) 김경희가 지금은 모르겠는데 통일발전은행을 이용하는데, 김경희가 통일발전은행에 3,000만 달러가 있어요, 자기가 가지고 있는 돈이. 그것을 당경공업부 산하 무역회사 빌려줘요. 김경희가 그렇다고 해서 이걸 쓰고 '이자를 가져와라.' 그런 건 없고 '몇 개월 내로 꼭 갚아라.' 하면 가져다 쓰고 그것도 김경희한테 승인받아야, 그걸 대부라고 봐야 하는지, 빌려 쓴다고 봐야 하는지. 제도적으로는 그런 게 없지요."
> _사례 1

> "(북한에서 국가 무역회사가 은행에서 돈 빌릴 수 있나요?) 있는데, 이게 한국이나 시장경제처럼 합법적인 게 아니고 좀 비합법적이라고 해야 되나. 예를 들어서 내가 무역회사 사장인데 은행 사장하고 가까워요. 이런 경우는 은행 사장이 몇백만 불 여유가 있습니다. 그러면, '야, 갔다가 며칠 내로 얼마로 불려줄래?' 이런 건 좀 있어도 공식적인 대부는 없습니다. 공식적인 대부는 김정일 사인이 있을 때인데, 김정일이 그런 사인을 웬만해서 하지 않고요." _사례 1

4. 기업 대부 및 투자: 개인과 기업 간 거래

돈주나 돈장사들이 기업에 대부하는 거래관계도 다양하다. 그러나 국가기관인 기업에 직접 대부하는 것이 아니라 주로 간접적 방법인 개인 인맥을 활용한다. 또한 직접적인 이윤 창출보다는 정치경제적 보호 및 관계를 형성하는 자원으로 작동한다. 특히 자재거래 형태의 투자 관계가 일반적이다. 그 실태를 살펴보자.

> "사람도 여러 가지 형태가 있는 것처럼. 돈주들 있잖아요. 기업소에서 돈이 없어서 은행에 가서, 북한 은행은 돈이 비어 있으니까. 단위 책임자는 벌이를 해야 기업소 이득이 나니까 자재를 사려고 해도 돈이 없는데. 그러니까 돈이 있는 사람한테 빌리죠. 자기 종업원이나. 빌려 봤자 공장기업소는 빨리 회전되니까. 이자는 없습니다. 왜냐하면 그런 사람을 받는단 말입니다. 돈 많은 사람의 아들을 받아서 그 사람한테서 보호를 받고. 그러면 그 아들은 책임자나 된 것처럼 그러는 거죠." _사례 28

기업은 대개 전문 사채업자라고 할 수 있는 돈장사와의 거래보다는 비공식적 네트워크에 연결되어 있는 돈주들과 거래한다. 이에 대해 돈장사 출신 탈북민은 "전문 돈장사들은 절대로 기업하고 상대 안 합니다. 기업은 책임 한계가 없거든요. 기업이 망가졌다면 누구하고 해보겠습니까?"(사례 26)라고 그 이유를 밝힌다. 다만 공장에서 급하게 자재를 외상으로 사와야 할 경우에 이를 중개하는 역할을 한다. 또한 현재 돌아가는 중소규모 지역 공장의 경우 자체적으로 자금을 만들기 때문에 직접 기업에 돈을 대부하는 일은 거의 없다고 한다. 이에 대한 증언을 인용하면 다음과 같다.

> "일단 외화벌이는 중국 돈 받아서 하거든요. 중국에서 50만 투자하면 그걸로 광석을 사서 주거든요. 그런 분들은 중국 돈을 받기 때문에 돈을 꿀 필요가 없단 말입니다. 또 혜산에서 대표적으로 돌아가는 공장이 신발공장, 장공장, 곡산공장 이렇게 세 가지가 있는데 그런 공장들은 자체 장사를 하거든요. 해서는 일부는 팔아서 공장자금으로 쓰고 하니까 공장에다 돈을 꿔준다는 건 아직 제

가 못 들어봤습니다." _사례 26

"기업이 돈을 빌린다는 것은, 예를 들면 사람이 돈을 빌려준다고 하면 돈이 나올 수 있다고 할 때 빌려주지 않습니까. 이 사람이 돈을 반환할 수 있고 그런 정도에서 빌리니까 기업소가 생필을 하든지. 국가 계획하고는 상관없단 말입니다. 국가계획대로 하다가는 공장 운영 안 되는 거니까. 공장 자체로 시장에 팔수 있는 물건 만들거나 한단 말입니다. 그런 걸 할 때 나라에서 돈이 안 나오는 거니까. 그러니까 내가 단위책임자라고 하면 자기 종업원 누구에게 시키거나 종업원 중에서도 돈 많은 사람 있단 말입니다. 그러면 돈 좀 빌려달라 해서. 기업소 지배인이 그렇게 해서 원자재를 사다가 팔아서 물어주고 그렇게 한단 말입니다. (그러면 이자나 무언가를 주는 건가요?) 이자를 주는 것보다 더 종업원한테서 돈을 빌리는 경우는 그 종업원을 많이 돌봐주고 그렇죠." _사례 28

한편, 기업소 지배인이 또 다른 기업의 지배인하고 자금거래를 하는 경우가 있는데, 이에 대해서는 "내적으로 그런 경우가 있는데, 뭐 자체적으로 자기네 기업, 기업 간에 지배인, 지배인 간에 서로 도와주는 심정으로 그렇게 하죠. 급하게 생활비가 필요하다 그러면 돈을 빌려주는데 크게 이자를 받기 위해서 그런 건 아니고."라고 한다(사례 28).

그렇다면 돈주와 생산단위 경영과의 관계는 어떠한가? 2000년대 중반까지는 가내수공업이나 소규모 생산단위에 자재나 기계설비를 지원해주는 소규모 형태의 투자였다(사례 13). 그러나 2010년 이후 부동산시장의 활성화 및 공장·기업소에 액상계획 지표 규모가 확대되면서 공식 기업이 사금융시장과 맞물려 돌아가게 되었다. 이러다 보니 돈주나 돈장사가 자재공급이나 투자를 넘어서 각종 물자거래나 물자대금 결제대행 업무를 통해 기업소 운영에 일 주체가 되는 단계로 발전하게 된다(사례 26; 사례 27; 사례 28).

5. 환전: 환전상과 개인·기업 간 거래

북한 사금융시장에서 가장 일반적으로 이루어지는 거래가 개인과 개인 간의 환전이다. 이는 환전꾼이라고 하는 이들이 주도하는 데 대개 돈장사가 하는 가장 일반적인 업무이다. 그러나 환전은 큰 이윤이 남는 업무는 아니다. 다만 외화가 일반 소비시장에도 일상적으로 통용되는 북한 사회 현실로 인해 그 거래하는 규모가 크며, 환율 변동 폭이 클 때 시세차익이 남는 것이다. 그 실태는 다음과 같다.

> "사실은 많이 붙이지는 않아요. 그런데 북한 환율이 시간당 오르내려요. 정말 30분 전 환율하고 현재 환율하고 달라요. 환율 변동이 심한 곳이 북한이거든요. 이 환율이 무한정 변할수록 돈장사꾼은 이득이에요. 올라가면 올라가서 벌고 내려가면 내려가서 벌고. 어느 정도로 버냐면 내려가는 것 같다 하면 돈을 미리 가져다 맡겨요. 환율이 하락하는데 빨리 바꿔야 하잖아요. 북한 돈 내화라고 하는데 내화를 몇백만 혹은 몇십만 가져다주는 거예요. 최대한 바꾸어 달라. (누가 맡기나요?) 개인일 수도 있고 장사꾼일 수도 있고. 기업일 수도 있어요."
> _사례 27

> "내화 100만 원 정도를 바꾸겠다고 하는 수요자는 엄청 많아요. 주로 달러나 위안화. 유로나 엔은 퍼센트로 따지면 완전히 작은 범위고. 달러가 많고. (내화 100만 원을 달러로 바꿔주는 마진이?) 달러로 하면 120달러밖에 안 되거든요. 120달러 바꿔야 몇백 원이나 먹죠. 여기로 말하면 환전 장사꾼이죠. 그러나 이 사람들이 하루에 움직이는 돈은 몇백 달러가 아니죠. 어떤 날에는 몇천, 몇만 달러도 환전을 해요. 공급자(돈주)와 환전상하고 같을 수도 있고 분리될 수도 있고요. 북한에서는 주로 환전하는 사람을 돈장사라고 해요. 환전을 해본 경험으로 따진다면 (북한주민) 80퍼센트 이상이 환전해봤다고 할 수 있죠. (국가가 아닌 개인한테?) 네. 더 될 수도 있죠."
> _사례 27

북한 사금융시장에서 가장 체계화되고 발전한 것이 송금시장이다. 국가의 관리를 받지 않는 비공식적 송금은 북한의 주민의 일상생활뿐 아니라 북중무역, 그리고 도시와 도시를 연결하는 기업활동 등에 깊숙이 내재되어 있다. 해외에 가족을 둔 재외동포 출신, 탈북민 출신 가족들의 송금까지 그 유형도 다양하다. 송금을 주도하는 이들은 돈장사들이다. 여기에는 북한 내 돈장사 활동을 중심으로 크게 세 가지 유형의 송금 거래를 살펴본다.

6. 송금 유형①: 개인과 개인 간 송금 거래

"물건을 팔고 살 때 옛날에는 사람들이 주머니에 차고 직접 자기가 가서 이렇게 했는데 지금은 송금시스템이 형성됐지요. 여기로 말하면 이체지요. 이체가 완전히 조직화되어 있어요. 평양에서 청진에 돈을 보낸다든가. 모든 지역에 송금시스템이 형성되었어요. 원래 제대로 하게 되면 체신소에서 한쪽에서 한쪽으로 보내야 하는데 그렇게 안하고 다 개인들끼리 하잖아요. 그런데 전국에 군, 리까지는 아직 안 들어갔고. 예를 들면 평양, 청진, 혜산 이런데 다 뭐가 있냐면 은행 대리인 역할을 하는 사람들이 있어요. 이 사람들이 뭘 하냐면 평양에서 오는 돈을 전화만 받고 서로 다 신용으로 연결이 되어 있어요. 전화 받고 누가 찾아오면 돈을 얼마 주라. 누가 오면 돈을 주고. (그 목적이 뭐에요?) 가족들도 있고. 장사를 내가 물건을 도매하러 가면 많이 갖고 가야 하잖아요. 안 갖고 갈 수도 있고 후불로 받았던 돈을 나중에 처리하는 경우도 있고, 혹은 자녀나 누가 군에 나가 있거나 대학에 간 자녀한테 매달 생활비를 보내준다든가."   _사례 27

"(여기에는 전신환이라고 있는데 북에서는 뭐라고 하죠?) 송금, 체신소 송금이라고 하죠. 나도 청진에서 평양까지 송금을 보내 봤는데, 그거 찾는 것도 말하자면 체신소에 돈이 없으니까. 그것도 좀 뭔가 안면을 내세워서 받고. 물론 그전보다 많이 나아졌어요."   _사례 27

"서로 서로 다 인맥으로 연결되어 있죠. 뭔가 지난 시기에 장사나 연계를 갖고 있는 사람들이 그렇게 되어 있는 거죠. 여러 개 되죠. 수십 개죠. (시스템화되어 있다는 건 어느 정도로 안착되었다는 거죠?) 그러니까 내가 어디로 보내겠다고 마음먹으면 수수료만 지불하면 보낼 수 있는 거죠. (수수료가 몇 프로?) 나는 한 번만 이용해서. 회령에서 청진으로 오는데 인민폐 검열이 있기 때문에 주머니에 많으면 안 되겠다 해서. 비싸지 않더라고요. 돈 액수가 작아서 그런지는 몰라도. 회령에서 청진으로 보내는데 인민폐를 3,000원 보냈는데 5천 원(북한 돈)정도밖에 안 됐던 것 같아요. 만 원 안 됐어요. 한 오, 육백 불 정도 되죠. 저는 사실 비싸다고 들었는데 어떻게 됐는지 모르겠는데 싸더라고요. 가까워서 그럴 수도 있고 많이 이용하는 구간이어서 그럴 수도 있죠. (그럼 어떻게 나눠요? 돈을 까고 주는 건가요?) 내가 환전하는 사람한테 달러면 달러를 주고 그럼 그 사람이 가져요. 그리고 저쪽에다 누가 오면 주라고 전화로. (몇 년도 기준으로?) 2013년 12월. 쌍방이 돈이 있어야만 되는 건데, 아는 선이 부탁해서 보니까 저쪽에 돈이 없어서 안 된대. 그래서 또 다른 라인으로 보낸 경우도 있어요."
_사례 27

"(이게 다 송금 브로커 역할을 하는 거죠?) 그렇죠. (그럼 송금실태는 어떤 건가요? 커미션을 얼마나 받나요? 만약에 돈과 돈을 갖고 지역별로 송금을 하면. 예를 들면 내가 중국 돈으로 만 원을.) 다 3프로입니다. 한 번 1회에 주는 돈."
_사례 26

송금이 체계화되어 있지만 여전히 불법이다. 특히 금이나 빙두(북한산 마약의 일종) 등 주요 단속 물품이나 중국과의 거래는, 즉 도청당하기 때문에 당국에서 조사를 당할 수 있는 거래는 은어(隱語)를 사용하여 불법 송금이 이루어진다. 그 실태를 보자.

"핸드폰으로 전화하는데, 도청당한다고 생각해요. 근데 일반 장사는 단속 안 하니까. 간첩이나 잡자고 하지 장사 갖고는. 불법장사는 하죠. 그때 전화할 때 그렇게 말 안 하거든요. 금이라면 강냉이, 찹쌀 이렇게 말하니까. (품목에 따라 이름이 다 정해져 있나요?) 아니죠. 그건 둘만이 통하죠. 예를 들어 나한테 금이 왔는데, 아 그 강냉이 있잖아요. 하면 바로 이해하죠. 약속하자고 해서 하는 게 아니라. '네가 보낸 강냉이 질이 나쁘다' 하면 그 담부터는 강냉이가 되는 거고. 그럼 강냉이 값 얼마다 하면 다 알아 듣는 거고."
_사례 26

"(중국하고 할 경우에도 그런가요?) 네. 도청하는 사람이 말하는데, 도청하다가 스프링 몇 개, 공업품 몇 개 이런 건 듣지 않는대요. 예를 들어 내가 공업품 끌어오겠다고 하면 모자 얼마, 스프링, 팬티 그대로 말하죠. 그렇지만 중국장사꾼이 불법CD를 보낸다 할 때는 그때는 달리 말하겠죠. 그게 얼마야. 명사를 안 붙인다든가. 그게 값이 떨어졌다 등. 제재 상품인 경우." _사례 26

7. 송금 유형②, 북중 간 물자대금결제 대행: 국내외 개인-기업 간 거래

"북한에서 이제 돈장사가 있습니다. 혜산 돈장사입니다. 돈장사가 있고 평성이라고 할 때 평성에 또 돈장사가 있습니다. 그러면 우리 장사꾼들은 중국에서 짐을 끌어와야 하고 평성에도 보냅니다. 중국에서 짐을 끌어오자면 중국에다 돈을 보내야 되고 평성에서는 돈을 받아야 합니다. 중국에서 돈을 보내면 짐을 줍니다. 그러면 우리는 평성에서 돈을 받아서 평성에다 쐬줍니다. 이 돈관계인데. 중국에다 보낼 때는 돈장사꾼한테 뭐라고 말 하냐면 내가 중국에다 인민폐를 5만 원 보낼 거 있다 이렇게 말합니다. 5만 원 보내주세요. 그러면 이 돈장사는 중국 전화번호를 알려 줍니다. 저한테. 중국 어느 곳에 가서 찾아가시오. 그러면 제가 그 번호로, 저는 중국하고 전화하니까 중국 대방한테 이 번호에 가서 돈을 찾아오시오. 이렇게 말한단 말입니다. 그러면 이 사람(중국)은 어떻게 돼서 돈을 주는가. 북한에는 밀수꾼들이 있습니다. 금, 은을 저녁에 넘겼다든가. 그분들은 돈을 받아야 하지 않습니까. 이건 밀수꾼 대방입니다. 혜산에 밀수꾼이 있다면 밀수꾼 대방이 중국에 있습니다. 물건(금)을 넘겼는데 돈을 받아와야 되는 거죠. 이 혜산 밀수꾼이 이 돈장사한테 뭐라고 말했는가. 나는 중국에서 5만 원을 받을 게 있다고 말하면서 이 번호를 알려줍니다. 이 사람한테서 내 5만 원 받을 거 있다. 그러면 이 돈장사는 중국 이 번호에 가서 5만 원 찾아라. 그러면 저는 보낸 게 끝입니다. 제 5만 원을 이 집에다 가져다 놓습니다. 가져다줍니다. 나는 가서 돈을 받았어? 확인을 하고 5만 원을 가져다줍니다." _사례 26

"(확인은 직접 하시는 거예요? 중국 대방한테?) 네. 대방하고 물어봅니다. 여기 가서 돈 받아 오세요 하면 이 사람이 받아왔는지 확인하고 저는 5만 원을 갖다 줍니다. (받았다고 확인하면?) 네. 나는 이 번호에서 5만 원 가져올 게 있어 했는데 여기다 더 확인할 필요도 없지요. 5만 원 찾아갔다니까 5만 원은 네가 가져 하고 줍니다. 이게 혜산하고 중국과의 돈장사입니다. 여기서 얼마를 떼냐면 만 원당 30원을 뗍니다. 인민폐로. 그러면 5만 원이면 150원을 버는 거죠. 인민폐 150원을 버는데 이런 일을 하루에 제 생각에는 많이 하면 몇십만 원 하는 것 같습니다. 이렇게 돈을 버는 거죠. (여러 건수로 대강 합하면 10만 원 정도 거래를 한다?) 그렇죠. 이 3프로를 어디서 떼냐 하면 돈장사가 돈을 줘야 하는 사람한테서 뗍니다. 저한테서는 안 떼고요. 저는 프로가 없이 돈을 보낼 수 있습니다. 이 돈을 받는 사람, 이 사람이 돈을 받아야 하죠. 이 분한테서만 돈을 떼는 겁니다."

_사례 26

"(그러면 이 중국의 대방이랑 중국에 있는 기업소 사람이랑 어떤 관계인가요?) 이건 하나도 모르는 관계입니다. 그저 전화번호만 줬습니다. 주고 자기 혜산에다. 우리 암호라는 게 있습니다. 혜산의 오리 돈, 개돈. 전화 도청당하기 때문에. 중국에 전화합니다. 이 사람이 전화로 뭐라고 말하는가. 자기 혜산 밀수꾼 오리한테 5만 원 줄 거 있어요. 이렇게 암호만 통하면 됩니다. 그러면 줄 거 있어서 찾아 가세요 하면 찾아가고."

_사례 26

전체적으로 기업측면에서 볼 때 중국과 혜산 기업 간에는 물건만 거래하고, 중국과 혜산 돈장사끼리는 양쪽 밀수꾼을 끼고 그 물건 대금인 돈을 거래하는 구조이다.

8. 송금 유형③, 국내 물자대금결제 대행: 국내 개인-기업 간 거래

"(그러면 혜산에서 평성으로는 어떻게 거래가 이루어지나요?) 이건 또 어떻게 하냐. 북한 내에는 돈장사와 돈장사가 송금을 대신합니다. 그 두 사람은 너 나 없는 사이 형제. (알쌈?) 그렇죠. 돈이 서로 날면 안 되니까. 제가 이제 혜산에 있고 돈을 평성에서 받아야 하는데 돈장사보고 뭐라고 말하는가. 평성대방(평성 상인이나 기업 관련자 등)이 뭐라고 말하는가. 평성 돈장사에게 혜산에다 돈을 5만 원 보낼 거 있다 이렇게 말합니다. 저하고 장사하는 평성 돈장사입니다. 그러면 평성 돈장사와 통화합니다. 그러면 우리 둘이 서로 간 거래 선에 돈을 줍니다. 그리고 나 5만 원 받았다. 5만 원 이 사람한테 줘라 이렇게 합니다. (대방의 의미가 정확히 뭔가요?) 내 물건을 사주고 팔아주는 사람. 이걸 대방이라고 합니다. 나하고 상대하는 사람. (상대라는 게 물건을 상대하는 사람을, 돈도 상대하고. 이런 사람을 다?) 그렇죠. 물건이 가면 돈이 와야 하니까."

_사례 26

IV. 사금융시장의 구조와 행위자

북한 사금융시장의 구조와 행위자에 대한 좀 더 체계적으로 접근 및 분석할 필요가 있다. 선행연구, 관련 국내외 정보, 다양한 대북소식통 정보, 문헌연구 등의 성과를 총합적으로 정리하고, 앞선 실태 분석 및 탈북민 30여명의 구술 심층면접 텍스트 자료에 기반할 때 최근 북한 사금융시장의 구조와 행위자를 다음과 같이 분류할 수 있다.

먼저 현재 북한 사금융시장의 구조는 두 가지 유형이다. 하나는 자금공급자와 자금수요자가 직접 거래하는 유형이다. 또 다른 하나는 자금공급자

<그림 1> 북한 사금융시장의 구조

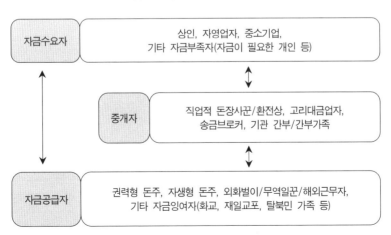

와 자금수요자 간 거래가 아니라 중개인을 통해 이 두 행위자가 연결되어
있는 유형이다.

다음으로 주요 행위주체 측면에서 볼 때, 자금수요자는 상인, 자영업자,
중소기업, 기타 자금부족자이다. 중개자는 직업적 돈장사꾼/환전상, 고리대
금업자, 송금 브로커, 기관 간부/간부가족이다. 자금공급자는 권력형 돈주,
자생형 돈주, 외화벌이/무역일꾼/해외근무자, 기타 자금잉여자(화교, 재일
교포, 탈북민 가족 등) 등이다.

이를 도형화하면 앞의 〈그림 1〉과 같다.

1. 사금융시장에서의 수요

사금융 수요자는 개인과 기업으로 구분할 수 있는데, 국가 공식 은행인
제도금융기관으로부터의 자금조달이 금지되거나, 제도금융기관을 신뢰하지
못하는, 그리고 정부당국으로부터 자금수요를 숨기려는 수요자들이다. 주요
특징을 보자.

첫째, 시장화 이후 북한의 산업구조 변화에도 불구하고 공식 제도금융기
관은 제조업 위주의 자금배분 정책이 지속됨으로써, 특히 서비스업이나 건
설업 등에서 자금수요가 높은 상황이다.

둘째, 공식 금융기관의 만성적인 자금부족, 신용배분의 규제, 상업은행의
부재, 각종 자금 통제, 경직된 거래 관행, 늦은 행정처리 등으로 사금융시장
이 공금융시장 기능을 대체하는 것이다.

셋째, 북한 사회의 생활양식의 변화로 소비 자금 수요가 증대했으나 제도
권 금융기관이 이에 대응하기 어려운 제도적 문제이다.

현재 북한의 현실에서 대표적 주요 집단은 북한 시장경제의 주요 주체인
장마당에서 장사를 하는 다양한 상인, 서비스업을 주도하는 자영업자, 지방
산업 중 독립채산제 기업을 운영하거나 가내수공업 형태로 발전한 중소기
업, 가계와 개인의 필요에 따른 기타 자금부족자 등이다. 또한 권력기관 내

부에서 국가의 외화벌이 과제, 기관 운영 급전, 당면 성과창출 등을 이루기 위해, 안면관계를 통한 금융거래가 있다.

2. 사금융시장에서의 공급

북한 사금융시장에서 자금공급의 유인 또한 일반적인 저발전 자본주의 국가에서 드러나는 자금의 은익, 고금리를 통한 고수익성, 자금운영의 편리성 등이다. 여기에서 주목할 지점이 중개인을 거치지 않고 이루어지는 대부분의 자금수요자와 자금공급자 간의 직접 거래의 경우, 북한의 부패 구조 및 후견-피후견 관계, 생활 속에 안면관계 간 거래 관행이 일상화된 점이다.

북한에서 주요 자금공급자는 권력형 돈주, 자생형 돈주, 외화벌이/무역일꾼/해외근무자, 기타 자금잉여자(화교, 재일교포, 탈북민 가족 등)이다.

권력형 돈주는 국가 권력기관의 외화벌이나 직위를 이용해 먹고 사는 북한 관료사회 특성으로 인해 각종 부패구조를 통해 자금을 모으며 이 자금(소위 '검은 돈')을 운용하려는 이들이다. 그러나 이들은 정권 감시의 1차 대상이기에 자신이 직접 나서지는 않는다. 대개 자신의 가족이나 중개인을 통해 자금을 공급하고 운용한다.

자생형 돈주는 북한의 아래부터의 시장화 과정에서 성장한 이들이다. 대개 도매상인이나 자영업, 가내수공업 등을 통해 성장한 이들이다. 현재 자생형 돈주의 경우, 2009년 말 화폐개혁을 통해 상당수가 국가로부터 자산을 몰수당하였다. 현재 활동하는 자생형 돈주는 그때 살아난 이들로 자신 및 자기 재산의 안전-증식에 필요한 권력층과 '권력-부 공생' 네트워크를 구축하고 있다.

그 외에 이들 돈주와 직간접적으로 연계된 외화벌이, 무역일꾼, 해외근무자, 화교, 재일교포, 탈북민 가족 등 기타 자금잉여자들이 있다.

3. 사금융시장에서의 중개

자본주의 사회 사금융시장에서의 중개는 대개 사채업자에 의해 이루어진다. 한국의 경우, 사채업자는 자금수요자와 최종 자금공급자인 전주(錢主)를 연결하는 중개기능을 수행하면서 수입을 얻는 전문중개인이다. 자본주의 시장경제가 충분히 제도화되지 못한 북한에서는 고리대금업자로 통칭되기도 하나 시장화 진전과 더불어 기능이 분화 및 발전되고 있다. 주로 환전을 겸하고 있는 직업적 돈장사꾼, 기관의 중간간부나 개인, 다양한 송금 브로커들이 이들 중개자 역할을 한다. 이들의 주요 특징은 크게 네 가지이다.

첫째, 대표적으로 돈장사꾼이라 불리우는 전문 사채업자들이다. 북한 장마당에서 활동하며 북한에서 환전과 송금, 결재대금 대행 등을 주도하고 있다. 이들에겐 자금공급자를 보호하는 것이 가장 중요하며, 그들과 그들 자금의 안전이 보장되는 자금수요자를 물색하거나 거래한다.

둘째, 주로 공장·기업소 등과 거래하는 전문 사채업자로 기업과 돈주를 연결하는 결재대금대행 업무가 주요 기능이다. 기업에서도 지배인 등 상층 관리자가 직접 나서지 않으며 중간 간부나 재정담당자를 내세워 중개인과 거래한다. 규모가 큰 돈장사꾼은 왕초라 불리며, 그의 네트워크를 통해 몇몇의 전문 사채업자를 두고 한국의 사채업자와 같이 대출 심사 및 회수 등을 관리한다.

셋째, 권력형 돈주의 여유 자금 등을 중개하는 개인 사채업자이다. 이들은 대개 권력형 돈주의 자금 중개인으로서 간부 가족이나 부인들로 구성되어 있다. '검은 돈'을 유통시키는 것이기에 운용자금을 가진 권력층이 드러나지 않도록 믿을 수 있는 자신의 수하나 가족들이 나선다.

넷째, 자금공급자가 돈과 권력을 쥐고 있기 때문에 이들은 자금수요자보다 자금공급자와 더 긴밀한 관계를 맺으며 활동하고 있다. 그러나 이들의 모든 이윤은 자금수요자로부터 형성된다. 즉, 중개인에게서 돈이 나갈 때만 자신의 수수료를 받는 구조이다.

이들 사금융시장의 중개업자들인 직업적 전문 돈장사꾼들의 규모 및 활동실태가 북한체제에서 사금융시장의 수준을 결정하는 중요한 지표이다. 2013년 이후 기준으로 전문 돈장사의 규모는 도시 규모 및 발전 정도에 따라 다소 차이가 있다. 예를 들어 청진시의 경우 인구 약 70만 명 중 전문 돈장사가 100명 이상이고, 평양시는 낙랑구역이 제일 크고 다음이 대동강구역으로 한 개 구역이 2~30만 되는데 평균적으로 각 구역당 100명 수준이다(사례 27). 남포시의 경우 한 개 구역 인구가 10만 명 정도인데 그중 전문 돈장사는 20명 수준이다(사례 28). 또한 혜산시 인구 20만 명 중 전문 돈장사는 30명 정도로 증언된다(사례 26).

혜산시의 사례로 이들 돈장사들의 공간적 활동 및 단속에 대한 대응 양상을 보자.

"돈장사가 혜산역전이 있다면 돈장사 아파트가 있습니다. 돈 데꼬 아파트라고 말하는데 요기 돈장사 마당이 있습니다. 여기 가서 혜산에서 하루 장사 끝나면 여기 나와서 서 있는 사람한테 가서 돈을 다 바꾸거든요. 국돈(북한 화폐)을 중국 돈으로 바꿔야 하기 때문에. 여기 장마당이 있거든요. 기본 여기 와서 저녁에 하루 장사 끝나고 여기 와서 바꿔갑니다. 여기는 다 사람들이 나와 있죠. 이 사람들은 단속 당하면 돈을 회수당하기 때문에 이 집들에 보관합니다. 보관하고 몸 안에 품고 나와서 돈을 바꾸는 거죠."   _사례 26

"여기에 자기 집 있는 사람이 80프로고 나머지는 요 아파트에 있을 수도 있고 여하튼 이 주변으로 해서 반경 500미터. 우리는 돈을 바꿔야 하는데 집으로 들어가서 바꿔야 한단 말입니다. 여기서 바꾸면 단속에 걸리기 때문에 집으로 들어가야 하는데 가까운데 가자고 하지. 돈장사꾼이 멀리 가자고 하면 싫어한단 말입니다. 요기 가자고 하면 들어가요."   _사례 26

"단속을 나와서 걸리면 우리가 인사(뇌물)하죠. 그담부터 친해지죠. 한 번 뇌물을 먹었기 때문에 또 와서 원칙적으로 단속하겠다 이렇게 못 한단 말입니다. 그러니까 나오면 그저. 단속꾼이 온다고 하면 다 헤쳐집니다. 다 뜁니다. 몸 안에다 돈을 넣고. 그런데 여자들 몸에 손을 넣거나 하지는 않거든요. 그러니까 다 넣고 뛰든가. 딱 바꿀 때 현행으로 드러나야 단속된단 말입니다. 그담 이제는 단속꾼들이 몇이 고정이 되었으니까, 다 바꾸고 사는 세월이기 때문에

단속하는 사람을 오히려 욕합니다." _사례 26

한편 이들은 일상적 단속이 있더라도 중앙의 대규모 검열이나 비사검열의 대상은 아니다. 따라서 위험하다는 인식이 별로 없다고 한다. 관련 증언을 인용하면 다음과 같다.

"비사그루빠가 들어와서 돈 데꼬를 친 적은 없습니다. 제가 한 분이 검찰소에서 돈 때문에 단련대를 간 분을 봤는데, 근데 돈장사가, 우리는 돈장사가 위험하다고 생각해 본 적이 없습니다. (왜 그런가요?) 돈이라는 건 얼마든지 감추고 쓸 수 있는 거란 말입니다. 예를 들어, 집 같은데다 벽 같은데다 돈을 건사하는데 와서 돈을 회수해가고 이렇지는 않거든요." _사례 26

V. 결론: 북한 사금융시장의 특성과 전망

현 단계 북한의 사금융시장은 '자금공급자와 자금수요자 간 직접 거래' 및 '중개인을 매개로 한 자금공급자와 자금수요자 간 거래'이다. 주요 자금수요자는 상인, 자영업자, 중소기업, 기타 자금부족자이다. 중개자는 직업적 돈장사, 환전상, 고리대금업자, 송금 브로커, 기관 간부 측근이나 간부가족이다. 자금공급자는 권력형 돈주, 자생형 돈주, 외화벌이·무역일꾼·해외근무자, 기타 화교, 재일교포, 탈북민 가족 등 해외로부터 송금 등을 받는 자금 잉여자들이다.

북한 사금융시장의 특성으로는, 자본주의 사회에서도 일반적 특징으로 거론되는 음성거래, 자금의 익명성, 의사결정과 대출절차의 신속성, 운영의 탄력성, 고금리 등이다. 제도금융기구와의 연계성 및 업종별 전문화는 2010년대 이후 드러나고 있으나 아직 제도화된 상황은 아니다. 그 외 북한 사금융시장의 독특한 특성으론 첫째, 압도적 외화거래 중심성, 둘째, 농촌지역에 현물화폐의 일상화, 셋째, 생산적 거래, 넷째, 여성주도성이다.

전체 북한체제 금융시장 내에서 사금융시장의 작동 메커니즘을 보면, '사금융시장이 공금융시장의 잔여부분에서 형성 및 작동'되는 것을 의미하는 잔여시장(Residual-Markets)보다는, '사금융시장이 공금융시장과 분리된 별개의 시장으로 자금의 수요와 공급'이 이루어지는 분리시장(Separate-Markets)의 특성을 보인다.[21] 그러나 분리시장 개념에서 정의하듯이, 분리시장의 특성을 보인다고 해서 사금융과 공금융시장이 아무런 관계가 없이 작동되는 것을 의미하지는 않는다. 북한의 주요 권력기관 내 특수은행들의 작동 양태에서 보여지듯이 두 시장은 서로 경쟁·보완관계로 다만 수요와 공급이 따로 형성된다고 볼 수 있다.

향후 북한의 사금융시장을 전망해 보면, 현재보다 체계화 및 전문화될 것으로 보인다. 이미 지난 30년간 이러한 흐름으로 진화하고 있으며, 국가 공식기관 및 기업소, 그리고 무역거래, 각종 시설건설 사업 등과 네트워크가 구축되어 작동되고 있다. 기본적으로는 북한 전체에 국가화폐 및 공식금융에 대한 신뢰도가 너무 낮고 그 이용도 또한 매우 낮다.

공식기관의 외화벌이도 모두 외국돈으로 거래하고, 뇌물도 모두 달러(현화)나 인민폐로 가격이 균일화되고 있다(사례 28). 북한 사회에서 북한 돈은 일하지 않고 일정한 수입이 없는 하층에서만 "두부나 사고 채소나 사는 데" 쓰는 상황이다. 군 단위 장마당에서나 북한 돈이 거래되며, 시 정도만 되면 대부분 모두 외화 돈으로 거래된다고 한다(사례 27). 북한 돈에 대한 "믿음이 없고, 부피가 크고, 가치가 없으니까 중국 돈이나 달러 조금 건사하는 게 훨씬 수월"하다는 것이다(사례 26).

또한 북한의 사금융시장은 더욱 전문화 및 분화될 것으로 보인다. 이를 주도하는 이들이 전문적 사채업자라고 칭할 수 있는 돈장사인데 이들이 갈수록 전문화되고 있다. "직업을 갖고 있으면 돈 굴리기 힘"들고 "돈 마당이

---

21) 두 시장의 특성에 대해서는 구석모, 『한국의 사금융시장에 관한 연구』(한국경제연구원, 1982), pp.17-24.

수시로 변화기 때문에 돈 마당에 나와서 지켜서 있어야" 하기 때문이다. 또한 송금 브로커도 다양하게 분야별로 전문화되고 있는 추세이다(사례 26).

이 흐름과 관련하여 중국 개혁·개방 과정에서 성장하여, 현재 중국 공식 금융시장 건전성에도 심대한 타격을 주는 '그림자금융(Shadow banking system)'[22]을 주목해볼 수 있다.

---

22) "중국 사금융 금리 연 36% 제한 … '그림자금융' 손 대나," 『연합뉴스』, 2015년 8월 7일 자.

•참고문헌•

구석모. 1982. 『한국의 사금융시장에 관한 연구』. 한국경제연구원.

김영희. 2015. "북한 사금융의 형성과 발전." 『북한』 통권 527호. 2015년 11월호.

김윤애. 2015. "북한 사금융의 흐름과 구조 동학에 대한 탐색." 한국세계지역학회 『세계지역연구논총』 33권 3호.

박선후. 2015. "기지개를 펴는 북한의 사금융." 『IBK 경제 소식지』 326호. IBK경제 연구소(2015.10.20).

이상현. 2015. "북한 신흥 부유층 돈주 아파트 건설에도 투자." 『연합뉴스』, 2015년 6월 10일 자.

이석기·김석진·양문수. 2012. 『북한 외화통용 실태 분석』. 산업연구원.

이석기·양문수. 2014. "북한 외화통용 실태와 시사점." 『KIET 산업경제』 산업연구 원(2014.2).

이석기·양문수·정은이. 2014. 『북한 시장실태 분석』. 산업연구원.

이영훈. 2015. "북한의 화폐금융 현황 및 최근의 금융조치 평가: 인플레이션·달러라 이제이션·사금융을 중심으로." 『북한연구학회보』 19권 2호.

임을출. 2015. "북한 사금융의 형성과 발전." 『통일문제연구』 27권 1호(2015년 상 반기).

_____. 2016. "북한 사금융의 발전, 영향 및 전망. 『KDI 북한 경제리뷰』 2016년 4월호.

장명봉. 2011. 『최신 북한법령집』. 북한법연구회.

장형수. 2009. "북한의 2000년대 외화수급 추정." 『비교경제연구』 16권 2호.

정지만. 1996. "우리나라 사금융시장의 연구." 『경제정책연구』 제2권.

한국금융연구원. 1996. 『우리나라 사금융시장에 관한 연구』. 한국금융연구원 (1996.8).

김은지. [기획보도] "북한 재정은행 일꾼대회 … 금융 기능 정상화 통한 자금 확보 목 적." 『VOA 미국의 소리』, 2015년 12월 25일 자.

정 영. "북 돈주, 사금융 통해 영향력 키워." 『RFA』, 2015년 6월 19일 자.

정은이. 『통일시대』 민주평통 106호(2015.8).

"중국 사금융 금리 연 36% 제한 … '그림자금융' 손 대나." 『연합뉴스』, 2015년 8월
7일 자.
하종훈. [서울&평양 경제 리포트] "돈 떼일라 은행 기피 … 월 20% 고리대금 성행."
『서울신문』, 2015년 3월 14일 자.

『조선신보』, 2015년 2월 3일 자.
『조선중앙통신』, 2015년 12월 13일 자.

제 2 부

북한의 대외 금융

제6장

국제사회 대북 금융제재의
현황과 시사점

박지연 | 한국수출입은행

I. 서론

국제사회에서 각 주권국가들은 다양한 형태의 외교술(statecraft)을 통해 자국의 안보와 번영을 추구한다. 그중 대표적인 것이 무력(force), 그리고 경제(economics) 등을 활용한 외교술이라 할 수 있다. 최근 국제사회는 다양한 종류의 외교적 갈등을 해결하기 위해 경제제재를 활용하고 있다. 이러한 추세는 두 가지 현상에 기인한다. 첫째, 과학기술의 발달로 무력 활용에 따르는 비용이 극단적인 수준으로 확대될 수 있기 때문에 무력도입이 상대적으로 어려워졌다. 예를 들어, 과거 무력갈등은 국지전의 성격이 강했었던 반면, 최근 무력갈등에는 핵무력까지 활용될 수 있으며, 이에 따른 상대의 손실 및 대상국의 보복으로 인한 피해가 매우 심각하기 때문에 무력을 도입하는 것은 매우 위험한 선택이 된다. 결국 차선책으로서 경제제재의 도입은 빈번해질 수밖에 없는 것이다. 둘째, 국가 간의 경제관계가 매우 긴밀해졌기 때문에 경제제재를 활용할 경우 기대효과가 높아질 수밖에 없으며, 따라서 경제제재의 도입은 더욱 활성화될 것으로 전망된다.

경제제재는 다양한 수단을 활용하여 발의국의 외교적 목적을 달성하는 것에 기여하도록 디자인된다. 대표적인 수단으로는 수출입통제와 금융제재가 있다. 전통적으로 국제사회는 수출입통제를 활용한 경제제재를 빈번히 발의해왔으나, 지난 20년 동안에는 수출입통제와 더불어 금융제재가 활용되거나 금융제재가 단독으로 도입된 사례들이 빈번히 관찰된다. 1970년대의 대부분의 현금흐름(cash flows)이 무역과 연관된 것이었던 반면, 2000년대 들어 약 90% 이상이 상품거래와는 무관한 현금흐름이었다는 것을 감안하면 금융제재 도입의 증대는 자연스러운 현상으로 볼 수 있다.[1]

한편 북한은 정부수립 당시부터 국제사회 경제제재의 대상국이었다. 초기 대북제재는 수출입통제를 활용한 제재의 성격을 띠고 있었다. 그러나 2006년 미국은 방코델타아시아(Banco Delta Asia: 이하 BDA)에 대한 금융제재를 통해 북한을 대화의 장으로 유도하는 일종의 제재의 효과를 거두었다. 이후 국제사회는 북한에 대한 다양한 종류의 금융제재를 발의해오고 있다. 그러나 최근까지 대북 금융제재에 대한 검토가 이루어진 연구는 찾아볼 수 없다. BDA의 경험과 더불어 국제사회의 제재 발의 추세를 감안할 경우, 향후 대북제재에서 금융제재가 확대될 가능성은 낮지 않다. 따라서 이에 대한 종합적인 논의는 매우 시의적절한 것으로 판단된다.

본 연구는 먼저 경제제재에 대한 이해를 바탕으로 금융제재의 정의 및 종류 등을 살펴보고, 국제사회의 금융제재 도입 현황을 소개한다. 다음으로 국제사회의 대북 경제제재 및 금융제재 활용 현황을 살펴본다. 마지막으로 결론을 통해 제재의 효과를 평가하고, 효과 개선 방안을 고찰한다.

---

1) Benn Steil and Robert Litan, *Financial Statecraft* (Yale University Press, 2006), p.3.

II. 금융제재의 이해

1. 경제제재

경제제재란 국가 혹은 집단이 무역 및 금융관계에 대한 철회 혹은 철회에
대한 위협을 통해 외교적 목적을 달성하기 위해 하는 행위를 의미한다.[2] 경
제제재는 크게 무역제재, 금융제재, 자산동결 및 기타제재 등으로 구분된다.

먼저 무역제재에는 수출입금지, 관세인상, 차별관세, 블랙리스트 작성 등
이 포함된다. 여기서 수출입금지란 특정 품목에 대해 대상국으로의 수출 혹
은 대상국으로부터의 수입을 통제하는 방법이다. 수입통제보다는 수출통제
가 더욱 빈번히 도입되고 있다. 발의국은 대상국이 상대적으로 수입품의 대
체재 확보가 수출대체 시장확보보다 어려워 큰 타격을 입을 수 있다고 판단
하기 때문이다. 관세인상은 특정 물품에 대하여 높은 관세를 부여하여 대상
국으로부터의 수입을 통제하는 방식의 제재이며, 유사한 개념으로 제재대상
국에 대한 차별관세를 부과하여 관련한 품목의 수입을 통제하는 제재도 존
재한다. 더불어 특정 물품에 대한 수출입과 관련하여 기업이나 개인을 대상
으로 블랙리스트를 작성하는 제재 방식도 있다.

둘째, 금융제재는 대상국의 금융거래에 대한 제재를 의미하는데, 그 구체
적인 내용은 다음 절에서 서술한다.

셋째, 제재대상국의 발의국 내 자산에 대한 동결이 있으며 특히 금융자산
의 동결은 최근 경제제재에 빈번히 도입되고 있는 추세이다. 더불어 기타제
재로는 위 제재를 이행하기 위해 필요한 강제수단으로 여행금지, 항행금지
등이 포함된다. 여행금지는 특정인에 대한 고립을 통해 제재의 목표를 달성
하는 형태로 불특정 다수의 피해를 줄이면서 제재의 효과를 높일 수 있는

---

2) 경제제재의 정의에 대한 논의는 David Baldwin, *Economic Statecraft* (Princeton University Press, 1985), pp.29-50을 참조.

〈표 1〉 경제제재의 종류

종류	유형
무역제재(Trade Sanctions)	수출입금지, 관세인상, 차별관세 등
금융제재(Financial Sanctions)	금융거래금지
자산동결(Asset Freezes)	자산동결, 자본의 강제수용 등
기타제재	여행금지, 항행금지 등

자료: 저자 작성

방법으로 평가된다. 항행금지는 특정 구역에서의 이동 금지 및 유엔 회원국 내 이착륙 금지 등을 포함한다.

한편 경제제재는 양자제재와 다자제재로 나눌 수 있다. 양자제재는 한 국가가 다른 국가에 경제제재를 가하는 경우를 말한다. 반면, 다자제재는 유엔 혹은 EU 등과 같은 국가들의 집단이 한 국가 혹은 국가들의 집단에 제재를 가하는 경우를 뜻한다. 일반적으로 다자제재 이행은 복수의 양자제재 작동과 유사한 형태로 이해할 수 있다.

경제제재를 통해 달성하고자 하는 외교적 목적은 반테러리즘, 대량살상무기의 비확산, 인권보호, 내전 해결 및 민주주의 확산 등 다양하다. 첫 번째, 반테러리즘의 목적 달성의 경우를 보자. 테러리즘에 대하여 국제사회가 경제제재를 부과한 최초의 사례는 안보리 결의 1070호에 의한 대 수단제재이다. 당시 수단이 이집트 대통령을 암살하려고 한 수단 국적인에 대한 송환요구에 불응하면서 유엔은 항공운송 금지의 대 수단 경제제재를 발의하였다.[3] 이후 2001년 9·11 테러공격에 따른 안보리 결의 1373호가 채택,[4]

---

3) UNSCR 1070, http://www.securitycouncilreport.org/atf/cf/%7B65BFCF9B-6D27-4E9C-8CD3-CF6E4FF96FF9%7D/Chap%20VII%20SRES%201070.pdf(검색일: 2016.3.15).

4) UNSCR 1373, http://www.un.org/en/sc/ctc/specialmeetings/2012/docs/United%

대테러위원회가 설립되었으며 위원회를 중심으로 테러확산을 방지하기 위한 다양한 경제제재가 부과되고 있다.

두 번째로 국제사회는 대량살상무기의 비확산을 위해 핵무기와 생화학무기 생산에 대한 제재와 그 운반수단인 탄도미사일의 확산 방지를 위한 제재를 부과하고 있다. 대표적인 사례가 이란과 북한에 대한 국제사회의 경제제재이다.

세 번째로 국제사회가 경제제재를 부과하는 외교적 목적은 인권보호를 위해서이다. 특히 유엔은 탈냉전 이후 인권유린과 국제인권법 위반 등에 대하여 적극적인 태도로 경제제재를 부과하고 있다. 대표적인 사례로는 소년병사와 성폭력, 조직적 강간 등의 이유로 콩고민주공화국 반군 지도자들에 부과한 경제제재를 들 수 있다.[5]

넷째, 국제사회는 내전해결을 위해 경제제재를 활용해왔다. 내전해결을 통한 민주주의 회복은 유엔이 경제제재를 활용하는 대표적인 경우이며, 대표적인 사례는 유엔의 시에라리온 반군에 대한 제재이다. 시에라리온에서는 민주적 선거를 통해 선출된 대통령을 반군이 축출하였으며, 이에 대해 유엔은 반군에 대한 경제제재를 부과한 것이다.[6]

그 외 경제제재 부과 동기가 외교적 목적이기보다 국내 정치적 목적인 경우도 다수 존재한다. 예를 들어, 2차 세계대전 직전의 미국의 대 일본 경제제재 부과는 국내의 애국심 고취를 촉진하는 데 유용하게 활용되었으며, 미국의 대 쿠바 제재 또한 실질적인 대상국의 행위 변화를 목적으로 하기보다 내국인의 감정을 누그러뜨리기(assuage) 위해 활용되었다.[7]

20Nations%20Security%20Council%20Resolution%201373%20(2001).pdf(검색일: 2016.3.15).

5) UNSCR 1991, http://www.securitycouncilreport.org/atf/cf/%7B65BFCF9B-6D27-4E9C-8CD3-CF6E4FF96FF9%7D/DRC%20S%20RES%201991.pdf(검색일: 2016.3.15).

6) UNSCR 1132, http://www.sipri.org/databases/embargoes/un_arms_embargoes/sierra_leone/1132(검색일: 2016.3.15); Hufbauer 외, *Economic Sanctions Reconsidered*(Peterson Institute, 2007), Case No.97-1 참조.

7) Hufbauer 외, *Economic Sanctions Reconsidered*, p.6.

2. 금융제재

금융제재란 전술하였듯이 제재대상국에 대한 금융거래 제한을 의미한다. 경제제재가 무역권한에 대한 조절로서 국가를 대상으로 하며 원조와 반대되는 개념이라면, 금융제재는 자본 흐름에 대한 보장을 제한하는 것으로서 비국가를 대상으로 하며 통화위기에 외채를 인수하는 행위 등과 대조를 이룬다.8) 구체적인 행위를 살펴보면 금융제재는 제재 발의국 영역 내에 예치된 제재대상자의 예금 등 자산을 동결하거나, 제재대상국과의 금융거래를 금지하는 방식으로 이루어진다.9) 금융자산에 대한 동결 조치가 부과되면 의심거래와 해외 은닉자산에 대한 회원국 간 정보교류가 활성화되어 제재대상자를 더욱 압박할 수 있다는 효과를 기대할 수 있다.

반면 제재대상자가 자신의 해외자산 동결을 피하기 위해 조세피난처나 차명계좌 등을 활용함으로써 불법거래가 오히려 증가할 수 있다는 단점도 있을 수 있다. 한편 인도주의적 차원의 특정 거래에 대해서는 금융제재의 예외를 인정하는 추세이다. 예를 들어, 해당 제재위원회의 검토결과에 따라 식량구입, 임차료 지불, 의약품 구입, 세금, 보험료, 공공요금, 법률 자문료 등은 금융제재 대상에서 제외할 수 있다.

금융제재는 다음의 특징을 가진다.10) 먼저 무역제재의 경우 특정 항목에 대한 선별적인 제재이다. 따라서 제재는 거래 중단이 아닌 거래 다양화로 대체되는 경우가 대부분이며 이 경우 거래비용의 일정 수준이 상승하는 형태로 손실이 발생하게 된다. 반면 금융제재의 경우 제재가 부과되면 대체자금을 조달해야 한다. 그런데 제재로 인해 더 높은 수준의 신용이 담보되지 못할 경우 새로운 자금 조달은 어려워진다. 따라서 금융제재는 상대적으로 무역제재보다 큰 손실을 발생시킬 수 있으며, 무역의 자금흐름에도 부정

---

8) Benn Steil and Robert Litan, *Financial Statecraft* (Yale University Press, 2006), p.4.
9) 임갑수·문덕호, 『유엔 안보리 제재의 국제정치학』(서울: 한울, 2013), p.81.
10) Hufbauer 외, *Economic Sanctions Reconsidered*, pp.97-98.

적인 영향을 줄 수 있다. 한편 무역제재의 경우 일반 국민들에게 손실을 입히게 되는데 특히 수출 통제는 대상국가의 인구 전체로 그 피해를 확산시킬 수 있다. 반면 금융제재는 대상국의 일부 개인이나 단체를 대상으로 하기 때문에 발의국 내에 존재하는 대상국과의 비즈니스 관계자들로부터 반발을 최소화할 수 있다. 즉 무역제재보다는 금융제재가 이행 비용을 최소화할 수 있는 제재방법인 것이다.

구체적으로 허프바워(Hufbauer) 외(2007)는 20세기 이후 발의된 204개의 경제제재를 대상으로 금융제재의 특징을 분석하고 있다. 204개의 경제제재 사례 중 금융제재가 단독으로 발의된 경우는 53개 사례로 전체의 약 26%이다. 무역제재의 경우 금융제재가 동반되지 않은 경우는 40개 사례이며, 금융제재가 동반된 무역통제는 100개 사례이다. 금융제재와 무역제재가 동반된 100개의 사례 중 62개는 자산동결도 복합적으로 사용되었다. 허프바워 외(2007)의 분석에 따르면 금융제재의 경우 단독으로 부과된 경우 성공률은 약 36%이며, 이것은 단독으로 발의된 무역제재보다 높은 수준이다. 금융제재는 수출입 제재와 함께 부과될 경우 성공률은 40%를 기록하고 있다.

전체 204개 사례 중 140사례, 약 69% 사례의 발의국인 미국은 금융제재를 주도적으로 사용해오고 있는데, 전체 미국이 발의한 제재들 중 약 80%가 금융제재를 단독으로 부과한 경우이다. 미국 금융제재의 일반적인 형태는 공적개발원조 중단의 금융제재이다. 수출입은행을 통한 금융지원 중단과 더불어 다자개발은행의 대출 및 개인 신용거래 제재 등을 통해 개도국에 대한 금융제재를 부과하고 있다.

제재에 따르는 대상국의 경제적 손실을 살펴보면,[11] 금융제재 단독의 경우 대상국 전체 GNP의 1.7%에 해당하는 손실을 유발한 반면, 무역제재 단독 부과의 경우에는 0.7%에 불과하였다. 금융, 무역, 자산에 대한 제재가 복합적으로 이루어질 경우는 대상국 GNP의 약 2.9%의 손실이 유발된다. 제재 발의국 비용의 경우, 금융제재는 거의 없는 것으로 분석되는 반면, 무

---

11) Hufbauer 외, *Economic Sanctions Reconsidered*, p.98.

〈표 2〉 제재 종류에 따른 효과

제재 종류	성공사례 수	실패사례 수	전체	성공확률(%)
금융, 수출입	25	37	62	40.3
금융	19	34	53	35.8
수출입	10	30	40	25.0
금융, 수입	2	8	10	20.0
금융, 수출	5	23	28	17.9

자료: Hufbauer 외, *Economic Sanctions Reconsidered*(Peterson Institute, 2007), p.170

역제재의 경우 유의미한(significant) 비용이 발생하는 것으로 분석된다.

III. 유엔의 대북제재

유엔은 북한의 핵실험에 대응하여 안보리 결의 1718호, 안보리 결의 1874호, 안보리 결의 2094호, 안보리 결의 2270호 등을 채택하였으며, 이를 바탕으로 대북 경제제재를 부과하고 있다. 각각의 결의안 채택의 배경과 요구사항 및 구체적인 금융제재의 내용을 차례로 살펴보자.

먼저, 유엔은 2006년 북한의 1차 핵실험(2006.10.9)에 대한 대응으로 안보리 결의 1718호를 만장일치로 채택(2006.10.14)하였다.[12] 안보리 결의 1718호는 핵실험 선언 규탄(1항)하고, 1) 추가적인 핵실험 또는 탄도미사일

---

12) UNSCR 1718, http://www.un.org/ga/search/view_doc.asp?symbol=S/RES/1718%20%282006%29(검색일: 2016.4.15).

발사 시행 중단(2항), 2) NPT 탈퇴발표 철회(3항), 3) NPT 및 IAEA 안전
조치로의 복귀(4항), 4) 탄도미사일 프로그램 관련 모든 활동 중단(5항), 5)
IAEA에 의해 완전하고, 검증가능하며, 불가역적인 방식으로 핵무기 및 현존
핵 프로그램을 포기(6항), 6) 여타 현존 WMD 및 탄도미사일 프로그램의
포기(7항) 등을 요구하고 있다. 결의안에 따르면 북한은 전제조건 없이 6자
회담에 즉각 복귀하고 중국, 북한, 일본, 한국, 러시아 및 미국에 의해 발표
된 9·19 공동성명(2006.9.19)의 조속한 이행을 위해 노력해야 한다(14항).

구체적인 금융 및 자산동결 관련 제재를 살펴보면, 모든 회원국은 각국의
개별 법적 절차에 따라서 불법적 방법을 포함하여 북한의 핵, 여타 WMD
그리고 탄도미사일 관련 프로그램에 연루되거나 지원하는 것으로 지정된 개
인, 단체 또는 이들의 대리인 또는 하수인들의 금융자산 및 경제자원을 즉각
동결하도록 되어 있다.[13] 또한 회원국들은 자국인 또는 자국 영토 내 개인
이나 단체가 제재대상 개인이나 단체들에게 자금, 금융자산 또는 경제 자원
을 제재대상에게 제공하지 못하도록 규정한다.[14] 반면 첫째, 기본 지출 또
는 전문서비스 이용을 위해 지불된 적정수준의 비용, 법률서비스 제공과 관
련하여 발생한 비용의 변제, 동결자산·여타 금융자산 및 경제적 자원의 보
유·유지를 위해 각국 국내법에 따라 부과되는 요금 및 서비스료를 위해 필

---

13) UNSCR 1718 8-(d), All Member States shall, in accordance with their respective
   legal processes, freeze immediately the funds, other financial assets and eco-
   nomic resources which are on their territories at the date of the adoption of
   this resolution or at any time thereafter, that are owned or controlled, directly
   or indirectly, by the persons or entities designated by the Committee or by the
   Security Council as being engaged in or providing support for, including
   through other illicit means, DPRK's nuclear-related, other weapons of mass
   destruction-related and ballistic missile related programmes, or by persons or
   entities acting on their behalf or at their direction.
14) UNSCR 1718 8-(d), All Member States shall ensure that any funds, financial
   assets or economic resources are prevented from being made available by their
   nationals or by any persons or entities within their territories, to or for the
   benefit of such persons or entities.

요한 경우는 예외로 한다.[15] 둘째, 특수 비용을 위해 필요한 것으로 그러한 결정이 관련국들에 의해서 제재위에 통보되고 안보리에 의해 승인된 경우에는 예외에 해당된다.[16] 셋째, 법적·행정적 및 중재적 선취특권 또는 판결 대상으로서, 이러한 경우에 자금, 여타 금융자산, 경제자원이 선취특권이나 판결을 이행하기 위해 사용될 여지가 있는 경우(단, 이 결의의 효력 발생 전에 성립된 사안)는 제재대상에서 예외로 한다.[17]

다음으로 유엔은 2009년 북한의 2차 핵실험(2009.5.25)에 대한 대응으로 안보리 결의 1874호를 만장일치로 채택(2009.6.12)하였다.[18] 안보리 결의 1874호는 북한의 유엔 결의들에 대한 위반을 규탄(1항)하고, 1) 추가적인 핵실험 또는 탄도미사일 기술을 이용한 발사 중지(2항), 2) 탄도미사일

---

15) UNSCR 1718 9-(a), (a) To be necessary for basic expenses, including payment for foodstuffs, rent or mortgage, medicines and medical treatment, taxes, insurance premiums, and public utility charges, or exclusively for payment of reasonable professional fees and reimbursement of incurred expenses associated with the provision of legal services, or fees or service charges, in accordance with national laws, for routine holding or maintenance of frozen funds, other financial assets and economic resources, after notification by the relevant States to the Committee of the intention to authorize, where appropriate, access to such funds, other financial assets and economic resources and in the absence of a negative decision by the Committee within five working days of such notification.

16) UNSCR 1718 9-(b), To be necessary for extraordinary expenses, provided that such determination has been notified by the relevant States to the Committee and has been approved by the Committee.

17) UNSCR 1718 9-(c), To be subject of a judicial, administrative or arbitral lien or judgement, in which case the funds, other financial assets and economic resources may be used to satisfy that lien or judgement provided that the lien or judgement was entered prior to the date of the present resolution, is not for the benefit of a person referred to in paragraph 8 (d) above or an individual or entity identified by the Security Council or the Committee, and has been notified by the relevant States to the Committee.

18) UNSCR 1874, http://www.un.org/ga/search/view_doc.asp?symbol=S/RES/1874 %282009%29(검색일: 2016.4.15).

관련 모든 활동 중단(3항), 3) 안보리 결의상의 의무를 즉각적이고 완전하게
이행(4항), 4) NPT 탈퇴 선언의 즉각 철회(5항), 5) 조속한 시일 내 NPT
및 IAEA 안전조치에 복귀(6항), 6) 완전하고, 검증 가능하며, 불가역적인
방식으로 모든 핵무기와 기존 핵 프로그램을 포기 및 모든 관련 활동 중단(8
항) 등을 요구하고 있다. 또한 결의안은 북한이 6자회담에 전제조건 없이
즉각 복귀할 것을 촉구하며, 9·19 공동성명(2006.9.19), 2·13 및 10·3 공
동문건(2007)을 완전하고 신속히 이행하기 위한 노력을 강화하도록 요구하
고 있다(30항).

　결의 1874호는 금융 및 자산동결 관련 제재로서 첫째, 핵·탄도미사일·
여타 WMD와 관련된 프로그램·활동에 기여할 가능성이 있는 금융서비스
의 제공이나, 어떠한 금융·여타 자산 또는 재원의 이전을 금지한다.[19] 둘
째, 무상원조, 금융 지원, 양허성 차관 계약을 신규 체결하지 않고, 기존 계
약은 줄여 나가도록 주의를 강화할 것을 촉구한다.[20] 이 경우 인도주의 또
는 개발상의 목적이나, 비핵화 증진의 경우는 예외로 한다.[21] 셋째, 북한과

---

[19] UNSCR 1874 18, Calls upon Member States, in addition to implementing their obligations pursuant to paragraphs 8 (d) and (e) of resolution 1718 (2006), to prevent the provision of financial services or the transfer to, through, or from their territory, or to or by their nationals or entities organized under their laws (including branches abroad), or persons or financial institutions in their territory, of any financial or other assets or resources that could contribute to the DPRK's nuclear-related, ballistic missile-related, or other weapons of mass destruction-related programs or activities, including by freezing any financial or other assets or resources on their territories or that hereafter come within their territories, or that are subject to their jurisdiction or that hereafter become subject to their jurisdiction, that are associated with such programs or activities and applying enhanced monitoring to prevent all such transactions in accordance with their national authorities and legislation.

[20] UNSCR 1874 19, Calls upon all Member States and international financial and credit institutions not to enter into new commitments for grants, financial assistance, or concessional loans to the DPRK.

[21] UNSCR 1874 19, except for humanitarian and developmental purposes directly addressing the needs of the civilian population, or the promotion of de-

의 무역을 위한 공적 금융 지원(자국 국민 또는 이러한 무역과 연관된 단체
에 대한 수출신용, 보증, 또는 보험 포함)을 제공하지 않도록 규정하고 있
다.[22]

셋째, 유엔은 2013년 북한의 3차 핵실험(2013.2.12)에 대한 대응으로 안
보리 결의 2094호를 만장일치로 채택(2013.3.7)하였다.[23] 안보리 결의 2094
호는 북한의 유엔 결의들에 대한 위반을 강력한 수준으로 규탄(1항)하고,
1) 추가적인 핵실험 또는 탄도 미사일 기술을 이용한 발사 중지(2항), 2)
NPT 탈퇴 선언의 즉각 철회(3항), 3) 조속한 시일 내 NPT 및 IAEA 안전조
치에 복귀(4항), 4) 완전하고, 검증 가능하며, 불가역적인 방식으로 모든 핵
무기와 기존 핵 프로그램을 포기하고, 모든 관련 활동을 중단(5항), 5)
WMD와 탄도미사일 프로그램을 완전하고 검증가능하며 불가역적인 방식으
로 포기할 것(6항)을 요구하고 있다. 결의안은 6자회담에 대한 지지를 재확
인하고, 회담의 재개를 촉구하며, 모든 참가국들이 한반도의 검증 가능한
비핵화를 평화적인 방식으로 달성하고 한반도와 동북아의 평화와 안정 유지
하기 위해 중국, 북한, 일본, 대한민국, 러시아, 미국이 발표한 9·19 공동성
명(2006.9.19)을 완전하고 신속히 이행하기 위한 노력을 강화하도록 촉구
하고 있다(34항). 더불어 북한의 준수 여부에 비추어 필요에 따라 조치들을
강화, 조정, 중단, 또는 해제할 준비가 되어 있음을 명시하고, 이와 관련하여
북한의 추가 발사 또는 핵실험이 있을 경우 추가적인 중대한 조치들(further
significant measures)을 취할 것이라는 결의를 표명하고 있다(36항).

---

nuclearization, and also calls upon States to exercise enhanced vigilance with
a view to reducing current commitments.

22) UNSCR 1874 20, Calls upon all Member States not to provide public financial
support for trade with the DPRK(including the granting of export credits,
guarantees or insurance to their nationals or entities involved in such trade)
where such financial support could contribute to the DPRK's nuclear-related or
ballistic missile-related or other WMD-related programs or activities.

23) UNSCR 2094, http://www.un.org/ga/search/view_doc.asp?symbol=S/RES/2094
%282013%29(검색일: 2016.4.15).

결의안 내의 금융 및 자산동결 관련 제재를 살펴보면, 먼저 결의에 의해 부과된 조치들을 회피하는 데 기여할 수 있는 금융 서비스와 대량현금(bulk cash)을 포함한 금융·여타 자산 또는 재원의 제공을 방지할 것을 결정하고 있으며, 여기에는 회원국 권한과 법령에 따라, 관련 프로그램 및 활동과 연관된 자국 관할권 내에 있거나, 장래 관할권 내로 들어오는 어떠한 금융·여타 자산 또는 재원들도 동결하고, 모든 유사한 거래들을 방지하기 위해 강화된 모니터링을 적용하는 것이 포함된다.[24] 또한 결의안은 결의에 의해 부과된 조치들을 회피하는 데 기여할 수 있다고 믿을 만한 합리적 근거를 제공할 정보가 있는 경우, 금융 서비스의 제공을 방지하기 위해 북한 은행들이 자국 영토에 신규 지점, 자회사 또는 대표 사무소를 개소하지 못하도록 적절한 조치를 취할 것을 촉구하고, 북한 은행들이 자국 관할권 내 은행과 신규 합작투자를 설립하거나 자국 관할권 내 은행의 지분을 매수하거나 자국 관할권 내 은행과 환거래 관계를 설립하거나 유지하는 것을 금지할 것을 밝히고 있다.[25] 다음으로 결의에 따르면 결의상 금지된 여타 활동에 기여할

---

24) UNSCR 2094 11, Decides that Member States shall, in addition to implementing their obligations pursuant to paragraphs 8(d) and (e) of resolution 1718(2006), prevent the provision of financial services or the transfer to, through, or from their territory, or to or by their nationals or entities organized under their laws (including branches abroad), or persons or financial institutions in their territory, of any financial or other assets or resources, including bulk cash, that could contribute to the DPRK's nuclear or ballistic missile programmes, or other activities prohibited by resolutions 1718(2006), 1874(2009), 2087(2013), or this resolution, or to the evasion of measures imposed by resolutions 1718(2006), 1874(2009), 2087(2013), or this resolution, including by freezing any financial or other assets or resources on their territories or that hereafter come within their territories, or that are subject to their jurisdiction or that hereafter become subject to their jurisdiction, that are associated with such programmes or activities and applying enhanced monitoring to prevent all such transactions in accordance with their national authorities and legislation.

25) UNSCR 2094 12, Calls upon States to take appropriate measures to prohibit in their territories the opening of new branches, subsidiaries, or representative offices of DPRK banks, and also calls upon States to prohibit DPRK banks from

수 있다고 믿을 만한 합리적 근거를 제공할 정보가 있는 경우, 자국 영토 또는 자국 관할권 내에 있는 금융기관들이 북한 내 대표 사무소나 자회사 또는 은행계좌를 개설하는 것을 금지하기 위해 적절한 조치를 취할 것을 촉구한다.26) 마지막으로 결의안은 북한과의 무역에 대한 공적 금융 지원(이러한 무역과 연관된 자국 국민 또는 단체에 대한 수출신용, 보증 또는 보험 제공을 포함)을 제공하지 말 것을 명시하고 있다.27)

마지막으로 유엔은 2016년 1월 6일 북한의 4차 핵실험에 대한 대응으로 3월 3일 안보리 결의 2270호를 채택하였다.28) 안보리 결의 2270호는 북한의 유엔 결의들에 대한 위반을 강력한 수준으로 규탄(1항)하고, 1) 추가적인 발사, 핵실험 또는 다른 어떠한 도발도 감행하지 말고, 탄도미사일 프로그램

---

establishing new joint ventures and from taking an ownership interest in or establishing or maintaining correspondent relationships with banks in their jurisdiction to prevent the provision of financial services if they have information that provides reasonable grounds to believe that these activities could contribute to the DPRK's nuclear or ballistic missile programmes, or other activities prohibited by resolutions 1718(2006), 1874(2009), 2087(2013), and this resolution, or to the evasion of measures imposed by resolutions 1718(2006), 1874(2009), 2087(2013), or this resolution.

26) UNSCR 2094 13, Calls upon States to take appropriate measures to prohibit financial institutions within their territories or under their jurisdiction from opening representative offices or subsidiaries or banking accounts in the DPRK if they have information that provides reasonable grounds to believe that such financial services could contribute to the DPRK's nuclear or ballistic missile programmes, and other activities prohibited by resolutions 1718(2006), 1874 (2009), 2087(2013), and this resolution.

27) UNSCR 2094 15, Decides that all Member States shall not provide public financial support for trade with the DPRK(including the granting of export credits, guarantees or insurance to their nationals or entities involved in such trade) where such financial support could contribute to the DPRK's nuclear or ballistic missile programmes, or other activities prohibited by resolutions 1718(2006), 1874(2009), 2087(2013), or this resolution, or to the evasion of measures imposed by resolutions 1718(2006), 1874(2009), 2087(2013), or this resolution.

28) UNSCR 2270, http://www.un.org/en/ga/search/view_doc.asp?symbol=S/RES/2 270%282016%29(검색일: 2016.4.15).

관련 모든 활동 중단(2항), 2) 완전하고, 검증 가능하며, 불가역적인 방식으로 모든 핵무기와 현존하는 핵 프로그램 포기(3항), 3) 여타 대량파괴무기(WMD)와 탄도미사일 프로그램을 완전하고, 검증 가능하며, 불가역적인 방식으로 포기(4항)를 요구하고 있다. 한편 결의안은 북한의 행동을 지속적으로 검토할 것이고, 북한의 준수 여부에 비추어 필요에 따라 조치들을 강화, 수정, 중단, 또는 해제할 준비가 되어 있음을 확인하고, 이와 관련하여 북한의 추가 핵실험 혹은 미사일 발사가 있을 경우 추가적인 중대한 조치들을 취할 것을 표명하고 있다(51항).

제재의 구체적인 내용을 살펴보면, 결의안은 결의 1718호(2006) 8항 (d)호에 의해 부과된 자산동결이 북한 정부 또는 조선노동당의 기구(entities) 또는 이들을 대신하거나 이들의 지시에 따라 행동하는 개인과 단체, 또는 이들이 소유하거나 통제하는 단체에 의해 직·간접적으로 소유되거나 통제되며, 국가들이 북한의 핵 또는 탄도미사일 프로그램, 또는 결의에 의해 금지된 여타 활동과 연계되었다고 판단하는 북한 밖의 모든 자금, 여타 금융자산 및 경제 자원에도 적용됨을 결정하였다. 또한 북한을 제외한 모든 국가들이 자국 국민 또는 자국 영토 내 개인 또는 단체에 의하여 위에서 금지된 개인과 단체, 그리고 그들을 대신하거나 그들의 지시에 따라 행동하는 개인과 단체 또는 그들에 의해 소유되거나 통제되는 단체에 대해 그 어떤 자금, 금융자산 및 경제 자원도 제공되지 않도록 보장할 것을 결정하고 있다.29)

---

29) UNSCR 2270 32, Decides that the asset freeze imposed by paragraph 8 (d) of resolution 1718(2006) shall apply to all the funds, other financial assets and economic resources outside of the DPRK that are owned or controlled, directly or indirectly, by entities of the Government of the DPRK or the Worker's Party of Korea, or by individuals or entities acting on their behalf or at their direction, or by entities owned or controlled by them, that the State determines are associated with the DPRK's nuclear or ballistic missile programs or other activities prohibited by resolutions 1718(2006), 1874(2009), 2087(2013), 2094 (2013) or this resolution, decides further that all States except the DPRK shall ensure that any funds, financial assets or economic resources are prevented from being made available by their nationals or by any individuals or entities

결의안에 따르면 국제사회는 국가들이 자국 영토 내에 북한 은행의 신규
지점, 자회사 또는 대표 사무소의 개설 또는 운영을 금지할 것을 결정하고,
위원회의 사전 승인을 받은 경우를 제외하고는 국가들이 자국 영토 내 또는
자국 관할권 내 금융기관들이 북한 은행들과 신규 합작투자를 설립하거나
은행의 지분을 매입하거나 환거래 관계를 설립 또는 유지하는 것을 금지할
것을 결정하며, 국가들이 그러한 은행 지점, 자회사 또는 대표 사무소를 폐
쇄하고, 북한 은행과의 합작투자, 지분매입, 환거래 관계를 종료하기 위해
필요한 조치를 본 결의가 채택된 시점으로부터 90일 이내에 취할 것을 결정
하였다.[30] 결의안은 국가들이 해당 금융 활동들이 북한의 핵 또는 탄도미사
일 프로그램 또는 결의에 의해 금지된 여타 활동에 기여할 수 있다고 믿을
만한 합리적 근거를 제공할 신뢰할만한 정보가 있는 경우, 북한에 존재하는
대표 사무소와 자회사 또는 은행계좌를 폐쇄하기 위해 필요한 조치를 90일

---

within their territories, to or for the benefit of such individuals or entities, or
individuals or entities acting on their behalf or at their direction, or entities
owned or controlled by them, and decides that these measures shall not apply
with respect to funds, other financial assets and economic resources that are
required to carry out activities of the DPRK's missions to the United Nations
and its specialized agencies and related organizations or other diplomatic and
consular missions of the DPRK, and to any funds, other financial assets and
economic resources that the Committee determines in advance on a case-by-
case basis are required for the delivery of humanitarian assistance, denucleari-
zation or any other purpose consistent with the objectives of this resolution.

30) UNSCR 2270 33, Decides that States shall prohibit in their territories the open-
ing and operation of new branches, subsidiaries, and representative offices of
DPRK banks, decides further that States shall prohibit financial institutions
within their territories or subject to their jurisdiction from establishing new joint
ventures and from taking an ownership interest in or establishing or main-
taining correspondent relationships with DPRK banks, unless such transactions
have been approved by the Committee in advance, and decides that States
shall take the necessary measures to close such existing branches, subsidiaries
and representative offices, and also to terminate such joint ventures, ownership
interests and correspondent banking relationships with DPRK banks within
ninety days from the adoption of this resolution.

이내에 취하기로 결정하였다.31) 더불어 국제사회는 자국 영토 내 또는 자국
관할권 내 개인 또는 단체들이 북한의 핵 또는 탄도미사일 프로그램 또는
결의에 의해 금지된 여타 활동에 기여할 수 있는 북한과의 무역을 위해 공
적 및 사적 금융 지원(이러한 무역에 관련된 자국 국민 또는 단체에 대한
수출신용, 보증 또는 보험 제공을 포함)을 제공하는 것을 금지할 것을 결정
하였다.32) 마지막으로 자금세탁방지기구가 국가들에 대해 북한의 불법적
금융 활동으로부터 자국의 관할권을 보호하기 위해 강화한 효과적 대응책을
적용할 것을 촉구한 점을 언급하면서 회원국들이 지침문서들을 적용하여 확
산 관련 선별적 금융제재를 효과적으로 이행할 것을 촉구하고 있다.33)

유엔의 대북제재는 북한의 핵실험에 대한 국제사회의 대응으로 제재의
강도가 지속적으로 강화되었음을 알 수 있다. 기본적으로 무역, 금융, 자산
동결 등 복수의 제재들이 동시에 부과되었으며, 초기 결의안과 비교해 최근
결의안의 제재 항목들은 제재대상의 확대 및 구체화를 포함하고 있다. 금융
제재의 내용을 중심으로 정리하면 먼저, 핵개발 및 WMD 관련 자금에 대한
금융거래 동결 등이 결의안 1718의 금융제재의 핵심이었다면, 결의안 1874

---

31) UNSCR 2270 34, Decides that States shall prohibit financial institutions within
their territories or subject to their jurisdiction from opening new representative
offices or subsidiaries, branches or banking accounts in the DPRK.

32) UNSCR 2270 36, Decides that all States shall prohibit public and private finan-
cial support from within their territories or by persons or entities subject to
their jurisdiction for trade with the DPRK(including the granting of export
credits, guarantees or insurance to their nationals or entities involved in such
trade) where such financial support could contribute to the DPRK's nuclear or
ballistic missile programs or other activities prohibited by resolutions 1718
(2006), 1874(2009), 2087(2013), 2094(2013) or this resolution, including para-
graph 8.

33) UNSCR 2270 38, Recalls that the Financial Action Task Force(FATF) has called
upon countries to apply enhanced due diligence and effective countermeasure
to protect their jurisdictions from the DPRK's illicit financial activity, and calls
upon Member States to apply the FATF Recommendation 7, its Interpretive
Note, and related guidance to effectively implement targeted financial sanctions
related to proliferation.

〈표 3〉 유엔의 대북 금융제재 요약

결의안	금융제재 내용
1718호	• 북한의 핵, 여타 WMD 그리고 탄도미사일 관련 프로그램에 연루되거나 지원하는 것으로 지정된 개인, 단체 또는 이들의 대리인 또는 하수인들이 직·간접적으로 보유 또는 통제하는 자국 영토 내의 자금, 여타 금융자산 및 경제자원을 즉각 동결(8항-(d)) 　- 더불어 회원국들은 자국인 또는 자국 영토 내 개인이나 단체가 상기 개인이나 단체들로서 자금, 금융자산 또는 경제 자원을 사용하게끔 하는 행위 금지(8항-(d)) • 예외조항으로 　- 첫째, 기본 지출 또는 전문서비스 이용을 위해 지불된 적정수준의 비용, 법률서비스 제공과 관련하여 발생한 비용의 변제, 동결자산·여타 금융 자산 및 경제적 자원의 보유·유지를 위해 각국 국내법에 따라 부과되는 요금 및 서비스료를 위해 필요한 경우(9항) 　- 둘째, 특수 비용을 위해 필요한 것(9항) 　- 셋째, 법적, 행정적 및 중재적 선취특권 또는 판결 대상(9항)
1874호	• 핵·탄도미사일·여타 WMD와 관련된 프로그램·활동에 기여할 가능성이 있는 금융서비스의 제공이나, 어떠한 금융·여타 자산 또는 재원의 이전 금지 (18항) • 무상원조, 금융 지원, 양허성 차관 계약을 신규 체결 금지, 기존 계약 축소 (19항) 　- 인도주의 또는 개발상의 목적, 비핵화 증진의 경우 예외(19항) • 북한과의 무역을 위한 공적 금융 지원 금지(20항)
2094호	• 제재 회피에 기여할 수 있는 금융 서비스와 대량 현금(bulk cash)을 포함한 어떠한 금융·여타 자산 또는 재원의 제공 금지(11항) • 더불어 자국의 영토 내 있거나, 장래 자국의 영토 내로 들어오거나, 자국 관할권 내에 있거나, 장래 관할권 내로 들어오는 어떠한 금융·여타 자산 또는 재원 동결(11항) • 금융 서비스의 제공을 방지하기 위해, 북한 은행들이 자국 영토에 신규 지점, 자회사 또는 대표 사무소 개소 금지(12항) 　- 더불어 북한 은행들이 자국 관할권 내 은행과 신규 합작투자 설립, 자국 관할권 내 은행의 지분을 매수, 자국 관할권 내 은행과 환거래 관계를 설립하거나 유지하는 것 금지(12항) • 자국 영토 또는 자국 관할권 내에 있는 금융기관들이 북한 내 대표 사무소나 자회사, 또는 은행계좌 개설 금지(13항) • 북한과의 무역에 대한 공적 금융 지원(이러한 무역과 연관된 자국 국민 또는 단체에 대한 수출신용, 보증 또는 보험 제공을 포함) 제공 금지(15항)

2270호	• 북한 밖의 모든 자금, 여타 금융자산 및 경제 자원 동결 　- 북한을 제외한 모든 국가들이 자국 국민 또는 자국 영토 내 개인 또는 　　단체에 의하여 금지된 개인과 단체, 그리고 그들을 대신하거나 그들의 지 　　시에 따라 행동하는 개인과 단체에 대한 자금, 금융자산 및 경제 자원 　　제공 금지(32항) • 국가들의 자국 영토 내 북한 은행의 신규 지점, 자회사 또는 대표 사무소 　개설 또는 운영 금지 　- 사전 승인을 받은 경우를 제외하고는 국가들이 자국 영토 내 또는 자국 　　관할권 내 금융기관들의 북한 은행들과 신규 합작투자 설립, 은행 지분 　　매입 혹은 환거래 관계 설립 또는 유지 금지 　- 은행 지점, 자회사 또는 대표 사무소를 폐쇄(90일 이내)(33항) • 북한에 존재하는 대표 사무소, 자회사 또는 은행계좌 폐쇄를 위한 조치를 　90일 이내 마련(34항) • 북한과의 무역을 위해 공적 및 사적 금융 지원(이러한 무역에 관련된 자국 　국민 또는 단체에 대한 수출신용, 보증 또는 보험 제공을 포함)을 제공하는 　것 금지(36항) • 자금세탁방지기구(FATF)의 지침문서들을 적용하여 금융제재를 효과적 　으로 이행할 것 촉구(38항)

자료: 저자 작성

호에서는 상대적으로 제재 항목이 추가되었으며 추가항목으로는 금융 서비스 부문과 무상원조 및 무역을 위한 공적 지원 금지가 명시되어 있다. 한편 안보리 결의안 2094호는 1874호와 비교하여 금융서비스 제공 기관에 대한 직접적인 제재를 포함하고 있는데, 제재 회피에 사용된다는 의심이 있을 경우에 한하여 회원국 내 신규 기관 설립과 북한 내 대표 사무소나 자회사, 또는 은행계좌를 개설 금지를 명시하고 있다. 최근 부과된 결의안 2270호의 금융제재에 따르면 북한 밖의 모든 자금과 여타 금융자산 및 경제 자원에 대한 제재를 명시하고, 의무적으로 회원국 내 북한은행 신규지점, 자회사 또는 대표 사무소 개설 및 운영을 금지하였으며 현재 운영 중인 사무소를 90일 내 폐쇄할 것으로 명시하고 있다. 더불어 합리적인 근거와 신뢰할 만한 정보를 바탕으로 90일 이내 북한에 존재하는 대표 사무소, 자회사 및 은행계좌를 폐쇄하기 위해 필요한 조치를 취하도록 결정한 바 있다. 특별히

자금세탁방지기구를 언급하고 금융제재의 효과적인 이행을 강조하고 있다.[34]

요약하건대, 금융제재가 단순 계좌동결에서 금융기관, 금융서비스 및 각종 해외사무소 및 북한 내 회원국의 금융 행위 금지로까지 확대되고 있으며, 제재 이행을 위한 자금세탁방지기구 등의 활용까지 언급되고 있는 상황이다. 결의안 1718호와 1874호의 경우 금융제재의 대상이 구체적으로 언급된 바 없다. 반면, 결의안 2094호에서는 금융기관에 종사하는 특정 개인을 제재대상자로 지정하고 있다. 최근 발표된 유엔 결의안 2270호에서는 구체적인 제재대상자로서 12개의 단체와 16명을 추가 지정한 바 있다.

IV. 개별 국가들의 대북제재

1. 미국[35]

미국은 북한의 핵실험에 대하여 유엔 차원에서의 대북한 제재를 적극적으로 주도하고 참여하는 동시에 추가적인 독자제재를 통해 북한을 압박해왔다. 압박 수단으로는 무역, 금융, 자산동결 등 다양한 방법이 활용되어왔으며, 본 절에서는 전반적인 제재 현황을 살펴본 후 금융제재의 내용을 구분하여 논의한다.

북한은 1950년부터 적성국교역법에 따라 미국 내 자산동결 및 무기거래

---

34) 북한은 자금세탁방지와 테러자금조달 방지 비협조국가로 분류된 이후 지속적으로 관련 제도 개선을 요구받아왔다. 2011년에는 관련 제도 미개선으로 금융제재를 기존 주의조치에서 최고 수준인 대응조치로 상향된 상태로 현재까지 지속되어오고 있다.

35) 박지연, "경제제재 대상국의 의사결정 요인 분석"(이화여자대학교 대학원 박사학위 논문, 2013), pp.87-97 내용의 일부를 바탕으로 재구성.

가 금지된 상태이다. 또한 미국은 1961년 제정된 대외원조법에 따라 북한 및 북한과 살상용 군사 장비를 주고받은 국가에 대해서는 어떠한 지원도 보류하도록 하는 제재를 부과하여왔으며, 애국법에 따라 북한에 대한 무역 및 금융에 대한 경제제재를 추가적으로 부과한 상태이다.

　한편 북핵 이슈와 관련한 미국의 대북 경제제재를 시기별로 살펴보면, 첫째 미국은 1990년대 초반 북한의 핵확산금지조약(Nuclear nonproliferation treaty: 이하 NPT) 탈퇴와 관련하여 경제관계 중단에 대한 위협을 골자로 하는 대북 경제제재를 발표하였다. 당시 미국은 북한의 경제가 고립되어 있기 때문에 연료와 식량을 공급하는 중국과 조총련을 통해 수백만 달러를 송금하는 일본의 협력 없이는 제재의 효과를 기대할 수 없다고 판단하고, 즉각적인 제재 부과보다는 제재 발의에 대한 위협을 활용하였다. 미국은 먼저 북한에 대해 국제원자력기구(International Atomic Energy Agency: 이하 IAEA)의 안전조치 이행을 촉구했다. 다음으로 중국에 대한 협조를 유도하면서 한국과의 협조 속에 세부단계로 나뉜 경제제재조치를 취해나갈 계획이었다. 미사일 수출 차단이 그 첫 번째 조치였다.[36] NPT 탈퇴 효력이 발생되기 10일 전인 1993년 6월 2일, 미국과의 협상에서 북한 대표 강석주는 NPT 복귀는 불가능함을 주장했다. 이에 미국은 북한에게 유엔 안보리 회부를 통한 경제제재를 언급하였는데, 미국, 한국, 일본 등은 북한의 NPT 탈퇴가 실제 이루어진다면, 경제제재 조치에 대한 논의를 시작하기로 합의한 상태였다.[37] 미국은 중국에게도 "북한이 NPT에서 탈퇴하면 북한에 대해 제재를 가하라는 국제사회의 압력이 매우 커질 것"이라고 통보했다.[38] 그럼에도 불구하고 북한의 지속적인 핵활동에 미국은 북한과의 모든 대화를 취소하고 대북 경제제재에 착수하였다. 1994년 6월 3일, 갈루치(Robert Gallucci) 차관보는 한미일 공동성명을 통해 북한에 대한 경제제재를 발표하였다.[39] 이

36) 이용준, 『게임의 종말』(파주: 한울, 2010), p.71.
37) *Washington Post*, 1994.6.2; Wit, Joel, Daniel Poneman and Robert Gallucci, 김태현 역, 『북핵위기의 전말』(서울: 모음북스, 2004), p.69.
38) Joel Wit, Daniel Poneman and Robert Gallucci, 『북핵위기의 전말』, p.69.

는 개발원조 공여의 중단, 체육, 문화, 과학 등에서의 교류 및 지원 금지,
무기수출 금지 등을 포함한 경제제재였으며, 만약 이러한 경제제재에도 불
구하고 IAEA의 특별사찰이 이루어지지 않을 경우 무역과 금융거래를 중단
한다는 강경조치였다.

둘째, 2002년 10월 켈리 특사는 북한 방문에서 북한의 고농축우라늄
(Highly Enriched Uranium: 이하 HEU) 개발에 대한 의혹을 제기했다. 이
에 북한의 김계관 부상은 핵무기 비밀개발 계획설을 부인했다. 그러나 다음
날 미국은 "북한의 강석주 제1부상이 전날 김계관 부상의 부인을 번복하고
HEU 개발 사실을 인정했다"고 발표하였으며, 그 결과 미국 국무부는 10월
16일 대변인 성명을 통해 북한의 HEU 개발 계획의 시인을 공표함으로써
2차 북핵위기는 시작되었다.[40] 북한의 HEU 개발 시인에 대해 미국은 즉각
적으로 경제제재를 발의하였다. 부시 행정부는 2002년 11월, 중유제공을
12월부터 중단할 예정임을 발표했으며, 중유지원은 12월부터 실제로 중단
되기 시작하였다. 당시 시세로 중유 50만 톤은 1억 달러에 달하는 가치였는
데, 이는 2002년 북한의 연간 외화수입의 약 10%에 달하는 액수였다.[41]
미국의 경제제재는 북한이 HEU 개발 계획을 포함한 모든 핵개발 계획의
완전하고 항구적인 폐기가 이루어져야 한다는 요구를 담고 있었다.[42]

이에 북한은 12월 12일 외무성 대변인의 담화를 통해 제네바 기본 합의문
에 따라 연간 50만 톤 중유 공급을 전제로 했던 핵동결 조치를 해제하고

39) Hufbauer 외, *Economic Sanctions Reconsidered*, Case Histories and Data No. 93-1; Daniel Drezner, *The Sanctions Paradox* (Cambridge: Cambridge University Press, 1999), pp.280-282.
40) U.S. Department of State Press Statement(2002.10.16.), U.S Department of State Achieve, http://2001-2009.state.gov/r/pa/prs/ps/2002/14432.htm(검색일: 2011.12.10).
41) 이우탁, 『오바마와 김정일의 생존게임』(서울: 창해, 2009), p.215.
42) James Kelly, "United States to North Korea: We Now Have a Pre-Condition," Yale Global Online. Dec. 12. 2002, http://yaleglobal.yale.edu/content/united-states-north-korea-we-now-have-pre-condition.chadwyck.com/home.do(검색일: 2012.8.29).

전력생산에 필요한 핵시설들의 가동과 건설을 즉시 재개할 것이라고 밝혔다. 북한은 12월 12일 핵동결 해제, 22일 5MWe 원자로 봉인 감시카메라 제거, 12월 31일 IAEA 사찰관 추방, 2003년 1월 NPT 탈퇴성명 등으로 미국의 경제제재에 강경하게 대응했다.[43] 미국은 북한의 핵활동을 억지하기 위해 2004년 11월 26일 KEDO 경수로 사업의 1년 중단이라는 경제제재를 추가로 발의했으며, 이후 북한은 2005년 2월 10일 핵보유를 선언했다. 이에 대해 미국은 2005년 5월 행정명령 13382호에 의거하여 WMD 확산연류 북한 회사 12개 및 개인 1명에 대한 자산 동결을 발의했다.

셋째, 미국 재무부는 BDA를 돈세탁 우려 대상으로 지정해 자국 내 금융기관들에게 BDA와 일체 거래를 하지 못하도록 하는 금융제재를 9월 15일 발의하였다. 미국 재무부의 발표로 BDA의 신용은 바닥으로 떨어졌으며, 마카오의 금융질서는 무너졌다. 결국 마카오 행정청은 BDA의 북한계좌를 동결시켰다. 이러한 조치 이후 2006년 상반기에만 전 세계 30개가량의 금융기관이 북한과 금융거래를 축소 혹은 단절시켰다. 또한 미국은 2006년 4월, '외국자산 통제규정' 개정을 통해 미국인의 북한선적 선박의 소유, 임차, 운영, 보험제공을 금지하는 제재를 발의했다. 그해 7월에는 미국 상원에서 '북한 비확산법'이 가결되어 WMD 전용물자, 기술을 거래하는 개인, 기업들의 대미거래가 금지되었다. 이어 9월 21일 조선광성무역 등 북한의 8개 기업이 대량살상무기 확산을 지원한 혐의가 있다며 이들 기업이 미국 내에서 보유하고 있거나 앞으로 보유할 모든 자산에 대해 동결령을 내렸다. 대상은 조선광성무역, 해성무역, 조선종합설비수입, 조선국제화학 합작, 조선부강무역, 조선영광무역, 조선연화기계 합작, 토성기술무역 등이었다.[44]

넷째, 2006년 이후 미국은 유엔의 대북 경제제재에 강력히 동참하면서

43) Stephan Haggard and Marcus Noland, "Engaging North Korea: the Efficacy of Sanctions and Inducements," in Etel Solingen, ed., *Sanctions, Statecraft, and Nuclear Proliferation* (Cambridge: Cambridge University Press, 2012), p.232.

44) Dianne Rennack, *North Korea: Economic Sanctions* (Washington, DC: Library of Congress, 2006), pp.22-28.

복수의 행정명령으로 추가적인 제재를 부과하였다. 먼저 미국은 2008년 북한에 대한 적성국교역법에 의한 제재를 해제하면서 일부 경제제재의 유지를 목적으로 행정명령 13466호에 따른 제재를 부과하였다. 행정명령의 내용은 미국에 동결된 북한 관련 자산의 동결의 유지와 북한 국적 선박의 소유와 보유 및 운영 금지 등이다.[45] 다음으로 2010년 미국은 천안함 사건 이후 행정명령 13511호를 통해 대북한 경제제재를 부과하였다. 구체적인 내용은 WMD 확산 외 무기수출입, 사치품 거래, 마약 밀매, 화폐위조 등의 불법행위 종사 기관 및 개인에 대한 제재와 북한 정찰총국 노동당 39호실, 청공연합 등 금융제재 대상의 지정 등을 담고 있다.[46] 북한에 대한 세 번째 행정명령은 13570호이며 2011년 발표되었다. 행정명령 13570호에서는 북한에서 미국으로 들어오는 모든 물품과 서비스 기술에 대해 허가를 업도록 규정하는 조항을 다루고 있다. 다음으로 2015년 행정명령 13687호는 북한의 소니 픽처스 해킹에 대한 대북제재이다. 주요 내용으로는 북한 정부와 당 관리, 산하단체기관을 포괄적 제재대상으로 지정, 사이버 공격 위협 행위와 인권 관련 불법행위도 제재대상으로 삼도록 하는 근거 마련 및 개인 10명과 단체 3곳을 제재대상으로 추가 지정한 것을 들 수 있다.[47] 마지막으로 북한의 4차 핵실험과 관련하여 지난 3월 미국은 새로운 행정명령 13722호를 발표하였다. 해당 행정명령에는 북한 국외노동자 송출 책임자 및 관여자에 대한 제재, 북한 수송 광물, 에너지, 금융 관련 자산제재, 미국 관할권 내 개인과 단체에 제재 적용, 개인 2명, 단체 15곳, 선박 20척 제재대상으로 추가 지정 등의 내용이 담겨있다.[48]

---

45) Executive Order 13466, https://www.treasury.gov/resource-center/sanctions/Documents/nkeo.pdf(검색일: 2016.4.15).

46) Executive Order 13551, https://fas.org/irp/offdocs/eo/eo-13551.pdf(검색일: 2016.4.15).

47) Executive Order 13687, https://www.whitehouse.gov/the-press-office/2015/01/02/executive-order-imposing-additional-sanctions-respect-north-korea(검색일: 2016.4.15).

48) Executive Order 13722, https://www.treasury.gov/resource-center/sanctions/Pr

미국의 대북 경제제재는 무역, 금융, 자산동결 등 다양한 제재의 도구들을 복합적으로 도입하였으며, 유엔 결의안에 의한 제재와 더불어 독자제재를 다수 발의하였다. 제재의 항목들 중 금융제재에 해당하는 항목들을 정리하면 다음과 같다. 첫째, 1990년대 미국의 대북 금융제재는 개발원조 중단과 같은 간접적인 수준으로 시작되었다. 둘째, 2차 북핵위기 당시 금융제재가 상대적으로 구체화된 수준의 금융자산 동결로 부과되었으나, 실제 금융제재가 주요 제재의 항목으로 등장한 것은 2005년 미국 재무부에 의한 BDA에 대한 돈세탁 우려기관 지정으로 볼 수 있다. 당시 미국의 금융제재가 직접적으로 북한만을 대상으로 한 것을 아니었으나, 미국의 직접적인 제재를 피하고자 BDA는 은행의 북한계좌를 동결하였으며 전 세계 금융기관

〈표 4〉 미국의 대북 금융제재 요약

시기	금융제재 내용
1차 북핵위기 (1994)	개발원조 중단
2차 북핵위기 (2005)	기관 및 개인에 대한 미국 내 (금융)자산 동결
BDA (2005~2006)	BDA 돈세탁 우려 기관 지정 → BDA 내 북한계좌 동결 및 전 세계 약 30개 기관 대북 금융거래 축소
행정명령	13466호(2008): 미국 내 북한 (금융)자산 동결 유지
	13551호(2010): 금융제재 대상 지정
	13687호(2015): 금융제재 포함 포괄제재 대상 추가 지정
	13722호(2016): 금융 관련 자산제재 및 대상 추가 지정

자료: 저자 작성

_____

ograms/Documents/nk_eo_20160316.pdf(검색일: 2016.4.15).

들의 대북 금융거래 축소하는 등 금융제재에 참여하는 현상이 일어나게 되었다. 셋째, 이후 유엔 결의안에 의한 대북 경제제재를 보강하는 형태로 4번의 행정명령을 통해 금융자산 동결에 대한 기관 및 대상을 확대하고 있는 것으로 분석된다.

2. 한국

한국의 대북제재는 한국이 유엔에 제출한 제재이행보고서를 통해 분석할 수 있다. 한국의 대북제재 이행 보고서에 따르면,[49] 한국은 결의 1718호상의 제재대상 품목 이전 및 조달 규제, 제재대상 개인 및 단체의 금융자산 동결과 이전 방지, 제재대상자의 출입국 규제, 북한행·발 화물검색 등 핵심 제재안 중 다음의 항목을 이행하였다. 먼저, 무역제재로서 재래식무기, WMD 관련 물자 및 사치품 관련 「대북 반출반입 승인대상 물품 및 승인절차에 관한 고시」 등 관련 법령 개정 추진하였다. 둘째, 기존 금융재원 이전 통제 고시와 통합한 신규 고시를 제정하였고 셋째, 출입국 및 경유 규제와 관련하여 제재대상자에 대한 출입국관리와 「남북 교류협력에 관한 법률」상 방문증명서 발급 및 출입경 심사 과정에서의 규제를 실시하였다. 다음으로 화물검색과 관련하여 육상 화물은 관련 규정에 따른 통관심사 및 운송화물 검색을 강화하고, 화물자동차 X-ray 투시기 등 장비 인력을 보강하였으며, 해상 화물은 남북 해운합의서와 국내법에 따라 검사하도록 조치하였다. 유엔 제재의 후속조치로서 철도·도로 개보수와 관련한 자재 장비의 인도 중단을 계속 유지하였으며, 경공업 원자재 제공, 지하자원 공동개발, 한강하구 개발 사업의 중단 등을 결정하였다. 더불어 정부차원의 대북지원 즉 당국차원의

---

49) Implementation Report(UNSCR 1718), http://www.un.org/ga/search/view_doc. asp?symbol=S/AC.49/2006/8; http://www.un.org/ga/search/view_doc.asp?symbol=S/AC.49/2006/8/Add.1(검색일: 2016.4.15).

쌀 비료 지원 유보 조치를 유지하였다. 또한 민간의 교류협력에 대한 정부 지원 대상 범위를 조정하는 과정에서 민간의 남북경협은 기업의 자율적 판단과 책임에 따라 추진하는 방향으로 심사를 강화하였으며, 사회문화분야 사업도 선별 지원하는 방법을 도입하였다. 특히 금강산관광 개성공단 사업 관련 조치로서 금강산관광 체험학습 정부 지원 중단, 개성공단 1단계 2차 분양 유보조치 계속 유지 등이 있다.

다음으로 안보리 결의 1874호에 대한 이행보고서에 따르면,[50] 한국은 유엔제재의 각 항목에 대해 다음과 같은 이행 및 추가 조치를 결정하였다. 첫째, 무기 등의 구매 및 판매 금지와 관련하여 「반출·반입 승인대상 물품 및 승인절차에 관한 고시」 등 관련 법령 개정, 제3국 경유 북한 이전 방지를 위한 수출 허가 심사 기준 적용 강화, 13종의 품목을 사치품으로 지정, 대북 반출 제한 조치 시행하였다. 다음으로 화물 검색과 관련하여서는 대북 반출·입 화물 검사 강화하였다. 셋째, 금융제재에 대해 당시 결의 1718호와 1874호에 따른 제재대상 지정 기업들과 거래하고 있는 한국 기업들은 없으며, 대한민국 내 북한 소유 자산이나 계좌도 없는 것으로 판단되나, 「국제평화 및 안전유지 등의 의무이행을 위한 지급 및 영수허가 지침」 개정 등을 통해 향후 제재대상 북한 기업과 거래 금지 조치 및 감시 강화를 추진하였다.

셋째, 안보리 결의 2094호에 대한 한국의 국가이행 보고서에 따르면,[51] 첫째, 무기 및 관련 물자 금수 조치와 관련하여 한국은 「남북교류협력법」, 「대외무역법」 등에 따라 금수 관련 대북 기술훈련, 자문, 서비스 등의 지원을 금지하였으며, 「5·24 조치」에 따라 결의 부속서에 명시된 핵·미사일·화학무기 관련 8개 품목 통제하였고, 「대외무역법」 및 「대북 전략물자의

---

50) Implementation Report(UNSCR 1874), http://www.un.org/ga/search/view_doc. asp?symbol=S/AC.49/2009/2; http://www.un.org/ga/search/view_doc.asp?symb ol=S/AC.49/2009/13; http://www.un.org/ga/search/view_doc.asp?symbol=S/AC. 49/2009/13/Add.1(검색일: 2016.4.15).

51) Implementation Report(UNSCR 2094), http://www.un.org/ga/search/view_doc. asp?symbol=S/AC.49/2013/8(검색일: 2016.4.15).

반출승인절차에 관한 고시」에 의거하여 캐치올(Catch-all) 통제를 실시하였다. 또한 안보리 결의 2094호 제시된 사치품(보석류, 자동차, 요트 등)에 대해 2009년 7월부터 지정한 사치품 목록에 포함하였다. 둘째, 검색 및 차단과 관련하여 한국은 「남북해운합의서」, 「해양경비법」, 「관세법」 등에 따라 한국 영토 내 북한 행·발 금수품목 적재의심 화물에 대해 검색 실시하였으며, 「개항질서법」에 따라 공해상 검색에 응하지 않은 선박에 대해 한국 항구 입항을 불허하도록 하였다. 또한 「남북교류협력법」 및 「항공법」에 따라 금지품목 적재 의심 항공기의 한국 영토 내 이·착륙 및 영공통과를 불허하였다. 셋째, 금융제재와 관련하여 한국은 「협박목적을 위한 자금조달 행위의 금지에 관한 법률」 개정을 추진하였다. 또한 안보리 결의 2094호에 따라 추가 지정된 2개 단체 및 3명의 개인에 대해 금융제재 조치 시행하였으며, 「남북교류협력법」에 따라 금지활동 등에 기여 가능한 금융 및 현금 서비스 제공, 북한 은행 신규지점 개설 및 합작투자, 대북무역에 대한 공적 금융지원 등을 금지하였다. 마지막으로 안보리 결의상 제재대상자와 그와 연관된 인물에 대한 한국 방문을 불허하였다.

넷째, 한국은 지난 3월 발표된 유엔 안보리 결의 2270호를 적극적으로 이행할 계획임을 반복적으로 밝히고 있다. 더불어 안보리 결의안이 채택되기 전인 2월부터 북한의 핵실험에 대한 대응으로 개성공단을 전면 중단하였으며, 기타 남북경협 및 교류협력 등을 중단하였다. 2016년 3월에는 독자제재로서 금융제재와 해운제재를 부과하였다. 이를 구체적으로 살펴보면, 한국은 북한의 WMD 개발에 관련한 단체 30개(북한 단체 24개 및 제3국 단체 6개)와 개인 40명(북한인 38명, 제3국 출신 2명)에 대한 금융제재를 발표하였다. 제재대상 단체나 개인과 금융거래 시 3년 이하의 징역 및 3억 원 미만의 벌금형에 처하도록 규정하였다. 여기에는 대남도발의 배후로 지목되어온 김영철 노동당 대남담당 비서가 포함되어 있으며, 대상 단체 중 13개 단체는 한국 정부만의 독자제재 대상이다. 다음으로 해운제재의 경우 한국은 북한에 기항한 뒤 180일 이내에 국내 입항을 전면 불허하고 제3국 국적이지만 실질적으로 북한이 소유한 편의치적 선박의 국내 입항을 금지하였다. 또한 수출입 통제와 관련하여 북한산 물품이 제3국을 우회하여 국내에 위장반입 되지 않도록 현장 차단 활동 및 남북 간 물품 반출입에 대한 통제 강화, 특히 대량살상무기 개발 특성을 감안하여 실효적 수출통제기준을 마련하고 특화된 감시 대상 품목을 작성할 계획이다. 한편 한국 국민과 재외동포에게 해외에 있는 북한 식당 등 북한이 직접 운영하는 영리시설에 대한 이용을 자제하도록 하고 있다.

그 외 기타 독자제재로서 2010년 5·24 조치가 있다. 북한의 천안함 폭침 에 대해 한국은 북한 선박의 남측 해역 운항을 전면 불허, 남북교역 중단, 국민의 방북 불허, 대북 신규 투자 금지, 대북 지원사업의 원칙적 보류 등을 부과한 바 있다. 한국 정부는 대북제재를 부과하면서 천안함 폭침에 대한 인정과 사과를 요구해왔다. 2015년 6월에는 북한과 무기거래 혐의가 있는 제3국적자 대상 금융제재를 부과하였다. 한국은 유엔 안보리가 지정한 제재 대상자 이외 무기거래 등을 통해 북한을 우회적으로 지원하고 있는 기관, 개인을 금융제재 대상으로 지정하였으며, 한국 국민, 또는 기업이 해당 제재 대상자와 외국환거래법상 지급 및 영수를 하기 위해서는 한국은행 총재의 허가를 받아야 하고 만약 허가를 받지 않고 지급, 영수하는 경우 외국환거래 법 위반으로 처벌받을 수 있도록 하였다(3년 이하의 징역 또는 3억 원 이하 의 벌금).

한국의 대북제재는 기본적으로 무역, 금융, 자산동결 등 다양한 제재 도 구들을 복합적으로 도입하였다. 과거 한국은 결의안 이행을 위한 수동적 조 치만을 취했었다면, 최근에는 결의안보다도 강력한 추가 제재를 포함하는 적극적인 형태로 제재이행을 준비하고 있다. 특히 제재항목들 중 금융제재 항목들을 살펴보면, 초기 결의 1718호의 이행 조치로서의 금융제재는 금융 재원 이전에 대한 신규 고시를 마련하는 형태의 매우 낮은 단계였다. 결의 1874호와 관련해서도 유사하게 결의에서 지정한 금융제재 대상 감시 강화 지침을 개정하는 수준의 제재가 부과되었다. 그러나 안보리 결의 2094호의 이행조치는 기존 조치와 더불어 자금세탁방지기구의 권고를 이행하기 위한 내부 법률 개정을 추진하였으며, 유엔이 지정한 구체적인 대상 및 항목에

〈표 5〉 한국의 대북 금융제재 요약

시기	금융제재 내용
결의안 1718 이행보고	금융재원 이전 통제 관련 신규 고시 제정
결의안 1874 이행보고	제재대상과 거래 금지 조치 및 감시 강화를 위한 지침 개정
결의안 2094 이행보고	• 자금세탁방지기구(FATF) 권고 이행을 위한 법률 개정 추진 • 안보리 결의 2094호에 따라 지정된 2개 단체 및 3명의 개인에 대한 금융제재 조치 시행 • 「남북교류협력법」에 따라 금지활동 등에 기여 가능한 금융 및 현금 서비스 제공, 북한 은행 신규지점 개설 및 합작투자, 대북무역에 대한 공적 금융지원 등을 금지
결의안 2270 연계	• 단체 30개(북한 단체 24개 및 제3국 단체 6개)와 개인 40명(북한인 38명, 제3국 출신 2명)에 대한 금융제재 - 제재대상과 금융거래 시 3년 이하의 징역 및 3억 원 미만의 벌금형
기타 2015년 기재부	• 한국 국민, 또는 기업이 해당 제재대상자와 외국환거래법상 지급 및 영수를 하기 위해서는 한국은행 총재의 허가를 받아야 - 만약 허가를 받지 않고 지급, 영수하는 경우 외국환거래법 위반으로 처벌

자료: 저자 작성

대한 제재조치를 시행하였다. 특히 최근 한국의 대북 금융제재는 유엔의 대상과는 별도로 금융제재 대상을 지정하고 있으며, 규정상 징역형 및 벌금형을 명시하고 있는 특징을 가진다.

V. 결론

경제제재의 효과에 대한 평가는 제재의 목적이 무엇인가, 그리고 그 목적을 달성하였는가를 바탕으로 이루어질 수 있을 것이다. 전술하였듯이 경제제재의 목적은 대상국의 의사결정 변화를 유도하는 것이다. 대북 경제제재의 경우 북한의 핵개발과 관련한 의사결정 변화가 목적이 될 것이다. 따라서 국제사회의 제재 발의자들은 북한에 부과한 경제제재가 북한에게 경제적 타격을 입힘으로 인해 의사결정의 변화를 선택하게 하는 것을 과제로 삼고 있다. 물론 제재가 발의되기 전에 제재위협을 통해서 제재의 목적이 달성된다면, 제재이행의 비용 없이 제재효과를 볼 수 있을 것이니 발의국의 입장에서는 가장 이상적인 제재성공 시나리오가 될 것이다.

요약하자면 국제사회가 부과한 대북 경제제재는 북한에 대한 경제적 실효성을 바탕으로 북한의 의사결정 변화를 이끌거나(〈그림 1〉의 (2)), 경제적 실효성 유무와 상관없이 제재위협으로 인해 북한의 의사결정 변화를 유도할 경우(〈그림 1〉의 (1)) 제재는 효과적인 것으로 평가할 수 있다. 반면, 제재가 북한 경제에 심각한 손실을 유발시키더라도 북한의 의사결정 변화를 유도하지 못하거나(〈그림 1〉의 (4)), 제재가 북한 경제에 아무런 손실을 야기하지 못하고 북한의 의사결정 변화도 유도하지 못하는 경우(〈그림 1〉의 (3)) 경제제재의 효과는 없는 것으로 분석 할 수 있다. 이러한 제재 효과의 시나리오는 금융제재의 경우도 동일하다.

최근까지 국제사회가 부과한 대북 금융제재의 효과를 추정하자면 다음과 같은 특징으로 요약할 수 있다. 첫째, 유일하게 효과적인 금융제재로 평가받은 사례는 2005년 미국의 BDA를 통한 제재였다. 제재를 통해 북한이 국제사회가 주도하는 대화에 참여할 수 있도록 유도하였기 때문이다. 반면 여타 모든 금융제재들은 시기가 경과함에 따라 그 강도가 크게 증가하였지만, 여전히 북한의 의사결정 변화 유도에는 효과가 유의미하지 않았던 것으로 평가할 수 있다(〈그림 2〉 참조). 단편적으로 북한의 핵실험 및 미사일 발사와

<그림 1> 대북 경제제재의 효과 발생 시나리오의 예

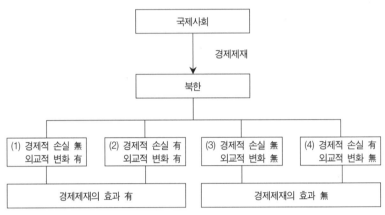

자료: 저자 작성

같은 무력도발의 반복이 이를 입증하는 증거일 수 있다.

과거 북한에 대한 국제사회의 금융제재 효과 발생 시나리오는 두 가지로 추정이 가능하다. 국제사회의 금융제재가 북한의 경제적 손실을 유발했음에도 북한의 의사결정 변화를 유도하지 못했거나, 북한의 경제적 손실을 유발하지 못하여 의사결정 변화에 아무런 영향을 끼치지 못했을 경우이다. 그런데 유일하게 성공적인 금융제재로 평가받는 BDA의 사례를 고려할 경우, 북한이 만약 유의미한 경제적 손실을 입었다면 이에 따른 반응으로서 일정 수주의 제재의 효과가 나타났을 것이다. 따라서 금융제재의 효과가 부재한 까닭은 제재가 북한에 적절한 수준의 경제적 손실을 유발할 수 없었기 때문인 것으로 추정할 수 있다.

<그림 2>에서도 설명되고 있듯이 제재의 강도가 지속적으로 증가되어온 점을 고려할 경우 제재가 경제적 손실 유발에 실패한 것은 첫째, 제재이행이 부족하여 제재의 효과가 발의되지 못하였거나, 둘째 북한 경제 구조 즉 국제 금융시스템의 활용이 거의 없는 북한 경제의 특징 때문에 제재가 실효적이지 못했던 것으로 판단된다. 이러한 이유들로 대북 금융제재가 북한 경제에

〈그림 2〉 대북 금융제재의 효과 분석

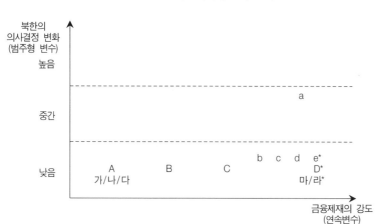

주 1) A: 결의 1718호, B: 결의 1874호, C: 결의 2094호, D*: 결의 2270호 단, *의 효과는 2016년
　　 4월 기준
주 2) a: BDA, b: 행정명령 13466호, c: 행정명령 13551호, d: 행정명령 13687호, e*: 행정명령
　　 13722호, *의 효과는 2016년 4월 기준
주 3) 가: 결의 1718 후속 조치, 나: 결의 1874호 후속 조치, 다: 결의 2094호 후속 조치,
　　 라*: 결의 2270호 후속 조치, 마: 독자 금융제재 단, *의 효과는 2016년 4월 기준
자료: 저자 작성

영향을 미칠 가능성은 높지 않을 것으로 전망된다. 그럼에도 불구하고 대북
금융제재의 효과를 높이기 위해서는 다음을 고려할 필요가 있다. 첫째, 기본
적으로 북한의 금융구조가 매우 폐쇄적인 점을 감안하면 일반적인 금융제재
가 큰 효과를 거두기 어려울 것이다. 그러나 해당 금융제재가 낮은 수준이
라고 하더라도 경제적 손실을 유발할 경우, 북한에 심리적인 위협으로 작용
할 수 있기 때문에 제재의 외교적 효과는 클 수 있다. 따라서 실효성 수준과
상관없이 금융제재를 철저히 이행하는 것은 매우 중요하다. 둘째, 금융제재
를 단독으로 이행하기보다는 무역제재 이행을 위한 2차적인 도구로서 활용
할 필요가 있다. 즉 무역제재 관련 품목의 금융거래를 차단하기 위한 구체
적이며 실질적인 제재대상 지정에 노력해야 할 것이다.

•참고문헌•

박지연. 2013. "경제제재 대상국의 의사결정 요인 분석." 이화여자대학교 대학원 박
    사학위 논문.
이용준. 2010. 『게임의 종말』. 파주: 한울.
이우탁. 2009. 『오바마와 김정일의 생존게임』. 서울: 창해.
임갑수·문덕호. 2013. 『유엔 안보리 제재의 국제정치학』. 서울: 한울.
Wit, Joel, Daniel Poneman, and Robert Gallucci, 김태현 역. 2004. 『북핵위기의
    전말』. 서울: 모음북스.

Baldwin, David. 1985. *Economic Statecraft*. Princeton University Press.
Drezner, Daniel. 1999. *The Sanctions Paradox*. Cambridge: Cambridge University
    Press.
Executive Order 13466. https://www.treasury.gov/resource-center/sanctions/Do
    cuments/nkeo.pdf(검색일: 2016.4.15).
Executive Order 13551. https://fas.org/irp/offdocs/eo/eo-13551.pdf(검색일: 2016.
    4.15).
Executive Order 13687. https://www.whitehouse.gov/the-press-office/2015/01/
    02/executive-order-imposing-additional-sanctions-respect-north-korea
    (검색일: 2016.4.15).
Executive Order 13722. https://www.treasury.gov/resource-center/sanctions/Pro
    grams/Documents/nk_eo_20160316.pdf(검색일: 2016.4.15).
Haggard, Stephan, and Marcus Noland. 2012. "Engaging North Korea: the
    Efficacy of Sanctions and Inducements." In Etel Solingen, ed. *Sanctions,
    Statecraft, and Nuclear Proliferation*. Cambridge: Cambridge University
    Press.
Hufbauer 외. 2007. *Economic Sanctions Reconsidered*. Peterson Institute.
Implementation Report(UNSCR 1718). http://www.un.org/ga/search/view_doc.

asp?symbol=S/AC.49/2006/8; http://www.un.org/ga/search/view_doc.a
sp?symbol=S/AC.49/2006/8/Add.1(검색일: 2016.4.15).

Implementation Report(UNSCR 1874). http://www.un.org/ga/search/view_doc.
asp?symbol=S/AC.49/2009/2; http://www.un.org/ga/search/view_doc.a
sp?symbol=S/AC.49/2009/13; http://www.un.org/ga/search/view_doc.
asp?symbol=S/AC.49/2009/13/Add.1(검색일: 2016.4.15).

Implementation Report(UNSCR 2094). http://www.un.org/ga/search/view_doc.
asp?symbol=S/AC.49/2013/8(검색일: 2016.4.15).

Kelly, James. "United States to North Korea: We Now Have a Pre-Condition."
Yale Global Online. Dec. 12. 2002. http://yaleglobal.yale.edu/content/
united-states-north-korea-we-now-have-pre-condition.chadwyck.com/h
ome.do(검색일: 2012.8.29).

Rennack, Dianne. 2006. *North Korea: Economic Sanctions.* Washington, DC:
Library of Congress.

Steil, Benn and Robert Litan. 2006. *Financial Statecraft.* Yale University Press.

U.S. Department of State Press Statement(2002.10.16). U.S Department of State
Achieve. http://2001-2009.state.gov/r/pa/prs/ps/2002/14432.htm(검색일:
2011.12.10).

UNSCR 1070. http://www.securitycouncilreport.org/atf/cf/%7B65BFCF9B-6D27
-4E9C-8CD3-CF6E4FF96FF9%7D/Chap%20VII%20SRES%201070.pdf(검색
일: 2016.3.15).

UNSCR 1132. http://www.sipri.org/databases/embargoes/un_arms_embargoes/
sierra_leone/1132(검색일: 2016.3.15).

UNSCR 1373. http://www.un.org/en/sc/ctc/specialmeetings/2012/docs/United
%20Nations%20Security%20Council%20Resolution%201373%20(2001).p
df(검색일: 2016.3.15).

UNSCR 1874. http://www.un.org/ga/search/view_doc.asp?symbol=S/RES/1718
%20%282006%29(검색일: 2016.4.15).

UNSCR 1874. http://www.un.org/ga/search/view_doc.asp?symbol=S/RES/1874
%282009%29(검색일: 2016.4.15).

UNSCR 1991. http://www.securitycouncilreport.org/atf/cf/%7B65BFCF9B-6D27-
4E9C-8CD3-CF6E4FF96FF9%7D/DRC%20S%20RES%201991.pdf(검색일:
2016.3.15).

UNSCR 2094. http://www.un.org/ga/search/view_doc.asp?symbol=S/RES/2094
%282013%29(검색일: 2016.4.15).

UNSCR 2270. http://www.un.org/en/ga/search/view_doc.asp?symbol=S/RES/2
270%282016%29(검색일: 2016.4.15).

제7장

북한의 국제금융기구 가입 조건과 전망

장형수 | 한양대학교

I. 서론

북한은 2016년을 제4차 지하핵실험으로 열었다. 국제사회는 북한의 도발에 대해 강화된 유엔 안전보장이사회 차원의 다자간 대북제재와 병행하여 각국의 독자적인 양자간 대북제재조치로 강력하게 대응하고 있다. 현재의 대북제재 상황하에서 단기간 내에 북한의 국제금융기구 가입은 거의 불가능해 보인다.

하지만 북한 핵 문제가 앞이 보이지 않는 매우 위험한 대치국면으로 치닫는 것이 오히려 양측에서 문제 해결에 나설 수 있는 가능성을 더 높여준다는 역설도 존재한다. 북한 핵 문제가 해결과정에 들어서게 되면 북한의 국제금융기구 가입 문제가 반드시 거론될 것이다. 북한이라는 존재가 지구상에서 사라지지 않는다면 북한의 국제금융기구 가입 문제는 향후 본격적 이슈가 될 수밖에 없다.

　북한이 국제금융기구에 가입하는 것은 본격적인 북한 경제의 개발을 위한 전제조건이다. 현재의 국제경제질서하에서 모나코, 안도라 같은 소국을 제외하고는 국제금융기구에 가입하지 못한 국가의 경제가 본격적인 성장궤도에 오른 경우가 없었기 때문이다.

　이 글에서는 한반도를 둘러싼 국제정치적 여건이 개선되어 북한당국이 국제금융기구에 가입을 신청하는 경우를 가정한다. 북한이 가입할 수 있는 국제금융기구는 국제통화기금(IMF: International Monetary Fund), 세계은행그룹(World Bank Group, 이하 WBG로 표기), 아시아개발은행(ADB: Asian Development Bank) 그리고 2016년에 발족한 아시아인프라투자은행(AIIB: Asian Infrastructure Investment Bank)이 있다.[1]

　우리는 먼저 각 국제금융기구에 대한 간략한 설명과 함께 북한개발 관련 자금지원 메커니즘을 살펴볼 것이다. 이어서 각 국제금융기구별로 신규 회원국의 가입 조건과 가입 절차를 논의한다. 마지막으로 우리는 이들 국제금융기구에 대한 북한의 가입 전망을 점검하면서 관련한 몇 가지 시사점을 찾아낼 것이다.

---

1) 유럽부흥개발은행(European Bank for Reconstruction and Development, 이하 EBRD로 표기)은 런던에 본부를 둔 국제개발은행으로서 주로 구소련 해체에 따른 중동구 유럽국가 및 구소련에서 독립한 신생 체제전환국에 대한 자금 및 기술지원을 위해 설립되었다. EBRD에 가입하기 위해서는 우선 북한의 정치체제가 일당독재 사회주의체제를 포기하고 다당제에 기반을 둔 민주정치체제로 개편해야 한다. 이는 북한에서 단기간에는 충족될 수 없는 전제조건이다. 또한 만약 북한이 다당제 민주정치체제로 바뀐다고 해도 EBRD의 아시아국가에 대한 자금지원에는 절차상 시간이 많이 걸린다. 따라서 EBRD는 우리의 논의대상에서 제외한다.

II. 북한개발 자금지원 관련 국제금융기구 개요

1. IMF 개요

1) 브레턴우즈체제와 IMF

국제통화기금(International Monetary Fund, 이하 IMF로 표기)은 세계은행의 핵심을 이루는 국제부흥개발은행(International Bank for Reconstruction and Development, 이하 IBRD로 표기)과 함께 미국의 제2차 세계대전 종전 후 세계경제질서 개편 구상의 중심을 이루는 브레턴우즈체제(Bretton Woods System)의 한 축으로 1945년에 탄생하였다.

미국은 1870년경에 이미 영국과 경제규모가 비슷해진 이후, 제1, 2차 세계대전을 거치면서 국력이 일취월장한다. 미국은 1920년경에는 영국보다 1인당 소득도 더 높아지면서 명실상부한 세계최강의 경제력을 확보하게 된다. 미국은 제2차 세계대전이 연합군의 승리로 끝나는 것이 확실시 된 1944년 7월 미국 북동부 뉴햄프셔 주의 브레턴우즈에서 그동안 축적된 국력을 바탕으로 영국으로부터 경제패권을 공식적으로 넘겨받는다. 미국은 금 1온스와 미국 35달러의 태환(convertibility)을 미국 정부가 보장해주는 새로운 국제통화시스템('달러본위제도')을 제안한다.

이 제도하에서는 미국 달러가 '국제기축통화'가 되고 다른 국가의 통화는 미국 달러에 고정환율로 연결되는데, IMF는 전 세계 고정환율제도를 유지하기 위한 국제금융기구로 탄생하였다. IMF는 환율을 자국에 유리하게 변경하려는 회원국을 감시(surveillance)하는 역할과 함께 고정환율을 준수하였지만 일시적으로 국제수지가 적자가 된 회원국에 대한 긴급자금지원 기능을 보유하게 된다.

IMF는 1970년대 초 '달러본위제도'가 붕괴된 이후에도 계속 긴급자금지원 기능을 통하여 국제경제질서에 지속적으로 큰 영향을 미치게 된다. 제1, 2차 오일쇼크에 따른 1980년대 중반의 중남미 외채위기, 1990년대 초 구소련권의 해체에 따른 20여 신생독립국의 IMF 가입, 1990년대 후반 동아시아 외환위기, 2000년대 말 미국발 금융위기와 연이은 유로존(Eurozone) 재정위기 등에서 IMF는 신속한 자금지원 능력과 광범위한 기술지원 공여를 통하여 그 존재이유를 증명해왔다. 현재의 국제경제질서는 제2차 세계대전 이후 지금까지도 미국이 가장 큰 정치·경제적 영향력을 미치는 브레턴우즈체제가 옷만 바꿔 입으면서 여전히 지속되고 있다. 세계은행그룹의 가장 핵심인 IBRD에 가입할 수 있는 자격조건이 IMF 가입국이라는 점에서 알 수 있듯이 현재의 국제경제질서를 지탱하는 핵심적인 국제금융기구는 IMF이다. IMF는 브레턴우즈체제에서도 중심에 있다.

2) IMF의 회원국에 대한 긴급자금지원 기능

IMF는 기본적으로 회원국에 대한 긴급자금지원 기능을 가진다. IMF 회원국들은 각국이 지분(쿼터, quota) 구조에 따라 자금을 출연하여 기금(Fund)을 만든 뒤 국제수지가 악화되는 비상시에 기금으로부터 긴급자금지원을 받게 된다. 회원국은 자국 쿼터의 25%까지는 언제든지 자유롭게 인출이 가능한데, 이를 하위 크레딧트란셰(Lower Credit Tranche) 인출이라고 부른다.[2] 긴급자금지원의 규모가 쿼터의 25%를 초과하는 경우에는 회원국은 IMF와 스탠바이협약(Stand-By Arrangements)을 체결한 뒤 긴급자금을 일부 인출하게 된다.

이후 회원국은 IMF와 약정한 정책이행조건(conditionalities)[3]을 충족하면 협약한도 내에서 일정 기간마다 자금을 인출할 수 있다. 스탠바이협약의 인출 기간은 일반적으로 12개월에서 18개월(3년까지 연장가능)이며 원칙적

---

2) IMF 회원국은 자국에 배정된 쿼터의 25%는 금 또는 달러, 유로, 엔, 파운드 등 교환성 통화(convertible currency)로 납입하여야 하는데, 하위 크레딧트란셰(Lower Credit Tranche) 인출은 회원국이 IMF에 교환성 통화로 쿼터 납입한 부분에 대해서는 언제든지 자유롭게 인출이 가능하다는 것을 의미한다.

3) 정책이행조건은 일반적으로 금융기관의 국내여신한도, 중앙은행의 대정부여신한도, 통화증가율, 순해외자산, 대외차입한도액 등인데 회원국의 상황에 따라 조금씩 달라진다.

으로 인출 후 2년 3개월~4년 이내에 상환이 이루어진다. 스탠바이협약의 적용 금리는 변동금리인 SDR 금리이나, 지원 금액이 회원국 쿼터의 200% 이상인 경우 1% 포인트, 쿼터의 300% 이상인 경우에는 2% 포인트의 가산금리를 추가한다. IMF는 1974년 9월 확대금융제도(Extended Fund Facility, 이하 EFF로 표기)를 도입하여 스탠바이협약의 지원 조건을 완화한다. 이는 스탠바이협약보다 장기간의 신용인출기간과 대규모 자금이 필요할 때 적용된다. 이 경우 신용인출기간은 4년까지 연장가능하며 상환기간은 4년 6개월~10년으로 연장된다.[4]

3) IMF의 저소득 회원국에 대한 개발자금지원 기능

IMF는 국제수지의 일시적 악화에 따라 외화유동성 부족을 겪고 있는 회원국에 대한 긴급자금지원이 주요 기능이었지만, 1960년대 이후 아프리카, 아시아 등에서 신생독립국이 많이 생기고 이들 국가의 상당수가 저소득 개발도상국이어서 스탠바이협약의 지원조건보다 양허적인 조건의 자금지원 수단이 필요하게 되었다. 빈곤감축 및 성장지원기금(Poverty Reduction and Growth Trust, 이하 PRGT로 표기)은 구조적인 국제수지적자 및 외채상환 곤란에 직면한 저소득 회원국에 대한 자금지원을 통하여 지속적인 경제성장 기반을 조성하기 위해 장기·저리로 구조조정 자금을 제공하는 융자제도이다. 2012년 말 현재 188개 IMF 회원국 중 38%인 71개국이 저소득국(LICs: Low Income Countries)으로 분류되어 PRGT의 지원대상이다.

PRGT에는 3가지 융자제도가 포함된다. 이 중 가장 중요한 것은 확대신용지원금융(Extended Credit Facilities, 이하 ECF로 표기)인데,[5] ECF의 총

---

4) 이외에도 IMF는 건전한 경제정책 등 충분한 기준을 충족하는 국가에 경제위기가 발생하기 전에 미리 신용한도를 공여하는 탄력대출제도(FCL: Flexible Credit Line)와 예방적 대출제도(PCL: Precautionary Credit Line) 등을 운용하고 있지만 이들 제도는 북한이 IMF에 가입하더라도 혜택을 받기에는 상당히 긴 시간이 필요할 것이기 때문에 이번 논의에서는 제외한다.

5) 이는 2010년 이전의 PRGF(Poverty Reduction and Growth Facility)와 비슷한 기능을 가진다. 또한 PRGF의 전신(前身)은 ESAF(Enhanced Structural Adjustment Facility)

〈표 1〉 IMF 스탠바이협약과 확대신용지원금융(ECF)
(2016년 4월 기준)

	스탠바이협약(EFF)	확대신용지원금융(ECF)
기능	단기적인 국제수지악화를 겪고 있는 회원국에 대한 자금지원	저소득 개발도상국가에 양허성 자금지원
인출 한도	IMF 쿼터의 435%(+무제한) 연간 쿼터의 145%	IMF 쿼터의 225% 연간 쿼터의 75%
상환기간	4년 6개월~10년	5년 6개월~10년
이자율	SDR금리+100bp 적용(현재 1.05%), 지원금액이 쿼터의 187.5% 이상이면 200bp, 쿼터의 187.5% 이상이 51개월 이상 지속되면 300bp 가산금리 부과; 인출수수료 0.5%	현재 0% (2016년 말까지)

* 지난 1년 평균 SDR금리가 2% 미만이면 0%, SDR금리가 2%에서 5% 사이면 0.025%, SDR금리가 5%를 초과하면 0.5%를 부과함

자료: 장형수, "국제금융기구의 개발지원 메커니즘과 북한개발지원," 한국수출입은행 북한개발연구센터 편, 『북한개발과 국제협력』(서울: 도서출판 오름, 2014), p.95. 단, 인출한도와 이자율은 새로 업데이트함

인출한도는 회원국 쿼터의 225%이지만, 연간 인출한도는 쿼터의 75%이다. 현재 이자율은 2016년 말까지는 0%이다. 상환은 인출 후 5년 6개월부터 분할 상환을 시작하여 10년까지이다. PRGT의 3개 융자제도 모두 자금지원 조건이 매우 양허적(concessional)이어서 저소득 회원국에는 매력적이다.[6] 저소득 회원국들은 국제금융시장에서 개발자금을 조달하는 것이 거의 불가능하거나, 가능하더라도 상당히 높은 가산금리를 지불해야만 필요한 자금액을 채울 수 있다. 비록 IMF의 PRGT로부터 자금을 지원받으면 자금지원과

이었다.

6) 이외에도 저소득 회원국의 단기·예방적 차원의 자금지원제도인 스탠드바이신용지원금융(Standby Credit Facilities)과 저소득 회원국을 신속하게 지원하기 위해 정책이행 조건(conditionalities)을 최소화한 신속신용지원금융(Rapid Credit Facility)이 있다.

연동된 까다로운 정책이행조건(conditionalities)을 충족해야하고, IMF의 '정책권고(policy advice)'를 통한 자국 경제정책과 구조조정에 대한 일종의 "간섭"을 수용해야하지만 저소득 회원국에게는 거절하기 힘든 유인(incentives)임에 틀림없다.

2. 세계은행그룹(World Bank Group) 개요

1) 총론

세계은행그룹은 세계은행(World Bank)으로 통칭하여 불리는 국제부흥개발은행(IBRD)과 국제개발협회(International Development Agency, 이하 IDA로 표기)라는 두 개의 독립된 국제금융기구를 포함하여, 국제금융공사(International Finance Corporation, 이하 IFC로 표기), 국제투자보증기구(Multilateral Investment Guarantee Agency, 이하 MIGA로 표기), 국제투자분쟁해결본부(International Center for the Settlement of Investment Disputes, 이하 ICSID로 표기)의 다섯 개 국제금융기구로 구성된다. 이 중 ICSID는 국제 투자 관련 분쟁을 조정 또는 중재하는 절차를 관장하는데, 2012년 11월 '론스타'가 우리 정부를 대상으로 외환은행 매각 무산 관련 거액의 손해배상소송을 제기하면서 우리 경제계에도 알려졌다. 그런데 ICSID는 북한개발 관련 자금지원과 직접 관련되지 않으므로 구체적인 논의에서는 제외한다.

세계은행그룹의 핵심인 세계은행은 그 자체로 하나의 조직체를 구성하고 있지만 소속된 직원(staff)들의 담당 업무는 IBRD 또는 IDA 이사회(Board of Directors)에 최종적으로 보고된다. 즉, 세계은행 직원들이 담당하는 자금지원 업무가 법적으로 마무리되는 최종계약서는 실제로 회원국 정부 대표와 IBRD 총재 또는 IDA 총재가 서명한다.[7] 그래서 일반적으로 세계은행으

---

7) 장형수, "국제금융기구의 개발지원 메커니즘과 북한개발지원"(2014), pp.95-96.

로 통칭되지만 세계은행은 실제로 IBRD와 IDA는 별개의 국제금융기구로 구성된다. 그런데 IDA 총재는 IBRD 총재인 세계은행 총재(President)가 겸임하며, IDA 이사회는 IBRD 이사회와 그 구성 인원이 똑같다.[8] IFC 이사회도 IBRD 이사회가 직무상으로 겸임한다. IFC와 MIGA의 총재도 세계은행 총재가 직무상으로 겸임한다. 그래서 이들 국제금융기구들이 세계은행그룹이라고 불리는 것이다.

2) 세계은행의 IBRD와 개발자금지원 기능

IBRD는 개발도상국에 대한 중장기 개발을 지원하기 위한 목적으로 IMF와 함께 1945년에 설립되었다. IBRD는 세계은행그룹의 가장 핵심적인 국제금융기구로서 IDA와 함께 세계은행을 구성하고 있다. IMF가 주로 회원국의 국제유동성 부족 시 긴급자금지원을 공여하는 데 반해서 IBRD는 중소득 회원국의 중장기 개발자금을 융자(loans) 또는 보증(guarantees)을 통하여 지원한다.

IBRD로부터 융자를 받기 위한 필요조건은 세계은행의 자체 소득계산방식인 'Atlas 방식'[9]으로 산출된 2012년 기준 1인당 국민총소득(GNI)이 1,175달러에서 6,925달러 사이에 있어야 한다.[10] 2015년 6월 말 기준 IBRD의 188개 회원국 중 45%인 85개국이 IBRD 자금지원을 받을 수 있다. 2016년 현재 IBRD 융자의 이자율은 고정금리로 환산하면 약 3~4% 정도이다. IBRD의 융자는 일반적으로 거치기간(grace period)은 3~5년이며 거치기간 포함

---

8) International Development Association, *IDA Articles of Agreement*, Article VI, Sections 4 & 5.

9) 각국 화폐단위로 측정된 1인당 소득수준을 국제비교를 위하여 미국 달러화로 환산할 때 IMF가 당해 연도의 시장평균환율만을 사용하는 데 반해서, 세계은행은 3년 가중평균 시장평균환율을 사용함으로써 급격한 환율 변동에 따른 비현실적인 소득수준의 변동을 최대한 제어할 수 있게 된다.

10) 그러나 기존에 IBRD 자금지원을 받던 국가가 '졸업(exit)'하더라도 이전 프로젝트가 완결되기까지는 계속 자금이 유입되기 때문에 IBRD 자금지원을 받는 국가의 소득수준은 이보다 상당히 높을 수 있다.

상환기간(maturity)은 12~18년이다. 그런데 최근에는 회원국이 원하면 거치기간, 상환기간, 변동·고정금리 여부 등 융자조건을 회원국이 자체적으로 결정하도록 하여 상환기간이 12년 이하이거나 18년 이상(30년 이하)인 경우도 가능한 신축적 융자제도(IFLs: IBRD Flexible Loans)를 채택하고 있다.[11]

3) 세계은행의 IDA와 양허성 개발자금지원 기능

세계은행을 구성하는 또 다른 국제금융기구인 IDA는 1960년에 설립되었는데, IBRD가 주로 중소득 개발도상국을 대상으로 개발자금을 지원하는데 반해서 IDA는 저소득 개발도상국을 주요 지원대상국으로 한다. 1960년경에는 아시아·아프리카에서 막 식민 지배를 벗어난 신생독립국들이 많이 생겨났는데 이들 대부분은 저소득 빈곤국이었다. 이들 국가의 개발지원을 위해서는 IBRD의 자금지원조건보다 훨씬 양허적인(concessional) 자금지원을 공여할 수 있는 새로운 성격의 국제금융기구가 필요하였다. 당시 미국이 주도하는 서방권은 소련권과 체제경쟁 중이었는데, 저소득 신흥독립국을 지원하기 위한 IDA가 설립된 것과 당시 개발(development)의 개념이 산업발전에서 빈곤감축(poverty reduction)을 강조하는 방향으로 전환된 것은 이러한 시대상황을 반영하고 있다.[12]

세계은행의 양허성 개발자금지원 창구인 IDA는 무상(grant) 또는 무이자로 융자하는데 거치기간은 6~10년이며, 상환기간은(거치기간 포함) 25~40년인 장기개발자금을 지원한다. 이처럼 양허적인 IDA 융자를 받기 위해서는 세계은행의 'Atlas 방식'으로 산출된 2012년 기준 1인당 국민총소득(GNI)이 1,175달러 이하여야 한다.[13]

---

11) International Bank for Reconstruction and Development, *Information Statement: International Bank for Reconstruction and Development*, September 17, 2015, pp.19-20.

12) 장형수·김석진·김정수, 『국제사회의 개발지원전략과 협력체계 연구』, 경제인문사회연구회 협동연구 11-15-04(서울: 통일연구원, 2011), pp.13-14.

4) IFC와 민간투자지원 기능

IBRD는 위험부담이 있는 개발도상국의 민간기업에 대한 지원 시에는 해당국 정부의 보증을 요구하였기 때문에 민간기업에 대한 국제공적부문의 지원은 제한되었다. IFC는 개발도상국 정부의 보증이 없어도 국제민간투자자와 공동으로 융자와 보증 등을 통해 개발도상국 민간기업에 대한 지원을 위해 1956년 설립되어, 회원국 정부와 공공기관에 대한 지원 위주인 IBRD의 기능을 보완하고 있다.

5) MIGA와 투자위험보증 기능

제1, 2차 오일쇼크의 후유증으로 인하여 1980년대 초중반 국제민간투자자들은 중남미 외채위기를 겪으면서 개발도상국에 대한 투자를 꺼리게 되었다. 그래서 국제민간투자자들은 융자보다는 직접투자 형식을 선호하게 되었는데, 투자자들이 정치적으로 불안정한 개발도상국에 직접투자하는 경우에는 투자원금 및 투자수익금을 자국으로 송금하는 것이 때때로 제한되는 등 비상업적 위험(non-commercial risk)이 부각되었다.

MIGA는 대개도국 외국인직접투자(FDI) 관련 비상업적 위험에 대한 손실보상을 일정 한도에서 보증해줌으로써 회원국 국제민간투자자들의 개발도상국에 대한 외국인 직접투자를 촉진하고자 1988년 설립되었다. MIGA는 IBRD·IFC 및 ADB 등의 기능을 보완하는 것을 주요 목적으로 하고 있다.

---

13) 이외에도 다양한 기준에 의한 IDA 자금수혜 적격국 평가를 통과하여야 한다. 자세한 내용은 International Development Association, *Review of IDA's Graduation Policy*, IDA Resource Mobilization Department(March 1, 2016) 참조.

3. 아시아개발은행(ADB) 개요

1) 아시아개발은행의 일반재원(OCR)을 통한 개발자금지원 기능

ADB는 아시아 지역에 특화된 다자간 지역개발은행으로서 1966년 일본의 주도로 설립되었는데, 2016년 4월 현재 아시아 역내 48개국, 역외 19개국 등 67개국이 회원국으로 가입하고 있으며, 우리나라는 설립 당시부터 회원국이었다.

ADB의 기능은 세계은행그룹의 IBRD, IDA, IFC, MIGA의 아시아 국가 지원기능을 모두 다 합쳐 하나의 국제금융기구로 만든 것으로 이해하면 쉽다. 이 중 ADB의 가장 중요한 기능은 회원국의 출자금과 국제금융시장으로부터의 차입금으로 조달된 일반재원(Ordinary Capital Resource, 이하 OCR로 표기)에 의한 개발자금지원 기능이다. 이는 세계은행의 IBRD 자금지원 기능과 매우 유사하며, 회원국이 상환기간, 통화 및 금리결정기준을 조정할 수 있다. ADB의 OCR 융자의 상환기간은 일반적으로 3~30년이다.

2) 아시아개발은행의 양허성 개발자금지원 기능

ADB는 1973년 아시아개발기금(Asian Development Fund, 이하 ADF로 표기)을 아시아개발은행 내에 설립하여 세계은행의 IDA처럼 저소득 빈곤국에 대한 양허성 개발자금을 지원하고 있다. ADF 재원에 의한 ADB 융자는 무상(grant) 또는 이자가 없으며 단지 약간의 수수료만 부과되는 양허성 개발자금지원으로서 세계은행의 IDA 융자조건과 비슷하다. ADF 재원에 의한 융자의 상환기간은 거치기간 8년 포함 24년(프로그램 융자)에서 32년(프로젝트 융자)이다. ADF 융자 적격국을 결정하는 기준은 세계은행이 'Atlas 방식'으로 측정한 1인당 GNI와 국가신용도이다.

2016년 4월 현재 ADB 회원국 67개국 중 43%인 29개국이 ADF 재원에 의한 융자 수혜 적격국이다. 이 중 17개국은 OCR 재원에 의한 융자는 받을 수 없고 ADF 재원 융자만 수혜 가능한 최빈국(A 그룹)으로 분류된다. 최근에 국제사회의 경제제재가 해제되고 있는 미얀마가 'A 그룹'에 추가로 포함되었다.

4. 아시아인프라투자은행(AIIB) 개요

1) 아시아인프라투자은행 관련 특이 사항

AIIB는 2016년 4월 현재 57개 회원국(역내 37개국, 역외 20개국)이 참여하고 있다. 2015년 5월 22일 AIIB 협정문(Articles of Agreement)[14]이 채택되었고, 6월 29일 베이징에서 50개 창립회원국(Prospective Founding Members)들이 협정문에 서명하였다.[15] 2016년 1월 16일 AIIB는 베이징에서 창립총회(Board of Governors)를 개최하고 협정문의 하위 규정들(By-laws, Rules and Procedures, and Codes of Conduct)을 채택하였다. 창립총회에서 중국인이 초대 AIIB 총재(President)로 선출되었다. AIIB의 업무를 실제로 분담하여 책임질 초대 부총재는 5명인데, 우리나라는 초대 부총재와 초대 이사 자리를 각각 하나씩 차지하였다.

AIIB 설립 자본금은 1,000억 달러이며, 이 중 실제로 납입하는 자본금의 비율은 20%로서 200억 달러이다. 신설되는 다자개발은행으로서는 최초 자본금 규모가 상당히 큰 편이지만,[16] 최초 납입자본금 비율은 상대적으로 낮은 편이다.[17] 다만 납입자본금 규모(200억 달러)는 작지 않다.

중국은 총회에서 투표권 75% 이상의 찬성이 필요한 AIIB 협정문 개정, 수권자본금 변경, 이사회 규모·구성 변경, 비회원국 지원 등 AIIB의 핵심

---

14) Asian Infrastructure Investment Bank, *Asian Infrastructure Investment Bank Articles of Agreement*, Beijing: AIIB, June 29, 2016.
15) AIIB는 지분율 50% 이상인 10개국 이상 회원국이 자국에서 AIIB 협정문을 비준하면 AIIB는 공식적으로 출범하게 된다.
16) BRICS가 설립하는 개발은행인 신개발은행(NDB: New Development Bank)의 설립 자본금은 500억 달러이다.
17) 아시아개발은행의 경우 최초 납입자본금의 비율이 50%로 책정되었다.

결정사항에 대한 '거부권'을 행사할 수 있도록 26.06%의 투표권을 보유하고 있다. 즉, AIIB의 기존 체제(status quo)는 중국이 찬성하지 않는 한 변경될 수 없다. 이는 ADB에서 일본과 미국이 합치면 25% 이상 투표권을 보유하여 '공동 거부권'을 가진 것과 비견된다. 한편 다른 국제금융기구의 일반적인 관례와는 달리 AIIB에서는 러시아가 아시아 역내국가로 분류되어 AIIB 전체 제3위의 지분보유국(6.66%)이 되었다. 이는 최근 급속히 진행된 중국과 러시아의 친선관계를 보여주고 있다. 한국의 지분은 3.81%로서 역내 4위이며, AIIB 전체로서는 5위이다. 한편 아시아개발은행(ADB)에서 한국의 지분은 전체 8위이다.

AIIB 창립총회에서는 아시아 역내 이사(Director) 9명과 역외 이사 3명 등 12명으로 구성된 초대 이사회(Board of Directors)도 출범하였다. 이사회는 AIIB의 정책수립, 총재에 대한 권한 위임, AIIB의 업무에 대한 감독, AIIB의 전략·연례계획 및 예산 승인 등 협정문에서 정한 사항과 총회가 위임하는 권한을 행사한다. 그런데 AIIB 이사회는 일반적인 국제금융기구들과는 달리 AIIB 본부가 있는 중국 베이징에 이사가 상주하지 않는 '비상주(non-resident)' 이사회인데 이는 AIIB의 가장 큰 특징 중 하나이다.

모든 투자결정에 관한 권한을 보유한 것으로 알려진 이사회는 분기별로 한 번씩 열릴 예정이어서 일주일에 두 번씩도 열리는 세계은행 이사회와는 큰 차이를 보이고 있다. 이사회가 다루어야 할 업무가 별로 많지 않을 AIIB 설립 초기에는 이것이 큰 문제가 되지는 않을 것이지만 향후 AIIB의 업무가 본격적으로 수행될 때 과연 '비상주' 이사회가 얼마나 실질적인 결정권을 가질지에 대한 논란이 제기될 전망이다.

이사회가 자주 열리지 않게 되면 아무래도 총재와 부총재를 중심으로 하는 총재단의 정책 결정 자율권이 커지게 되는데, 그러면 '비상주' 이사회제도가 결국 중국에 유리할 것이라는 논란이 생길 수도 있다. 한편 '비상주' 이사회는 총회에서 회원국 총투표권 3/4 이상이 찬성하면 상주 이사회로 변경될 수 있다. 반대로 회원국 총투표권 3/4 이상이 찬성하면 비상주 이사회의 권한마저 총재에 위임하는 것이 가능하게 되어 있다.

2) 아시아인프라투자은행의 개발자금지원 기능

AIIB는 IBRD, IDA, IFC, MIGA 등 세계은행그룹의 모든 기능을 한 곳에 모아놓은 ADB체제와 큰 그림에서 볼 때 비슷하다. AIIB는 융자, 투자, 보증 등을 통하여 회원국 정부 및 공공기관에 대한 개발자금지원은 물론 회원국 민간부문에 대한 자금지원도 담당할 것으로 보인다. 저소득 회원국에 대한 양허성 자금지원 창구도 조만간 만들 것이다. 아직 어느 형태의 자금지원에 가장 중점을 둘지는 알 수 없지만, AIIB의 주도국인 중국이 AIIB 설립과 중국 정부의 '일대일로(一帶一路)' 계획을 연관시키고 있는 점이 눈길을 끈다. '일대일로'와 관련된 중국 접경국은 카자흐스탄 정도를 제외하고는 대부분 저소득 개발도상국이어서 AIIB는 양허성 자금지원을 통한 인프라 개발 자금지원의 비중이 높아야 할 것이다.

AIIB의 설립목적(협정문 제1조 제1항의 i) 중 하나는 아시아 지역의 부족한 "인프라 부문과 기타 생산적 부문에 투자함으로써 아시아의 경제발전을 촉진하고 부(wealth)를 창출"하는 것이다.[18] 이는 일반적인 다자간 개발은행이 빈곤축소(poverty reduction)를 주목적으로 하는 데 반해서 AIIB 협정문에서 '부의 창출'을 주목적의 하나로 언급한 것은 이례적이다. 아직 확언할 수는 없지만 아마도 AIIB는 빈곤축소를 가장 강조하는 ADB와 달리 AIIB는 인프라 개발 부문에 대한 지원에 중점을 둠으로써 ADB와 상호 보완적인 관계를 유지할 것으로 보인다.

---

[18] Asian Infrastructure Investment Bank, *Asian Infrastructure Investment Bank Articles of Agreement*, June 29, 2016.

III. IMF와 세계은행그룹 가입 조건과 절차

1. IMF 가입 조건과 절차

1) IMF 가입 조건

2016년 4월 현재 유엔 회원국 193개국 중 IMF 회원국이 아닌 국가는 쿠바, 북한, 나우루, 안도라, 모나코 등 5개국에 불과하다. 이 중 쿠바는 원래 IMF 회원국이었으나 1959년 쿠바혁명 이후 자진 탈퇴하였고, 나우루,[19] 안도라, 모나코 등은 IMF에 군이 가입하지 않더라도 자금 운영에 큰 문제가 없는 경우이다. 북한은 그동안 IMF, 세계은행, 아시아개발은행 가입에 상당한 관심을 보였었다. 비록 북한이 공식적으로 IMF와 세계은행에 가입을 신청한 적은 없지만 그들도 IMF 가입이 본격적인 북한 경제개발을 위한 전제조건인 국제사회편입의 첫 단계라는 것을 잘 알고 있을 것이다.

일각에서 잘못 알려진 것과는 달리, IMF 협정문(Articles of Agreement)[20]상에 신규회원국에 대한 IMF 가입조건을 명시적으로 지정한 것은 없다.[21] IMF에 신규회원국으로 가입하는 것은 모든 국가에 열려 있다(IMF By-Laws 제21조 a항).[22] 단지 모든 국가에 열려 있는 신규회원국의 가입 여부, 시기 등을 IMF 총회(Board of Governors)가 결정하게 되는데, 이때

---

19) 나우루는 IMF와 세계은행의 IBRD에도 가입하고 있지 않지만, ADB에는 가입하고 있으며 동시에 ADF 융자 적격국이다.

20) International Monetary Fund, *Articles of Agreement of the International Monetary Fund*, Washington, D.C.: International Monetary Fund, April 2016.

21) 이에 대한 상세하고도 구체적인 논의는 장형수, "북한과 국제금융기구: 이슈와 대응," 『수은북한경제』 2008년 봄호(서울: 한국수출입은행, 2008) 참조.

22) "Any country may apply for membership in the Fund by filing with the Fund an application, which shall set forth all relevant facts."; International Monetary Fund, *By-Laws, Rules and Regulations of the International Monetary Fund*, Sixty-Third issue, Washington, D.C.: International Monetary Fund, April 2016.

신규회원국의 출자금(subscriptions) 등을 기존 회원국에 적용되는 원칙을 적용하여 결정하도록 하였다(IMF 협정문 제2조 제2항).[23] 신규회원국 가입은 IMF 총회에서 총투표권의 2/3 이상을 보유하는 과반수 회원국의 대표(Governor)들이 투표에 참가하여[24] 이들이 행사한 투표권의 과반수 찬성이 필요하다. 일반적으로 총회의 의결이 필요한 투표는 다음 연차 총회가 열리기 전까지 기다리거나, 이 투표만을 위한 특별 총회를 개최하기보다는, IMF 상임이사회(Executive Board)의 판단에 따라, 각 회원국이 자국에서 일정한 방식으로 투표하는 '서면투표(vote without meeting)'로 시행하게 된다. 서면투표의 절차, 조건, 방식 등에 대해서는 IMF 협정문의 하위 규정(IMF By-Laws 제13조)에 구체적으로 서술되어 있다.

2) IMF 가입 절차

비회원국이 IMF에 가입을 신청하면 가입신청서는 IMF 상임이사회로 접수된다. IMF 협정문의 하위 규정(IMF Rules and Regulations, D-1)에는 IMF 상임이사회가 가입신청국의 가입 심사와 관련하여 취해야 할 일련의 행동들에 대한 자세하고도 구체적인 설명이 명시되어 있다.

"비회원국이 IMF에 가입을 신청하면, IMF 상임이사회는 먼저 충분한 토론과 예비조사를 시행한 뒤 가입희망국에 대한 공식조사를 시행할 것인가에 대한 결정을 내린다. 상임이사회가 가입희망국에 대한 공식조사를 실시하기로 결정하면 IMF는 가입 신청과 관련된 모든 적절한 정보를 취득할 수 있으며, 가입 신청과 관련된 사항을 가입희망국과 토의한다. 모든 상임이사는 자신이 결정을 내

---

23) "Membership shall be open to other countries at such times and in accordance with such terms as may be prescribed by the Board of Governors. These terms, including the terms for subscriptions, shall be based on principles consistent with those applied to other countries that are already members."
24) IMF 협정문 제12조 제2항의 d: "A quorum for any meeting of the Board of Governors shall be a majority of the Governors having not less than two-thirds of the total voting power."

리는데 적절하다고 생각되는 정보를 가입희망국에 요청할 수 있다. 공식조사
후 상임이사회는 상임이사회의 의견을 첨부하여 가입 건을 총회에 제출하여 별
도의 회동을 갖지 않고 총회의 투표에 부칠 것인지, 아니면 다음 총회까지 가입
신청 건을 보류할 것인지를 결정한다. 만약 상임이사회가 가입희망국에 대한
공식조사를 하지 않겠다고 결정하였다면 상임이사회는 이 결정에 대한 이유와
함께 총회에 보고하여야 한다."

_장형수, "국제금융기구의 개발지원 메커니즘과 북한개발지원," p.102[25]

　결국 IMF 가입희망국의 가입 건을 총회에 추천할 것인지에 대한 결정은
상임이사회의 표결로 결정된다. 상임이사회에서 상정안이 통과되기 위해서
는 IMF 총 투표권의 1/2 이상을 보유하는 과반수 상임이사가 투표에 참여
하여[26] 이들이 행사한 투표권의 과반수 찬성이 필요하다.

　가입희망국의 가입신청이 IMF 상임이사회에 접수되면 상임이사회는 가
입 추천 여부와 관계없이 이 사실을 총회에 보고해야 한다. IMF 상임이사회
는 가입희망국의 가입을 총회에 추천하기 전에 가입 희망국과 미리 협의하
여 IMF 쿼터 규모, 출자금 납입방식, 그리고 상임이사회가 판단하기에 총회

---

25) "When a country applies for membership in the Fund, the application shall be
placed promptly before the Executive Board, and a reasonable time shall be
allowed for discussion and preliminary investigation by the Executive Board
before a decision is reached to proceed with the formal investigation. If this
decision is in the affirmative the Fund may proceed to obtain all relevant
information and discuss with the applicant any matters relating to its appli-
cation. Any Executive Director may request such information to be added to
the list requested of the applicant as in his opinion is relevant to the decision
to be made. The Executive Board shall then decide whether to submit an appli-
cation for membership with its views to the Board of Governors for a vote
without meeting or hold the application until the next meeting of the Board
of Governors. If the Executive Board decides not to proceed with its formal
investigation of an application for membership, it shall report that decision to
the Board of Governors with the reasons for the decision."

26) IMF 협정문 제12조 제3항의 h: "A quorum for any meeting of the Executive
Board shall be a majority of the Executive Directors having not less than one-
half of the total voting power."

에서 결정되어야 할 기타 사항들을 총회에 상정해야 한다(IMF By-laws, 제 21조 b항).[27] 총회에서는 서면투표를 통해 IMF 총투표권의 2/3 이상을 보유하는 과반수 회원국이 투표에 참가하여 이들이 행사한 투표권의 과반수 찬성으로 가입을 최종 승인한다.

3) IMF의 신규회원국 쿼터 규모 산정

상임이사회가 가입희망국에 대한 공식조사(formal investigation)를 하기로 결정하면 가입 신청과 관련된 정보 중 신규회원국의 IMF 쿼터 규모를 산정하기 위한 정보가 가장 중요하다. IMF 쿼터는 투표권의 기준이 되며 또한 IMF의 긴급자금지원과 양허성 자금지원 규모를 결정하는 기준이 되는 것으로 신규 가입 시 쿼터를 얼마나 배정받을 것인가가 매우 중요하다.

2008년에 개정된 '계산 쿼터(Q)'는 GDP, 개방도, 변동성 및 외환보유고를 변수로 하는 공식이다.[28]

$$Q = (0.5 \times Y + 0.3 \times O + 0.15 \times V + 0.05 \times R) \times 0.95$$

Y: 최근 3년간 연평균 GDP 〈시장환율 GDP와 구매력평가(PPP) GDP를 6:4의 비율로 가중평균〉

O: 최근 5년간 연평균 경상지급 및 수입

V: 최근 13년간 경상수입 및 순자본흐름의 3년 이동평균의 표준편차

R: 최근 12개월 월평균 외환보유액

---

27) "The Executive Board shall report on all application to the Board of Governors, when an application is submitted to the Board of Governors with a recommendation that the applicant country be admitted to membership, the Executive Board after consultation with the applicant country shall recommend to the Board of Governors the amount of the quota, the form of payment of the subscription, and such other conditions as, in the opinion of the Executive Board, the Board of Governors may with to prescribe."

28) 한국은행, 『국제금융기구』(서울: 한국은행, 2011), p.30.

0.95: 조정계수(compression factor)

신규 회원국에 대해서는 이렇게 '계산된 쿼터' 규모를 참조하고, 또한 신규회원국의 GDP, 교역 규모 등이 비슷한 기존 회원국의 실제 쿼터를 참조하여 적절한 신규회원국의 쿼터 배정안을 IMF 상임이사회가 총회에 추천하면 총회에서(거의 원안대로) 최종 결정된다.

북한이 IMF에 가입을 신청하여 상임이사회가 북한에 대한 공식조사(formal investigation)를 할 것을 결정하면, IMF는 출장팀을 북한에 파견하여 기초통계를 조사할 것이다. 북한이 IMF에 가입 전에 제출해야 하는 통계는 IMF 쿼터 계산 공식에 들어가는 GDP, 무역수지, 경상수지, 자본수지, 외환보유고 등이 필요하다.

한편 모든 IMF 상임이사국은 자국이 가입희망국의 가입 여부 결정에 적절하다고 판단하는 정보를 가입희망국에 요청할 수 있다는 조항(IMF Rules and Regulations, D-1)이 있는데 이것은 상임이사회가 가입심사를 충분히 할 수 있도록 하기 위한 일반적인 차원의 언급이었다.

그런데 이것이 마치 일각에서는 IMF 가입의 전제조건인 것처럼 잘못 알려져 왔다. 구소련 연방에 속했던 약 15개 신생독립국들이 1992년 IMF 가입 신청 시 GDP, 무역수지, 경상수지 등 기본적인 시장경제 통계에 대한 개념조차 몰랐었는데도 불구하고 일단 IMF에 가입한 사례가 있다.[29]

이들 국가의 통계 공무원들은 IMF 가입 후 IMF 연수원(IMF Institute) 등에서 IMF 자금으로 시장경제 통계작성에 관한 연수를 지속적으로 받은 바 있다. 북한에 대해서도 비슷한 조치가 취해질 것이다. 통계 작성 능력은 IMF 가입의 전제조건이 아니라 IMF 가입 후 연수에 참여하여 배워야 할 회원국의 의무이다.

---

[29] 장형수, "북한과 국제금융기구: 이슈와 대응," p.5.

2. 세계은행(World Bank) 가입 조건과 절차

1) 세계은행 가입 조건

세계은행그룹의 IDA와 IFC에는 IBRD 회원국만이 가입할 수 있다. MIGA 도 마찬가지다. 세계은행의 IBRD에 가입이 승인되면 다른 세계은행그룹에도 가입하는 것은 시간 문제이다. 그래서 이 글에서는 세계은행(IBRD)의 가입 조건과 절차만 살펴본다.

그런데 신규 회원국이 세계은행의 IBRD에 가입하기 위해서는 먼저 IMF 에 가입하여야 한다(IBRD 협정문 제2조 제1항의 b).30) IBRD 가입 조건을 충족한 가입희망국에 대한 최종 승인은 IBRD 총회에서 이루어진다. IBRD 총회에서는 서면투표를 통해 IBRD 총투표권의 2/3 이상을 보유하는 과반수 회원국이 투표에 참가하여31) 이들이 행사한 투표권의 과반수 찬성이 있으 면 가입희망국의 IBRD 가입은 승인된다.

2) 세계은행(IBRD) 가입 절차

IMF 회원국인 국가가 가입신청서를 IBRD 이사회에 접수하면 이사회는 가입 추천 여부와 관계없이 이 사실을 총회에 보고해야 한다. 만약 IBRD 이사회가 가입희망국의 가입을 총회에 추천하는 경우에는 사전에 가입 희망 국과 미리 협의하여 IBRD 출자주식 수와 기타 이사회가 판단하기에 총회에 서 결정되어야 할 사항들을 총회에 상정해야 한다(IBRD By-laws, 제19조 b항).32) IBRD 총회에서 가입이 결정되면 가입예정국은 출자주식을 인수하

---

30) "Membership shall be open to other members of the Fund, at such times and in accordance with such terms as may be prescribed by the Bank."; International Bank for Reconstruction and Development, *International Bank for Reconstruction and Development Articles of Agreement*, June 27, 2012.

31) IBRD 협정문 제5조 제2항의 d: "A quorum for any meeting of the Board of Governors shall be a majority of the Governors, exercising not less than two-thirds of the total voting power."

32) "The Executive Directors shall report on all applications to the Board of

고 그 대금을 납입함으로써 정식 회원국이 된다.

IV. 아시아개발은행과 아시아인프라투자은행 가입 조건과 절차

1. 아시아개발은행(ADB)의 가입 조건과 절차

1) 아시아개발은행 가입 조건

ADB 협정문[33]상으로 아시아개발은행에 아시아 역내 국가가 가입하기 위해서는 유엔 회원국이면 되므로 가입조건이 사실상 없는 것과 같다. 아시아 역내 국가가 아닌 경우에는 유엔 회원국 조건에 선진국(developed country) 조건이 추가된다. 가입희망국이 ADB에 가입하려면 총회에서 전체 회원국 중 2/3 이상의 찬성이 필요하며, 동시에 이들 찬성 회원국들이 ADB 총 투표권의 3/4 이상을 보유해야 한다(ADB 협정문 제3조 제2항).[34]

Governors. When an application is submitted to the Board of Governors, with a recommendation that the applicant country be admitted to membership, the Executive Directors after consultation with the applicant country shall recommend to the Board of Governors the number of shares of capital stock to be subscribed and such other conditions as, in the opinion of the Executive Directors, the Board of Governors may wish to prescribe."; International Bank for Reconstruction and Development, *By-Laws of the International Bank for Reconstruction and Development*, September 26, 1980.

33) Asian Development Bank, *Agreement Establishing the Asian Development Bank*, Manila: ADB.

34) "Countries eligible for membership under paragraph 1 of this Article which do not become members in accordance with Article 64 of this Agreement may be admitted, under such terms and conditions as the Bank may determine, to membership in the Bank upon the affirmative vote of two-thirds of the total

이 조건은 IMF나 세계은행에 가입할 경우 총회에서 투표권 2/3 이상의
과반수 회원국이 투표에 참가하여 그중 투표권 과반수 찬성이 필요한 것
에 비해서 훨씬 까다로운 조건이다.[35) 그래서 합하면 ADB 투표권 25% 이
상을 보유하고 있는 일본과 미국이 반대하는 국가는 ADB 회원국이 될 수
없다.

2) 아시아개발은행 가입 절차

아시아개발은행의 가입 절차는 세계은행(IBRD)과 큰 차이가 없다. ADB
이사회가 가입희망국의 가입을 총회에 추천하는 경우에는 사전에 가입희망
국과 미리 협의하여 ADB 출자주식 수와 기타 이사회가 판단하기에 총회에
서 결정되어야 할 사항들을 총회에 상정해야 한다(ADB By-Laws 제16조).
다만 ADB 이사회는 가입희망국이 ADB에 가입을 신청할 경우 그 국가의
가입을 총회에 추천하지 않을 것이면 이를 총회에 반드시 보고할 필요는
없다.

2. 아시아인프라투자은행(AIIB)의 가입 조건과 절차

1) 아시아인프라투자은행 가입 조건

2016년 12월까지 창립회원국의 자격을 갖추지 못한 국가가 향후 AIIB에
새로이 가입하려면 그 국가는 먼저 세계은행의 IBRD 또는 ADB의 회원국
이어야 하며(AIIB 협정문 제3조 제1항과 제2항),[36) 가입 신청은 AIIB 총회

---

number of Governors, representing not less than three-fourths of the total voting
power of the members."
35) ADB 총회와 이사회의 의사정족수는 전체 투표권 2/3 이상을 대표하는 과반수 회원
국 또는 이사국의 투표 참석이다(ADB 협정문 제29조 제2항과 제30조 제2항).
36) "Membership in the Bank shall be open to members of the International Bank
for Reconstruction and Development or the Asian Development Bank."; Asian
Infrastructure Investment Bank, *Asian Infrastructure Investment Bank Articles of*

에서 회원국 1/2 이상의 찬성과 총 투표권 1/2 이상의 찬성을 필요로 하는
특별다수결(Special Majority)로 의결한다.[37) 38)]

2) 아시아인프라투자은행 가입 절차

아시아인프라투자은행의 가입 절차는 세계은행(IBRD), 아시아개발은행
(ADB)과 대동소이하다. 가입희망국이 AIIB에 가입신청서를 제출한 뒤 AIIB
이사회가 가입희망국의 가입을 총회에 추천하는 경우에는 사전에 가입희망
국과 협의하여 AIIB 출자주식 수와 기타 AIIB '비상주' 이사회가 판단하기에
총회에서 결정되어야 할 사항들을 모두 총회에 상정해야 한다(AIIB By-
Laws 제4조의 a항).[39)]

Agreement, Beijing: AIIB, June 29, 2016.

37) "Members of the International Bank for Reconstruction and Development or
the Asian Development Bank which do not become members in accordance
with Article 58 may be admitted, under such terms and conditions as the Bank
shall determine, to membership in the Bank by a Special Majority vote of the
Board of Governors as provided in Article 28."

38) AIIB 총회와 AIIB '비상주' 이사회의 의사정족수(quorum)는 전체 투표권 2/3 이상을
대표하는 과반수 회원국(이사국)의 투표 참석(AIIB 협정문 제24조 제2항과 제27조
제2항)으로서 ADB와 같다.

39) "Applications for membership in the Bank in accordance with Article 3 of the
Articles of Agreement shall be considered by the Board of Governors when
submitted by the Board of Directors with a recommendation that the appli-
cant be admitted to membership along with the proposed number of shares
of capital stock to be subscribed and such other conditions as, in the opinion
of the Board of Directors, the Board of Governors may wish to prescribe."

V. 결론: 북한의 국제금융기구 가입 전망

1. 북한의 IMF, 세계은행, 아시아개발은행 가입 전망

IMF, 세계은행, 아시아개발은행 가입은 서로 연결되어 있는 이슈이다. 세계은행그룹의 국제금융기구에 가입하기 위한 전제조건은 IBRD 가입이고, IBRD 가입에는 IMF 가입이 전제조건이다. 비록 ADB 가입은 형식상 브레턴우즈 자매기관인 IMF, 세계은행과 별도이긴 하지만 IMF에 가입하지 않은 국가가 ADB에 가입하는 것은 거의 불가능하다. 북한이 아시아개발은행에 두 번이나 가입을 신청하였으나, 일본과 미국의 반대로 총회에 상정도 되지 못하고 무산된 사례가 이를 잘 말해준다.

결국 미국이 주도하는 국제금융기구들인 IMF, 세계은행, 아시아개발은행에 북한이 가입하는 문제는 북한을 둘러싼 국제정치적인 고려에 의해 결정될 것이다. 그런데 〈표 2〉에서 보듯이 투표권을 지닌 20위권 국가 중 미국, 일본, 서유럽 주요국, 캐나다, 호주, 멕시코, 사우디 등 "확실한" 친미성향 국가들(대한민국, 스위스, 터키 등 제외)의 투표권을 합치면 IMF는 52.31%, IBRD는 50.47%에 달한다. IMF와 IBRD에 가입하기 위해서는 총회에서 총 투표권의 2/3 이상을 보유하는 과반수 회원국이 투표에 참가하여 이들이 행사한 투표권의 과반수 찬성이 필요하다. 현재 상황에서는 미국, 일본 등 "확실한" 친미성향 국가들만 총회 서면투표에 불참하기만 하여도 북한의 IMF, IBRD 가입은 원천 봉쇄된다. 또한 ADB에 가입하려면 총회에서 전체 회원국 2/3 이상의 찬성과 ADB 총 투표권의 3/4 이상의 찬성이 필요한데, 북한의 가입 신청은 미국과 일본 두 나라만 반대(투표권 합계는 25.59%)하면 북한 가입은 ADB 총회에 상정할 필요도 없이 단번에 거부된다.

만약 향후 북한 핵 문제가 해결과정에 들어서게 된다면, 북한의 IMF 가입 문제가 6자회담 등 미국과 북한의 협상테이블에 핵 문제 해결과정과 연계된 의제로 올라갈 가능성이 있다. 향후 북한 핵 문제가 해결과정에 들어서게

〈표 2〉 국제금융기구의 주요국 투표권 비중(2016년 4월 1일 현재)

(%)

순위	국제통화기금(IMF)		세계은행(IBRD)		아시아개발은행(ADB)	
1	미국	16.80	미국	15.76	일본	12.84
2	일본	6.26	일본	7.30	미국	12.75
3	중국	6.19	중국	4.72	중국	5.48
4	독일	5.41	독일	4.27	인도	5.39
5	프랑스	4.10	프랑스	4.00	호주	4.95
6	영국	4.10	영국	4.00	캐나다	4.50
7	이탈리아	3.07	인도	3.10	인도네시아	4.40
8	인도	2.68	러시아	2.95	대한민국	4.35
9	러시아	2.64	사우디	2.95	독일	3.78
10	브라질	2.26	캐나다	2.59	말레이시아	2.49
11	캐나다	2.26	이탈리아	2.57	필리핀	2.21
12	사우디	2.05	네덜란드	2.04	프랑스	2.17
13	스페인	1.96	스페인	1.97	파키스탄	2.05
14	멕시코	1.83	브라질	1.87	영국	1.94
15	네덜란드	1.79	대한민국	1.68	이탈리아	1.75
16	대한민국	1.76	벨기에	1.60	뉴질랜드	1.53
17	호주	1.36	이란	1.57	태국	1.40
18	벨기에	1.32	스위스	1.55	대만	1.17
19	스위스	1.20	호주	1.42	네덜란드	1.12
20	터키	0.97	터키	1.16	방글라데시	1.12

주: IMF는 2016년 3월 26일 현재 '2010년 쿼터 증액 결의'에 따른 쿼터 증액분 납입이 진행 중이어서 실시간 각국 쿼터와 투표권 비중이 변화하고 있으나, 그 변화분은 아주 미미하므로 최종적인 국가별 투표권 비중은 이 표에 나와 있는 수치와 거의 차이가 없다. 영국과 프랑스의 IMF 투표권은 동일함
자료: 저자 작성

된다는 것은 북한은 핵과 장거리 탄도미사일 개발을 포기하고 미국은 북한과 국교를 수립하고 북한체제의 안전을 보장해주는 것을 기준점으로 협상한 결과 상호간에 자국의 국익 보호에 어느 정도 성과가 있다고 판단하는 경우를 말한다. 이 협상과정에서 미국은 북한의 IMF 가입을 레버리지로 활용할 수도 있다. 만약 북한 핵 문제가 해결과정에 들어서게 되는 단계가 현실화된다면, 우리 입장에서 볼 때 북한의 IMF 가입을 협상의 레버리지로 생각하기보다는 북한의 IMF 가입을 조속히 실현시켜 북한의 국제사회편입을 촉진하는 것이 중장기적으로 우리의 국익에 도움이 된다는 점을 감안하여 북한의 조속한 IMF 가입을 도와주는 방향으로 전략을 짜야 한다.[40]

2. 북한의 아시아인프라투자은행 가입 전망

2011년 말 북한 김정은 정권이 들어서면서 여러 가지 이유로 북한과 중국 간 관계가 김정일 정권 때보다 못한 상황이 지속되고 있는 것 같다. 이와는 별도로 향후 '책임 있는 대국'으로 발전하여 국제사회에서 정치·경제적 영향력을 행사하고 싶은 중국의 입장에서 자국이 주도하고 있는 아시아인프라투자은행(AIIB)에서 현재 상태의 북한을 지원하는 데 적극적으로 나설 가능성은 매우 낮다.

이러한 중국의 속내는 AIIB의 가입 조건에도 잘 나타나 있다. 앞에서 살펴본 것처럼, IMF, 세계은행, 아시아개발은행이 모두 신규회원국 가입에 구속력 있게 적용될 수 있는 실질적인 가입조건을 제시하지 않고 있다. 이에 반해서 AIIB는 IBRD 회원국 또는 ADB 회원국이라는 가입조건을 설정함으로써 양쪽 모두에 비회원국인 북한의 AIIB 가입을 원천 봉쇄하고 있다. 이

---

40) 북한 핵 문제 해결과정이 시작되고 북한이 IMF에 가입을 신청하는 경우에 IMF 상임 이사회에 벌어질 상황을 구체적으로 묘사한 자료 참조. 장형수, "장형수 전 국정원 국가정보관의 현장 분석," 『신동아』 2007년 8월호(서울: 동아일보사, 2007).

는 결국 북한이 미국이 주도하는 IMF에 먼저 가입하지 않으면 중국이 주도 하는 AIIB에도 가입하는 것이 불가능한 구도를 만들었음을 의미한다.

이는 북한의 국제사회 편입을 최초로 허용하는 부담을 구태여 중국이 지지 않겠다는 의지의 표현이라고 볼 수 있다. 북한이 IMF, IBRD, ADB에 가입한 이후에는 북한의 AIIB 가입은 시간 문제이다. 신규회원국 가입을 의결하기 위한 총회 의결종족수가 AIIB가 가장 작고(회원국 1/2 이상의 찬성과 총 투표권 1/2 이상의 찬성) ADB가 가장 많기(회원국 2/3 이상의 찬성과 총 투표권 3/4 이상의 찬성) 때문이다.

3. 비회원국 북한에 대한 국제금융기구의 지원 가능성 검토

다른 국제금융기구와는 달리 AIIB의 협정문에는 '특이하게도' 비회원국에 대한 지원 조항이 있다. AIIB 협정문에는 AIIB에 가입하지 않은 국가(예를 들면, 북한)에 대한 자금지원, 협조융자, 기술지원 등을 포함한 다양한 지원이 총회에서 회원국 2/3 이상의 찬성과 총 투표권 3/4 이상의 찬성(Super Majority, 최대다수결)을 얻으면 가능함을 명시하고 있다(AIIB 협정문 제11조 제1항의 b).[41] 이에 따라 북한이 AIIB에 가입하지 않은 상태에서 AIIB의 자금지원을 받을 수 있는 길은 열려 있다는 긍정적인 평가가 가능하다.

---

41) "(a) The Bank may provide or facilitate financing to any member, or any agency, instrumentality or political subdivision thereof, or any entity or enterprise operating in the territory of a member, as well as to international or regional agencies or entities concerned with economic development of the region. (b) The Bank may, in special circumstances, provide assistance to a recipient not listed in sub-paragraph (a) above only if the Board of Governors, by a Super Majority vote as provided in Article 28: (i) shall have determined that such assistance is designed to serve the purpose and come within the functions of the Bank and is in the interest of the Bank's membership; and (ii) shall have specified the types of assistance under paragraph 2 of this Article that may be provided to such recipient."(밑줄은 저자 표기)

〈표 3〉 아시아인프라투자은행 회원국, 지분, 투표권

순위	국가	지분율	투표권	순위	국가	지분율	투표권
1	**중국**	30.34%	**26.06%**	32	브루네이	0.05%	0.31%
2	인도	8.52%	7.51%	33	라오스	0.04%	0.30%
3	러시아	6.66%	5.93%	34	몽골	0.04%	0.30%
4	**대한민국**	3.81%	**3.50%**	35	타지키스탄	0.03%	0.29%
5	호주	3.76%	3.46%	36	키르키즈	0.03%	0.29%
6	인도네시아	3.42%	3.17%	37	말다이브	0.01%	0.27%
7	터키	2.66%	2.52%	역내국 합계		74.77%	73.29%
8	사우디아라비아	2.59%	2.47%				
9	이란	1.61%	1.63%				
10	태국	1.45%	1.50%	1	독일	4.57%	4.15%
11	UAE	1.21%	1.29%	2	프랑스	3.44%	3.19%
12	파키스탄	1.05%	1.16%	3	브라질	3.24%	3.02%
13	필리핀	1.00%	1.11%	4	영국	3.11%	2.91%
14	이스라엘	0.76%	0.91%	5	이탈리아	2.62%	2.49%
15	카자흐스탄	0.74%	0.89%	6	스페인	1.79%	1.79%
16	베트남	0.68%	0.84%	7	네덜란드	1.05%	1.16%
17	방글라데시	0.67%	0.83%	8	폴란드	0.85%	0.98%
18	카타르	0.62%	0.79%	9	스위스	0.72%	0.87%
19	쿠웨이트	0.55%	0.73%	10	이집트	0.66%	0.83%
20	뉴질랜드	0.47%	0.66%	11	스웨덴	0.64%	0.81%
21	스리랑카	0.27%	0.50%	12	남아공	0.60%	0.77%
22	미얀마	0.27%	0.49%	13	노르웨이	0.56%	0.74%
23	오만	0.26%	0.49%	14	오스트리아	0.51%	0.70%

24	아제르바이잔	0.26%	0.48%	15	덴마크	0.38%	0.58%
25	싱가포르	0.25%	0.48%	16	핀란드	0.32%	0.53%
26	우즈베키스탄	0.22%	0.45%	17	룩셈부르크	0.07%	0.32%
27	요르단	0.12%	0.37%	18	포르투갈	0.07%	0.32%
28	말레이시아	0.11%	0.36%	19	아이슬란드	0.02%	0.28%
29	네팔	0.08%	0.33%	20	몰타	0.01%	0.27%
30	캄보디아	0.06%	0.32%	역외국 합계		25.23%	26.71%
31	그루지야	0.05%	0.31%				

자료: 기획재정부, 「최경환 부총리, AIIB 협정문 서명」 보도자료, 2015년 6월 29일

그런데 AIIB 협정문 조항을 자세히 살펴보면, 비록 비회원국에 대한 지원이 가능성은 열려 있지만 그 전제조건이 AIIB '총회'에서 '총 투표권 3/4 이상'이 찬성하는 '경우에만(only if)' 가능하도록 되어 있다. 먼저 협정문상에 비회원국에 대한 지원의 전제조건을 명시함으로써 이 조건을 충족시키지 않는 한(only if) 북한에 대한 지원은 불가능하게 된다. 게다가 그 전제조건이 총 투표권의 3/4 이상의 찬성으로 총회에서 결정하게 되어 있다. 총회의 투표는 대부분 서면투표로 이루어지며 투표가 마무리되기 위해서는 상당한 시간이 걸린다. 무엇보다도 총회에서 총 투표권의 3/4 이상의 찬성을 받기는 쉬운 일이 아니다.

만약 북한 핵 문제가 해결과정에 들어서더라도 북한이 IMF, 세계은행에 가입할 정도의 국제사회의 지지를 얻지 못하는 상황이라면, 북한은 AIIB의 비회원국 지원제도를 활용할 수 없게 된다. 만약 이때가 되어 중국이 비회원국 북한에 대한 지원을 추진하더라도 75%의 찬성표를 결집하는 것은 어렵다. 〈표 3〉에서 보듯이 호주, 뉴질랜드, 이스라엘, 유럽국가의 투표권 합계는 이미 총 투표권의 25%를 상회한다. 향후 일본과 미국이 AIIB에 가입하게 되면 더욱 어려워진다.

차라리 이러한 전제조건을 협정문에 명시해두지 않은 다른 국제금융기구의 경우에 비회원국에 대한 지원이 사례별로 가능하며 오히려 AIIB보다 덜 엄격한 조건하에서 실행되었다. 예를 들어, 세계은행에서는 신탁기금(Trust Fund) 설립을 통하여 세계은행 가입이 임박하거나 "특별히 지원할 이유가 있는" 비회원국들에 대해 이미 몇 차례의 자금지원을 실행한 경험이 있다.[42] 이 경우 총회가 아닌 세계은행 이사회에서의 의결만으로도 가능할 수 있으므로 신속하게 비회원국을 지원하는 것이 가능하다.

그래서 중국이 주도하는 AIIB가 협정문 상에서 명시적으로 언급은 하였지만 비회원국에 대한 지원에 매우 까다로운 조건을 달아둔 의도(?)를 해석하기가 쉽지 않다. 아마도 중국은 향후 북한 핵 문제가 해결과정에 들어서더라도 미국이 먼저 북한을 국제사회에 편입시키는 조치를 취하지 않는 이상 자신들이 먼저 움직이지 않겠다는 의사를 표시한 것으로 해석할 수도 있다. 즉, 미국이 북한을 IMF, 세계은행에 가입하도록 하면 허용한다면 자연히 북한의 AIIB 가입은 이루어질 것이지만 그 전에 중국이 주도하는 AIIB가 비회원국인 북한에 대한 지원에 먼저 나서는 무리수를 두진 않겠다는 것으로 보인다.

---

42) 장형수·박영곤, 『국제협력체 설립을 통한 북한개발 지원방안』(서울: 대외경제정책연구원, 2000), pp.35-44.

•참고문헌•

기획재정부. 2015. 「최경환 부총리, AIIB 협정문 서명」 보도자료, 2015년 6월 29일.

장형수. 2007. "장형수 전 국정원 국가정보관의 현장 분석." 『신동아』 2007년 8월호. 서울: 동아일보사.

_____. 2008. "북한과 국제금융기구: 이슈와 대응." 『수은북한경제』 2008년 봄호. 서울: 한국수출입은행.

_____. 2008. "북한의 테러지원국 해제문제와 국제금융기구." 『KDI 북한경제리뷰』 2008년 6월호. 서울: 한국개발연구원.

_____. 2014. "국제금융기구의 개발지원 메커니즘과 북한개발지원." 한국수출입은행 북한개발연구센터 편. 『북한개발과 국제협력』. 서울: 도서출판 오름.

장형수·김석진·김정수. 2011. 『국제사회의 개발지원전략과 협력체계 연구』. 경제인문사회연구회 협동연구 11-15-04. 서울: 통일연구원.

장형수·박영곤. 2000. 『국제협력체 설립을 통한 북한개발 지원방안』. 조사분석 00-05. 서울: 대외경제정책연구원.

장형수·송정호·임을출. 2008. 『다자간 개발기구의 체계 및 활동』. 경제인문사회연구회 협동연구 08-08-06. 서울: 통일연구원.

한국은행. 2011. 『국제금융기구』. 서울: 한국은행.

Asian Development Bank. *Agreement Establishing the Asian Development Bank.* Manila: ADB.

_____. *By-Laws of the Asian Development Bank.* Manila: ADB.

Asian Infrastructure Investment Bank. 2016. *Asian Infrastructure Investment Bank Articles of Agreement.* Beijing: AIIB, June 29.

_____. *By-Laws of the Asian Infrastructure Investment Bank,* Beijing: AIIB.

International Bank for Reconstruction, and Development. 1980. *By-Laws of the International Bank for Reconstruction and Development.* September 26.

_____. 2012. *International Bank for Reconstruction and Development Articles of Agreement.* June 27.

_____. 2015. *Information Statement: International Bank for Reconstruction and*

Development. September 17.

International Development Association. 2016. *Review of IDA's Graduation Policy*, IDA Resource Mobilization Department(DFIRM). Washington, D.C.: IDA. March 1.

_____. *IDA Articles of Agreement*. Washington, D.C.: IDA.

International Monetary Fund. 2016. *Articles of Agreement of the International Monetary Fund*. Washington, D.C.: International Monetary Fund. April.

_____. 2016. *By-Laws, Rules and Regulations of the International Monetary Fund*. Sixty-Third issue. Washington, D.C.: International Monetary Fund. April.

IMF 공식 웹사이트(www.imf.org).

세계은행그룹 공식 웹사이트(www.worldbank.org).

아시아개발은행 공식 웹사이트(www.adb.org).

아시아인프라투자은행 공식 웹사이트(www.aiib.org).

제8장

북한개발을 위한
동북아 금융협력 촉진 방안[*]

김유리 | 한국수출입은행

I. 서론

북한 핵 문제를 포함한 정치안보적 사안이 해결되고, 남북관계를 비롯한 북한의 대외관계에서 정치적 신뢰가 구축될 것을 기대하며 경제협력 방안을 준비하는 작업은 지속적으로 필요하다. 북한의 경제적 개방과 개발이 진행될 때, 한국은 주요 협력 파트너로서 북한 경제의 효율적인 발전에 기여하면서 신속하게 역내의 상호의존적 연결망에 포함될 수 있도록 유도하며 지원할 필요가 있다. 이를 위해서는 기본적인 인프라 연계망의 구축과 함께 장기적이고 종합적인 발전 전략을 세울 필요가 있으며, 이러한 사업의 추진을 위해서는 금융협력분야에서 지역 내 양자 또는 다자적 협력을 통해 대규모

---

[*] 본 연구는『동북아 개발과 다자금융협력: 지역 MDB 활용을 중심으로』(한국수출입은행, 2016) 중 관련 부분을 수정, 보완한 것입니다.

의 장기적인 지원 및 투자유치 방안을 모색해야 한다. 본 장에서는 향후 북한의 지역사회 편입 시 역내 금융협력 활성화를 통한 원활한 협력 증진에 기여하고자, 동북아를 포함하는 아시아 차원의 금융협력 관련 협의체 현황을 검토하고 활용방안을 모색한다. 최근 동북아의 금융협력 환경 변화를 고려하여 현존하는 역내 협의체 활용방안을 살펴보고, 신규 행위자로서 북한의 참여 가능성 및 원활한 편입을 위한 지원 방안을 제시하면서 논의 중에 있는 동북아수은협의체 활성화 및 동북아개발은행 설립 제안도 함께 고민해 보고자 한다.

동북아시아는 그 경제적인 잠재력에도 불구하고 금융분야를 포함하여 역내에서는 이렇다 할 다자적인 협의체나 기구를 발전시키지 못하였다. 금융위기를 거치면서 유동성 위기 대처를 위한 역내 금융협력의 필요성을 환기시킨 바 있으나, 타 지역에 비해 지금까지 유의미한 성과를 도출했다고 보기는 어렵다.

동북아 금융협력은 한국이 동북아를 기반으로 유라시아를 향한 경제적 연결성을 강화하기 위한 기초 작업임과 동시에 북한개발 지원과 직결된 사안이다. 통일 과정이 어떠하든지 간에 한국은 북한개발 비용에 대한 부담을 덜어낼 방안을 고민할 수밖에 없고, 동북아 역내 개발을 위한 체계적인 금융협력 기구나 유의미한 협의체가 있다면 국제사회의 자금을 조달할 방법으로서 통일비용을 절감하고 북한개발의 재원을 마련할 수 있는 좋은 도구가 될 수 있다.

2014년 박근혜 대통령이 드레스덴 선언에서 동북아개발은행(NEADB: Northeast Asia Development Bank) 설립을 언급하면서 한국이 주도적으로 동북아의 역내 금융협력을 강화할 방안에 대한 고민이 이어져 왔다. 때때로 정치권과 학계에서 동북아 역내 개발은행 설립이나 이에 준하는 금융협력 틀의 구축 필요성이 제기되어 왔으며, 이는 역내의 금융협력 강화가 동북아와 연계한 북한개발 지원 방안의 하나로서 장기적이고 지속적인 효과가 기대되는 방안이기 때문이다.

장기적으로 동북아개발은행을 설립하거나 그 이전에라도 이에 준하는 금융협력 기제를 만든다면, 북한을 동북아의 지역사회와 연계하고, 나아가 중국의 일대일로와 같은 광범위한 구상과 연결하여 한국의 유라시아 진출 확대에도 큰 기회가 될 것이다. 당장은 북한 핵으로 인해 동북아 역내 주요국들과 금융협력에 대한 합의를 기대하기 어려운 상황이다. 전반적인 경제협력 확대는 핵 문제를 포함한 정치·안보적 사안의 일차적인 해결 이후에 가능하다. 그러나 뒤집어 생각하면, 소규모 사업이나 협의체 운영 등 먼저 경제적인 측면에서 협력을 시작하고 그 파급효과로 정치적인 갈등의 해결을 앞당기는 긍정적인 영향도 기대할 수 있다.

역내의 금융협력 강화를 위해 실질적인 효과를 낼 수 있는 협의체, 기금 등이 필요하다는 주장은 계속 제기되어 왔다. 금융협력의 강화는 역내외의 정치·경제적 환경에 큰 영향을 받는다. 특히 동북아와 같이 정치적 갈등 요소가 상존하는 경우는 협력 모색 시점마다 환경과 이슈에 대한 분석이 필요하다. 향후 역내 금융협력을 위해 새로운 협의체를 만들거나 동북아개발은행 설립을 모색할 경우, 그 시점에서 필요성과 환경적 요인을 다시 검토할 필요가 있다.

II절에서는 최근 변화 요구가 확산되고 있는 국제금융협력 환경의 변화를 조망하고 지역별 금융협력 확산 추세와 지역 협의체 등장의 의미를 설명하였다. III절에서는 동북아의 인프라 개발 잠재력과 현재 아시아 역내 금융협력 논의 및 각종 협의체 현황을 살펴보았다. 최근 이슈가 되고 있는 중국의 일대일로 구상 및 AIIB 창립의 영향을 함께 논하고자 한다. 이어서 IV절에서는 북한개발 추진 시 기 존재 협의체들을 활용할 방안을 정리하고, 동북아에 초점을 둔 동북아수은협의체 등 역내 협의체 활성화 방안과 함께, 장기적으로 이를 발전시켜 동북아개발은행을 추진할 경우의 접근방법까지 제시해보고자 한다.

II. 금융협력 환경 변화와 지역 협의체의 확산

1. 국제금융구조의 변화와 지역별 금융협력 확대

한 국가 또는 지역의 경제발전은 개발의 기초가 되는 인프라 구축으로 시작되며, 도로, 철도, 항만, 발전소 등 인프라의 구축은 대규모 투자를 필요로 한다. 대규모의 장기적인 투자가 필요한 개발도상국으로서는 외부로부터의 자금조달이 필수적이다. 외부조달 재원 중 공적자금에는 양자개발원조(ODA)나 공적수출신용, 다자개발금융 등이 있다.

ODA는 빈곤국과 저소득국이 이용하는 양허성 지원으로, 동북아에서는 경제수준으로 볼 때 몽골, 북한이 수혜 가능하다. 공적수출신용(Official Export Credit)은 수출입은행과 같은 각국의 수출신용기관(Export Credit Agency)을 통해 민간은행들이 기피하는 중장기 사업을 지원하는 것이다. 다자개발금융은 다자개발은행(Multilateral Development Bank, 이하 MDB로 표기)의 지원 자금으로, 회원국 출연금과 국제금융시장에서의 차입을 통해 공공성 있는 대규모 사업, 특히 초국경 사업을 지원한다. 아시아권에서는 세계은행과 아시아개발은행(ADB)이 대표적인 MDB로 활동해 왔다. 이러한 공적자금은 민간자금을 유치가 어려운 개도국의 사업을 활성화하여 중장기적으로 민간금융이 원활하게 유입되고 지속적인 개발이 가능하도록 촉진하는 역할을 한다.

2차 대전 이후 현재까지 초국경 인프라 사업에서는 다자개발금융을 제공하는 MDB들이 큰 역할을 하였다. 지역별 MDB의 활동은 역내 경제협력의 활성화에 지속적인 효과가 있었고, 지역별 다자금융협력은 장기적인 역내 경제협력의 필수 요소였다.[1] 그러나 세계 경제의 발전에 따라 국제금융구

---

1) 개발협력(원조)에 있어서 MDB 포함 국제금융기구의 효과성을 극대화할 수 있는 이론적인 접근에 대해서는 Jonathan Sanford, "Development Theory and the Multi-

조도 변하고 있다. 민간의 상업적 투자가 급증하면서 공적자금을 추월하고 있고, 개발원조에서도 민간재단, 종교단체, NGO 등의 활동이 공적 원조 규모에 육박하였다.[2] 인프라 사업에서도 민간투자 비중이 커졌고, 투자위험을 분담하기 위해 민관협력(Public-Private Partnership, 이하 PPP로 표기) 형태의 사업이 증가하고 있다. 아시아개발은행(ADB)도 PPP사무소를 설립하고 2020년까지 PPP 지원의 비중을 ADB 전체 지원액의 50%까지 확대할 계획이다.[3] 역내국 상호 개발에 집중하는 소지역 MDB나 특정 목표를 위한 기금의 설립[4]도 크게 확산되고 있다.

국제금융구조의 행위자 비중이 변화하는 이유는 일단 개발 수요에 비해 기존 국제금융기구들의 지원 규모가 부족하기 때문이다. 2차 대전 이후 미국 주도의 세계은행과 IMF 중심으로 운영되어 온 국제금융질서가 한계에 이르렀다는 의견이 확산되고 있다. 인프라 구축, 전염병 퇴치, 분쟁과 자연재해 복구, 금융위기, 기후변화에 이르기까지 금융지원 수요는 증가하고 있으나, 기존 국제금융기구들이 모두 부응하기는 어려운 실정이다. 기존 MDB 들 내에서도 개혁 요구가 있으며, 최근 빈곤 퇴치에 편중되어 있던 목표를 새롭게 하여 전반적인 성장과 복지에 기여하는 글로벌 혹은 지역 공공재

---

lateral Development Banks: An Assessment of the Effectiveness of Strategies Used in International Development Finance," *American Journal of Economics and Sociology*, Vol.34, No.2(April 1975), pp.175-195 참조.

2) 국제금융구조에서 MDB를 포함한 주요 금융행위자들의 비중 변화에 대해서는 Johannes F. Linn, "Realizing the Potential of the Multilateral Development Banks"(September 2013), http://www.brookings.edu/research/articles/2013/09/multilateral-development-banks-linn(검색일: 2015.10.12).

3) 2020년까지 아시아에서 내 약 8조 달러의 투자가 필요할 것으로 전망하고, 전체 지원의 20% 정도인 PPP 지원의 비중을 확대할 것으로 발표하였다. ADB, "Public-Private Partnership Operational Plan 2012-2020"(September 2012), http://www.adb.org/documents/public-private-partnership-operational-plan-2012-2020(검색일: 2016.2.9).

4) 예를 들면 '국제농업개발기금(the International Fund for Agricultural Development)', '에이즈·결핵·말라리아 퇴치 세계기금(the Global Fund to Fight AIDS, Tuberculosis and Malaria)' 등이 활동 중이며, 이들은 특성화된 기금을 MDB에 신탁 운용하는 경우도 증가하고 있으나 상당수는 독자적 지배구조를 보유하고 있다.

(global and regional public goods)의 제공에 집중해야 한다는 지적이 나온다.[5] 선진국 위주의 지배구조를 개선하고 신흥경제국과 개도국들의 요구를 적극 수용해야 한다는 주장도 많다. 신흥경제국과 개도국들이 새로운 기구를 창설하여 효율적으로 수요에 대응하려는 노력도 확산되고 있다. 2014년 BRICS 5개국(브라질, 러시아, 인도, 중국, 남아공)의 신개발은행(New Development Bank, 이하 NDB로 표기) 설립이나, 최근 중국이 주도하여 창립한 아시아인프라투자은행(Asian Infrastructure Investment Bank, 이하 AIIB로 표기) 등이 그 사례가 된다. 세계은행과 IMF를 중심으로 운영되어 온 국제금융질서에서 변화를 촉진할 것으로 예상되어 우려와 기대가 교차하고 있다.

AIIB와 같은 신규 MDB나 작은 지역에 집중하는 소지역 MDB 설립은 새로운 국제금융기구를 만들어 필요에 부응하려는 노력이기도 하고, 기존 국제금융기구의 개혁 부진에 대한 불만의 표현이기도 하다. 최근 금융위기를 거치면서 IMF 등 기존 국제금융기구들이 세계경제를 관리하는 데에 한계를 드러냈다는 평가가 많았다. IMF의 설립 당시 역할은 세계통화안정을 위한 조정과 개도국의 거시경제정책 조정이었으나, 동아시아 금융위기를 지나면서 금융위기에 대처하는 역할을 자처한 바 있다.

그러나 1990년대 말 동아시아 금융위기 이후 그 역할에 대한 불신과 불만이 표출되었다. 이에 기존 국제금융기구의 운영에 대한 변화 요구와 함께, 지역별로 국가 간 협력체를 통해 위기에 대처하고, 필요에 따라 금융협력을 촉진하는 움직임이 확산되고 있다. 국가 간 정치적 협력을 기반으로 하므로 각국의 역량과 영향력이 반영된다. 미국과 서구 중심으로 운영되던 국제금융구조가 잇따른 위기와 신흥경제국들의 부상 등이 맞물려 변화가 불가피해

---

5) 글로벌 공공재 제공을 포함하여 개발 지원과 관련한 개혁 요구 사항에 대한 MDB들의 논의에 대해서는 Development Committee, "From Billions to Trillions: Transforming Development Finance Post-2015 Financing for Development: Multilateral Development Finance," prepared jointly by the AfDB, ADB, EBRD, EIB, IDB, IMF, and the World Bank(2015) 참조.

진 것이다.

세계적 차원에서도 G2로 불리는 미국과 중국을 중심으로 G20와 같은 선진국과 신흥경제국 국가 간 협의체를 통해 제도적인 개혁을 도모하고 위기 대응을 모색하고 있다. G20는 극소수 선진국 협의체였던 G7(G8)과 모든 국가의 협의체인 UN의 중간쯤 되는 규모로 국제금융구조의 문제점을 논의하는 장이 되고 있다.

참여국 숫자가 다소 늘어나 민주적이라 여길 수도 있지만, 국가 중심적인 구조로 정치경제적 역량이 있는 국가 간 협의의 중요성을 보여준다. 다자적 틀로서 영향력을 가지려면 참여국들이 공통의 가치와 규범을 토대로 정당성과 강제성을 갖춘 체계를 만들어 내야 한다.[6]

국가 간 협의체는 다자주의의 틀을 빌려 각국이 정보를 공유하고 신뢰를 구축하면서 문제에 대비한다는 측면에서 장기적인 개발 지원 기구 마련의 유용한 기반이 될 수 있다.

지역별로도 국가 간의 공동체 형성 노력과 병행하여 경제협력을 위한 다양한 협의체가 활동 중이고, 아시아에서도 회원 구성과 이슈를 내세운 협의체들이 활동하고 있다. 다음 절에서 아시아의 금융협력 관련 협의체들을 살펴보기 전에, 북한이 속한 동북아 개발을 위한 지역협의체 구축 노력을 잠시 되짚어보고자 한다.

---

6) 2008년의 금융위기 이후 G20 주도로 the Financial Stability Board(FSB)를 설립하기 도 하는 등 노력 중이다. 여전히 전통적인 의미의 강대국들이 의제를 주도한다는 점에 서 국제정치의 반영인 것은 변함이 없으며, 다자주의는 민주주의적 이상의 실현이기보 다는 주요국들이 협의하여 만든 규범을 기초로 하여 운영되는 틀이고 역량 있는 국가 들이 주된 행위자가 된다. Richard Higgott, "The Theory and Practice of Global Economic Governance in the Early Twenty-First Century: the Limits of Multi-lateralism," in Wyn Grant and Graham K. Wilson (eds.), *The Consequences of the Global Financial Crisis: The Rhetoric of Reform and Regulation* (Oxford University Press, 2012), pp.17-25; Higgott의 연구에서 G. Garrett, "G2 in G20: China, the United States and the World after the Global Financial Crisis," *Global Policy*, Vol.1, No.1(2010), pp.29-39 재참조.

2. 1990년대 동북아 역내 협의체 구축 노력

탈냉전 직후인 1990년대부터 동북아는 개발 잠재력에 비해 개발재원이 부족하다는 평가를 받아 왔다. 정치적 갈등을 우회하고 경제협력의 시너지를 창출하고자 다양한 협력 구상이 제기되었다. 1980년대 말부터 국가 또는 지방정부 주도로 환동해, 환황해, 또는 동북아시아 경제권이라는 개념들이 제시되면서 동북아에서 초국경적·다자적 개발 사업을 추진하려는 노력들이 있었다.[7] 1990년대에 실질적으로 동북아 역내 국가 간 협의체로서 다자적 개발 사업을 도모한 사례는 두만강유역개발계획(Tumen River Area Development Programme, 이하 TRADP로 표기)이다. 1990년대 중반까지 UNDP 주도의 TRADP를 중심으로 북한, 중국, 러시아 접경인 두만강 유역에 집중한 개발협력 관련 논의가 진행되었다.[8] 한국, 북한, 중국, 러시아, 몽골 등 5개국이 UNDP의 기술적, 재정적 지원을 받으며 협의에 참여하였다. 당시 북한도 상당한 관심을 표명하며 나진, 선봉의 개방과 연계하여 발전을 꾀한 바 있다. 일본은 공식 참가국은 아니었고 옵서버로 참여하였다.

---

7) 일본에서 1980년대 후반부터 일본, 한국, 북한을 중심으로 극동 러시아와 중국 동북 3성까지 포함한 '환동해(일본해) 경제권' 논의가 존재하였다. '환황해 경제권'은 한국 일부 지방자치체에서 한국 서해안과 중국 동부 연안을 연계하여 제시한 개념이다. '동북아시아 경제권'은 로버트 A. 스칼라피노 교수가 제창한 '자연경제권(NET: Natural Economic Territory)'에서 착안하여, 동북아 역내 상호 의존이 밀접해지면서 점차 하나의 생활경제권을 형성한다는 이론에 기초한 개념으로, 자연발생적으로 상호 의존할 수밖에 없는 경제권이므로 공동 번영을 촉진하자는 주장이었다. 개념별로 지리적 범위에 차이가 있으나, 대체로 일본과 한국이 자본과 기술을, 중국 동북3성이나 북한은 노동력, 극동 러시아와 몽골은 천연자원을 제공하여 발전에 기여한다는 내용은 유사하다. 김영춘, "수교 이후 일본의 대북한 경제협력 전망," 『통일연구논총』 5권 1호(1999), pp.101-119; 이수행, 『환황해 경제권의 거점화 전략과 경기도의 대응방안』(경기개발연구원, 2008) 등 참조.
8) 냉전 시기에는 중국, 소련, 북한의 접경지대로 국제개발의 관심 범위 밖에 있었으나, 탈냉전과 함께 1990년경 민간에서 개발논의가 시작되어 1991년 TRADP로 수렴되었고, 1995년경까지 비교적 구체적인 협의가 있었다. 고일동, 『두만강지역 개발계획(TRADP)의 최근 동향과 재원조달 방안』(한국개발연구원, 1999), p.3.

1990년대 당시 TRADP는 국내에서도 동북아의 풍부한 자원에 접근할 기회이자, 동해를 통한 효율적인 운송과 선박 루트를 확보한다는 의미에서 주목을 받았다. TRADP 사업에 대한 금융지원 방안도 여러 가지로 논의되었다.[9] 그러나 이후 불거진 북한 핵 문제와 남북관계의 부침, 그리고 러시아의 정치경제적 불안정 등 위험 요인 증가로 동력을 잃게 되었다. 또한 중국, 러시아 등 관련국의 경제개발 전략에서 동북아는 우선순위 지역이 아니었고, TRADP 역시 재정적으로나 사업 발굴 면에서나 추진동력을 이어가지 못하였다.[10] 결국 1990년대 중반부터 TRADP는 실질적인 진전 없이 정체되고, 운영에도 심각한 자금 부족을 겪게 되었다. TRADP는 UNDP 산하 협의체였으며 2001년까지는 UNDP가 공여기구였으나, 2003년에는 약 32%의 지분을 차지하는 공동 후원자 중 하나가 되었고, UNDP 재정이 악화하면서 2006년경에는 UNDP의 지원은 중단되었다. 대신 한국과 중국이 재정지원 대부분을 감당하게 되었다.[11]

2005년 장춘에서 정부간 합의(장춘 합의, Changchun Agreement)에 의해 TRADP를 10년간 연장(2006~2015)하면서 명칭을 광역두만강유역개발계획(the Greater Tumen Initiative, 이하 GTI로 표기)으로 변경하였다. 장차 민간기업의 참여를 독려하면서 사업 대상 지역도 확대한다는 취지로, 광역두만강지역(the Greater Tumen Region, 이하 GTR로 표기)이라 하여 오히려 대상 지역을 넓혀 중국 동북3성과 내몽골, 북한 나진선봉자유무역지

---

9) TRADP의 경과와 관련, Chung-Mo Koo, Hyun-Hoon Lee and Donna Yoo, "Northeast Asian Economic Cooperation: Assessment and Prospects of the Greater Tumen Initiative,"『동북아경제연구』24권 2호(2012), pp.313-353 참조.

10) 1994년경 TRADP와 관련한 UNDP의 운영예산이 고갈되면서 UNDP의 독자적 추진이 불가능해졌고, 1995년 이후 사실상 진전이 없이 지원이 줄어드는 상황만 반복되었다. 전형권, "동북아 소지역협력과 지역 거버넌스의 등장: 두만강유역개발계획(TRADP)을 중심으로,"『국제정치논총』46집 4호(2006), p.186.

11) 초기의 working group들은 기능을 멈추고, 자금 부족과 함께 지속적인 운영에 어려움을 겪었다. GTI로 전환한 이후 분야별 사업 관련 연구 및 정부 간 협의를 위한 비용을 부담하였다. Koo, Lee and Yoo, "Northeast Asian Economic Cooperation," pp.318-321.

역, 몽골 동부, 러시아 연해주, 한국의 동해 연안을 포괄하였다.[12] 실질적인
사업이 진행된 것은 아니고, 연구 및 교류를 지속하면서 관련국들의 주의를
환기시키는 데에 목적을 둔 협의체로 명맥을 이어 왔다.

비록 실질적인 진전은 없었으나, GTI는 동북아 역내에서 사무국을 갖추고
정례적 체계가 작동하는 유일한 개발 관련 협의체로서 의미가 있다. 1990년
대 초에는 북한도 자발적으로 TRADP에 참여하였음에 주목할 만하다. 물론
당시에는 공산권 붕괴로 인한 충격을 완화하고 절대적으로 부족했던 외화를
조달하기 위해 동북 지방 일부를 개방하고자 했던 것으로, 체제 위기를 우려
하여 한정된 지역만을 제한적으로 개방했던 시도였다. 초기에는 TRADP에
대한 북한 지도층의 기대도 상당히 높았던 것으로 알려졌으나, 실질적 성과
없이 정치안보적 갈등이 심화되면서 효과를 보지 못하였다. 핵 문제로 국제
사회에서 고립되고 UN 제재로 관계가 악화되자 2009년 공식 탈퇴하였
다.[13]

GTI가 향후 국제기구로 전환하여 동북아 경제협력의 제도적 틀로 기능한
다면 인프라 개발 사업 촉진에도 긍정적 영향을 줄 것으로 기대된다. 특히
초국경 인프라 사업은 공공재적 성격과 함께 장기적인 대규모 자금이 필요
하므로, 다자적 협의를 통해 각국의 개발 전략과 연계하고 공조를 이끌어낼
제도적인 틀이 반드시 필요하다.

TRADP 추진과 함께 논의되었던 재원조달 방안에 동북아개발은행 설립
제안도 포함되어 있었다. 그러나 탈냉전이 시작되었던 당시에는 일본과 서
구 선진국의 참여가 없는 한 MDB 설립을 위한 자본금 확보는 불가능하였
다. ADB 등 기존 MDB들도 역할 중복을 우려하여 비판적이었고, 동북아
각국 경제력이 신규 MDB의 납입금을 부담할 여건이 못되었다. 대신 ADB

---

12) 원래 TRADP의 대상 지역은 북한 청진, 중국 연길(엔지), 러시아 나호드카를 잇는
    지역이었다. 전형권, "동북아 소지역협력과 지역 거버넌스의 등장," pp.184-185.

13) TRADP 초기 북한 지도층도 적극 호응하며 무역 증진, 경제 인프라 현대화, 관광
    산업 촉진 등을 통해 외화를 벌고자 하였다. Koo, Lee and Yoo, "Northeast Asian
    Economic Cooperation," p.324.

등 기존 MDB에 특별기금을 설치하자는 의견이 있었다. 기존 MDB들이 새로운 지역에 개발지원을 늘리는 것 역시 쉬운 일은 아니었으나, 동북아 개발을 위한 기금을 조성하고 MDB의 경험과 전문성을 활용하자는 대안이었다. 다른 대안으로 투자공사(Investment Corporation)의 창설이나 개발금융(Development Facility)의 설립 제안도 있었다. 동북아투자(개발)공사(Northeast Asian Investment Corporation) 제안은 대규모 재원 조성이 어려운 상황에서 공적자금 사용을 최소화하고 민간자본을 최대한 동원하자는 것이었다.

당시 두만 지역 투자 유치를 위해 국제기구나 금융기관들의 중개 역할을 하면서 소규모라도 시범사업을 정해 제도적 틀을 만들고자 하였다.[14) 2000년대 초중반 한국 정부에서 동북아 금융허브 구상을 논의할 때 투자공사 제안이 다시 거론된 바 있다. 동북아개발은행 설립이 장기적인 목표라면, 단기적으로 민간자금 유치를 활성화할 방안으로 초국경 인프라에 특화한 개발공사를 설립하자는 것이었다.[15) 한·중·일 3국 국책은행을 중심으로 소규모 자본으로 합작투자사를 세우고, 그 합작투자사의 채권 발행으로 자본을 조달해 주요 사업에 투자한다는 개념이었다.

투자공사 제안보다 더 유연한 형태로 두만강지역개발금융(Tumen Region Development Facility, 이하 TRDF로 표기)도 제안된 바 있다. 인프라 사업

---

14) 투자공사의 기초 자본으로 지분참여나 대출지원 형태로 인프라 사업에 참여하거나, 투자자들의 신뢰를 제고하여 투자를 촉진하는 역할도 추구하였다. 국제금융기구에 대한 접근성을 높이고 중개자로서 역할을 하고자 하였으며, 몇몇 시범적 사업의 재원 조달을 시도하여 소규모 기금으로라도 조속히 가동하면서 제도적 장치를 마련하고자 하는 노력이 있었다. 고일동, 『두만강지역 개발계획(TRADP)의 최근 동향과 재원조달 방안』, pp.30-34.

15) 민간 인프라기금과 아시아통화바스켓채권공사 기능을 합쳐 민간 및 공공부문 합작법인 형태로 동북아개발공사 설립 아이디어를 제시하였다. Woo-sik Moon and Deok Ryong Yoon, "Possible Financial Schemes for the Development of Northeast Asia," International Symposium on Financing Plans for the Development of Northeast Asia 발표논문(2004); 한국금융연구원, 『동북아개발은행 설립방안 연구』(2004), p.63에서 재인용.

재원 확보를 위해 민간자본과 TRDF가 공동투자에 참여하는 형식으로 위험도를 줄이려는 시도였다. 1990년대 당시 접경지역의 중국, 러시아, 북한 모두 민간투자를 유치할 만한 법적·제도적 기반이 결여되어 있었기에 위험부담이 매우 높았으므로, 다수의 사업에 동시에 참여하여 투자위험을 분산한다는 구상이었다.

당시 기금 규모 10억 달러를 목표로 TRADP 회원국에서 5억 달러, 역외에서 5억 달러를 조달한다는 것이었다. 자본금 규모가 작고, 설립 절차가 간단하며 운영상의 결정도 비교적 신속하다는 장점이 부각되었다. 그러나 건전성이 취약할 우려가 커서 역내외로부터 재원 확보나 자금 공여는 힘들 것이라는 우려도 있었다.[16]

이러한 투자공사 또는 TRDF와 같은 구상들은 장기적으로 대규모 재원을 조성할 동북아개발은행 추진에 이르는 과정의 의미도 있었다. 그러나 당시 상황은 개발금융 설립에 필요한 자본금 10억 달러를 확보하기도 어려웠고, 위험이 분산될 정도로 많은 사업을 동시에 추진할 수도 없었다. 중국이나 러시아에서 동북아는 우선순위가 아니었고, 심지어 한국도 외환위기로 어려움을 겪었다.

이후 20여 년간 동북아 상황은 급변하였고, 인프라 개발을 위한 다자협력의 필요성이 다시 대두하고 있다. 동북아의 잠재력을 고려할 때 인프라 개발에 특화한 지역협의체나 기구를 활성화할 필요는 여전하며, 금융협력을 적극적으로 추진할 체계의 필요성도 지속되고 있다.

---

16) 민간자본과 TRDF가 공동으로 투자하는 형식으로 투자 위험을 줄이려 하였으나, 당시에는 적은 재원도 확보하기가 어려운 상황이었다. 고일동, 『두만강지역 개발계획(TRADP)의 최근 동향과 재원조달 방안』, pp.28-30.

III. 동북아 개발을 위한 금융협력 현황

1. 동북아 개발 잠재력과 북한 연계 전망

동북아시아는 복잡하게 얽힌 정치안보적 이해관계에도 불구하고 경제적 잠재력에 대한 기대가 크고 각국의 인프라 사업 수요 또한 증가하고 있다. 동북아 주요국들은 북한과 몽골을 제외하고는 이미 경제적으로 세계적인 위상을 확보하고 있으나 역내의 연결성은 여전히 부족하다. 초국경 연계망 구축을 위해서는 도로, 철도, 항만 등 인프라 사업이 우선 필요하다. 한국 또한 북한을 경유한 중국, 러시아와의 철도 연결이나 가스관 연결 등의 사업이 필요하다. 박근혜 정부의 '유라시아 이니셔티브'에서도 보이다시피 유라시아를 거쳐 유럽까지 진출하는 물류 수송체계의 발전을 전망하는 것이다. 이러한 연계망 구축은 한국의 성장 동력으로서의 의미와 함께, 북한 경제 개방과 발전에도 기여할 것으로 기대되는 사업이다. 동북아 인프라 개발 수요는 계속 늘어나고, 각국 중앙정부도 보다 적극적인 개발정책을 내놓고 있다. 중국은 중앙정부에서 동북3성 개발을 본격적으로 추진하고 있고, 러시아도 극동, 연해주 지역 인프라 개발에 관심을 두고 계획을 제시하고 있다. 북한도 원활하지는 않으나 나선, 신의주, 개성 등 특구와 개발구 설치 등 노력을 경주하고 있다. 핵심 사업은 수송 및 통신망 건설인데, 장기적이면서 대규모 지원을 필요로 하는 다자간 사업이므로 금융협력을 통한 자금 지원 방안이 필요하다.

인프라 개발자금 구성에서 국제금융기구로부터의 차관과 같은 외부자금의 조달 비율은 해당국의 경제 사정이나 사업의 성격에 따라 변화하므로 정확한 추산은 쉽지 않다. 보통 한 국가 영토 내의 인프라 구축은 대부분을 해당국 정부 재정이 충당하고, 외부 자금은 몇몇 초국경 사업에 사용하므로 전체 인프라 개발 비용에서 양자 또는 다자간 금융협력을 통한 자금의 비중은 높지 않기 마련이다. 1990년대 카츠(S. Katz)의 추산은 외부자금 비중을 최대 절반 정도로 높게 보아 1997년부터 20년간 연간 적어도 75억 달러의 외부자금이 필요하다고 보았다.[17] 2003년 일본국제문제연구소(JIIA)에서는 동북아에서 2011~2020년 10년간 총 1,600억 달러(연간 160억 달러)를 예상하고, 그중 외부자금 비율을 20~30%로 보아 연간 약 50억 달러를 추산하였다.[18] 2004년 한국산업은행의 추산은 10년간 연간 약 1,610억 달러에, 국제개발금융 수요를 10%로 보아 연간 161억 달러로 보았다.[19] 2013년 아시아개발은행연구소(ADBI)의 보고서에서는 일본과 한국을 제외한 동북아에서 향후 10년간 인프라 수요를 약 6,100억 달러로 추정하면서, 평균하여 연간 610억 달러에 최우선적으로 필요한 초국경 투자 연간 20억 달러 정도가 추가될 것으로 산정하여 연간 630억 달러 정도가 필요하다고 보았다. 이 중 각국 재정이 아닌 외부자금 수요는 20%가 못되는 약 130억 달러로 예상하였다.[20] 〈표 1〉은 이러한 동북아 인프라 수요 추산을 정리한 것이다.

국가별로 상황에 따라 양자원조를 비롯한 다양한 형태의 외부자금을 조달하는데, 북한의 경우 경제적으로 특히 낙후되어 있어 개방 시 전 분야에서 원조에 가까운 외부자금 지원이 필요할 것으로 보인다. 접경지역의 초국경

---

17) 이에 비해 세계은행이나 ADB 등 기존 국제금융기구에서는 연간 25억 달러 이상 조달은 어렵다고 예상하며 추가적인 MDB로서 동북아개발은행 설립을 강력하게 주장하였다. Stanley Katz, "Financing Northeast Asia's Infrastructure Requirements: Is a New Development Bank Needed? Quantitative Assessment," a Paper Presented at the Seventh Meeting of the Northeast Asia Economic Forum(1997) 참조.

18) 東京財團, 「提言 '北東アジア開發銀行(NEADB)'創設のための5つの提言」 No.R02-001P (2002).

19) 중국은 전체 GDP 대비 인프라 투자비율을 중심으로, 러시아는 극동러시아 에너지개발사업을 중심으로 개별 추정하여 당시부터 10년간 동북아 지역 인프라 개발수요를 1조 4천 억 달러(연간 1,400억 달러)로 전망(중국이 83% 차지)하였다. 추원서·곽경탁, 「동북아 개발금융의 수요추정 및 활성화방안」, 산업은행 심포지엄 보고서 (2004), p.12.

20) 연간 외부 자금 수요 130억 달러 중 중국 동북지방이 29억 달러를 차지하고, 북한은 53억 달러로 필요 자금 전액에 추가 비용까지 필요하다고 보았다. 몽골에 17억 달러, 러시아 극동에 12억 달러, 그리고 역내 초국경 사업에 추가로 20억 달러를 추산하였다. Masahiro Kawai, "Financing Development Cooperation in Northeast Asia," *ADBI Working Paper Series* (February 2013), pp.10-12.

<표 1> 기관별 동북아 역내 인프라 개발수요 추정

UNDP(1991)[21]	두만강유역 인프라 구축에 20년간 약 300억 달러, 연간 15억 달러
Katz(1998)	국제금융 조달 비율을 절반 또는 3분의 1로 하여 20년간 연간 75~100억 달러(적어도 75억 달러) 추정
일본 국제문제연구소 (JIIA, 2003)	총 1,600억 달러, 10년간 연간 160억 달러 중 국제금융 조달 비율을 20~30%로 하여 연간 약 50억 달러 추정
산업은행(2004)	총 15,900억 달러, 즉 10년간 연간 1,610억 달러 중 국제금융 조달 비율을 약 10%로 하여 연간 161억 달러 추정
ADBI(2013)	총 6,100억 달러, 즉 10년간 연간 630억 달러 중 국제금융 조달 수요 연간 130억 달러 추정

사업은 특히 다자협력사업으로서 외부자금 조달 방안을 미리 마련할 필요가 있다. 북한을 경유하여 중국 또는 러시아 철도를 연결하는 것과 같은 사업이 진행된다면 구상으로 존재하던 동북아시아 경제권이 가시화되고, 물류 및 인적 교류가 크게 늘어날 수 있다. 북한의 경제 발전과 개방, 남북 경제 협력에도 기여할 수 있는 장기적인 다국간 사업들로서, 이러한 교통 및 통신망 구축의 원활하고 안정적인 추진을 위해서는 다자금융협력을 통해 자금지원이 지속적으로 이루어져야 한다.

북한에 대한 개발 구상은 동북아 정세와 남북관계에도 영향을 받고, 북한이 내세우는 경제 개혁(개선) 조치 또는 개방 계획도 변수로 작용한다. 한국에서는 남북 경제협력을 통해 개선이 가능한 부분은 활용하면서도, 통합과 연계에 맞는 새로운 계획을 준비하는 작업이 반복되고 있다. 북한 내 인프라 개발은 거의 전면적으로 재구축한다는 내용이 많은데, 북한 내 인프라에 대한 정보가 부족하기도 하거니와 활용 가능성에 대한 기대가 높지 않기 때문이다. 북한 내 수송 및 통신시설의 현대화, 산업단지 개보수 또는 건설,

---

21) 고일동, 『두만강지역 개발계획(TRADP)의 최근 동향과 재원조달 방안』, pp.17-20.

이러한 사업을 지속시킬 북한 내 기술교육과 환경조성 등을 모두 고려한 종합적인 계획의 필요성에는 공감대가 형성되어 있다.

북한과의 경제협력을 위한 정치적 여건이 갖추어질 경우, 장차 통일비용을 절감하기 위한 인프라 계획은 지속적으로 필요하다. 국내와 국제사회에서의 조달 방안도 가능한 한 다양하게 연구할 필요가 있다. 인프라 연계 사업 추진을 위해서는 일단 북한이 정치적 태도 변화와 함께 국제적으로 인정할 만한 수준의 개혁과 개방 조치를 취하고 그 지속성을 보장해야 한다. 그 후 한국과 주변국, 그리고 국제금융기구들로부터 자금과 기술 지원을 받을 수 있다. 또한 인프라 사업 자금을 적재적소에 충당할 경제협력 체계가 마련되어야 한다. 남북경협 활성화가 기본적인 전제가 되지만, 중국, 러시아 등 주변국, 그리고 국제금융기구까지 아우르는 협의의 장을 준비할 필요가 있다. 한국이 유라시아에 진출할 전망을 생각한다면, 북한개발과 연계한 동북아 인프라 개발 참여의 중요성도 더욱 커진다. 북한개발과 국제사회 편입을 위한 역내 국가 간 협력을 목표로 정립한 지역협의체가 더욱 필요하고, 금융협력에 대한 공감대 형성이 있어야 한다. 현존하는 역내 협의체를 활용하거나 추가적인 협의체 또는 기구를 만들어서라도 향후 증대할 필요에 부응해야 할 것이다.

2. 아시아 역내 협의체들의 금융협력 논의 현황

한·중·일 3국과 러시아, 몽골 등 지리적으로 협의의 동북아시아에만 초점을 맞춘 협의체나 기구는 거의 없으나, 동아시아, 아시아태평양을 포괄하는 협의체는 매우 많고 중첩도 심하다. 특히 ASEAN과 한·중·일 3국을 포괄하는 동아시아 차원에서는 1997년 금융위기 후 역내 금융협력 필요성이 부각되면서 위기대응을 위한 논의가 활성화되었다. 정보 교환이나 연구 차원에서 초국경 인프라 개발을 위한 장기적 투자 유치 등도 논의되고는 있으나, 금융협력 논의는 미약한 수준이다. 그래도 재무장관급 협의체인 ASEAN+

3나 중앙은행협의체인 EMEAP 등 몇몇 협의체에서 유동성 공급이나 채권시장 활성화 등 일부 분야의 성과를 도출한 바, 이러한 협의체의 현황을 살펴보고 그 틀을 활용하여 향후 금융협력을 강화할 방안을 모색할 필요가 있다.

아시아에서 가장 발달한 협의체는 ASEAN이다. 1967년 인도네시아, 말레이시아, 싱가포르, 태국, 베트남, 필리핀, 브루나이, 캄보디아, 라오스, 미얀마 등 동남아 10개국이 결성한 협력체로, 초기에는 외교안보적 협력에 초점을 두었으나, 1987년 마닐라 선언을 계기로 경제협력에 주력하고 있다. 1992년 ASEAN 자유무역지대 창설에 합의한 후 재무장관급 협의가 정상회담으로 직결되면서 효율적인 운영을 해 왔다. 2015년 12월 31일 자로 아세안 경제공동체(ASEAN Economic Community, 이하 AEC로 표기)가 공식 출범하였는데, 2030년까지 경제규모를 5조 달러로 확대하겠다는 목표와 함께 2020년까지 실질적인 통합을 이룬다는 계획이다.[22] ASEAN의 금융협력은 아시아의 타 협의체에서는 논의조차 어려운 수준으로, 회원국 간 초국경 증권투자시스템 및 지급 결제망 구축, 펀드 설립 및 유통과정의 통합, 그에 필요한 구체적인 실행방안 도출 노력까지 진행 중이다. 이미 ASEAN 스왑협정(ASEAN Swap Arrangement)으로 외환위기 시 다자간 자본공여 시스템으로 단기자금을 지원하는 체계가 있었고, 이를 기반으로 2000년에 한·중·일이 더해진 ASEAN+3에서 치앙마이 이니셔티브(Chiang Mai Initiative, 이하 CMI로 표기)가 추진되었다.

이외에도 ASEAN Trading Link라 하는 전산거래망을 만들어 참여국 거래소의 주식거래를 연결한 가상 통합 거래시스템을 제공하고 있고, 2014년 중반부터 ASEAN CIS(Collective Investment Schemes)라 하여 ASEAN 내 펀드의 설립, 판매 등 절차를 통합하는 이니셔티브를 시작하였다.[23]

ASEAN과 한·중·일 3국의 협의체인 ASEAN+3는 1997년 외환위기 후부

22) 아세안 홈페이지(http://www.asean.org/) 각 프로그램 내용 참조. 특히 ASEAN+3관련 문서 및 자료 참조.
23) 자본시장연구원, 『아시아 태평양 지역 금융협력 평가 및 과제』(2013), pp.44-60.

터 연례적으로 재무장관 회의를 개최해왔다. 1997년 금융위기 이후 CMI에, 2008년 금융위기 이후 CMI의 다자화(Chiang Mai Initiative Multilateralization, 이하 CMIM으로 표기)에 합의하였다. 2000년대 동아시아 금융협력 구도의 중심이 되고 있는 국가 간 협의체로, CMI는 ASEAN+3가 이룬 가장 중요한 금융협력 성과이다. 목표는 역내 단기 유동성 부족에 공동으로 대응하고 기존 국제금융기구를 보완하는 것이었다. 역내국에 위기 발생 시 신속한 유동성을 공급하여 환율 안정을 위해 협력하며, IMF나 미국에 대한 의존도를 낮추는 노력이었다.[24] 그러나 CMI는 충분한 자금을 제공할 능력을 갖추지 못하고, 다수의 양자협약에 따라 개별 합의를 거쳐야 했으므로 신속성이 떨어지는 문제가 있었다. 이에 2008년 금융위기 후 다자간 단일 협정인 CMIM으로 확대 발전하여 2010년 3월 1,200억 달러 규모로 출범하였다.[25] 이어서 2011년 5월에는 각국 경제의 위기를 조기에 감지하는 경보시스템으로 역내 거시경제감독기구(ASEAN+3 Macroeconomic Research Office, 이하 AMRO로 표기)가 발족하여 CMIM의 자금지원 결정을 지원하게 되었다.

ASEAN+3의 또 하나의 성과로서 아시아채권시장이니셔티브(Asia Bond Market Initiative, 이하 ABMI로 표기)가 있다. 역내 채권발행의 장애요인 제거, 신용보증기구 설립, 역내 결제시스템 제공 등을 통해 채권시장 발전을 촉진하려는 협력체로, 4개의 TF가 활동 중이다.[26] ABMI의 주요 성과인 역

---

24) 역내 16개 중앙은행이 체결한 양자간 통화교환 협정으로, 365억 달러 규모로 출범하였고 규모가 확대되어 2009년에는 920억 달러에 이르렀다. 이승주, "글로벌 금융 위기 이후 동아시아 금융 거버넌스," 『EAI 국가안보패널 보고서: 경제위기 이후 세계질서』(동아시아연구원(EAI), 2011), pp.2-3 참조.

25) 신속한 결정과 효율적인 지원에 초점을 두어 위기 발생 시 양자 협상 없이 한 번에 자금 인출이 가능한 구조이다. 한·중·일 3국이 기금의 80%를 출연하였다.

26) TF 1은 공급측면에서 채권시장 발전을 위해 역내 자국 통화 표시 채권 발행을 지원하는 신용보증기구(CGIF)를 설립하였다. TF 2는 수요 측면에서 역내 통화표시 채권시장의 수요 창출을 위해 채권시장 정보 네트워크인 Asian Bonds Online 구축을 담당하였고, TF 3은 역내 채권시장 발전을 위한 규제체제 개선을 위해 민관합동협의체인 아시아채권시장포럼(ABMF: Asia Bond Market Forum)을 열고 역내 채권시장 관련 제도를 비교한 Asian Bonds Market Guide를 발간하고 있다. TF 4는 역내 채권시장

내 신용보증투자기구(Credit Guarantee and Investment Facility, 이하 CGIF로 표기)는 역내 리스크를 분석과 보증료를 책정할 신용보증기구의 필요성에 부응하여 2010년 5월 출범하였다. 중국과 일본이 각 2억, 한국 1억, 아세안 0.7억, ADB가 1.3억 달러를 납입하여 소규모이지만 실질적인 금융협력 성과로 평가받고 있다.[27] 아시아채권기금(Asian Bond Fund, 이하 ABF로 표기) 또한 역내 채권시장 육성을 위한 성과로 평가된다. ABF는 중앙은행간 협의체의 결실로, 2002년 동아시아·태평양 지역 중앙은행장 협의회(Executives' Meeting of East Asia and Pacific Central Bank, 이하 EMEAP로 표기)의 11개 회원 은행들이 합의하면서 시작되었다.[28] 아시아 채권시장 여건이 미비한 상태에서, 역내 중앙은행들이 직접 채권펀드를 조성하여 채권에 투자하는 방법으로 채권시장을 육성하고자 한 것이다. 2003년 달러화로 표시된 10억 달러 규모의 정부채권펀드를 설치하기로 한 제1차 아시아채권기금(ABF1)이 출범하였고, 2005년 아시아 통화로 표시된 20억 달러 규모 채권펀드를 설치하기로 한 제2차 아시아채권기금(ABF2)이 출범하였다. 아직 효과는 미미하지만 ABF2는 ABF1보다 규모와 행위자를 확장하여 중앙은행뿐 아니라 일반 투자자의 접근도 허용하는 등 점차 발전하고 있다.[29] 그러나 모든 분야에서 CGIF나 ABF와 같이 협력이 현실화되는 것은 쉬운 일이 아니며, 포럼 등을 통한 지속적인 협의가 필요하다.

ASEAN+3 외에도 아시아의 다양한 협의체에서 금융협력을 모색하고 있

과 관련된 인프라 개선을 목표로 장차 결제시스템 구축 등을 목표로 한다. 자본시장
연구원, 『아시아 태평양 지역 금융협력 평가 및 과제』, pp.123-125.

27) 역내 채권거래의 활성화를 위해 청산·결제업무를 수행하는 기관으로서 역내 예탁결
제기구(RSI: Regional Settlement Intermediary) 설립의 필요성도 논의 중이다. 이충
열·이종하, "동아시아 금융협력의 현황과 과제," 『동아연구』 32권 2호(2013), pp.
77-78.

28) EMEAP는 1991년 호주, 중국, 홍콩, 인도네시아, 일본, 한국, 말레이시아, 뉴질랜드,
필리핀, 싱가포르, 태국의 중앙은행 간에 설립되어 실질적인 정책협의체로 발전을 모
색하고 있다.

29) 자본시장연구원, 『아시아 태평양 지역 금융협력 평가 및 과제』, pp.129-131 참조.

으나, 초국경 인프라 개발 사업을 위한 금융협력은 성과를 찾기 어렵다. 예를 들어 아시아태평양경제협력체(Asia-Pacific Economic Cooperation, 이하 APEC로 표기)의 틀 안에서도 최근 인프라 구축 재원조달 방안에 대해 논의 하는 아시아태평양인프라 파트너십(Asia-Pacific Infrastructure Partnership, 이하 APIP로 표기)이라는 이니셔티브가 있다. 그러나 초국경보다는 국내 인프라 재원조달 방안에 초점이 있고, 지배구조가 취약하고 회원국이 다양한데다 각기 다른 지역협의체에도 가입하여 비슷한 논의를 하고 있어 성과는 부진하다.[30] APEC 외에도 아시아유럽정상회의(ASEM: Asia-Europe Meeting), 동아시아 정상회의(EAS: East Asia Summit), 아시아협력대화 (ACD: Asia Cooperation Dialogue) 등에서도 금융협력 논의가 없지는 않으나, 의제도 엇비슷하고 답보 상태이다. 회원국이 중첩되고 과제도 중첩되어 논의가 집중되지 않는 문제도 있다. 중앙은행 협의체도 EMEAP 외에 동남아시아중앙은행기구(SEACEN: South East Asian Central Banks), 동남아·뉴질랜드·호주 중앙은행기구(SEANZA: South East Asia, New Zealand, Australia) 등이 있다. 참여 국가에 따라 초점이 분산되면서 진전은 쉽지 않은 상황이다.

지역협의체의 금융협력 논의는 정보 교환 플랫폼을 만들거나, 작은 공동 기금을 창설하거나, 정례화된 협력기구만 설립해도 상당히 진전되었다고 평가를 받는다. 그럼에도 지금까지 성과는 대부분 ASEAN 연관 사업으로, ASEAN+3의 CMIM가 가장 대표적이고 ABMI의 CGIF나 AMRO 설립, 그리고 2012년 ASEAN Infrastructure Fund 정도가 있다. 아시아 각국의 경제력을 고려하면 미약한 수준이다. 위기대응을 위해 단기 유동성 자금을 제공하

---

30) APEC 기업자문위원회(ABAC: APEC Business Advisory Council)의 주도로 PPP 방식의 인프라 구축 재원조달 방안을 논의하는 이니셔티브로 회원국 정부 관료나 전문가, 민간자문단 등과 ADB, IDB, 세계은행과 같은 MDB도 참여한다. 정보교환이나 자문 수준에서 호주 등 일부 관심국가들이 주도할 뿐 미국과 같은 주요국들은 별다른 관심을 보이지 않고 있다. 자본시장연구원, 『아시아 태평양 지역 금융협력 평가 및 과제』, pp.89-93 참조.

고자 한 CMI나 CMIM는 금융위기로 인해 빠르게 진행된 것이고, 이를 제외하면 채권시장 육성도 진행이 더디고 부분적인 협력만 이루어지고 있다.[31] CMIM도 단순한 위기대응을 넘어 역내 금융협력을 강화하는 도구로서 활용하려면 국가별 환율정책이나 거시경제정책 등 이슈의 범위를 넓히는 적극적인 노력이 필요하다.

특히 동북아시아는 중국과 일본의 경쟁에 미국의 영향력도 더해져 역내 합의 도출과 진전은 더욱 어려운 과제이다. CMIM 출범 과정에서도 분담금 배정 등과 관련하여 중국과 일본의 협의가 쉽지 않았다. 정보 교환이나 연구협력 정도의 수준의 기초적인 논의가 진행될 뿐, ASEAN과 같이 실무적인 조직을 갖춘 정책협력 수준으로 진전할 전망은 요원하다. 초국경 인프라 개발은 연계된 국가별 이해관계와 다양한 위험성으로 협력이 더욱 어렵다. 타지역의 사례를 보면 초국경 인프라 협력 관련해서는 먼저 영향력 있는 역내 협의체나 공동체에서 논의를 진행하면서 MDB와 긴밀히 연계하여 정책을 결정하고 협력을 주도하는 경우가 많다.

유럽은 유럽위원회(European Commission)와 유럽투자은행(EIB)이 역내 초국경 인프라 관련 정책 형성이나 협력을 주도하고 있고, 남미도 역내 포럼 형태로 국가 간 이니셔티브를 진행하면서 중남미개발은행(CAF) 등 역내 MDB를 통해 사업을 추진해 가고 있다. 가시적인 협력을 이끌어 내려면 EU나 ASEAN처럼 제도화된 협의체를 통해 공동의 목표가 명확히 규정되어야 한다. 이를 기반으로 사업을 선정하고 역내외 MDB나 다른 국제금융기구와 협력하여 추진하는 것이 바람직하다. 각국의 이해관계를 조정하고 사업계획을 수립하여 자금 지원을 촉진하는 역할을 유럽에서는 EIB가, 남미에서 IDB나 CAF가, 아시아의 동남아에서 ADB가 해 왔다.[32] 향후 동아시아 또는 동북아에서 초국경 인프라 협력사업을 실질적으로 추진할 때에도 적절

---

31) 이승주, "글로벌 금융 위기 이후 동아시아 금융 거버넌스," pp.10-15.
32) ADB는 아시아에서 ASEAN, GMS, BIMP-EAGA, SECSCA, SASEC, PIF 등 다양한 국가 간 협력 프로젝트에 참여하며 역할을 하고 있다.

한 역할을 할 지역협의체와 MDB가 필요하다.

3. 중국의 일대일로, AIIB 등 역내 환경의 변화

기존 국제금융구조하에서 동북아 개발에 직접 연관되어 있던 MDB는 세계은행과 ADB이며, 러시아 극동 개발에 EBRD의 자금 지원이 가능한 정도였다. 동북아 국가 중 중국은 최근까지 세계은행과 ADB의 주요 차입국이었고, 러시아는 EBRD의 최대 차입국이었다. 북한은 세계은행이나 ADB의 회원국이 아니므로 차입이 없었다. 동북아에서 기존 MDB의 활동이 상대적으로 미미하였고, 향후에도 늘어날 가능성은 별로 없다는 것이 일반적인 전망이며, 이 때문에 역내 개발 촉진을 위한 MDB가 동북아에도 필요하다는 주장이 나왔던 것이다. 기존 MDB들의 활동은 오랜 기간 지나면서 상당히 고착화되어 신규투자에 활용할 수 있는 자금이 제한적일 수밖에 없다. 한국의 시각에서 동북아 신규개발 수요에 부응할 만한 협의체나 MDB의 지원이 부족한 것도 문제이나, 사실 인프라 구축을 위한 협의체나 MDB 지원이 부족하다는 문제점은 아시아 대부분 지역의 문제이기도 하였다.

중국이 주도하고 있는 아시아인프라투자은행(AIIB)의 출현은 중국이 특히 관심을 두고 있는 실크로드 인접 지역을 포함하여, 아시아 전역의 인프라 사업에 집중하는 신규 MDB의 등장이다. AIIB는 2013년 중국 지도부의 동남아 순방에서 공식화되기 시작하였다. 2014년 10월 AIIB의 창립 MOU 서명에는 중국을 포함하여 21개국이 참가[33]하였다. 창립총회까지만 해도 AIIB의 성공적인 창립에는 회의적인 시각이 많았고, 특히 미국과 일본은 공개적으로 우려를 표명하기도 하였다. AIIB의 창립에 대한 미국의 부정적인 입장

---

33) 2014년 1~9월 AIIB 설립준비 1차~5차 회의 개최 후 10월 24일 북경에서 AIIB 창립총회를 개최하였다. 21개국은 중국, 인도, 캄보디아, 방글라데시, 네팔, 카자흐스탄, 쿠웨이트, 예멘, 라오스, 몽골, 미얀마, 파키스탄, 필리핀, 카타르, 싱가포르, 스리랑카, 태국, 우즈베키스탄, 말레이시아, 베트남, 브루나이이다.

과 견제로 인해 당시 한국과 호주 등은 가입의사를 보류하고 있었다.

그러나 국제사회의 회의적인 시각은 2015년 3월 영국을 필두로 독일, 프랑스, 이탈리아 등 유럽 각국 가입 신청하면서 완전히 바뀌었다.[34] 창립회원국 가입 기한까지 유럽은 물론이고 세계 각국이 경쟁하듯 가입 신청을 하였고, 미국의 입장도 각국의 주권적 결정에 맡긴다는 태도로 바뀌면서 반대와 우려의 목소리는 크게 줄어들었다. 한국도 추세를 따라 가입 신청을 하였고, 2015년 3월 말 57개국이 창립회원국으로 확정되어 협정문을 채택하고 국가별 비준이 진행되면서 2016년 초 북경을 본부로 하여 공식 출범을 선포하였다.[35] AIIB 창립 목적(mission)은 인프라 개발과 아시아의 지역 연결성(regional connectivity) 강화로 규정되어 있다.[36] 역내 인프라 및 기타 생산적 분야에 투자하여 아시아의 경제발전을 촉진하고 연결성을 증진하며, 동시에 기존 개발기구들과 긴밀히 협력한다는 방침을 명시하였다.

무엇보다 중국 정부의 AIIB 창립목적은 주요 전략으로 홍보하고 있는 '일대일로(一帶一路)' 구상에 대한 자금지원을 담당하는 것이다. 시 주석도 2014년부터 AIIB에 대하여 "일대일로 관련국가의 기초인프라 건설에 자금을 지원"하면서 경제협력을 촉진하는 것이 목표임을 분명히 하였다.[37] 2013년경

---

34) 유럽 각국의 AIIB 가입 신청 배경 관련, 일차적으로 미국과의 전략적 협의가 부재하여 각국이 국익에 따라 결정한 결과로 보인다. 미국의 리더십에 대한 의구심이 축적되면서 중국과의 긴밀한 관계 형성 필요성을 감지하고 있었고, 세계은행 및 IMF 개혁 지연과 관련하여 새로운 구도를 형성하고 개혁을 촉구하는 차원에서 AIIB에 호응했다고 보기도 한다. 무엇보다도 창립회원국에서 누락되면 아시아의 인프라 개발 추진 시 소외될 우려가 작용하였다고 볼 수 있다.

35) AIIB는 2016년 1월 16일 공식 출범을 선언하고 운영을 시작하였다. "The AIIB was declared open for business on January 16, 2016, and Mr. Jin Liqun was elected as the Bank's first President," http://www.aiib.org/html/2016/NEWS_0202/92.html(검색일: 2016.1.20).

36) AIIB 설립 협정문 및 AIIB 홈페이지 관련 부분 참조 http://www.aiib.org/(검색일: 2016.1.20).

37) 习近平, "加快推进丝绸之路经济带和21世纪海上丝绸之路建设," 中央财经领导小组第八次会议, 『신화통신』, 2014년 11월 6일 자, http://news.xinhuanet.com/politics/2014-11/06/c_1113146840.htm(검색일: 2015.9.15).

부터 시 주석 발언을 통해 육상과 해상의 실크로드 경제벨트라는 새로운 구상이 언급된 바 있었고, 2014년부터 일대일로 전략이 공식화되어 추진 중이다.

일대(一帶, one belt)는 중앙아시아와 유럽으로 통하는 육상 실크로드 경제벨트를, 일로(一路, one road)는 ASEAN을 아울러 서남아시아와 아프리카, 유럽으로 이어지는 21세기 해양 실크로드를 일컫는 개념이다. 중국은 일대일로 추진을 위해 400억 달러를 투자한 '실크로드 기금'을 설립하였고, AIIB의 창립을 위해서도 500억 달러를 납입하겠다고 선언하는 등 적극적인 행보를 보였다. 일대일로 대상 지역에 속하는 각국에 대한 중국의 영향력 확장과 더불어, AIIB의 창립에는 기존 국제금융질서에 구애받지 않고 중국 주도로 금융지원에 나설 것을 선언하는 의미가 겹쳐져 있는 셈이다.

세계은행을 비롯한 주요 MDB들이 빈곤퇴치에 활동의 중점을 두는 것과 달리, AIIB의 우선순위는 아시아 인프라 구축을 통한 경제 발전과 지역 경제협력 촉진이며, 기본의무는 아시아 각국 인프라 및 기타 생산성이 있는 분야에 금융을 제공하는 것이다. 세계은행이나 ADB는 빈곤, 환경, 젠더 등 전 분야를 포괄하고 있어 인프라 개발에 초점을 맞춘 지원은 부족한 상황이다. 중국은 AIIB를 통하여 아시아의 인프라 사업에 집중하는 금융 플랫폼을 제공하고, 역내 회원국들이 활용할 수 있는 다자적 개발재원을 확대하겠다는 것이다. 물론 중국 접경 및 주변 지역의 연결과 개발이 우선이 된다. 2015년 보아오 포럼에서 발표한 '일대일로' 액션플랜에서 정책, 금융, 무역, 인프라, 문화 등 5개 분야에서 행동계획을 발표하면서 실크로드 경제벨트와 21세기 해상실크로드를 공동 건설하는 비전과 행동을 제시하였는데,[38] 여기에 자연스럽게 AIIB가 자금 지원의 주요 도구가 된다.

AIIB는 기존 MDB와 보완적인 협력관계를 정립하겠다는 다짐을 하며 우

---

38) 中国 国家发展改革委, 外交部, 商务部, "推动共建丝绸之路经济带和 21世纪海上丝绸之路的愿景与行动"(2015), http://zhs.mofcom.gov.cn/article/xxfb/201503/20150300926644.shtml(검색일: 2015.10.7) 참조.

려를 불식시키고자 노력하고 있다. 2014년 MOU 체결을 전후하여 시 주석도
세계은행이나 ADB 등 기존 개발은행의 선례와 경험에서 배울 것이라 언급
하였고,[39] 실제로 기존 MDB들의 운영방식과 원칙을 준용하여 지배 구조도
유사하게 구성하였다. 기존 MDB의 경험과 교훈을 살린 자체적 정책과 운
영 방침을 구축하면서도 독자적이고 효율적인 활동을 추구하고자 노력하고
있다. AIIB의 초기자본금은 1천억 달러 규모이며, 지분율은 역내회원국 75%,
역외회원국 25%로 배정하고 중국의 지분을 30.34%로 산정하였다. 한국은
3.81%로 5번째로 지분 규모가 큰 회원국이다. 지배구조는 타 MDB 사례를
준용하여 총회, 이사회, 사무국으로 하고, 사무국 위주 운영으로 중국의 영
향력이 비대해질 것에 대한 우려를 감안하여 이사회에 중요한 결정권을 부
여할 것으로 예상된다. 운영원칙도 기존 MDB의 모범적 사례를 활용하여
논의하도록 되어 있는데, 창립 목표인 인프라 개발을 위한 지역 플랫폼 구축
과 인프라 사업 자금 지원에 주력하면서 민간투자 유치에 노력하게 된다.

　AIIB가 순조롭게 활동한다는 전제로 아시아 인프라 개발 관련 역할을 예
상해 보면, 일단 그 취지대로 인프라 사업에 집중하는 금융 플랫폼을 제공하
여 회원국들이 활용할 개발재원을 확대하는 효과가 있을 것으로 기대된다.
특히 '일대일로' 주변 국가의 인프라 사업 지원에 힘을 쏟을 것으로 예상되
어, 중국 중서부와 주변국(ASEAN, 중앙아시아)을 묶는 지역이 일차적인 수
혜를 받을 것으로 보인다. 기존 ADB의 활동이 동남아와 일부 서남아에 집
중되었던 점을 보완하겠다는 취지를 강조하고 있다.

　개발 초기 공적자금 제공을 통해 민간 부문이 저소득 국가 인프라 건설에
참여할 수 있도록 유도하고, 대규모 자금 조달을 위한 컨소시엄 파이낸싱이
나 협조융자 등 다양한 방법을 동원하게 될 것이다. 기존 MDB와 같이 채권
발행으로 자본을 차입하므로, AIIB도 국제금융시장에서 높은 신뢰도를 유

---

39) 2014년 창립 MOU 체결 시 시진핑 주석 발언은 "习近平会见出席筹建亚投行备忘录签
　署仪式各国代表,"『인민일보(人民网)』, 2014년 10월 25일 자, http://cpc.people.
　com.cn/n/2014/1025/c64094-25906598.html(검색일: 2015.11.8) 참조.

지할 필요가 있다. MDB로서 민간 투자 유치가 어려운 사안에 보증도 제공하고, 경영 및 기술진 파견, 관리 감사, 인재 양성 등 기술협력도 추진할 예정이다. 중국 주도의 금융협력 기제로서 향후 북한개발을 포함하여 한국이 관심을 두고 있는 동북아 연계 개발에도 많은 시사점을 제공하고 있다.

IV. 북한개발 대비 역내 금융협력 촉진 방안

1. 북한개발을 위한 금융협력의 준비

한국의 입장에서 동북아 다자금융협력은 통일비용 절감 및 북한개발 재원 조달 방안의 일환이 된다. 핵 문제가 해결되고 여건이 조성되어 개발이 시작되면 지속적으로 민간투자를 유치할 수 있는 기본 조건으로서 인프라 구축 필요성이 시급할 것이며, 초국경적 사업을 고려하여 역내 금융협력 강화 방안이 반드시 필요하다. 이는 북한 경제 회복과 함께 북한이 동북아와 국제사회에 정상적인 행위자로 편입되도록 촉진하는 의미가 있다. 남북 경제협력 활성화와 동북아시아 연계를 위한 인프라 사업을 미리 발굴하고 계획하는 준비가 있어야 하며, 자금조달을 위한 금융협력 기제를 갖추어야 할 것이다.

국내의 다양한 북한개발 방안들은 북한이 간헐적으로 발표하는 크고 작은 조치나 계획과 별개로 남북한을 연결하고 동북아까지 연계하는 종합적인 개발 구상들이다. 남북 간 협력 분위기가 조성되면 협의를 통해 개선이 가능한 기 존재 시설들을 최대한 활용하겠으나, 사실상 북한 내 인프라의 전면적인 재정비 또는 재구축이 필요할 것으로 예상된다. 한반도와 동북아를 연결하는 장기적인 인프라 사업을 위해서는 이와 별도로 다자협력 체계를 구축해야 한다. 우선적으로 철도, 도로, 에너지 공급과 같은 사업을 추진하며 이를 위한 자금을 충당할 체계가 필요하다. 남북경협 활성화와 병행하여 중국, 러시아 등 주변국과 협력을 추진하고 MDB들과도 협력할 틀을 준비해야 하는 것이다. 아직 가시적인 사업이 없는 상태에서 미리 다자간 협의체를 구성한다는 것은 쉽지 않으나, 비용 예측조차 쉽지 않은 북한의 개발이 진행될 시 신속하게 자금조달을 할 수 있도록 미리 준비하지 않을 수도 없는 노릇이다.

북한이 국제사회에 순조롭게 편입되도록 유도하기 위한 과정의 준비 또는 시작 단계는 정치적 갈등이 해결되기 이전부터 기술협력(Technical Assistance), 즉 기술 교육과 지원 사업을 시작하는 것이다. 이미 NGO나 민간단체를 통해 소수의 북한 관료를 대상으로 하는 교육 사업이 곳곳에서 시행 중이다. 아직 북한은 아무 MDB에도 가입되어 있지 않은 상황이라 MDB의 기술협력 대상에는 부합하지 않는다. 어떤 형태로든 교육을 비롯한 기술협력사업이 개방을 유도하고 국제사회와의 접촉면을 확대하여 장차 정상적인 행위자로 편입되도록 준비하는 효과가 있음은 분명한 사실이다. 향후 개방 시 국제협력자금을 지원받거나 민간부문으로부터 투자를 유치하기 위해 필요한 조건이나 기본지식을 미리 교육하는 것이다. 대북제재와 남북관계 경색 등 협력이 쉽지 않은 상황에서 북한 지도층에 비핵화 이후 얻을 수 있는 혜택을 홍보하고 실질적으로 변화를 촉진할 수 있는 몇 안 되는 사업이기도 하다.

북한에 대한 기술협력의 의미는 북한 지도층에 대한 교육임과 동시에, 국제사회에 대한 홍보 사업이 되기도 한다. 이와 같은 사업에 국제사회 행위자들을 많이 동참하게 함으로써 북한의 입장과 변화 가능성에 대한 이해를 높이고 관심을 제고할 수 있다. 이를 통해 장차 북한이 국제사회 편입을 시도할 때 순조롭게 진행되도록 환경을 구축하고, 북한과 연계한 동북아의 인프라 구축사업을 위한 협력의 기반을 넓히게 된다. 앞 장에서 살펴 본 다양한 지역 협의체를 통한 협력은 이 과정에서 상승효과를 낼 수 있다. 현재까지 금융협력분야의 실적은 미미하지만, 동북아의 인프라 개발수요에 부응하고 실질적인 초국경 인프라 협력의 진전을 이끌어 내기 위하여 미미하더라도 현재 활동 중인 지역 협의체를 활용할 방안을 우선 모색해야 한다.

살펴본 바와 같이 아시아에는 다양한 지역 협의체가 중첩되어 있지만, ASEAN과 ASEAN+3를 제외하고는 의미 있는 금융협력분야의 성과를 찾기 어렵다. 역내 여러 협의체의 금융협력 논의에서 이렇다 할 진전이 없는 상황을 타개하기 위해서는, 우선 협의체들 간에 이슈가 중첩되는 상황을 정리하여 적절한 주요국이 모두 포함된 협의체를 선택하고 집중하는 작업이 필요하다. 협의체 별로 논의가 분산되지 않고, 가시성과 효율성을 높여 주요국들이 적극적으로 논의에 참여할 수 있도록 해야 한다. 위기대응의 필요성에 대한 공동의 인식이 CMI와 CMIM을 도출한 것처럼, 눈에 보이는 성과를 낼만한 사업을 우선 논의하여 협력의 효과를 체감하도록 하는 노력도 필요하다.

예를 들면, 미국, 중국과 동아시아 각국이 모두 포함된 APEC에 금융협력 논의가 집중되도록 하여 APEC 내 포럼을 활용할 수 있다. APEC 내 아·태금융포럼(Asia-Pacific Financial Forum, 이하 APFF로 표기)과 유사한 틀을 활용하여 금융협력 관련 이슈를 집중하는 것이다. 한국이 이러한 포럼에서 초국경 인프라 협력 의제를 적극적으로 상정하고 지속적인 논의를 주도할 수도 있을 것이다. 다른 협의체에서 논의가 중복되지 않도록 주요국들과 협의하면서, 무엇보다도 실질적인 사업을 발굴하여 관련국들이 구체적인 협의를 할 수 있도록 유도해야 한다. 여기에 ADB, AIIB와 같은 MDB도 참여하여 관련국 사이에서 이해관계를 조정하고 사업 계획, 자금조달 등에 대한 지원을 제공할 수도 있을 것이다.

인프라 협력과 관련하여 2011년부터 APEC에서 효율적인 재원조달 방안을 논할 이니셔티브로 아시아·태평양 인프라파트너십(APIP)을 추진하고 있다. 동북아의 초국경 인프라 협력에 이를 연계하는 방안도 생각할 수 있다. APIP는 초국경보다는 국가별 인프라 구축을 위한 이니셔티브이므로, 이와 병행하는 산하의 논의 채널을 만들어 동북아를 위한 초국경 인프라 포럼을 진행할 수도 있다. 진행에 따라 APIP와 연계하여 관련국의 관료나 전문가, 기업 등이 참여하여는 인프라 사업 포럼으로 활용하면서 사업 방식이나 기금 조성 등을 논의할 수 있다. 사업 발굴과 함께 진전을 이룬다면 ASEAN 의 인프라기금(Infrastructure Fund, AIF)과 유사하게 APEC에서 동북아 인 프라 기금을 조성하자는 제안까지 상정해볼 수 있을 것이다. 이 경우 기금 의 운용을 위해 다시 ADB나 AIIB와 같은 MDB의 역할이 필요하며, 협의체 에서 구축한 성과를 실현할 수 있도록 준비와 연구가 있어야 한다.[40) 국가 간 협의체에서 결정한 사업으로서 재원조달은 세계은행이나 지역 MDB를 활용하면서 장기적으로 민간 투자가들을 유치할 수 있도록 지속적으로 고민 해야 할 것이다.

현재까지 아시아 역내 협의체 중 가장 성공 사례인 ASEAN은 금융시장의 통합을 위해서도 많은 노력을 기울이고 있다. ASEAN 금융시장 통합의 본 격적인 시작은 이미 2003년에 채택한 제2차 발리선언(Bali concord II)으 로, 2020년까지 역내에 AEC를 구축하겠다는 계획의 일환이었다. 2015년까 지 AEC를 창설하기 위한 준비로 각국은 부문별로 실행 방안을 수립하여 금융시장 개방과 통합을 진전시켜 왔다. 물론 금융시장 통합은 정치경제적 함의가 크고, 발전 정도가 서로 다른 10개국이 단기간에 추진하기에는 많은 장애가 있었다. AEC의 창설은 선언하였으나 금융시장 통합은 미흡한 수준 이며, 향후에도 단계적이고 지속적으로 추진할 것으로 예상된다.[41) 그래도 ASEAN의 금융시장 통합이 진행 중인 데 반해, 동북아의 경우 경제공동체 형 성이나 금융시장의 통합은 요원하고 ASEAN+3로 연계하여 CMI와 CMIM, ABMI 등을 추진한 것만 해도 매우 고무적인 성과이다.

특히 북한이 존재하는 동북아의 특성상, 각국의 이해관계가 대립되기 쉬 운 지역 협의체에서 진전을 기대하기는 더욱 어렵다. 정상이나 재무장관이 모여서 일부 안건을 논의하는 것만 정례화되어도 큰 의미를 띤다. 매우 어 려운 과제임은 사실이지만, 향후 초국경 인프라 협력사업을 논하면서 금융 협력을 진전시킬 수 있는 협의체를 구성하는 노력은 지속적으로 필요하다.

---

40) 자본시장연구원, 『아시아 태평양 지역 금융협력 평가 및 과제』, pp.89-92.
41) 이충열·이종하, "동아시아 금융협력의 현황과 과제," pp.51-90.

매우 기초적인 단계의 협의체라 하더라도 적절한 사업을 발굴하는 노력을 이어가면서 아래에서 살펴 볼 GTI의 수은협의체 등을 활용하는 방안도 고려할 만하다. 또는 신규로 등장한 AIIB 등 역내 MDB를 연계 활용하여 동북아에서 인프라 협력의 추진력을 형성하는 노력이 있어야 할 것이다.

2. 동북아 연계 개발을 위한 역내 협의체 활용

동북아 역내에서 명맥을 이어오고 있는 광역두만강유역개발계획(GTI)과 연계하여 한국, 중국, 몽골, 러시아가 참여한 수출신용기관(Export Credit Agency, 이하 ECA로 표기) 간의 협의체가 활동 중이다. 2014년 9월 GTI 제15차 총회에 한·중·러·몽 ECA 간 동북아ECA협의체(NEAECA: Northeast Asia Export Credit Agency)가 공식 발족하였고, 한국수출입은행, 중국수출입은행, 러시아VEB(대외개발은행, Vnesheconombank), 몽골개발은행이 협의체계를 구축하는 작업이 진행되고 있다. 동북아에서 개발을 이슈로 사무국을 갖추고 정기적으로 모이는 협의체는 GTI가 유일하며, 이와 연계하여 출범하였다는 점에서 비교적 적극적인 진전을 기대해볼 만하다. 물론 실질적으로 협의를 지속할 만한 사업을 발굴하는 것이 중요한 관건이다. 과거에도 각국 ECA들 간에 양자 또는 다자로 협의체를 구성한 적이 있었으나, 지속적인 논의를 할 만한 사업이 이어지지 않아 특기할 만한 진전이나 확장이 된 바는 없었다.

전반적으로 ECA들이 국제 개발 사업에서 역할을 확장하면서 상호 협력 필요성은 증가하고 있다. ECA간 또는 지역 MDB와의 업무협력을 통해 절차적 비효율을 줄이려는 노력도 지속되고 있다. GTI와 연계하여 발족한 동북아ECA협의체는 현재는 단지 GTI의 사업 발굴과 향후의 금융협력 방안을 모색하는 수준이다. 그러나 ECA간 지속적인 협의의 틀로서 공감대를 형성하고 사업을 발굴하며 동북아 개발을 위해 협력을 확장할 수 있는 구조를 구축한다면 공적자금과 민간자금의 시너지를 낼 수 있는 좋은 방안이 될 수 있다.

현재 ECA협의체는 정보교류, 인적교류, 연구 등 협력 기반을 다지는 단계로, 정보 플랫폼 구축 등 시범사업 시행을 위한 준비가 필요하다. 향후 본격적인 인프라 사업 추진 시 금융협의 절차를 제도화하여 사업검토, 자문 등의 기능을 할 체계를 도출해야 한다. 협의체의 발전을 위해서는 주요국 ECA들이 추가로 협의체에 참여하도록 유도하는 것이 중요하다. GTI와 연계한 협의체이므로 한국, 중국, 러시아, 몽골 등 GTI의 회원국 ECA로 협의체를 결성하였으나, 옵서버인 일본(JBIC), 그리고 탈퇴 상태인 북한(조선무역은행)의 참여를 유도할 필요가 있을 것이다. 신용도 제고와 지속적인 활동을 위해 미국 ECA 등 선진국 참여도 생각해야 한다. 제도화를 고려할 때 기존 역내 협의체인 GTI와 연계하여 출범한 것은 상당한 강점이다. 국제기구로의 전환을 계획 중인 GTI는 장차 일본과 북한, 가급적 미국, EU도 참여할 수 있도록 노력할 것으로 보인다. 연계 협의체인 ECA협의체도 해당 국들의 ECA에 참여 요청을 할 수 있을 것이다. 또한 과거 수은협의체들이 상설기관 부재로 절차적인 부분의 시간과 비용이 문제였던 것에 비해 GTI 사무국의 지원을 받을 수 있는 점도 긍정적이다. 국제기구로 전환되면 그 기구와도 행정 및 비용 효율화를 도모해야 한다.

가장 중요한 과제는 협의체를 지속할 동인이 되는 적절한 사업을 발굴하는 것이다. ECA 간 공조를 통해 역내 인프라 사업 중 금융지원의 시범이 될 만한 사업을 발굴해야 한다. 수행 가능한 사업으로 선정하고 이를 계기 삼아 공동의 기금 설립을 시도할 기반을 마련하는 것이다. GTI가 오랜 시간 동안 역내 사업들을 연구하고 참여를 독려해 왔으므로 우선순위를 부여할 개발사업 선정에 이를 참고할 수 있다. GTI 분과별로 검토한 사업들을 참고하거나, 국가별로 희망사업 관련 정보를 제공받을 수도 있다. 북한과 관련된 사업들도 북핵 해결 시 즉각적으로 주요 안건이 될 수 있도록 근거를 만들어 놓는 것이 필요하다.

ECA협의체에서 일종의 공동 개발지원기금을 설립하는 노력이 이어져야 한다. ECA협의체가 조성할 수 있는 기금은 규모도 작고 느슨하겠으나, 작게

나마 유효한 금융기제를 발족한다는 데 일단 의미가 있다. 공동기금을 설립하면 이를 토대로 사업 경험을 축적하고, 민간 참여를 독려하면서 장기적이고 실질적인 협력을 축적해야 할 것이다. 신용도가 높은 ECA들의 보증을 전제로 채권을 발행하여 보다 자금을 확대할 수도 있을 것이다. 기금에서 직접대출도 가능은 하겠으나, 규모를 감안하면 지분투자나 보증으로 지원하는 역할을 주로 할 것으로 예상된다. 동북아의 초국경 인프라 사업 중 비교적 수익성을 전망할 수 있는 사업(철도, 에너지)이나 개발이 긴요한 사업을 우선 추진하여 성과를 보여주어야 향후 민간투자 유치도 수월해질 수 있다. ECA협의체가 지속되고 공동기금 실적이 확대된다면, 북한개발 시 보다 큰 규모의 지원도 가능한 조직으로 변화를 꾀할 수 있다. 물론 정치적 위험성이 당분간 지속될 것을 감안하여 각국이 협의를 지속하면서 투자 환경과 여건을 조성해 나갈 필요가 있다.

중국이 주도하고 있는 이니셔티브를 활용하는 것 역시 중요하다. 아시아 인프라 시장에 변화를 가져올 것으로 예상되는 일대일로 정책과 AIIB 설립에 따라, 동북아가 포함된 아시아의 전체적인 인프라 사업 전망을 새로이 분석할 필요가 있다. 중국은 아시아 인프라 시장 공략을 선언한 셈이고, 일본도 막대한 자금을 투입하며 경쟁에 나서고 있어 아시아 건설시장의 경쟁은 더욱 치열해지고 있다. AIIB의 활동과 함께 일대일로 지역에 중국 금융기관들의 지원이 확대된다면 중국 기업의 수주 경쟁력이 증대할 것으로 전망된다. 한국 기업의 진출을 위해서도 일단 AIIB를 적극 활용할 방안을 생각하지 않을 수 없다.

일단 AIIB가 기존 MDB와 같은 공개적이고 투명한 절차와 운영방식을 제도화하고 유지한다는 전제하에, 일반적인 MDB에 대한 접근 방식과 마찬가지로 직접 접촉을 통한 기회 포착을 위해 우선 노력해야 한다. 웹사이트나 보고서를 통해 공개되는 정보를 획득, 수집하고, 담당자를 직접 접촉할 수 있는 창구를 확보하여 관계를 구축하는 것이다. 이미 사업을 발굴했다면 그 계획을 가지고 MDB와 협의하여 협조융자 사업 리스트에 포함되도록 할 수도 있다. 이 과정에서 수출입은행과 같은 기관이 협조융자 등 지속적인 관계를 구축하면서 국내 기업들이 이용할 수 있는 통로를 제공할 수 있다.[42] AIIB와 협조체제를 구축하여 관심 있는 기업에 사업정보를 신속하게 제공하고, EDCF 및 각 MDB에 출연한 신탁기금 관리 등 기존의 경험을 살려 기업에 주요 정보와 컨설팅 서비스를 제공해야 할 것이다.

북한의 AIIB 가입은 타 MDB 가입과 유사하게 현재의 정치적 대립 상황에서는 생각하기 어렵다. 그러나 아시아의 최빈국에 속하는 북한으로서는 장차 관계가 개선되는 대로 가입을 신청할 것이라 예상할 수 있다. 한국은 기존 MDB들에 개도국 지원을 위해 기탁한 신탁기금이 있으며, AIIB에도 유사한 취지의 신탁기금을 설치하고 장차 이를 활용하여 북한의 편입을 직간접적으로 지원할 방법을 모색할 수 있다. 현재는 북한이 가입한 MDB가 없어, 회원국 지원을 원칙으로 하는 기존 MDB에 미가입국인 북한 지원을 위해 기금을 설치하거나 활용하기는 어렵다. AIIB 역시 미가입국인 북한에 대한 지원은 불가능하고 기금 설치 역시 가능성이 높지는 않다. 그러나 AIIB에서 한국이 위상을 확보하고 향후 북한 가입을 대비한 신탁기금 조성 가능성을 타진해볼 수는 있을 것이다. 북한의 원활한 지역사회 편입을 지원하고 개발을 촉진하자는 취지의 기금을 설치하고 활용할 수 있다면 북한 지원에 유용한 도구를 추가하는 의미가 있다.

핵 문제가 해결되어 실제로 북한이 IMF를 비롯한 국제금융기구에 가입을 하게 되고 AIIB에도 가입하게 되면 직접적으로 북한 내 또는 접경의 인프라 개발을 위한 기금을 설립할 수도 있다. AIIB의 자금이나 민간자금 투자까지는 가입 후에도 상당한 시간이 걸릴 수 있으므로, 필요한 지원을 앞당기고 지속적인 투자유치를 위한 기반을 조성하기 위해서 기금을 만들어 집중적으로 지원할 수 있다. 북한의 가입 이후에도 북한개발은 동북아의 장기적인 사업이 될 것이므로 지속적으로 초점을 맞춘 기금 활용이 도움이 될 것이다.

---

42) 현재 수출입은행과 ADB가 3년마다 25억 달러의 협조융자협정(MOU)을 체결하고 있는 사례와 같이, AIIB와도 인프라 사업 공동지원을 위한 일정 금액의 협조융자협정 체결이 가능하리라 예상된다.

한국이 이를 주도적으로 추진하기 위해서는 사전에 북한 지원 목적의 신탁기금을 설치하기 위한 주요국간 공감대를 형성해야 하며, 최대 공여국으로서 역내외 국가들의 참여를 설득하며 AIIB에도 기금 설치를 위해 미리 협의를 진행해야 한다. 우선적으로 기술협력 지원을 목표로 하되, 본격적인 개발 진행을 대비하여 실제 추진 시 인프라 사업 지원까지 할 수 있도록 기반을 조성해야 한다.

이렇게 역내 기존 협의체나 AIIB, ADB와 같은 기존 MDB를 적극 활용한다고 하여 동북아만의 금융협력을 강화할 추가적인 협의체나 역내 MDB 설립 논의가 불필요하다는 의미는 아니다. 동북아를 집중적으로 개발하기 위한 인프라 수요는 계속 증가하고 있고, 동북아 각국도 이 지역의 개발을 적극 추진 중이다. AIIB의 경우에는 아시아 중에서도 특히 일대일로 관련 인프라 사업 지원에 집중하고, 특히 초기에는 중국이 우선순위를 두는 실크로드 인접 중서부와 주변국 접경 지역에 집중할 가능성이 높다. 동북아만의 별도 금융협력 기제를 창설하여 보완할 필요성은 여전히 존재한다. GTI와 수은협의체의 경우는 정례화된 기구로서 유지되고 있으나, 아직 추진력이 미미하여 향후 회원국들의 협력을 촉진하는 추이를 지켜보아야 할 것이며, 보다 적극적인 다자 금융협력 기구를 만들어내기 위한 논의의 장으로서 의미가 크다고 할 수 있다. 동북아 개발에 기여할 추가적인 동북아개발은행 설립이나 이에 준하는 역내 금융협력 강화 필요성은 지속되고 있는 것이다.

3. 한국 주도의 금융협력 강화 방안: 동북아개발은행 구상

2014년 박근혜 대통령이 독일 드레스덴에서 강연 중 동북아개발은행(NEADB) 설립을 언급하면서, 국내에서 설립 논의가 재점화되었다. 박대통령의 취지는 여러 북한개발 지원 방안의 하나로서 "북한이 핵을 버리는 결단을 한다면" 필요시 관련국과 협조하여 동북아개발은행을 설립하고 "북한과 주변지역의 경제개발을 도모"한다는 것이었다.[43] 역내 협력을 통해 장기적이고 지속성 있는 지원 체계를 만들자는 제안은 새로운 것은 아니다. 2006년 독일 방문 연설에서도 같은 취지의 동북아개발은행 제안을 내놓은 적이 있었다.[44] 그 전에도 동북아개발은행 설립 제안은 국내외 학계에서 논의되던 주제였으나, 대통령 연설에 포함되면서 정부의 중장기적 정책 과제에 포함되었다. 중국 주도의 AIIB에 국내외 이목이 집중되던 2015년 9월 한·중 정상회담에서 박대통령은 중국에 동북아개발은행에 대한 지지와 협력을 요청하였다.[45] 11월 한·중·일 3국 정상회의에서도 지지와 협력 요청을 하였는데, 3국 정상이 공동으로 선언한 "동북아 평화협력을 위한 공동선언문"의 금융협력 관련 부분에서 '한국은 동북아 개발은행(NEADB) 설립 구상을 설명'하였고 '일본과 중국은 이 구상에 대해 주목'하였다는 문장으로 명시되었다. 이외에도 다수의 정상회담에서 정상 간 의제로 언급되면서, 동북아개발은행은 장기적인 과제로서 그 추진에 관심이 지속되고 있다.

역내 다자금융협력을 위한 다양한 방법 중에서 역내 MDB의 설립과 운영은 장기적이고 대규모의 지원을 모색하는 방안이다. 그러나 추가적인 MDB의 설립은 결코 간단한 과제가 아니다. 그 동안에도 학계와 일부 정치인들이 장기 과제로 제시하였으나, 지난한 MDB의 설립 절차와 과정, 그리고 동북아의 급변하는 정세 변화 등 여러 가지 요인으로 인해 본격적인 정책 과제로 논의되지는 못하였다. 물론 동북아의 인프라 개발에 초점을 맞춘 역내 MDB의 창설은 그 운영이 안정적일 경우 북한을 포함하여 지속적인 민

---

43) 박근혜, "한반도 평화통일을 위한 구상," 드레스덴 공대 명예박사 학위 수여식 대통령 연설문(2014).

44) 회원국으로 6자회담 당사국, 몽골, EU, 세계은행, ADB 등이 공동출자하고, 투자 대상은 북한, 동북3성, 러시아, 몽골이며, "일단 50억 달러 규모로 시작"하되 한국이 15억 달러 내는 것을 포함해 총 30억 달러를 역내국들이 마련하자고 제안하였다. 박근혜, "독일과 한국: 함께 열어가는 미래," 콘라드 아데나워재단 초청 연설문(2006).

45) 박근혜 정부 외교의 한 축인 '유라시아 이니셔티브'와 중국 정부가 활발히 추진 중인 '일대일로' 구상을 연계하여 협력하자는 제안과 함께, 이에 부응하는 금융협력 기제인 AIIB와 병립하여 동북아개발은행을 설립함으로써 동북아의 발전을 함께 촉진하자는 논리를 제시하였다.

간투자 유치를 위한 가장 훌륭한 기반이 될 수 있다. 동북아에는 북한이 자리하고 있고, 그 특수성을 반영한 협력 필요성에 대해서도 어느 정도 공감대는 형성되어 있다. 초국경 인프라를 구축하고 안정적인 투자환경을 조성하는 것은 MDB 설립의 기본 목표이기도 하다. 북한의 지역 및 국제사회 편입도 더욱 촉진하여 정치적 안정에도 기여할 수 있으므로, 한국으로서는 주도적으로 노력할 만한 정책 과제가 된다.

한국이 주도적으로 동북아개발은행 설립을 고려한다면, 기 존재하는 ADB 와 AIIB에 이어 추가적으로 인프라 사업에 초점을 둔 지역 MDB로서 필요성과 특수한 설립목표를 명확히 규정해야 한다. 상업적 이익을 위한 인프라 투자를 위주로 하더라도, 북한 지원 방안으로서 활용을 고려한다면 그 목표를 명시하고 양허성 자금 지원 방안을 함께 마련해야 하기 때문이다. 아시아에는 이미 세계은행과 ADB가 있고, AIIB도 활동을 시작하였다. 한국이 동북아에 초점을 두어 추가적인 MDB를 설립하려면 필요성과 타당성에 대하여 역내 주요국들의 동의와 협력을 얻는 것이 일차적인 과제이다. 동북아의 초국경 인프라 사업에는 별도로 효과적인 금융협력이 필요하다는 점을 설명하고, 북한개발까지 고려한 목표를 설정하고 계획을 제시해야 한다. GTI와 같은 기 존재 협의체들을 활용하여 필요성에 대한 공감대부터 형성해야 한다.

역내 추가적인 MDB로서 동북아개발은행을 설립하는 논의와 협상을 이끌어 가려면 그 설립목표, 기본 구상안, 그리고 예상 회원국들을 설득할 전략을 마련해야 한다. 모든 MDB들은 개발 대상 지역에 대한 분명한 목적의식 하에 설립되었다. ADB는 아시아 국가들의 개발 지원, EBRD는 구소련 국가들의 시장화와 민주화 지원, 흑해개발은행(BSTDB)과 같은 소지역개발은행도 작은 규모로 역내 경제발전 지원을 목표로 하고 회원국을 규합하였다. 동북아 역내 상황에 맞는 목표를 설정하고 이의 수행을 위한 체계를 구축한다는 취지로 각국의 지지와 협력을 이끌어내야 한다. 역내외의 지지를 얻기 위해서는 일단 현 국제경제체제 하에서 MDB들이 해 온 보편적 역할에 맞추어, 동북아 역내 MDB로서 역내 개도국들을 위한 협력을 제고

〈표 2〉 한국 주도의 동북아개발은행 설립 목표

동북아 협력체로서 역내 평화 구축에 기여	지역 MDB로서의 역할과 기여	북한개발을 위한 개발재원 마련
- 동북아 경제협력 활성화 - 동북아 갈등 완화, 안정적 투자환경 조성 - 역내 소통과 협력 촉진을 위한 제도적 장치 제공	- 동북아 지역 독자적인 금융협력 시작 - 기존 국제개발금융체제의 보완 - 보증 및 기술협력 제공	- 북한개발에 특화된 도구로서 활용 - 경제개발, 대외개방 유도 - 남북 경제협력과 경제통합을 측면 지원

한다는 기본적인 목표를 분명히 해야 한다. 최근 창립된 AIIB가 그랬던 것처럼, 기존 MDB와 협력한다는 취지도 분명히 하여 기존 MDB인 ADB나 AIIB와의 연계도 필요하다. 여기에 특수한 목표로 북한개발을 추가하면서 북한의 경제개발과 대외개방이 동북아 전체의 안정적인 투자 환경 조성에 기여한다는 점을 강조해야 한다.

한국이 주도적으로 추진할 경우 동북아개발은행이 명확히 규정하고 설득해야 할 설립 목표를 세 가지로 정리하면 〈표 2〉와 같다.

첫 번째 목표는 단지 금융기구로서의 목표라기보다는 아직 다자협력기구의 역할이 부재하는 동북아에서 주요국이 정례적으로 모이고 의견을 나누는 장으로서, 정치안보적 갈등 완화에도 기여하리라는 포부이다. 경제협력 활성화를 통해 평화 구축과 증진에 기여하는 협의체로서 역할을 하는 것이다. 제도화된 기구로서 소통과 협의에 의한 경제협력 확대를 도모하고, 그 파급효과로 정치적 관계 개선 등 긍정적 효과를 촉진하며, 동북아를 넘어 아시아 전체의 협력 확대에도 기여할 수 있을 것이다. 초국경 인프라 건설을 통해 연결성을 강화하고 경제적 이익을 공유한다는 취지는 정치적 갈등 완화에 효과적으로 기여할 수 있다. 한국, 북한, 일본, 중국, 몽골과 러시아까지 포괄하는 장을 제공하는 것만 해도 의미 있는 진전이며, 미국 등 역외 선진국이 참여한다면, 미국, 중국, 일본, 러시아 등 강대국들의 정례적 협의가 제도화된다. 역내 개발 사업을 발굴하여 지속적인 의제를 제공하면서 정례적으로 교류할 제도적 기반을 제공하는 의미가 크다고 할 수 있다.

두 번째 목표는 MDB의 보편적인 목표로서 금융 제공 및 보완 역할을 하는 것으로, 동북아에서 금융협력을 통해 공적자금 제공을 원활하게 하고 지속적인 민간투자 유치 기반을 마련하는 것이다. MDB가 촉매제가 되어 동북아 인프라 사업을 활성화하며, 그동안 증대해 온 동북아의 금융자산을 역내에서 효율적으로 활용하도록 하는 역할도 된다. 물론 이러한 역할을 위해서는 MDB로서 국제금융시장에서 절대적인 신뢰도를 유지해야 한다. 회원국으로부터 모은 자금을 기반으로 국제금융시장에서 채권을 발행하여 장기자본을 차입하는 원리는 기존 MDB와 동일하기 때문이다. 주요국 정부와 협력하면서 기존 MDB들과도 긴밀히 협력한다는 의지 표명도 중요하다. 기존 MDB와 협력관계를 통해 노하우를 받아, 보증 및 기술협력 제공 등에서 원활한 활동을 수행하면서 사업의 발굴부터 전 과정에 대한 지원과 정책에 자문을 제공하고 협력하는 기구로 발전해야 한다.

세 번째 목표는 동북아의 특수한 목표로서 북한개발을 위한 개발재원 마련하는 기제가 되는 것이다. 북한이 지역경제에 편입 시 개방을 촉진하고 경제수준을 향상시키는 데 일조하자는 취지로, 역내 불안 요소인 북한을 안정적으로 편입시키고 개발함으로써 안정적 투자환경 조성에 기여하게 된다. 북한으로서도 인프라 개발을 위한 해외투자 유치는 필수적 사안이므로, 일단 정치적 갈등이 해결된 후라면 역내 금융협력에 적극 참여하는 것이 중요하다. 장기적으로 통일 비용을 경감하는 효과를 기대할 수 있고, 중국, 러시아 등 동북아로의 진출로를 구축하면서 남북 경제협력과 통합을 촉진하게 될 것이다.

V. 결론

지금까지 향후 북한이 국제사회에 편입되면서 동북아시아 지역경제의 일원으로 연계 개발하게 될 것을 대비하는 의미에서, 원활한 개발을 지원하기 위한 금융협력 강화와 북한의 참여 방안을 모색하였다. 동북아 개발 관련한 지역 협의체의 역할과 활용을 중심으로 하여 AIIB와 같은 MDB를 활용할 필요성과 함께 한국 주도의 동북아개발은행 설립 시 고려할 점까지 개괄하여 보았다. 동북아개발은행과 같이 동북아만의 새로운 MDB를 만들자는 제안이 그 실현 가능성을 불문하고 장기적으로 제기되어 온 이유는 동북아의 개발 잠재력을 발현시킬 만한 역내의 금융협력 체계가 크게 부족하다는 문제의식이 지속되어 왔기 때문이다. 동북아는 냉전적 대립부터 글로벌 이슈에 이르기까지 다양한 정치·경제적 사안이 얽혀 있으며, 역내 금융협력 방안을 제시하기 위한 폭넓은 고민이 필요하다. 지역협의체나 MDB 등 다자적 논의의 장을 구축하여, 각국의 입장과 상황을 고려하면서 가시적인 성과를 축적할 수 있는 금융협력 체계를 도출해야 할 것이다. 이를 통해 북한의 편입을 지원할 수 있도록 공감대를 형성하는 준비가 있어야 한다.

현재까지는 동북아 역내에서는 북한개발까지 고려하지 않더라도 역내국 간의 인프라 사업 관련 논의를 원활히 할 만한 지역협의체도 찾기 어렵다. 초국경 인프라 개발은 개별 국가의 재정이나 기존 MDB만으로는 감당하기 어렵다는 부분에는 공감대가 형성되어 있으며, 더구나 북한과 같은 향후의 지원 대상을 고려하면 다자적 협력을 이끌어낼 필요성은 더욱 긴요하다. 기존재하는 협의체와 MDB들을 최대한 활용하는 것에 더하여 동북아의 개발에 집중할 추가적인 협의체나 지역 MDB 설립 필요성이 지속되는 이유이다. 동북아개발은행과 같은 추가적인 MDB의 설립에 이르기 전에라도 활용가능한 협의체를 통해 공동 기금 조성 등 금융협력 경험을 쌓고 사업을 해보려는 노력이 지속적으로 필요하다. 필요성을 공감하는 부분부터 협력의틀을 만들고 상호 이익이 되는 사업을 추진하는 것이다.

한국에게 동북아 금융협력은 북한개발 지원과 동시에 한국의 유라시아 진출 기반 조성이라는 장기적인 목적이 혼재된 과제이다. 동북아 인프라 개발을 위한 금융협력 확대는 북한이 지역경제에 정상적 행위자로 편입되도록 지원하는 데 일차적인 의미가 있다. 북한 내 또는 접경의 인프라 개발에는 양자와 다자를 가리지 않고 모든 형태의 경제협력을 요하게 될 것이다. 남한의 부담을 경감하고 원활한 개발을 추진하기 위해서는 전 분야에서 다양한 형태의 외부 자금 지원이 절실하다. 장기적으로는 한국의 신성장동력 창출을 위해 북한과 동북아, 유라시아를 연계 개발하는 작업이 된다. 북한 인프라의 상당 부분은 초국경 및 다자간 사업이 될 것이고, 자연스럽게 한반도와 중국, 러시아를 연계하는 네트워크 구축으로 이어질 것이다. 장기적이고 지속적인 자금 지원을 위해서는 역내외 국가 간 협의체나 다자금융기구의 긴밀한 소통과 협력 기제로서의 역할이 더욱 중요하다.

비핵화 진전과 함께 신뢰가 구축되면 북한개발을 위한 기술지원 사업과 인프라 사업 지원 논의가 시작될 것이고, 이를 위해 준비된 지역 협의체나 금융기구가 제 역할을 하여 북한의 지역사회 편입과 경제 개혁, 개방을 촉진해야 할 것이다. 한국이 주도적으로 역내 금융협력을 강화하려면 미리 주요국과 공감대를 형성하고 공동의 목표와 전략을 협의할 필요가 있다. 동북아 개발은행 추진까지 염두에 두고 역내 다자간 금융협력의 틀을 강화하면서, 향후 신속하고 조화롭게 북한을 포함시키고 장기적인 안목으로 협력을 지속하며 지역 안정과 신뢰 증진에 일조하는 도구로 활용해야 할 것이다.

•참고문헌•

고일동. 1999. 『두만강지역 개발계획(TRADP)의 최근 동향과 재원조달 방안』. 한국
　　개발연구원.

김영춘. 1999. "수교 이후 일본의 대북한 경제협력 전망." 『통일연구논총』 5권 1호.
　　pp.101-119.

김유리. 2016. 『동북아 개발과 다자금융협력: 지역 MDB 활용을 중심으로』. 한국수
　　출입은행.

박근혜. 2006. "독일과 한국: 함께 열어가는 미래." 2006년 9월 박근혜 의원 콘라드
　　아데나워 재단 초청 연설문.

_____. 2014. "한반도 평화통일을 위한 구상." 드레스덴 공대 명예박사 학위 수여식
　　대통령 연설문.

이수행. 2008. 『환황해 경제권의 거점화 전략과 경기도의 대응방안』. 경기개발연
　　구원.

이승주. 2011. "글로벌 금융 위기 이후 동아시아 금융 거버넌스." 『EAI 국가안보패널
　　보고서: 경제위기 이후 세계질서』. 동아시아연구원(EAI).

이충열·이종하. 2013. "동아시아 금융협력의 현황과 과제." 『동아연구』 제32권 2호.

자본시장연구원. 2013. 『아시아 태평양 지역 금융협력 평가 및 과제』. 기획재정부
　　용역보고서.

전형권. 2006. "동북아 소지역협력과 지역 거버넌스의 등장: 두만강유역개발계획
　　(TRADP)을 중심으로." 『국제정치논총』 46집 4호.

추원서·곽경탁. 2004. 「동북아 개발금융의 수요추정 및 활성화방안」. 산업은행 심
　　포지엄 보고서.

한국금융연구원. 2004. 『동북아개발은행 설립방안 연구』. 재정경제부 용역보고서.

ADB. 2012. "Public-Private Partnership Operational Plan 2012~2020." http://w
　　ww.adb.org/documents/public-private-partnership-operational-plan-
　　2012-2020(검색일: 2016.2.9).

Development Committee (Joint Ministerial Committee of the Boards of Governors
　　of the World Bank and the International Monetary Fund on the Transfer

of Real Resources to Developing Countries). 2015. "From Billions to Trillions: Transforming Development Finance Post-2015 Financing for Development: Multilateral Development Finance." Prepared jointly by AfDB, ADB, EBRD, EIB, IaDB, IMF, and the World Bank Group for the April 18, 2015 Development Committee meeting.

Higgott, Richard. 2012. "The Theory and Practice of Global Economic Govern-ance in the Early Twenty-First Century: the Limits of Multilateralism." in Wyn Grant and Graham K. Wilson (eds.). *The Consequences of the Global Financial Crisis: The Rhetoric of Reform and Regulation.* Oxford University Press.

Katz, Stanley. 1997. "Financing Northeast Asia's Infrastructure Requirements: Is a New Development Bank Needed? Quantitative Assessment." A Paper Presented at the Seventh Meeting of the Northeast Asia Economic Forum, Ulaan Baatar, Mongolia 17-21 August.

Kawai, Masahiro. 2013. "Financing Development Cooperation in Northeast Asia." *ADBI Working Paper Series.*

Koo, Chung-Mo, Hyun-Hoon Lee, and Donna Yoo. 2012. "Northeast Asian Economic Cooperation: Assessment and Prospects of the Greater Tumen Initiative." 『동북아경제연구』 24권 2호.

Linn, Johannes F. 2013. "Realizing the Potential of the Multilateral Develop-ment Banks." http://www.brookings.edu/research/articles/2013/09/multi lateral-development-banks-linn(검색일: 2015.10.12).

Sanford, Jonathan. 1975. "Development Theory and the Multilateral Develop-ment Banks: An Assessment of the Effectiveness of Strategies Used in International Development Finance." *American Journal of Economics and Sociology*, Vol.34, No.2.

東京財團. 2002. 「提言 '北東アジア開發銀行(NEADB)'創設のための5つの提言」 No.R02-001P.

習近平. 2014.10.25. "习近平会见出席筹建亚投行备忘录签署仪式各国代表." 『인민일보(人民网)』, http://cpc.people.com.cn/n/2014/1025/c64094-25906598.html (검색일: 2015.11.8).

_____. 2014.11.6. "加快推进丝绸之路经济带和21世纪海上丝绸之路建设." 中央财经领

导小组第八次会议. 『신화통신』, http://news.xinhuanet.com/politics/2014-
11/06/c_1113146840.htm(검색일: 2015.9.15).
中国 国家发展改革委·外交部·商务部. 2015. "推动共建丝绸之路经济带和 21世纪海上
丝绸之路的愿景与行动," http://zhs.mofcom.gov.cn/article/xxfb/201503/20
150300926644.shtml(검색일: 2015.10.7).

동남아시아국가연합(ASEAN) 홈페이지(http://www.asean.org/).
아시아개발은행(ADB) 홈페이지(http://www.adb.org/).
아시아인프라투자은행(AIIB) 홈페이지(http://www.aiib.org/).

제 **3** 부

북한의 금융개혁

제9장

체제전환국의 금융개혁 사례 I:
동유럽*

김병연 | 서울대학교

I. 서론

동유럽의 체제이행에 있어 핵심적인 과제 중 하나는 금융개혁이었다. 동유럽의 많은 체제이행국들의 경험에서 보듯이 올바른 금융정책의 채택 여부에 따라 이행 과정 동안의 경제성과는 크게 달라질 수 있다. 북한을 비롯한 사회주의 경제에서의 금융의 문제는 구조적·제도적 문제이며 이는 경제체제의 변화 없이는 해결하기 어려운 과제이다(Kim and Lim, 2009). 특히 자본주의체제에 부합하는 금융제도가 작동하지 않고서는 체제이행을 성공

* 이 연구는 2014년 한국은행 경제연구원의 BOK 경제연구 시리즈에 발간된 연구논문인 "금융체제 이행 및 통합 사례: 남북한 금융통합에 대한 시사점"(2014-32)의 내용 중 동유럽 금융체제 이행 부분을 전재하고 있습니다. 원 논문의 작성에 도움을 주신 최운규 전(前) 한국은행 경제연구원장, 문성민 북한경제연구실 실장, 이영훈 SK경영경제연구소 연구위원에게 감사를 표합니다.

할 수 없다. 따라서 금융개혁은 체제이행 정책 중 반드시, 그리고 가장 시급히 시행되어야 하는 정책 중 하나로서 치밀한 사전 준비를 필요로 한다.

이 연구의 목적은 사회주의 국가의 체제이행 및 통합모델을 체코와 헝가리, 그리고 독일의 사례에 의거, 검토하는 것이다. 체제이행 및 통합모델의 사례로서 체코와 헝가리, 독일의 세 국가는 체제이행 과정이 그 속도와 전략면에서 뚜렷이 대비된다. 독일은 이행과 통합이 동시에 일어난 유일한 사례이다. 체코는 비교적 급진적인 방식으로 체제이행을 성공시켰으며, 헝가리는 상대적으로 점진적인 방식의 이행전략을 채택하였다. 따라서 이 세 국가의 경험을 검토함으로써 금융체제이행 전략의 공통 요인과 아울러 이질적 요인을 추출할 수 있으며 이 요인에 대한 평가도 가능하다. 특히 기존의 연구에서 체코나 헝가리의 금융개혁 경험은 거의 논의되지 않았으며 독일의 금융제도 개혁에 대해서도 충분한 검토가 이루어지지 못했다.

이 연구의 구성은 다음과 같다. II절은 사회주의 금융의 특징과 한계를 논한다. III절에서는 체코와 헝가리의 금융체제이행 경험과, 이행 및 통합이 동시에 일어난 독일의 경험을 은행제도와 환율제도, 기타 금융제도 등으로 나누어서 살펴본다. IV절은 이 연구의 내용을 요약한다.

II. 사회주의 금융체제의 시장경제로의 이행

1. 사회주의 금융의 특징과 한계

사회주의 금융제도는 자본주의의 그것과 큰 차이를 보이고 있다. 쉽게 관찰할 수 있는 가장 중요한 차이는 다음과 같은 소유권과 제도적 차이이다. 먼저 사회주의에서 모든 금융기관은 국가 혹은 집단 소유이다.[1] 이는 생산수단의 국유 혹은 공유가 사회주의 경제의 기본적인 제도이기 때문이다. 그리고 사회주의와 자본주의는 금융제도에 있어서도 크게 다르다. 즉 자본주의는 중앙은행과 상업은행이 분리된 이른바 이원적 은행제도(two-tier bank system)를 갖고 있지만 사회주의는 중앙은행과 상업은행의 기능이 분리되어 있지 않은 단일은행제도(mono-bank system)에 기초해 있다. 따라서 사회주의에서는 중앙은행이 기업과 가계를 대상으로 하는 상업은행의 역할뿐 아니라 정부의 정책을 집행하며 행정부의 계좌를 보유하는 등의 중앙은행의 역할도 동시에 감당하고 있다.2)

이상의 소유권과 제도적 차이뿐만 아니라 금융의 역할에 있어서도 큰 차이가 존재한다. 자본주의 경제에서 중앙은행은 통화정책의 운용과 상업은행의 감독이 그 주된 역할인 반면, 사회주의의 중앙은행의 가장 중요한 기능은 중앙계획을 보조하는 것이다. 보다 구체적으로 중앙계획에 입각한 사회주의 경제에서 현물계획은 화폐를 매개로 한 현금계획으로 표시된다. 따라서 중앙계획의 집행 여부와 그 정도는 돈의 흐름을 통해 통제할 수 있는데 이를 "루블에 의한 통제(북한에서는 원에 의한 통제)"라고 부른다. 바로 이 루블에 의한 통제를 수행하는 기관이 중앙은행인 것이다. 즉 모든 기업 간 혹은 기업과 다른 부문 사이의 금융거래에 대해 중앙은행은 이른바 미시적 금융통제(micro financial control)를 행사하여 중앙계획이 제대로 이루어지도록 감독하는 기능을 수행한다. 또한 사회주의에서는 자본주의 중앙은행이 수행하는 통화정책 기능도 존재하지 않는다. 사회주의 경제에서 통화량 조절은 가계의 수입과 소비재의 공급을 일치시키는 계획에 따라 가계부문에 적정한 통화를 공급함으로써 이루어진다.

기업 투자재원의 조달 측면에서도 차이가 존재한다. 사회주의 경제에서 기업 투자재원은 기본적으로 자본시장에서 조달하는 것이 아니라 정부가 인

1) 사회주의 금융에서 미미한 역할을 수행하기는 하지만 신용협동조합 등은 공유형태의 소유구조를 가지고 있다.
2) 중앙은행 이외에도 사회주의 국가는 은행의 대출 업무 전문성을 위하여 산업별 은행, 예를 들면 농업은행, 공업은행을 설립하기도 하였다. 그리고 대외무역의 결제를 위하여 대외무역은행을 설립, 운영하는 것이 일반적이었다.

민경제비라는 항목의 재정자금을 직접 공급함으로써 이루어진다. 사회주의
에서는 주식시장이나 채권시장 등의 자본시장은 존재하지 않으며 은행의 기
능도 대출기능보다는 통제기능이 우선적이었기 때문이다. 따라서 기업부문
에 관한 한 전통적인 사회주의 경제에서는 재정의 역할이 금융의 역할보다
더 중요하였다. 그러나 정부의 재정 지원은 상환의무가 없어 기업이 방만한
경영을 할 가능성이 높으므로, 전통적 사회주의가 수정되어 이른바 개혁 사
회주의 시기에 접어들면서 정부 재정 지원보다 상환의무가 있는 금융기관의
대출을 통해 기업을 지원하는 방식으로 바뀌는 경향을 보였다. 그러나 기업
대출의 결정도 금융기관의 자체적 판단보다는 중앙계획기구나 정치적 영향
력이 더 큰 경우가 많은데다 기업의 파산이 존재하지 않기 때문에 기업이
비효율적으로 운영될 가능성이 높고 그로 인한 부담은 은행으로 전가될 가
능성이 컸다.

　가계대출의 측면에서도 차이가 존재한다. 사회주의에서는 가계를 대상으
로 하는 대출은 거의 없다.[3] 가계들은 은행에 예금은 할 수 있지만 은행으
로부터 대출을 받을 수는 없다. 은행 예금은 금융제도 내로 환류되어 정부
나 기업대출 재원 등으로 사용될 수 있기 때문에 사회주의에서도 가계예금
은 장려되었다. 그러나 이자가 높지 않고 인출이 어려울 수 있기 때문에
가계들은 현금 보유를 선호하는 경향이 강했다. 예를 들어, 1985년 소련 가
계는 총 18.7억 루블을 은행에 예치하였지만 14억 루블은 현금으로 보유하
였다(Kim, 1999).[4] 정부는 가계의 현금을 금융제도 내로 흡수하기 위해 장
기국채를 발행하여 가계들이 이를 사도록 강압하기도 하였다.

---

3) 신용협동조합에서 가계를 대상으로 대출을 하기도 하였다. 그리고 비중이 적기는 하였
　지만 소련 등에서는 소매유통기업에서 제품의 신용판매를 하기도 하였다. 그러나 오히
　려 가계들이 필요한 재화를 구입하기 위해 미리 유통기업에 돈을 지불하고 기다리는
　경우가 많았다. 목돈이 필요한 가계들은 직장동료나 친구들을 중심으로 계를 조직하여
　운영하기도 하였다.
4) 예를 들어 1985년 총 가계금융저축은 39.3억 루블이었는데 이 중 은행예금의 비중은
　47.6%에 달했으며, 그 다음으로 현금 보유 35.6%, 재화구입을 위한 유통기관에의 순
　신용공여 9.7%, 보험 5.1%, 국채보유 2.0%순이었다.

이와 같이 사회주의에서 민간의 여유 자금들이 은행제도 내로 환류되지 않더라도 자본주의에 비해 그것이 기업 투자에 미치는 효과는 적다. 이는 소위 현금거래와 무현금거래라는 독특한 방식의 사회주의의 화폐 유통과 결제 방식 때문이다. 즉 기업부문의 거래는 무현금거래로서 현금의 유통없이 은행 내에서의 결제로 거래가 이루어진다. 그리고 이 부문에서의 거래는 거래를 위해 자금의 보유 여부가 아니라 중앙계획에 의해 결정된다. 예를 들어 중앙계획에 따라 A기업이 B기업으로부터 재화를 공급받도록 정해져 있다면 A기업이 거래에 충분한 자금이 없다고 하더라도 그 재화를 공급받을 수 있었다. 즉 이 부문에서 화폐는 수동적 화폐(passive money)로서 단지 회계단위 기능만 수행하는 것이다.

반면 가계부문에서의 거래는 기본적으로 화폐 보유에 입각하여 이루어졌다. 소련이나 동유럽에서는 정부가 중앙계획을 통해 소비재의 공급량을 결정하지만 무엇을 어디에서 살지는 가계들이 결정할 수 있었다. 그리고 소비재의 구입 시 중요한 것은 재화를 구입할 수 있는 구매력 즉 화폐였다.[5] 이런 면에서 가계부문의 화폐는 능동적 화폐(active money)로서 기능하는 것이다.

〈그림 1〉은 사회주의 소련 경제에서의 금융재원의 흐름을 보여주고 있다. 실선 화살표는 현금결제를, 그리고 점선 화살표는 은행 계좌를 통한 결제, 즉 무현금결제를 나타낸다. 국가예산은 소련의 중앙은행(Gosbank)을 통해 집행되며 또 국유기업들은 중앙은행(Gosbank)에 각각 하나의 계좌를 가지고 있어 이를 통해 이윤세, 거래세 등의 세금을 납부한다. 이 영역에서의 재원의 흐름은 무현금결제인 반면 가계부문에서의 금융재원은 현금결제 방식으로 이루어진다. 그리고 가계부문과 기업부문 사이의 흐름, 즉 재화나 서비스의 구입과 임금지급 등도 실제 구매력을 가지고 있는 화폐로 이루어

---

5) 이러한 전통적인 사회주의 경제에 비해 북한이나 중국에서의 배급제는 가계부문에서의 화폐의 사용에도 제약을 두는 제도이다. 소련, 동유럽 사회주의 경제에서 배급은 일반적인 현상이 아니었으며 소련의 경우 1, 2차 세계대전 중이나 직후 극심한 소비재 부족 현상으로 인해 배급제가 운용되기도 하였으나 오래되지 않아 폐지되었다.

〈그림 1〉 사회주의 소련 경제의 금융자원의 흐름

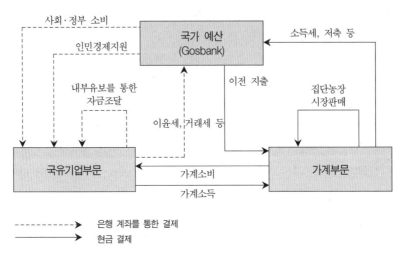

자료: Peebles(1992)

진다.

　이러한 사회주의 금융이 제대로 작동하고 계획경제를 적절하게 지원하기 위해서는 세 가지 조건이 충족되어야 한다. 첫째는 현금결제부문과 무현금 결제부문이 뒤섞이지 않아야 한다. 즉 가능한 이 두 부문을 분리시켜 무현금결제부문으로부터 현금결제부문으로의 불법적인 흐름, 즉 기업부문의 무현금이 현금으로 불법적으로 전환되는 것을 차단시켜야 한다. 그렇지 않으면 중앙계획의 통제 기능이 약화될 수 있다. 만약 기업이 구매력이 없는 무현금을 구매력이 있는 현금으로 전환하여 소비재 구입에서 가계와 경쟁하게 된다면 소비재 부족(shortage) 현상이 악화될 수 있다.[6] 따라서 중앙은

---

6) 이는 이른바 "Siphoning effect"라고 불리는 것으로서 Kornai는 이를 사회주의 경제에서 일반적인 소비재 부족의 중요한 원인으로 지적하였다. 김병연(Kim, 2002)은 소련 경제에서 이 "Siphoning effect"의 크기를 추정한 결과, 이것이 1965년 이후 소련의 소비재 부족의 중요한 원인임을 발견하였다.

행의 중요한 기능 중 하나는 미시적 금융통제를 통하여 기업의 무현금이 현금으로 전환되는 것을 막는 것이었다.

둘째는 국가예산 수입이 지출을 충분히 감당할 수 있어야 한다. 자본시장이 존재하지 않기 때문에 사회주의에서 재정적자의 발생은 바로 인플레이션 압력으로 이어질 수 있다. 물론 실제 인플레이션이 발생할지의 여부와 그 정도는 중앙계획의 통제기능에 의해 영향을 받는다. 만약 기업부문의 화폐가 소비재 구입에 사용되지 않고 기업들이 화폐를 다른 기업으로부터 물자를 구입하는 데 사용하지 않는다면 재정적자는 기업부문에의 구매력 없는 화폐로 머물 뿐 인플레이션 혹은 쇼티지(shortage)를 발생시키지는 않을 것이다.[7] 그러나 중앙계획과 기업 사이의 비대칭적 정보로 인하여 미시적 금융통제 기능이 완벽하게 수행되기 어려운 것이 사실이다(Kim, 2002). 그리고 사회주의 경제 개혁을 위하여 기업에게 인센티브 등이 제공되면 기업부문에서의 여유 자금은 실제 구매력을 가지는 자금으로 전환될 가능성이 증가한다. 따라서 정부 재정적자를 중앙은행의 발권에 의해 메운다는 것은 거시경제 안정성이 저해됨을 의미한다.

셋째는 재정 지출이 가계부문과 기업부문 사이, 혹은 소비와 생산 사이에서 적절한 균형을 유지해야 한다. 전통적으로 사회주의 경제는 소비보다는 생산, 가계보다는 기업부문의 지원을 우선시했다. 만약 재원이 과도하게 기업부문의 투자로만 사용된다면 가계의 노동 인센티브가 저해될 수 있을 것이다. 그러나 반대로 만약 정부의 재정 지출의 비중이 소비나 가계부문, 예를 들어, 이전지출이나 소비재가격편차보조금 지출의 비중이 증가한다면 기업으로 가는 재원은 줄어들 것이다. 그리고 이는 장기적으로 경제성장률의 하락으로 이어질 수 있다. 1965년 이후 소련 경제에서는 후자의 경향이 두드러졌다. 1965년 도입된 소비재가격편차보조금은 도입 당시 재정지출의 5% 정도에 불과하였으나 1980년 말에는 재정지출의 20%에 육박할 정도로 증가하였다(Kim, 1999). 이는 소련 GDP의 12.4%에 달하는 것으로서 이러

---

7) 가격이 통제되어 있으면 수요의 증가는 물자부족, 즉 쇼티지를 증가시킨다.

한 가격편차보조금 지출의 급증으로 인하여 1965년 이후 GDP 대비 소련의
투자 비중은 감소하거나 재정적자가 증가하는 현상이 일어났다.

2. 체제이행과 금융제도

경제체제가 자본주의로 전환되게 되면 금융제도나 역할, 정책도 자본주
의에 맞추어 변하지 않을 수 없다. 앞에서 살펴본 대로 사회주의 금융제도
는 중앙계획을 수행하기에 적합하도록 만들어져 있기 때문이다. 그런데 경
제체제가 사회주의에서 자본주의로 전환되려면 사회주의 경제에서 자원배
분의 큰 몫을 담당하던 재정의 기능이 상업은행 등으로 이전되고 금융의
중개기능이 회복되어 이를 통하여 저축이 투자로 이어지도록 해야 한다. 즉
민간의 여유 자금이 금융기관으로 환수되고 이렇게 형성된 예금을 기업에게
대출함으로써 금융기관은 저축과 투자의 중개기능을 담당하는 것이다. 그리
고 이 과정에서 금융의 대출심사 기능을 통하여 경제의 효율성이 증진될
수 있다.

사회주의 경제에서 거시경제 안정을 위한 정책은 중앙계획과 미시적 금
융 통제였다. 그런데 중앙계획이 존재하지 않는 자본주의에서는 통화정책이
라는 정책 수단을 사용하여 거시경제 안정화를 도모한다. 따라서 거시경제
안정화를 위해서도 중앙은행과 상업은행을 분리시키고 사회주의의 무현금
결제제도를 없애며 자본시장을 만들어 이자율이 자본의 공급과 수요에 의해
결정되도록 하는 금융개혁이 요구되는 것이다. 특히 사회주의 시기에 축장
된 과잉화폐(monetary overhang)와 필수소비재의 가격 안정을 위한 정부
보조금, 즉 소비재가격편차보조금 철폐로 인해 체제이행 초기 가격자유화가
시행되면 높은 인플레이션이 발생할 것으로 예상된다. 따라서 통화정책을
통한 거시경제안정화는 체제이행 초기부터 매우 중요한 정책 목표로 자리잡
게 된다.

금융개혁은 경제자유화를 위해서도 필요한 과제이다. 사회주의 체제이행

의 중요 과제 중 하나는 대외무역의 자유화이다. 그런데 대외무역이 자유화
되려면 화폐의 태환화가 필수적이다. 그리고 이 태환화를 위해서는 자본주
의적 환율제도가 수립되어야 하며 외국환 시장이 개설되어 금융기관 등이
이 시장에 참여하여 외국화폐를 거래할 수 있도록 해야 한다.

   마지막으로 금융개혁은 기업의 사유화와 구조 조정을 촉진하기 위해서도
필요하다. 금융제도가 잘 작동되면 기업이 사유화와 구조조정 과정에서 필
요한 재원을 보다 손쉽게 조달할 수 있도록 도울 수 있다. 그리고 은행이
채권자로서 기업의 사유화나 구조조정 과정에 개입할 수도 있다. 특히 사유
화된 은행은 기업과 국가 사이의 연결고리를 차단함으로써 기업의 사유화와
구조조정을 촉진할 수 있다.

   체코의 경험은 은행 사유화의 중요성에 대해 시사하는 바가 크다. 즉 체
코는 바우처를 통해 기업의 사유화를 비교적 조기에 종료했으나 상업은행이
사유화되지 않아 정부가 은행을 통해 기업에게 지속적인 영향력을 행사할
수 있었다. 이는 기업의 연성예산제약을 지속시켰으며 그 결과 은행부문의
부실채권이 증가되었다. 따라서 체코는 1998년 금융위기를 경험한 이후 본
격적인 은행의 사유화를 추진함으로써 국가가 기업 경영에 영향을 미칠 수
있는 통로를 차단하기에 이르렀다.

   자본주의 금융은 크게 세 가지 제도에 기초해 있다. 첫째는 이원적 은행
제도이다. 즉 중앙은행과 상업은행이 분리되어 전자는 통화정책과 상업은행
의 감독 기능, 그리고 외환보유고 관리 등을 담당하고 후자는 금융중개 기능
을 담당하는 것이다. 둘째는 환율제도이다. 개방경제는 대외 무역을 위하여
자국화폐를 타국화폐와 교환해야 할 필요가 있고 환율제도는 이 교환을 위
한 틀을 제공한다. 셋째는 기타 금융제도로서 자본시장, 감독제도, 결제제
도, 회계제도 등이 이에 속한다.

   사회주의 금융이 자본주의 금융으로 전환되기 위해서는 다음과 같은 세
가지 정책이 필요하다. 가장 중요한 과제는 일원적 은행제도를 이원적 은행
제도로 전환하는 것이다. 이에는 기존의 국가은행 혹은 중앙은행을 중앙은
행과 상업은행으로 분리한 다음 중앙은행의 기능을 명시하며 분리된 상업은

행을 구조조정하고 사유화하는 것이 포함된다. 이 중에서 특히 상업은행의
구조조정과 사유화는 체제이행의 매우 중요한 정책 중 하나이지만 가장 어
려운 과제이기도 하다. 둘째는 환율제도, 보다 구체적으로 정부는 변동환율
제, 고정환율제, 통화위원회제 중 어느 제도를 채택할 것인지 결정해야 하며
고정환율제나 통화위원회제를 채택할 경우, 고정대상화폐와의 전환율을 결
정할 필요가 있다. 마지막으로 앞에서 언급한 기타 금융제도를 수립하기 위
해서 자본시장을 도입하며 민간금융기관을 감시, 감독하는 감독체계를 갖출
필요가 있다. 그리고 사회주의적 회계, 결제제도를 자본주의 회계, 결제제도
로 전환시켜야 한다.

이상의 이행 정책들이 집행되고 자본주의적 금융제도가 확립되면 중앙은
행과 정부는 통화정책과 환율정책을 통하여 거시경제를 관리할 수 있다. 그
리고 금융의 중개기능이 회복될 수 있다. 자본시장에서 기업의 투자재원이
확보될 수 있으며 기업 경영이 주식시장, 은행을 통하여 감시, 감독될 수
있다. 그리고 이윤극대화를 도모하는 민간은행의 금융대출 심사를 통하여
보다 효율적인 프로젝트에 자금이 공급될 수 있다. 사회주의 시기에 은행을
신뢰하지 못해 현금 보유를 선호했던 가계들도 자본주의 금융제도가 잘 정
착되면 현금보유를 줄이고 은행 예금을 늘일 것이다. 이 모든 것이 자본주
의체제의 실물부분에 정합적인 금융제도의 발전으로 이어질 것이다.

III. 금융의 이행과 통합: 체코, 헝가리, 독일 사례

1. 이원적 은행제도

사회주의 국가인 체코슬로바키아, 헝가리 및 동독의 은행제도는 기본적
으로 일원적 제도를 채택하고 있었다. 예를 들어 체코슬로바키아에서는 중

앙은행인 체코슬로바키아국가은행(SBCS: State Bank of Czechoslovakia),
가계예금은행인 체코슬로바키아국가저축은행(CS: Cheska Statni Sporitelna),
기업이나 기관들을 위한 무역은행인 CSOB(Ceskoslovenska Obchodni
Banka), 그리고 코메콘 무역과 체코슬로바키아 내의 외국 기업들, 관광객을
위한 대외은행인 ZB(Zivnostenska Banka)라는 네 개의 은행이 존재하였
다. 동독의 은행제도는 2차 세계대전 이후 소련 점령기에 형성되었으며 그
결과 소련식 은행제도가 동독에 이식되었다. 동독국립은행(Staatsbank)은
중앙은행과 상업은행을 겸하였으며 특수 은행으로서 농업식량은행(BLN:
Bank für Landwirtschaft und Nahrungsgüterwirtschaft)과 독일상업은행
(DHB: Deutsche Handelsbank), 그리고 대외무역관련 은행업무를 담당하
는 독일대외무역은행(DABA: Deutsche Aussenhandelsbank AG)이 있었
다. 그리고 독일의 특이한 제도로서 지방정부의 관할하에 소규모의 저축은
행들이 다수 존재하였다. 1989년 말 기준, 이러한 소규모 지방저축은행들은
196개가 존재하였으며 2,400개의 지점을 갖추었고 약 2만여 명의 인력을
고용하고 있었다. 또한 230여 개의 소규모 기능공들의 신용조합 네트워크인
BHG(Banken für Handwerk und Gewerbe)와 3,150여 개의 농업신용조
합들의 네트워크가 존재하였다.

　헝가리는 1960년대부터 시장사회주의를 운용하였으며 그 결과 1980년대
부터는 금융제도가 전통적인 사회주의 경제에서 발견되는 제도에서 일부 벗
어난 양상을 보이기도 하였다. 헝가리는 1970년대 말까지 헝가리국민은행
(NBH: National Bank of Hungary)이라 불리는 중앙은행과 국가투자프로
젝트를 관리하고 투자하는 국가개발은행(Hungarian Development Bank),
대외무역 관련 업무를 담당하는 외국무역은행(HFTB: Hungarian Foreign
Trade Bank), 그리고 가계예금을 받는 국민저축은행(National Savings
Bank)과 더불어 260개의 저축조합이 존재하였다. 이와 같이 1970년대 말
이전까지는 다수의 저축조합을 제외하고 전통적인 사회주의 금융제도를 반영
하는 구조였다. 다음의 표는 전통적인 사회주의의 일원적 은행제도하의 체코
슬로바키아, 헝가리, 동독의 금융제도와 북한의 금융제도를 보여주고 있다.[8]

〈표 1〉 체코슬로바키아, 헝가리, 동독, 북한의 전통적 금융제도

	체코슬로바키아	헝가리 (1970년대 중반)	동독	북한
중앙 은행	체코슬로바키아 국가은행	헝가리 국민은행	동독국가은행	조선중앙은행
부문별 은행	국가저축은행 무역은행 대외은행	국가개발은행 외국무역은행 국민저축은행	농업식량은행 상업은행 대외무역은행	조선무역은행
기타		저축조합(다수)	지방저축은행(다수) 신용조합(다수)	외환전문은행 (다수)

　　체코슬로바키아 정부는 1990년 1월 1일 새로운 중앙은행법과 일반은행
법을 제정 및 발효시킴으로써 금융개혁을 시작하였다. 이 법률의 시행으로 중
앙은행은 서구의 중앙은행과 동일한 역할을 담당하고 과거 중앙은행이 보유하
고 있던 상업적 기능은 상업은행에서 담당하게 되었다. 즉 SBCS의 상업은행
기능은 새로이 설립된 상업은행, 즉 KB(Kormercni Banka), IB(Investicni
Banka), 슬로바키아에 위치한 VUB(Vseobecna Uverova Banka)로 이관되
었고 이들은 중앙은행의 감독을 받게 되었다. 그리고 사회주의 시절부터 존
재했던 CS, CSOB, ZB들도 상업은행으로 전환되었다. 이와 동시에 은행산
업으로의 진입을 허용하였다.
　　헝가리의 금융제도에 주요 변화가 생긴 것은 1970년대 말과 1980년대
초부터였다. 1979년에 중유럽국제은행이 NBH와 6개의 외국은행 합작으로
설립되었다. 그리고 1983년부터 시작하여 정부는 연구개발과 벤처케피탈
금융을 담당하는 소규모 금융기관들을 설립하였다. 또한 1985년에는 이원
적 은행제도를 도입, NBH의 상업은행 기능을 분리하기 시작하였다. 그 결
과 1987년 1월에는 NBH의 상업은행 기능과 국가개발은행은 새롭게 설립된

---

8) 북한의 금융제도에 관해서는 문성민(2000)과 Byung-Yeon Kim(2009)을 참조하라.

세 개의 은행, 즉 헝가리신용은행, 상업신용은행, 부다페스트은행에 의해 인수되었다. 이 세 은행들은 국가와 국유기업들이 소유한 주식회사 형태이었다. 그리고 헝가리외국무역은행과 국민저축은행도 상업은행으로서 기능하도록 허락되었다. 은행과 기업 관계에 있어서도 기업들이 하나의 상업은행과 계좌를 갖도록 강제하는 규제가 폐지되었다. 또한 은행산업으로의 신규 진입 규제를 철폐하였다. 헝가리의 체제이행이 본격화된 1989년 이후에는 주로 사유은행이나 외국 은행의 진입으로 말미암아 금융기관의 수가 크게 증가하였다. 즉 1989년에는 24개에 달하던 금융기관이 1990년, 1991년에는 각각 31개와 37개로 증가하였다.

1990년 3월 6일 동독의회는 동독의 일원적 은행제도를 이원적 은행제도로 전환시키는 법안을 통과시켰다. 이 법안에 따르면 동독국립은행(Staatsbank der DDR)의 중앙은행 기능은 남기고 상업은행 기능은 분리시켜 새로운 상업은행으로서 베를린을 대상으로 영업하는 베를린시립은행(Berliner Stadtbank)과 그 외 동독지역을 대상으로 영업하는 독일신용은행(DKB: Deutsche Kreditbank)을 설립하였다. 그리고 이 두 은행은 100% 정부 소유로 되어 있었다. 그 후 1990년 4월, 이 두 은행의 소유권은 신탁공사(THA: Treuhandanstalt)로 이전되었으며 6월에는 베를린국립은행의 소유권도 신탁공사로 이전되었다. 농업식량은행(BLN)의 본점은 베를린협동조합은행(Genossenschaftsbank Berlin)으로 바뀌었으며 그 지점들은 BHG 네트워크와 합쳐져 신용협동조합으로 전환되었다. 그러나 저축은행과 신용조합들은 그대로 남게 되었다.

1990년 7월 1일 화폐, 경제, 사회 통합에 관한 국가조약이 발효됨에 따라 서독의 독일연방은행(Deutsche Bundesbank)이 통일독일의 중앙은행이 되었다. 독일연방은행은 동베를린에 임시사무실을 설치하고 동독지역에 15개의 지점도 설립하여 동독지역에서도 중앙은행의 기능을 시작하였다.[9] 그리

---

9) 1990년 7월 1일로부터 채 2년이 지나지 않은 1992년 10월에 통일독일의 중앙은행 체계가 갖추어짐에 따라 동베를린 사무소는 폐쇄되었다.

고 독일연방은행은 연방감독위원회(Federal Supervisory Office)와 함께 동독지역의 금융기관의 감독기능도 수행하게 되었다.

2. 금융기관 사유화 및 부실채권 정리

체코슬로바키아 정부(1993년부터는 체코 정부)는 은행의 사유화를 시도하였으나 그 속도는 매우 점진적이었다. 초기의 은행 사유화는 바우처를 통해 대중에게 매각되는 방식으로 진행되었으나 정부는 여전히 대부분의 구국유은행의 주요 소유주로 남아있어 완전한 사유화가 이루어지지 못하였다. 1992년 ZB는 총 주식의 52%가 외국인 투자자에게 매각되고 잔여분이 바우처 사유화로 판매되어 최초로 사유화가 이뤄진 은행으로 기록되었다. 하지만 이 후에도 은행사유화는 활발히 진행되는 모습은 아니었다. 1996년에는 상위 4개 은행 주식(KB, CS, IPB,[10] CSOB)의 상당 비율이 바우처를 통해 사유화 되었으나, 각 은행에 대한 정부의 지배주주권은 그대로 존속되어 완전한 의미의 사유화는 이때도 이루어지지 않았다.[11]

외국은행들의 진입도 점차 증가하였다. 1991년에는 8개의 외국인 소유 은행이 영업을 시작하였으며 1992년에는 4개의 외국은행들의 지점이 체코슬로바키아에 설립, 영업을 개시하였다. 지점을 설립한 외국은행들의 수는 더욱 증가하여 1993년에는 10개의 외국은행이 체코에 지점을 설립하였다. 그리고 같은 해 외국인 소유의 은행의 수도 10개로 증가하였다. 그러나 이후 1997년까지 외국인 소유 은행의 설립이나 체코 내 지점을 개설한 외국은행의 지점 수는 거의 정체 상태에 머무르게 되었다.

---

10) IPB는 IB와 우체국은행(Postovni Banka)의 합병으로 이루어진 은행이다.
11) 1차 바우처 사유화 이후인 1993년 구국유은행에 대한 정부의 지분 보유 비중은 KB의 경우 44%, IB의 경우 45%, CS의 경우 40%에 이르는 등 다른 기관들의 지분 보유 비중보다 더 높았다. 정부는 국가자산펀드(National Property Fund)를 통해 은행의 지분을 소유하였다.

체코 정부는 금융위기에 직면하였던 1997년에 이르러서야 기존 국유은행의 사유화를 적극적으로 추진하게 되었다. 즉 은행 사유화의 지연과 국유은행의 사유화 시 외국인 참여 배제가 금융위기의 한 원인으로 평가되면서 체코 정부는 외국인을 참여시킨 은행 사유화를 1997년부터 강력하게 추진하였다. 특히 금융위기 때문에 경화가 필요한 점도 이를 가속화시킨 계기가 되었다. 먼저 체코 정부는 IPB 보유주식의 36%를 전략적 투자자인 외국인에게 매각하기로 결정하였다. 외국인 투자자가 대규모 은행에 대해 실질적인 소유권을 인수한 첫 번째 경우는 1997년의 IPB의 매각으로 Nomura International에 30억 코루나(CZK)에 매각되었다. 1998년 말에는 CSOB, CS 그리고 KB의 주식을 다량 매각하기로 결정하여 IPB, CSOB, CS, KB는 각각 일본의 노무라(1997), 벨기에의 KBC(1999), 오스트리아의 Erste(2000), 프랑스의 SG(2001)에 매각되었다. 이러한 은행 사유화의 결과, 외국 자본의 비중이 급격히 증가하여 전체 주식의 55%, 은행 자산의 72%가 외국인에 귀속되었다. 그러나 IPB의 경우, 부실채권이 지속적으로 누적되자 체코 중앙은행(CNB)은 강제관리를 도입, 이를 CSOB에 매각하였다.

헝가리의 경우 은행 사유화에 있어 외국인 참여에 보다 적극적이었다. 1994년 7월 정부소유 은행 중 가장 재무상태가 건전하였던 헝가리외국무역은행의 지분 25%가 독일 바이에른 주정부은행(Bayerische Landesbank)에게, 나머지 지분 중 17%가 EBRD에게 매각되면서 본격적인 은행사유화가 시작되었다. 1995년에는 부다페스트은행이 GE Capital-EBRD Consortium에 인수되었고, 1996~1997년에는 헝가리 신용은행이 네덜란드계 ABN-AMRO에게, 상업신용은행은 벨기에계의 Kredietbank와 아일랜드 계 보험사인 Irish Life의 Consortium에게 매각되었다. 마지막으로 2003년 가장 부실한 은행으로 평가받았던 Postabank도 오스트리아계 Erste Bank에 성공적으로 매각되었다. 결국 6대 대형 상업은행 중 5개 은행의 사유화가 외국금융기관의 전략적 투자를 통해 이루어진 것이다. 6대 상업은행 중 시장점유율이 가장 높은 국민저축상업은행만이 해외 전략적 투자자의 참여를 금지하고 광범위한 국내자본의 참여하는 공모방식(public offering)으로 사유화되었다.

동독의 사례는 은행의 사유화 시 서독의 은행들이 적극적으로 참여함으로써 은행제도의 통합이 가속화되면서 사유화가 이루어진 경우이다. 먼저 저축은행들과 신용조합들은 서독의 저축은행, 그리고 신용조합과 통합하는 것이 자연스러운 선택이었다. 이에 따라 동독의 신용조합들이 서독의 신용조합과 비교적 순조롭게 통합되었으며 약간의 어려움을 겪었으나 대부분의 동독의 저축은행들도 서독의 저축은행의 네트워크와 통합되었다.

그 이외 동독금융기관들은 서독의 금융기관에 매각되었다. 베를린시립은행은 서독의 베를린은행에게 매각되었으며 독일신용은행(Deutsche Kredit-bank AG)은 서독은행인 Deutsche Bank와 드레스덴은행(Dresdner Bank)이 인수하였다. 그리고 독일대외무역은행(DABA: Deutsche Aussenhandels-bank AG)은 베스트팔렌-라인 주정부은행, 즉 Westdeutsche Landes-bank(West LB)에게 매각되었으며 독일상업은행(DHB: Deutsche Handels-bank)은 총 주식의 64%에 해당하는 주식을 서독의 베를린 상업-프랑크푸르트 은행(BHF: Berliner Handels-and Frankfurter Bank)에 매각하였다.

통일 이후 동독국립은행(Staatsbank der DDR)은 그 중앙은행 기능을 서독의 독일연방은행(Deutsche Bundesbank)에 이관시켰다. 그러나 동독국립은행은 베를린국립은행(Staatsbank Berlin)이란 이름으로 남아 화폐시장은행, 즉 예금기반이 취약한 동독의 상업은행들의 재융자은행으로서의 기능을 지속하였다. 또한 동독의 저축은행들과 신용협동조합들이 서독과 통합되기 이전에는 이들 은행이나 조합의 자산을 관리하기도 하였다. 그러나 구동독 상업은행들이 서독은행들에 매각되고 저축은행과 신용협동조합들이 서독에 통합된 이후 자산이 줄어들기 시작하면서 1994년 10월 1일 자를 기하여 재건신용은행(KfW: Kredit für Wiederaufbau)과 통합되었다.

부실채권은 사유화 과정에 걸림돌로 작용하여 원활한 사유화를 방해한다. 따라서 체제이행을 원하는 정부는 부실채권을 가능한 조기에 정리하고자 한다. 물론 체제이행기 동안 인플레이션이 크게 증가하면 은행 부채의 실질 가치가 감소하여 은행의 부실채권의 규모도 감소하는 경향이 있다.[12] 그러나 체코의 이행 초기의 인플레이션은 1991년 최고 36.2%를 기록한 후 그 다음 해부터는 10% 대로 감소하였다. 따라서 부실채권의 실질 가치도 크게 감소하지 않았다. 체코의 경우 1991년 말에 기업부문에 쌓인 부실채권의 규모는 1,700억 코루나, 즉 총 기업대출의 25%에 해당하는 것으로 추정되었다. 그리고 1992년이 되면 그 규모가 2,500억 코루나로 증가하였다.

체코의 경우, 부실채권을 정리하기 위해 두 국가 기관이 동원되었다.[13] 사유화 과정 전반을 책임진 국가자산펀드(NPF: National Property Fund)와 상업은행의 부실채권을 넘겨받아 추심·정리하는 Konsolidacni Banka(KOB)가 그것이다. 전자는 상업은행의 사유화에 개입했을 뿐 아니라 이 은행들의 자본을 확충해주는 역할을 수행하였으며 후자는 부실채권을 상업은행으로부터 사들여 정리하는 기능을 수행하였다.[14]

체코슬로바키아 정부는 1991년 2월 금융기관의 부실채권 문제를 해결하기 위해 Konsolidacni Banka(KOB)를 설립하였다. KOB는 상업은행의 부실채권을 받아 채권을 추심하거나 채무 조정, 파산신청을 통하여 부실채권을 정리해 나갔다. 그와 함께 국가자산펀드(NPF)는 1991년 4개 대형 상업은행, 즉 KB, IB, CSOB, CS에 500억 코루나에 해당하는 NPF채권을 지급하

---

12) 러시아의 경우에는 1992년의 인플레이션이 2,500%에 달하는 등 수년 동안 초인플레이션을 기록했기 때문에 은행의 부실채권 정리나 은행건전화 프로그램을 통한 은행의 자본확충 등은 중요한 정책적 이슈가 되지 못하였다.

13) 체코 정부는 기업부문의 부실채권을 정리하기 위해 기업 간 채권과 채무의 데이터베이스를 만들어 순채권 혹은 순채무를 계산하기도 하였다. 그리고 부채출자전환(debt-equity swap)을 추진하기도 하였으나 채권자들이 주식 보유를 기피하여 성공하지 못하였다.

14) 부실채권을 처리하는 별도의 기관을 설립하지 않고 부실채권을 유발시킨 기업과 그 기업에 대출한 은행이 해결하는 방법인 내부적 접근법(Internal Approach)도 존재한다. 이는 문제를 일으킨 당사자에게 책임을 지워 도덕적 해이를 줄인다는 측면에서는 긍정적이다. 그러나 이 접근법을 체제이행국에 적용하기에는 무리이다. 왜냐하면 이 접근으로 문제가 해결되기까지는 통상적으로 오랜 시일이 걸려 그동안 부실채권의 문제가 경제 전반으로 확산될 수 있기 때문이다. 더욱이 사회주의 시절에 축적된 부실채권을 은행과 기업의 책임에만 돌릴 수 없다는 고려도 존재한다. 따라서 대부분의 체제이행국에서는 별도의 기관을 설립하여 부실채권 문제를 처리하는 이른바 외부적 접근법(External Approach)을 채택하였다.

고 이로써 380억 코루나에 해당하는 부실채권을 청산하였다. 이렇게 청산된 부실채권은 KOB로 넘겼다. 또 1992년 말에는 KOB가 150억 코루나에 해당하는 부실채권을 KB, IB, CSOB로부터 액면가의 80% 가격으로 사들이기도 하였다. 이와 같이 KOB와 NPF는 지속적으로 상업은행의 부실채권을 정리하고 은행의 자본금을 확충하여 은행부문의 건실성 제고에 노력하였다.

헝가리는 1991년 은행법을 제정하면서 1997년 1월까지 은행의 정부 보유 지분비율이 20%를 넘지 못하도록 규정하였다. 즉 이 법은 그 이전까지 은행 사유화를 완료하도록 규정한 것이었다. 그러나 NBH로부터 분리된 상업은행들은 초기부터 거액의 부실여신(non-performing loan)을 안고 출발하였다. 따라서 부실여신의 규모에 대한 불확실성으로 인하여 은행 매각이 어려워져 은행사유화를 위해서 부실여신의 우선적 해결이 요청되었다.

헝가리의 총여신에서 부실채권이 차지하는 비중은 1991년 7.1%에서 1992년 20.7%로 급증하였다.[15] 그 이유는 심각한 이행기적 침체와 더불어 1992년 4월부터 파산법이 강도 높게 실행되면서 은행권 부실여신이 크게 늘어났기 때문이다. 또한 1991년 12월 개정 은행법 및 회계법에 따라 국제기준과 일치하는 엄격한 여신분류기준을 도입함으로써 부실여신의 분류 기준이 강화되는 등의 제도적 변화의 요인도 하나의 이유로 작용하였다.

부실여신 문제가 심각해지면서 헝가리의 은행들은 지급 불능상태 이르는 은행위기를 여러 차례 겪게 된다. 1989년 말 상업은행의 대차대조표를 점검하여 1987년 은행 개혁 이전 NBH의 결정에 의하여 대출을 했다가 부실여신으로 처리된 규모를 파악한 결과 433억 포린트의 대출이 부실채권으로 파악되었다. NBH는 장기간의 협상을 거쳐 이 중 210억 포린트에 한하여 책임을 인정하였고 정부는 이 중 105억 포린트에 대해 국가 보증을 제공하였다. 그러나 이 규모로서는 부실채권의 문제를 해결하기에 너무 적은 금액이었다. 따라서 1992년 두 차례, 1993년 한 차례, 1994년 두 차례 등 여러

---

15) 그러나 1991년 이전의 부실채권은 은행들이 주관적인 기준에 따라 분류된 것이므로 통계의 신뢰성이 높지 않다.

차례의 국가개입이 추가적으로 필요했다. 1992년에는 800억 포린트에 해당하는 규모의 부실채권이 은행건전화채권으로 전환되거나 특수기금으로 넘겨졌다. 보다 구체적으로 자본건전성 비율이 7.25%에 달하지 못하는 은행을 대상으로 부실채권을 20년 만기 정부채권으로 전환시키는 프로그램을 추진하였다. 그리고 1992년 이전의 부실채권에 대해서는 50%의 전환율을, 1992년의 부실채권에 대해서는 80%의 전환율을 적용하였다. 그리고 국가는 400억에 해당하는 부실채권을 국유의 투자개발은행(Hungarian Investment and Development Rt)에 할인율을 적용하여 매각했다. 그러나 1993년 들어 은행권의 총여신에 대한 부실여신의 비중이 30%대에 육박하면서 정부는 부실여신을 정부채권으로 교환해 주는 것만으로는 부실채권 처리가 불가능하다고 인식하기에 이르렀다.

결국 정부는 부실여신의 추가 인수와 병행하여 은행의 자본금을 증액시키기 위한 은행건전화프로그램(bank consolidation programme)을 시행하여 이 프로그램에 따라 대상이 되는 8개 은행의 자본금을 증액시키고 정부가 그 증액분에 해당하는 지분을 인수하였다. 이 과정에서 정부는 부실채권을 인수하지 않고 은행의 자체전담반을 통해 정리토록 하였다. 결과적으로 헝가리 신용은행, 상업신용은행, 국민저축신용은행 등 주요 상업은행의 정부지분이 80%를 넘게 되었다. 이러한 부실채권 처리 과정을 거친 이후에야, 정부는 본격적으로 이 은행들에 대한 사유화 작업에 착수할 수 있었다.

동독의 경우는 은행의 기존 부실채권 정리와 동독과 서독의 화폐 통합에서 유발되는 부채를 동시에 정리할 필요가 있었다. 즉 동독은행들의 부채는 크게 두 가지 종류로 나눌 수 있다. 첫째는 동독시절부터 존재했던 부채이다. 이러한 부채에는 체제이행국들이 자본주의로 체제를 전환할 때 처리해야 했던 부실채권이 포함되어 있다. 둘째는 화폐 통합 시 은행의 자산과 부채에 상이한 전환율이 적용됨에 따라 발생한 신규 부채이다. 전자의 부채는 어느 정도의 선을 정하여 평형기금(Equalization Fund)에서 일괄적으로 처리하였다. 그리고 두 번째 종류의 부채도 평형기금에서 각 은행의 전환손실만큼 보상해 줌으로써 일괄적으로 처리하였다.

동독시절부터 존재했던 동독은행들의 부채규모는 총 1,765억 도이치 마르크(DM)로 평가되었다. 이 중 1,000억 DM은 기업들에 대한 대출이었으며 400억 DM은 주택대출이었다. 이 중 모든 기업대출은 먼저 신탁공사(THA)가 100% 소유한 독일신용은행(DKB)로 이전되었다. 우선 은행들의 자본건전성 증진과 부실채권 해결을 위해 총자산의 4%, 위험 가중치를 적용한 자산합계의 7.7%까지 평형기금에서 지원을 받을 수 있도록 했다. 그러나 위험자산의 평가 등은 기업부문의 대차대조표 등의 작성과 확인이 어려워 상당한 시간이 소요되는 복잡한 과정이었다. 결과적으로 570억 서독 마르크에 해당하는 금액의 자본투입을 필요로 했다.

화폐 통합 시 발생한 은행의 부채는 평형기금에 의해 일괄적으로 처리되었다. 즉 동독과 서독의 화폐 통합 시 은행 자산과 채권의 평균전환율의 차이로 인하여 대부분의 은행에서 순부채가 증가하는 현상이 발생하였다.[16] 보다 구체적으로 은행의 자산은 평균적으로 동독 화폐 2.03 마르크가 서독 화폐 1 마르크와 교환된 반면, 은행의 부채는 동독 화폐 1.81 마르크가 서독 화폐 1 마르크와 교환되었다. 그 결과 은행부문의 순전환손실이 264억 서독 마르크에 달했다. 특히 동독주민들의 예금 은행으로서 기능한 저축은행과 신용조합의 전환 손실이 컸다. 이러한 이유로 인해 이들 은행들의 순부채는 급증하였으며 그 증가액만큼 은행의 평형청구권(Equalization Claims)를 받아들여 보상하였다. 이러한 평형청구권을 보상하는 재원인 평형기금의 자산은 동독국가은행이 화폐전환 시 얻은 전환수익과 정부 재원으로 구성되었다.[17]

기업부채의 정리는 신탁공사에 의해 주도되었다. 신탁공사는 기존 부채

---

16) 이는 주로 가계예금, 즉 은행의 채무는 어느 수준까지 1 동독 마르크＝1 서독 마르크 전환율을 적용한 반면, 은행의 채권에는 2 동독 마르크＝1 서독 마르크의 전환율이 적용되었기 때문에 발생한 현상이다. 그리고 DABA와 DHB 등 외국 무역관련 은행들도 대부분의 외화채무에 대해 1 동독 마르크＝1 서독 마르크의 전환율이 적용되었기 때문에 순부채가 증가하였다.

17) 동독국가은행의 화폐전환 시 얻은 전환 수익은 앞에서 언급한 일반은행의 경우와 유사하게 국가은행의 자산과 부채의 전환율이 상이함에 따라 발생한 수익이었다.

〈표 2〉 체코슬로바키아, 헝가리, 독일의 부실채권 정리

	체코슬로바키아	헝가리	독일
접근법	외부	외부	외부
담당 기관	국가자산펀드(NPF) Konsolidacni Banka(KOB)	투자개발은행(HID)	평형기금 (Equalisation Fund) 신탁공사(THA)
정리 수단	- NPF채권과 부실채권 교환 - 부실채권을 KOB에게 매각 - 재정 투입	- 부실채권과 정부채권 교환 - 부실채권을 HID에게 매각 - 재정투입을 통항 지분 인수	- 화폐 통합에 따른 신규 부채에 대해 단일화청구 부여 - 기존 부채에 대해 일괄적 조건에 따른 재정 투입

를 전부 탕감하기보다 부채 사례별로 나누어서 개별적으로 처리해 나갔으며 그 과정에서 이자는 계속 지급하였다.[18] 이 부채는 신탁공사에 의해 여러 가지 방식으로 처리되었다. 신탁공사가 기존 부채의 대부분을 떠안아 청산하기도 하였으며 동독기업들을 사유화할 때 기존 부채를 고려하여 그 매각 가격 결정을 협상하기도 하였다. 〈표 2〉는 이상에서 논의한 체코와 헝가리, 그리고 독일의 부실채권 정리에 관계된 논의를 요약하고 있다.

3. 환율제도

체코슬로바키아는 체제이행을 시작함과 동시에 동국가의 화폐인 코루나를 달러에 페그시킨 고정환율제를 채택하였다. 처음에는 1달러 = 24코루나로 페그시켰으나 얼마 있지 않아 1달러 = 28코루나로 평가절하시켰다. 고정

---

18) 국가조약에 따르면 기업들은 1990년 7월 1일부터 2년 동안 기존 부채를 상환할 필요가 없었다.

환율제는 체제이행국들처럼 거시경제의 안정이 절실하지만 인플레이션 기대심리가 높은 국가에 명목적 닻(nominal anchor)의 기능을 수행할 수 있기 때문에 변동환율제보다 선호되는 환율제도이다. 즉 고정환율제도하에서는 페그 상대국의 물가상승률에 비해 과도하게 국내 물가가 상승할 경우 페그의 신뢰성이 하락할 수 있으므로 정부는 고정환율제를 채택함으로써 물가안정에 대한 정부의 의지가 확고함을 민간에게 보여줄 수 있다.

그러나 고정환율제가 신뢰성을 얻으려면 외환보유고가 충분하거나 경제의 기초체력이 튼튼해야 한다. 체코의 경우는 체제이행 이전에도 외채가 적었으며 경제의 펀더멘털도 건전한 상태였기 때문에 고정환율제도를 택하는 데 있어 큰 어려움은 없었다. 그럼에도 불구하고 체코는 균형환율이 시산되는 코루나와 달러의 전환율보다 코루나를 훨씬 평가절하시킨 수준에서 달러와 페그시켰다. Kim and Korhonen(2005)에 따르면 1991년 체코의 실질실효환율은 그 균형환율 수준보다 45%가량 절하된 수준에서 달러와 페그되었다. 이는 페그수준을 방어하기 쉽게 만들어 고정환율제도에 대한 신뢰성을 증가시키려는 목적과 아울러 수출을 장려하고 수입을 감소시켜 성장을 촉진하며 국제수지를 증진시키려는 의도였다.

그러나 자국의 인플레이션이 페그 대상국의 인플레이션보다 더 높으면 환율의 실질절상이 일어난다. 따라서 성장의 촉진효과가 낮아지고 경상수지 적자가 발생할 수 있다. 체코의 경우도 코루나의 실질절상 현상이 발생하여 1995년에는 균형환율 수준에 비해 불과 10%가량 저평가된 수준까지 올라간 것으로 나타났다. 이러한 실질절상을 막기 위해서는 체제이행국들은 이행 초기에는 고정환율제도를 채택하여 거시경제안정화를 도모한 다음 거시경제가 안정화되면 보다 유연한 환율제도로 점차 이동하는 것이 바람직하다(Kwon, 2009).

헝가리는 체코의 경우와 달리 변동환율제에 상대적으로 더 가까운 조정 가능한 고정환율제(adjustable peg)를 채택하였다. 이는 헝가리의 대외부채 규모가 매우 컸기 때문에 고정환율을 결정한다 하더라도 이 환율을 방어하기가 어려웠기 때문이다.[19] 만약 포린트를 고평가하여 고정시킨다면 환율의 방어는 더욱 어려워질 것이며 경제성장도 저해될 것이다. 반면 포린트를 크게 저평가하여 고정시킨다면 외국화폐 표시 채권의 상환부담이 가중될 것이다. 따라서 헝가리가 변동환율제에 가까운 조정가능 고정환율제도를 택한 것은 불가피한 선택으로 볼 수도 있다.

그러나 그 결과 헝가리는 체제이행 초기 저환율을 기초로 성장을 촉진할 수 있는 기회를 상실하였다. 1990년 헝가리의 실질실효환율 수준은 균형수준보다 15% 정도 저평가되는 데 그쳤기 때문이다(Kim and Korhonen, 2005). 그마저도 1991년 들어 포린트화의 가치상승으로 오히려 포린트화가 균형환율보다 고평가되었다. 그리고 이러한 고평가의 정도는 시간이 지날수록 높아졌다. 높은 외채와 고평가된 환율은 2008년 헝가리가 동유럽 국가에서 가장 먼저 IMF 구제금융을 신청해야 했던 원인으로 작용했다.

체코, 헝가리 등 다른 체제이행국에서 고정환율제 혹은 변동환율제, 통화위원회제 사이의 선택이 환율과 관련된 가장 중요한 문제였다면 독일 통일의 경우 핵심적인 문제는 서독 마르크와 동독 마르크 사이의 교환비율, 즉 전환율을 결정하는 것이었다. 전환율이 결정되어 동독 화폐가 서독 화폐와 교환되게 되면 동독 화폐는 사라지고 서독 마르크가 독일에서 유일한 법화가 되므로 환율제도도 서독의 환율제도를 받아들이는 것이 이미 정해진 사실이기 때문이다.

전환율의 결정은 경제학적 문제인 동시에 정치적인 문제였다. 여러 기관과 학자들의 분석에 따르면 적절한 전환율은 서독 마르크 1마르크당 동독 마르크 최소 1마르크 최대 5마르크 사이에 있는 것으로 추정되었다. 결국 서독 정부는 정치적 요인을 고려하여 기본적으로 1:1 전환을 결정함으로써 동독 통화 가치는 고평가된 상태에서 서독 통화와 교환되었다.

전환율은 동독 금융기관의 대변과 차변을 서독 마르크로 전환하는 저량(stock) 교환과 임금, 연금 등 유량(flow)의 교환으로 나누어서 결정될 수

---

19) 1989년 체코와 헝가리의 대외 부채는 각각 79억 달러와 204억 달러로서 이는 각국의 GDP 대비 14.9%, 71.3%에 해당하는 규모이다(주 OECD 대표부, 2006).

있다. 이 중 저량 교환의 경우, 서독 마르크의 통화량 증가를 초래하므로
이 교환율은 동독의 생산 잠재력에 상응하도록 정해야 할 필요가 컸다. 당
시 동독의 생산량이 서독의 10%라는 추정하에 당시 동독의 화폐량을 고려
하여 저량은 2:1로 교환하는 것으로 결정되었다. 그러나 유량의 교환은 동
독과 서독 근로자 대비 동독 근로자의 생산성을 고려하여 결정할 필요가
있었다. 당시 동독기업의 생산성이 서독의 3분의 1 정도라는 추정치를 기초
로 할 때 서독 마르크로 전환된 동독 근로자의 임금은 서독 근로자의 임금
의 3분의 1가량이 되면 적절한 것이었다. 1988년 서독 근로자의 평균임금은
2,070 서독 마르크, 같은 해 동독 근로자의 평균임금은 925 동독 마르크였
기 때문에 이 자료를 토대로 계산한다면 전환율은 1.34:1이 적절한 것으로
추정된다.[20]

그러나 동독 정부는 상당한 규모의 소비자가격보조금을 통하여 소비자
가격을 낮추고 있었으며 실제 이 지출은 가계에 대한 지출이기 때문에 이를
합친 동독주민들의 평균임금은 더 높았을 것이다. 즉 2:1 이상의 전환율이
적절한 것으로 볼 수 있다. 그러나 이 경우, 동독주민들의 서독으로의 대량
이주 가능성이 존재하며, 동독주민들의 실질임금은 서독의 사회부조 집행
수준을 밑도는 것으로 동독주민에 대한 사회보장비 지출의 대폭적인 증가가
예상되었다. 따라서 서독 정부는 서독 중앙은행 등의 반대에도 불구하고 동
서독 화폐의 교환비율을 1:1로 결정하였던 것이다.

동독주민들이 보유하고 있는 현금 및 예금은 원칙적으로 2:1로 교환하되,
연령에 따라 일정한도를 정하고 그 이내에서는 1:1 교환을 허락하였다. 즉
0~14세의 주민은 2,000마르크, 15~59세의 주민은 4,000마르크, 60세 이상
의 주민은 6,000마르크까지 1:1로 교환하도록 허용하였다. 그리고 동독 마
르크로 표시된 은행권과 주화, 곧 현금은 1990년 7월 6일까지 동독 소재
금융기관에 예치되어 있음을 원칙으로 하고, 동독에 주소를 두지 않은 거주

---

20) 2,070 서독 마르크를 3으로 나누고 이 금액을 925 동독 마르크와 일치시키는 전환율
을 계산한 것이다.

자는 1989년 12월 31일 이전 예금의 경우 2:1, 그 이후 예금은 3:1로 교환해
야 했다.

이러한 화폐 통합은 동독 경제의 경쟁력 하락이라는 심각한 부작용을 초
래했다. 물론 만약 노동시장이 유연했다면 동서독 화폐의 전환율의 충격은
단기간에 그쳤을 것이다. 즉 동독주민들에게 유리한 전환율로 화폐교환을
허용하더라도 서독 화폐로 지급되는 임금수준은 생산성을 반영하여 정해질
것이므로 기업의 고용수준에는 큰 변화가 없을 것이다.[21] 그러나 동서독의
고용주와 노동조합 사이의 단체협약에 따라 동독 근로자의 최저임금수준이
동독 근로자의 생산성보다 높은 수준에서 결정됨에 따라 화폐전환율의 충격
은 고스란히 고용 충격으로 이어졌다. 따라서 동독 기업들은 채산성을 잃어
문을 닫게 되고 이는 근로자들의 해고로 이어졌다. 그리고 해고된 근로자들
을 위한 사회안전망 지출이 증가했음은 물론이다.

동독에 유리한 전환율과 경직적인 노동시장은 동독의 자생적 성장을 가
로 막는 결과를 초래하였다. 이 문제들은 통일이라는 상황에서는 불가피한

〈표 3〉 체코슬로바키아, 헝가리, 독일의 환율제도

	체코슬로바키아	헝가리	동독
초기의 환율제도	고정환율제	조정가능 고정환율제	서독과의 화폐 통합
환율제도의 변화	변동환율제(1995~현재)	크롤링페그(1995~2001) 변동환율제(2001~현재)	
평가	변동환율제로의 전환이 지연되어 수출경쟁력에 타격	초기 저평가된 환율을 기초로 수출경쟁력을 가질 수 있는 기회 상실	동독 화폐에 유리한 전환율로 동독 경제 회복에 악영향

---

21) 2:1로 전환되는 동독주민들의 저축액(stock)이 상대적으로 고평가됨으로써 자발적 실
    업이 증가하거나 비노동인구화될 가능성은 존재하지만 그 실제 영향을 평가하기는
    어렵다.

측면이 존재한다. 그럼에도 불구하고 동서독 근로자의 생산성과 보다 근접한 수준에서 임금수준을 결정하고 동독의 주민들이 서독으로 몰려올 인센티브를 다른 측면에서 제공하는 등의 노력은 부족하였다. 예를 들어, 임금보조금을 지급하거나 동독에서만 사용가능한 소비보조금 등을 지불하는 정책이 최저임금을 생산성 보다 훨씬 높은 수준에서 정하는 것보다 더 나은 방안이다. 전환율에 있어서도 구매력평가 수준에서 균형환율을 결정하는 것이 통일이라는 환경에서는 상당 부분 불가피하다.[22] 〈표 3〉은 이상의 논의를 요약하고 있다.

4. 기타 금융제도

체제이행 초기 유가증권 시장 도입은 금융개혁 중 비교적 초기에 일어나는 개혁 중 하나이다. 그 이유는 국채시장이 활성화 되어야 인플레이션을 유발하지 않은 방법의 정부적자 재원 조달이 가능하기 때문이다. 체코의 경우는 1994년까지 GDP 대비 재정적자 규모가 4%를 넘지 않아 재정적자 재원 조달을 위한 채권 발행 수요는 그리 크지 않았다. 그러나 사유화를 담당하는 NPF의 채권발행과 통화정책을 위한 중앙은행의 채권발행 수요 등이 합쳐져서 체코에서도 이행 초기부터 채권시장이 개설되게 되었다.

주식시장의 개설은 사유화와 함께 진전되었다. 1991년 10월부터 바우처 사유화가 시작되고 바우처 사유화에 참여할 사유화투자펀드(Investment Privatisation Funds) 등이 설립됨으로써 주식시장이 개설될 필요성이 증가하였다. 그 결과 1차 바우처 사유화가 종결된 1992년 12월이 4개월 지난 1993년 4월에 프라하주식거래소가 설립되었다. 프라하주식거래소는 12개의 은행과 5개의 증권회사가 연합하여 주식회사로 설립되었다.

---

22) 김병연(2012)은 이러한 시각에서 북한 화폐의 전환율 추정방법을 검토한 후 실물지표법을 이용한 대략적 추정법을 통해 전환율 결정에 참고할 것을 제안하고 있다.

헝가리는 1980년대 초에 채권시장을 개설함으로써 동유럽 국가 중 가장 먼저 금융시장을 도입한 국가가 되었다. 처음에는 국유기업과 지방정부만이 채권을 발행할 수 있도록 제한하였고 개인이나 상업은행들이 채권을 인수할 수 있도록 하였다. 가계들은 은행 예금에 비해 높은 수익을 가져다주는 채권을 선호하기도 하였다. 특히 이 채권에 대해서 정부가 원리금을 보장해줌으로써 채권의 인기가 높았다. 그러나 1988년 국가의 원리금 보장이 철회됨으로써 채권의 인기도는 감소하였다. 그럼에도 불구하고 동년 채권을 거래하는 2차 시장이 개설되어 금융기관들이 채권을 매각, 매입할 수 있게 되었다. 또한 국채시장도 활성화되었다. 정부 국채는 헝가리 거주자들에게만 매입 권한이 주어졌다. NBH는 재정부의 요청으로 국채를 경매를 통하여 매각하였다.

1990년 6월 19일에는 41개의 은행과 금융기관, 그리고 증권회사가 NBH의 지원을 받아 부다페스트주식시장을 개설하였다. 1990년에는 6개의 기업이 상장되었고 1991년과 1992년에는 상장기업의 수가 각각 22개와 40개로 늘어났다. 그러나 최초 2년 동안의 거래량은 많지 않았다. 예를 들어, 1991년에도 하루 평균 거래건수는 58건에 불과하였다. 그러나 주가변동성은 극심하여 1,000에서 시작한 지수는 1993년 5월 718로 하락하였다가 9개월 후에는 2,255로 상승하였다.

은행감독에 관해서는 체코는 중앙은행에 은행감독권을 준 반면, 헝가리는 독립적인 감독 기구를 설립하였다. 체코의 중앙은행인 체코국민은행은 1990년 제정된 중앙은행법과 1993년의 체코국민은행법을 통해 모든 민간금융기관을 감독할 책임을 부여받았다. 그리고 이러한 책임과 권한은 1994년 7월 개정된 은행법에서 더욱 강화되었다. 체코국민은행은 바젤위원회에서 요구하는 규정을 상업은행을 대상으로 집행하기도 하였으며 은행 대출을 안전(standard), 하위안전(substandard), 회수의문(doubtful), 악성(bad), 손실(loss)로 분류하여 각각에 대해 다른 지급준비율을 적용하도록 강제하기도 하였다.

1991년 은행법은 헝가리의 민간은행들을 국가은행감독원(State Banking

Supervision Agency)의 감독하에 두었다. 이 기관은 정부의 감독을 받는 국가기관으로서 금융 영업을 허가하고 금융기관 간 경쟁을 촉진하며 은행의 운영규칙의 준수를 감시, 감독하는 기능을 담당하였다. 또한 1992년 파산법의 엄격한 집행으로 파산이 증가하자 NBH도 현장실사 등의 은행 감독기능을 수행할 은행감독국을 설립하였다.

예금보험에 관해서는 체코와 헝가리 모두 초기에 이와 관련된 제도를 도입하였다. 1990년 은행제도의 재편과 더불어 체코슬로바키아의 KB, IB, CS, ZB에 예치된 예금에 대해서는 정부가 보장하였다. 또한 국유 상태였던 KOB, CSOB의 예금도 원칙적으로 정부가 보장하였다. 1994년의 개정 은행법은 이러한 예금보호를 체코에 있는 전 은행으로 확대하였다. 예금자 개인들은 1인당 10만 코루나의 범위 내에서 80%의 예금에 대해 보험에 가입하도록 요구되었다. 그리고 예금에 대해 0.5%의 보험프리미엄을 붙여 이를 기초로 예금보호펀드가 만들어졌다.

헝가리의 예금보험제도도 1991년의 은행법에 따라 도입되었다. 이 은행법은 1993년 1월까지 예금보험펀드의 제정을 명시화하였다. 그 결과 1993년에 국가예금보험펀드가 만들어져 1인당 1백만 포린트까지의 예금을 보장하였다. 은행들이 이 펀드에 참여하려면 은행 자본의 0.5%와 펀드에 의해 보장되는 예금의 0.1%에 해당하는 참여금을 지불해야 하였다.

동독의 체제이행 과정에서 금융기관의 역할에 관한 두드러진 특징 중 하나는 재건신용은행(KfW)과 조정은행(DtA: Deutsche Ausgleichsbank)이라 불리는 두 개발은행들의 기여이다. 이 개발은행들의 대출은 서독에서 동독으로의 이전 재원 중 23%에 해당하였다. 이러한 수치에서 확인되듯이 체코나 헝가리와는 달리 독일통일 과정에서 국유개발은행의 성격을 지니는 이 두 은행들의 기여는 상당히 긍정적이었다(Irsch and Hornberg, 2009).

이 개발은행의 목적은 중소기업들의 경영활동을 돕거나 창업을 지원하는 것이었다. 특히 체제이행이 시작되면 단기적인 경기 침체가 일어나는 등 기업 외부와 내부적인 요인들로 인해 은행 대출 위험이 크게 증가하는 경향이 있다. 이런 환경 가운데서 이윤 극대화를 목적으로 하는 상업은행들은 기업

대출, 특히 중소기업, 창업 대출보다 위험 부담이 적은 국채시장이나 가계를 대상으로 하는 영업활동에 더욱 치중한다. 따라서 기업활동을 지원하는 금융은 대단히 중요하지만 간과되기 쉬운 영역이 된다. 이 특수은행들은 기업들에게 직접 대출을 해 주는 것을 지양하고 금융제도를 통한 재융자의 방법을 주로 택했다. 이와 같이 은행제도를 이용한 동독기업지원은 은행들의 대출심사기능을 이용하고 공동으로 위험을 부담함으로써 기업의 연성예산제약을 줄이는 데 기여한 것으로 평가된다(같은 글, 2009). 주된 프로그램은 창업과 중소기업의 자본지원과 확충, 기업의 전환이나 인수 지원을 포함한다.

체코나 헝가리의 경우와 달리 독일은 시장경제에 적합한 새로운 금융제도를 수립해 나가는 것이 목적이 아니라 서독의 제도를 가능한 효과적으로 동독에 이식하는 것이 주된 문제였다. 그러나 동독금융기관들의 제도나 처한 환경은 서독과 달라 서독의 제도와 규제를 이행 초기부터 그대로 동독에 적용하는 것은 무리였다. 따라서 규제도 느슨히 적용되어 점차적으로 서독제도가 동독에 수렴되도록 유도했다(Robins, 2000). 결제제도도 제도의 점진적 이식의 한 예이다. 동독의 서류를 기반으로 한 결제제도와 서독의 무서류 결제제도는 통일 초기 함께 사용되면서 컴퓨터 네트워크 등 무서류 결제를 위한 인프라가 갖추어졌을 때 서류 기반 결제제도는 폐기되었다.

동독의 기업들은 재정으로 부터의 지원뿐만 아니라 상업은행을 통한 대출 지원을 받기도 했다. 이러한 상업은행의 대출은 특수은행의 보증과 재융자, THA의 이전지출, 보증은행들의 보증의 방식으로 보강되었다. 즉 공적자금은 직접적으로 기업에 투입되기도 하였지만 독일의 다층적 금융제도를 통해 간접적인 방식으로 투입되기도 하였다.

IV. 결론

이 연구는 체코와 헝가리의 체제이행시 금융개혁의 경험, 그리고 독일 통일시의 금융개혁과 금융통합의 사례를 은행제도 개혁과 은행의 부실채권 정리, 은행 사유화, 환율제도와 전환율의 결정에 초점을 맞추어 논의하고 있다.

체코, 헝가리, 독일 세 국가 모두 은행개혁의 방식은 유사했다. 먼저 일원적 은행제도를 이원적인 제도로 전환하기 위해 사회주의 중앙은행을 중앙은행과 상업은행으로 분리하였다. 그리고 상업은행의 부실채권을 정리한 이후 체코나 헝가리는 이 은행들을 주로 외국인에게, 독일의 경우 서독의 은행들에게 매각하였다. 그러나 이 과정에서 정책적 오류도 있었다. 체코는 은행 사유화를 장기간 기피하여 이것이 외환위기의 한 원인이 되었고 헝가리는 부실채권을 조기에 정리하지 못해 이행 초기 은행이 제 역할을 하기 어려웠다. 반면 독일은 은행개혁과 관련된 개혁을 신속하고도 비교적 완전히 정리하였다.

환율제도에 관해서는 체코, 헝가리, 독일이 각각 다른 길을 택하였다. 체코는 코루나를 저평가시켜 고정환율제를 채택한 반면, 헝가리는 외채 문제로 인하여 조정가능한 고정환율제(adjustable peg), 즉 체코에 비해 환율변동을 상대적으로 많이 허용하는 외환제도를 시행하였다. 독일은 동서독 화폐 통합을 시행하면서 동서독 화폐의 교환 비율을 유량에 관해서는 1:1, 저량에 관해서는 2:1의 비율을 적용하였으나 가계의 은행 예금에 관해서는 한도를 정하여 1:1의 교환비율을 적용하였다. 이 연구는 체코, 헝가리, 독일 각각의 환율제도와 그 효과에 대해 평가하고 있다.

북한의 금융개혁은 이행 초기 시급히 시행되어야 할 중요한 과제이다. 특히 북한은 체제이행의 후발국으로서 앞선 체제이행국의 금융개혁의 성과로부터 많은 교훈을 얻을 수 있을 것이다. 이런 면에서 동유럽 국가의 체제이행 과정에서의 금융개혁은 매우 중요한 경험의 보고로서 학자와 정책결정자들의 깊은 학습을 필요로 한다.

• 참고문헌 •

김병연. 2012. 『남북한 화폐통합』. 김병섭·임도빈 편. 『통일한국 정부론』. 나남출판.
문성민. 2000. "북한의 금융제도." 『한은조사연구』. 한국은행.
주 OECD 대표부. 2006. 『체코의 경제 체제전환과 시사점』.

Irsch, Norbert, and Christian Hornberg. 2009. "The Role of a Promotional Bank in Transition Economies." *Financial Sector Reform in Transition Economies: Implications for North Korea.* Seoul National University Press and IMF.

Kim, Byung-Yeon. 1999. "The Income, Savings, and Monetary Overhang of Soviet Households." *Journal of Comparative Economics*, Vol. 27, No. 3, pp. 644-668.

_____. 2002. "Causes of Repressed Inflation in the Soviet Consumer Market, 1965-1989: Retail Price Subsidies, the Siphoning Effect, and the Budget Deficit." *Economic History Review*, Vol. 55, No. 1, pp. 105-127.

_____. 2009. "The Financial System of North Korea: A Comparative Perspective." *Financial Sector Reform in Transition Economies: Implications for North Korea.* Seoul National University Press and IMF.

Kim, Byung-Yeon, and Cheng-Hoon Lim, eds. 2009. *Financial Sector Reform in Transition Economies: Implications for North Korea.* Seoul National University Press and IMF.

Kim, Byung-Yeon, and Iikka Korhonen. 2005. "Equilibrium Exchange Rates in Transition Economies: Evidence from Dynamic Heterogeneous Panel Models." *Economic Systems*, Vol. 29, pp. 144-162.

Kwon, Goohoon. 2009. "The Choice of Exchange Rate Regimes in Transition Economies: Lessons for North Korea." *Financial Sector Reform in Transition Economies: Implications for North Korea.* Seoul National University Press and IMF.

Peebles, G. 1992. *A Short History of Socialist Money.* Allen & Unwin, London.
Robins, Gregg. 2000. *Banking in Transition: East Germany after Unification.* Macmillan Press.

제*10*장

체제전환국의 금융개혁 사례 II: 중국

서봉교 | 동덕여자대학교

I. 중국의 체제이행과 금융의 변화(1949~1993년)

1. 사회주의 계획경제에서의 금융시스템(1949~1978년)

1978년 이전(以前) 사회주의 계획경제(planned economy)하에서의 중국은 정부가 주도했던 경제로 현대적인 의미에서의 금융시스템이 존재하지 않았다. 중국은 1949년 중화인민공화국 수립 이후 시장경제가 아닌 사회주의 계획경제를 구축하였다. 사회주의 계획경제의 특징은 첫째, 자본집약적 중공업을 육성하기 위해 행정수단을 동원하여 낮은 이자율을 유지하는 등 거시적인 생산요소의 가격을 왜곡하였다. 둘째, 고도로 중앙집권적이고 계획적인 자원배분을 통해 수요-공급의 불균형 문제를 해소하고자 하였다. 셋째, 민영기업에 의한 정책적인 충돌을 방지하기 위해 모든 기업의 국유화를 통해 경영 자주권을 배제하였다.[1]

이러한 사회주의 계획경제시스템하에서 1948년 중앙인민은행(中央人民銀行)이 설립되었고, 위안화(런민삐; RMB: 人民幣)를 통일적으로 발행하기 시작하였다. 이후 1949년 〈중국인민은행(中國人民銀行: PBoC: People's Bank of China)〉으로 변경하여 중국 정부의 산하기관으로 편입되었다. 중국인민은행은 중국의 중앙은행으로 통화정책과 재정정책, 산하의 각종 금융사들에 대한 관리감독까지 포괄하는 사실상 독점적인 유일한 은행이었기 때문에 당시의 중국 금융시스템을 "단일은행제도(mono banking system)"라고 지칭하기도 한다.

예를 들면, 당시 중국인민은행의 외환담당 부서가 현재 중국은행(中國銀行: Bank of China)의 전신(前身)이었다. 기존에 존재했던 은행들과 보험회사들은 중국 정부의 재정부(財政部) 산하기관으로 편입되었다. 1952년 각 은행의 자금관리를 인민은행 본점에서 통일적으로 관리하는 '통춘통따이(統存統貸)' 정책을 실시하면서 모든 은행이 완전히 계획경제시스템에 통합된 것이다. 이에 따라 극히 일부 개인 간의 돈거래(借用) 이외의 모든 금융시장은 사실상 폐쇄되었고, 오직 인민은행만이 유일한 금융기관으로 존재했다.

하지만 당시 인민은행은 현대적인 의미의 상업적인 은행이라기보다는 재정부와 국가계획위원회의 "자금창구" 역할만을 수행하였다. 계획경제의 속성상 금융부문은 실물부분의 '투입-산출' 계획하에 종속되었고, 실물경제가 원활하게 운영되도록 '지원'하는 역할만을 수행하였기 때문이다.[2]

환율제도 역시 중국인민은행이 통일적으로 관리하면서 통제하는 고정환율제도를 채택하였다. 당시 중국은 중공업 우선발전전략의 추진에 유리하도

---

1) 이러한 개혁개방 이전의 중국 경제시스템을 소위 3위1체(三位一體)라고 지칭하고 있다 (린이푸, 『중국경제입문』, p.95).

2) 당시 중국의 금융부문에 대한 계획경제는 '신용계획(信用計劃: credit plan)'과 '현금계획(現金計劃: cash plan)으로 나뉘었고, 양자를 모두 인민은행이 관할하였다. 신용계획은 생산계획에 의해 인가된 경제부문과 기업들의 생산활동에 대해 신용을 제공하였다. 현금계획은 금융부문과 非금융부문 사이의 현금 유출과 유입에 관한 계획이다. 현금 유출입의 격차는 인민은행에 의한 현금통화 증발의 증감을 의미한다(이근 외, 『중국의 기업과 경제』, 제11장 "재정 및 금융체제 개혁," p.384).

록 위안화의 가치를 비교적 높게(高) 평가하였고, 1달러당 2위안이 조금 넘
는 환율로 위안화 환율을 유지하였다.[3]

2. 시장경제의 도입과 '계획금융'시스템의 변화(1978~1993년)

중국은 1978년 말 사회주의 국가들 중에서 가장 먼저 "개혁개방(改革開
放)" 정책을 시작하였고, 가장 큰 성과를 거두었다. 중국이 추진했던 개혁개
방 정책은 '점진주의(gradualism)와 이중시스템(双軌制: dual-track)'적인 접
근법을 특징으로 한다.[4]

당시 전 세계의 많은 학자들은 계획경제는 나쁜 것이고 시장경제가 가장
좋은 것이라고 믿었는데, 사회주의 국가들의 경제시스템 붕괴가 이를 증명
하였다고 생각하였다. 더구나 시장경제와 계획경제를 절충하는 이중시스템
은 부정부패가 발생할 수 있는 여지가 큰, 매우 나쁜 체제전환 방식이라고
생각했다. 이에 따라 구(舊)소련과 동유럽의 체제이행국가(transition eco-
nomy)들은 국유기업의 전면적인 민영화(privatization)로 대표되는 '급진적
인 체제이행' 방식을 채택하였다. 일명 '쇼크요법' 또는 '빅뱅정책'이라고 지
칭되었던 이러한 급진적인 체제이행 방식은 전면적인 민영화, 시장가격의
전면적인 자유화, 경제활동에 대한 전면적인 규제완화 등을 주요 내용으로
한다. IMF나 World Bank 등의 국제금융기관들은 위기에 직면한 국가들의
경제시스템을 개혁하기 위한 방안으로 이러한 급진적인 개혁방식을 주장하
였다. 하지만 급진적인 체제이행을 선택했던 구소련과 동유럽 국가들은 상
당히 오랫동안 심각한 인플레이션과 마이너스 경제성장, 대규모 실업자의
발생 등 극심한 경제상황의 악화로 어려움을 겪었다. 더구나 급진적 정책

---

3) 1949년에서 1952년 중국은 단일한 변동환율제를 채택하였고, 1953년에서 1972년까지
   는 단일한 고정환율제를 채택하였고, 1973년에서 1980년까지는 "통화바스켓" 방식을
   통한 단일한 변동환율제를 채택하였다(陈雨露 外(2011), p.74).
4) 린이푸(2012), p.181.

변화에서 야기된 경제의 불황은 사회불안, 치안부재로 이어졌고, 이들 국가
들의 기반까지 흔들리게 하는 등 심각한 후유증을 안겨주었다(미나미 료신
외, 2007: 52).

반면 중국은 경제개혁 정책들을 단계적으로 추진하는 "점진적인 체제이
행" 방식을 선택하였다. 점진적 체제이행 방식에서는 전면적인 민영화 대신
국유기업과 민영기업이 상존하는 "이중적인 쌍궤제(双軌制: dual-track) 경
제시스템"이 구축되었다. 결과적으로 금융시스템도 점진적이고 단계적인 변
화를 통해 '국유 금융부문'과 '非국유 금융부문'이 공존하는 "이중적인 금융
시스템"이 구축되었다.

1) 1979~1983년: 실질적인 금융개혁의 부재

중국의 개혁개방 정책이 시작된 1978년부터 1983년까지는 주로 농촌 지
역에서의 개혁이 진행되었다. 당시 농업개혁은 개혁개방 이전(以前)에 형성
되었던 인민공사(人民公社)나 협동조합(合作社) 같은 집단적 농업생산시스
템이 해체되고, 개별농가 단위의 '청부제(承包制)' 농업생산시스템으로 대체
되는 과정이 핵심이었다. 이러한 농업생산시스템의 변화와 농업 생산물에
대한 수매 가격의 상승으로 농업생산량은 획기적으로 증가하였다.

반면 국유기업에 대한 개혁정책은 경영자에게 기업경영의 자율성을 허용
하고, 이윤의 일부(초기에는 증가된 이윤의 12%)를 정부에 납부하지 않고
국유기업 내에 유보하여 인센티브로 활용하게 하는 일종의 '분권화 개혁(팡
첸랑리: 放權讓利)'을 시도하였다. 이런 개혁은 초기 쓰촨성(四川省) 일부 국
유기업에 제한적으로 실시되었을 때는 성공적이었지만, 1980년대 전국적으
로 확대되었을 때는 관리감독의 문제로 국가에 대한 이윤과 세금 납부가
오히려 감소하는 문제가 발생하였다.[5]

대외적으로는 홍콩과 대만에 인접하여 쉽게 연계될 수 있는 지역에 경제
특구(SEZ: Special Economic Zone)를 지정하고 외국인 투자를 유인하는

---

[5] 린이푸(2012), p.212.

정책을 시작하였다. 1979년에는 광동성(廣東省)의 선전(深圳)과 주하이(珠海), 1980년에는 광동성의 산터우(汕頭)와 푸젠성(福建省)의 샤먼(廈門)을 경제특구로 지정하였다.

반면 금융부문에서는 일부 은행조직 체계가 변화되기는 하였지만, 실질적인 금융개혁은 진행되지 못했다. 이는 이 시기에 국유기업에 대한 이윤유보 등 일부 개혁정책이 추진되기는 하였지만, 국유기업 중심의 계획경제시스템에 근본적인 변화가 없었기 때문이다. 국유기업에 대한 정책적 자금지원이 여전히 필요한 상황에서 은행에게 경영의 자율성이 부과되는 현대적인 금융시스템이 도입된다면 중국 정부가 정책수단을 상실하기 때문이었다(박찬일, 2003: 113).

다만 이전의 "단일은행제도"에서 탈피하기 위해 다음과 같은 부분적인 금융제도 개혁은 추진되었다(박찬일, 2003: 113-117).[6]

1978년 〈중국인민은행(PBoC)〉이 재정부에서 독립하여 중국의 최고 행정기관이자 집행기관인 국무원(國務院)의 직속 기관이 되었다. 하지만 여전히 독립적인 중앙은행의 기능은 수행하지 못하였다. 인민은행은 기업 운영자금에 대한 여수신(銀行借貸: 예금과 대출) 업무를 계속하였고, 신설되었던 다른 은행들에 대한 감독권은 행사하지 못했다.

1979년 2월 〈중국농업은행(中國農業銀行: ABC: Agricultural Bank of China)〉이 再설립되었다. 농업은행은 중국인민은행이 담당하고 있던 기존의 농촌지역 여수신 활동과 농촌신용조합(農村信用合作社: Rural Credit Cooperatives)에 대한 감독권을 인수받았다.

1979년 3월 외환거래를 전담하던 〈중국은행(中國銀行: BOC: Bank of China)〉은 인민은행으로부터 독립하여 국무원의 직접적인 통제를 받았다.

1979년 7월에는 해외자본 유치를 촉진하기 위해 국무원 산하에 〈중국국제신탁투자회사(中国国际信托投资公司: CITIC: China International Trust and Investment Corporation)〉를 설립하였다. 이후 은행들의 신탁투자회

---

6) 아래의 내용은 박찬일(2003)의 p.113에서 p.117의 내용을 기반으로 요약 정리하였음.

사 설립이 본격화되어 1980년대 초 중국에는 600여 개의 신탁투자회사가
설립되었다.[7]

1979년 10월에는 〈중국인민건설은행(中国建设银行: CCB: China Con-
struction Bank)〉이 재정부로부터 독립하여 국무원의 감독 아래 다른 은행
들과 동등한 위치에 서게 되었다. 1980년부터는 개인예금도 수취하고 기업
투자에 대한 대출을 시작하였다.

당시의 금융제도에서의 이러한 외형적인 변화에도 불구하고 국유은행이
정책당국의 지시에 따라 국유기업과 특정 산업에 대한 자금을 제공하는, 수
동적인 신용을 공급하는 역할을 수행하는 시스템은 이전과 크게 달라지지 않
았다. 1982년 고정자본투자의 80%가 은행대출의 형태로 기업에 제공되었
는데, 은행들은 이러한 대출의 상업성을 고려하기보다는 계획경제의 성공적
인 목표달성을 위한 자금지원 역할에 중점을 두었다.

2) 1984~1988년: 금융개혁의 시작

1984년 중국 공산당은 前단계에서 진행되었던 농촌개혁의 가시적인 성공
을 도시지역으로 확대하기 위한 경제개혁을 추진하기로 결정하였다. 1984
년에서 1988년 사이에 이루어진 개혁조치들은 부분적 가격자유화를 통한
이중가격제의 실시, 계약경영책임제를 통한 국유기업의 개혁 및 비(非)국유
기업 부문의 등장, 대외개방의 확대 등이다. 금융부문에서는 신설은행의 등
장과 非은행 금융기관들의 출현이 본격화 되었다(박찬일, 2003: 118).

이중 가격제도(dual-price system)란 1984년부터 일부 공산품에 대해서
계획경제의 틀에서 배분되는 생산물에 대해서는 계획가격이 적용되지만, 정
부 할당량을 초과하는 나머지 생산물은 시장에서 시장가격으로 판매할 수

---

7) 이 시기 해외업무를 담당하는 국제신탁투자회사도 다수 설립되어 자금을 해외에서 조달
하는 업무를 담당하였다. 이들은 주로 경제특구에 설립되었으며 대부분 해당 지방정부
에 의해 설립되거나 소유되었다. 1982년 도쿄에서 중국국제신탁투자회사가 100억 엔의
채권을 발행하였고, 1983년 푸젠(福建)투자회사가 5억 엔의 채권을 모집하였다. 1984
년 중국은행이 일본에서 200억 엔의 채권을 공개모집하였다(이장규 외(1998), p.23).

있도록 허용하는 것이다. 국유기업의 경영자율권은 1985년부터 국유기업 경영자와 계약을 통한 '청부경영책임제(承包經營責任制)'를 도입하면서 확대되었다.[8]

또한 이 시기 '향진기업(鄕鎭企業: township and village enterprises)' 등 非국유기업이 급격하게 성장하였다. 非국유기업은 계획경제 밖에서 시장경쟁에 직면하였기 때문에 경영의 효율성을 추구하는 확실한 내부 인센티브 구조를 가졌기 때문에 국유기업에 비해 급성장할 수 있었다. 경제특구에 대한 실험이 성공하면서 중국 정부는 1984년 다롄(大聯), 톈진(天津), 칭다오(靑島), 상하이(上海), 원조우(溫州), 푸조우(福州), 광조우(廣州) 등 연해지역 14개 도시를 추가로 경제특구(SEZ: Special Economic Zone)로 개방하였다.

이 시기 중국의 금융개혁은 양적인 측면과 질적인 측면에서 다음과 같은 상당한 진전이 있었다(박찬일, 2003: 121-135).[9] 1984년 국유기업에게 배정되는 국가예산이 더욱 삭감되면서 국유기업은 필요한 자금을 은행대출로 충당해야 했다. 기업의 투자자금 조달 방식을 "국가예산에서 은행대출로 전환하는 정책(뽀가이따이; 撥改貸)"이 1984년 실시되면서 중국 경제에서 국가 재정의 비중은 감소하고 금융부문이 양적으로 크게 확대되기 시작하였다. 또한 국유기업의 청부계약책임제도(承包制) 도입에 따른 기업 이윤유보 확대와 노동자에 대한 임금과 보너스의 증가는 은행 예금의 증가를 통한 금융의 양적 확대로 연결되었다.

금융의 질적인 변화도 진행되었다. 1984년 네 번째 국유은행인 〈중국공

---

8) 다만 청부경영책임자가 전국적으로 확대된 이후 국가의 이윤은 오히려 급감하였다. 청부계약제에는 인플레이션이 반영되지 못해 국유기업 상납금액의 실질 구매력이 급감하였다. 또한 청부계약제는 경영자가 손실을 기록했을 때 경영자를 처벌하지 못하는 권리와 의무의 불균형 문제가 발생하여 경영 관리자가 사적인 이윤을 추구하였다. 예를 들면 국유기업 경영자가 친척, 친구 때로는 자신이 설립한 민간회사로부터 비싼 가격에 원자재를 구입하여 국유기업 이윤이 경영자와 밀접한 관계가 있는 회사로 이전되기도 하였다(린이푸(2012), p.213).

9) 아래의 내용은 박찬일(2003)의 p.121에서 p.135의 내용을 기반으로 요약 정리하였음.

상은행(中國工商銀行: ICBC: Industrial and Commercial Bank of China)〉
이 설립되면서 중국인민은행이 공식적으로 중앙은행의 위치로 격상되었다.
인민은행은 화폐발행, 신용관리, 금리결정 및 외환업무 관리 등 중앙은행
고유의 업무만을 담당하게 되었다.

공상은행은 기존에 인민은행이 담당하고 있던 개인예금 수취업무, 기업
에 대한 여수신업무를 승계하였고, 인민은행의 전국 지점망을 인수하였기
때문에 4대 국유상업은행 중에서 가장 큰 규모의 국유은행으로 탄생하였다.

이로써 중국 금융산업은 중앙은행인 인민은행 아래에 4개의 국유은행이
존재하는 기본적인 금융시스템이 구축되었다. 당시 4개의 국유은행(공상
행, 중국은행, 건설은행, 농업은행)은 업무영역 또는 지역적으로 전문영역이
구분되는 '전업화(specialized)'된 시스템이었다. 공상은행은 주로 도시지역
상공업 관련 기업에 대한 여수신을 담당하였다. 농업은행은 농촌지역에서
비슷한 업무를 담당하면서, 농업부문에 대한 정책성 대출을 담당하였다. 건
설은행은 주로 국유기업의 장기설비투자와 같은 자본투자에 자금을 지원하
였다. 중국은행은 수출입 기업에 대한 대출과 외환거래를 전문적으로 담당
하였다. 이러한 전문화된 업무 특성 때문에 당시 4대 국유은행제도를 "전업
은행(专业银行)제도(specialized banking system)"라고 하였다.

1986년에는 〈교통은행(交通銀行: Bank of Communications)〉[10]이 부활
하였고, 1987년에는 〈중신스예은행(中信實業銀行: China CITIC Bank)〉이
신설되었다. 두 은행은 4대 국유전업은행과 달리 순수한 상업은행 업무를

---

10) 중국 최초의 은행은 1896년 설립된 중국통상은행(中國通商銀行)이고, 최초의 중앙은
    행은 1905년 청 정부가 설립한 호부은행(戶部銀行)이며, 1908년 대청은행(大淸銀行)
    으로 개명하였다. 1915년부터 민족자본에 의한 은행들이 다수 설립되었는데, 북방에
    설립된 4개 은행(北四行)과 상하이를 중심으로 한 3개의 은행(南三行)이 유명하다.
    국민당 정권 수립 이후에는 은행에 대한 중앙통제를 강화하여 중앙은행, 중국은행(中
    國銀行), 교통은행(交通銀行), 농민은행(農民銀行) 등 4개 은행 중심체제를 구축하였
    다. 중국은행은 1912년 설립되어 외환거래 전문은행으로 발전하였고, 교통은행(交通
    銀行)은 1908년 철도, 전보, 우편, 항운 등 사업의 자금조달을 목적으로 설립된 은행
    이다. 농민은행은 1933년 설립된 사성농민은행(四省農民銀行)에 기인한다(지만수 외
    (2003), p.40).

수행하는, 전국적 영업망을 갖춘 은행이었다. 교통은행은 중국 최초의 주식
제 은행으로 설립초기 인민은행이 50%의 지분을 보유하였고, 나머지 50%
는 지방정부와 국유기업이 소유하였다. 중신스예은행은 중국국제신탁회사
(CITIC)의 자회사였다.

　1980년대 후반에는 해당 지역만을 영업지역으로 활동하는 상업은행들이
경제특구를 중심으로 설립되기 시작하였다. 1986년 8월 선전(深圳) 경제특구
의 경제개발 수요를 충족시키기 위해 〈짜오상은행(招商銀行: China Merchant
Bank)〉11)이 설립되었다. 1987년 선전시 투자관리공사, 선전시 국제신탁투
자회사 등이 주축이 되어 〈선전파쟌은행(深圳發展銀行)〉을 설립하였다. 1988
년에는 광동성에도 주식제 상업은행의 형태로 〈광동파쟌은행(廣東發展銀行)〉
이 설립되었다.

　한편 이 시기 중국 금융산업에서 이러한 국유은행 부문의 성장보다 더욱
두드러진 변화는 비(非)은행 금융기관(Non-Bank Financial Institutions)의
발전이었다. 경제성장에 따라 급증하는 금융수요를 기존 국유은행과 몇몇
주식제 상업은행의 신설로는 충분히 만족시키기 어려웠기 때문이다. 특히
급성장하고 있는 非국유기업은 기존 국유은행시스템에서는 자금을 조달하
기가 매우 어려웠다. 이에 따라 농촌신용조합, 도시신용조합, 신탁투자회사
및 재무공사 등 非은행 금융기관이 급속히 발전하기 시작하였다. "농촌신용
조합(農村信用合作社)"은 농민들의 출자에 의해 설립된 '신용조합(信用組合:
credit association)' 성격의 금융사로 1987년 전국적으로 6만 개 이상에 달
했다. 농촌신용조합은 농민들의 여유자금을 예금 형태로 수취하여 주로 해
당 농촌지역의 향진기업 등에 대출하였다.

　"도시신용조합(城市信用合作社)"은 도시지역 非국유기업 발전에 매우 중
요한 역할을 담당하였다. 도시신용조합은 공상은행 등 국유은행과 달리 개

---

11) 당시 물류유통, 금융, 부동산업에 종사하는 홍콩초상국그룹(香港招商局集団有限公司)
　　의 100% 출자로 설립되었던 짜오상은행은 1989년 전국을 영업지역으로 가지는 주식
　　제 은행으로 전환되면서 다양한 주주구성을 가지게 되었다.

인과 非국유기업으로 구성된 예금자들에게 더 나은 금융서비스를 제공하여
자금을 수취하였고, 국유은행으로부터 대출받기 어려운 민영기업들에게 자
금을 대출하면서 급성장하였다. 1988년 말에 도시신용조합은 3,200개가 넘
었다.

"신탁투자회사(信託投資公司: Trust and Investment Corporation)"는 신
탁회사와 개발은행의 기능이 혼합된 非은행 금융기관이었다. 신탁투자회사
는 국유은행이나 국유기업에서 1년 이상의 장기 신탁예금을 수취하여 정부
에서 승인한 프로젝트에 투자한다. 신탁투자회사의 대출은 국가의 신용계획
에 포함되지 않았기 때문에, 대출 신용상한에 제한을 받고 있던 국유은행이
신탁투자회사를 통해 국가의 신용계획을 우회하여 대출을 확대하는 방법으
로 많이 사용하였다. 즉, 당시 신탁투자회사의 급성장은 국유은행이 정부가
설정한 신용상한과 이자율 규제를 우회하여 수익을 추구하고, 신탁투자회사
는 국유은행의 자금을 활용하여 수수료와 투자수익을 추구하는 양자의 이해
가 일치되면서 나타났던 현상이었다.

"재무회사(財務公司: Finance Company)"는 1987년부터 국유기업이 기
업집단(企業集團: Group)으로 재편되면서 그룹 내 계열회사간의 금융거래
를 담당하기 위해 설립되었다. 원칙상 재무회사의 여수신 대상은 계열사의
자금거래와 은행 간 거래시장(inter-bank market)12)에 국한되었다. 재무회
사가 소속된 기업집단이 아닌 기업이나 개인의 예금 수취는 금지되었다.
1988년 이후에는 각급 지방정부 주도로 38개의 재무회사가 설립되기도 하
였는데, 많은 문제점이 발생하였다.13)

---

12) 은행 간 거래시장(inter-bank market: 银行同业拆放市场)이란 금융기관 상호간에 단기
    자금의 대차거래가 이루어지는 시장을 말한다. 예를 들면 일명 콜시장(call market)
    등 금융기관의 단기 자금이 거래되는 시장은 금융기관이 중앙은행에 예치한 자금을
    하루 또는 수일 정도의 짧은 기간 동안 거래하는 시장을 지칭한다.
13) 1988년 각급 지방정부 주도로 38개의 재무회사가 설립되었는데, 주요 업무는 콜시장
    거래, 상업어음의 할인, 증권거래, 금융컨설팅 등이다. 그러나 재무회사에 대한 설립
    및 감독이 적절하게 수행되지 못하여 단기자금을 차입하여 무분별하게 장기대출을
    실행하는 등 각종 문제점이 노출되었다. 이에 따라 1989년 모든 재무회사를 취소하려

〈그림 1〉 중국의 금융시스템 개요(1988년 기준)

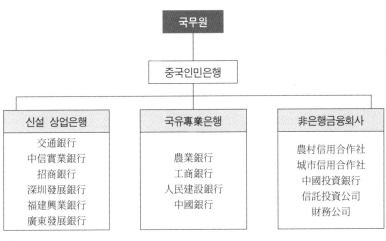

박찬일(2003), p.130

1984년부터 1988년 기간 동안 이러한 非은행 금융기관의 발전으로 중국의 금융제도는 4대 국유은행 중심의 은행부문과 非은행 금융기관이 공존하는 "이중적인 금융시스템(双軌制: dual-track financial system)"을 구축하게 되었다. 국유은행 부문은 계획경제와 국유기업을 지지하는 금융시스템의 근간을 형성하고, 非은행 금융부문은 성장하고 있던 非국유기업의 금융수요를 충족시키고 경직적인 국유은행 부문을 보완하면서 발전하였다.

3) 1989~1993년: 금융통제의 재등장과 개혁으로의 복귀

1988년과 1989년은 20%에 육박하는 심각한 인플레이션과 빈부격차 확대 등 개혁개방의 부작용이 심각해졌고, 이러한 경제적인 불안이 1989년

고 시도하기도 하였지만 강력한 반발로 무산되었다. 한편 기업집단 재무회사(集團財務公司)는 1987년~1990년 동안 20여 개가 설립되었다. 이들은 계열회사로부터 자금을 동원하여 다른 계열회사에 대출하는 기업집단 내 은행처럼 활동하였다(이장규 외(1998), p.39).

'톈안먼(天安門) 사건'14)을 계기로 정치적 위기로 확대되었다. 톈안먼 사건
의 결과 공산당 내 강경 보수파가 전면에 등장하였고, 개혁개방 정책이 후퇴
하는 일련의 경제 '조정정책(治理整頓)'이 실시되고 금융부문에서도 중앙집
권적인 금융통제정책이 재(再)등장하였다.

1980년 대 후반에 인플레이션 문제가 심각해졌던 이유는 상품의 공급은
부족했던 반면, 수요는 확장적인 금융통화 정책을 추진하는 과정에서 크게
증가하였기 때문이다(박찬일, 2003: 137-140).15) 우선 공급측면에서는 개
혁개방 과정에서 계획경제 부문이 지속되어 기초산업 부문의 상품들은 낮은
가격을 유지하도록 하였지만, 오히려 그 공급은 매우 부족해지는 문제가 심
각해졌다. 일부 산업의 심각한 공급부족은 산업 간 성장 불균형을 야기하고
불연속적인 가격인상과 경제전반의 물가상승을 야기하였다.

수요 측면에서의 과잉 문제는 소득증가로 인한 소비의 증가, 기업의 투자
확대, 은행의 초과대출 관행, 정부의 재정지출 확대에서 기인하였다. 특히
개혁개방 과정에서 유지되고 있던 국유기업은 경영손실에 대한 책임이 없기
때문에 '연성예산제약(soft budget constraint)'16) 문제가 발생하였다. 또한
낮은 이자율로 은행 대출을 받는 혜택이 있었기 때문에 만성적으로 자금에
대한 초과수요가 있었다. 반면 국유은행들은 정부의 신용대출 상한을 우회

14) 1989년 베이징의 톈안먼 광장에서 후야오방(胡耀邦) 前 총서기 추모를 계기로 개혁개
방 과정에서의 부패 문제, 급격한 인플레이션과 빈부격차 확대와 같은 문제들을 비판
하는 시위가 시작되었다. 초기의 반부패 시위는 점차 지식인들과 학생들까지 참여하
면서 민주화운동으로 발전하였다. 이러한 시위가 중국 공산당에 반대하는 정치투쟁
으로 확대될 것을 우려한 중국 정부는 5월 베이징에 계엄령을 선포하였지만, 시위는
더욱 격화되었다. 결국 6월 3일 밤 중국 정부는 군대를 동원하였고, 시위를 무력으로
진압하는 과정에서 톈안먼 광장과 베이징 곳곳에서 유혈충돌이 발생하였다(성균중국
연구소(2014), p.107).
15) 아래의 내용은 박찬일(2003)의 p.137에서 p.140의 내용을 기반으로 요약 정리하였음.
16) 연성예산제약이란 Kornai가 제시한 개념으로 사회주의 국가의 국유기업은 국가에서
쉽게 보조금이나 세금혜택을 받을 수 있기 때문에 기업의 수익성이나 효율성에 신경
을 쓰지 않는 현상이 발생한다는 것이다. 기업이 예산의 수지균형을 중요한 제약조건
으로 생각하지 않는 상황을 지칭한다(린이푸(2012), p.236).

하거나 정책금융의 형태로 중앙은행에서 자금을 차입하여 신용상한을 초과할 수 있었다.

인민은행이 당시 통화금융 정책을 실패하여 인플레이션이 발생했던 이유는 근본적으로 중앙은행으로서의 독립성이 충분하지 않았기 때문이다. 인민은행은 여전히 국가의 직접적인 지시나 압력에 따라 국유은행을 통해 국유기업에 자금을 지원하는 수동적인 역할을 수행하고 있었다. 특히 인민은행이 지방정부의 대출압력에서 자유롭지 못했다. 지방정부는 지역경제 발전을 위해 인민은행의 지역 지점에 압력을 행사하여 지역 내 은행들이 신용대출을 확대하도록 요구하였다.[17]

1988년 하반기부터 심각한 인플레이션 문제를 해결하기 위한 중앙집권적인 금융통제정책들이 다시 도입되었고, 금융긴축 정책이 시작되었다. 행정적인 정책수단을 통해 강력한 가격안정화 정책이 실시되면서 이전에 실시되었던 가격개혁도 일부 취소되기도 하였다. 특히 금융부문에서는 강제적인 '신용할당(credit rationing)'을 통해 대출을 통제하는 정책이 실시되었다. 특히 당시 금융통제는 은행부문에만 국한되지 않고, 非은행 금융부문에까지 확장되었다.

1988년 가을부터는 국유은행들이 신용상한을 우회하는 방안으로 활용하던 신탁투자회사들을 대대적으로 정리하였다. 당시 신탁투자회사들은 난립되면서 상당수가 경영부실로 어려움을 겪고 있었다. 국유기업과 합병하거나 폐쇄되면서 전국적으로 신탁투자회사들이 745개에서 300개로 대폭 감소하였다.

---

17) 이 시기 국가계획위원회의 수직적인 통제력(條: 티아오)이 약화되고, 지방정부의 수평적인 통제력(塊: 콰이)이 강화된 이유는 다음과 같다. 첫째, 개혁 이전 전액 국가재정에 의존하던 투자재원에서 예산외자금(extra-budgetary funds)이 확대되었다. 둘째, 국유기업의 자금조달이 국가예산에서 은행대출로 전환되는 뽀가이다이(撥改貸) 정책으로 은행의 역할이 확대되었다. 이 과정에서 인사조직 관리 측면에서 지방정부가 지역 내 인민은행 지점과 각 은행들의 지점에 대해 수평적인 통제를 행사할 수 있었다. 셋째, 외국인투자 유치에 대한 권한도 상당 부분 지방정부에게 이양되었다(정재호(1999), p.82).

〈그림 2〉 중국의 인플레이션과 경제성장률 추이

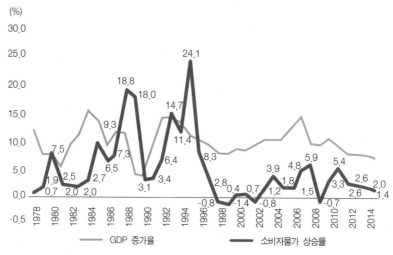

자료: 중국국가통계국

1989년에는 도시신용조합에 대한 정리작업도 진행되었다. 당시 도시신용조합은 대출이나 지급준비금에 대한 규정을 정확하게 준수하지 않았는데, 금융당국이 합병과 청산을 통한 강력한 구조조정을 진행하여 75개가 청산되었고, 58개는 합병되었다. 1991년 말까지 전국에는 3,500여 개의 도시신용조합으로 정리되었다.

공산당 내 보수파들의 이러한 강력한 조정정책은 중국의 물가를 안정시키는 데는 성공하였지만, 경제활동이 급격히 위축되는 문제가 발생하였다. 1992년 1월 당시 일선에서 물러나 있던 덩샤오핑(鄧小平)은 톈안먼 사태 이후의 보수 회귀 국면을 타파하기 위해 개혁개방의 산물인 남쪽 지방의 발전된 경제특구들을 순시하면서 개혁과 개방을 더욱 확대할 것을 주장하였다. 일명 '남순강화(南巡讲话)'라고 표현되는 덩샤오핑의 개혁개방 방침은 지방정부들의 호응을 얻었고, 그해 가을 공산당 대표대회에서 장쩌민(江澤民) 주석의 '사회주의 시장경제론(社會主義市場經濟論)'으로 체계화되었다.

일시 중단되었던 개혁개방 정책들은 이 시기 다시 추진되기 시작하였고, 금융긴축 정책방향도 종료되었다. 다시 추진된 개혁개방 정책들은 계획가격의 철폐(1993년 말까지 모든 지역에서 공산품 계획가격이 철폐), 대외개방의 확대, 국유기업에 대한 청부계약제 개혁추진과 非국유기업 부문의 확대가 있었다. 이 시기 금융부문에서의 개혁 정책은 신규 은행설립의 확대와 비은행 금융기관들의 성장 등 80년대부터 꾸준히 진행되었던 금융부문의 변화도 있었지만, 주식시장의 도입과 같은 획기적인 변화도 있었다(박찬일, 2003: 142-151).

1992년 전국영업망을 구축한 주식제 상업은행인 〈광다은행(光大銀行: China Everbright Bank)〉이 설립되었다. 광다은행은 1997년 중국 금융기관으로서는 최초로 해외금융기관(Asian Development Bank)이 3대 주주로 지분을 참여하였다.

1992년 10월에는 중국 최대 철강회사인 쇼우깡(首都鐵鋼)이 100% 지분을 출자하여 만든 또 다른 전국영업망의 상업은행인 〈화샤은행(華夏銀行: HuaXia Bank)〉이 설립되었다. 화샤은행은 1995년 주식제 상업은행으로 재편되면서 30여 개 국유기업이 주주로 참여하였다.

지방 상업은행들의 설립도 계속되었다. 대표적으로는 1993년 상하이 푸동 경제특구를 중심으로 〈상하이푸동발전은행(上海浦東發展銀行)〉이 설립되었다.

이 시기 중국 금융부문의 가장 주목할 만한 변화는 非은행 금융시장인 "주식시장의 등장"이다. 일반적으로 주식시장은 기업이 상장(IPO: Initial Public Offering)을 통해 투자자금을 조달하는 것이 주된 목적인 반면, 중국에서는 국유기업 개혁의 방안으로 주식시장이 도입되었다. 80년대 후반부터 기존 청부계약제 방식의 국유기업 개혁의 한계를 극복하는 방안으로 국유기업 재산권(property right) 개혁의 필요성이 제기되었다. 하지만 국유기업 민영화에 따른 통제권 상실 부작용이 우려되었다. 이에 따라 중국 정부는 국유기업을 현대적인 주식회사 형태의 '법인회사(公司)'로 재편하고, 국가가 대주주로 지분을 소유하고 일정 지분만을 민영화하는 국유기업 개혁방안을 도입하였다. 이를 위해 국유기업의 국가 지분(國有株)은 거래되지 않고(非유통주), 일부 지분(유통주)만 상장-거래하는 형태의 주식시장이 도입되었다. 중국 정부는 국유기업 주식회사 형태의 재편과 주식시장 도입을 통해 지배구조(公司治理: corporate governance) 개선과 국내외 투자자금 조달의 목적을 달성할 수 있을 것으로 기대하였다.

1990년 12월 상하이 시에 증권거래소가 개장되었고, 1991년 7월 선전시에도 증권거래소가 개장되었다. 또한 1992년 주식시장의 감독기관으로 「증권감독관리위원회(中國證券監督管理委員會: CSRC: China Securities Regulatory Commission)」가 설립되었다. 1992년 말부터는 인민은행, 국유은행 등의 공동소유로 〈화샤증권(华夏证券公司)〉, 〈궈타이(國泰)증권〉, 〈난팡(南方)증권〉 등 대형 증권회사가 설립되었고, 이들은 현재 중국의 대표적인 증권회사로 성장하였다.[18] 1988년 말까지 전국 각 성(省)에는 인민은행이 비준한 33개 증권회사와 재정부가 비준한 다수의 증권회사가 설립되었다.

Ⅱ. 사회주의 시장경제와 금융의 발전(1994~2000년)

1. 현대적인 금융시스템 구축(1994~1997년)

1992년 덩샤오핑의 남순강화가 장쩌민의 '사회주의 시장경제'로 체계화된 이후 시장경제시스템에 대한 중국내 이념적인 논쟁을 해소시켰는데, 그 핵심은 시장경제시스템도 사회주의 이상을 구상하는 데 적절한 수단이라는 것이다. 이에 따라 중국은 1994년 계획경제 시대의 사회-경제시스템을 시장경제 원리에 적합한 시스템으로 바꾸기 위한 획기적이고 종합적인 개혁을

18) 중국 최초의 증권회사는 1987년 9월 설립된 선전특구증권회사(深圳特區證券公司)였다.

추진하였다. 예를 들면 계획 관련 정부조직의 재편, 중소형 국유기업에 대한
민영화 개혁 '(쫘다팡샤오: 抓大放小)',19) 시장개혁으로 국가의 재정비중이
축소되면서 새로운 세원(稅源)을 확보하는 조세제도 개혁 '(펀쉐이쯔: 分稅
制)',20) 비(非)국유기업(향진: 鄕鎭기업,21) 민영기업, 외국기업과의 합자: 合
資기업22) 등)의 법적 지위 향상 등 매우 다양한 분야에서 진행되었다.

금융분야의 개혁 역시 현대적인 시장경제시스템에 적합한 기본적인 금융
시스템을 구축하는 작업이 외환 부문, 은행 부문과 非은행 부문 등에서 전반
적이고 종합적으로 진행되었다. 당시 현대적인 금융시스템 구축에서의 특징
을 각 영역별로 살펴보면 다음과 같다.

1) 외환제도 개혁: 단일환율제도 구축

이 시기 외환제도에서는 매우 중요한 개혁이 진행되었다. 1994년 시행된
'외환관리제도의 개혁에 관한 통지23)'를 통해 기존의 이중(二重)환율제도24)

---

19) 1994년 공산당 회의에서 국유기업 개혁방안으로 '큰 것은 틀어쥐고 작은 것은 풀어준
다는 쫘다팡샤오(抓大放小)' 방침이 채택되었다. 이는 국가의 역량을 대중형(大中型)
국유기업에 집중하여 이들의 부실 문제 해결을 위해 노력하고, 중소형 국유기업은
매각, 합병, 파산 등 다양한 방식의 개혁, 일종의 민영화 개혁까지도 추진한다는 방침
이었다.

20) 정재호(1999: 170-173)에 따르면 1994년 분세제 개혁의 주요 내용은 다음과 같다.
첫째, 중앙정부와 지방정부의 세금의 범주를 새롭게 구성한다. 둘째, 외자기업이나
합자기업들에게만 혜택을 주던 기업 소득세율 혜택을 모든 기업들에게 단일세율로
적용하여 세금 포탈의 여지를 줄이고, 면세 특권도 국무원에게 귀속된다. 셋째, 지방
정부가 세금수취에서 주도적인 역할을 하여 중앙의 재정관리 권한이 약화되는 것에
대응하기 위해 지방세국(地方稅局)과 별도의 중앙 국세국(國稅局)을 신설하여 재정관
리의 수직적 통제권(條)을 강화한다. 넷째, 국민소득에서 국가재정수입 특히 중앙재
정세입의 비중을 높여서 중앙정부의 거시경제 통제능력을 강화한다.

21) 향진(鄕鎭: 쌍쩐)기업은 농촌지역의 집단소유제 기업을 지칭한다. 농촌(향진) 지역의
주민들이 중소기업을 설립하여 경영과 생산, 판매를 자율적으로 결정하는 마을 공동
체 기업의 성격을 가졌다.

22) 중국에서는 외국인 투자기업의 유형을 합자기업(中-外 合資), 합작기업(合作), 독자기
업(外商獨資) 3가지 유형으로 분류하였고, 이를 합쳐서 삼자기업(三資기업)이라고 통
칭하였다.

〈그림 3〉 중국의 위안화 환율 추이(1달러당 명목 위안화 환율)

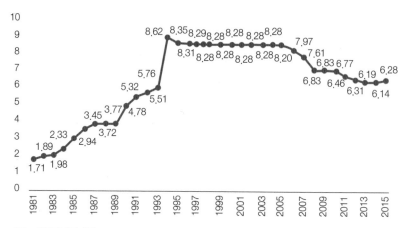

자료: 중국국가통계국

가 "단일환율제도(单一的、有管理的浮动汇率制)"로 변화되었다. 단일환율제도 도입 이전에 중국은 공식환율과 중국 내부 외환거래에 적용되는 외환거래센터의 시장환율이 공존하는 이중 환율시스템이었다. 당시 공식환율은 시장환율에 비해 상당히 고평가되어 있었는데, 단일환율제도 도입으로 위안화의 공식환율은 1993년 1달러당 5.75위안에서 1994년 8.62위안으로 평가절하되었다.[25] 1994년 이후 환율은 사실상 달러에 고정된 환율(공식적으로는

---

23) 〈关于进一步改革外汇管理体制的通知〉, 国务院, 1993年 89号.

24) 1980년대 초부터 중국은 공식환율과 내부결산환율이 공존하는 이중환율시스템을 사용하였다. 당시 공식환율은 위안화가 지나치게 고평가되어 수출기업에 불리하였는데, 수출기업에게 인센티브를 제공하기 위해 일정 외화를 유보하여 외화가 부족한 부분으로 이전(transfer)할 수 있도록 하였다. 중국 내에서의 외화 이전에 적용되는 내부결산환율은 공식환율보다 위안화가 저(低)평가되었다. 이중 환율제도로 인한 부정부패와 투기 문제가 심각해지면서, 1985년 외환의 내부결산제도가 잠시 폐지되기도 하였지만, 1986년 외환거래센터(外汇调节中心)가 설립되어 내부결제제도와 유사한 이중환율제도가 운영되었다(유희문 외(2003), p.390).

25) 1994년 단일환율제도로 위안화 공식환율은 50% 가까이 절하되었지만, 실제로 이미 상당한 거래가 시장환율을 적용하고 있었고 공식환율로 적용되는 비중이 20% 정도밖

관리변동환율제)로 2005년까지 1달러당 8.28위안 수준으로 유지되었다.

또한 기존의 외화 유보제나 외환사용 허가제 등의 정부계획 부문을 폐지하고, 기업과 은행이 외환거래센터를 통해 자유롭게 외환을 거래할 수 있게 되었다. 1996년부터는 무역결제 등 경상계정(current account)[26]에 대한 외환거래를 전면적으로 자유화 하였다. 이러한 외환제도 개혁은 1990년대 이후 중국 수출이 폭발적으로 증가하는 데 크게 기여하였다.

2) 중앙은행 개혁: 중앙은행의 독립성 강화

1993년 국무원은 '금융시스템 개혁에 대한 결정[27]'을 발표하였는데, 그 내용 중에서 가장 중요한 두 가지는 다음과 같다. 첫째, 국무원의 지도(領導)하에 독립적인 통화정책을 집행하는 중앙은행이 거시조절시스템을 구축한다(一조). 둘째, '정책성 금융기구와 상업적인 성격의 금융기구를 분리'하여 국유상업은행이 주체가 되면서도 다양한 금융기구들이 병존하는 금융시스템을 구축한다(四조).

1994년 이전 인민은행은 거시 금융정책을 통해 물가를 관리하는 중앙은행의 역할과 중국 정부의 국가발전 전략을 수행하는 정책도구로서의 역할이 혼재하는 이중적인 특성 때문에 인플레이션 관리에 실패하는 모습을 보였다. 이러한 문제를 해결하기 위해 인민은행의 '중앙은행으로서의 독립성을 강화'하여 물가를 관리하는 기능을 강화하기 위한 개혁이 추진되었다(박찬일, 2003: 180-185).[28]

첫째, 인민은행의 중앙은행으로서의 독립성을 법적으로 강화하였다. 물

에 되지 않았기 때문에(박찬일(2003), p.168) 실질적인 위안화 절하효과는 10~20% 정도였다고 한다.

26) 국제수지는 경상계정(current account)과 자본계정(capital account)으로 나뉜다. 경상계정의 거래는 수출입의 수지를 의미하는 무역수지와 관광/운임/보험료 등의 무역外 수지, 송금/무상 경제협력 등의 이전수지(移轉收支)로 구분된다.

27) 〈关于金融体制改革的决定〉, 国务院, 1993年 91号.

28) 아래의 내용은 박찬일(2003)의 p.180에서 p.185의 내용을 기반으로 요약 정리하였음.

론 인민은행은 여전히 통화정책의 결정 과정에서 국무원의 승인을 받아야
하는 불완전한 수준의 독립성이지만, 통화정책 집행과정에서의 독립성은 마
련되었다. 둘째, 산하 금융기관에 대한 인민은행의 감독기능이 대폭 강화되
었다. 셋째, 인민은행에 대한 지방정부의 간섭을 명백하게 금지하였다. 특
히 그전까지 많은 문제점을 야기하였던 인민은행 지방 지점에 대한 해당
지방정부의 간섭을 차단하였다.

3) 정책은행 설립: 정책금융 기능의 분리

1994년 이전까지 중국의 금융은 정부의 정책적 목표를 달성하기 위한 수
단으로 실물부문에 자금을 지원하는 정책금융(guidance policy finance)
지원 역할을 4대 전업은행(專業銀行)이 주로 담당하고 있었다. 정책금융은
원칙상 재정자금과 중앙은행 차입을 통해 지원되었다. 하지만 전업은행들의
상업은행 역할과 혼재되면서 여러 문제점들이 발생하였다. 따라서 이를 해결
하기 위해 정책금융을 전담하는 3개의 "정책은행(政策性銀行: policy non-
commercial bank)"이 독립적으로 설립되었고, 이들은 국무원 산하로 편입
되었다.

1994년 3월 〈국가개발은행(国家开发银行: China Development Bank)〉
이 설립되었다. 국가개발은행은 기존의 건설은행이 담당하던 국가의 중요
사회간접자본(SOC) 건설프로젝트, 기간산업 등 국가전략산업에 자금을 제
공하는 역할을 전담하였다. 최초 등록 자본금은 500억 위안이었다.[29]

1994년 7월 〈중국수출입은행(中国进出口银行: The Export-Import Bank
of China)〉이 설립되었다. 중국수출입은행은 기존 중국은행이 주로 담당했
던 대형 기계설비나 제품의 수출입 융자, 해외투자에 대한 정책융자 등의
역할을 전담하였다. 등록 자본금은 33억 위안이었다.

---

29) 2007년 중앙훼이진공사(中央汇金公司)가 200억 달러의 자본금을 추가로 투입하였고,
재정부가 추가로 자금을 투입하여 2015년 말 기준 자본금은 3,000억 위안이다. 지분
은 재정부가 51.3%, 중앙훼이진공사가 48.7%를 보유하고 있다.

1994년 11월 〈중국농업발전은행(中国农业发展银行: Agricultural Development Bank of China)〉이 설립되었다. 중국농업발전은행은 기존 농업은행과 다른 전업은행들에서 지원되었던 농업관련 대출금을 모두 인수하였고, 농산품 국가수매와 농산품 가격정책 수행에 필요한 자금을 지원하였다. 최초 등록 자본금은 200억 위안이었다.

4) 상업은행법 제정: 현대적인 은행시스템 구축

1995년 통과된 상업은행법(〈商业银行法〉)은 은행의 자율적인 경영, 리스크와 손실에 대한 자기부담 원칙(4조: 自主经营, 自担风险, 自负盈亏, 自我约束)을 제시하고 있다. 이는 은행의 예금과 대출 같은 자금배분 업무에서 기존과 달리 정부 개입을 배제하겠다는 것을 의미한다. 특히 기존 4대 전업은행은 정책금융의 기능을 정책은행으로 독립시킨 이후 "국유독자 상업은행(State Owned Bank)"으로 전환하고 경영손실이나 수익에 대해 은행 자체에서 책임지는 현대적인 상업은행으로 전환할 수 있는 기반을 구축하였다.

이로 인해 중국 내 은행 조직은 국유독자[30] 상업은행(国有独资商业银行), 전국적 영업망을 가진 상업은행(全国性商业银行; 자본금 10억 위안), 영업지역이 해당 지역으로 제한되는 도시 상업은행(城市合作商业银行; 자본금 1억 위안)과 농촌 상업은행(农村合作商业银行; 자본금 5천만 위안)으로 분류(상업은행법 13조)되었다.

상업은행법의 특징 중 하나는 은행과 기타 非은행 금융사업의 업무 영역을 구분하고, 非은행 금융회사에 대한 지분투자를 금지하는 "분업(分业) 경영시스템"을 명시(43조)[31]하여 기존에 은행이 신탁업무나 자산운용업을 겸영(兼营)하면서 발생했었던 문제점들을 해결하고자 하였다.

---

30) 국유독자(國有獨資)란 중국 정부 금융당국이 지분의 100%를 보유하고 있다는 것을 의미한다.

31) 은행은 신탁투자와 주식 관련 업무에 종사할 수 없고, 특별한 예외 규정을 제외한 非업무용 부동산 투자, 非은행 금융회사에 대한 투자, 非금융 회사에 대한 투자를 원칙적으로 금지하였다(〈商業銀行法〉 43조).

〈그림 4〉 중국 금융시스템 개요(1990년대 말)

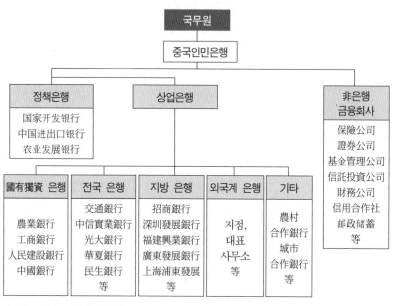

자료를 바탕으로 필자 재구성

1996년에는 중국 최초의 非국유(非公有制) 기업이 주주32)가 된 전국적 영
업망을 갖춘 상업은행인 〈민성은행(民生銀行: China MINSHENG Bank)〉이
설립되었다.

도시상업은행은 기존 도시신용조합(城市信用合作社)의 합병을 통해 설립
되었다. 1996년 설립된 〈베이징시상업은행(北京市商業銀行)〉은 지역 내 90
여 개 기존 도시신용조합의 합병을 통해 설립되었다. 이후 상하이, 톈진,
선전 등 주요 도시를 중심으로 도시상업은행으로의 재편이 증가하였고,

---

32) 민성은행의 주요 주주는 식품, 화학업종 등의 신시왕(新希望)그룹, 물류, 자원업종
등의 동방(東方)그룹 등이다. 설립 당시 50여 주주는 대부분 非국유기업으로 구성되
었다. 따라서 설립 초기 중국 정부의 암묵적인 예금보장을 받지 않는다는 우려를 극
복하기 위해 국제적으로 공인된 회계법인의 감사를 통해 재무제표를 공개하였다.

2001년 말까지 전국에 도시상업은행이 109개가 설립되었다.[33]

5) 非은행 금융시스템 구축: 주식과 보험 산업의 발전

중국의 주식시장은 90년대 초 공식적으로 개장한 이후 90년대 양적인 측면에서는 비약적으로 성장하였다. 상장기업 수는 1990년 10개에서 1997년 745개로 증가하였고, 주식시장 시가총액(時價總額)도 1992년 1,048억 위안에서 1997년 1조 7,529억 위안으로 급성장하였다. 하지만 주식시장의 이러한 성장에도 불구하고 기업의 자금조달은 여전히 은행에 의존하였고, 주식시장을 통한 자금조달은 미미한 수준이었다.[34] 또한 주식시장 운영시스템

〈그림 5〉 중국 주식시장 상장 기업 수 추이

(단위: 개)

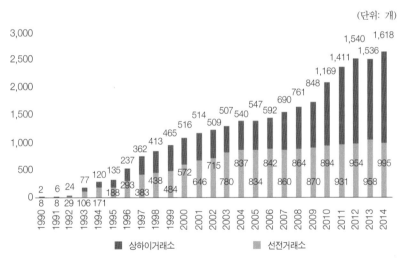

자료: 中國統計年監

---

33) 1995년부터 국무원은 도시신용조합의 도시상업은행으로의 구조조정을 추진하는 법령 〈关于进一步加强城市信用社管理的通知〉을 발표하였다.

34) 박찬일(2003b)에 따르면 1993년에서 2000년 사이 중국 기업의 고정자산투자형성(총투자에서 재고증가분을 제외한 값)에서 은행대출 의존도는 평균 43.5%인 반면, 주식시장을 통한 자금조달은 같은 기간 2%도 되지 않았다(박찬일(2003b), p.122).

이 정비되지 못해 내부자거래 문제, 과도한 주가변동성 등의 문제가 발생하였다.

중국의 보험시장은 1995년 보험법(中华人民共和国保险法) 제정을 계기로 본격적으로 성장하기 시작하였다. 당초 중국 국유기업인 〈인민보험회사(人民保險公司, PICC: Peoples Insurance Company of China)〉는 인민은행 산하의 부속기관으로 국제보험 업무만을 수행하였다가 1979년 국내보험 업무가 부활되면서 독립되었다. 또한 1988년에는 〈평안보험회사(平安保險公司, Ping An Insurance)〉가 설립되었고, 1991년에는 〈타이펑양보험회사(太平洋保險公司, China Pacific Insurance)〉가 설립되었다. 이들 3대 보험사가 과점체제를 구축한 상황에서 90년대 이후 군소규모의 보험사 설립도 계속되었다. 하지만 당시 보험산업은 주로 기업보험 및 직원 단체보험 위주의 초보적인 발전 단계에 국한되었다.

1995년 도입된 보험법은 생명보험(人壽保險)과 손해보험(財産保險) 업무

〈그림 6〉 중국 생명보험과 손해보험 보험료 수입

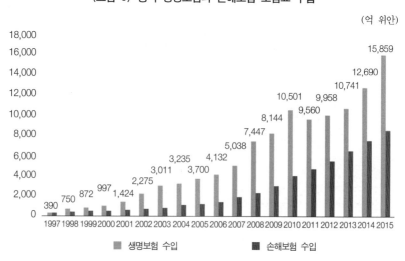

(억 위안)

자료: 中國國家統計局

의 분리를 명시하면서 생명보험 산업이 빠르게 성장하는 계기를 마련하였다. 인민보험회사(PICC)에서 1996년 〈중국생명보험회사(中國人壽保險公司, China Life)〉가 독립되었고,[35] 핑안보험(平安人壽保險公司/平安財産保險公司)과 타이핑양보험(太平洋人壽保險公司/太平洋財産保險公司)도 차례로 생명보험사와 손해보험사로 재편되었다.

2. 동아시아 위기와 금융부실의 조정(1998~2000년)

1) 동아시아 위기와 국유기업 개혁의 가속화

1997년의 동아시아 금융위기는 중국이 기존에 추진했던 '개혁에 대한 이중시스템 접근법(双軌制)의 근본적인 변화'를 가져올 수밖에 없었다. 중국은 그 이전까지 국유 부문에 대해서는 민영화와 같은 근본적인 개혁보다는 부분적인 개혁을 추진하면서 기존의 시스템이 유지되도록 하였고, 새로운 非국유 부문의 성장을 허용하면서 전반적인 경제성장을 견인하는 원동력으로 활용하였다.

이러한 '개혁에 대한 이중적인 접근법'의 가장 큰 문제점은 국유와 非국유 시스템이 병존하면서 발생하는 부정부패와 같은 비효율, 그리고 국유부문의 경쟁력 약화로 인한 적자누적 문제였다.[36] 1994년 일부 중소형 국유기업에

---

35) 생명보험업무를 담당하던 중국생명보험회사(人壽保險)는 다시 손해보험업무를 담당하는 자회사 중국人壽財産保險股扮유한공사(China Life P&C)를 설립하였다. 또한 손해보험업무를 전담하였던 중국人民保險공사도 다시 생명보험업무를 담당하는 자회사 중국人民人壽保險股扮유한공사(PICC Life)를 설립하였다. 이에 따라 상호 경쟁체제가 강화되었다(서봉교(2010), p.63).

36) 김시중(2003)은 중국 국유기업 비효율성의 원인을 다음과 같이 정리하고 있다. (1) 국유기업이 너무 많고 그 업종, 지역 및 규모의 분포가 非효율적이다. 다시 말해 계획경제의 유산인 국유기업이 시장경제하에서 생존하기에는 너무 많은 국유기업이 존재하였다. (2) 개혁에도 불구하고, 정부와 기업이 완전히 분리되지 못해 연성예산제약 문제가 있다. 지속적으로 적자를 보는 국유기업도 퇴출이 미비하기 때문에 경영이 비효율적이고, 내부자 지배 문제를 통한 국유자산 유실(流失) 문제가 광범위하게 발

대한 민영화 개혁(抓大放小) 정책을 도입했음에도 불구하고, 국유부문 특히 대형 국유기업의 적자는 매우 심각한 수준으로 증가하였다.[37] 이러한 국유기업의 적자는 80년대 중반 뽀가이따이(撥改貸) 정책도입 이후 은행들의 부실대출로 누적되었기 때문인데, 당시 국유독자 상업은행들의 부실대출은 매우 심각한 수준이었다.

동아시아 금융위기의 원인으로는 기존 동아시아 개발도상국들의 전형적인 성장모델인 양적인 투입확대, 즉 기업들의 과도한 투자 문제와 금융부문의 낙후성 문제가 지적되었다. 예를 들면, 노벨 경제학상을 받은 폴 크루그먼(Paul Krugman)은 동아시아 정부들이 금융기관을 암묵적으로 보호해주었기 때문에 금융기관들이 기업에 대출할 때 투자위험을 제대로 평가하지 않았고, 이로 인해 심각한 과잉투자와 부실대출 문제가 야기되었다고 주장하였다.[38]

중국의 기존 개혁추진 방식, 특히 국유독자 상업은행을 통해 非효율적인 국유부문에 지속적으로 대출을 해주면서 금융부문의 부실이 누적되는 시스템은 금융위기를 경험한 다른 동아시아 개발도상국들과 매우 유사하였다. 따라서 중국 정부는 보다 중국 금융시스템을 근본적으로 바꾸는 과감한 형태의 개혁을 추진하기 시작하였다.

1998년 3월 국무원 총리가 된 주룽지(朱鎔基)는 대중형(大中型) 국유기업에 대한 과감한 구조조정(출자전환: 債轉股과 정리해고: 下崗 등)과 회사화(公司化: corporitization) 재편을 통해 3년 내에 국유기업의 문제를 해결하고자 하는 목표(三年兩目標)를 제시하면서 과감한 국유기업 개혁정책을 도

생하였다. (3) 국유기업은 과다한 잉여 종업원을 고용하고 있고, 전현직(前現職) 직원에 대한 주택, 의료, 연금, 탁아, 교육 등의 서비스를 제공하는 부담을 안고 있다(유희문 외(2003), p.198).

37) 1997년 말 중국 내 국유 또는 국유지주 부문 산하의 1만 6,784개 대중형(大中型) 공업기업 중에서 적자 기업은 6,599개에 달해 전체의 39%에 달했고, 적자 금액도 666억 위안에 달했다(張卓元(2008), p.38).

38) 강호병 외(1998), p.6.

〈그림 7〉 중국의 국유 및 국유지주회사 수(개)와 비중(%) 추이

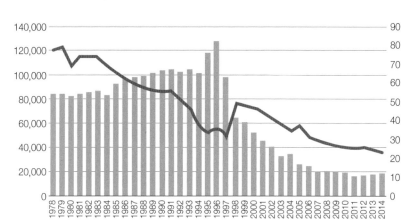

주: 2012년 이전 비중은 생산 기준, 이후는 매출액 기준
자료: 中國國家統計局

입하였다.[39] 이를 통해 2000년 말에는 적자 국유기업의 70%가 흑자로 전환
되는 성과를 보였다.

동시에 주룽지 총리는 금융부문에 대해서도 다음과 같은 대규모 재정투
입으로 금융부문의 건전성을 높이고, 과감한 금융개혁 정책을 추진하였다.

---

39) 김시중(2003)은 대중형 국유기업의 개혁의 핵심은 국유기업의 현대적 기업제도 확립,
즉 회사화(公司化, corporitization)이며, 국유자산관리위원회 신설 등이 주요 특징이
라고 지적한다. 또한 개별 국유기업 차원에서의 개혁정책을 다음과 같이 정리한다.
(1) 국유기업의 재무구조를 개선하기 위해 주식회사로의 전환이나 주식상장을 통한
자본금을 확충하고, 국유은행의 대출금을 자본금으로 전환하는 출자전환(債轉股), 기
업 합병 과정에서의 부채 탕감 등의 지원정책을 추진하였다. (2) 기존 국유기업이 종
업원에게 주택을 제공하는 정책(福利分房)을 1998년 폐지하고, 개별 기업이 담당하던
연금, 의료 등 사회적 기능을 사회보험제도로 대체하고, 국유기업이 운영하던 병원이
나 학교를 지방정부로 인계하였다. (3) 국유기업 노동자 감원을 위해 정리해고(下崗)
를 확대하여 1996년 250만 명, 1997년 330만 명, 1998년 739만 명, 2000년 512만
명의 정리해고를 추진하였다(유희문 외(2003), pp.200-218).

2) 자산관리공사(資产管理公司): 국유독자 상업은행의 부실채권 처리

중국의 4대 국유독자 상업은행들은 과거 정책금융을 수행하는 과정에서 막대한 부실채권이 누적되었는데, 정책은행의 도입에도 불구하고 기존 부실채권은 해결되지 못하고 있었다. 중국 정부는 1999년부터 전격적으로 은행부문의 금융부실을 대규모 재정투입으로 해결해주는 정책을 도입하였다.

"자산관리공사(资产管理公司: AMCs: Asset Management Corporations)"는 중국 정부가 4대 국유독자 상업은행들의 부실채권(NPL: Non Performing Loan)을 인수하여 관리·처리하기 위해 1999년 설립한 특수 非은행 금융회사로 일종의 배드뱅크(bad bank)[40]이다. 〈창청자산관리공사(长城资产管理公司)〉는 농업은행의 자산을 인수하였고, 〈신다자산관리공사(信达)〉는 건설은행, 〈화룽자산관리공사(华融)〉는 공상은행, 〈둥팡자산관리공사(东方)〉는 중국은행의 자산을 인수하였다. 중국 재정부는 4대 자산관리공사에 100억 위안을 각각 출자하였고, 이렇게 설립된 4대 자산관리공사는 다시 재정부의

〈그림 8〉 중국 자산관리공사(AMCs)를 통한 부실채권(NPL) 처리 구조

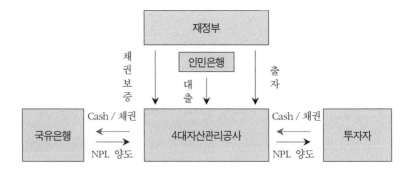

보증하에 채권을 발행하거나, 인민은행으로부터 대출을 받아 4대 국유독자 상업은행의 부실채권 1조 3,939억 위안을 장부가격(book value)으로 인수하였다. 이는 2000년 4대 국유은행 대출 총액의 18%에 달하는 규모였고, 부실채권 처리는 주로 '출자전환(債轉股: debt-equity swap)' 방식을 통한 매각이었다(박찬일, 2003: 179).

이러한 부실채권 처리는 국유독자 상업은행들에게 매우 유리한 방식이었고, 이를 통해 4대 국유독자 상업은행들의 부실비율은 크게 낮아지게 되었다.

3) 금융감독시스템의 정비: 금융업권간 방화벽 강화

이 시기 중국 정부는 금융감독시스템을 정비하여 "금융시스템의 안정성"을 높이는데 주력하였다. 먼저 은행과 주식시장 등을 총괄하여 금융시스템 전반에 대한 수직적인 조절 기능을 강화하기 위해 국무원 부총리 직할의 「중앙금융공작위원회(中共中央金融工作委員会)」를 신설하였다.

은행 부문에서는 1998년 인민은행이 금융회사 내부 책임과 권한을 명확하게 정비하도록 하였고,[41] 자기자본 충족률도 국제 수준(8%)으로 강화하도록 하였다. 또한 대출 분류기준도 리스크에 따라 기존 4단계에서 국제표준인 5단계로 확대[42]하여 리스크 관리를 강화하였다. 동시에 2,700억 위안에 달하는 국채를 발행하여 4대 국유독자 상업은행의 자본금을 확충하여 부실비율을 낮추었다.

주식 시장에서의 시스템 정비는 이 시기 가장 두드러진 성과를 보였다. 90년대 초 주식시장 도입 이후 내부시스템이 정비되지 못한 상황에서 내부자거래와 주가조작 문제가 빈번하게 발생하였고, 난립되었던 지방 신탁회사들이 무분별하게 개설하였던 주식펀드들은 투자 실패로 어려움을 겪고 있었다. 90년대 초 주식 시장을 도입하면서 목표로 하였던 국유기업의 지배구조 개선 성과는 사실상 미미하였다. 중국 금융당국은 1998년 초부터 주식시장

---

41) 〈关于进一步完善和加强金融机构内部控制建设的若干意见〉, 中国人民银行(1998).

42) 〈贷款风险分类指导原则〉, 中国人民银行(1998).

위법 행위들에 대한 처벌을 강화하였다. 또한 1999년 시행된 증권법(证券法)
은 금융위기를 방지하기 위해 주식시장에 대한 국무원과 증권감독관리위원
회(CSRC)의 수직적인 감독기능을 강화하였다.

1997년 도입된 주식펀드 관리법[43]은 증권감독관리위원회 산하에 펀드관
리부서(基金監督部)를 신설하고, 펀드를 운용하는 금융사인 "자산운용사(基
金管理公司: fund management company)" 설립에 대한 법률적 기초를 제
정하였다. 이 법률에 따라 자산운용업이 증권사와 일부 신탁회사로 제한되
고, 은행의 자산운용업 참여를 배제하여 "금융업권간 방화벽"을 강화하여
금융시장의 안정성을 높이고자 하였다. 또한 기존에 난립되었던 주식투자
펀드(폐쇄형: closed-ended fund)를 신설되는 자산운용사들이 통폐합하였
고, 신규로 중도 환매(還買)가 가능한 현대식 개방형(open-ended type) 펀
드의 설립도 허용하였다.[44]

보험산업에는 보험사들의 보험자산 투자운용에 대한 규제가 강화되어 다
시 엄격하게 은행예금과 국채투자로 제한되었다. 또한 1998년 보험감독기
능을 인민은행에서 독립시켜서 별도의 전문적인 감독기관인 「보험감독관리

---

43) 〈证券投资基金管理暂行办法〉, 国务院(1997).
44) 중국 자산운용업의 본격적인 발전은 1997년 국무원이 펀드관리임시법(〈證券投者基金
管理暂行辦法〉)을 발표하면서 시작되었다. 〈임시법〉에서는 자산운용사 설립에 필요
한 자기자본을 1,000만 위안 이상으로 설정하는 등 관련 기준을 명확히 하였고, 증권
사 및 신탁회사만이 자산운용사 설립이 가능하도록 제한하면서 은행의 자산운용업
참여를 원칙적으로 배제하였다. 또한 펀드의 투자범위에 대해서도 원칙을 제정하였
다. 전체 펀드자산의 80%는 반드시 주식의 형태로 투자하고, 20%는 국내 정부채권으
로 투자할 것을 명시함으로써 그 이전의 펀드처럼 부동산 투자나 기업대출 등으로
편법적으로 자금을 운용하는 것을 금지하였다. 1998년부터 새로운 법률에 근거한 자
산운용사 설립 및 펀드(이후 출시된 펀드를 '新基金'이라고 하여 이전 펀드와 구분)
출시가 본격적으로 시작되었다. 펀드는 투자원금의 회수를 위한 중도환매 청구권 유
무에 따라 개방식 펀드와 폐쇄식 펀드로 구분되는데, 중국에서는 개방식 펀드가 도입
되기 전에는 환매청구권이 제한된 폐쇄식 펀드만이 허용되었다. 중국 정부는 〈임시
법〉의 규정에 근거하여 1998년부터 새롭게 설립된 자산운용사로 하여금 기존의 펀드
를 통폐합하도록 하였다. 2000년부터는 신규 자산운용사 설립을 중단한 채 기존펀드
의 통폐합 작업을 실시하면서 기존의 펀드는 사실상 통폐합이 완료되었다(서봉교
(2008), pp.273-275).

위원회(保险管理監督委员会: CIRC: China Insurance Regulatory Commission)」를 신설하였다.

신탁회사에 대해서는 강도 높은 구조조정을 통해 경영이 부실한 신탁회사를 폐쇄하였다. 1998년 중국 내 2번째로 규모가 컸던 〈광동국제신탁투자회사(广东国际信托投资公司: GITIC)〉를 비롯한 몇 개의 대형 투자신탁회사의 영업을 정지시켰다. 중국의 신탁회사는 가장 많았을 때는 1,000여 개에 달했는데, 구조조정을 통해 1998년 말 정식으로 법인자격을 획득한 신탁회사는 239개로 감소하였다.

도시신용조합의 도시상업은행으로의 구조조정도 계속되었다. 1999년 말까지 2,300여 개의 도시신용조합이 90여 개의 도시상업으로 재편되었고, 2000년 말 도시신용조합은 1,689개로 감소하였다. 또한 1998년 국무원은 농촌신용조합의 구조조정을 결정하고[45] 2002년까지 전국에서 1만여 개의 농촌신용조합 법인을 폐쇄하고, 1만여 명의 직원과 3만여 명의 비정규직 직원을 감원하였다. 이러한 노력으로 2003년 농촌신용조합은 전국적으로 3만 4,900개로 정리되었다(李利明 外, 2007: 129, 160).

한편 은행부문의 감독을 전담하는 「은행감독관리위원회(中国银行业監督管理委员会: CBRC: China Banking Regulatory Commission)」는 다소 늦은 2003년 인민은행에서 독립되어 설립되었다. 은행부문의 역할은 복잡하고 광범위하여 감독기관을 인민은행과 분리하는 작업에 시간이 많이 소요되었기 때문이다. 이로서 인민은행 산하에 은감위(CBRC: 2003년), 보감위(CIRC: 1998년), 증감위(CSRC: 1992년)가 존재하는 "일행삼회(一行三会)의 분업 금융감독시스템"이 구축되었다.

---

45) 〈中国人民银行关于进一步做好农村信用社管理体制改革工作意见的通知〉(国务院(1998), 145号).

III. 중국의 WTO 가입과 금융시장 개방(2001~2007년)

1. WTO 가입과 점진적 금융시장 개방

중국은 2001년 12월 WTO(세계무역기구: World Trade Organization)에 가입하여 회원국이 되었다. WTO 가입 이후 중국은 서비스 무역분야, 특히 금융시장의 개방을 약속하였다. WTO 협정의 하나인 서비스교역에 대한 일반협정(GATS)[46]에 따라 중국 내 금융시장을 외국자본에 개방해야 했기 때문이다. 하지만 그 이전까지 중국의 금융부문은 국가의 정책적인 "보호"하에 해외 금융사들과의 경쟁은 극히 제한되었다. 따라서 당시에는 중국 금융사들의 경쟁력이 약한 상황에서 금융시장 개방 이후 외국 선진금융사들의 중국 시장점유율이 급격히 높아질 것이라는 전망도 적지 않았다.[47]

이에 중국 정부는 (1) 금융시장의 개방을 점진적으로 추진하면서, 동시에 (2) 중국 금융산업의 시장 경쟁력을 높이는 정책을 과감하게 추진하여 WTO 가입에 대비하였다. 먼저, 중국 금융시장은 다음과 같은 특징이 있기 때문에 "점진적인 금융시장 개방"이라고 볼 수 있다.

중국은 WTO 가입 협상 과정에서 금융시장 개방에 대한 '유예기간(days of grace)'을 상당히 길게 확보하였다. 예를 들면, 은행산업의 개방에 대해서는 단계적인 개방을 진행하였고, 외국계 은행이 중국내 모든 지역에서 위

---

46) WTO 협정은 (1) 관세와 무역에 대한 일반협정(GATT: General Agreement on Tariffs and Trade), (2) 서비스교역에 대한 일반협정(GATS: General Agreement on Trade in Service), (3) 무역관련 투자협정(TRIMs: Trade Related Investment Measures)으로 구성된다. GATS의 주요 내용은 모든 서비스교역에 대한 최혜국 대우(MFN: Most Favored Nation treatment) 및 공개주의, 서비스교역의 점진적 자유화, 시장개방 등에 대한 양허계획(Offer List)의 제출과 이의 이행과 협상 등이다.

47) 당시 많은 연구에서 중국 금융시장의 개방으로 외국 금융시장의 중국 금융시장 점유율이 급격히 상승하여 10년 후에는 20~60%에 이를 것이라는 전망이 제기되었다. 이러한 급격한 외국금융사들의 시장 점유율 확대는 중국 금융산업의 발전에 악영향을 미칠 수 있다는 우려도 제기되었다(문준조(2003), p.18).

안화 업무를 할 수 있게 허용되는 것은 WTO 가입 이후 5년이 지난 2006년 12월에야 가능하도록 합의하였다.[48]

또한 보험이나 증권, 자산운용업은 전면 개방이 아닌 '부분적인 개방'만을 허용하여, 외국계 지분비율이 생명보험은 50%, 증권사는 33%, 자산운용사는 49%로 제한되었다.[49] 기존 중국계 금융사에 대한 지분인수도 일반적으로 외국계 지분비율이 25%가 넘지 못하도록 제한하여 외국 금융사들이 M&A를 통해 단기간에 중국 시장점유율을 높이는 것을 원천적으로 차단하였다.[50] 나아가 중국 정부는 중국 금융산업의 안정에 위협이 될 수 있다고 판단되는 부분, 예를 들면 자본시장 개방 같은 항목은 끝까지 '개방을 거부'하였다.[51]

이처럼 금융시장의 개방과정에서 중국 정부가 중국 국내의 금융상황을 고려하여 주도적으로 개방정책을 추진한 것은 금융개방에도 불구하고 외국계 금융사들의 시장점유율이 급격하게 높아지지 않은 중요한 이유가 되었다. 예를 들면, 중국 금융당국은 2006년 12월 은행산업의 전면적인 개방에도 불구하고 다양한 중국 국내의 규제를 통해 여전히 외국계 은행의 중국 은행업 진출을 규제하였다.[52]

---

48) WTO 가입 양허안에 따르면, 가입 직후에는 상하이, 선전, 톈진, 따렌에서 외국계 기업에 한해 외환업무를 개방한다. 가입 1년 이내에 개방 지역을 광저우 등으로 확대한다. 가입 2년 후인 2003년 12월에는 고객을 중국기업으로 확대하고, 위안화 업무를 허용하고, 개방 지역을 지난 등으로 확대한다. 가입 3년 후에는 개방 지역을 베이징 등으로 확대한다. 가입 4년 후에는 개방 지역을 산터우 등으로 확대한다. 가입 5년 후인 2006년 12월에는 지역제한을 폐지하고 영업대상 고객을 중국 개인으로 확대하여 위안화 업무가 가능하다(KIEP(2005)).

49) 생명보험의 경우 가입 직후 외국계 지분비율 50%의 합작 생명보험회사만을 허용한다. 손해보험의 경우 가입 2년 후에는 외국계 지분비율 100% 손해보험회사를 허용한다(다만 자동차 보험은 2012년까지 외국계 손해보험사의 참여가 제한). 증권사의 경우 외국계 지분비율 33% 합작 증권사만을 허용한다. 자산운용사의 경우 외국계 지분비율 49%의 합작 자산운용사만을 허용한다.

50) 서봉교 외(2012), p.49.

51) 중국 정부는 자본시장 개방은 극단적으로 경계하면서 자본시장 개방 문제는 IMF의 관할사항이지 WTO의 관할사항이 아니라는 입장을 표명하였다. 이에 따라 WTO 가입 5년의 유예기간이 끝난 후에도 자본시장 개방은 극히 일부만을 허용하였다(문준조(2003), p.19).

〈그림 9〉 외국계 은행의 중국 시장 점유율 추이

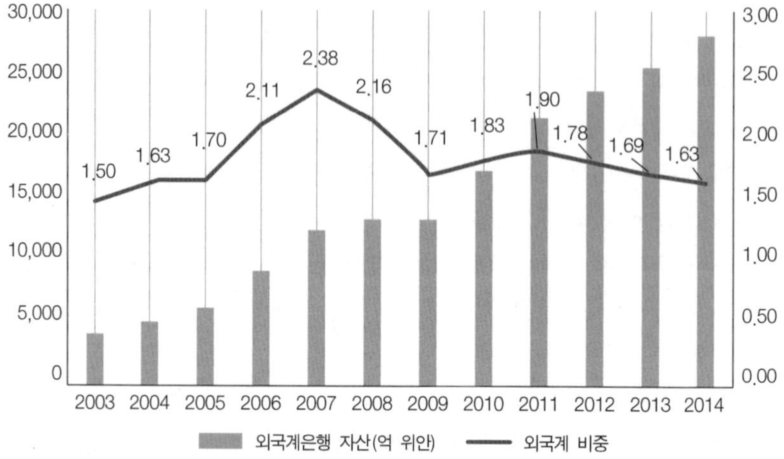

자료: 中國銀行監督管理委員會

2. 은행 지배구조 개혁: 주식회사로의 개혁

동시에 이 시기 중국 정부는 중국 금융사들이 외국계 금융사와 경쟁할 수 있는 역량을 확보할 수 있도록 다양하고 과감한 정책들을 추진하였다. 2000년대 이후 중국 금융개혁의 핵심은 중국 금융사들의 "시장 경쟁력"을 높이는 부분에 역점을 두었다. WTO 가입 유예기간 내에 중국 금융사들의 시장

52) 중국 금융당국은 다양한 방법으로 외국계 은행의 중국 은행업 진출을 규제하고 있다. 첫째, 외국계 은행의 지점 확대에는 제약이 따른다. 한 도시에서 지점을 확대할 경우 1년에 1개 지점만을 개설하도록 하여 외국계 은행이 전략적으로 중요한 지역에 대규모 투자를 하기 어렵게 만들었다. 둘째, 외국계 은행이 취득할 수 있는 중국계 은행의 지분한도를 25%로 제한하여 경영권을 취득하지 못하도록 하였다. 셋째, 외국계 은행 지점에 대해서는 법인과 달리 은행카드 업무가 허용되지 않고, 위안화 예금도 100만 위안 이상에 대해서만 허용된다. 넷째, 은행에서 취급하는 위안화 업무가 허용되기는 하였지만, 개별 은행업무가 각각 중국 금융당국의 인허가 사항으로 되어 있고, 인허가를 취득하는 데 상당한 시간이 소요된다(구기보(2012), p.114).

경쟁력을 외국 금융사들만큼 높이지 못할 경우 중국 국내 금융시장을 외국 금융사들에게 잠식당할 수 있다는 절박함은 중국 정부가 미루어왔던 금융시스템에 대한 근본적인 개혁인 금융사들의 "지배구조(corporate governance) 개혁"을 착수하게 하였다. 중국 정부가 금융사들의 경영에 개입하는 기존의 지배구조하에서는 금융사들의 시장경쟁력을 높일 수 없다고 판단한 것이다.

먼저 은행, 특히 4대 국유독자 상업은행의 지배구조 개혁은 (1) 〈중앙훼이진공사(中央汇金有限责任公司: CHIL: Central Huijin Investment Ltd.)〉의 출자, (2) 해외 전략적 투자자(foreign strategic investors)의 유치, (3) 주식 상장(IPO: Initial Public Offer) 3가지 방법이 추진되었다.

첫째, 중앙훼이진공사의 국유은행에 대한 출자는 기존의 국유은행에 대한 자금지원을 통한 부실채권 처리방식과 유사하지만, 지배구조 개혁 측면에서는 차이점이 있다. 중국 정부는 이미 1999년 정부 출자로 설립된 자산관리공사(AMCs)를 통한 국유독자 상업은행들의 부실채권 인수를 추진하였다. 직접적인 재정지원으로는 1998년 2,700억 위안의 국채를 발행하여 국유독자 상업은행의 자본금을 확충하기도 하였다. 하지만 중국 정부의 재정투입을 통한 4대 국유독자 상업은행의 부실 문제 해결을 위한 정책적 지원은 일시적인 성과는 있었지만 근본적인 해결책이 되지 못했다. 2003년 중국 정부의 100% 출자로 설립된 중앙훼이진공사는 또다시 2003년 건설은행과 중국은행에 각각 225억 달러(약 1,825억 위안), 2005년 공상은행에 150억 달러(약 1,220억 위안)의 자금을 지원하였다.

중앙훼이진공사는 출자금 전액이 외환보유고 등 중국 재정부의 것이지만 (국가를 대표하는)독립적인 "금융투자 법인지주회사(国有独资投资控股公司)"로 중국의 주요 금융회사 주식에 투자하여 합법적으로 출자인의 권리와 의무를 행사하였다. 중앙훼이진공사는 중국은행, 건설은행, 공상은행의 최대 주주가 되었다. 이후 교통은행에도 30억 위안을 출자하여 4대 주주가 되었다. 과거 재정부(國資委)와 달리 중앙훼이진공사는 이러한 투자를 통해 합법적으로 국유은행에서 배당을 받고, 이사(董事: director) 파견과 감사(監事: supervisor)를 통해 국유은행들의 지배구조를 개선하였다.[53]

둘째, 2004년부터 중국은행과 건설은행의 "주식회사로의 개혁(股份制改造: reorganization into stock company)"을 추진하면서 "해외 전략적 투자자(foreign strategic investors)"에게 지분의 일부를 매각하였다. 공상은행은 글로벌 투자은행인 골드만 삭스(Goldman Sachs), 보험사 알리안츠(Allianz), 신용카드사 아메리칸 익스프레스(American Express)에 지분 10%를 매각하였다. 건설은행은 미국계 은행 BOA(Bank of America)와 싱가포르 국부펀드 테마섹(Temasek)에 각각 지분 9.1%와 5.1%를 매각하였다. 중국은행은 글로벌 은행 RBS(Royal Bank of Scotland), 테마섹, 글로벌 투자은행 UBS, 아시아개발은행(ADB)에 각각 지분 10%, 10%, 1.6%, 0.24%를 매각하였다.54) 이들 해외 전략적 투자자들은 중국계 은행에 대한 지분투자로 단순히 상장 후 투자수익을 추구한 경우, 중국 금융사업 업무 다각화를 위한 전략적 제휴를 목적으로 한 경우, 금융기술 이전에 대한 보상을 받는 경우 등 다양한 목적으로 중국 은행들의 지분에 투자하였다.55) 해외 전략적 투자자에 대한 지분 매각은 4대 국유독자 상업은행뿐만 아니라 전국적 영업망을

---

53) 중국은행과 건설은행의 경우 각각 13명의 이사 중에서 중앙훼이진공사는 6명의 이사와 국유주 대표의 이사장 1명을 포함하는 총 7명의 이사를 파견하였다. 3명의 집행이사는 경영에 참여하고 있고, 3명은 독립이사이다. 또한 3~4명의 감사를 감사위원회에 파견하였다(李利明 外(2007), p.225).

54) 삼성경제연구소(2006), *SERIChina Review*.

55) 외국 금융기관은 중국계 은행의 지분 인수를 다양한 목적에서 추진하고 있다. 첫째는 투자수익 목적의 투자가 있다. 아직 상장되지 않은 중국계 은행의 지분을 인수하고 향후 상장에 따른 주식투자 수익을 실현하는 형태의 투자이다. 대표적인 사례가 IFC(International Finance Corporate)의 북경은행 지분 투자 및 상장 이후에 투자수익 실현이다. Temasek의 경우 민생은행(4.55%), 건설은행(50.%), 중국은행(5.0%)에 각각 지분을 투자하고 있다. 두 번째 경우는 업무 다각화를 위한 전략적 제휴 목적의 투자가 있다. 중국계 은행이 기존에 보유하고 있는 네트워크나 사업권을 이용하는 방식이다. ING나 Allianz 등의 외국계 보험사의 경우 중국계 은행에 대한 지분 참여를 통해 방카슈랑스 보험상품 판매를 시도하고 있다. HSBC나 Citi은행 등은 카드사업이나 소매금융업(Private Banking) 진출을 위해 중국계 은행에 대한 지분 참여와 전략적 제휴를 활용하고 있다. 세 번째 경우는 소수지분을 투자하고 금융 기술이전에 대한 보상을 받는 형태이다. RBS(Royal Bank of Scotland)나 BOA(Bank of America) 등이 주요 사례이다(서봉교(2007)).

가진 상업은행이나 도시상업은행에서도 추진되었다.

마지막으로 이들 국유은행을 해외(홍콩 주식시장)와 중국 내 주식시장에 상장하여 전략적 투자자들이 투자자금을 회수하거나 신규 상장에 따른 투자 자금을 마련하였다. 이러한 주식시장 상장은 신규 투자자금 확보라는 목적 이외에 상장 회사로 전환되면서 은행의 지배구조를 선진화하는 효과를 거두 었다. 이후 국유독자 상업은행이라는 표현 대신 "대형상업은행, 또는 대형 주식제상업은행(大型股份制商业银行)"으로 지칭되었다.

〈표 1〉 중국 주요 은행의 상장(IPO) 시기

	중국 내 상장 시기	해외 상장 시기
工商은행	2006년 10월 상하이	2006년 10월 홍콩
中國은행	2006년 7월 상하이	2006년 6월 홍콩
建設은행	2007년 9월 상하이	2005년 10월 홍콩
農業은행	2010년 7월 상하이	2010년 7월 홍콩
交通은행	2007년 5월 상하이	2005년 6월 홍콩
中信은행	2007년 4월 상하이	2007년 4월 홍콩
興業은행	2007년 2월 상하이	2007년 4월 홍콩
招商은행	2002년 4월 상하이	2002년 9월 홍콩
华夏은행	2003년 9월 상하이	–
民生은행	2000년 12월 상하이	2009년 11월 홍콩
光大은행	–	2013년 12월 홍콩
北京은행	2007년 9월 상하이	–

자료: 百度 인터넷 검색

3. 금융지주회사로의 재편: 금융업권간 시너지 창출

이 시기 중국 정부는 중국 금융사들이 외국계 금융사와 경쟁할 수 있는
역량을 확보하는 또 다른 방법으로 "금융업권간 겸업화(綜合化)"[56]를 허용
하였다. 정보통신기술의 발달과 금융규제의 완화 그리고 다양한 금융수요의
증가가 금융혁신과 금융의 글로벌화를 촉진하는 글로벌 금융환경은 금융겸
업화에 유리하였고, 많은 나라에서 금융겸업화가 확대되었다. WTO 가입으
로 금융시장 개방이 불가피한 상황에서 글로벌 금융산업의 겸업화 트렌드에
적절하게 대응하지 못할 경우 중국 금융사들의 경쟁력이 약화될 우려가 있
었기 때문이다.[57]

중국의 금융 겸업화는 주로 "금융지주회사(Financial holding company:
金融控股公司)" 형태로 추진되었다. 중국은행, 공상은행, 교통은행 등 대형
은행들은 산하에 보험사, 자산운용사, 증권사 등의 금융사들을 자회사로 가
진 금융지주회사로 재편되었다. 또한 중국 평안보험회사(平安保險公司) 등
非은행금융사들의 금융지주회사나 하이얼(海尔), 동팡그룹(东方集团) 등 산
업자본의 금융지주회사도 등장하였다(서봉교, 2012: 133-141).

중국 금융사들의 금융지주회사로의 전환은 금융당국의 법률 개편과 동시
에 진행되었다. 2000년 은행은 자산운용사를 통한 펀드투자가 허용되었고,

---

56) 금융업의 겸업화(universal banking 또는 multipurpose banking: 綜合化)라는 것은
금융사가 동시에 은행, 보험, 증권, 신탁 등의 두 가지 혹은 그 이상의 업무를 시행하
는 것을 의미한다. 반면 소수의 특정 업무만 전업하는 것을 분업화 또는 전업화
(specialized banking)라고 한다.

57) 2000년대 이후 중국의 WTO 가입으로 금융시장 개방이 불가피한 상황에서 글로벌
금융시장의 겸업화 트렌드가 중국의 금융산업에도 영향을 미쳤다. 금융겸업화의 이
점을 경험한 외국 금융사들과는 달리 제도적으로 분업화가 강제된 중국 금융사들은
상대적으로 경쟁력이 취약할 수밖에 없었기 때문이다. 금융겸업화가 가지는 규모 및
범위의 경제효과, 금융사 수익성과 효율성 개선, 업무 다각화에 따른 수익 다변화로
인한 금융회사 건전성 개선, 원스톱 쇼핑에 따른 소비자 편익 제공 등은 금융겸업화
의 장점이다. 따라서 중국 금융사의 경쟁력 제고를 위해서라도 금융겸업화의 도입은
불가피하였던 것이다(서봉교(2012), p.124).

2001년 일부 증권 업무영역도 허용되었다. 2003년 상업은행법이 개정되면서 非은행 금융사에 대한 지분투자가 허용되었고, 2005년에는 자산운용사를 자회사로 설립할 수 있게 되었다. 2007년에는 은행의 신탁회사 설립과 보험사의 은행지분 투자도 허용되었다. 2008년에는 은행이 보험사를 자회사로 설립하는 것이 허용되었다. 2009년에는 보험사가 은행이나 증권사를 자회사로 설립하는 것도 허용되었다.[58]

4. 주식 非유통주 개혁: 정부주도의 주식시스템 문제 개선

2005년 중국 정부는 주식시장의 핵심 개혁과제인 "非유통주 문제를 해결하는 개혁(구췐가이거: 股权改革)"을 추진하였다. 당초 중국의 주식시장은 중국 정부가 상장된 국유기업의 대주주 지위 상실을 우려하여 절반 이상의 주식은 非유통주(國有株 등)로 보유하고, 나머지만 유통하는(2004년 기준 36%) 매우 기형적인 형태로 운영되었다. 하지만 중국의 WTO 가입으로 주식시장에 대한 개방이 불가피한 상황에서 왜곡되고 낙후된 주식시장을 단기간에 발전시킬 필요가 있었다.

非유통주를 유통화하는 과정에서는 공급물량 확대로 인한 주가 폭락 문제가 발생[59]할 수 있기 때문에 주식시장 非유통주를 유통주로 전환하는 개혁의 핵심은 기존 유통주를 보유한 주주들에게 非유통주 주주들이 주식 또는 현금으로 보전하는 방식의 보상조치를 취한 후 유통권을 획득하고, 보호예수 제한조치를 하는 것이었다.[60] 하지만 당시 非유통주 개혁은 주가의

---

58) 서봉교(2012), pp.125-127.
59) 중국 정부는 1999년과 2001년에도 비유통주의 유통화 개혁을 시도하였으나 주식시장에서 주가가 폭락하면서 개혁을 철회한 경험이 있었다.
60) 대다수 회사들은 비유통주주가 유통주주에게 평균 10주당 3주에 해당하는 현금 또는 주식을 부여하는 방식으로 유통주주의 손실을 보상하였다. 또한 일시적인 주식시장에서의 물량확대 부담을 완화하기 위해 유통권 획득 후 1년 이내에는 거래금지, 2년 내 5%, 3년 내 10%만 거래를 허용하였다(남수중 외(2014), p.7).

〈그림 10〉 중국 상하이 주가지수 추이(1999.3~2016.4)

자료: googlefinance

폭등(상하이 지수 2007년 10월 6,124포인트)과 폭락(2008년 1,821포인트)
으로 이어지는 등 많은 문제점을 야기한 불완전한 개혁이었다.

　　한편 중국 정부는 해외투자자들에게 중국 주식시장을 부분적으로 개방하
는 "적격해외기관투자자(QFII: Qualified Foreign Institutional Investor:
合格的境外机构投资)제도"[61]를 2002년 12월 도입하였다. 하지만 이 제도가
도입된 이후 10년이 지나도 전체 중국 내 주식 시가총액에서 QFII가 차지하
는 비중은 1.6%(2012년 말 기준)에 불과할 정도로 중국 자본시장에 대한
대외개방은 여전히 제한적이었다.

----

61) QFII는 상하이와 선전 주식시장에서 중국인 투자전용 주식(A주)을 직접 매매할 수
　　있는 자격을 지닌 외국인기관투자자를 지칭한다. 2003년 5월 UBS와 노무라증권을
　　시작으로 외국인에 대한 중국 주식시장 개방 한도를 계속 확대하였다. 2015년 9월
　　29일 기준으로 누적 쿼터는 787억 6,900만 달러에 달한다.

5. 관리변동환율제도의 도입: 위안화 환율의 점진적 절상

이 시기 중국 금융에서 또 하나의 중요한 변화는 2005년 7월 실시된 전격적인 위안화 환율제도의 개혁과 이후 위안화의 점진적 평가절상이다. 1994년 위안화 환율의 개혁 이후 2005년까지 사실상 위안화는 달러화에 고정된 (pegged) 고정환율제도(fixed exchange rate system)로 운영되었다. 하지만 WTO 가입 이후 경상수지와 자본수지의 흑자로 외환유입이 확대되고 위안화 평가절상 압력이 커지면서 환율제도를 개혁하였다.

2005년 7월 도입된 외환제도는 복수통화바스켓(multi-currency basket system)을 도입한 "관리변동환율제도"로, 이후 중국금융당국은 외환관리의 부분적인 자유화, 위안화 변동성 확대, 점진적인 위안화 절상 등을 추진하였다. 중국의 위안화는 이후 점진적으로 절상되어 2008년까지 위안화가 달러화 대비 21% 이상 절상되었다. 하지만 글로벌 금융위기가 발생한 2008년 이후 2년여간 다시 사실상 달러화에 고정된 고정환율제도로 운영되는 등 중국 정부의 환율제도에 대한 개입이 지속되었던 불완전한 개혁정책이었다.

IV. 글로벌 금융위기와 중국 금융산업의 국제화
(2008~2016년)

1. 위안화 국제화와 중국 금융사들의 국제화

2007년 이후 미국 국내의 서브프라임 모기지(subprime mortgage) 문제가 달러 중심의 국제금융시스템하에서 글로벌 금융위기(Global Financial Crisis)로 확대되었고, 중국 역시 그 영향을 받게 되었다. 2009년 이후 중국 정부는 이러한 달러 중심의 국제 금융시스템 문제를 꾸준히 제기하면서 "위

안화의 국제화(RMB Internationalization)"를 본격적으로 추진하기 시작하
였다.

중국의 위안화의 국제화는 위안화의 (1) '결제 통화' 기능(무역결제, 중국
의 해외직접투자: ODI 등), (2) '투자 통화' 기능(위안화 환율 절상, 위안화
금리, RQFII,[62] 후강통: 沪港通[63] 등), (3) '준비자산 통화' 기능(SDR 편입
등)의 측면에서 상당한 성과를 거두었다.[64] 국제은행간통신협정 집계(SWIFT
Watch)에 따르면 2013년 5월 세계 지급결제 통화에서 위안화 비중은 0.8%
로 전체 통화 중 13번째였는데, 불과 2년 만인 2015년 8월에는 위안화가
2.79%로 전 세계 4대 국제 결제통화로 부상하였다. 2015년 11월에는 위안
화가 SDR의 3대 통화로 편입[65]되기도 하였다.

이와 같은 위안화의 국제화의 추진은 "중국 금융사들의 해외진출(국제

---

62) RQFII는 위안화 적격해외기관투자자(RMB-Qualified Foreign Institutional Investor,
人民币合格的境外机构投资)제도이다. RQFII 방식으로 중국 국내 주식시장에 투자할
수 있는 한도는 2011년 도입 초기에는 200억 위안에 불과하였으나, 2012년 말에는
2,000억 위안으로 확대한 후 현재 단계적으로 추가 확대하고 있다. 중국 중앙은행에
따르면 2015년 6월 말까지 RQFII는 13개 국가에 대해서 9,700억 위안(1,520억 달러)
을 배정하였다. 그중 투자 승인된 쿼터는 2015년 4월 3,637억 위안에서 6월 4,115억
위안으로 빠르게 증가하고 있다(한민수 외(2015), p.55).
63) 중국 자본시장의 점진적인 개방은 2014년 11월 17일부터 허용된 상하이(沪)와 홍콩
(港) 간에 주식의 상호 교차투자를 허용(通)하는 "후강통(沪港通)"제도이다. 후강통제
도는 홍콩 주식시장을 통해 중국 상하이 A주 시장에 직접 투자할 수 있도록 허용한
후구통(沪股通)과 중국 내 투자자들이 홍콩 주식시장에 투자하도록 허용한 강구통(港
股通)제도를 통칭하는 용어이다. 정식 명칭은 '상하이 홍콩 주식거래 상호연계 메커니
즘 시범실시(沪港股交易互聯互通機制試点)'이다(한민수 외(2015), p.56).
64) 한민수 외(2015), pp.33-63.
65) SDR이란 IMF(국제통화기금: International Monetary Fund)가 국제수지 적자국의 유
동성을 지원하기 위해 창출한 특별인출권(Special Drawing Rights)이다. IMF는 2015
년 11월 30일 이사회를 통해 SDR에 위안화를 10.92% 편입하기로 결정하였다. 5년마다
조정되는 SDR 편입 비율에 위안화가 처음으로 편입되었다는 것은 준비자산 통화기능
의 위안화 국제화의 위상이 매우 높아졌다는 것을 의미한다. 2015년 11월 30일 결정
을 통해 달러는 41.73%, 유로는 30.93%, 위안화는 10.92%, 엔화는 8.33%, 파운드화
는 8.09%로 편입 비율이 결정되었다. 이는 위안화가 세계 3위의 국제통화로 급부상하
였다는 것을 전 세계가 인정하였다는 의미를 가진다(한민수 외(2015), p.59).

화)"을 촉진하는 중요한 원동력이 되고 있다. 중국은행감독위원회(CBRC)의
자료에 따르면 2014년 기준으로 중국계 은행 중 20개 은행이 해외 53개
국가에 진출하였고, 1,200여 개의 해외 지점 및 해외법인을 보유하고 있다.
불과 5년 사이에 해외자산 규모는 6배 가까이 증가하였고 그 기간 연간 증
가율 평균이 40.9%에 달하였다.[66]

2. 핀테크 민영은행의 등장: 非금융 모바일 플랫폼 주도의 금융혁신

중국 정부는 2014년부터 중국 금융산업의 경쟁력 강화를 위해 100% 민
간자본에 의한 순수 "민영 온라인 은행" 설립을 전격적으로 허용하였다. 중
국 최대의 인터넷 회사이며 중국 최대의 인터넷 메신저 QQ와 모바일 메신
저 웨이신(微信: WeChat)을 보유하고 있는 텐센트(Tencent, 중국명 텅쉰:
腾讯)는 2014년 12월 〈웨이중은행(微众银行: WeBank)〉을 오픈하였고, 중
국 최대의 전자상거래 업체인 알리바바(Alibaba: 阿里巴巴)도 2015년 6월
〈아리온라인은행(阿里网商银行: MYbank)〉을 오픈하였다.

이들 신설 민영은행들의 특징은 다음과 같다. (1) 온라인 쇼핑몰 회사 등
"非금융회사인 대형 유통업체가 금융업에 진출"하였다. 이들은 기존 非금융
회사의 고객기반, 납품-유통 네트워크, 자금순환 채널 등의 장점을 활용하
여 금융업으로 진출하였다. (2) "모바일 정보통신과 금융업의 결합"이 진행
되어 기존 은행들과 달리 지점이나 영업점이 없는 온라인 전문은행 형태로
운영된다. 특히 이들 신설 민영 온라인 은행들의 모바일 플랫폼은 기존 금

---

[66] 중국 은행들의 해외자산은 2014년 말 기준으로 1조 5,000억 달러에 달해 전체 중국
은행업 자산총액의 5.6%로 상승하였다. 2013년 18개 은행이 해외 51개 국가에 1,127
개 해외 지점 및 해외법인을 보유하고, 해외자산 규모가 1조 2,000억 달러에 달했던
것과 비교해 보았을 때 그 증가 속도가 정말 놀라울 정도로 빠르다. 더구나 2009년
말까지 중국 은행업 해외자산 규모는 2,700억 달러로 알려졌는데, 불과 5년 사이에
해외자산 규모는 6배 가까이 증가하였다(서봉교 외(2016), p.47).

〈표 2〉 중국 은행업 유형별 자산 구성비(%) 추이

	대형 상업은행	주식제 상업은행	도시 상업은행	농촌 은행*	농촌 신용사 (农村 信用社)	우체국은행, 신형농촌 금융기구**	외국계 은행
2004	57.0	11.5	5.4	0.2	9.7	3.4	1.8
2005	56.1	11.9	5.4	1.5	8.4	3.7	1.9
2007	53.7	13.7	6.3	2.4	8.2	3.3	2.4
2009	51.3	14.9	7.1	3.9	6.9	3.4	1.7
2010	49.2	15.6	8.2	4.5	6.7	3.7	1.8
2011	47.3	16.2	8.8	5.0	6.4	3.8	1.9
2012	44.9	17.6	9.2	5.7	5.9	4.0	1.8
2013	43.3	17.8	10.0	6.4	5.7	4.1	1.7
2014	41.2	18.2	10.5	7.2	5.1	4.1	1.6

주: * 농촌은행은 농촌상업은행(农村商业银行)과 농촌합작은행(农村合作银行)
　　** 촌진(村鎮)은행은 신형농촌금융기구로 분류
자료: CEIC(검색일: 2015.10.5)

융사들과 차별화된 수익구조를 창출할 수 있었다.[67]

　온라인 쇼핑-유통회사였던 알리바바가 5억 명 이상의 고객기반을 갖춘

---

67) 알리바바나 텐센트은행은 모바일 기반 온라인 금융사업을 추진하면서, 소액예금과 소액대출을 바탕으로 하는 사업에 기존 은행보다 강점을 확보하고 있다. 온라인이라 는 장점을 바탕으로 기존 은행보다 낮은 비용으로 소액 예금을 통합(Pooling)한다. 또한 소액 대출에 필요한 개인의 신용정보를 기존 인터넷 쇼핑 이용실적에 의거하여 낮은 심사비용으로 소액대출이 가능하기 때문이다. 고객의 광범위한 거래 정보를 빅 데이터(Big-Data) 분석을 통해 신용평가의 부도율을 다른 금융회사보다 더 낮출 수 있는 것이다. 이러한 특징들을 고려할 때 알리바바나 텐센트은행의 소액 대출, 자산 운용 등의 분야에 잠재력이 매우 크다고 예상된다(서봉교(2015), p.182).

거대 금융그룹으로 발전했던 과정은 중국 금융산업의 혁신을 통한 도약 가능성을 보여주었다. 알리바바는 "전자상거래 결제 기반(알리페이: Alipay, 支付宝)"을 2004년 도입하였고, 2007년에는 거래정보 데이터를 工商은행에 제공하여 "대출 중개" 금융서비스를 시작하였다. 2010년에는 은행과 결별하고 독립 자회사(알리파이낸스 소액대출회사: 阿里金融)를 통해 "직접 대출"을 시작하였다. 2012년에는 "온라인 손해보험 회사(众安在线保险)"를 설립하였고, 2013년에는 "자산운용사(텐홍: 天弘)"를 인수하여 모바일 플랫폼을 통한 자산운용상품(위어바오 MMF, 余额宝) 판매시스템을 구축하면서 사실상의 예금도 시작하였다. 2014년에는 "온라인 신용카드" 출시, 2015년에는 "증권사(德邦)" 인수를 통해 종합 금융그룹으로 발전하였다. 현재 알리바바는 "신탁상품(三潭金融)", "P2P(招财宝)", "클라우딩펀드(Equity Crowding Fund)" 등으로 업무영역을 확대하고 있다.

나아가 알리바바는 2015년 중국 최대의 동영상 스트리밍 사이트인 요쿠투도우(优酷土豆)를 인수하면서 "물류와 금융, 문화가 융합된 거대한 융합 국제 플랫폼"으로 발전하기 위해 노력하고 있다. 이러한 금융혁신이 중국 전체 금융산업의 경쟁력을 강화하는 원동력으로 작용할 경우 향후 중국 금융산업의 성장 가능성이 크다고 전망할 수 있다.

• 참고문헌 •

강호병·오정훈. 1998. 『아시아 금융위기 원인과 처방을 둘러싼 논쟁』. LG 경제연
구원.

구기보. 2012. "중국 금융시장의 제도적 장벽과 우리나라의 대응방안." 『동북아경제
연구』 24권 1호.

남수중·고 산. 2014. "중국의 주식시장 개혁과 통화정책 효과에 관한 연구: 비유통
주 개혁 전후의 영향에 대한 실증분석 결과를 중심으로." 『한중사회과학연구』
12권 2호.

린이푸, 서봉교 역. 2012. 『세계은행 부총재 린이푸 교수의 중국경제입문』. 오래출
판사.

문준조. 2003. 『WTO 가입과 중국의 금융법제도 개혁』. 한국법제연구원(2003.10).

미나미 료신·마키노 후미오, 박정동 역. 2007. 『중국경제입문』. 생능출판사.

박찬일. 2003. 『중국 금융제도의 발전』. 한국금융연구원.

_____. 2003b. "중국 주식시장의 형성배경, 발전과정, 구조적 결함 및 제도적 제약:
고정비용 개념의 적용을 통한 분석." 『비교경제연구』 Vol. 10, No. 2.

삼성경제연구소. 2006. "외국자본의 중국은행 지분투자 현황 및 시사점." *SERIChina
Review.* 2006-10호.

서봉교. 2007. "중국 금융산업에 대한 해외직접투자: 현황과 특징을 중심으로." 현대
중국학회 춘계학술대회 발표 자료.

_____. 2008. "중국 자산운용업 발전의 특징과 문제점." 『현대중국연구』 46권.

_____. 2010. "WTO 가입 이후 중국 생명보험시장의 경쟁구도 변화와 외국보험사
의 역할." 『한중사회과학연구』 8권 2호.

서봉교. 2012. "중국금융지주회사의 금융사별 특징과 외국 금융사에 대한 시사점."
『현대중국연구』 14권 1집.

_____. 2015. "중국의 핀테크 금융혁신과 온라인은행의 특징." 『동북아경제연구』
27권 4호.

서봉교·노수연. 2012. "중국 자동차 보험시장 전면개방에 대한 보험사별 대응과 외
국계 보험사에 대한 시사점." 『한중사회과학연구』 11권 1호.

서봉교·최낙섭·이현태. 2016. "중국 일대일로 금융자금조달 모델에 과한 연구." 『한

중사회과학연구』 14권 2호.

성균중국연구소 엮음. 2014. 『차이나핸드북』. 김영사.

유희문·한홍석·허홍호·박상수·이일영·김시중·서석흥·고정식·정영록·오승렬·
백권호·박정동. 2003. 『현대중국경제』. 교보문고.

이 근·한동훈. 2000. 『중국의 기업과 경제』. 21세기 북스.

이장규·김태준·류재원. 1998. "중국 금융개혁의 현황과 과제." 대외경제정책연구
원. 『정책연구』 98-02.

정재호. 1999. 『중국의 중앙-지방 관계론: 분권화 개혁의 정치경제』. 나남출판사.

지만수·이 영. 2003. "중국 부실채권 문제의 원인과 해결전망." 대외경제정책연구
원. 『정책연구』 03-05.

한민수·서봉교·임태훈·강은정·김영선. 2015. 「주요국의 위안화 허브 전략 분석
및 한국의 대응방안」. 대외경제정책연구원 연구보고서 15-04.

KIEP. 2005. "중국 WTO 가입 3주년의 평가와 전망: 서비스 분야 양허안 이행을
중심으로." KIEP. 『오늘의 세계경제』 2005년 4월 12일.

李利明, 曾人雄. 2007. 『中国金融大变革』. 上海人民出版社.

张卓元, 郑海航. 2008. 『中国国有企业改革30年回顾与展望』. 人民出版社.

陈雨露, 马勇. 2011. 『中国金融体系大趋势』. 中国金融出版社.

제**11**장

북한의 금융개혁 과제

윤덕룡 | 대외경제정책연구원

I. 서론

북한은 아직 공식적으로 사회주의 경제를 유지하고 있다. 그러나 1990년
대 사회주의 경제로서의 북한 경제는 사회주의 협력망이 붕괴되면서 함께
붕괴되었다. 기존 사회주의 국가들은 대부분 체제전환을 선언하고 시장경제
를 받아들였지만 북한은 사회주의체제를 공고히 유지하겠다는 입장을 버리
지 않았다. 그러나 현실에서는 기존의 협력망이 붕괴된 상황에서 사회주의
적 계획경제가 더 이상 작동하지 않았다. 생산이 급감하였고 주민들은 굶주
리게 되었으며, 북한은 공식적으로 이른바 "고난의 행군"을 할 수밖에 없는
상황에 처했다.

이 과정에서 주민들은 생존을 위해 각자 알아서 경제활동을 해야 했고
소규모 가족생산과 민간시장이 생겨났으며, 북한은 2002년 7·1 조치와 그
후속조치들을 통해 이러한 변화들을 추인하는 정책을 시행했다. 그 이후 시

장은 공식적으로 북한 내에서 자원을 분배하고 배분하는 역할을 수행하게 되었다. 그러나 정부의 경제정책은 여전히 사회주의 계획경제시스템으로 작동하고 있어서 시장의 자율성과 충돌하는 결과를 가져왔다.

제도적 상충관계에서 가장 두드러지는 분야가 금융분야이다. 북한은 2004년에 새로 중앙은행법을 만들고 2006년에 상업은행법을 제정하였지만 아직 제도적인 변화는 보이지 않고 있다. 북한의 조선중앙은행은 중앙은행이자 재정당국이며 상업은행의 역할까지 담당해왔다. 그리고 아직 이러한 역할에서 근본적인 변화가 나타나고 있는 증거는 없다. 2000년대 들어 금융 관련 법들이 새롭게 제정되어왔지만 이러한 법들이 시장경제에 호환될 수 있는 금융시스템을 지향하고 있다는 방향성도 분명하지는 않다. 그보다는 북한의 기존 사회주의적 금융시스템에서 변화된 환경을 반영한 수준의 변화가 법·제도에 나타난 실체일 가능성도 높다.

북한의 금융개혁에 대한 논의를 하는 이유는 현재의 시스템이 지속가능하지 않기 때문이다. 국가경제는 중앙계획위원회에서 작성하는 계획에 근거하여 중앙은행이 재정을 보장하고 관리하여 운용하고 있다. 그러나 이미 민간의 경제생활은 시장 메커니즘에 의하여 작동되고 있어서 국가에서 작성한 계획이 이를 사전적으로 반영하는 것이 불가능하다. 시장을 정부가 원하는 수준으로 통제하는 것도 이제는 가능하지가 않다. 그 결과 거시경제적 안정성이나 성장정책 등도 정부가 통제하기 어렵다. 따라서 시장경제를 아우를 수 있는 통화금융 정책이 필요하다. 북한이 이러한 개혁을 하고 있는지, 앞으로의 개혁방향은 어떠해야 할지를 분석하는 것이 본 연구의 주제이다. 이를 위해 먼저 북한의 금융개혁 현황소개와 평가, 그리고 향후 개혁방향 모색의 순으로 논의를 진행하기로 한다.

II. 북한의 금융분야 제도개혁

1. 금융개혁의 필요성

북한은 2000년대 들어서면서 갑자기 여러 가지 금융분야 관련 법·제도의 제·개정을 추진했다. 이러한 개혁을 통해 북한이 기대한 정책효과는 다음과 같은 사항들이다.

첫째, 국가의 예산 부족 문제 해소이다. 새로운 재정수입원을 발굴하고 국가의 지출범위를 축소할 뿐 아니라 민간자금을 동원하여 기관, 기업소의 자금을 융통함으로써 국가의 예산부족 문제를 해결하려는 것이다.

둘째, 인플레 문제의 해소이다. 북한 내부에서는 민간에서 유통되고 있는 자금의 흡수기능이 작동되지 않고 있어서 물가상승과 통화가치 하락이 만성화되어 왔다. 상업은행의 활성화로 민간자금이 금융기관에 유입되고 이를 기관들이 활용하게 되면 민간에 누적되는 자금이 감소하여 인플레 압력이 감소할 것이기 때문이다.

셋째, 경제계획과 시장 간 제도적 불일치 문제를 해소하는 것이다. 기존의 사회주의 금융은 명령과 통제로 경제를 관리하였으나 시장은 이윤동기에 의해 가격을 기준으로 수요와 공급을 결정한다. 명령과 통제가 시장을 관리하는 데에는 더 이상 유효하지 않기 때문에 새로운 정책수단이 필요하게 되었다. 즉, 서로 다른 두 체제의 작동원리로 인해 발생하는 정책효과의 누수현상을 교정하려는 것이다.

통화 및 금융부문의 문제는 상호 연관되어 있다. 통화량은 물가와 환율에 영향을 주고 국가재정에도 영향을 미치게 된다. 따라서 금융부문의 정책은 정교하게 운용이 이루어져야 하며 통계적 데이터를 근거로 정책방향이 결정되어야 한다. 북한이 회계법에서 시작하여 재정법, 예산수입법, 중앙은행법, 상업은행법 등을 함께 개정하거나 제정할 수밖에 없었던 이유이다. 국가의 경제계획이 더 이상 이전처럼 작동되지 않는 상황이고 시장을 포기할 수

없다면 문제를 해소하는 방법은 경제관리 메커니즘도 시장을 활용하는 것이
다. 이자율을 통해 예금이나 다른 금융상품에 대한 경제주체들의 인센티브
를 조절함으로써 경제적 성과에 영향을 미치는 간접적 관리방식을 선택하는
것이다. 북한이 추진했던, 그리고 향후 추진해야 할 금융개혁의 내용과 목표
는 결국 잘 작동하는 시장경제적 금융 메커니즘의 도입으로 거시경제적 안
정과 경제성장의 가속화를 달성하는 것이다.

2. 법·제도개혁의 주요 내용

북한 정부는 2000년대 들어 화폐금융분야에 새로운 도전을 맞게 되었다.
2002년 7·1 조치로 경제의 화폐화가 이루어졌기 때문이다. 정부의 배급표
가 사라졌고 모든 상품과 서비스의 거래가 화폐를 매개로 이루어지게 되었
다. 화폐화의 진전은 가격산정시스템을 정부의 고시가격보다는 수요와 공급
에 의해 결정되도록 만들었고 실물보유 중심의 장부정리도 화폐단위로 전환
하는 결과를 가져왔다.

이러한 변화는 북한의 금융분야제도의 변화를 불가피하게 만들었고 관련
된 법·제도를 정비하게 만들었다. 북한은 2003년부터 2006년까지 지속적
으로 금융분야의 여러 가지 법·제도의 개혁에 나서게 되었다. 북한의 금융
관련 법제화 내용을 연도별로 정리해 보면 〈표 1〉과 같다.

북한은 가장 먼저 2003년에 "회계법"과 "화폐유통에 관한 법(이하 화폐유
통법)"을 제정하였다. 회계법의 제정은 2002년 7·1 조치 이후 발생한 화폐
화와 더불어 급격한 가격현실화와 환율의 정상화, 외화바꿈돈 표의 폐지 등
다양한 금융분야 변화를 제도적으로 수용하기 위한 조처였던 것으로 보인
다. 특히 화폐화의 진전에 따라 모든 경제활동 및 생산물의 가치를 화폐단
위로 정산하여 경제를 관리하기 위해 불가피한 제도적 보완조치였던 것으로
보인다.

화폐유통법은 기존의 법을 2003년 6월에 수정·보충한 개정법으로 7·1

〈표 1〉 북한의 금융 관련 법·제도 정비

제정 시기	관련법
2003년 3월	회계법
2003년 6월	화폐유통법
2004년 4월	재정법
2004년 9월	중앙은행법
2005년 7월	국가예산수입법
2005년 9월	보험법
2006년 1월	상업은행법
2006년 10월	자금세척방지법

* 관련법의 구체적 내용은 통일부 홈페이지 북한정보 내 주요법령에서 참조(http://www.unikorea.
  go.kr/CmsWeb/viewPage.req?idx=PG0000000111)

조치 이후 변화된 환경 속에서 통화관리를 질서 있게 수행해가기 위해 통화
시스템의 정상화를 위한 제도정비가 목표였던 것으로 보인다. 화폐유통법에
서는 사회주의 국가들의 전통적인 통화시스템이라고 할 수 있는 "현금유통"
과 "무현금유통"에 관한 규정들이 강조되고 있기 때문이다.[1] 동법에서는 화
폐유통은 원칙적으로 "경제계획에 근거한 화폐유통원칙"을 고수하고 있어서
화폐유통이 경제계획을 수행해나가기 위한 수단임을 분명히 하고 있다. 동
법 제2장에서는 현금유통은 "기관, 기업소, 단체와 공민 간"의 거래에 허용
하도록 규정하고 있다. 제3장에서는 무현금유통은 "기관, 기업소, 단체 상호
간"의 거래에 적용하도록 규정하고 있다. "기관, 기업소, 단체 상호간"의 거

---

[1] 1998년 11월에 제정되었다가 2003년 6월 수정보충된 화폐유통법은 여전히 경제계획
   에 근거한 화폐유통원칙을 고수하고, 제2장에서 현금유통은 "기관, 기업소, 단체와 공
   민간"의 거래에 허용하도록 규정하고, 제3장에서 무현금유통은 "기관, 기업소, 단체 상
   호간"의 거래에 적용하도록 규정하고 있음.

래를 무현금 유통으로 거래하도록 규정하는 조항은 경제의 화폐화를 제한하여 기관이나 기업소들에 대해서는 기존의 "원에 의한 통제"를 유지하려는 의도가 반영된 것이라고 할 수 있다.

2003년에 제정된 〈회계법〉과 〈화폐유통법〉에서는 시장경제를 향한 정책적 방향성을 찾아보기가 어렵다. 금융개혁을 염두에 두기보다는 변화된 경제여건에 대응한 정비차원의 법·제도 변화라는 특성이 더 강하게 나타나고 있기 때문이다.

2004년 4월에는 "재정법"이 개정되어 발표되었다. 재정법에서는 중앙정부의 재정부담을 감축하기 위한 내용이 주를 이루고 있다. 국가재정이 책임져야 할 부분과 기관 및 기업소가 부담해야 할 영역을 구체화하는 것이 동법의 개정목표였던 것으로 보인다.

재정법에 따르면 북한은 국가운영을 위해 반드시 필요한 부문에 국한하여 정부의 재정을 통해 운영을 보장하도록 규정하고 있다. 재정지원을 제공하는 대상은 특수경제부문과 정책우선부문이다. 그 외의 부문은 독립채산제로 운영하여 스스로 자금을 조달하도록 규정하였다. 재정법은 재정지원의 정도에 따라 기관을 '예산제기관', '반독립채산제기관', '독립채산제기관'으로 구분하고 있다. '예산제기관'은 자체수입을 창출하지 못하지만 국가운영에 필요하기 때문에 예산으로 운영을 보장하는 기관이다. '독립채산제기관'은 자체예산으로 운영이 가능한 기관이다. '반독립채산제' 기관은 재정지원을 제공하지만 구성원의 생활비는 자체수입으로 충당하는 기관이다.[2] 예산제로 운영되지 않는 기관들은 운영경비나 투자자금을 자체자금이나 대부를 이용하도록 규정하고 있어서 정부재정의 부담을 줄이고 있다.

이러한 변화는 일차적으로 정부의 재정부담을 줄이는 것이 목적이지만 정부재정을 금융기관의 대부로 전환하도록 하고 있는 점은 주목할 만하다. 정부재정의 부담을 기관의 자체부담으로 전환하되 필요한 자금은 금융기관의 대부를 통해 조달하도록 규정하여 금융의 역할을 확대하고 있다. 금융의

---

2) 『조선민주주의인민공화국 재정법』 제3장 제30조 이하 참조.

역할을 강화해야 할 필요성에 직면하면서 북한은 중앙은행의 기능을 조절하고 금융분야를 확대하는 방안을 구상한 것으로 보인다. 이어서 중앙은행법을 제정하고 보험업과 상업은행의 기능을 중앙은행에서 분리하기 위한 법이 제정되기 때문이다.

같은 해 9월에 제정된 "중앙은행법"은 중앙은행의 사명을 "화폐정책의 정확한 집행"과 "금융사업의 개선강화"로 규정하고 구체적으로는 "화폐의 가치와 환률을 안정시키도록" 그 역할을 부여하고 있다.[3] 중앙은행은 금융업무와 관련해서는 금융기관의 설립승인과 해산, 통합, 감독통제를 하도록 규정하였고 금융기관의 예금과 지불준비금을 적립받고 금융기관에 대부를 제공하는 일을 담당하도록 규정하였다. 이러한 규정들은 중앙은행이 일반적으로 수행하고 있는 "은행의 은행"으로서 기능을 하도록 제도화하고 있다. 이는 중앙은행의 기능과 상업은행 및 여타 금융기관의 역할을 분리하는 것을 전제로 한 제도적 정비라 할 수 있다.

2005년 7월에는 "국가예산수입법"을 제정하여 그동안 시장의 활용으로 인하여 변화된 국가의 재정수입원에 대한 정비가 이루어졌다. 국가예산수입 항목에 포함하는 적용 대상의 범위를 변경하여 국가재정의 확충을 꾀하는 것이 동법의 목적이었던 것으로 보인다.[4]

같은 해 9월에는 "보험법"을 제정하였다. 이 법이 제정되기 이전에는 중앙은행이 "보험"도 담당하도록 규정되어 있었다. 그러나 보험법의 제정을 통해 중앙은행이 담당해야 할 고유의 업무영역이 아닌 보험업은 보험회사를 설립하여 분리하도록 제도를 정비한 것으로 보인다.

2006년에는 "상업은행법"을 제정하였다.[5] 동법에 따르면 상업은행은 "예금, 대부, 결제 같은 업무를 전문으로 하는 기관"으로 규정하고 있다.[6] 이

---

3) 중앙은행법 제1조, 제3조.
4) 국가예산수입에 대한 규정 및 내용의 변화에 대해서는 문성민(2013)을 참조할 것.
5) 공식명칭은 〈조선민주주의인민공화국 상업은행법〉이지만 국가명을 생략하고 〈상업은행법〉으로 통용되고 있음.
6) 〈상업은행법〉 제1조.

로써 북한은 상업은행 기능을 중앙은행에서 분리하여 설립할 수 있는 법적 근거를 공식적으로 확보했다. 국가는 상업은행에게 "공정성, 객관성과 실리"를 보장하며, 상대적 독자성을 가지고 채산제로 운영하도록 규정함으로써 금융의 산업적 기능과 영리사업을 인정하고 있다.[7] 또한 "유휴자금을 적극 동원"하기 위하여 예금을 늘이기 위한 "봉사활동을 다양하게 벌여야 한다"고 규정하여 사회적 인프라로서 금융의 역할을 충분히 인식하고 제도를 도입한 것으로 추정된다.

2006년 10월에는 "자금세척방지법"을 제정한다. 이 법은 "비법적인 자금, 재산의 조성과 류통을 막고 금융체계의 안정보장에 이바지"하도록 제정되었다.[8] 이법의 제정을 통해 국내외에 북한이 자금세탁과 관련하여 공정한 국가임을 보이려는 목적도 있겠지만 북한 내부에 사금융의 확대와 민간에 축적되어 있는 유휴자금을 단속하려는 것이 동법 제정의 실질적 동기로 작용한 것으로 사료된다.

2003년 3월 "회계법"의 제정에서 시작된 금융 관련 법의 제·개정 작업은 2006년 10월 "자금세척방지법"에서 일단락된다. 이 법들은 상호 연관성을 가지고 있어서 금융분야의 총체적인 개혁을 추구한 것으로 판단된다.

북한이 추진한 제도개혁의 골자는 '일원적 은행체제(mono banking system)'를 '이원적 은행체제(two-tier banking system)'로 개혁하는 것이다. 이를 위해 기존의 중앙은행이 수행하던 민간을 대상으로 한 직접금융기관의 역할을 전문 금융기관에 이양하도록 보험기관과 상업은행 관련 법·제도를 구비하였고 변화된 금융시스템의 관리를 위해 회계 및 자금세척 방지에 관한 법을 제정한 것이다. 그리고 중앙은행이 수행하던 재정기관으로서의 역할과 재정수입 및 지출에 대한 제도를 개혁함으로써 중앙은행의 재정으로 인한 부담을 완화하려는 것이 금융 관련 법·제도적 변화의 내용이다.

이러한 제도적 변화에서 가장 많은 관심을 끈 것은 상업은행이다. 상업은

---

7) 〈상업은행법〉 제2조 및 제4조.
8) 〈자금세척방지법〉 제1조.

행의 도입은 북한의 전통적인 사회주의적 금융제도가 근본적으로 변화되도록 만들기 때문이다. 상업은행 도입으로 북한 금융의 특징인 ① 유일적 자금공급체계, ② 단일은행제도, ③ 화폐에 의한 통제가 모두 해체될 것이며 시장경제체제로의 전환에 획기적인 진전을 가져오는 변화가 발생될 것으로 예견되었다.9) 기존 금융기관의 역할에도 변화가 예상되었다. 예를 들자면, 상업은행이 국내화폐와 외화를 모두 취급하게 되어 외화거래를 독점적으로 관리하던 조선무역은행의 역할에도 변화가 야기될 것이기 때문이다. 상업은행의 도입은 "북한 기업들의 생산자금의 조달과 사용에 있어 자율성이 제고되어 경제의 분권화, 시장화, 화폐화를 진전시키고 시장경제체제로의 전환을 가속화"할 것이라는 전망이 제기되었다.10)

III. 북한의 금융개혁 평가

1. 금융개혁의 방향성

북한이 2000년대 초 제·개정한 금융 관련 법들이 보여주고 있는 금융개혁의 주요 내용은 다음과 같다:

첫째, 이원적 은행제도의 도입이다. 북한이 제정한 중앙은행법과 상업은행법을 보면 이원적 은행제도를 지향하는 것으로 판단된다. 법조항의 내용으로만 판단하면 시장경제에서 운영되는 이원적 은행제도와 거의 동일한 형태이며 중국의 은행체계에서 그리 다르지 않다. 북한이 그동안 다양한 경로로 중국의 금융개혁을 연구한 정황이 보고되어 왔으며 북한이 제정한 중앙은행

---

9) 김정만(2007), p.82 참조.
10) 김정만(2007), p.83 참조.

법과 상업은행법은 이러한 영향이 반영된 것으로 보인다.[11] 중국은 개혁 초기 중앙은행으로부터 상업은행을 분리하였고 그 이후 상업은행은 국공유 은행만이 아니라 민영은행까지 등장하였다.

둘째, 재정과 금융의 분리: 중앙은행법에서는 재정기관으로서 중앙은행의 역할을 국가재정출납 업무를 중심으로 축소하여 제시하고 있다. 동법에서는 제38조의 "중앙은행은 국고대리업무를 수행한다"라는 규정과 "중앙은행은 중앙재정지도기관과의 연계 밑에 국가예산수입금을 받아들이며 지출을 수 입범위 안에서 하여야 한다"라는 규정으로 중앙은행을 국가재정출납기관으로 지정하고 있다. 그렇지만 국가재정의 조달에 대한 추가적인 책임규정이 없고 비예산제기관들에 대한 자금은 상업은행에서 조달하도록 규정되어 있으므로 재정과 금융의 분리를 어느 정도 추진하고 있는 것으로 볼 수 있다. 그러나 명시적으로 재정과 금융을 분리하는 규정도 존재하지 않으므로 운용에 따라 재정부담을 지게 될 가능성은 여전히 존재한다.

셋째, 기타 금융기관의 도입: 보험법을 통해 보험기관의 도입이 공식적으로 확인되고 있다. 중앙은행법에서는 중앙은행이 금융기관을 관리하고 감독하도록 통합적으로 표현하고 있어서 필요시 다른 금융기관의 설립도 배제하지 않고 있다.

넷째, 회계 및 감독에 관한 규정: 회계제도에 대해서는 회계법을 개정하여 명시적으로 회계제도를 개선하여 제시하고 있다.

북한이 추진한 금융분야 법·제도의 개혁은 체제전환 초기의 경제들이 시행하는 일반적인 금융제도 개혁과 크게 다르지 않다. 다만 아직 확실하게 시장경제로의 전환을 정책목표로 선택하지 않고 있어서 통제된 범위 내에서의 시장을 지향하는 경향이 금융제도에도 나타나고 있다. 그러나 가장 초기의 금융개혁법·제도들이어서 보완의 여지도 존재한다. 향후 북한의 금융개혁과정에서 보완되어야 할 제도적 개혁의 주요 내용은 다음과 같다.

첫째, 정책금융 기관의 도입이다. 일반적으로 어느 나라건 도입하고 있는

---

11) 유승호(2007), p.21 참조.

〈표 2〉 중국의 금융개혁과 북한의 금융개혁 방향

중국의 주요 금융개혁		북한의 금융 관련 법 규정
중앙은행·상업은행의 분리	○	중앙은행법, 상업은행법
중앙은행·기타 금융기관의 분리	○	보험법
상업은행·정책은행의 분리	×	규정 부재
자본시장 도입	△	채권규정만 존재
민간금융기관 설립허용(자유화)	×	규정 부재
금융기관 사유화	×	규정 부재
인프라 개선	○	전산화, 나래카드 도입
회계제도 확립	○	회계법 개정

자료: 윤덕룡(2013), p.26 수정 보완

정책금융기관은 우리나라의 수출입은행과 같은 수출금융 전문기관이다. 그리고 신흥국들은 대부분 경제개발을 지원하기 위한 금융기관을 보유하고 있다. 우리나라 산업은행과 같은 기관이다. 그 외에도 국가의 필요에 따라 정책금융기관을 활용하고 있다. 이러한 정책금융기관이 필요한 이유는 상업은행들의 건전성을 보장하고 정책금융기관의 전문성을 제고하기 위한 것이다. 정책금융기관이 존재하지 않는 경우 아직 사유화되지 않은 상업은행들이 정책금융을 떠맡게 되고 결국 상업은행이 영리를 목적으로 운영되지 못하는 환경에 처하게 될 가능성이 많다. 중국은 개혁 초기부터 그 필요성을 인식하여 관련 분야마다 차례로 정책금융기관들을 도입하여 국가의 금융지원이 필요한 기업이나 해당 산업분야에 활용하고 일반상업은행은 상업적인 목적으로 운영되도록 만들었다. 그러나 북한의 금융개혁 관련 법·제도에는 아직 정책금융기관의 도입이 언급되어 있지 않다. 국가의 예산지원을 받는 예산제기관도 중앙은행에서 직접 지원을 받기보다는 정책금융기관을 통해 지원하는 것이 바람직하며 중앙은행은 은행의 은행으로 기능할 수 있도록 분리할 필요가 있다. 현 제도하에서 북한에 정책금융기관을 굳이 찾자면 조선무역은행을 들 수 있다. 조선무역은행이 대외거래를 전담하고 있어 수출금융기관으로 활용하는 것이 가능하기 때문이다. 북한은 현재 군이나 특수직역별로 은행이나 관련 금융기관을 보유하고 있기도 하다. 이러한 금융기관들을 폐쇄하기 어려울 것이므로 정책금융기관으로 전환하는 것도 현실적으로 고려할 필요가 있다. 북한이 경제를 재건하는 과정에서 부족한 자본을 국가적으로 필요한 분야에 공급할 수 있도록 금융공급 메커니즘이 구비되어야 한다. 상업은행에서 정책금융을 다룰 경우 모럴해저드와 연성예산제약(soft budget constraint)의 문제가 상업금융분야에 확산되는 것을 제어하기가 근본적으로 어렵기 때문이다.

둘째, 금융기관의 자유화(liberalization)가 필요하다. 상업은행을 비롯한 금융기관들은 금융기관들이 자본을 끌어들이기 위해 상호 경쟁할 수 있어야 한다. 신용이 높거나 생산성이 높은 기업들에게는 더 적극적으로 자본을 제공하고 그렇지 못한 기업들은 퇴출될 수 있도록 선별기능도 할 수 있어야 한다. 그러나 상업은행 규정에는 한 기업이 한 곳의 은행에만 계좌를 개설할 수 있도록 규정하고 있다. 기업과 상업은행이 상호 자유롭게 경쟁하고 선별하는 기능이 봉쇄되는 조치이다. 또한 상업은행이 "기관·기업소·단체의 고정자산을 빠짐없이 등록하여야 한다"라고 규정하여 상업은행이 기업이나 국가기관의 자산관리 업무를 수행하도록 지정하고 있다. 부동산이나 생산설비 등을 은행에 등록할 경우 자산내역을 상세하게 파악하여 신용상태를 판단하는 데 도움이 될 수는 있다. 그러나 은행이 이러한 고정자산의 변동내역이나 실제 상태를 파악하고 관리해야 한다면 상업은행 본연의 업무와는 상당한 거리가 있게 된다. 상업은행법이 규정하고 있는 내용을 중심으로 보면 북한에서는 상업은행이 설립되더라도 비예산제기관을 관리하는 금융기관 정도가 될 가능성을 배제할 수 없다. 금융업 자체가 하나의 산업으로서 효율성을 제고해야 할 뿐 아니라 다른 산업의 발전을 추동하는 인프라가 될 수 있으려면 금융상품의 개발이나 이자율결정에 대한 자율성이 보장되어야 한다. 그렇지 않으면 은행과 기업이 모두 부실화될 우려가 있기 때문이다.

셋째, 자본시장의 다양화가 필요하다. 북한은 자본시장 도입에 대해 자세한 규정을 제시하고 있지는 않다. 그러나 채권은 이미 기존에 있던 금융상품이므로 상업은행법에서 상업은행이 채권 매매를 담당하도록 규정하고 있다.12) 이 규정이 은행으로 하여금 증권거래를 같이하는 복합은행을 의미하는지에 대해서는 설명하지 않고 있다. 만약 지금의 규정을 그대로 적용한다면 복합은행을 추진하는 것으로 볼 수 있다. 주식은 도입되어 있지 않으므로 예금과 채권을 함께 취급하게 되는 것이다. 시장의 자본을 좀 더 적극적으로 활용하려면 주식시장도 도입하는 것이 기업이나 주민들 모두에게 더 빠른 경제회복과 재원동원을 용이하게 하는 일이다. 증권시장의 도입형태에 따라 금융개혁 과정에서 새로 설립할 금융기관의 종류와 관련기구의 내용이 달라진다. 주식시장도 어차피 도입해야 할 터이므로 제도정비 측면에서는 가급적 빨리 준비를 시작하는 것이 바람직한 방향이다.

넷째, 소유권의 개혁도 필요하다. 중앙은행법이나 상업은행법 모두 상업은행의 소유관계에 대한 언급은 없다. 아마도 아직 북한당국은 상업은행도 당연히 국유은행이어야 한다는 개념에서 벗어나지 못하는 것으로 판단된다. 은행이 서로 효율성 경쟁을 하거나 국가의 간섭을 받지 않도록 법적으로 보장하려면 정부의 간섭을 받지 않는 민간은행이 설립될 수 있어야 한다. 적어도 새로 생기는 은행은 민간은행이 설립될 수 있도록 제도적 공간을 확대할 필요가 있다. 그러나 현재까지 제시된 법규정에서는 민간 금융기관의 설립까지 금융개혁을 구상하고 있지는 않는 것으로 추정된다.

북한은 2003년부터 금융 관련 제도를 개혁하기 위해 다양한 법들을 새롭게 제정하는 노력을 기울이다가 2006년 10월 이후에는 더 이상 새로운 법·제도적 변화가 나타나지 않고 있다. 뿐만 아니라 그동안 새로 제정한 법조차도 실제로 현실에 적용하고 있다는 증거는 아직 나타나지 않고 있다. 그럼에

---

12) 상업은행법 제35조는 상업은행이 채권을 발행하고 거래할 수 있다고 규정하고 있으나 채권거래를 대행하거나 채권거래의 장소로 활용될 수 있는 지에 대한 내용은 분명하게 기술되지 않음.

도 불구하고 북한이 정비한 법들은 북한이 금융개혁을 실천하려는 정책적 의지를 가졌음을 시사한다. 경제의 정상적 작동을 위해서는 결국 북한도 이미 제정한 법들을 실천해야 할 것이다. 금융개혁을 하지 않고는 북한 경제를 회복시키고 정상적인 거시경제적 안정화를 수행할 다른 대안이 없기 때문이다.

2. 법·제도의 실현

북한의 금융개혁은 법으로만 존재할 뿐 실제로 운용되거나 실현되었다는 증거가 확인되지 않고 있다. 2004년에 중앙은행법이 제정되었고 2006년에 상업은행법이 제정되었으므로 법·제도 정비 이후 10년 이상이 흘렀지만 북한 내에 상업은행을 운용하고 있다는 증거는 보이지 않는다. 금융개혁법들의 제정 이후 나타난 보수화 경향으로 금융시스템은 기존 체제를 그대로 유지하고 운영방식에만 변화를 시도하고 있는 것으로 알려지고 있다.[13] 중앙은행법이나 상업은행법에 구상된 새로운 금융시스템을 도입하는 것과 같은 구조적인 변화는 미루어 두고 운영방식을 개선하는 수준에 그치고 있어서 지금까지의 금융분야 변화를 사실상 금융개혁이라고 보기는 어렵다.

개혁의 추진실적을 중심으로 판단한다면 북한이 추진한 금융제도의 개혁은 실패한 것으로 평가된다. 더 정확하게 표현하면 개혁이 실행되지도 않았다. 북한은 2006년 하반기 이후 경제개혁 정책을 중단하고 과거로 회귀하는 태도를 보였다. 재정 및 금융제도는 2001년 이전 상태로 회귀하였다는 진단도 있다. 연유는 알려지지 않았지만 재정제도에서는 소득분배기준이나 예산 수입항목 등이 2001년 이전의 제도로 돌아갔다. 중앙은행법과 상업은행법은 사실상 용도 폐기된 것으로 평가되었다.[14] 사회주의 금융의 전형적 특징

---

13) 탈북자들의 증언에 따르면 북한 내의 금융기관들에서 저축한 돈을 즉시 인출할 수 있게 되었고 이자율도 기간에 따라 다르게 적용하는 등 변화가 나타나고 있는 것으로 보이나, 상업은행을 도입하지는 않고 기존 금융시스템에서 운용상의 변화만 도입한 것으로 사료됨.

인 현금거래와 무현금거래의 구분이 오히려 강화되었고 기업 간 거래에서 현금을 사용하지 못하도록 통제가 늘어났다. 북한이 그동안 추진하던 개혁을 중단하고 과거로 회귀한 것은 시장경제의 확산으로 인한 국가의 통제력 약화가 원인일 것으로 추정하는 것이 일반적이다. 정치적으로 사회주의적 일당독재를 고수하고 있는 북한당국이 국가의 통제가 작동하지 않고 민간의 경제적 자율성이 확대될수록 체제불안을 우려하여 개혁을 중단시키게 되었을 것이라는 추정이다.

다른 한편으로는 경제개혁의 실효성 부족으로 개혁이 중단되었을 것이라는 주장도 제기되었다.[15] 금융부문의 개혁에도 불구하고 기대했던 효과가 나타나지 않자 개혁반대세력이 더 강한 영향력을 가지게 되었다는 것이다. 개혁추진의 주요 장애요인으로는 취약한 은행의 자원배분기능, 어려운 실물경제, 열악한 대외여건, 부진한 민간자본 동원, 금융인프라 미비 등의 문제를 제기했다. 기본적으로 개혁의도와는 달리 개혁조치가 예산지출 부담의 감소나 인플레 압력해소에 기여하지 못했다는 것이다.

북한 내의 금융분야 개혁시도가 소기의 성과를 거두지 못한 것은 충분히 예견할 수 있는 일이다. 그 주요 이유는 다음과 같다.

첫째, 예금을 통한 민간자금 동원이 이루어지지 않았기 때문이다. 기업에게 필요한 투자자금과 운영경비를 예산으로 지출하는 것이 아니라 대부를 통해 재원을 공급하더라도 은행에 예금이 유입되어야 민간자금을 활용할 수 있고 인플레 압력도 감소될 수 있다. 회계적 측면에서 보면, 대출을 위한 자금의 원천은 다음과 같은 세 가지 공급원에 의해 이루어진다:

"대출원천 = 자기자금 + 예금 + 중앙은행차입금"

금융개혁의 효과가 나타나기 위해서는 이 중에서도 민간자금이 "예금"의

14) 문성민(2013), p.9 참조.
15) 김정만(2009), pp.75-77 참조.

형태로 금융기관에 유입되어야 한다. 민간의 유휴자금이 예금으로 유입되지 않을 경우 중앙은행이 돈을 더 발행해서 기업에 공급하는 수밖에 없다. 게 다가 무현금 유통으로 장부상으로만 자금을 이전하던 기관들 간에도 현금유 통을 허용할 경우 기관들이 대출한 현금까지 시중에 추가적으로 유입된다. 따라서 인플레 압력은 더 증가하고 물가상승은 재정부족과 기업의 자금난을 더 가중시키는 결과를 초래했을 가능성이 높다. 이러한 결과가 초래된 것은 금융기관들이 시중의 민간자금들을 흡수하지 못했기 때문이다. 기존에는 시 민들이 예금을 자유롭게 인출하지 못했고 이자도 2~3%대에 불과하여 인플 레이션에 비하면 턱없이 낮은 수준이었다. 따라서 아무도 자발적으로 은행 에 예금을 하려는 사람은 없었다. 이러한 불신의 벽을 해소할 수 있는 충분 히 강력한 정책이나 신뢰를 획득할 수 있는 시간이 주어지지 않은 상태였으 므로 시중의 자금은 흡수되지 않은 채 공급만 증가하여 상황이 악화되었을 것으로 보인다.

둘째, 기업들의 낮은 생산성으로 실물경제의 회복이 뒷받침되지 않은 것 도 금융분야 문제가 악화된 원인의 하나이다. 금융기관의 대부를 이용해 투 자를 하고 운영경비를 조달하더라도 이자이상의 이윤을 창출할 수 있어야 한다. 그러나 대부분의 기업들은 기존의 계획생산에 익숙해 있어서 생산성 을 높일 수 있는 능력이 부족하고 대출을 갚을 수 있는 역량을 갖추지 못했 을 것으로 보인다. 뿐만 아니라 국가계획위원회가 기업의 자율성을 완전히 보장하고 있는 것도 아니다. 국가가 요구하는 물자를 조달하는 의무에서 자 유롭지 못하고 기업의 경영도 통제를 받는다. 그 결과 기업의 생산성 개선 이 이루어지지 못하고 이윤도 창출하기 어려운 구조적인 한계를 가지고 있 게 된다. 결국 기업의 실적이 뒷받침되지 못하여 금융기관의 대출은 부실화 되고 기업을 유지하기 위해 추가적인 자금의 공급이 불가피한 상황이 지속 되는 것이다. 기업이 스스로 성과를 도출할 수 있도록 자율성이 주어지지 않는 한 자기책임을 물을 수 없다. 성과가 낮은 기업에게 기업의 도산이나 청산과 같은 부담이 존재하지 않는 한 실물부문의 실적 부진을 완전히 탈피 하기는 어려울 것으로 보인다.

셋째, 거시경제 관리에 대한 전문성과 이해의 부족이다. 북한의 전통적인 경제관리 방식은 명령과 통제이다. 그러나 2002년 7·1 조치 이후 소비분야에 시장을 공식적으로 도입하여 활용하고 있어서 기존의 거시경제적 관리수단이 작동하지 않자 이에 부합한 금융시스템의 도입을 추진한 것으로 보인다. 새로운 거시경제적 관리수단으로 금융정책 수단을 선택한 것은 올바른 정책방향을 선택한 것으로 볼 수 있다. 그러나 금융정책의 효과가 나타나기 위해서는 정확한 관리지표의 선택이 우선되어야 하고 정책 시행 이후 효과가 나타나기까지 소요되는 시간 등에 대하여 충분한 이해가 필요하다. 거시경제적 목표와 관리지표 간의 관계에 대해서도 아직 북한에서 발간된 논문이나 언론에 구체적으로 언급된 바가 없다. 이러한 사실은 어떤 지표(예를 들어 이자율, 통화량 등)를 움직여서 어떤 목표(물가인상률, 경제성장률 등)를 달성하겠다는 구체적인 정책목표가 없이 우선 당면한 거시경제적 문제들을 축소해보겠다는 기대를 가졌던 것으로 보인다. 기대효과와 정책수단 간의 연관관계에 대한 충분한 연구와 이해가 없이 개혁을 시작했고 국제금융기구와 같은 외부의 전문가의 조언도 구할 수 없는 상황이므로 개혁정책의 부작용이 커질 경우 개혁정책을 지속해야 한다는 확신을 가지기 어려울 수밖에 없다.

정치적인 이유건 경제 내부의 상황때문이건 북한의 금융개혁은 법·제도가 제시한 수준으로 진행되지 못하고 좌절되었다.

3. 금융개혁의 실패 사례: 화폐개혁

2000년대 초반에 시도한 금융개혁을 중단한 결과 통화관리와 재정 문제를 해결할 수 있는 다른 대안을 찾지 못한 북한당국은 2009년 11월 30일 전격적으로 화폐개혁을 시행했다.[16] 구권과 신권의 교환비율은 100:1(저금

---

16) Haggard and Noland(2010)는 북한 중앙은행 관료의 인터뷰를 인용하여 화폐개혁의

소에 저축되어 있는 돈은 10:1 적용), 교환한도액은 10만 원이며, 교환기간
은 11월 30일부터 12월 6일까지로 발표되었다. 화폐교환 기간에 바꾸지 못
한 돈과 불법적으로 해외에 나가 있는 화폐는 모두 무효로 처리하였다. 그
러나 주민들의 반발로 교환 한도를 10만 원에 가족 1명당 5만 원씩 추가교
환을 허용하는 것으로 수정했다.

북한은 이 조치를 통해 북한 내에 존재하는 과잉통화량을 제거하려고 했
던 것으로 보인다. 인플레이션을 해소하기 위해 화폐개혁을 시행하는 것은
정책적으로 바른 방향이었지만 북한은 두 가지 정책적 실수를 저질렀다. 첫
째, 적정 통화량의 규모를 산출하지 못해서 통화량을 과도하게 줄이는 결과
를 초래했다. 그 결과 통화량 부족으로 인한 거래위축이 발생했고 시장이 마
비되는 결과를 가져왔다. 둘째, 주민들의 화폐적 자산을 강제로 박탈하는 조
치를 취함으로써 자산감소와 마이너스 부의 효과를 야기하였다. 그 결과 화폐
개혁은 주민들의 격렬한 저항에 부딪쳤고 문제를 완화하기 위해 당국은 하
사금과 임금인상의 방식으로 통화를 다시 확대공급 하는 조치를 취하였다.

북한화폐를 보유하고 있던 주민들은 화폐개혁으로 엄청난 재산상의 손실
을 입었지만 위안화나 달러화 등 외화를 보유하고 있던 주민들은 오히려
큰 이익을 보는 상황이 벌어지자 북한당국은 동년 12월 28일에 외화사용도
전면금지하는 조치를 단행했다. 시장의 혼란이 심해지자 북한은 2010년 1
월 1일부터 1월 11일 사이에 장마당을 전면폐쇄하고 상행위도 일체 금지하
는 조치를 시행했다. 주민들의 반발과 시장의 혼란이 지속되고 대내외 경제
거래가 급속히 위축되자 북한당국은 화폐개혁 실패의 책임을 물어 노동당
재정경제부장이던 박남기를 공개처형하기에 이른다. 2009년 말부터 2010
년 초반에 걸쳐 발생한 화폐개혁의 충격으로 국내거래만이 아니라 국제교역
까지 급격히 위축되었고 북한은 2009년과 2010년 모두 마이너스 성장을 기
록하였다.

목적이 "사회주의 경제관리 원칙과 질서를 더욱 튼튼히 다져나가기" 위한 것이었으며
오히려 시장경제를 단속하는 데에 목적이 있었다고 기술하였다(p.1).

북한이 시행한 2009년의 화폐개혁은 금융개혁을 중단한 북한이 화폐개혁을 통해 금융분야의 정상화를 시도했으나 이마저 실패하는 사례를 보여준 것이다. 북한은 이전에도 4차례의 화폐개혁을 시행한 바 있으나 이전에는 북한 경제가 화폐화되지 않은 상태여서 통화가 구매력을 가지지 못한 상황이었으며, 시장도 존재하지 않았기 때문에 화폐개혁이 경제와 주민들의 생

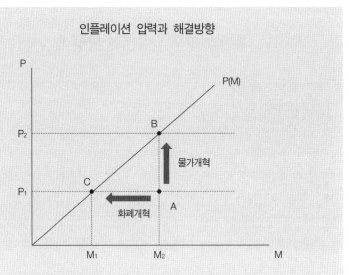

인플레이션 압력과 해결방향

* 자료: 대외경제정책연구원,『북한의 물가 인상 및 배급제 폐지의 의미와 시사점』

* P(M)는 화폐량과 가격 간의 관계를 표현하는 직선이며, 화폐량이 M_1일 경우 가격은 P_1, 화폐량이 M_2일 경우 가격수준은 P_2가 되어야 정상.

 − 사회주의 경제에서는 가격통제와 물자부족으로 과잉화폐량이 발생하여 상기 그림의 A점에 있는 것이 일반적 현상임.

 − 정상적인 화폐와 가격 간의 관계를 회복하려면 ① 화폐개혁을 통해 가격수준 P_1에 비해 과잉된 통화량인 (M_2-M_1)을 제거하거나, ② 통화량 M_2에 비해 억압되어 있는 물가수준 P_1을 P_2로 인상하는 방법을 선택해야 함.

 − 2009년 북한의 화폐개혁은 ①을 선택했으나 (M_2-M_1)을 정확히 산정하지 않고 M_1보다 훨씬 적은 수준으로 통화량을 줄여서 경제위기를 야기.

활에 큰 영향을 미치지 못하였다. 그러나 2009년에는 시장이 존재하였으며 화폐가 구매력을 가진 실질적인 통화였다. 따라서 정책목표를 달상하기 위해 필요한 적정 통화량 규모나 교환비율에 대한 엄격한 계산과 과학적인 정책시행이 이루어졌어야 했다. 그러나 이러한 역량을 갖추지 못하여 화폐개혁은 실패에 이르고 말았다.

IV. 북한의 향후 금융개혁 방향 및 과제

1. 금융개혁 방향 및 과제

북한이 추진해야 할 금융개혁의 방향은 사실상 명확하다. 북한의 금융분야가 현실에 존재하는 문제들을 해소할 수 있으려면 다음과 같은 방향으로 금융개혁을 추진해야 한다. 첫째, 금융정책을 통해 인플레를 낮추고 거시경제적 안정을 도모할 수 있도록 금융시스템을 갖추는 것이다. 둘째, 경제성장에 필요한 자금을 적절하게 기업 및 기관에 공급할 수 있도록 효율적인 자금 순환구조를 형성하는 것이다. 셋째, 금융이 산업으로서 성장할 수 있도록 금융상품을 개발하고 생산성을 제고할 수 있는 기반을 갖추는 것이다.

이러한 방향으로 금융개혁을 구체적으로 추진하기 위해 Dollar(2015)는 북한이 추진해야 할 금융개혁의 내용을 중국과 베트남의 경험을 토대로 다음과 같은 여섯 개의 영역으로 제시하고 있다.[17]

첫째, 중앙은행과 상업은행의 분리: 중앙은행 중심의 일원적 은행체제를 중앙은행과 상업은행을 분리하여 이원적 은행체제로 개편하는 것이며 이미 법·

---

17) David Dollar(2015)는 중국과 베트남의 금융개혁으로 북한의 금융개혁 방향에 대한 시사점을 도출하면서 금융개혁을 6개의 부문으로 구성하여 제시하고 있다.

제도상으로는 준비가 되어 있다. 우선은 국유상업은행으로 출범하여 향후 민간 상업은행을 도입하도록 범위를 확대하는 것이 바람직하다. 국유상업은행이 상업은행 본연의 기능을 할 수 있도록 정책금융기관을 따로 설립하여 국가적 재정지원이 필요한 기업이나 사업을 위해 활용할 필요가 있다. 외국인 직접투자도 받아들여서 해외은행의 know-how 습득과 경쟁 및 효율성 제고에 기여하도록 유도할 필요가 있다.

둘째, 통화정책 및 인플레이션 관리: 개혁 초기에는 통화정책을 위한 기초 통계자료들이 준비되어 있지 않으므로 통화량 관리정책을 사용하는 것이 효과적인 방법이다. 개별은행에 대출할당량의 상한선을 지정하여 관리하고 물가가 안정되면 점차 지급준비율을 조정하여 통화량을 간접관리하는 방식으로 전환해 나가는 것이 현실적으로 적절한 방안인 것으로 보인다.

셋째, 금리조정 및 규제완화: 개혁 초기에는 금리를 통제하는 것이 필요하지만 실질금리가 어느 정도 플러스를 유지하도록 관리해야 한다. 금리가 예금을 유인할 수 있는 인센티브가 될 수 있어야 하기 때문이다. 금리를 완전히 시장에 맡겨서 결정하려면 금융분야가 안정된 이후라야 가능하므로 다른 나라 사례를 고려할 때 개혁 이후 적어도 10년 이상 경과된 후라야 가능하다.

넷째, 환율관리 및 국제수지 균형: 개혁 초기에는 화폐가치가 고평가되지 않아야 하며 가급적 약간 저평가되는 것이 수출증가를 위해 바람직하다. 실질환율을 안정화시키도록 관리하되 생산성의 증가만큼 통화가치도 완만한 절상을 허용하는 것이 대외부문의 불균형이 확대되지 않도록 유지하는 합리적인 방안이다.

다섯째, 자본시장 발전: 개혁 초기에는 은행이 먼저 자본공급의 역할을 할 것이므로 자본시장 발전의 중요성이 그리 높지는 않다. 또한 개혁 초기에는 기업에 대한 신용평가나 정보가 정확하지 않아서 버블의 발생 가능성이 많고 리스크도 높다. 따라서 초기에는 기관투자가 중심으로 자본시장을 발전시키고 기업의 회계투명성이나 수익성이 안정된 이후 기준을 정하여 자본시장의 투자대상을 확대하도록 허용하는 것이 바람직하다.

여섯 째, 글로벌시장에 대한 금융시장의 개방: 금융서비스를 외국인 투자자

에게 개방하는 것은 초기부터 허용할 필요가 있다. 해외 금융기관의 경험과
기술을 도입하는 통로가 될 수 있기 때문이다. 그러나 감독과 규제의 원칙
을 세워 관리하는 것은 필요하다. 포트폴리오 투자의 유출입을 허용하는 자
본계정의 자유화 문제는 국내경제에 미치는 영향을 감안하여 이에 대응할
수 있는 외환보유고의 측적 등의 준비와 함께 점진적으로 추진하는 것이
해외자본을 활용하되 부작용을 막을 수 있는 방법이다.

Dollar(2015)는 앞의 여섯 가지 금융개혁분야에 연계하여 반드시 피해야
할 사안 6가지를 제시하고 있다.[18]

첫째, 이원적 은행제도 도입에서는 은행위기(banking crisis),
둘째, 통화정책에서는 두 자릿수 인플레이션(double-digit inflation),
셋째, 금리조절정책에서는 마이너스 실질금리(negative real interest
rates),
넷째, 환율정책에서는 통화의 과대평가(over-valued currency),
다섯째, 자본시장 발전에서는 증시의 버블 발생(stock market bubble),
여섯째, 글로벌시장에 대한 개방과 관련해서는 핫머니 유입(hot money
inflows) 등을 경계해야 할 정책관리 지표로 제시하고 있다.

정책적으로 이와 같은 목표를 달성하기 위해서는 미시적으로 해결해야
할 과제들도 많다. Babson(2015)은 북한당국이 금융개혁에서 맞게 될 도전
과제들을 구체적으로 제시하고 있다. 먼저 거시경제 관리에 관련하여 현상
파악에 필요한 재정과 경제 관련 통계데이터를 갖추어야 한다는 것이다. 그
리고 국가재정과 금융을 분리할 수 있도록 중앙은행과 재무부, 무역은행 간
업무영역을 다시 분장하고 역할을 재조정해야 한다. 전반적인 거시경제 관
리에 대해서도 역량을 보완하고 거시경제정책 수행에 대해서도 추진방향을
재설정해야 한다. 이와 관련하여 세금정책의 방향과 세금행정 문제도 함께

18) Dollar(2015), p.64 참조.

〈표 3〉 북한의 금융개혁 시 주요 도전과제

(1) 재정 및 경제 통계데이터	(10) 거시경제 관리 역량 및 정책
(2) 중앙은행, 무역은행, 재무부의 역할과 업무분장	(11) 통화에 대한 신뢰
	(12) 은행에 대한 신뢰
(3) 국제금융시스템과의 관계 설정	(13) 자산에 대한 소유권 확립과 보증
(4) 국내 은행시스템의 확장	(14) 기업회계의 투명성 확보
(5) 은행의 감독과 규제	(15) 국내외 부채상환 의무
(6) 지불시스템의 안정성 확보	(16) 세금정책 및 행정
(7) 신용과 리스크 평가 역량	(17) 법적인 집행절차
(8) 가계에 대한 금융서비스	
(9) 기업에 대한 금융서비스	

자료: Babson(2015), p.162에서 정리

해결되어야 한다. 통화에 대한 신뢰를 회복하여야 거시경제 관리도 가능해지가 때문이다.

금융기관의 운영과 관련해서는 은행시스템의 역할을 사회주의적 경제관리시스템에서보다 더 적극적으로 확대하여야 하며 은행의 지불시스템이 안정적으로 운영될 수 있어야 하고 가계와 기업에 대한 금융서비스의 제공, 은행의 감독과 규제방식 등도 구체화하여야 한다. 또한 은행이 경제주체들로부터 신뢰를 획득할 수 있어야 한다.

금융개혁이 성공하기 위해서는 자산에 대한 소유권이 제도적으로 확립되어야 하며 경제주체들이 국내외에 대한 부채에 대해서도 의무를 다하도록 제도화하고 이를 법적으로 집행할 수 있어야 한다. 그리고 기업회계의 투명성을 보장하고 이를 근거로 신용과 리스크를 정확히 평가할 수 있는 역량을 갖추는 것 등이 금융개혁과정에서 해결해야 할 과제로 제시되었다.[19]

---

19) Babson(2015), p.162 참조.

2. 금융개혁 추진방안

1) 제도 및 금융기관 개편

금융개혁은 이전의 제도를 새로운 제도로 바꾸는 것이 핵심이다. 제도의 변화는 먼저 법·제도의 변화가 선행되어야 하고 이를 실행할 수 있는 관련 기관의 변화가 이루어져야 한다. 금융개혁도 금융 관련 법·제도의 개혁과 금융기관의 개편을 통해 추진되어야 한다. 법·제도의 개혁을 통해 새로운 제도의 방향과 목표, 운영방식 등을 구체적으로 제시함으로써 관련된 경제주체들에게 새로운 제도의 내용을 충실히 전달하고 이해시킬 수 있어야 한다. 새로운 법·제도는 이를 실행에 옮길 수 있는 관련기관의 변화도 동반되어야 하기 때문이다. 금융제도의 개혁은 금융기관의 설치와 정비를 통해 실행되어야 한다. 금융기관들의 설립은 이들의 운영방식, 상호관계, 감독과 규제원칙까지 반영하여 구체화되어야 한다.

현재 북한의 금융개혁은 중앙은행과 상업은행의 분리, 보험기관의 분리까지 법·제도의 정비가 이루어진 상황이다. 그러나 법·제도 면에서는 정책금융기관의 도입을 위한 규정이 추가적으로 필요하며 자본시장 설립에 대한 제도보완이 필요하다. 중국에서도 정책금융기관의 전면적 도입이나 자본시장 도입은 금융개혁 시작 후 여러 해가 지나서 이루어졌다. 그러나 정책금융기관 설립의 지체는 상업은행들의 부실채권을 증가시키는 결과를 가져왔다. 자본시장 도입이 초기부터 필요한 것은 아니지만 법·제도를 준비하여 필요시 시행에 옮길 수 있도록 제도적 준비를 갖추는 것은 필요한 일이다.

문제는 금융기관의 개편이다. 중앙은행에서 상업은행 기능을 분리하고 보험업무 부서도 분리해서 별개의 금융기관으로 설립해야 하나 북한은 금융기관의 개편을 시행하지 않고 있다. 새로운 금융기관을 전국적으로 설립하는 것은 도전적인 과제임에는 틀림이 없다. 상업은행의 운영을 위해 필요한 전문인력이나 자원부족이 문제될 수는 있다. 그러나 인력을 따로 교육하고 양성하여 금융개혁을 시행에 옮길 수 있어야 경제성장이나 거시경제적 안정을 도모할 수 있다. 상업은행의 설립도 기존의 중앙은행이 보유하고 있는 지방네트워크를 상업은행망으로 전환하면 된다. 중앙은행도 거점지역에는 지사들이 필요하나 소매금융을 하는 상업은행처럼 많은 지사가 필요한 것은 아니므로 추가적인 자원을 크게 들이지 않고도 전국적인 상업은행망을 도입하는 것이 가능하다. 보험기관의 도입도 초기에는 상업은행만의 설립과 유사한 방식으로 시행하는 것이 가장 현실적인 방안이 될 것으로 보인다.

정책금융기관을 도입하는 것은 중앙은행의 상업은행 기능 가운데 특정대상이나 특정업무를 분리하여 이를 대상으로 한 은행을 설립하는 것이다. 정책적 목적을 담당시키기 위한 금융기관이므로 제공하는 금융서비스가 지원금융의 성격이 많아서 수익성이 높지 않을 가능성이 높다. 그러나 정책금융에 대한 전문성이 쌓이게 되면 수익성도 개선될 수 있으며 상업은행을 정책서비스로부터 보호할 수 있는 장점이 존재한다. 따라서 가급적 개혁 초기에 정책금융기관을 도입하는 것이 필요하다.

중국은 특정산업에 특화된 금융기관을 먼저 도입하여 금융개혁에 활용하는 전업은행 형태의 정책금융기관을 도입했다. 중국은 농업에서 시작하여 건설 및 상공업으로 개혁을 확대하여 산업측면에서도 개혁의 점진주의를 채택하였고 전업은행이 해당분야의 다양한 특수상황들을 고려할 수 있는 특화된 금융기관으로 기능하였다. 북한은 중국과 달리 산업별로 전업은행을 도입하기에는 규모가 크지 않다. 단지 광업의 경우에는 풍부한 부존자원을 고려할 때 전업은행의 도입여건이 가능할 것으로 보인다. 북한의 군수산업은 이미 자체 내의 금융기관을 운영하고 있는 것으로 알려져 있다. 이를 전업은행으로 전환하면 산업의 규모나 발전수준들을 고려할 때 전업은행을 도입할 수 있는 분야이기도 하다. 북한에는 다양한 특수은행들도 존재한다. 이러한 특수은행들을 관련 분야의 전업은행 혹은 정책금융기관으로 전환하면 기존 금융기관의 특수성과 전문성을 활용하면서 추가적인 자원의 투입없이 정책금융기관을 도입할 수 있을 것으로 사료된다.

은행부문의 개혁이 마무리되면 자본시장의 설립도 고려하여야 한다. 증권거래를 담당하는 별개의 금융기관을 도입할 수도 있고 은행이 이러한 기능을 함께 수행하는 복합금융기관의 역할을 담당하게 하는 것도 대안이 될 수 있다. 자본시장의 도입은 투자여력이 갖추어져야 하며 기업의 적응 및 성장과 기업정보에 대한 관리체제가 정비되어야 효율적으로 기능할 수 있다. 따라서 초기에는 복합금융기관의 형태로 일정한 조건을 충족시킨 기업들만 대상으로 자본시장을 도입하는 것도 고려해볼 필요가 있다. 자본시장의 대외개방은 외부자본을 활용할 수 있다는 장점은 있지만 자본의 특성에 따라 오히려 장기적으로 부담이 될 수도 있으므로 국내적 여건이 충분히 성숙된 이후에 점진적으로 추진하는 것이 바람직하다.

2) 통화 및 금융정책의 개혁

주요 정책영역별로 개혁 방안을 살펴보면 다음과 같다.

첫째, 통화관리제도의 개혁: 북한에서는 여전히 현금거래와 무현금거래로 분리하여 통화유통 방식을 관리하는 사회주의적 전통을 고수하고 있다. 기업의 자금유통을 무현금거래로 묶어둔다 해도 대출을 통해 기업이 쓸 수 있는 자금이 증가하면 결국 인플레이션 효과가 증가하는 것을 막을 수는 없다. 통화유통의 흐름을 직접적으로 통제하는 방식을 고집함으로써 북한의 금융은 인플레이션 압력도 개선하지 못하고 사회 내 자금흐름을 생산적인 부문으로 유도하지도 못하는 상태에 와 있다. 더 이상 계획경제를 운영하지 못하는 현실임에도 개혁경제를 위해 사용하던 기존의 통화관리체제를 고수하고 있어서 경제현실과 제도 간 불일치 현상이 나타나고 있다.

통화관리제도를 합리화하기 위해서는 통화관리의 목표가 무엇이 되어야 하는지와 이를 조절하기 위한 정책수단의 결정이 필요하다. 대부분의 국가들이 통화량관리 정책을 쓰거나 인플레이션 목표제를 사용하고 있다. 한국도 이전에는 통화량 관리정책을 사용하다가 지금은 금융부문의 역할이 커져서 인플레이션 목표제를 선택하고 있다. 북한은 아직 금융부문의 역할이 크지 않고 정책지수의 선택을 위한 기초 통계자료가 부족하므로 통화량조절정책을 선택하는 것이 현실적이다. 그리고 상업은행제도를 도입하여 중앙은행이 지급준비율이나 기준금리를 통해 사회 내 통화량을 조절하도록 통화유통 방식을 전환하는 것이 필요하다. 중국처럼 초기에는 통화량규모를 할당하는 조절방식을 선택하더라도 금융기관을 통해 이윤동기가 통화량이나 화폐유통속도에 반영되도록 해야 한다. 어떤 통화관리제도를 선택하는지에 따라 금융의 기능이나 효율성도 달라진다. 따라서 통화관리제도의 조속한 개혁이 필요하다.

둘째, 이중 환율제도의 개혁과 환율제도 선택: 북한은 2002년 7·1 조치로 공식환율과 비공식 환율의 격차를 해소한 적이 있으나 지금은 다시 공식환율과 비공식 환율이 차이를 보이고 있다. 2002년 북한당국은 시장환율과 공식환율을 동일하게 만들기 위한 정책을 시행했었지만 이후 다시 공식환율과 시장환율 간 괴리가 증가하자 지금은 이전의 외화바꿈돈표와 유사하게 공식환율로 교환된 돈으로 거래하는 시장을 따로 운영하고 있다. 2016년 3월 기준으로 공식환율은 900원/USD, 시장환율로는 약 8,150원/USD인 것으로 알려지고 있다. 2009년 북한당국이 인플레이션 압력을 해소하지 못하고 화폐개혁으로 화폐자산을 몰수하는 조치를 취한 이후 북한 내에서는 통화를 외화로 보유하려는 달러화(dollarization) 현상이 심화되어 왔다. 이로 인해 외환의 수요와 공급 간 격차가 커지자 공식환율과 시장환율 간 격차는 더욱 확대되었다. 환율이 상승하거나 급변하면 외환보유만으로도 수익창출이 가능하므로 주민들의 외환수요는 더욱 증가하게 된다. 달러화 현상의 심화는 북한의 통화가치를 더욱 불안하게 만드는 요인이 되고 있다. 따라서 조속히 환율의 단일화를 추진하고 인플레이션 압력 해소를 통해 환율이 안정될 수 있는 기반을 만들 필요가 있다.

또한 시장의 신뢰를 획득하고 거시경제적 안정을 위해 환율제도를 공식화하여야 한다. 고정환율제도를 선택할 것인지, 변동환율제도를 선택할 것인지를 공식적으로 결정하고 이를 유지하고 관리하기 위한 거시경제적 체계도 만들어야 한다. 중국처럼 개혁 초기에는 고정환율제도를 선택하는 것이 거시경제의 안정화에는 도움이 될 것이나 외환수급의 불균형을 해소하기 위한 대책도 함께 마련되어야 환율의 안정적 관리가 가능하다.

3) 금융개혁의 여건 개선

금융은 신뢰가 가장 중요한 거래조건이다. 여기서 신뢰란 거래 상대방이 상호 타인의 사유재산에 대한 권리를 존중하고 관련된 의무를 반드시 수행하는 것에 대한 믿음이다. 금융에서 필요로 하는 신뢰란 개인적인 믿음의 문제가 아니라 제도적으로 계약이 지켜지도록 보장하는 환경이 구비되어야 한다. 신용평가가 가능하도록 정보의 수집과 평가시스템이 제도적으로 갖추어져야 하고 계약에 참여한 경제주체들에게 계약수행을 강제할 수 있는 법적 장치들이 도입되어야 한다. 구체적으로는 아래와 같은 제도적 여건들이 개선되어야 한다.

소유권 확립: 소유권제도가 모든 자산에 대하여 확고하게 도입될 필요가 있다. 또한 기존의 부채나 부실자산들에 대한 처리가 선행되어야 한다. 중앙은행의 관련 분야가 분리하여 상업은행으로 출범하는 경우 기존의 부채와 자산을 정비하여 소위 클린뱅크로 새출발할 수 있어야 한다. 이를 위해 부실채권 처리를 대행하는 기관의 설립도 필요하며 새로 출범하는 금융기관들의 자본확충도 이루어져야 한다. 출범할 때 충분히 건전한 금융기관으로 출범해야 자생력을 가질 수 있고 경영에 대한 모럴해저드 문제를 사전에 방지할 수 있다.

예금보호제도: 금융소비자들의 재산에 대한 예금보호제도의 도입도 필요하다. 금융기관도 부실화되거나 도산할 수 있으므로 이 경우 금융기관에 예탁한 자금을 회수하지 못하는 상황도 발생할 수 있다. 따라서 금융기관에 대하여 소비자가 신뢰할 수 있도록 일정 수준까지는 예금을 보호하는 제도를 도입하여야 한다. 2006년 제정된 북한의 상업은행법에서는 "원금과 이자를 제때에 지불하여야 한다"고 규정하고 있으며 "예금을 정상적으로 지불하기 위하여 규정된 지불준비금을 보유하여야 한다"고 규정하고 있다.

그러나 이는 지불관계에서 예금의 인출 등을 보장하는 내용에 가깝고 금융기관이 문제가 생겼을 때 국가가 예금을 보호해주는 장치라고 보기에는 어려운 조항이다. 그 이유는 예금과 이자의 지불에 대한 의무를 해당 상업은행에 대해 부과할 뿐 국가차원에서 안전장치의 도입에 대해서는 언급이

없기 때문이다. 따라서 예금을 증가시키고 금융사고로 인한 경제주체들의
피해를 줄이기 위해서는 예금보호에 관한 더 구체적인 제도적 보완이 필요
하다.

자유화(liberalization): 금융은 사회 내의 자금흐름을 원활하게 하여 경제적
성과를 제고하기 위한 인프라이다. 어느 나라에서건 금융은 경제 전반에 미
치는 영향이 커서 다양한 규제를 통해 합목적적인 효과를 발생하도록 관리
하는 것이 일반적이다. 그러나 금융은 그 자체로서 독립적인 하나의 산업이
라는 특성도 가지고 있으므로 금융분야의 효율성 제고가 요구되며 경쟁의
도입이 필요하다. 체제전환 초기에는 은행제도를 필두로 금융개혁을 시작하
지만 경제 전체에 미치는 영향을 고려해서 단계적·점진적으로 규제를 자유
화하게 된다.

이 과정에서 은행을 비롯한 금융기관 소유권의 사유화, 금융상품 개발의
자율성 등을 점차 확대하여 경쟁을 유도할 수 있어야 금융분야의 효율성이
높아질 수 있으므로 자유화를 지속적으로 추진하는 노력이 필요하다. 현재
북한의 금융은 국가가 엄격한 통제를 유지하려고 하다가 자원배분의 효율성
이 낮아지고 금융기관은 출납의 기능밖에 하지 못하는 수준에 머물러 있다.
지속적인 자유화를 추구해야 효율성을 높일 수 있다.

대외부채 해소: 북한은 1970년대 해외 차관을 도입하여 경제성장을 추구
하다가 실패하였다. 그로 인해 발생한 대외부채를 갚지 못하다가 1984년
공식 디폴트 선언으로 불량채무국으로 전락했다. 그 이후 일부국가들과 협
상이 진행되어 부채조정이나 삭감 등의 조처가 이루어지기도 했다.[20]

그러나 서방선진국들인 OECD 국가들에 대한 부채는 여전히 아무런 대책
이 강구되지 않고 있다. 북한이 기존 부채를 해소하지 않으면 국제금융시장
에 대한 접근이 불가능하다. 또한 향후 국제금융기구에 가입하기 위해서도

---

20) 북한의 대외부채 가운데 가장 많은 비중을 차지하고 있던 구소련에 대한 부채는 2012
년 북러 간 합의와 2014년 의회승인을 거쳐 당시 110억 달러 규모로 알려진 대러부채
가운데 90%를 탕감하고 나머지 10%는 20년간에 걸쳐 상환하되 상환자금을 다시 북
한의 문화산업에 투자할 것으로 알려짐.

대외부채를 해결해야 한다. 북한으로서는 경제발전을 위해 국제금융기구의 지원과 국제금융시장의 자본을 활용하는 것이 반드시 필요하기도 하다. 따라서 적극적으로 부채해소를 위한 방안을 모색할 필요가 있다.

예를 들어, 파리클럽을 이용하여 부채재조정을 추진한다면 부채부담을 크게 줄이는 것도 가능하다. 우선적으로 필요한 것은 북한이 국제사회에서 경제거래로 발생한 채무에 대해 성실하게 해결하려는 자세와 노력이다.

3. 금융개혁의 실현방안

앞에서 논의한 북한의 금융개혁 내용은 모두 필요한 사안이지만 단기간에 이를 모두 시행하는 것은 어렵다. 정치적·사회적 준비가 필요하며 전문인력의 준비나 재원확보 등 경제적 여건도 고려해야 하기 때문이다. 따라서 개혁의 성공가능성을 제고하고 충격을 최소화하기 위해서는 중국과 같이 점진적 개혁을 선택하는 것이 현실적인 실현방안이다.

점진적 개혁을 선택할 경우 가장 중요한 것은 금융개혁의 내용에 따라 우선순위를 결정하는 것이다. 우선순위의 결정을 위해서는 기준설정이 선행되어야 한다. 일반적으로 수선순위 선정을 위해 긴급성, 중요성, 효과성 등의 기준을 적용하고 있으나 제도적 개혁은 상호간의 연계성을 추가적으로 고려해야 한다. 특정 개혁을 위하여 선행되어야 할 개혁이 있기도 하고 함께 추진되어야 효과를 발휘하는 변화도 있기 때문이다.

〈표 4〉는 북한의 금융개혁에서 필요한 내용에 대하여 우선순위를 제시한 사례이다. 이 우선순위는 경제적·사회적 여건변화에 따라 변할 수도 있고 상황인식에 따라 그 우선순위가 달라질 수 있다. 그러나 상업은행을 도입하여 통화의 사회적 흡수 능력을 갖추고 투자재원을 조달하는 기능이 원활하게 작동하도록 만드는 것이 근본적인 금융개혁의 목표이므로 이 목표가 달성되도록 하는 것에 개혁의 초점을 둔다면 우선순위의 변화가 중요한 의미를 가지지는 않는다.

〈표 4〉 금융개혁의 단계별 추진 순서

개혁분야	개혁과제	우선순위
금융기관개혁	금융, 재정 분리	1
	이원적 은행제도 도입	1
	보험회사 독립	2
	정책금융기관 설립	1
	자본시장 도입	3
제도적 여건개선	부실채권 정리, 자본 확충	1
	예금보호제도 도입	1
	금융기관 설립 자유화	3
	금융기관 사유화	3
	대외부채 상환	3
금융정책개혁	통화관리	–
	－ 간접관리시스템 도입	3
	－ 과잉통화 흡수	1
	－ 통화량조절정책 도입	2
	이중환율제도 개혁	–
	－ 환율단일화	1
	－ 통화가치 안정화	3

참조: 1: 초기 과제, 2: 중기 과제, 3: 장기 과제
자료: 윤덕룡(2013), p.36 수정

    우선순위 결정에서 가장 주목할 부분은 초기 과제들이다. 초기의 개혁이
성공해야 개혁의 지속적인 추진이 가능하기 때문이다. 초기 개혁의 성과가
성공적으로 나타날수록 금융분야의 문제가 감소할 뿐 아니라 개혁의 사회적

지지가 높아져서 그 다음 단계의 금융개혁을 추진할 수 있는 동력을 확보할 수 있게 된다. 따라서 금융개혁 초기 과제들을 선정하고 이를 성공시킬 수 있는 방안의 모색에 가장 많은 노력을 기울일 필요가 있다.

금융개혁의 추진에 대한 사회적 이해를 제고하는 노력도 필요하다. 개혁이 왜 필요하며 어떤 내용으로 어떤 목표를 달성하려고 하는지를 정부 내의 관료들이 함께 이해하고 공감할 수 있어야 개혁의 효과가 발생할 때까지 기다리고 협력할 수 있다. 사회구성원들이 개혁에 대한 이해를 높일 수 있도록 노력하는 것도 필요하다. 개혁은 충격을 야기하고 일정한 수준 이상으로 개혁이 진전되기 전에는 오히려 비용이 편익을 초과하기 때문이다. 더구나 제도적 개혁으로 인해 불리한 입장에 처하게 될 사람들은 개혁을 반대하고 개혁중단을 위해 나설 수도 있기 때문이다.

V. 결론: 북한 금융개혁의 도전

북한은 2002년부터 2006년까지 금융개혁을 위한 법·제도의 도입을 적극적으로 진행했다. 그러나 이 개혁은 법적 준비에서 그치고 지금까지 중단된 상태에 있다. 개혁자체로 보면 사실상 실패이다. 북한이 금융개혁을 중단하고 금융 및 재정관리에서 성공하지 못한 가장 큰 이유는 경제체제의 방향을 구체적으로 결정하지 못하고 있기 때문이다. 북한은 아직 경제운용방식을 시장경제와 계획경제 사이에서 분명하게 선택하지 못하고 두 체제가 혼재되어 있는 시스템을 유지하고 있다. 시장경제를 공식적으로 선택할 경우 사회주의적 정치체제의 유지에 부담이 되는 것을 염려하기 때문이다. 시장경제가 경제회복에 도움이 되는 것을 알면서도 시장의 역할을 최소화하기 위해 끊임없이 통제를 강화하기 위한 노력을 기울이고 있다.

시장을 억제하려는 북한당국의 노력은 성공하지 못했다. 오히려 경제성장을 저해하고 경제적 비용만 높이는 결과를 초래했다. 북한이 사회주의 계획경제로 회귀하는 것은 가능한 대안이 아니다. 그 이유는 다음과 같다.

첫째, 국가의 배급체계를 재개할 수 있을 만큼 경제가 회복된 것이 아닐 뿐더러 사회주의 협력망이 붕괴된 상태에서 사회주의 경제시스템의 회복과 지속적인 유지가 어렵기 때문이다.

둘째, 이미 북한주민들의 생활방식이 시장에 적응되었기 때문이다. 1990년대 이후에 태어난 세대들이 이미 20대와 30대의 연령에 도달하여 이전의 계획경제체제를 잘 알지 못하는 세대가 증가했다. 그보다 연령이 높은 세대들도 이미 25년 이상 시장에서 생존방식을 터득하였기 때문에 국가의 배급체계에만 의존하여 사는 방식으로 회귀하는 것을 받아들일 수 없기 때문이다.

셋째, 현재 북한 경제가 계획과 시장에 함께 의존하고 있기 때문이다. 시장이 일정 수준 이상 위축되면 계획경제부분도 작동되지 않는 상황이 된 것이다. 북한이 시장을 통제하려고 노력할수록 경제회복만 늦어지고 제도적 혼란만 가중되기 때문이다.

북한의 금융분야는 제도적 개선이 가장 필요한 분야이다. 인플레이션 압력을 제어하지 못하고 재정의 부담을 증대시킬 뿐 아니라 국내에 존재하는 자본도 효율적으로 활용될 수 있도록 기능하지 못하고 있기 때문이다. 중국의 사례를 보면 경제체제는 시장경제를 선택하고도 정치체제는 기존체제를 유지하는 것이 가능하다. 오히려 시장경제로의 전환을 분명하게 할수록 개혁의 성공가능성은 높아진다. 북한이 이미 마련한 금융 관련 법·제도의 개혁도 좀 더 분명하게 시장경제를 지향하도록 보완하고 개혁의 성공에 정책의 주안점을 둔다면 더 빨리 더 많은 성과를 낼 수 있을 것이 분명하다. 북한의 금융 관련 법·제도 개혁의 내용을 보면 북한당국도 이미 개혁의 방향과 필요한 개혁의 내용은 알고 있는 것으로 보인다. 이제 남은 것은 확실하게 시장경제 체제를 선택하는 정치적 결단뿐이다. 조속한 선택으로 금융과 실물분야 모두에서 성공적인 성과를 만들어야 한다.

•참고문헌•

김영희. 2007. "북한 「상업은행법」의 주요내용과 시사점." 『산은조사월보』 제619호. 한국산업은행.

_____. 2008. "북한금융의 현황과 문제점." 「산은조사연구 이슈분석」. 한국산업은행.

김용복. 1999. 「주요 체제전환국의 금융개혁과 그 시사점」 조사연구자료 99-17. 한국은행 조사국.

김정만. 2007. "북한 금융제도와 금융개혁동향." 『수은 북한경제』 2007년 여름호. 59-83.

김정만. 2009. "북한 금융제도 현황과 과제." 『통이경제』 2009 가을호. 48-60.

리원경. 1986. 『사회주의 화폐제도』. 평양: 사회과학출판사.

문성민. 2000. 「북한의 금융제도」. 한국은행.

_____. 2013. "북한재정 및 금융정책." 『KREI 북한농업동향』 제15권 3호. 1-21.

박석삼. 2002. "북한의 화폐금융제도 및 가격관리체계." 「북한경제백서」. KIEP.

박월라. 1997. 『중국의 경제개혁과 중앙·지방관계: 재정제도개혁을 중심으로』. 대외경제정책연구원.

박유환. 1997. 「북한의 금융제도와 남북한 금융협력방안」. 한국수출입은행.

사회과학출판사. 1985. 『경제사전』. 제2권. 평양: 사회과학출판사.

_____. 1995. 『재정금융사전』. 평양: 사회과학출판사.

신동천. 2011. "중국의 대북투자와 북한경제." 『통일연구』 15권 1호. 연세대학교.

유승호. 2007. "북한의 금융개혁동향: 상업은행 제도 도입을 중심으로." 『KDI 북한경제 리뷰』. 2007년 11/12월. 한국개발연구원.

윤덕룡. 2004. 「북한경제백서 2003/04」. 대외경제정책연구원.

_____. 2010. "북한화폐개혁의 의미와 시사점." 『시대정신』 2010년 봄호(통권 46호).

윤덕룡·이형근. 2002. "북한의 물가인상 및 배급제 폐지의 의미와 시사점." 『오늘의 세계경제』 02-24호. 대외경제정책연구원.

윤덕룡·정형곤·남영숙. 2002. 「체제전환국 사례를 통해본 북한의 금융개혁 시나리오」 정책연구 02-18. 서울: 대외경제정책연구원.

이동욱. 2006. 『북한의 시장경제 모델 찾기: 중국과 북한의 금융개혁』. 삼성경제연구소.

이영섭. 1997. 「남북한 화폐통합」. 한국개발연구원.

이영섭·전홍택. 2002. 「남북한의 화폐·금융통합」. 한국개발연구원.

이장규·김태준·유재원. 1998. 「중국 금융개혁의 현황과 과제」. 정책연구 98-02. 서울: 대외경제정책연구원.

전홍택. 1997. "북한 금융제도의 구조개혁." 전홍택·이영선 편. 「한반도 통일시의 경제통합전략」. 서울: 한국개발연구원.

정형곤. 2001. 「체제전환의 경제학」. 청암미디어.

통일교육원. 2013. 「2013 북한이해」. 서울: 통일교육원.

통일연구원. 2009. 「2009 북한개요」. 서울: 통일연구원.

한국수출입은행. 1994. 「남북경제협력 실무안내」. 서울: 한국수출입은행.

북한 법률자료: 통일부 홈페이지(http://www.unikorea.go.kr) 통일부/북한소식/북한정보/주요법령.

Babson, Bradley O. 2015. "Korean Unification and the Financial System." *International Journal of Korean Studies*, Vol.XIX, No.1. 156-174.

Bofinger. 1991. "Geld- und Kreditpolitik nach Bildung der deutschen Währungsunion." In: Helmut Gröner, Erhard Kantzenbach, Otto G. Mayer (Hrsg.). *Wirtschaftspolitische Probleme der Integrtaion der ehemaligen DDR in die Bundesrepublik.* S. 151-176.

Buch, C. 1996. 「Creating Efficient Banking Systems-Theory and Evidence from Eastern Europe」. Kieler Studien 277, Institut für Weltwirtschaft an der Universität Kiel. J. C. B. Mohr, Tübingen.

Buch, C., M. Koop, R. Schweickert, H. Wolf. 1995. 「Währungsreformen im Vergleich」. Kieler Studien 270, Institut für Weltwirtschaft. J.C.B.Mohr, Tübingen.

Buch, Claudia 1993. "Die Währugsreform in Estland." *Die Weltwirtschaft*, Vol. 1993, 441-465.

De Grauwe, Paul. 1992. 「The Economics of Monetary Integration」. Oxford.

DeMelo, M., and, C. Denizer. 1997. 「Monetary policy During Transition, An overview」. Policy Research Working Paper 1706, World Bank Washington D.C.

Dollar, David 2015. 「Financial reform in China and Vietnam: Potential lessons for DPRK」. Presentd at KIEP Seminar: International Cooperation for North Korea's Reform and Opening Up. October 28, 2015. Grand Ambassador Hotel, Seoul.

Dubrowsky, Hans-Joachim. 1990a. "Geld- und Währungspolitische Probleme de Wirtschaftsreform in der DDR." In: Jürgen Siebke (Ed.). 「Monetäre Konfliktfelder der Weltwirtschaft」. S. 621-631.

European Bank for Reconstruction and Development 2000. 「Transition Report 2000」. London. p.14.

Falk, Martin, Marin Raiser, Holger Brauer. 1996. 「Making Sense of J-Curve: Capital Utilization, Output, and Total Factor Productivity in Polish Industry 1990-1993」. Kiel Working Paper No.723, Kiel Institute of World Economics, Kiel.

Girardin, Eric. 1997. 「Banking Sector Reform and Credit Control in China」. OECD. Paris.

Haggard, Stephan, and Marcus Noland 2010. 「The Winter of Their Discontent: Pyongyang Attacks the Market」. Peterson Institute for International Economics. *Policy Brief* No.PB10-1.

Helmut Wagner. 2000. "Central Banking in Transition Countries." *Eastern European Economics*, vol.38, no.4. pp.6-53.

IMF. 2000. 「Transition economies: An IMF Perspective on Progress and Prospects」. November. Washington DC.

Kawalec Stefan, Krzystof Kluza. 2000. "Challenges of Financial System Development in Transition Economies." Presented at the Seminar "making the Global Economy Work for Everyone" held on the occasion of the Annual meetings of the International Monetary Fund and the World Bank. Prague, 22-25 September, 2000.

Lardy, Nicholas. 1998. 「China's Unfinished Economic Revolution」. Brookings Institution. Washington DC.

Lehment, Harmen. 1992. "The German Monetary Union." In: Herbert Giersch (Ed.). 「Money, Trade, and Competition, Berlin」. S. 87-103.

Ronald I. McKinnon "Financial Control in the Transition from Classical Socialism to a Market Economy." *Journal of Economic Perspectives*, Volume 5, Number 4-Fall 1991-Pages 107-122.

Schmieding, Holger. 1991. 「Lending Stability to Europe's Emerging Market Economies: on the Importance of the EC and the ECU for East-Central Europe」. *Kiel Working paper* No.481, Kiel.

Siebert, Horst. 1990. "Die Wahlmöglichkeiten einer deutsch-deutschen Geld- und Währungspolitik." Konjukturpolitik, Beiheft 37, 31-49.

Sinn, H. W., and G. Sinn. 1992. 「Jumpstart — The Economic Unification of Germany」. MIT Press, Cambridge, Massachusetts.

Tomas, Balino, Charles Enoch, Alain Ize, Veerathai Santiprhbob, Peter Stella. 1997. "Currency Board Arrangements: Issues and Experiences?" *IMF Occasional Paper* 151. August 1997.

World Bank. 1996. 「From Plan to Market」. *World Development Report 1996*. World Bank. Washington DC.

제**12**장

남북한 금융협력 평가 및 발전 방안

김중호 | 한국수출입은행

I. 서론

70년이라는 분단 역사 속에서 30년이 채 안 되는 시기 동안 남북한이 시도했던 경제협력의 깊이와 높이와 폭은 생각보다 크지 않았으며, 그마저도 부실한 기초 위에 서 있는 판잣집과 같아서 정치라는 바람에 쉽게 무너져 내리는 모양새를 현실 속에서 보여주곤 했다. 그러나 남북한 경제협력의 상징으로 10년을 버티던 개성공단 마저 전면 중단된 오늘의 현실은 남북한 경제협력을 청산(淸算)하는 '단념(斷念)'의 순간이 아니라 새로운 청사진(靑寫眞)을 구상하는 '숙고(熟考)'의 시간이라 할 수 있다.

남북한 금융협력은 남북한 경제협력의 기초이자 핵심이다. 금융이 통하지 않는 상태에서의 경제협력은 그야말로 '그림의 떡'이라 할 수 있다. 오랜 세월 분단체제에 익숙해져 온 남북한이 일시적인 정치적 목적을 위해서가 아니라 실질적인 효과와 변화를 위해 경제협력을 추진하고자 한다면 남북한 금융협력을 우선적으로 추진해야만 한다. 남북한 금융협력의 목적은 단기적으로 북한의 경제·금융제도의 변화를 촉진하도록 도움으로써 남북한 경제협력의 추진력을 확보하는 데 기여하는 것이다. 남북한 금융협력의 중장기 목적은 한편으로는 남북한 경제협력의 기초를 구축함으로써 한반도 통일 비전의 현실화에 기여하는 것이며, 또 다른 편으로는 북한의 체제전환 및 경제개발을 지원하기 위한 국제협력이 효과적으로 추진되도록 경제여건을 조성하는 것이라 하겠다.

미래 어느 순간 북한이 개혁·개방 정책을 선택한다면 북한의 경제개발을 지원하기 위한 국제협력이 자연스럽게 추진될 것이다. 그러나 그 과정은 참여 국가들의 다양한 입장과 이익이 충돌하고 대립하기 때문에 매우 복잡하고 혼란스러울 수밖에 없다. 특히, 분단국가인 북한의 변화 과정이 제3의 국가 또는 국제기구에 의해 주도된다면 남북통일과 한반도 개발을 꿈꾸어온 한국에게는 매우 곤혹스러운 일이 아닐 수 없다. 북한의 변화는 한국의 미래구상의 핵심변수이자 현재 당면한 정책과제이기 때문에 미리 준비해야 마땅하다.

과거 냉전체제의 붕괴 이후 체제전환 국가들의 경제개발 과정은 국제사회와의 협력을 바탕으로 추진된 것이었다. 체제전환이 아무런 고통없이 한순간에 이루어지는 '깜짝 변신'일 수는 없다. 기존에 정착된 정치경제체제의 뿌리부터 뽑아야 하기 때문에 그에 수반되는 고통을 온 국민들이 분담해야 하는 또 다른 '고난의 행군'이다. 그러나 그것은 새로운 미래가 약속되는 '건설적 파괴' 과정이다. 체제전환국들의 개발을 지원하는 국제협력의 효과를 배가시키는 방법은 지원받는 국가의 개혁을 보다 과감하고 철저하게 추진하는 것뿐이다.

국제기준을 도입하고 그에 맞추어 법·제도와 운영방식을 수정한다는 것은 매우 힘겨운 도전이지만 그렇다고 불가능한 것이 결코 아님을 역사가 증명하고 있다. 또한 대한민국의 발전 경험이 그것을 뒷받침하기에 충분하다. 한국은 해외 개도국들에게 선택의 변화가 현재의 문제들을 극복하고 새로운 미래로 나아가는 첫 단추임을 끊임없이 설파해왔다. 개발경험을 공유하려는 한국의 노력은 북한에 대해서도 마찬가지이다.

2015년은 미국 등 국제사회와 대립관계에 있던 나라들, 즉 미얀마, 쿠바, 이란 등이 폐쇄와 고립에서 벗어나 새로운 협력의 시대로 나아가는 특별한 전환의 해였다. 이들 국가들은 서방국가들의 투자와 무역 등 다양한 방식의 경제협력을 통해 새로운 경제개발 프로젝트를 추진하느라 분주히 움직이고 있다. 각종 인프라 개발의 파급효과가 확산되도록 더 많은 자금의 유입을 허락할 것이고 자금의 흐름을 촉진시키기 위해 금융 법·제도를 개선하지 않을 수 없다. 새로운 은행들도 등장하고 있다.

이러한 모습이 북한에서도 곧 나타나기를 바라며 북한에 대한 개발협력의 핵심 과제인 남북한 금융협력의 방안을 모색하고자 하는 것이다. 우선 II절에서는 남북한 금융협력의 실태를 소개하고, III절에서는 남북한 금융협력의 필요성을 분석한 후, IV절에서 남북한 금융협력의 추진 방향과 전략을 논할 것이다.

II. 남북한 금융협력의 실태

1. 남북한 경제협력의 특징

남북한 금융협력의 수준은 남북한 경제협력의 깊이와 연관되어 있다고 말할 수 있다. 1980년대 말에 배태된 남북한 경제협력은 2000년을 기점으로 급속도로 성장과 확장을 이루었으나 2008년부터 급격히 위축되기 시작하여 2016년 현재에는 정지상태에 머물고 있다. 30년도 채 안 되는 짧은 기간 동안 우리가 경험한 남북경협은 남북관계의 근본적인 한계와 접근법에 대한 반성과 성찰의 과제를 안겨주고 있다.

여러 가지 경제적 및 비경제적 장애요인들의 존재에도 불구하고, 한때 상

승곡선을 탔던 남북경협은 한국 사회에 새로운 한반도 시대의 문이 열릴 수
도 있다는 희망의 메시지를 주기에 부족함이 없었다. 1998년에 시작한 금강
산관광은 남북화해의 새 시대를 여는 상징으로 여겨졌으며, 2004년부터 북
한 지역에서 가동된 개성공단은 남북한 경제협력의 성지로까지 여겨지기도
하였다. 그러나 관광객 피살사건으로 인해 금강산관광은 2008년 중단되었
고, 남북한 갈등구도 속에서 개성공단은 2013년 중단과 재가동을 경험하였
으며, 2016년에 다시 전면 중단되고 말았다. 반추해보면, 새로운 남북관계
의 기초가 제대로 닦여지지 않은 불완전한 현실 속에서 전략적 분석과 정치
적 해석이 혼재한 접근법으로는 경제협력을 통한 희망의 현실화가 제약될
수밖에 없었던 것으로 보인다.

남북관계의 기초를 이루는 핵심 요소들 중에는 화해와 신뢰를 강화하기
위한 합의이행 보장절차 등 법·제도의 구축 및 운영이 포함된다. 이러한
기초가 결여된 상태에서 경제협력을 대대적으로 추진한다는 것은 사상누각
의 불안정성을 방치하는 것이라 해도 무방할 것이다. 이런 측면에서 볼 때,
기존의 남북한 경제협력은 기초단계조차 마무리하지 못한 상황에서 오히려
고급단계로 건너뛰려고 시도하다 멈춘 모양새를 보이고 있다.

그만큼 남북관계는 복잡한 구조 속에서 어려운 이슈들을 중심으로 진화해
온 영역이라 하겠다. 부분적이고 일시적인 경제협력 방안들로는 과거 60년
이상의 세월을 버텨온 남북관계의 틀을 바꾸기가 쉽지 않아 보인다. 물론
'천리길도 한걸음부터'라는 속담처럼, 기존의 고착된 남북관계를 바꾸기 위
한 화해·협력의 작은 몸짓들은 매우 소중한 것이었다. 특히, 남북관계의 진
전을 위해 남북한 경제협력은 언제나 가치있고 중요한 선택이 아닐 수 없다.

그러나 남북한 경제협력은 언제나 불안전성 및 불확실성을 내포하고 있
었다. 경제협력에 필요한 법·제도적인 기초와 더불어 합의이행 보장수단
등이 불충분했기 때문이다. 단적인 증거가 바로 남북한 금융협력의 미발달
이라 할 수 있다. 과거 20여 년의 남북한 경제협력 시기동안 남북한 금융협
력은 극히 제한된 수준에서 추진되었을 뿐이다.

남북한 금융협력의 필요성이 주목받은 것은 바로 2007년 제2차 남북정상

〈표 1〉 제2차 남북정상회담 선언문의 경제협력 관련 내용

- 투자 장려, 기반시설 확충, 자원개발, 민족내부협력사업의 특수성에 맞게 특혜 부여

- 서해평화협력특별지대 설치, 공동어로구역과 평화수역 설정, 경제특구건과 해주항 활용, 민간선박의 해주직항로 통과, 한강하구 공동 이용 등 추진

- 개성공단 1단계 건설 속히 완공 후 2단계 개발 착수, 문산-봉동 간 철도화물 수송 시작, 3통(통행통신통관) 등 제도적 보장조치 완비

- 개성-신의주 철도 및 개성-평양 고속도로 개보수 협의 추진

- 안변과 남포에 조선협력단지 건설, 농업보건의료환경보호 등 여러 분야에서의 협력사업 진행

- 기존의 차관급 남북경제협력추진위원회를 부총리급 남북경제협력공동위원회로 격상

회담을 통해 대대적인 남북한 경제협력 계획들이 발표되었을 때였다. 제2차 남북정상회담 선언문의 다섯 번째 조항은 "민족경제의 균형적 발전과 공동의 번영을 위해 경제협력사업을 … 적극 활성화하고 지속적으로 확대 발전시켜 나가기로" 합의하였음을 공표하고 있다. 그 구체적인 협력 내용은 〈표 1〉과 같다.

이는 경제협력에 대한 남북한 양측의 강력한 의지가 반영된 합의문이라 할 수 있다. 남북한 간에 대대적인 경제개발 협력을 통해 남북 갈등의 상징이었던 서해지역을 공동번영의 중심지로 바꾸자는 합의안은 남북한 경제협력의 질적 변화를 예고하는 것이었다. 이미 과거에도 우리 대기업들이 여러 가지 대북투자 계획을 밝힌 바 있는데, 2007년 남북한 정상 간 합의가 발표된 후에는 우리 대기업들의 적극적인 관심과 참여가 있을 것으로 기대되었다.[1]

실제 정치적 리스크 및 인프라 부족 등 대북 투자의 제약요인들로 인해

대부분의 대기업들은 저울질하는 입장을 보일 수밖에 없었다. 그러나 제조업계와는 달리 금융업계의 반응은 긍정적이었다. 제2차 남북정상회담에서 대대적인 남북한 경제협력사업 추진이 합의되자 금융업계는 적극적으로 북한 진출을 시도하고자 하였다. 그 이유는 금융 지원의 여건이 구비되지 않은 상태에서 본격적인 경제협력사업을 추진할 수 없었기 때문이며, 대규모 경제협력의 현실화가 없이는 북한 경제의 변화를 촉진하기 어려웠기 때문이라 할 수 있다. 물론 현실의 장벽은 생각보다 높았다. 전면적인 개혁개방을 선택하지 않은 북한과의 경제협력이 그동안 불완전하고 비정상적이며 불균형적인 관계구조 속에서 진행되어 왔기 때문에 금융분야의 협력 역시 성과를 거둘 수 없었다.

2. 남북한 금융협력의 현황

과거에 시도되고 추진된 남북한 금융협력의 분야는 크게 둘로 나뉘는데, 하나가 결제이고 또 하나는 은행진출 및 보험이다. 결제분야에서의 협력이슈들은 환결제, 청산결제, 송금 등을 포함하고 있다. 그러나 남북한 은행

---

1) 예를 들면, 삼성은 기존의 브라운관 공장 임가공 사업(연간 2만 대 규모)을 확대하고 신규 투자사업을 검토하겠다고 밝혔으며, 실제로 삼성전자는 남북경협사업을 통해 2000년부터 2010년 5월까지 연간 2만~3만 대의 브라운관TV를 임가공 생산한 바 있다. 그러나 2010년 천안함 피폭사건(3월 26일)을 계기로 평양 공장을 중국으로 이전하였다. 김현예, "삼성 평양TV사업 철수 뒤늦게 알려져,"『한국경제』, 2010년 12월 22일. 이러한 삼성의 대북투자 활동은 이미 1998년에 계획되고 추진된 것이었다. 1998년 말 삼성그룹은 1999년부터 2008년까지 10년간 북한의 해주 또는 남포 지역에 총 10억 달러를 들여 50만 평 규모의 대단위 전자복합단지를 조성하고, 공단조성 완료 후에는 연간 30억 달러 상당의 제품을 생산하고 종업원 3만 명을 고용하는 대대적인 대북투자사업 계획을 밝힌 바 있다. 삼성은 사업추진의 전제조건으로서 원활한 남북 육상교통 체계와 남한 전력 사용을 제시하였다. 이에 덧붙여, 삼성은 북한 수출입 창구 기능과 대북사업 총괄 기능을 수행하도록 종합무역사무소를 평양에 설립하고 이를 북한 내 현지 종합무역상사로 발전시킬 계획도 밝혔다. 이희성, "삼성, 대북 10억 달러 투자 추진,"『동아일보』, 1998년 11월 11일.

간 환거래계약이 체결되지 않았기 때문에 대금결제는 제3국 은행을 경유해야만 했고 복잡한 절차와 추가 비용 등의 문제에 그대로 노출될 수밖에 없었다. 또한, 남북한 간 직접 송금이 원칙적으로 불가능한 상황에서, 우리은행 개성지점을 통해 개성공단 입주기업에 대한 송금 업무가 제한적으로 이루어져 왔을 뿐이다.

한편, 남북한은 2000년 6월 15일에 발표된 '남북공동선언'에 따라 경제교류와 협력이 민족 내부의 거래임을 확인하고 경제거래에 대한 청산결제체계를 세우는 것에 합의하였다.[2] 2000년 12월 16일에 작성된 청산결제에 관한 합의서에 따라 남북 양측은 6개월 이내에 청산결제방식으로 거래할 상품과 한도, 청산계정의 신용한도를 결정하고 각자의 청산결제은행을 선정하여 통보하기로 하였다. 그러나 남한의 한국수출입은행과 북한의 조선무역은행을 당사자로 내세워 청산결제를 진행한다는 기본적인 사항 이외의 구체적인 논의가 아직도 진행되지 못하고 있다. 청산결제제도는 북한의 외화 공급 부족, 경제난 등을 해결하고, 직접교역체제 구축을 위해 필요한 제도이지만, 양측의 합의 불발로 활용되지 못하고 있다.

은행진출 및 보험분야 역시 남북 금융협력의 분야임에도 불구하고 여태 진전을 보이지 못하고 있다. 북한의 외국투자은행법에 따르면 북한 지역 내 외국투자은행의 설립 및 외국금융기관의 진출이 허용되나, 우리은행 개성지점과 농협 금강산지점 두 곳을 제외하고는 남한 금융기관이 설치·운용되지 못했다(〈표 2〉 참조). 또한 남북한 경제협력이 활성화되면서 남북한 합작보험회사의 설립, 외국보험회사의 자본 유치 등이 기대되기도 했으나, 이 분야에서의 협력은 전혀 현실화되지 못하고 말았다.

---

2) 북한은 과거의 대외거래를 통해 이미 청산결제제도를 경험하고 있었다. 냉전시기 구공산권국가들과의 거래에 있어서 청산결제를 통해 많은 편리와 혜택을 누렸다. 그러나 사회주의 경제권 해체 이후 1991년 구소련과 중국이 북한과의 청산결제를 중단하였고 대신 현금지불을 요구하기 시작하면서 북한의 경제는 타격을 입었던 것이다. 남북 간 체결된 4대 경제협력 합의서는 ① 남북 사이의 투자보장에 관한 합의서, ② 남북 사이의 소득에 대한 이중과세방지 합의서, ③ 남북 사이의 상사분쟁 해결절차에 관한 합의서, 그리고 ④ 남북 사이의 청산결제에 관한 합의서 등이다.

〈표 2〉 남한 금융기관의 북한 지점 활동 내용

은행명	활동 내용
우리은행 개성지점	• 2004년 12월 우리은행 개성공단지점이 개설되어 개성공단에 참여하는 남한의 기업관계자 및 주재원들을 상대로 환전 및 송금 서비스를 제공 • 2004년 9월 통일부에 의해 개성공단 진출은행으로 선정된 우리은행은 당시 금융감독위원회로부터 국외점포 신설인가를 받았는데, 북한 지역에 설치된 우리은행 지점은 관련법상 사실상의 해외 점포 • 지점장을 포함해 은행에서 파견된 직원 3명과 현지 고용 직원 3명 등 총 6명 • 남북이산가족 상봉 행사 시, 남측 가족들에게 환전 금융서비스를 제공하기 위해 임시환전소를 개소 • 2016년 2월 10일 개성공단 전면중단과 함께 멈춘 상태
농협 금강산지점	• 농협중앙회는 1998년부터 시작한 금강산관광이 꾸준한 성장세를 보이자 2006년에 금강산관광지구에 지점을 개설 • 파견된 농협 직원 2명과 현지 직원 • 관광객들을 위한 환전 등의 서비스 제공 • 2008년 7월 관광객 피격사태 이후 지점이 폐쇄

　　남북한 금융협력이 진전을 이루지 못한 이유로서 갈등·대립 중심의 정치적 구조뿐만 아니라 북한 자체의 금융산업 후진성도 고려할 필요가 있다. 남북한 금융협력의 부진은 근본적으로는 남북 간 경제체제의 차이 때문이기도 하지만 구체적으로는 공산권 경제가 사라진 오늘날 고립·폐쇄 상태에 있는 북한의 금융개혁 부재 때문이라 할 수 있다. 금융산업 현실을 개선하려는 북한당국의 의지가 발동되어야만 남북한 금융협력이 기존의 한계를 넘어설 수 있는 것이다.

　　물론 북한 나름대로 금융분야의 변화를 모색해온 것은 사실이다. 주로 금융 관련 법·제도의 정비에 주력해 왔는데, 문제는 그것이 실질적인 금융산업의 변화로 이어지지 않았다는 것이다. 북한은 2002년 7·1 경제관리개선조치의 도입을 계기로 기존의 금융제도를 개선하기 시작했으나 여전히 전통적인 사회주의 경제체제 틀 속에서 근본적인 한계를 보이고 있다.

III. 남북한 금융협력의 필요성

1. 한반도 통일과 남북한 금융협력

남북한 금융협력은 남북한 경제협력의 활성화에 있어서 필수요소이다. 금융협력의 목적은 당연히 생산성 향상과 경제적 이익 실현에 기여하는 것이다. 특히, 경제적 격차와 법제도적 이질성이 큰 상태에서의 남북한 금융협력은 경제협력의 질적·양적 확대 및 심화를 위해서 반드시 추진해야 하는 과제가 아닐 수 없다. 향후 남북관계의 변화에 따라 발생하게 될 남북한 경제·금융통합의 기초를 닦는다는 측면에서 볼 때 금융협력의 중요성은 더욱 더 커진다고 하겠다.

금융협력이 경제통합의 첫 단추에 해당된다. 금융협력이 시작되지 못한다면 남북한 통일과정에서 등장할 수밖에 없는 경제격차 해소 비용, 즉 통일비용에 대한 실마리를 찾을 수 없다. 남북한 통일과정은 남한의 경제력만으로 추진될 수 있는 것이 아니다. 북한의 경제 개발을 촉진하는 과정에서 남한뿐만 아니라 국제사회의 자금을 도입해야 하기 때문에 외자도입을 차질 없이 진행하기 위해 북한의 금융개혁은 선택이 아니라 필수이며 북한 금융개혁의 완성을 위해 남북한 금융협력은 핵심 변수가 아닐 수 없다. 장기이식수술을 위해 혈관과 신경을 이어주고 같은 유형의 피를 공급하는 것처럼, 북한 경제의 활성화를 위해 체제전환에 필요한 법제도 개혁과 통화유통 체계 정비 등은 필수 조건이라 하겠다. 남북한 금융체계의 이질성을 최소화하고 공통기반을 확충함으로써 남북 경제협력의 기틀을 마련하는 것이 남북한 통일의 초기 과제라 하겠다.

2011년 통일부 용역보고서에 따르면, 통일방안의 잠재 비용은 소요시간 (단기·중기·장기)에 따라 한국 GDP 대비 최저 3.8%에서 최고 9.5%에 이를 것으로 추정되었다.[3] 가령, 이를 기준으로 하여 중장기 시나리오를 만든다면, 30년간 매년 166억 달러(18조 원)의 재원을 투입해야만 북한 경제의 수준이 남한 경제의 3분의 1까지 제고될 수 있다는 추론이 가능하다. 통일을 선포할 때까지 30년간 북한의 경제성장을 촉진하기 위해 다양한 경제사업에 매년 수백억 달러의 자금을 투입한다는 가상의 계획은 한국과 국제사회가 동의하는 높은 수준의 금융 기준이 적용된다는 전제하에서 만들어진 것이다. 지원 대상인 북한의 금융 체계 및 실행이 국제기준에 부합하지 않는다면 북한개발 및 남북한 통일은 차질을 빚을 수밖에 없다. 그러므로 남북한 경제협력 그리고 궁극적으로 남북한 통일을 추진하기 위해서는 북한의 금융개혁이 필수요소이며 이를 현실화하기 위해 남북한 금융협력이 추진되어야 하는 것이다.

남북한 금융협력은 교역 및 경제협력사업을 지원할 수 있도록 법·제도적 장치를 마련하고, 양측의 수용가능성 및 경제적 파급효과 등을 고려하여 추진되어야 지속가능하다. 금융협력을 실현하기 위해 남한의 대북지원이 다양하게 제공되어야 하는데, 이러한 지원은 결과적으로 북한 금융체제의 개선 및 개혁을 추진하는 동력이 되게끔 설계되어야 한다.

남북한 금융협력의 속도는 경제협력의 속도에 비례할 것으로 보인다. 북한의 개혁개방이 급속도로 추진될 경우에는 남북한 금융협력이 압축적으로 진행되겠지만, 체제전환 과정과 부수현상에 적응하는 시간과 비용 등을 감안하여 점진적인 경제협력이 추진된다면 금융협력 역시 매우 느린 속도로 진행될 수밖에 없을 것이다.[4] 아무래도 점진적 변화 시나리오에 맞춰 단계적인 금융협력 방안을 모색하는 것이 실현가능성을 높일 것으로 보인다.

남북한 금융협력 논의의 전제는 북한 핵 문제 등 정치적 갈등 요소들이 경제협력 논의에 영향을 미치지 못하도록 정치적 합의와 이행 의지가 확인된 상태이다. 이에 덧붙여 또 다른 전제는 북한 지도부가 경제개발에 정책적 우선순위를 부여하고 대외협력을 통해 추진 동력을 확보하는 데 관심을

---

3) KIEP · KIET, 『남북경제공동체 추진구상』(2011), p.503.

4) 북한 체제전환과 남북한 금융협력에 관하여 다음을 참조 바란다. 안형익·박해식, 『북한 은행시스템의 변화와 체제전환에 관한 연구: 통일금융에의 시사점을 중심으로』(한국금융연구원, 2014).

둔다는 것이다. 물론 북한 지도부의 정책 지향성이 왜 어떻게 바뀌는가의 문제는 또 다른 연구의 주제로 다루어져야 할 것이다.

남북한 금융협력이 중장기 차원에서 남북한 통일 기반 구축의 핵심 과제가 된다면 그것을 추진하기 위해서는 다른 분단국들의 사례를 살펴볼 필요가 있다. 동서독 금융협력과 중국-대만 금융협력 사례를 간단히 정리하면 다음과 같다.

서독은 동독과의 경제교류협력 과정에서 동독경제에 실질적 도움을 줄 수 있는 다양한 금융지원수단을 활용하였다. 대표적인 금융지원 방안으로서 첫째, 청산계정 대월제도를 이용하여 대월잔액을 현금차관으로 공여, 둘째, 대동독 수출금융전담회사를 통해 중장기 연불수출금융을 공여, 셋째, 서독 은행단의 대동독 사업차관 공여 등을 꼽을 수 있다. 동서독 간의 재화 및 용역거래에 필요한 대금결제를 위해 서독은 프랑크푸르트협정과 베를린협정에 따라 서독의 독일연방은행과 동독의 동독국가은행에 상호 개설된 청산계정을 통해 정산하였다. 이것이 청산계정 대월제도이다. 한편, 서독의 54개 민간은행 컨소시엄으로 설립된 산업금융회사가 대동독 반출거래 시 서독 정부의 지급보증을 받아 반출액 상당액에 대해 중장기신용을 공여하였다. 서독은행단의 대동독 상업차관 공여도 이와 같은 방식으로 전개되었다.

중국과 대만의 금융협력은 현재진행형이다. 1987년 중국이 대만인의 중국 대륙 방문을 허용했으나 양안 간 직접적인 환거래 및 송금 업무는 허용되지 않았으며 제3국을 통한 대중국 간접금융거래만 불법적으로 이루어졌다. 1979년 대외경제개방 이후 중국은 외국자본의 유입을 위해 중외합자은행 설립과 외국은행 지점의 영업을 허용하는 등 금융개방지역을 확대하기는 했으나 매우 제한적인 수준에 머물렀다. 대만 역시 1994년까지는 대만은행들의 중국진출 또는 중국은행들과의 직접 금융거래 등을 금지하고 있었다. 1990년대 중반에서야 간접금융거래에 따른 비용절감을 위해 홍콩 및 경제특구에 지점 또는 합작은행을 설립하도록 허용하는 등 금융협력을 추진하였다.

위의 두 사례가 시사하듯이, 분단된 상태에서의 금융협력은 사실상 여러 가지 법·제도적 및 정치·경제적 요인들로 인해 제한될 수밖에 없음을 알

수 있다. 같은 맥락에서 남북한 금융협력 역시 교역 및 경제협력사업의 촉진을 돕는 보조수단으로서 단순 지원의 도구로 활용된 측면이 크다 하겠다.

2. 북한개발 국제협력과 남북한 금융협력

남북한 금융협력은 북한이 체제전환을 할 경우 북한의 개발을 지원하기 위한 국제협력의 효과성 제고를 위해서도 필수요소가 된다.5) 남북한 금융협력은 북한이 국제사회와의 교류협력을 통해 경제개발에 필요한 지원을 획득하고 수용하는 역량을 갖추는 데 있어서 핵심 과제가 아닐 수 없다. 남북한 경제통합 및 통일의 당사자이며 개발경험과 지식을 갖춘 남한이 북한의 변화를 적극 지원하고 유도해야만 대북 개발지원을 위한 국제사회의 협력이 효과를 낼 수 있기 때문이다.

개발협력이란 저개발국의 개발을 지원하기 위한 국제협력을 의미한다. 개발지원의 핵심이슈는 재원조달과 원조조정인데, 재원조달은 공적부문과 민간부문으로 구분되어 추진되며, 원조조정은 여러 원조 주체들(국가 혹은 국제기구) 상호간 지원 정책 협력을 통해 개발지원 효율성 극대화를 추구하는 것이다.

국제사회의 개발지원을 결정짓는 요인들은 대체로 수원국의 빈곤 수준, 제도개혁 수준, 정책변화 수준, 개혁을 위한 정부·행정 수준, 정치외교 방향 등을 포함한다. 〈표 3〉에서 보는 바와 같이, 체제전환 시 개혁·개방과 연결된 과제들은 대체로 자유화, 안정화, 사유화, 제도화 등의 영역에서 나타난다.6)

기존의 체제전환국 사례분석을 통해 얻은 시사점은 무엇보다도 정치체제

---

5) 이와 관련하여 다음을 참조 바란다. 김중호, "북한의 경제개발 실태와 국제개발지원 수용 가능성," 한국수출입은행 편, 『북한개발과 국제협력』(도서출판 오름, 2014).

6) 〈표 3〉은 다음 글에서 재인용하였다. 장형수·김석진·송정호, 『북한개발지원을 위한 국제협력 방안』(통일연구원, 2009), p.81.

〈표 3〉 국제사회가 제시하는 체제전환국의 개혁·개방 과제

	개혁	개방
자유화	- 계획시스템 해체 - 가격 자유화	- 무역 자유화 - 무역제도 정비
안정화	- 인플레이션 제거 위한 긴축정책	- 환율 단일화 - 경상계정에서 자유태환
사유화	- 농업개혁 - 국유기업 사유화 - 기업 구조조정 - 사유기업 육성	- 외국인 직접투자 유치 - 경제특구 등 개방 추진
제도화	- 재정, 금융, 법률, 노동시장 - 사회보장제도 개혁	- 금융시장 개방 - 지적재산권, 서비스 무역 등 관련 제도 정비

형식보다는 개혁개방 추진 의지와 대국제사회 협조 태도에 따라 국제원조 방식과 규모가 결정된다는 것이다. 적극적으로 개혁개방의 길을 선택한 베트남식, 형식적인 정치경제 변화에도 불구하고 기존의 지도부가 개혁·개방과 對국제사회 협력에 소극적인 우즈베키스탄식, 그리고 체제 내 혼란 발생으로 개발원조 수용능력을 상실한 앙골라식 등 여러 유형에 따른 국제지원 수혜가 발견된다.[7]

체제전환국이 국제금융기구에 가입하기 이전에도 양자간 지원은 가능하나 그 규모는 매우 제한될 수밖에 없는 반면, 가입 이후에는 다자간·양자간 지원의 동반 상승작용이 발생하여 지원 규모가 확대되는 것을 볼 수 있다. 정책개입을 요구하는 국제금융기구의 다자간 지원을 회피한 채 선진국 또는 우호국의 호의적인 양자간 지원만을 선호한다면 개발을 위한 국제지원은 최소 규모에 머물 것이다.

---

7) 앞의 글, pp.88-122.

이러한 체제전환 지원을 위한 국제협력의 원칙과 방향, 그리고 지원 경험의 교훈들은 북한개발 과정에도 동일하게 적용될 것이다. 전반적인 체제전환 지원을 위한 국제협력을 촉진하려면 지원국들의 협력체계뿐만 아니라 지원대상국가의 개혁 의지와 역량이 개선되어야 한다. 무엇보다 금융제도의 개선은 개발지원의 속도와 규모를 결정짓는 핵심 요소이기 때문에 수원국은 금융 관련 법·제도와 정책의 개선에 초점을 두지 않을 수 없다. 그런 맥락에서 체제전환국들의 금융개선 사례를 살펴볼 필요가 있다.

체제전환국들의 여러 경제조치들 중에서 금융분야 체제전환 내용은 시사하는 바가 크다. 대부분 체제전환국들의 사례에서 공통적으로 나타나는 것은 이원적 은행제도를 도입했다는 것이다. 기존 중앙은행에서 상업은행의 기능을 분리하였고, 동시에 중앙은행에 통화신용·외환·은행감독 등의 정책을 독자적으로 수립·시행하는 데 필요한 정책수단을 부여하였다. 앞의 제9장에서 이미 심도있게 다루어졌기 때문에, 여기서는 체코 및 동독 사례의 요점들만 되짚어보도록 하겠다.

1) 체코의 금융개혁

체코의 경우, 체제전환 초기 금융시장에서의 경쟁원리 도입을 위해 은행의 설립절차를 간소화함으로써 국내외 금융기관의 신규 진입을 활성화하였다. 설립 절차의 간소화는 국유은행의 사유화와 함께 체제전환 초기에 다수의 민간은행들이 신설되는 주요 요인으로 작용하였다. 이와 더불어, 주식시장 설립과 활성화에 초점을 두었는데, 사유화 대상 기업의 구조조정, 직접금융 활성화, 주식·국채 등 각종 유가증권의 원활한 발행 및 유통을 위해 서구식 주식시장 활성화에 집중하였다. 특히, 사유화 과정에서 나타난 바우처 거래를 활성화하고자 주식시장의 설립 필요성은 매우 높았던 것으로 알려졌다.

체코의 금융체계 전환 방식은 금융긴축정책을 추진하는 동시에 은행사유화를 시행하는 것이었다. 경제안정화를 위해 신용한도 조정 등 다양한 금융긴축정책을 추진하였는데, 여신공급 관리를 위해 중앙은행의 對상업은행 신용의 최대한도 설정, 지준율 인상, 여신비율 조정 등을 시행하였다.

한편, 1990년대 후반 이후 체코의 은행사유화가 본격화되긴 했으나 은행의 도덕적 해이, 연성예산제약8)에 기인한 방만한 대출로 부실화가 초래되기도 했다. 이를 해결하기 위해 대형은행들이 순차적으로 해외자본에 의해 매각 처리되었다.

전환과정에서의 금융정책적 대응도 중요하다. 체코에서는 체제전환기에 성행했던 부정행위와 내부자 거래 등을 제거하기 위해 금융시장에 대한 규제 및 감독체계 개편을 본격화하였다. 지급불능 범위 확대 및 구체화, 신속한 은행 파산신청 및 판사의 결정·회사정리 규정화 등 채권자인 은행의 지위를 강화하기 위해 파산법을 개정(1998년)하였다. 또한, 제2차 일반은행법 개정(1998년)을 통해 은행의 비금융기관 출자한도 설정, 은행 내 상업은행 업무와 투자은행 업무 간 차단벽 설치, 은행의 자기 또는 고객 명의의 증권 거래 관련 요건 강화 등을 포함하였다.

부실채권 처리는 또 하나의 중요한 과제이다. 체코에서는 체제전환 이후 급증한 금융권의 부실채권 처리를 위해 부실채권처리 전담은행을 설립하는 한편, 부실여신 보증, 후순위채권 발행 등의 방식을 사용하였다. 체제전환 초기 극심한 경제침체에 따른 기업경영상태 악화, 금융감독 강화에 따른 부실여신 범위 확대, 기업들의 재무상태 악화에 따른 금융권의 담보가치 하락 등으로 금융부문의 부실화가 불가피하였다. 상대적으로 양호한 재정·외채 상황, 구조조정을 주도적으로 추진하기 어려운 민간부문 경제의 취약한 여건 등을 감안하여, 재정부담에도 불구하고 중앙집권적 처리방식으로 통합정리은행(CSOB)을 설립(1991년)하였던 것이다.

체코의 경우, 1996년까지 대부분의 금융시스템 관련 제도를 도입하는 등 금융시장 건전성 유지와 효과적인 감독체계 구축을 위한 제도적 기반을 마

8) 연성예산제약(soft budget constraint)은 예산제약이 느슨하게 적용되는 것을 일컫는 것으로, 사회주의 국가에서 은행, 기업 등의 경제주체들이 국가가 손실을 보전해줄 것을 인식하고 예산을 방만하게 운영하는 것을 의미한다.

련하긴 했으나, 체제전환 초기 은행허가제도 및 건전성 규정이 엄격하게 관리되지 않음으로써 자본력 부족 및 건전성 저하에 따른 부실은행 양산을 초래하고 말았다. 결론적으로 보면, 체코의 금융시장은 대체로 동유럽 주요 국들 중에서 제도적 선진화가 비교적 늦은 편에 속한다고 할 수 있다.

2) 동독의 금융개혁

대부분의 체제전환 사례에서는 인플레이션, 실업, 자본시장 경색 등 각종 부작용이 발생했으나, 동독지역의 경우에는 서독 경제가 대부분의 충격을 흡수하였으며, 서독으로부터의 선진제도 도입, 막대한 자금지원 및 물자 공급이 있었기에 동독지역의 급진적 체제전환이 가능했던 것으로 평가된다.

'동서독 경제·통화·사회통합 조약' 발효(1990년 7월)에 근거하여 동독지역의 금융구조개혁은 서독 당국에 의해 급속히 추진되었다. 당시 서독의 통화경제통합 제의는 첫째, 동독이 사회적 시장경제(social market economy)체제를 채택할 것과, 둘째, 서독의 중앙은행인 독일연방은행(Deutsche Bundesbank)이 동독지역의 통화공급과 통화량 조절에 관한 권한을 행사할 것을 전제조건으로 포함하고 있었다.

서독의 통합제의(1990년 2월)에 대응하여 동독 당국은 그 해 3월에 '독일 신용은행(DKB: Deutsche Kreditbank AG)' 등을 설립하고, 동독의 중앙은행인 독일국립은행의 대출업무를 이관하는 등 금융개혁을 단행하였다.9) 동독 당국은 국립은행이 화폐발행, 환율결정, 통화량 조절 등 중앙은행 기능만 수행하도록 하고, 국립은행이 담당하던 기업 대출 업무는 새로 설립된 독일 신용은행 등으로 이관하였는데, 이것이 동서독 간 금융통합(7월)의 밑거름이 되었다.

서독의 대형 및 일부 소형 은행들은 동독 당국의 금융개혁 전인 1989~

---

9) 당시 동독의 모드로우(Modrow) 정부는 통화정책 주권을 서독당국에 이양하는 것보다 서독 독일연방은행의 보증하에 동독 마르크(Mark)화의 안정성을 확보하는 데 더 많은 관심을 가지고 있었기 때문에 콜 수상의 요구에 소극적인 자세를 보였음.

1990년 겨울부터 동독의 관련기관들과 접촉하면서 동독지역 진출을 준비하였고, 1990년 4월부터는 서독 및 외국은행들이 동독지역에 사무소를 개설하였으며, 독일신용은행은 서독의 도이치은행과 드레스드너은행 등 대형은행과 합작은행을 설립하였다.

'통합조약'의 발효로 서독의 중앙은행인 독일연방은행의 권한이 동독지역으로까지 확대되었고, 완비된 은행감독제도 등 서독의 금융 관련 각종 법규가 동독지역에까지 확대 적용됨으로써 서독의 상업은행과 외국은행들이 동독지역에 지점을 개설할 수 있게 되었다. 이와 같이 동서독 간에 금융제도의 통합은 매우 급진적으로 이루어졌던 것이다.

동독지역 금융기관의 개편 방향은 크게 세 가지로 정리된다. 첫째, 국영은행은 서독은행들과 합작하여 새로운 상업은행으로 개편하고, 둘째, 저축은행은 소유권을 서독과 같이 지방자치단체에 귀속시키며, 셋째, 동독지역 금융시장을 개방하여 서독 및 외국은행의 진출을 유도하는 것이다.

무엇보다 통화통합에 따라 중앙은행으로서의 지위를 상실한 동독의 독일국립은행은 베를린 시립은행(BSB: Berlier Stadtbank AG)으로 전환되어 통화통합을 지원하는 과도기적 은행으로서의 역할을 수행하였다. 동독의 저축은행 및 협동조합은행을 서독처럼 지방자치단체 소유로 전환한 후 존속시켰고, 통일 후 동독지역의 중요한 금융기관으로서 활동하게 하였다.

특히, 동독지역에서 시장경제체제에 적합한 금융체계 구축과정이 대체로 성공적이었다는 평가를 받는 이유는 정부보증을 통한 부실채권 문제의 해소와 서독은행의 동독 지역에 대한 적극적인 투자가 있었기 때문이다.[10) 결국, 서독은행들의 투자에 힘입어 통일 후 동독지역에서는 건전하고 경쟁력 있는 금융제도가 단기간 내에 구축될 수 있었고, 그 결과 통일 후 10년 동안 동독지역의 금융기관 점포망 수가 급증하였음을 알 수 있다.

---

10) 예를 들면, 구동독의 국영기업 사유화를 추진하기 위해 1990년부터 1994년까지 신탁청(Treuhandanstalt)을 설립하여 운용하였는데, 신탁청은 12,000개 이상 구동독 국유기업의 자산과 부채를 인수하였다.

이를 정리하면, 체제전환국들의 금융개혁은 새로운 경제 법·제도 제정, 경제정책 수립 및 운용, 거시·미시 차원의 다양한 경제조치 도입 등과 분리될 수 없는 핵심적인 과제임을 시사하고 있다. 금융분야의 체제전환은 개발협력의 효율성 증대를 위해 반드시 고려해야 하는 정책영역이라 할 수 있다. 그러므로 북한이 개발협력을 통한 국제지원을 수용하기 위해서는 체제전환 초기 금융개선을 적극 추진해야 한다.

IV. 남북한 금융협력의 추진 과제

1. 남북한 금융협력의 추진 모델

북한이 정치적 걸림돌을 제거함으로써 대외적 경제협력 추진의 필수조건을 충족시킨다면 남북한 금융협력은 변화의 특징에 따라 몇 단계를 거쳐 발전할 것으로 예상된다. 〈표 4〉에서 보듯이, 4단계 통합 시나리오에서는 남북한 경제금융협력이 협력증진과 협력심화의 단계인 협력기를 거치고 난 후 통합을 본격적으로 추진하고 완성하는 통합기에서 통일 합의와 함께 현실화된다는 모형을 제시하고 있다.11)

5단계 통합 시나리오에서는 남북한 금융협력이 시작된 후 북한의 금융개혁이 추진되면 남북 금융시장이 개방되고 양측의 금융제도가 통합되는 단계를 거쳐 결국 경제적 통합에 이르게 된다는 단계별 발전 모델을 제시하고 있다.12) 달리 말하면, 우선, 남북 양측의 금융제도에 대한 이해 증진 및 경

---

11) 전홍택·이영섭, 『남북한 화폐금융통합에 관한 연구: 시나리오별 분석』(한국개발연구원, 2002).

12) 박석삼·랄프 뮐러, 『독일경험에 비추어 본 남북간 금융통합 방안』(한국은행, 2001).

〈표 4〉 남북한 경제금융협력 및 통합 방안 시나리오

구분		단계별 조건	단계별 과제
협력기	협력 증진기	- 상호신뢰 확립 - 직교역 정착 - 투자협력사업 일부 추진	- 대금결제제도 구축 - 남북경협지원제도 확충 - 북한 금융부문 개방개혁 지원
	협력 심화기	〈1차 경제개혁〉 - 부분적 자유화 및 사유화 - 남북경협 제도화 완성 - 투자 확대	- 북한 단일환율제도로의 전환 - 북한 이원적 은행제도로의 전환 - 금융기관 대북 진출 추진 - 차관제공, 지급보증 등 금융지원 - 북한 금융인력 양성 지원
통합기	통합 추진기	〈2차 경제개혁〉 - 완전한 자유화 및 사유화 - 북한 체제전환 - 교역규제 철폐 - 투자규제 대폭 완화 - 기본 인프라 남북 연결	- 금융협력 강화 - 남북 고정환율제도 - 남북경제력격차 축소 - 통합중앙은행 추진기구 설립 - 중소기업 전담은행 설립
	완전 통합기	- 통일 합의	- 각종 제도의 단일화 - 경제 안정화 및 활성화 - 단일화폐, 단일금융시장 구축

자료: 전홍택·이영섭(2002)

제력 격차 해소 방안을 모색하는 등 남북한 금융협력의 기초를 마련하는 단계이다. 그 다음, 금융개혁을 통해 북한이 시장경제 중심의 금융제도를 도입함으로써 남북한 양측의 금융시장 개방을 추진하는 단계이다. 마지막으로, 금융제도의 개혁을 통해 남북한 금융통합을 완성하고, 결국 경제적 통합을 이루는 단계이다. 이러한 점진적 금융통합 시나리오들은 여러 경제적·비경제적 변수들을 통제한 상태에서 낙관론적 접근법을 제시하고 있다. 〈표 5〉에서는 다섯 단계의 내용들을 정리하고 있다.

　이러한 시나리오에 담긴 단계별 과제들은 북한당국의 경제개발 비전과 더

<표 5> 남북한 점진적 금융통합의 내용

단계		내용
제1단계	남북한 금융협력	• 남북 간 직접결제제도 구축 • 남북합작은행 설립 • 북한의 남한 자본시장 활용 • 쌍방지역에 중앙은행 사무소 설치
제2단계	북한의 금융개혁	• 이원적 은행제도 도입(북한의 상업금융기관 설립) • 증권 및 자본시장 구축 • 금융인력 양성 등
제3단계	남북 금융시장 개방	• 남북 쌍방지역에 금융기관 상호 진출 • 남북 간 금융시장 통합
제4단계	남북 금융제도 통합	• 남북단일통화 도입 • 남북통화정책 등 통합 • 남북 전체의 통화금융정책기구 창설
제5단계	남북 경제적 통합 및 정치적 통일	• 각종 제도의 단일화 • 경제 안정화 및 경제 활성화

자료: 박석삼·랄프 뮐러(2001)

불어 금융개혁 의지가 명확해야만 추진될 수 있는 것들이다. 한편, 북한 변화를 전제로 하는 남북한 금융협력 접근법과는 달리, 북한의 급변사태로 인해 촉발되는 급진적 금융통합에 관한 시나리오도 검토될 필요가 있다. 마치 소련붕괴 이후 구공산권 국가들의 체제전환 맥락에서 경험된 급진적 금융개혁의 내용들이 북한에서도 경험될 수 있기 때문이다. 이 경우 앞에서 언급된 점진적 금융협력의 내용들이 압축적으로 진행될 것이므로 개혁과 협력의 과정에서 나타나는 혼란과 부작용을 최소화하는 것이 관건이 될 것이다.

2. 남북한 금융협력의 추진 방향

남북한 금융협력의 방향은 북한 금융개혁의 가속화를 돕는 데에 있다. 북한 금융은 국가계획 수행에 필요한 자금을 배분하는 경제정책 도구로 존재하나 계획경제의 실질적 기능이 마비된 상태에서 정책역할을 제대로 수행하지 못하고 있다. 대외무역이 확대되고 장마당이 확산하면서 외화 및 북한 원화를 축적한 자본세력(이른바 '돈주')이 소규모 생산 활동 또는 사금융을 주도하는 추세이다. 특히, 2009년 '몰수형' 화폐개혁 이후 북한 원화에 대한 신뢰 상실과 외화 수요 급증은 북한 정부의 통화정책기능을 현저히 약화시키고 있다. 북한 원화를 사용하는 공식적 금융체계가 약화된 상황에서 외화가 가치 저장 및 교환의 주요 기준으로 기능하는 '달러化(dollarization)' 및 '위안化(Yuanization)' 현상이 심화되고 있다.[13]

우선 북한 체제전환을 촉진할만한 요인들이 활성화되도록 하는 조치가 필요하다. 북한 내부의 필요에 따라 부분적인 경제개혁을 공식·비공식적으로 시도해오면서 경미하나마 체제전환 현상을 직·간접적으로 경험하고 있기 때문에, '신경제체제(1963~67)'를 도입했던 동독의 사례처럼, 북한의 경제 개혁이 시도되고 확대되고 지속되도록 지원할 필요가 있다. 특히, '고난의 행군' 시절 이후 북한의 시장화 속도가 급증해왔기 때문에 일정 시점 이후에는 북한당국의 생각과 다르게 시장경제체제로 서서히 이행할 가능성이 상존한다고 볼 수 있다.[14]

동독이 서독과의 경제교류를 통해 시장경제체제로 이행할 수 있었음을 고려한다면, 북한의 시장화를 점진적으로 촉진하기 위해서는 남북 경제교류

---

13) 2015년 9월 말 기준으로 보면, 美달러와 북한 원화의 공식환율은 1:106원인 데 반해, 비공식환율은 1:8,400원으로서 80배 차이를 보이고 있다.

14) UN의 북한 인구조사 통계(2008년)를 활용하여 북한 시장화의 정도를 측정한 연구는 북한 시장화 비율이 이미 80%를 넘어섰고 16세 이상 인구(약 1,737만 명)의 83%가 시장을 통해 비공식적 경제 활동을 경험했다고 한다. 다음을 참조 바란다. 정형곤, 김병연·이석, 「북한의 시장화 현황과 경제체제의 변화 전망」, 연구보고서 12-16(대외경제정책연구원, 2012).

를 활성화하는 방안을 강구하는 것은 필수적이다. 서독 주도로 동독의 시장 경제화를 유도했듯이 북한의 시장 경제화를 우리가 주도하되, 급속한 변화에 따른 체제붕괴 우려 때문에 변화를 거부하는 북한의 사정을 고려하여 단계별·점진적 접근이 필요하다. 북한의 시장경제체제로의 이행 수준을 한국의 50% 수준 이상으로 끌어올려야 통일 비용을 줄이고 경제적 효과를 얻을 수 있을 것이다. 현재, 북한의 시장경제화는 독일의 1960년대 수준이며, 한국의 10% 수준인 것으로 추정된다.

만약 북한이 개혁과 개방을 선택한다면 과거의 사례를 통해 교훈을 얻은 대로 체제전환 초기의 부작용을 관리하는 방안을 강구해야 한다. 북한이 체제전환을 시도할 경우 동유럽의 체제전환 초기에 발생했던 생산 및 고용 감소, 물가 상승 등 경제적 혼란이 한동안 불가피할 전망이다.[15] 대부분의 북한 기업들이 구조조정 과정을 거쳐야 하므로 생산 및 고용 감소도 불가피하며, 시장가격에 맞도록 가격자유화를 실시하면 물가상승과 인플레이션이 상승하고 지속할 가능성이 높다. 따라서 체제전환 이후 북한에서의 생산 및 고용의 급감을 방지하고, 물가안정을 통해 경제가 성장세로 진입하도록 유도하는 방안이 사전에 마련되어야 한다.

생산급감 완화를 위해서는 와해된 생산구조를 시장경제에 맞게 재구축해야 하는데, 이를 위해서는 역량강화를 위한 교육·정보 제공과 더불어 정책과 제도를 신속히 보완할 필요가 있다. CIS 국가 사례에서처럼 사회보장체제가 갖추어지지 않은 상태라면 임금 감소를 통해 고용감소를 최소화함으로써 고용안정을 이루는 방안을 선택하는 것도 필요하다.

성장세로 전환하기 위해서는 물가안정에 유리하도록 재정규율 강화, 중

---

15) 일부 경제학자에 따르면, 남북 간 경제 격차가 큰 상태에서 정치적 통일이 발생하면 그에 따라 경제통합도 진행될 수밖에 없는데, "북한으로의 대규모 소득이전과 남한으로의 강력한 인구이동 압력 등으로 혼란과 반발이 일어날" 가능성도 염두에 둘 필요가 있다. 우경희, "통일대박, 北 시장경제화 먼저 이뤄져야," 『머니투데이』, 2014년 2월 12일. 체제전환의 현상에 관해 다음을 참조 바란다. 양운철, 『북한 경제체제 이행의 비교연구』(한울, 2005).

앙은행 독립성 보장, 고정환율제도 등 제도적 보완과 일정 정도의 긴축정책을 시도할 필요가 있다. 물가상승이 통화량증가, 환율상승, 임금상승 등 다양한 요인들에 의해 발생할 수 있으므로 북한 체제전환의 여건을 면밀히 검토할 필요가 있다. 한편, 긴축정책이 생산감소의 원인으로 작용하지 않게 하려면 와해된 생산구조의 재편 완료 시점까지 한시적으로 완화된 재정·금융 정책을 시행하고 기업의 생산활동을 촉진하기 위한 생산 지원책도 마련해야 한다.

체제전환 과정을 성공적으로 관리하려면 성장 및 통합 촉진 방안을 강구할 필요가 있다. 경제구조의 변화 시기에는 구조 및 제도의 개혁 등 전환요소들이 경제성장에 영향을 미치므로 개혁의 속도와 순서를 조절할 필요가 있다. 그러나 경제구조 변화 이후의 시기로 접어들면 인적·물적 투자, FDI 등 일반적 경제성장 요인이 중시되므로 일반적인 성장 전략을 추진해야 한다. 북한의 체제전환과 남북한 경제통합이 순차적으로 발생할 경우, 남북한 소득수렴 현상에 따른 북한 지역 성장속도 완화라든지, 북한지역 내 독자적인 통화 및 환율 정책 수단 상실에 따른 비용 증대 등 여러 가지 부작용 발생에도 대비해야 한다.

무엇보다 체제전환의 촉진을 위해서는 금융체계 전환에 필요한 조치를 강구할 필요가 있다. 신속한 가격자유화를 추진해야 하는데, 북한에서는 대부분 비공식부문에서 소비활동이 이루어지는 만큼 가격자유화의 충격이 상대적으로 크지는 않을 것으로 전망된다. 따라서 체코와 같이 신속히 가격자유화를 단행하여 시장경제체제인 가격 메커니즘을 조기에 도입하는 것이 중요하다. 단, 체코에 비해 폐쇄적이고 자본시장이 극히 취약하기 때문에 국민생활과 직결된 품목은 가격자유화 대상에서 제외하거나 일정 기간 유보해야 한다.

거시경제 안정화 정책을 시행하는 데 있어서 북한 중앙은행에 집중되어 있는 기능을 분산·이전하는 등 이원적 은행제도 도입은 필수적이다. 한국은행이나 국제금융기구(예: IMF 등)의 도움으로 관련 분야의 전문가를 파견해 북한중앙은행이 적절히 기능할 수 있도록 기술적 지원을 제공해야 한다.

금융시스템을 조기에 구축하려면 원활한 사유화를 위해 시장경제체제에 부합하는 금융제도 및 관련 법령을 충분히 마련해야 한다. 체제전환 초기 불확실성이 높은 상태에서 북한 내 자본형성이 미미하고, 낮은 해외투자 유인도, 부실화된 기업상황 등은 금융시장 활성화에 제약요인으로 작용할 것이기 때문이다.

3. 남북한 금융협력의 추진 전략

북한개발 및 남북한 경제협력 이슈가 본격적으로 거론되는 단계로 진입할 경우, 개발의 속도와 효과를 증대하기 위해 북한 금융제도의 개선 문제가 반드시 거론될 수밖에 없다. 북한이 현재 추진하고자 하는 경제특구 및 개발구의 성패 역시 금융제도의 개선 여부에 달려있다고 해도 과언이 아니다. 왜냐하면 모든 개발 사업의 관건은 금융지원의 안정성과 지속성을 확보하는 것이기 때문이다.

북한 금융의 개선을 촉진하고 안정시키는 방법은 금융 법·제도의 개혁을 단행하는 것이다. 법·제도를 바꾸지 않는 한 개선의 방향과 목표, 운영 등을 기존의 틀에서 벗어난 방식으로 설정하고 추진하기가 어렵기 때문이다. 그러므로 북한의 금융제도를 개선하는 첫 번째 과제는 바로 법·제도의 정비를 통해 중앙은행과 상업은행을 분리해야 한다. 이를 통해 중앙은행의 화폐발행 및 통화정책 기능을 강화해야 하며, 또한 금융산업의 기반을 강화하기 위해 전문은행, 합영은행 등 기존의 북한 은행들을 재편하여 북한 전역에 상업은행을 설립할 필요가 있다. 이와 더불어 여신종합금융, 협동조합, 보험, 증권 등의 금융기관도 설립해야 한다. 금융업법의 도입 및 점진적 강화, 금융감독 조직 설치 및 기능 도입, 지급결제제도 구축, 신용평가기구 설립 등은 개선과정에서 고려해야 할 세부과제들이다.

물론 초반부터 금융개혁이 쉽게 추진되지는 않을 것이다. 중국이 1979년에 이원적 은행제도를 도입하였음에도 불구하고 한동안 중앙은행과 국유상업은행들이 상업성보다는 경제계획의 목표달성을 위해 자금지원을 지속하였다. 중국에 정책은행이 도입된 이후에서야 국유상업은행의 정책자금 지원 기능이 중단되었다. 북한에서도 법·제도의 제·개정을 통해 정책금융기관의 설립이 허용되어야만 중앙은행과 상업은행을 분리할 수 있게 된다.

둘째, 금융개선을 촉진시키려면 자본시장을 형성해야 한다. 소규모 기업들이 제한된 숫자의 투자자들로부터 자금을 모아 투자하는 것도 가능해야 한다. 또한 주식이나 채권 발행으로 기업의 재원을 조달하는 것도 필요하다. 투자자와 기업이 직접 연결될 때에 금융의 효율성이 높아질 수 있기 때문이다. 물론 북한의 경제 수준이 향상되어야만 투자여력도 생기고 다양한 기업들도 존재할 수 있을 것이다. 북한이 개방정책을 본격 추진할 경우 해외 투자자를 위한 자본시장의 개설은 반드시 필요하다.

셋째, 금융제도의 개선을 위해서는 제도적 정비를 통해 금융분야 운영의 변화를 모색해야 한다. 우선, 부실채권 정비와 자본확충이 필요하다. 북한의 중앙은행과 상업은행을 분리할 때 상업은행에 이전되는 부채와 자산에 대한 정확한 산정이 중요하다. 특히 출범 시 초기 자산이 될 은행의 채권에 대한 건전성 여부를 판단하는 것이 중요한 과제이다. 사회주의체제에서는 국공유 자산인 기업에 대해 건전성 여부의 판단이나 조사를 필요로 하지 않았다. 합리적 기준도 부재할 뿐만 아니라 정부의 자금계획에 따른 부채발생이 빈번하므로 자기책임의식이 결여되어 있다.

특히, 상업은행 출범 시 채권을 이양받게 되면 자본가치의 정확한 산정을 위해 부실채권 여부를 판단할 필요가 있다. 상업은행의 건전성은 출범 시 자본의 건전성 확보 여부에 좌우된다. 자본이 충분치 않다면 정부투자를 통해서라도 자본확충(recapitalization)이 이루어져야 한다. 오랫동안 북한 기업들에 대한 대출은 대부분 부실채권으로 존재해왔을 것으로 추정된다. 그러므로 부실채권 정리 및 관리에 필요한 금융기관을 설립할 필요가 있다. 그래야만 갓 출범하는 상업은행이 최대한 건전성을 보장받게 된다.

넷째, 아직 먼 얘기이긴 하나 북한 은행의 영업기반이 재구축될 경우, 남한 및 외국 은행의 진출을 촉진하도록 북한 금융시장의 개방여건을 강화해야 한다. 기존은행의 재편 또는 합병, 신규은행 설립 등이 촉진되도록 자생적이고 경쟁적인 금융시장을 형성할 필요가 있다. 이를 위해서는 글로벌 금융체계와 영업방식에 대한 이해 제고를 위해 기존 금융기관 직원의 연수 및 교류 프로그램을 적극 도입하고 지속적으로 운영해야 한다. 외국 금융기관의 제휴 등을 통해 양측 금융인력을 상호파견하고, 북한 금융인력을 외국기관의 현장훈련(OJT)에 참여시키는 것도 필요하다. 또한 북한주민을 대상으로 하는 회계사제도를 신설하여 회계인력을 양성해야 한다.

다섯째, 북한의 대남 및 대외 금융거래 및 상거래의 활성화를 위해서는 금융네트워크 및 전자상거래시스템의 국제기준에 부합하는 지급결제제도가 구축될 필요가 있다. 예를 들면, 조선중앙은행과 한국은행의 금융네트워크를 상호연결하여 채권·채무 차액을 이체하는 등 결제업무를 처리하도록 해야 한다. 그와 더불어 북한 지역의 은행계좌를 공동네트워크에 연결하여 남한 및 외국과의 전자상거래를 활성화하는 것도 모색해야 한다.

비록 북한 변화의 속도가 느리다 하더라도 북한 금융제도의 개선을 촉진하기 위한 한국의 역할이 다각도로 모색될 필요가 있다. 그러한 한국의 역할로서는 첫째, 북한 금융시스템의 재구축을 도울 수 있는 지원체계를 구축해야 한다. 북한의 금융 관련 법·제도의 재정비 및 실질적 운영을 위한 컨설팅을 제공하고 인력훈련 및 교류 프로그램을 제안할 수 있어야 한다. 북한이 제·개정했던 외자유치 관련 법제의 현실화를 위해 국제자문단을 구성하고, 개발 및 수출 촉진을 위해 국가개발은행, 수출입은행 등의 특수은행 설립을 지원할 필요가 있다. 북한이 2010년에 발표했던 국가개발은행 설립계획이 외자유치 실패로 좌초했던 사례를 참고해야 한다. 또한 북한 금융인력에 대한 지식공유사업(KSP) 추진을 다각도로 모색해야 한다.

둘째, 북한 개발전략의 국제화를 지원해야 한다. 과거 체제전환국들의 금융개혁 및 경제개발 사례 등을 연구하여 북한의 금융개혁 및 개발을 촉진하는 방안을 강구해야 한다. 세계은행(WB)이나 유럽부흥개발은행(EBRD) 등 체제전환 지원경험이 풍부한 국제금융기구들과의 협력체계를 구축하여 대북 전략대화 및 지원체계를 사전에 수립할 필요가 있다. 특히, 한국의 해외

개도국 개발지원 경험과 노하우를 남북교류협력 지원 경험과 접목함으로써 북한의 경제·금융시스템 개선에 적극 활용해야 한다.

셋째, 금융과 비금융의 대화채널을 구축해야 한다. 통일이라는 맥락에서 볼 때, 남북한 금융통합과정이 경제 및 비금융분야의 통합 과정과 조화되도록 우리 내부의 정책조율체계를 재정비함으로써 통일정책의 효율성을 제고할 필요가 있다. 남북한 금융통합 과정에 참여하는 정책금융기관들의 역할 분담을 명확히 하고 정부 경제부처들과의 유기적 소통체계를 재구축해야 한다. 그리고 정부 경제·금융 기관들과 민간 금융조직들 간의 체계적인 소통채널을 구축하여 남북한 금융통합 전략에 관한 폭넓고 실질적인 의견을 교환하는 것이 중요하다.

V. 결론

북한의 변화는 한반도의 질서 변화를 촉발시키고 동북아의 새로운 질서 구축을 앞당길 것이다. 왜냐하면 북한의 폐쇄와 고립이 오랫동안 한반도와 동북아의 역동성을 억누르고 있었기 때문이다. 북한 체제전환 시 북한개발지원을 위한 국제협력은 불가피하므로 한국의 의지와 역량 그리고 한반도 개발 비전이 사전에 준비될 필요가 있다.[16] 국제협력과정에서 개발재원 조

---

16) 2014년 금융위원회가 주도한 통일금융T/F는 남북한 통일과정에서 소요되는 재원 조달 방안을 집중 검토하였는데, 그중의 하나는 파리클럽 등 국제기구 가입을 통한 북한 지역 채무재조정 방안이었다. 박진석·강병철, "북한 재산 사유화는 빠르게, 시장경제는 점진적으로," 『LA중앙일보』, 2014년 11월 10일; 박근혜 정부는 2016년 6월 3일 선진 채권국들 간 비공식 협의체인 파리클럽의 정회원국 가입 의사를 공식적으로 밝혔다. 올해 안으로 파리클럽 회원국의 동의·서명 절차를 거쳐 한국도 정회원 국가가 될 것으로 보인다. 이는 향후 북한의 대외채무 조정과정에서 한국의 역할과 영향력을 제고하는 데 기여하는 수단이 될 것이다. 최근 쿠바가 파리클럽으로부터 85억

달을 다양화하고 활용을 최대화함으로써 전환효과를 높이고 전환비용을 축소하는 방안을 미리 강구해야 하는데, 이는 한국이 국제사회와 함께 고민해야 하는 중장기 전략과제이다. 이를 추진하는 데 있어서 북한의 금융제도 개선은 필수과제이다. 이를 돕기 위해 남북한 금융협력을 긴 안목에서 준비할 필요가 있다.

체제전환국의 금융개혁 사례에서 보듯이, 금융제도의 개선은 개발협력의 효과성을 높이고 체제전환의 속도를 높일 수 있는 핵심 요소이다. 그러므로 북한의 경우에도 체제전환 초기부터 추진되어야 하는 금융제도의 개선 방향과 과제를 사전에 검토하고 준비할 필요가 있다. 그것이 준비되어야만 북한을 상대로 하는 국제 개발협력이 효과적으로 전개될 수 있는 것이다.

북한개발을 지원하기 위해 다양한 국내외 재원을 조달하고 활용하려면 금융과 관련된 체계적인 지식과 풍부한 노하우, 폭넓은 네트워크 등이 절대적으로 필요하다. 재원 조달 및 활용의 효율성 극대화를 위해 조율(coordination), 촉진(facilitation), 매개(mediation) 등 한국 정책금융기관의 적극적 역할이 요구된다. 체제전환의 속도가 예상한 것과 다를 수 있으므로, 북한지역의 금융체계가 신속하고 안정적으로 전환되도록 국내 정책금융기관의 재원 조달 및 활용 역량을 사전에 강화할 필요가 있다.

북한의 체제전환 초기에는 국제금융기구 등 원조자금 관리 또는 해외차입 등을 효율적으로 수행할 북한 내 정책금융기관 설립이 요구된다. 북한의 신설 정책금융기관은 북한당국의 차관도입 창구 역할을 하며, 인프라 개발 및 전략산업 시설투자자금 조달 등의 역할을 담당하게 될 것이다.

또한 북한의 국제금융기구 가입 및 적응 촉진을 위한 지원도 제공되어야 한다. 북한이 비핵화에 합의하고 국제사회로의 편입 조치를 적극 취한다 해도 초기 5년간 국제민간부문의 투자가 충분히 조성되어 북한개발에 기여하

___
달러를 탕감받았다는 것은 미국 및 유럽 채권국들과 쿠바와의 관계 정상화 추진에 있어서 걸림돌을 제거했다는 의미를 갖는다. 한국의 경제규모(GDP)는 세계 11위(1조 3,212억 달러)이고, 외국에 빌려준 돈은 7,307억 달러(약 867조 원)이다. 염주영, "파리클럽," 『파이낸셜뉴스』, 2016년 6월 5일.

는 것을 기대하기 어렵다. 그러므로 국제사회로의 편입 초기에는 양자간 및 다자간 국제공적자금을 최대한 조성하도록 지원해야 할 것이다.

북한의 아시아 역내 협력체 편입도 지원될 필요가 있다. 아시아개발은행 (ADB)이 경제통계 공개를 가입조건으로 명시하지 않는다고 해서 ADB 우선가입을 추진하는 것은 바람직하지 않다. 북한의 국제사회 교류 확대를 위해 아시아태평양경제협력체(APEC), 아시아유럽정상회의(ASEM), 아세안플러스 3(ASEAN+3) 등에 참여하도록 유도하는 것이 필요하다.

대북한 기술지원을 위한 신탁기금을 조성·운용함으로써 북한의 원조수용 및 개발 역량이 강화되고 국제사회와의 협력이 원활해진다면 본격적인 경제재건을 위한 다자간 기금(가칭 '북한신탁기금') 조성도 고려할 필요가 있다. 그러한 기금은 원조조정그룹 성격을 띠면서 동시에 대북 자금·기술 지원을 포함하는 준국제금융기구 역할을 수행하게 될 것으로 기대된다. 만약, '북한신탁기금'을 세계은행에 위탁할 경우, 최대공여국으로 등장할 한국은 그에 맞는 발언권 확보를 위해 '북한개발지원그룹'을 강화할 필요가 있다. 물론, 한국의 주도적 위치 확보를 위해 다자간 신탁기금에 의한 지원과 양자간 대북 직접지원의 조화가 필요할 것으로 보인다.

특히, 북한의 체제전환 지원을 위한 국제협력 과정에서 준비된 정책금융기관으로 하여금 정책구상 개발 및 실행을 위한 가교역할(Bridge Role)을 수행하게 할 수 있다. 대북지원을 위한 남북 및 국제협력 방안 수립 및 실행에 있어서 시너지가 중요하기 때문에, 해외 개도국 개발사업을 지원하는 대외경제협력기금(EDCF)과 남북한 교류협력사업을 지원하는 남북협력기금 (IKCF) 등의 풍부한 운용 경험을 활용하여 남북한과 국제사회를 연결하고 민관협력을 확대하며 정책분야와 연구분야를 이어주는 역할이 필요하다.

필요 시 '대북지원 국제협력 방안연구' 전담반(Task Force)을 구성하여 지원 관련 정부부처, 국내외 전문 연구기관 그리고 국제금융기구 등과의 공동 프로젝트도 추진할 수 있겠다. 대북지원 국제협력이 필요하게 되는 시점의 정치경제적 환경변화에 대한 시나리오 작성을 통해 미래 남북협력기금의 규모와 운영방향 등을 미리 검토하는 것도 중요한 과제라 할 수 있다.

•참고문헌•

김병연·양문수. 2012. 『북한 경제에서의 시장과 정부』. 서울대학교 출판문화원.

김용복. 1999. 「주요 체제전환국의 금융개혁과 그 시사점」. 한국은행 조사연구자료. 99-17.

김중호. 2014. "북한의 경제개발 실태와 국제개발지원 수용 가능성." 한국수출입은행 편. 『북한개발과 국제협력』. 도서출판 오름.

김창희. 2010. "북한 시장화와 화폐개혁의 정치·경제적 분석." 『북한연구학회보』 제 14권 제2호(2010.12).

문성민. 2000. 「북한의 금융제도」. 한국은행.

박유환. 1997. 「북한의 금융제도와 남북한 금융협력방안」. 한국수출입은행.

안예홍·문성민. 2007. "통일이후 남북한 경제통합방식에 대한 연구." 『한국은행 금 융경제연구』. 제291호.

안형익·박해식. 2014. 「북한 은행시스템의 변화와 체제전환에 대한 연구: 통일금융 에의 시사점을 중심으로」. 한국금융연구원.

양운철. 2005. 『북한 경제체제 이행의 비교연구』. 한울.

_____. 2010. "2009년 11월 화폐개혁 이후의 북한경제." 『북한학보』 제35권 2호.

유승호. 2007. "북한의 금융개혁동향: 상업은행 제도 도입을 중심으로." 『KDI 북한 경제리뷰』. 2007년 11/12월.

윤대규 편. 2008. 『사회주의 체제전환에 대한 비교연구』. 한울.

윤덕룡. 2013. "북한금융시스템의 구축을 위한 단계적 접근방안." 대외경제정책연구원.

이용화. 2013. "북한 2009년 화폐 개혁 3년 평가." 『통일경제』 통권 제105호(2013년 봄).

장형수·김석진·송정호. 2009. 『북한개발지원을 위한 국제협력 방안』. 통일연구원.

전홍택. 1997. "북한 금융제도의 구조개혁." 전홍택·이영선 편. 『한반도 통일시의 경제통합전략』. 한국개발연구원.

정형곤 외. 2014. 「체제전환국의 경제성장 요인 분석: 북한 경제개혁에 대한 함의」. 대외경제정책연구원.

Bradley O. Babson. 2015. "Korean Unification and the Financial System,"

International Journal of Korean Studies. Spring 2015. pp.156-174.

IMF. 2000. "Transition Economies: An IMF Perspective on Progress and Prospects." *IMF Issues Briefs*, 00/08.

Kwon, Goohoon. 2009. "A United Korea?: Reassessing North Korea Risks." *Goldman Sachs Global Economics Paper*, No.188.

부록

북한의 금융 관련 법령

【부록 1】

중앙은행법

2004년 9월 29일 최고인민회의 상임위원회 정령 제686호로 채택

제1장 중앙은행법의 기본

제1조(중앙은행법의 사명) 조선민주주의인민공화국 중앙은행법은 중앙은행사
업에서 제도와 질서를 엄격히 세워 국가의 화폐정책을 정확히 집행하며
금융사업을 개선강화하는데 이바지한다.
제2조(발권은행) 중앙은행은 조선민주주의인민공화국의 발권은행이다. 국가
는 중앙은행의 기능과 역할을 높여 금융사업에서 중앙집권적규률을 강화
하도록 한다.
제3조(중앙은행권과 화폐류통원칙) 조선민주주의인민공화국 화폐는 중앙은
행권이다. 국가는 통화조절과 화폐류통조직사업을 합리적으로 하여 화폐
의 가치와 환률을 안정시키도록 한다.
제4조(금융사업의 원칙) 조선민주주의인민공화국에서 금융사업은 중앙은행
이 정한데 따라 한다. 국가는 현실발전의 요구에 맞게 금융사업을 개선
강화하도록 한다.
제5조(금융사업에 대한 지도통제원칙) 국가는 금융사업에 대한 지도체계를 바

로 세우고 통제를 강화하도록 한다.

제6조(금융부문의 물질기술적토대강화원칙) 국가는 금융사업을 발전시키기 위한 과학연구사업을 강화하며 그 물질기술적토대를 튼튼히 꾸리는데 큰 힘을 넣는다.

제7조(금융분야의 교류와 협조) 국가는 금융분야에서 다른 나라, 국제기구들과의 교류와 협조를 발전시킨다.

제8조(특수경제지대에서 금융사업) 특수경제지대에서의 금융사업은 해당 법규에 따른다.

제2장 중앙은행의 기구

제9조(중앙은행의 구성) 중앙은행은 총재와 약간명의 부총재들로 구성한다. 총재는 중앙은행을 대표하며 중앙은행전반사업을 지도한다. 부총재는 총재의 사업을 도우며 총재가 없을 경우 그의 사업을 대리한다. 중앙은행에는 필요한 부서를 둔다.

제10조(중앙은행리사회) 중앙은행은 금융사업에서 집체적협의를 강화하고 필요한 대책을 세우기 위하여 비상설로 은행리사회를 둔다. 중앙은행리사회는 리사장, 리사들로 구성한다.

제11조(중앙은행리사회 리사장) 중앙은행리사회의 리사장은 중앙은행총재가 한다. 리사장은 자기 사업에 대하여 내각앞에 책임진다.

제12조(중앙은행의 소재지) 중앙은행의 소재지는 평양시이다.

제13조(중앙은행지점, 임무, 권한) 중앙은행은 필요한 지역에 지점을 조직한다. 지점은 해당 지역의 통화조절과 화폐류통을 조직하고 금융사업을 감독한다. 지점은 사업정형을 정기적으로 중앙은행에 보고하여야 한다.

제14조(은행일군의 양성) 중앙은행일군은 해당한 자격을 가진자만이 될수 있다. 중앙은행은 은행일군양성기지를 튼튼히 꾸리고 능력있는 일군들을 계획적으로 키워야 한다.

제3장 중앙은행권

제15조(중앙은행권의 기본단위) 중앙은행권의 기본단위는 ≪원≫이다. 중앙
  은행권의 종류와 형식을 정하는 사업은 내각이 한다.

제16조(중앙은행권의 제조) 중앙은행권의 제조규모는 국가가 정한다. 중앙은
  행은 정해진 규모안에서 중앙은행권의 제조사업을 조직하여야 한다.

제17조(기념주화의 발행) 중앙은행은 필요에 따라 기념주화를 발행할수 있다.
  기념주화의 형식과 종류는 내각이 정한다.

제18조(중앙은행권의 교환) 기관, 기업소, 단체와 공민은 중앙은행권을 정히
  다루어야 한다. 중앙은행은 류통시킬수 없게 된 중앙은행권을 제때에 회수
  하여 새 중앙은행권과 교환하여야 한다.

제19조(중앙은행권의 현송절차, 방법) 중앙은행권의 현송절차와 방법은 중앙
  은행이 정한다. 해당 기관은 정해진 중앙은행권의 현송절차와 방법을 엄격
  히 지켜야 한다.

제20조(중앙은행권의 소각) 중앙은행권의 소각은 화폐소각위원회의 감독밑
  에 중앙은행이 한다. 이 경우 내각의 승인을 받는다.

제21조(중앙은행권의 보관) 중앙은행권의 보관은 안전이 담보된 금고에만 할
  수 있다. 금고관리는 정해진 일군만이 한다.

제22조(중앙은행권의 위조, 변조금지) 중앙은행권은 위조하거나 변조할수 없
  다. 기관, 기업소, 단체와 공민은 위조, 변조된 중앙은행권을 보유하거나
  사용하지 말고 제때에 중앙은행에 바쳐야 한다.

제23조(중앙은행권의 대외반출금지) 중앙은행권은 다른 나라에 내갈수 없다.
  그러나 중앙은행권의 견본, 류통이 정지된 중앙은행권 같은것은 중앙은행
  의 승인을 받아 다른 나라에 내갈수 있다.

제4장 화폐류통조직

제24조(화폐류통계획의 작성) 중앙은행은 경제발전의 요구에 맞게 화폐류통

계획을 정확히 세워야 한다. 화폐류통계획은 국가의 승인을 받아야 한다.

제25조(화폐의 발행) 중앙은행은 국가가 승인한 범위에서 화폐를 발행하여야 한다. 발행된 화폐는 금융기관에 대한 대부 또는 외화, 귀금속, 증권의 팔고사기 같은 방법으로 류통에 내보내거나 류통과정에서 회수한다.

제26조(통화조절) 통화조절은 화폐류통을 원활히 보장하기 위하여 류통화폐량을 줄이거나 늘이는 중요한 사업이다. 중앙은행은 통화조절사업을 시기별, 지역별로 조직하여야 한다.

제27조(결제조직) 중앙은행은 화폐류통을 촉진하기 위한 결제를 신속정확히 조직하여야 한다. 결제방법을 정하는 사업은 중앙은행이 한다.

제28조(금융기관의 대부) 중앙은행은 화폐자금이 부족되는 금융기관에 대부를 준다. 대부를 받으려는 금융기관은 대부신청문건을 중앙은행에 내야 한다.

제29조(화폐의 팔고사기) 중앙은행은 화폐류통을 조절하기 위하여 금융기관과 화폐의 팔고사기를 할수 있다. 금융기관도 필요에 따라 중앙은행과 화폐의 팔고사기를 할수 있다.

제30조(기준리자률의 제정) 기준리자률을 정하는 사업은 중앙은행이 한다. 금융기관은 중앙은행이 정한 기준리자률범위에서 자체실정에 맞게 대부리자률과 예금리자률을 적용하여야 한다.

제31조(귀금속의 관리) 귀금속의 관리는 중앙은행이 한다. 중앙은행은 금, 은 같은 귀금속의 장악, 보관, 리용, 판매사업을 조직진행하여야 한다. 귀금속의 대외판매는 중앙은행이 위임한 금융기관도 할수 있다.

제32조(예금돈자리의 개설) 금융기관은 중앙은행에 예금돈자리를 개설하여야 한다. 중앙은행에 한 예금은 금융기관사이의 결제, 지불준비금의 적립 같은것에 리용하여야 한다.

제33조(채권발행의 등록관리) 중앙은행은 국가가 승인한 채권의 발행을 등록하고 관리하여야 한다. 채권발행을 승인받은 기관은 채권발행등록보고서를 중앙은행에 내야 한다. 발행된 채권은 금융기관에서 거래할수 있다.

제34조(고정재산의 장악) 중앙은행은 국가의 고정재산을 종합적으로 장악하고 그것을 기관, 기업소, 단체에서 합리적으로 리용하도록 하여야 한다. 고정재산의 장악은 부문별, 형태별, 금액별로 하여야 한다.

제35조(금융정보의 교환) 중앙은행은 금융기관 또는 해당 기관과 금융과 관련한 정보교환업무를 정상적으로 하여야 한다. 금융기관과 해당 기관은 금융활동에 필요한 자료를 입수하고 분석하며 제때에 중앙은행에 통보하여야 한다.

제36조(회계항목과 계산방법의 제정) 중앙은행은 금융기관의 회계항목과 계산방법을 정확히 정해주어야 한다. 금융기관은 종합된 회계자료를 정해진 기간에 중앙은행에 보고하여야 한다.

제37조(화폐류통자료의 종합) 중앙은행은 화폐류통실태에 대한 통계종합, 조사, 분석, 예측을 정확히 하여야 한다. 종합된 자료는 내각에 보고하여야 한다.

제38조(국고대리) 중앙은행은 국고대리업무를 수행한다. 중앙은행은 중앙재정지도기관과의 련계밑에 국가예산수입금을 받아들이며 지출은 수입범위 안에서만 하여야 한다.

제39조(기타 금융사업) 중앙은행은 내각이 승인한 범위의 금융사업을 할수 있다.

제5장 금융사업에 대한 지도통제

제40조(금융사업에 대한 지도) 금융사업에 대한 지도는 내각의 지도밑에 중앙은행이 한다. 중앙은행은 금융기관의 업무활동을 정상적으로 료해하고 바로하도록 지도하여야 한다.

제41조(금융기관의 설립승인) 금융기관을 설립하려는 기관은 설립신청문건을 중앙은행에 내야 한다. 중앙은행은 신청문건을 검토하고 설립을 승인하거나 부결하여야 한다. 설립이 승인된 금융기관에는 영업허가증을 발급하여야 한다.

제42조(금융기관의 해산, 통합) 해산하거나 통합하려는 금융기관은 해산 또는 통합신청문건을 중앙은행에 내야 한다. 중앙은행은 신청문건을 검토하고 영업허가증을 회수하며 청산사업을 지도하여야 한다.

제43조(금융사업에 대한 감독통제) 금융사업에 대한 감독통제는 중앙은행과 해당 감독통제기관이 한다. 중앙은행과 해당 감독통제기관은 금융기관의 사업정형을 엄격히 감독통제하여야 한다.

제44조(손해보상) 금융사업을 무질서하게 조직하여 기관, 기업소, 단체와 공민의 리익에 손해를 주었을 경우에는 해당한 손해를 보상시킨다.

제45조(벌금) 승인없이 금융사업을 진행하여 국가의 화폐류통에 지장을 주었을 경우에는 사업을 정지시키거나 벌금을 물린다.

제46조(자격급수의 박탈) 중앙은행에 해당 문건을 정한 기간에 내지 않았거나 사실과 맞지 않게 작성제출하였을 경우에는 해당 일군의 자격급수를 낮추거나 박탈한다.

제47조(행정적 또는 형사적책임) 금융사업에서 엄중한 결과를 일으킨 기관, 기업소, 단체의 책임있는 일군과 개별적공민에게는 정상에 따라 행정적 또는 형사적책임을 지운다.

【부록 2】

상업은행법

2006년 1월 25일 최고인민회의 상임위원회 정령 제1529호로 채택

제1장 상업은행법의 기본

제1조(상업은행법의 사명) 상업은행은 예금, 대부, 결제 같은 업무를 전문으로 하는 기관이다. 조선민주주의인민공화국 상업은행법은 상업은행의 설립과 업무, 회계, 통합 및 해산에서 제도와 질서를 엄격히 세워 상업은행의 역할을 높이고 금융거래의 편의를 보장하는데 이바지한다.

제2조(상업은행의 설립원칙) 상업은행의 설립을 바로하는것은 국가의 금융정책을 정확히 집행하기 위한 기본요구이다. 국가는 상업은행의 설립에서 공정성, 객관성과 실리를 보장하도록 한다.

제3조(상업은행의 업무원칙) 상업은행의 업무를 합리적으로 조직하는것은 금융거래의 안전성을 보장하고 거래자의 리익을 보호하기 위한 중요담보이다. 국가는 상업은행업무에서 신용을 지키며 그것을 현대화, 과학화하도록 한다.

제4조(상업은행의 운영원칙) 국가는 상업은행이 경영활동에서 상대적독자성을 가지고 채산제로 운영하도록 한다.

제5조(상업은행일군의 양성원칙) 국가는 상업은행일군대렬을 튼튼히 꾸리고 그들의 책임성과 역할을 높이도록 한다. 상업은행의 일군은 해당한 자격을 가진자만이 될수 있다.

제6조(상업은행사업의 지도원칙) 조선민주주의인민공화국에서 상업은행에 대한 통일적인 지도는 내각의 지도밑에 중앙은행이 한다. 국가는 상업은행에 대한 지도체계를 바로세우고 통제를 강화하도록 한다.

제7조(법의 적용대상) 이 법은 공화국령역안에서 설립운영하는 상업은행에 적용한다. 특수경제지대에서 상업은행의 설립운영과 외국투자은행의 설립운영은 해당 법규에 따른다.

제8조(교류와 협조) 국가는 상업은행사업분야에서 다른 나라, 국제기구들과의 교류와 협조를 강화하도록 한다.

제2장 상업은행의 설립

제9조(상업은행의 설립승인) 상업은행의 설립승인은 중앙은행이 한다. 기관, 기업소, 단체는 승인없이 은행 업무를 할수 없으며 ≪은행≫이라는 글자를 기관명칭에 리용할수 없다.

제10조(상업은행설립신청문건의 제출) 상업은행을 설립하려는 기관, 기업소, 단체는 설립신청문건을 중앙은행에 제출하여야 한다. 설립신청문건에는 은행명칭, 밑자금, 거래대상, 업무범위, 소재지 같은 내용을 밝혀야 한다.

제11조(상업은행설립승인문건의 심의) 중앙은행은 상업은행설립신청문건을 받은 날부터 60일안으로 심의하고 승인하거나 부결하여야 한다. 승인된 대상에 대하여서는 상업은행설립승인문건을 발급 해주어야 한다.

제12조(상업은행의 운영준비) 상업은행의 설립승인을 받은 기관, 기업소, 단체는 정한 기간에 은행을 정상적으로 운영할수 있는 준비를 끝내야 한다. 중앙은행은 상업은행의 운영준비기간을 밑자금규모와 업무범위를 고려하여 정해주어야 한다.

제13조(상업은행의 설립등록, 영업허가증 발급) 운영준비를 끝낸 상업은행은

30일안으로 은행소재지의 도(직할시)인민위원회에 기관등록을 하여야 한다. 중앙은행은 등록된 상업은행에 10일안으로 영업허가증을 발급하여야 한다.

제14조(**상업은행의 기구**) 상업은행은 관리부서, 업무부서, 정보처리부서, 양성부서, 내부경리부서 같은 부서를 둘수 있다. 필요에 따라 리사회를 조직하고 운영할수 있다.

제15조(**지점, 대표부의 설치**) 상업은행은 국내와 국외의 여러 지역에 지점, 대표부 같은 기구를 내올수 있다. 이 경우 해당 기관의 승인을 받는다.

제16조(**상업은행에 변경등록**) 상업은행은 은행명칭, 밑자금, 거래대상, 업무범위, 소재지 같은것을 변경하려 할 경우 변경등록신청문건을 작성하여 중앙은행에 내야 한다. 중앙은행은 변경등록신청문건을 30일안으로 심의하고 그 결과를 상업은행에 통지해주어야 한다.

제17조(**영업허가증의 재교부**) 상업은행은 영업허가증을 오손시켰거나 분실하였을 경우에는 제때에 재발급받아야 한다.

제3장 상업은행의 업무

제18조(**상업은행업무종류**) 상업은행의 업무는 다음과 같다.

1. 예금업무
2. 대부업무
3. 돈자리의 개설과 관리업무
4. 국내결제업무
5. 대외결제, 수형과 증권의 인수 및 할인, 환자조작업무
6. 외화교환업무
7. 거래자에 대한 신용확인 및 보증업무
8. 금융채권발행 및 팔고사기업무
9. 귀금속거래업무
10. 고정재산등록업무

11. 화폐의 팔고사기업무

12. 이밖에 승인받은 업무

제19조(예금) 상업은행은 유휴화폐자금을 적극 동원하기 위하여 거래자로부터 예금을 받아들일수 있다. 이 경우 상업은행은 예금을 늘이기 위한 봉사활동을 다양하게 벌려야 한다.

제20조(예금의 지불과 비밀보장) 상업은행은 거래자가 예금에 대한 지불을 요구할 경우 원금과 리자를 제때에 정확히 지불하여야 한다. 예금에 대한 비밀을 철저히 보장하여야 한다.

제21조(지불준비금의 보유) 예금의 정상적인 지불을 위하여 상업은행은 정한 지불준비금을 보유하여야 한다. 지불준비금은 다른 용도에 리용할수 없다.

제22조(준비예금) 상업은행은 정한 준비금을 중앙은행에 예금하여야 한다. 중앙은행에 한 예금은 상업은행이 통합 및 해산되는 경우에 찾아쓸수 있다.

제23조(대부조건) 상업은행은 거래자의 요구에 따라 경영활동을 개선하는데 필요한 자금을 대부하여줄수 있다. 이 경우 상업은행은 대부금을 계약내용에 맞게 리용하도록 하여야 한다.

제24조(대부의 원천) 대부원천은 거래자로부터 받아들인 예금과 자체자금, 중앙은행에서 받은 대부금 같은것으로 한다. 상업은행은 대부원천을 초과하여 대부를 줄수 없다.

제25조(대부계약) 상업은행은 상환능력이 있는 거래자에 대하여 서면으로 된 대부계약을 맺고 대부를 주어야 한다. 대부계약서에서는 대부금액, 대부용도, 담보, 상환기관과 방식, 리자률 같은것을 밝혀야 한다.

제26조(대부금의 담보, 보증) 상업은행은 대부를 주기 전에 차입자로부터 대부금에 대한 담보 또는 보증을 세워야 한다. 담보는 차입자의 자금으로 마련한 동산 또는 부동산으로, 보증은 해당 상급기관 또는 지불능력이 있는 제3자가 서면으로 한다.

제27조(대부상환) 상업은행은 계약에 따라 대부원금과 리자를 정한 기간에 정확히 받아들여야 한다. 대부원금과 리자의 상환기간을 연장하거나 면제하려는 경우 해당 상업은행의 승인을 받아야 한다.

제28조(예금 및 대부리자률) 상업은행은 정한 기준리자률과 변동폭범위에서

예금리자률과 대부리자률을 정하고 적용하여야 한다.

제29조(결제의 조직) 상업은행은 거래자가 돈자리를 통하여 화폐거래를 편리하게 할수 있도록 결제조직을 짜고들어야 한다. 결제는 돈자리에 화폐자금이 있을 경우에만 하는것을 기본으로 한다.

제30조(돈자리의 개설) 상업은행은 거래자에게 현금 및 환치거래를 위한 돈자리를 개설하여줄수 있다. 거래자는 한 은행에 하나의 돈자리를 개설하여야 한다. 상업은행은 승인을 받아 외국은행에 외화돈자리를 둘수 있다. 개인의 돈자리에는 기관, 기업소, 단체의 자금을 예금할수 없다.

제31조(대금의 결제) 상업은행은 거래자의 지불지시에 따라 대금결제를 하여야 한다. 대금결제는 환치로 하는것을 기본으로 한다.

제32조(대외결제, 수형, 증권의 인수 및 할인, 환자조작) 다른 나라와의 경제거래에 따르는 대외결제, 수형, 증권의 인수 및 할인, 환자조작은 승인받은 해당 상업은행이 진행한다. 대외결제, 수형, 증권의 인수 및 할인, 환자조작은 정한 절차와 방법에 따른다.

제33조(외화의 교환) 해당 상업은행은 외화교환업무를 할수 있다. 외화교환업무는 기준환자시세와 변동폭범위에서 자체의 실정에 맞게 하여야 한다.

제34조(거래자의 신용확인 및 보증) 상업은행은 거래자의 요구에 따라 제3자에게 거래자의 경영상태와 신용에 대하여 확인하여주거나 보증하여 줄수 있다.

이 경우 거래자는 경영상태자료를 상업은행에 제출하여야 한다. 신용확인, 보증은 신용장 또는 보증장 같은것을 발행하는 방법으로 한다.

제35조(금융채권의 발행 및 팔고사기) 상업은행은 금융채권을 발행하여 자금을 모집할수 있으며 류통중의 각종 채권을 팔거나 살수 있다. 금융채권의 발행은 해당 기관의 승인을 받아야 한다.

제36조(귀금속의 거래) 귀금속의 거래는 해당 상업은행이 한다. 해당 상업은행은 귀금속의 수매와 보관, 판매질서를 엄격히 지켜야 한다.

제37조(고정재산의 등록) 해당 상업은행은 기관, 기업소, 단체의 고정재산을 빠짐없이 정확히 등록하여야 한다. 고정재산의 등록은 부문별, 형태별, 금액별로 하여야 한다.

제38조(화폐의 팔고사기) 상업은행은 중앙은행과 화폐의 팔고사기를 할수
있다.

화폐의 팔고사기는 환자시세에 따라 조선원과 외화를 교환하는 방법으로
한다.

제39조(봉사료금) 상업은행은 거래자로부터 업무에 따르는 봉사료금을 받을
수 있다. 봉사료금을 정하는 사업은 중앙가격제정지도기관이 한다.

제40조(국고업무의 대리) 국고업무대리는 해당 상업은행이 한다. 해당 상업
은행은 중앙은행의 국가예산자금지출문건에 따라 자금을 신속히 지출하며
거래자가 바치는 국가예산납부금을 중앙은행에 제때에 집중시켜야 한다.

제41조(통계자료의 제출) 상업은행은 화폐류통과 관련한 통계자료를 정확히
작성하고 정한 기간에 중앙은행에 제출하여야 한다. 통계자료에는 화폐류
통정형과 예금, 대부관계 같은 거래내용을 반영하여야 한다.

제4장 상업은행의 회계

제42조(회계제도의 수립) 상업은행은 모든 거래내용을 빠짐없이 기록, 계산,
분석하고 결산하는 회계제도를 엄격히 세워야 한다. 회계는 시초서류 또는
아래단위의 회계보고문건에 기초하여 한다.

제43조(회계결산의 주기) 상업은행은 주기에 따라 회계결산을 하여야 한다.
회계결산주기는 분기, 반년, 년간으로 한다.

제44조(회계결산서의 작성) 상업은행은 회계결산서를 정확히 작성하여야 한
다. 회계결산서에는 해당 기관의 수입과 지출, 리익금 및 손실금과 그 처리
정형, 채권채무관계 같은 거래내용을 구체적으로 밝혀야 한다.

제45조(회계결산서의 검증, 제출) 상업은행의 회계결산서는 회계검증기관의
검증을 받아야 한다. 검증받은 회계결산서를 해당 기관에 제출하여야 한다.

제46조(회계문건의 보관, 취급) 상업은행은 회계문건을 정한 기간까지 보관하
여야 한다. 회계문건은 승인없이 다른 기관, 기업소, 단체와 공민에게 보여
줄수 없다.

제47조(회계년도, 기준화폐) 상업은행의 회계년도는 1월 1일부터 12월 31일 까지로 한다. 회계는 조선원으로 한다.

제5장 상업은행의 통합 및 해산

제48조(통합 및 해산사유) 상업은행은 경영과정에 거래자의 리익을 엄중하게 침해하거나 경영활동을 계속할수 없을 경우 다른 상업은행에 통합하거나 해산할수 있다.

제49조(통합 및 해산신청문건의 제출) 다른 상업은행에 통합하거나 해산하려 는 상업은행은 통합 및 해산신청문건을 중앙은행에 제출하여야 한다. 통합 및 해산신청문건작성은 정한 양식에 따른다.

제50조(통합 및 해산신청문건의 심의) 통합 및 해산신청문건을 받은 중앙은행 은 30일안으로 심의하여야 한다. 통합 및 해산이 승인된 상업은행의 영업 허가증은 즉시 회수한다.

제51조(통합 및 해산되는 상업은행업무청산) 통합 및 해산되는 상업은행은 정 한 절차에 따라 은행업무를 청산하여야 한다. 중앙은행은 통합 및 해산되 는 상업은행의 업무청산을 바로 지도하여야 한다.

제52조(통합되는 상업은행의 채권채무) 통합되는 상업은행의 채권채무관계는 통합하는 상업은행에 그대로 넘어간다. 통합한 상업은행은 넘겨받은 채권 채무를 정확히 처리하여야 한다.

제6장 제재 및 분쟁해결

제53조(벌금) 벌금을 물리는 경우 다음과는 같다.
  1. 부당하게 예금을 받아들였거나 대부를 주었을 경우
  2. 정한 기준리자률과 변동폭범위를 초과하여 예금 또는 대부리자률을 적 용하였을 경우

3. 정당한 리유없이 결제문건을 제때에 처리하지 않았을 경우

4. 외화교환을 정한 절차와 방법대로 진행하지 않았을 경우

5. 정한 봉사료금을 적게 또는 초과하여 받았거나 받지 않았을 경우

6. 기관, 기업소, 단체의 자금을 개인의 명의로 예금하였을 경우

7. 승인없이 은행업무를 중지하였거나 업무시간을 단축하였을 경우

제54조(업무중지) 업무를 중지시키는 경우는 다음과 같다.

1. 승인없이 은행업무를 하였을 경우

2. 거래자의 요구대로 예금을 지불하지 않았을 경우

3. 준비금을 중앙은행에 예금하지 않았을 경우

4. 업무검열을 방해하였을 경우

제55조(상업은행설립승인의 취소) 영업허가증을 받은 날부터 30일안으로 업무를 시작하지 않았을 경우에는 상업은행의 설립승인을 취소한다.

제56조(행정적 또는 형사적책임) 이 법을 어겨 상업은행사업에 엄중한 결과를 일으킨 기관, 기업소, 단체의 책임있는 일군과 개별적공민에게는 정상에 따라 행정적 또는 형사적책임을 지운다.

제57조(분쟁해결) 상업은행사업과 관련한 분쟁은 협의의 방법으로 해결한다. 협의의 방법으로 해결할수 없을 경우에는 공화국 재판 또는 중재기관에 제기하여 해결할수 있다.

【부록 3】

외화관리법

1993년 1월 31일 최고인민회의 상설회의 결정 제27호로 채택
1999년 2월 26일 최고인민회의 상임위원회 정령 제484호로 수정보충
2002년 2월 21일 최고인민회의 상임위원회 정령 제2852호로 수정보충
2004년 11월 16일 최고인민회의 상임위원회 정령 제750호로 수정보충

제1장 외화관리법의 기본

제1조(외화관리법의 사명) 조선민주주의인민공화국 외화관리법은 외화의 수
   입과 리용, 반출입에서 제도와 질서를 엄격히 세워 외화를 통일적으로 장
   악하고 합리적으로 리용하는데 이바지한다.

제2조(외화에 대한 정의) 외화에는 전환성있는 외국화폐와 국가채권, 회사채
   권 같은 외화유가증권이 속한다. 수형, 행표, 양도성예금증서 같은 외화지
   불수단과 장식품이 아닌 금, 은, 백금, 국제금융시장에서 거래되는 금화,
   은화와 귀금속도 외화에 속한다.

제3조(외화관리의 중요원칙) 외화를 통일적으로 관리하는것은 외화관리의 중
   요원칙이다. 국가는 중앙재정지도기관이 외화를 통일적으로 장악하고 관
   리하도록 한다.

제4조(외국환자업무를 하는 은행) 조선민주주의인민공화국에서 외국환자업무
   는 무역은행이 한다. 다른 은행도 중앙재정지도기관의 승인을 받아 외국환
   자업무를 할수 있다.

제5조(외화현금의 류통금지원칙) 조선민주주의인민공화국 령역에서는 외화
현금을 류통시킬수 없다. 외화현금은 조선원과 바꾸어 쓴다.

제6조(외화의 사고팔기와 저금, 예금, 저당원칙) 외화의 사고팔기와 저금, 예
금, 저당은 외국환자업무를 맡은 은행을 통하여서만 할수 있다. 외국환자업
무를 맡은 은행은 중앙재정지도기관이 승인한 범위에서 외화업무를 한다.

제7조(환자시세결정) 조선원에 대한 외국환자시세의 종류와 적용범위, 고정
환자시세를 정하는 사업은 중앙재정지도기관이 한다. 조선원에 대한 결제
환자시세, 현금환자시세를 정하는 사업은 무역은행이 한다.

제8조(대외결제외화) 대외결제는 중앙재정지도기관이 정한 외화로 한다. 우
리 나라 정부와 다른 나라 정부사이에 결제와 관련한 협정을 맺었을 경우
에는 그에 따른다.

제9조(합법적으로 얻은 외화에 대한 보호) 국가는 합법적으로 얻은 외화를 보
호하며 그에 대한 공민의 상속권을 보장한다.

제10조(법의 적용대상) 이 법은 외화수입이 있거나 외화를 리용하는 기관,
기업소, 단체와 공민에게 적용한다. 공화국령역에서 외화수입이 있거나 외
화를 리용하는 다른 나라 또는 국제기구의 대표부, 외국투자기업, 외국인
과 조선동포에게도 이 법을 적용한다. 특수경제지대에 적용하는 외화관리
질서는 따로 정한다.

제2장 외화수입과 리용

제11조(국가외화의무납부률의 제정) 중앙재정지도기관은 국가계획기관이 시
달한 외화수입지출계획에 따라 해당 기관, 기업소, 단체에 국가외화의무납
부률을 정하여주어야 한다. 기관, 기업소, 단체는 무역은행에 돈자리를 두
고 번 외화를 제때에 입금시켜야 한다.

제12조(다른 나라, 국제기구 대표부의 외화돈자리) 다른 나라와 국제기구의 대
표부는 무역은행에 돈자리를 두고 외화를 입금시켜야 한다.

제13조(외국투자기업의 외화돈자리) 외국투자기업은 무역은행에 돈자리를 두

고 번 외화를 입금시켜야 한다. 다른 은행이나 공화국령역밖에 있는 은행에 돈자리를 두려 할 경우에는 중앙재정지도기관과 합의하여야 한다.

제14조(국가외화의무납부금의 우선적납부) 기관, 기업소, 단체는 외화수입계획을 제때에 실행하며 국가외화의무납부금을 우선적으로 바쳐야 한다.

제15조(공민의 외화보유와 팔기, 저금) 공민은 합법적으로 얻은 외화를 보유할수 있다. 외화를 팔거나 저금하려 할 경우에는 외국환자업무를 취급하는 은행에 하여야 한다.

제16조(외국인의 외화저금과 팔기) 외국인은 공화국령역밖에서 송금하여온 외화, 합법적으로 얻은 외화를 외국환자업무를 취급하는 은행에 저금하거나 팔수 있다.

제17조(외화의 리용범위) 외화는 다음과 같은 거래에 리용할수 있다.

1. 대외경제계약과 지불협정에 따르는 거래
2. 려비, 경비, 유지비의 지불거래 같은 비무역거래
3. 은행에서 조선원을 사거나 파는 거래
4. 예금, 신탁, 대부, 채무보증 같은 거래

제18조(대외결제방법) 대외결제는 신용장, 송금, 대금청구, 지불위탁 같은 방법으로 한다.

제19조(기관, 기업소, 단체의 외화리용) 기관, 기업소, 단체는 외화를 지정된 지표와 항목에 써야 한다. 지정된 지표와 항목과 다르게 외화를 쓰려 할 경우에는 중앙재정지도기관의 승인을 받아야 한다.

제20조(외화수입계획을 초과한 외화의 리용) 기관, 기업소, 단체는 외화수입계획을 초과한 금액을 자체로 리용할수 있다. 이 경우 지정된 지표와 항목에 써야 한다.

제21조(외화의 예금, 저금에 대한 비밀보장과 반환의무) 외국환자업무를 취급하는 은행은 외화예금과 저금의 비밀을 보장하며 해당한 리자를 계산지불하여야 한다. 예금자, 저금자가 요구하는 외화를 제때에 내주어야 한다.

제22조(은행의 대부) 공화국의 외국환자업무를 취급하는 은행은 기관, 기업소, 단체와 외국투자기업에 외화를 대부하여줄수 있다. 이 경우 외화대부계획을 세워 중앙재정지도기관과 합의하고 내각의 비준을 받아야 한다.

제23조(다른 나라 또는 국제기구에 의한 대부) 기관, 기업소, 단체는 관리운영에 필요한 외화를 다른 나라 또는 국제기구로부터 대부받을수 있다. 이 경우 중앙재정지도기관과 합의하고 내각의 비준을 받아야 한다.

제24조(외화유가증권의 발행승인) 외화유가증권을 발행하려는 기관, 기업소, 단체는 해당 기관의 승인을 받아야 한다.

제3장 외화반입과 반출

제25조(외화의 반입과 수수료, 관세면제) 외화현금과 외화유가증권, 귀금속은 제한없이 우리 나라에 들어올 수 있다. 이 경우 수수료 또는 관세를 적용하지 않는다.

제26조(외화현금의 반출) 외화현금은 은행이 발행한 외화교환증명문건이나 입국할 때 세관신고서에 밝힌 금액범위에서 공화국령역밖으로 내갈수 있다.

제27조(외화유가증권의 반출) 외화유가증권은 중앙재정지도기관의 승인을 받아야 공화국령역밖으로 내갈수 있다. 입국할 때 세관에 신고한 외화유가증권은 승인을 받지 않고도 공화국령역밖으로 내갈수 있다.

제28조(귀금속의 반출) 귀금속은 중앙은행의 승인을 받아야 공화국령역밖으로 내갈수 있다. 입국하면서 들여온 귀금속은 세관에 신고한 범위에서 공화국령역밖으로 내갈수 있다.

제29조(외국투자가의 리윤 기타 소득금의 반출) 외국투자가는 기업운영에서 얻은 리윤과 기타 소득금을 공화국령역밖으로 세금없이 송금할수 있다. 투자재산은 세금없이 공화국령역밖으로 내갈수 있다.

제30조(외국인의 로임과 기타 합법적으로 얻은 외화의 반출) 외국투자기업에서 일하는 외국인은 로임과 기타 합법적으로 얻은 외화의 60프로까지를 공화국령역밖으로 송금하거나 가지고 나갈수 있다.

제4장 외화관리사업에 대한 지도통제

제31조(외화관리사업에 대한 지도기관) 외화관리사업에 대한 지도통제는 내각의 통일적지도밑에 중앙재정지도기관이 한다. 중앙재정지도기관은 외화관리사업에 대한 지도체계를 바로세우고 외화수입과 지출균형을 맞추어야 한다.

제32조(도 인민위원회의 외화관리) 중앙예산제기관, 기업소, 단체의 외화관리사업에 대한 지도는 중앙재정지도기관이 직접 한다. 그러나 지방예산제기관, 기업소, 단체의 외화관리사업에 대한 지도는 도인민위원회를 통하여한다.

제33조(외화채권, 채무에 대한 통일적장악관리) 중앙재정지도기관은 다른 나라에 대한 외화채권, 채무를 통일적으로 장악하고 관리하여야 한다. 해당기관, 기업소, 단체는 중앙재정지도기관의 요구에 제때에 응하여야 한다.

제34조(외화생활비, 외화려비에 대한 관리) 중앙재정지도기관은 외화로 지불하는 생활비, 려비 같은것의 지출기준을 바로 정하고 정확히 집행하도록하여야 한다.

제35조(외국환자업무를 취급하는 은행에 대한 관리) 중앙재정지도기관은 외국환자업무를 취급하는 은행으로부터 분기, 년간 재정상태표와 필요한 업무통계자료를 받아야 한다.

제36조(년간외화계획실행결산서의 제출) 기관, 기업소, 단체는 분기, 년간외화계획실행결산서를 만들어 중앙재정지도기관에 내야 한다. 중앙재정지도기관은 외화계획실행정형을 총화하고 내각에 보고하여야 한다.

제37조(외화관리정형에 대한 검열) 중앙재정지도기관은 기관, 기업소, 단체와 외국환자업무를 취급하는 은행의 외화관리정형을 검열할수 있다. 해당 기관, 기업소, 단체와 외국환자업무를 취급하는 은행은 중앙재정지도기관의 검열에 필요한 조건을 보장하여야 한다.

제38조(연체료부과) 국가외화의무납부금을 제때에 정확히 납부하지 않았을경우에는 연체료를 물린다.

제39조(손해보상) 예금, 저금자가 요구하는 외화를 제때에 내주지 못하여 손

해를 주었을 경우에는 해당한 손해를 보상시킨다.

제40조(벌금부과) 외화를 정해진 기간까지 입금시키지 않았거나 또는 다른 은행에 입금시켰을 경우에는 벌금을 물린다.

제41조(몰수) 비법적으로 거래하였거나 공화국령역밖으로 도피시킨 외화와 해당 물건은 몰수한다.

제42조(행정적 또는 형사적책임) 이 법을 어겨 외화관리에서 엄중한 결과를 일으킨 기관, 기업소, 단체의 책임있는 일군과 개별적공민에게는 정상에 따라 행정적 또는 형사적책임을 지운다.

【부록 4】

보험법

1995년 4월 6일 최고인민회의 상설회의 결정 제58호로 채택
1999년 2월 4일 최고인민회의 상임위원회 정령 제383호로 수정
2002년 5월 16일 최고인민회의 상임위원회 정령 제3038호로 수정보충
2005년 9월 13일 최고인민회의 상임위원회 정령 제1298호로 수정보충
2008년 12월 16일 최고인민회의 상임위원회 정령 제2989호로 수정보충

제1장 보험법의 기본

제1조(보험법의 사명)

조선민주주의인민공화국 보험법은 보험사업에서 제도와 질서를 엄격히 세워 보험당사자들의 권리와 리익을 보호하며 나라의 경제발전과 인민생활안정에 이바지한다.

제2조(정의)

이 법에서 용어의 정의는 다음과 같다.

1. 보험이란 자연재해나 뜻밖의 사고로 사람과 재산이 입은 피해를 보상하기 위하여 사회적으로 자금을 조성하고 리용하는 손해보상제도이다.

2. 피보험리익이란 보험대상에 대하여 피보험자가 가지는 경제적리익이다.

3. 보험사고란 보험자가 보험계약에서 담보한 위험이 현실로 된것이다.

4. 보험자란 보험사고가 일어났을 때 보험금 또는 보험보상금을 지불하는 보험회사이다.

5. 피보험자란 보험사고가 일어났을 때 보험금 또는 보험보상금을 받는

기관, 기업소, 단체 또는 개별적 사람이다.

6. 보험계약자란 보험계약에 따라 보험료를 납부할 의무를 진 기관, 기업소, 단체 또는 개별적사람이다.

7. 보험수익자란 인체보험에서 피보험자가 사망하였을 때 보험금을 받는 사람이다.

8. 보험료란 보험자가 보험대상에 미치는 위험을 담보하는 대가로 보험계약자로부터 받는 자금이다.

9. 보험금이란 인체보험에서 보험기간이 만기되였거나 보험사고가 일어났을 때 보험자가 피보험자에게 지불하는 자금이다.

10. 보험보상금이란 재산보험에서 보험사고가 일어났을 때 보험자가 지불하는 자금이다.

11. 보험기간이란 보험계약이 법적효력을 가지는 기간으로서 보험자의 책임이 시작되는 때부터 끝나는 때까지이다.

12. 배상책임보험이란 보험사고로 피보험자가 제3자에게 준 피해를 보험자가 보상하는 보험이다.

13. 재보험이란 한 보험회사가 담보한 위험의 전부 또는 일부를 다른 보험회사에 다시 담보시키는 보험이다.

제3조(보험의 분류)

보험은 보험대상에 따라 인체보험과 재산보험으로 나눈다. 인체보험에는 생명보험, 불상사보험, 어린이보험, 려객보험 같은것이 속하며 재산보험에는 화재보험, 해상보험, 농업보험, 기술보험, 자동자보험, 신용보험, 배상책임보험 같은것이 속한다.

제4조(자원성, 의무성, 신용의 원칙, 보험종류와 의무보험대상을 정하는 기관)

국가는 보험당사자들이 자원성과 의무성, 신용의 원칙을 자원보험과 의무보험에 맞게 정확히 지키도록 한다. 새로운 보험종류를 내오거나 의무보험대상을 정하는 사업은 내각이 한다.

제5조(보험업무의 담당자)

공화국령역안에서 보험업무는 중앙보험지도기관의 승인을 받은 보험회사가 한다. 특수경제지대에서 외국투자가, 해외조선동포는 보험회사를, 다른 나라의 보험회사는 대표부, 지사, 대리점을 설립운영할수 있다.

제6조(보험에 드는 원칙)

국가는 기관, 기업소, 단체, 공민 또는 외국기관, 외국투자기업, 외국인 해외동포가 보험에 드는 경우 공화국령역안에있는 보험회사의 보험에 들도록 한다.

제7조(보험분야의 교류와 협조)

국가는 보험분야에서 다른 나라, 국제기구와의 교류와 협조를 발전시키도록 한다. 조선민주주의인민공화국이 승인한 보험분야의 국제협약은 이 법과 같은 효력을 가진다.

제8조(법의 적용제한)

이 법은 국가의 시책으로 실시하는 사회보험에는 적용하지 않는다.

제2장 보험계약

제9조(보험계약과 당사자들의 지위)

보험계약은 보험활동의 기초이다. 보험당사자들은 평등한 지위에서 보험계약을 맺고 정확히 리행하여야 한다.

제10조(보험계약당사자)

보험계약은 보험자와 보험계약자사이에 서면으로 맺는다. 보험계약자로는 피보험자 또는 피보험자를 위하여 보험계약을 맺는자가 될수 있다.

제11조(피보험리익)

보험계약은 보험대상에 피보험리익이 있어야 맺을수 있다. 피보험리익이 없이 맺은 보험계약은 효력을 가지지 못한다.

제12조(보험계약의 체결방법)

보험계약을 맺을 때 보험계약자는 기재사항을 정확히 밝힌 보험계약신청서를 보험자에게 내며 보험대상과 관련한 보험자의 질문에 사실대로 대답하여야 한다.

제13조(보험계약의 성립시점)

보험계약은 보험자가 보험계약자의 보험계약신청에 동의하고 보험증권을 발

행한 때에 성립한다. 보험증권의 형식과 내용은 보험회사가 정하고 중앙보험지
도기관의 승인을 받는다.

제14조(보험증권에 밝혀야 할 사항)

보험증권에는 다음의 사항을 밝힌다.

1. 보험계약자의 이름과 주소
2. 피보험자의 이름과 주소
3. 보험대상
4. 보험가격
5. 보험금액
6. 담보하는 위험과 담보하지 않는 위험
7. 보험기간
8. 보험료와 그 납부방법
9. 보험금 또는 보험보상금의 지불방법
10. 이밖에 보험자가 보험계약자와 합의한 사항

제15조(보험계약당사자들의 의무)

보험계약이 성립되면 보험계약자는 보험료를 납부할 의무를 지며 보험자는
보험금 또는 보험보상금을 지불할 의무를 진다.

제16조(보험료납부)

보험계약자는 보험증권에 지적된 보험료를 정해진 기간안에 납부하여야 한
다. 보험료는 보험계약에 따라 한번에 납부하거나 분할하여 납부할수 있다.

제17조(보험계약의 효력)

보험계약의 효력은 보험계약자가 보험료를 납부한 때에 발생한다.

보험계약의 효력이 발생한 다음 보험계약자가 분할보험료를 정해진 기간까
지 납부하지 않으면 보험계약의 효력은 중지된다. 그러나 보험계약자가 납부하
지 못한 보험료와 그에 해당한 연체료를 납부하였을 경우에는 중지되였던 보험
계약의 효력은 다시 발생한다.

제18조(보험계약내용의 변경)

보험계약자는 보험계약을 맺은 날부터 1개월안에 보험자와 합의하여 계약내용
의 일부를 변경할수 있다. 이 경우 보험증권에 변경된 내용을 첨부하여야 한다.

제19조(보험계약의 취소)

보험계약자는 보험자와 합의하여 보험사고가 발생하기 전에 언제든지 보험계약의 전부 또는 일부를 취소할수 있다.

수송화물보험계약 같은것은 취소할수 없다.

제20조(보험대상의 양도)

보험계약자는 보험대상을 제3자에게 양도할수 있다. 보험자의 동의를 서면으로 받고 보험대상과 함께 보험증권을 제3자에게 넘겨주었을 경우 해당 보험계약은 그대로 효력을 가진다.

제21조(보험사고의 통지)

보험계약기간에 보험사고가 일어나면 보험계약자와 피보험자, 보험수익자는 지체없이 보험자에게 통지하여야 한다.

제22조(손해경감의무)

보험계약자 또는 피보험자는 손해가 늘어나는것을 막기 위하여 적극 노력하여야 한다.

손해가 늘어나는것을 막기 위하여 보험계약자 또는 피보험자가 쓴 합리적인 비용은 보험자가 부담한다.

제23조(보험사고에 대한 감정)

보험자는 보험사고의 원인과 피해규모를 현지에서 확인할수 있으며 해당 기관에 손해감정을 의뢰할 수 있다.

보험계약자와 피보험자, 보험수익자는 보험자가 요구하는 경우 사고현장을 보존하여야 하며 손해감정에 협력하여야 한다.

제24조(보험보상청구문건의 제출)

보험계약자는 보험사고가 확정되면 정해진 기간안에 보험보상청구문건을 보험자에게 내야 한다. 보험보상청구문건에는 보험사고의 원인과 피해규모를 확인할수 있는 자료를 첨부한다.

제25조(보험금과 보험보상금의 지불)

보험자는 보상청구문건을 검토하고 정해진 기간안에 보험금 또는 보험보상금을 지불하여야 한다.

제26조(보험금과 보험보상금을 지불하지 않는 경우)

보험계약자나 피보험자, 보험수익자가 다음의 행위를 하였을 경우에는 보험금 또는 보험보상금을 지불하지 않는다.

1. 고의적으로 보험사고를 일으켰을 경우
2. 보험사고의 원인을 날조하였을 경우

제27조(효력이 가지지 못하는 보험계약)

사회와 집단의 리익을 침해하는 보험계약, 위법적으로 맺은 보험계약은 효력을 가지지 못한다. 보험사고가 일어난 후에 맺은 보험계약도 효력을 가지지 못한다.

제28조(재보험계약)

재보험계약은 중앙보험지도기관이 정한 형식과 방법에 따라 맺고 리행한다. 재보험계약은 원보험계약의 영향을 주지 않는다.

제3장 인체보험

제29조(인체보험의 대상)

인체보험은 피보험자의 생명이나 신체를 대상으로 한다. 어린이보험을 제외하고는 민사상 행위무능력자를 인체보험에 들일수 없다.

제30조(인체보험에 드는 단위)

인체보험은 개별적으로 들거나 기관, 기업소, 단체를 단위로 들수도 있다. 이 경우 보험계약자는 보험료의 납부와 보험금청구권 같은 보험계약상의 의무와 권리를 가진다.

제31조(보험계약에서 당사자의 동의)

보험계약자는 당사자의 동의없이 배우자, 부모, 미성인자녀를 위하여 보험계약을 맺을수 없다. 그러나 형제, 자매나 친척을 위하여 보험계약을 맺을 경우에는 당사자의 동의를 서면으로 받아야 한다.

제32조(보험금액의 선정)

인체보험에서 보험금액은 보험자와 보험계약자가 합의하여 정한다. 이 경우 중앙보험지도기관이 정한 금액을 초과할수 없다.

제33조(보험수익자의 선정)

보험수익자의 선정은 피보험자가 한다. 보험계약자가 보험수익자를 선정할 경우에는 피보험자의 동의를 받으며 보험수익자를 변경할 경우에는 보험자에게 서면으로 통지하여야 한다.

제34조(보험금청구서의 제출)

보험계약자 또는 보험수익자는 보험사고로 피보험자가 사망하였거나 부상 또는 그로 인한 장해를 입었을 경우 보험금청구서를 보험자에게 내야 한다. 보험금청구서에는 사망확인서 또는 로동능력상실확인서 같은 해당 기관의 확인문건을 첨부한다.

제35조(인체보험에서 보험금의 지불)

인체보험에서는 피보험자가 사망하였을 경우 사망보험금을 지불한다. 보험사고가 보험계약자 또는 보험수익자의 과실로 일어났을 경우에도 보험금을 지불한다.

제36조(불상사보험에서 보험금의 지불)

불상사보험에서는 피보험자가 사망하였거나 부상 또는 그로 인한 장해를 입었을 경우 해당한 보험금을 지불한다.

제37조(상속인에게 사망보험금을 지불하는 경우)

피보험자의 상속인에게 사망보험금을 지불하는 경우는 다음과 같다.

1. 보험수익자가 정해지지 않았을 경우
2. 보험수익자가 피보험자보다 먼저 사망하였으나 다른 보험수익자가 없을 경우
3. 보험수익자가 보험금청구권을 상실 또는 포기하였으나 다른 보험수익자가 없을 경우

제38조(제3자에 대한 청구권)

생명보험에서 제3자의 잘못으로 피보험자가 사망하였을 경우 보험수익자에게 사망보험금을 지불한 보험자는 제3자에 대한 청구권을 가지지 못한다. 그러나 불상사보험에서는 지불한 보험금의 범위안에서 제3자에 대한 청구권을 가진다.

제4장 재산보험

제39조(재산보험의 대상)

재산보험은 기관, 기업소, 단체, 공민의 재산 또는 재산과 련관된 리익을 대상으로 한다. 재산보험의 대상은 금액으로 계산할수 있는것이여야 한다.

제40조(보험가격과 보험금액)

보험가격은 화폐로 평가한 보험대상의 가치이며 보험금액의 최고한도이다. 보험금액은 보험가격을 초과하여 정할수 없다.

제41조(보험금액이 보험가격보다 낮은 경우의 보상책임)

보험금액이 보험가격보다 낮을 경우 보험자는 보험금액과 보험가격의 비률에 따라 보상책임을 진다. 보험계약에서 따로 합의하였을 경우에는 그에 따른다.

제42조(보험금액이 보험가격보다 높은 경우의 보상책임)

당사자들이 잘못으로 보험금액이 보험가격보다 높아졌을 경우 보험자는 보험가격에 해당한 보상책임만을 진다.

제43조(중복보험에서의 보상책임)

한 대상을 같은 보험조건으로 여러 보험에 넣었을 경우 보험계약자는 그 사실을 매 보험자에게 알려야 한다. 보험자들이 담보한 보험금액의 총액이 보험가격을 초과할 경우 매 보험자의 보험책임은 자기가 담보한 보험금액과 보험금액 총액의 비률에 따른다.

제44조(보험대상의 관리, 안전상태료해)

보험자는 보험대상의 관리 또는 안전상태에 대하여 료해할수 있으며 결함을 발견하면 그것을 고칠데 대하여 보험계약자 또는 피보험자에게 요구하여야 한다. 보험계약자 또는 피보험자가 결함을 고치기 위한 대책을 세우지 않았을 경우 보험자는 보험료률을 높이거나 보험계약을 취소할수 있다.

제45조(보험위험의 변경)

보험계약자 또는 피보험자는 보험기간에 보험계약에 영향을 미칠수 있는 위험이 변동되면 지체없이 보험자에게 알려야 한다. 보험자는 보험대상의 위험이 감소되었을 경우에는 해당한 보험료를 돌려주며 보험대상의 위험이 증가 되었을 경우에는 추가보험료를 요구하거나 보험계약을 취소할수 있다.

제46조(보험보상방법)

보험자는 보험사고가 일어났을 경우 보험계약에 따라 보험보상금을 지불하여야 한다. 보험보상은 수리, 교체 또는 복구의 방법으로 할수 있다.

제47조(보험자가 피보험자의 권리를 가지는 경우)

보험사고로 보험대상에 손해가 발생하여 보험자가 보험계약자 또는 피보험자에게 보험가격의 전부를 지불하였을 경우 그 보험대상에 대한 피보험자의 권리는 보험자에게 넘어간다.

제48조(추가보험료의 납부와 보험보상)

보험계약자는 손해를 입었던 보험대상을 보험보상금으로 원상복구하였을 경우 추가보험료를 납부하면 남은 보험기간에 발생할수 있는 보험사고에 대하여 보험금액에 해당한 보험보상금을 받을 권리를 가진다.

제49조(보험기간의 연장)

보험계약자가 보험계약기간이 끝나기 3개월전까지 계약폐기의사를 보험자에게 통지하지 않을 경우 보험계약은 자동적으로 1년간 연장된다. 이 경우 보험계약자는 해당한 보험료를 납부하여야 하며 보험자는 보험증권을 새로 발행하여야 한다.

제50조(제3자에 대한 손해보상청구권)

제3자의 잘못으로 보험사고가 일어났을 경우 보험보상금을 지불한 보험자는 보험보상금의 범위안에서 제3자에 대한 손해보상청구권을 가진다. 피보험자가 이미 제3자로부터 손해보상금을 받았을 경우 보험자는 그 금액을 공제한 보험보상금을 지불한다.

제51조(제3자에 대한 손해보상청구권의 포기)

보험자가 보험보상금을 지불하기 전에 피보험자가 제3자에 대한 손해보상청구권을 포기하였을 경우 보험자는 그에 대한 보상책임을 지지 않는다. 보험보상금을 받은 피보험자가 보험자와 합의없이 제3자에 대한 손해보상청구권을 포기하였을 경우 보험자는 보험보상금을 돌려받을 권리를 가진다. 보험자는 피보험자가 과실로 제3자에 대한 손해보상청구권을 행사하지 못하였을 경우 보험보상금을 낮출수 있다.

제52조(배상책임보험에서의 배상금지불)

보험자는 배상책임보험에서 보험사고가 발생하였을 경우 배상금을 제3자에게 직접 지불하여야 한다. 그러나 보험계약자가 이미 제3자에게 배상금을 지불하였을 경우에는 보험계약자에게 배상금을 지불한다. 배상책임보험에서 제3자가 입은 손해와 관련한 중재비용, 소송비용은 보험자가 부담한다.

제5장 보험회사

제53조(보험회사의 설립승인)

보험회사의 설립승인은 중앙보험지도기관이 한다. 설립승인을 받지 못한 보험회사는 보험업무를 할수 없다.

제54조(보험회사의 설립조건)

보험회사의 설립조건은 다음과 같다.

1. 회사의 규약과 내부준칙
2. 보험계약표준조건과 보험료료률
3. 정해진 등록자금
4. 업무장소와 시설
5. 필요한 경영관리성원

제55조(보험회사설립신청문건의 제출)

보험회사를 설립하려는 기관, 기업소, 단체는 중앙보험지도기관이 요구하는 자료를 내고 합의를 받은 다음 보험회사설립신청문건을 내야 한다. 보험회사설립신청문건의 형식과 내용은 중앙보험지도기관이 정한다.

제56조(보험회사설립신청문건의 검토기일)

중앙보험지도기관은 보험회사설립신청문건을 검토하고 60일안에 회사의 설립을 승인하거나 부결하여야 한다.

제57조(영업허가증의 발급, 보험회사의 설립일)

중앙보험지도기관은 보험회사의 설립신청을 승인하였을 경우 보험회사의 영입허가증을 발급하여야 한다. 영업허가증을 발급한 날을 보험회사의 설립일로 한다.

제58조(보험회사의 주소등록, 세무등록)

보험회사는 영업허가증을 받은 날부터 30일안에 회사소재지의 도(직할시)인 민위원회에 주소등록을 하며 주소등록을 한 날부터 20일안에 해당 재정기관에 세무등록을 하여야 한다.

제59조(설립승인의 취소사유)

중앙보험지도기관은 보험회사가 영업허가증을 받은 날부터 3개월안에 정해진 등록을 하지 않을 경우 보험회사의 설립승인을 취소할수 있다.

제60조(지사, 대표부, 대리점의 설립)

보험회사는 중앙보험지도기관의 승인을 받아 공화국령역안에 지사, 대표부, 대리점을 설립할 수 있다. 지사, 대표부, 대리점은 설립승인을 받은 날부터 30일안에 소재지의 시(구역), 군인민위원회에 주소등록을 하여야 한다. 지사, 대표부, 대리점의 활동에 대한 민사책임은 해당 보험회사가 진다.

제61조(해외보험대표부, 보험회사의 설립)

보험회사는 공화국령역밖에 보험대표부 또는 보험회사를 설립하려 할 경우 중앙보험지도기관의 승인을 받아야 한다.

제62조(보험회사의 업무범위)

보험회사와 그 지사, 대표부, 대리점은 중앙보험지도기관이 승인한 범위에서 업무활동을 하여야 한다. 명칭, 규약, 업종, 등록자금, 업무장소 같은것을 변경할 경우에는 중앙보험지도 기관의 승인을 받아야 한다.

제63조(보험담보금의 적립)

보험회사는 정해진 최저보상지불능력을 보유하여야 하며 보험담보금을 적립하여야 한다. 보험담보금의 적립규모와 방법은 중앙보험지도기관이 정한다.

제64조(등록자금의 관리)

보험회사는 등록자금을 중앙보험지도기관이 정한 은행에 넣어야 한다. 등록자금은 중앙보험지도기관의 승인없이 리용할수 없다.

제65조(재정총화문건의 제출)

보험회사는 결산년도가 끝난 날부터 3개월안으로 업무보고서, 재정상태표, 손익계산서 같은 문건을 정확히 작성하여 중앙보험지도기관과 해당 재정기관에 내야 한다. 년간재정결산문건은 회계검증기관의 검증을 받고 낸다.

제66조(보험대리인)

보험회사는 보험대리인을 통하여 보험계약을 맺을수 있다. 이 경우 대리인명부를 갖추고 보험대리인을 등록하여야 한다. 보험대리인은 보험회사가 위임한 권한의 범위에서 대리업무를 하며 그 정형을 문건에 정확히 기록하여야 한다. 보험대리행위에 대한 책임은 해당 보험회사가 진다.

제67조(보험중개인)

보험계약자를 위한 보험중개업무는 중앙보험지도기관의 승인을 받은 보험중개인이 한다. 보험중개인은 과실로 보험계약자에게 준 손해에 대하여 책임지며 중개료를 받을 권리를 가진다.

제68조(보험회사의 분리, 통합, 해산)

분리, 통합, 해산하려는 보험회사는 중앙보험지도기관의 승인을 받아야 한다. 생명보험업무를 하는 보험회사는 해산할수 없으며 분리, 통합만을 할수 있다.

제6장 보험사업에 대한 지도통제 및 분쟁해결

제69조(보험사업에 대한 지도통제기관)

보험사업에 대한 지도통제는 중앙보험지도기관이 한다. 중앙보험지도기관은 보험사업발전의 요구에 맞게 보험사업에 대한 지도방법을 개선하며 보험회사의 영업활동을 정확히 지도통제하여야 한다.

제70조(중앙보험지도기관의 사업범위)

중앙보험지도기관은 다음과 같은 사업을 한다.

1. 국가의 보험정책과 보험법규를 집행하기 위한 세칙, 지도서를 작성한다.
2. 세계보험시장과 보험발전추세를 조사분석하여 보험회사에 통보한다.
3. 보험회사의 규약, 보험계약표준조건, 보험료률, 보험업종을 승인한다.
4. 보험회사의 등록자금과 보험담보금의 규모, 적립방법을 정한다.
5. 보험회사, 보험지사, 보험대리인, 보험중개인의 업무활동을 감독한다.
6. 보험회사와 그 지사, 대표부, 대리점의 설립, 분리, 통합, 해산을 승인한다.

7. 보험회사가 작성한 보험계약신청서, 보험증권 같은 보험관련문건의 형식과 내용을 승인한다.

8. 재보험업무거래를 승인 또는 제한, 금지한다.

9. 이밖에 국가가 위임한 사업을 한다.

제71조(보험대상, 보험사고에 대한 평가와 감정)

중앙보험지도기관은 보험대상과 보험사고에 대한 평가와 감정을 정확히 진행하도록 하여야 한다. 보험대상, 보험사고에 대한 평가와 감정은 전문감정기관과 해당 분야의 국가적자격 또는 전문지식을 가진 일군만이 할수 있다.

제72조(보험관련문건의 보관기일)

기관, 기업소, 단체, 보험회사는 보험사업과 관련한 문건, 자료를 중앙보험지도기관 또는 해당 기관이 정한 기간까지 보관하여야 한다.

제73조(보험회사에 대한 벌금부과, 영업중지)

보험회사에 벌금을 물리거나 영업을 중지시키는 경우는 다음과 같다.

1. 승인없이 보험회사를 설립하였거나 정해진 등록을 하지 않고 보험업무를 하였을 경우

2. 승인없이 보험계약표준조건, 보험료률을 적용하거나 보험업종을 변경하였을 경우

3. 재정회계관련문건들을 사실대로 작성하지 않았을 경우

4. 정당한 리유없이 보험보상을 하지 않았거나 적게 하였을 경우

5. 승인없이 회사의 명칭, 규약, 등록자금, 영업장소를 변경하였을 경우

6. 보험담보금을 적립하지 않았거나 승인없이 등록자금을 다른 용도에 리용하였을 경우

7. 승인 없이 보험회사를 분리, 통합, 해산하였을 경우

8. 어린이를 제외한 행위무능력자를 대상으로 인체보험을 조직하였을 경우

제74조(보험계약자, 보험수익자에 대한 벌금부과)

보험계약자 또는 보험수익자에게 벌금을 물리는 경우는 다음과 같다.

1. 고의적으로 보험사고를 일으켜 보험금 또는 보험보상금을 받았을 경우

2. 보험사고와 관련한 거짓통보를 하고 그에 따르는 문건을 만들어 보험금 또는 보험보상금을 받았을 경우

3. 문건을 위조하여 보험금 또는 보험보상금을 더 많이 받았을 경우

4. 의무보험에 들지 않았거나 의무보험에 들고도 보험료를 제때에 납부하지 않았을 경우

제75조(개별적 일군에 대한 벌금부과)

보험회사의 개별적일군에게 벌금을 물리는 경우는 다음과 같다.

1. 직권을 악용하여 피보험리익이나 정당한 근거가 없이 보험보상청구수속을 하게 하고 보험보상을 하였을 경우

2. 보험계약자 또는 보험수익자를 속였을 경우

3. 보험계약자 또는 보험수익자의 위법행위를 조장시켰거나 그와 공모하였을 경우

제76조(형사책임)

이 법을 어겨 엄중한 결과를 일으킨 경우에는 정상에 따라 책임있는자에게 형사책임을 지운다.

제77조(분쟁해결)

보험사업과 관련한 분쟁은 협의의 방법으로 해결한다.

협의의 방법으로 해결할수 없을 경우에는 공화국의 재판, 중재기관에 제기하여 해결한다.

당사자들의 합의에 따라 제3국의 중재기관에 제기하여 해결할수도 있다.

【부록 5】

국가예산수입법

2005년 7월 6일 최고인민회의 상임위원회 정령 제1183호로 채택
2007년 10월 16일 최고인민회의 상임위원회 정령 제2402호로 수정보충
2008년 2월 26일 최고인민회의 상임위원회 정령 제2601호로 수정보충
2011년 11월 8일 최고인민회의 상임위원회 정령 제1945호로 수정보충

제1장 국가예산수입법의 기본

제1조(국가예산수입법의 사명)

조선민주주의인민공화국 국가예산수입법은 국가예산납부자료의 등록, 국가예산의 납부, 국가예산납부문건의 관리에서 제도와 질서를 엄격히 세워 국가관리와 사회주의건설에 필요한 자금을 원만히 마련하는데 이바지한다.

제2조(국가예산수입의 정의)

국가예산수입은 국가의 수중에 집중되는 화폐자금이다. 국가예산수입은 거래수입금, 국가기업리익금, 협동단체리익금, 봉사료수입금, 감가상각금, 부동산사용료, 사회보험료, 재산판매 및 가격편차수입금, 기타수입금으로 이루어진다.

제3조(국가예산수입의 구성)

국가예산수입은 중앙예산수입과 지방예산수입으로 나눈다. 중앙예산수입은 중앙예산소속 기관, 기업소, 단체의 납부금, 지방예산수입은 지방예산소속 기관, 기업소, 단체의 납부금으로 한다.

제4조(국가예산납부자료의 등록원칙)

국가예산납부자료의 등록은 국가예산수입사업의 첫 공정이다. 국가는 국가예산납부자료의 등록절차를 바로 정하고 그것을 철저히 지키도록 한다.

제5조(국가예산수입을 늘이는 원칙)

증산하고 절약하는것은 국가예산수입을 늘이기 위한 기본방도이다. 국가는 생산을 늘이고 절약사업을 힘있게 벌려 국가예산수입을 부단히 늘이도록 한다.

제6조(합법적권리와 리익보장의 원칙)

국가는 국가예산수입에서 기관, 기업소, 단체와 공민의 합법적권리와 리익을 보장하도록 한다. 기관, 기업소, 단체와 공민에게 국가예산납부밖의 부담을 줄수 없다.

제7조(국가예산납부문건관리의 원칙)

국가예산납부문건의 관리를 바로하는것은 국가예산수입의 정확성, 합법성을 검토확인하는데서 나서는 중요요구이다. 국가는 기관, 기업소, 단체에서 국가예산납부와 관련한 문건관리를 책임적으로 하도록 한다.

제8조(국가예산납부의무의 원칙)

국가예산납부에 자각적으로 참가하는것은 기관, 기업소, 단체의 신성한 의무이다. 국가는 기관, 기업소, 단체에서 국가예산납부의무를 성실히 리행하도록 한다.

제9조(국가예산수입사업에 대한 지도통제의 원칙)

국가는 국가예산수입사업에 대한 지도체계를 바로세우고 그에 대한 통제를 강화하도록 한다. 조선민주주의인민공화국에서 국가예산수입사업은 재정기관이 한다.

제10조(국가예산수입부문 일군의 자격)

국가는 국가예산수입부문의 일군대렬을 튼튼히 꾸리고 그들의 책임성과 역할을 높이도록 한다. 국가예산수입부문의 일군으로는 해당한 자격을 가진자만이 될수 있다.

제2장 국가예산납부자료의 등록

제11조(국가예산납부자료등록의 기본요구)

국가예산납부자료의 등록을 바로하는것은 국가예산납부에서 나서는 필수적 요구이다. 생산, 경영활동을 하는 기관, 기업소, 단체는 판매수입계획, 원가계획, 순소득 또는 소득계획, 국가예산납부계획, 은행돈자리번호 같은 국가예산납부자료를 해당 재정기관에 제때에 정확히 등록하여야 한다.

제12조(국가예산납부자료의 등록신청문건제출)

해당 기관, 기업소, 단체는 국가예산납부자료의 등록신청문건을 작성하여 소재지의 재정기관에 내야 한다. 해당 기관, 기업소, 단체에 소속되어 다른 지역에서 생산, 경영활동을 할 경우에는 그 지역을 관할하는 은행기관에 돈자리를 개설하고 등록신청문건을 따로 내야 한다.

제13조(국가예산납부자료의 등록신청문건심의)

재정기관은 국가예산납부자료의 등록신청문건을 접수한 날부터 10일안으로 심의하여야 한다. 이 경우 등록신청을 한 기관, 기업소, 단체에 해당 심의에 필요한 자료를 요구할수 있다. 기관, 기업소, 단체는 해당 재정기관이 요구하는 자료를 제때에 보장하여야 한다.

제14조(국가예산납부자료등록신청문건의 심의결정)

해당 재정기관은 국가예산납부자료의 등록신청문건을 심의하고 등록 또는 부결하는 결정을 하여야 한다. 등록 또는 부결에 대한 결정을 20일안으로 해당 기관, 기업소, 단체에 서면으로 알려주어야 한다.

제15조(국가예산납부등록증의 발급)

해당 재정기관은 등록이 결정된 국가예산납부자료를 등록하여야 한다. 이 경우 승인을 받아 업종밖의 생산, 봉사활동을 하는 기관, 기업소, 단체에는 국가예산납부등록증을 발급한다. 국가예산납부등록증을 발급받은 기관, 기업소, 단체는 정해진 수수료를 물어야 한다.

제16조(변경된 국가예산납부자료의 재등록)

기관, 기업소, 단체는 등록된 국가예산납부자료가 변경되였을 경우 5일안으로 재등록신청문건을 작성하여 해당 재정기관에 내야 한다. 해당 재정기관은 정한 기일안으로 재등록신청문건을 심의하고 변경된 국가예산납부자료를 재등록하여야 한다.

제17조(전표의 경유)

기관, 기업소, 단체는 국가납부전표, 카드, 관람료금표, 벌금증서 같은것을 해당 재정기관의 경유를 받아야 한다. 해당 재정기관의 경유를 받지 않은 국가납부전표, 카드, 관람료금표, 벌금증서 같은것은 사용할수 없다.

제18조(판매수입금과 국가예산납부조성액의 신고)

기관, 기업소, 단체는 판매수입금과 국가예산납부조성액을 재정기관과 해당 기관에 정확히 신고하여야 한다. 판매수입금과 국가예산납부조성액에 대한 신고를 허위로 할수 없다.

제19조(국가예산납부등록증의 위조와 팔고사기금지)

기관, 기업소, 단체는 국가예산납부등록증을 위조하거나 팔고사지 말아야 한다. 국가예산납부등록증을 오손시켰거나 분실하였을 경우에는 제때에 재발급받아야 한다.

제3장 국가예산의 납부

제1절 거래수입금과 봉사료수입금

제20조(거래수입금과 봉사료수입금의 정의, 납부대상)

거래수입금은 소비품의 가격에 들어있는 사회순소득의 일부를, 봉사료수입금은 봉사료에 들어있는 순수입의 일부를 국가예산에 동원하는 자금이다. 기관, 기업소, 단체는 조성된 거래수입금과 봉사료수입금을 국가예산에 제때에 납부하여야 한다.

제21조(판매수입금과 봉사료금의 계산방법)

거래수입금과 봉사료수입금의 계산은 소비품판매수입금과 봉사를 제공하고 받은 료금에 정한 비률을 적용하여 한다. 비률이 정해지지 않은 경우에는 중앙 재정지도기관이 따로 정한 방법에 따라 계산한다.

제22조(순소득 또는 소득의 계산방법)

기관, 기업소, 단체는 소비품판매수입금과 봉사료금을 정확히 계산하여야 한다. 소비품판매수입금과 봉사료금은 정한데 따라 판매한 가격 또는 봉사를 제공하고 받은 료금으로 계산한다.

제23조(적용하는 납부비률)

거래수입금과 봉사료수입금에는 중앙재정지도기관이 정한 납부비률을 적용한다. 대상에 따라 중앙재정지도기관의 승인을 받아 해당 재정기관도 거래수입금과 봉사료수입금의 납부비률을 정할수 있다.

제24조(거래수입금과 봉사료수입금의 납부)

거래수입금과 봉사료수입금의 경상납부는 소비품판매수입금과 봉사료금이 조성될 때마다 한다. 확정납부는 달마다 다음달 10일까지 하며 미납액은 5일안으로 추가납부하고 과납액은 재정기관에서 반환받거나 다음달 바칠 몫에서 공제납부한다.

제2절 국가기업리익금과 협동단체리익금

제25조(국가기업리익금과 협동단체리익금의 정의, 납부대상)

국가기업리익금과 협동단체리익금은 기관, 기업소, 단체에 조성된 리윤 또는 소득의 일부를 국가예산에 동원하는 자금이다. 기관, 기업소, 단체는 리윤 또는 소득의 일부를 소유형태에 따라 국가기업리익금 또는 협동단체리익금으로 국가예산에 납부하여야 한다.

제26조(리익금의 계산방법)

국가기업리익금과 협동단체리익금의 계산은 조성된 리윤 또는 소득에서 한다. 대상에 따라 판매수익금 또는 봉사료금에서 계산할수 있다.

제27조(리윤 또는 소득의 계산방법)

리윤은 판매수입금 또는 봉사료금에서 원가, 거래수입금 또는 봉사료수입금 같은것을 덜고 확정한다. 거래수입금과 봉사료수입금이 적용되지 않는 지표에 대한 리윤은 판매수입금 또는 봉사료금에서 원가 같은것을 덜고 확정한다. 소득은 판매수입금에서 생활비를 공제한 원가를 덜고 확정한다.

제28조(수입금의 계산방법)

기관, 기업소, 단체는 생산물판매수입, 건설조립작업액, 대보수작업액, 부가금, 봉사료 같은 수입금을 정확히 계산하여야 한다. 생산물판매수입금은 판매한 가격으로, 건설조립작업액과 대보수작업액은 설계예산가격으로, 부가금은 구입가격과 판매가격간의 차액으로, 봉사료는 봉사를 제공하고 받은 료금으로 계산한다.

제29조(리익금의 경상납부)

국가기업리익금과 협동단체리익금의 경상납부는 재정계획에 반영된 국가기업리익금 또는 협동단체리익금이 판매수입계획에서 차지하는 비률에 따라 판매수입금이 조성될 때마다 한다. 대상에 따라 중앙재정지도기관이 따로 정한 납부비률을 적용할수 있다.

제30조(리익금의 확정납부)

국가기업리익금과 협동단체리익금의 확정납부는 달마다 리윤 또는 소득에 따라 다음달 10일까지 하며 미납액은 5일안으로 추가납부하고 과납액은 재정기관에서 반환 받거나 다음달 바칠몫에서 공제납부한다.

제31조(지방유지금의 납부)

시(구역), 군예산에 소속되지 않은 기관, 기업소, 단체는 지방유지금을 정한 기일안으로 소재지의 재정기관에 납부하여야 한다. 해당 재정기관은 지방유지금을 국가기업리익금항목에 포함시켜야 한다.

제32조(국가예산납부에서 특혜보장)

국가의 투자를 받지 않고 생산, 경영활동을 하거나 국가적으로 돌봐주어야 할 기관, 기업소, 단체에는 국가예산납부금을 줄여주거나 면제하여줄수 있다.

제33조(통합, 분리될때의 국가예산납부금처리)

기관, 기업소, 단체는 통합, 분리될 경우 그 시기까지 회계결산을 하고 통합, 분리선포일부터 15일안으로 소재지의 재정기관에 국가예산납부금을 바쳐야 한다. 재정기관은 기관, 기업소, 단체의 회계결산의 정확성을 확인하고 예산소속에 따르는 국가예산납부금을 받아야 한다.

제3절 감가상각금

제34조(감가상각금의 정의, 납부대상)

감가상각금은 고정재산의 가치를 마멸된 정도에 따라 생산물원가에 포함시켜 회수하는 자금이다. 감가상각금의 납부는 국가투자에 의하여 마련된 생산적고정재산에 대하여 한다.

제35조(감가상각금납부의 제외대상)

감가상각금을 납부하지 않는 고정재산은 다음과 같다.

1. 비생산적고정재산
2. 자체자금으로 마련한 생산적고정재산
3. 이밖에 감가상각금을 바치지 않기로 한 고정재산

제36조(감가상각금의 계산방법)

감가상각금의 계산은 형태별고정재산의 시초가격에 정한 비률을 적용하여 한다. 필요에 따라 정액에 의한 계산방법을 적용할수 있다.

제37조(감가상각금의 구성, 적립규모)

감가상각금은 고정재산의 시초가격보상몫과 대보수비보상몫으로 나눈다. 감가상각금의 적립규모는 고정재산의 시초가격을 내용년한기간 한해에 회수할 자금에 따라 정한다.

제38조(감가상각금의 납부)

해당 기관, 기업소, 단체는 감가상각금을 정한 기일안으로 납부하여야 한다. 시초가격을 보상한 고정재산에 대하여서는 대보수비만을 납부한다.

제4절 부동산사용료

제39조(부동산사용료의 정의, 납부대상)

부동산사용료는 국가의 부동산을 리용하는 대가로 국가예산에 납부하는 자금이다. 부동산사용료의 납부는 토지, 건물, 자원 같은것에 대하여 한다.

제40조(부동산사용료의 납부항목)

부동산사용료의 납부항목에는 농업토지사용료, 부지사용료, 생산건물사용료,

어장사용료, 수산자원증식장사용료, 자동차도로시설사용료, 자원비 같은것이
속한다.

제41조(부동산사용료를 납부하지 않는 대상)

부동산사용료를 납부하지 않는 대상은 다음과 같다.

1. 농업과학연구기관을 비롯한 해당 과학연구기관과 농업부문의 대학, 전
   문학교에서 육종에 리용하는 농업토지
2. 새로 개간한 때부터 3년이 지나지 않은 농업토지
3. 자연재해로 류실 또는 매몰된 농업토지
4. 국가 및 협동적소유의 살림집기준부지
5. 철도운영시설부지
6. 협동단체와 기업소의 자체자금으로 건설한 생산용 건물
7. 이밖에 부동산사용료를 납부하지 않기로 승인받은 부동산

제42조(부동산사용료의 계산방법)

부동산사용료의 계산은 리용하는 부동산가격 또는 면적에 따르는 부동산사
용료기준을 적용하여 한다.

제43조(부동산사용료의 납부)

기관, 기업소, 단체는 부동산사용료를 정한 기일안으로 해당 재정기관에 납
부하여야 한다. 부동산사용료를 비법적으로 처리하는 행위를 하지 말아야 한다.

제5절 사회보험료

제44조(사회보험료의 정의, 납부대상)

사회보험료는 근로자들의 건강을 보호하고 로동능력상실자와 년로보장자를
물질적으로 방조하기 위하여 국가예산에 동원하는 자금이다. 사회보험료의 납
부는 기업소, 협동단체의 공동자금과 종업원의 로동보수자금으로 한다.

제45조(사회보험료를 납부하지 않는 자금)

사회보험료를 납부하지 않는 자금은 다음과 같다.

1. 국가사회보험자와 사회보장자가 받는 년금 및 보조금
2. 비재적근로자에게 주는 로동보수자금

3. 이밖에 사회보험료를 납부하지 않기로 승인받은 수입금

제46조(사회보험료의 계산방법)

종업원의 사회보험료계산은 월로동보수액에 정한 비률을 적용하여야 한다. 협동단체의 공동자금에서 바칠 사회보험료계산은 월판매보수액에 정한 비률을 적용하여 한다.

제47조(사회보험료의 납부비률)

종업원의 사회보험료납부비률은 월로동보수액의 1%로 한다. 기업소와 협동단체의 사회보험료납부비률은 월판매수입금에 따라 계산된 생활비의 7%로 한다. 외국투자기업의 사회보험료납부는 따로 정한 기준에 따라 한다.

제48조(사회보험료의 납부)

기관, 기업소, 단체는 사회보험료를 은행기관에서 로동보수자금을 받는 날 또는 결산분배를 받는 달에 해당 재정기관에 납부하여야 한다. 협동농장은 사회보험료를 납부하지 않고 자체사회보험기금으로 적립한다.

제6절 재산판매 및 가격편차수입금

제49조(재산판매 및 가격편차수입금의 정의, 납부대상)

재산판매 및 가격편차수입금은 국가소유의 재산을 판매하여 조성된 수입금과 자체의 생산, 경영활동과 관련없이 조성된 가격편차수입금, 대외경제관계에서 조성된 수입금을 국가예산에 동원하는 자금이다. 재산판매 및 가격편차수입금에는 국가재산판매수입금, 가격편차수입금, 무역편차리익금, 차관 및 연불수입금 같은것이 속한다.

제50조(국가재산판매수입금의 납부)

기관, 기업소, 단체는 포장용기, 설비, 비품 같은 국가소유의 재산을 판매하여 조성된 수입금을 7일안으로 국가예산에 납부하여야 한다. 자체의 자금으로 마련한 재산을 판매하여 조성한 수입금은 자체자금으로 적립할수 있다.

제51조(가격편차수입금의 납부)

기관, 기업소, 단체는 국가적 또는 지역적인 가격변동조치로 가격편차수입금이 생겼을 경우 그것을 제때에 국가예산에 납부하여야 한다. 완제품 또는 상품

의 가격편차수입금은 판매수입금이 조성되는 차제로 납부하며 류동재산의 가격
편차수입금은 가격이 변동된 날부터 30일안으로 납부하여야 한다. 가격변동조
치로 생긴 손실은 국가예산에서 보상하여줄수 있다.

제52조(무역편차리익금의 납부)

해당 기관, 기업소, 단체는 무역활동과정에 조성된 무역편차리익금을 국가예
산에 납부하여야 한다. 무역편차리익금의 계산은 수출입상품호상간 편차손익을
상쇄하여 한다.

제53조(차관, 연불수입금의 납부)

해당 기관, 기업소, 단체는 차관 또는 연불로 들여온 물자를 가격제정기관이
정한 가격으로 판매하고 부가금을 던 판매수입금을 30일안으로 국가예산에 납
부하여야 한다. 차관으로 외화를 받았을 경우에는 국가외화관리기관이 정한 대
외결제은행의 돈자리에 넣고 환자시세에 따르는 조선원을 받아 7일안으로 국가
예산에 납부하여야 한다.

제54조(리익배당금의 납부)

합영, 합작기업의 공화국 당사자는 리익배당금의 일부를 국가예산에 납부하
여야 한다. 외화로 받은 리익배당금은 환자시세에 따르는 조선원의 25%를, 물
자로 받은 리익배당금은 상품판매수입금의 25%를 납부하여야 한다.

제7절 기타수입금

제55조(기타수입금의 정의, 납부대상)

기타수입금은 생산, 경영활동과 관련없이 조성된 수입금과 통제적기능을 수
행하는 과정에 조성된 수입금 그밖의 수입금을 국가예산에 동원하는 자금이다.
기타수입금에는 무상로력동원수입, 국가수수료, 관세, 벌금 및 몰수품수입, 시
효기간이 지난 채무수입, 재산보험료, 외국투자기업 및 외국인세금 같은것이 속
한다.

제56조(무상로력동원수입금의 납부)

기관, 기업소, 단체는 국가예산에서 생활비를 지불받는 로력을 지원받았을
경우 그들이 번 로동보수몫을 정한 기일안으로 국가예산에 납부하여야 한다.

제57조(국가수수료, 관세의 납부)

해당 기관은 업무를 수행하는 과정에 받은 국가수수료를, 세관은 관세경계선을 통과하는 물자에 부과하여 받은 관세를 10일안으로 국가예산에 납부하여야 한다.

제58조(벌금 및 몰수품수입금의 납부)

해당 감독통제기관은 위법행위에 부과한 벌금과 법에 따라 몰수품을 처리하고 조성한 수입금을 10일안으로 국가예산에 납부하여야 한다.

제59조(시효기간이 지난 채무수입금의 납부)

기관, 기업소, 단체는 채권자의 지불청구가 없는 채무액을 시효기간이 지난 날부터 5일안으로 국가예산에 납부하여야 한다.

제60조(재산보험료의 납부)

보험기관은 기관, 기업소, 단체에서 받은 년간재산보험료에서 피해보상금을 지출하고 남은 자금을 다음해 1월안으로 국가예산에 납부하여야 한다.

제61조(외국투자기업 및 외국인세금의 납부)

공화국령역에서 경제거래를 하거나 소득을 얻는 외국투자기업과 외국인의 세금납부는 조선민주주의인민공화국 외국투자기업 및 외국인세금법에 따른다.

제62조(개인수입금의 납부)

공민은 시장 같은데서 합법적인 경리활동을 하여 조성한 수입금의 일부를 해당 기관, 기업소, 단체에 내야 한다. 이 경우 기관, 기업소, 단체는 정한데 따라 수입금을 해당 재정기관에 납부하여야 한다.

제4장 국가예산납부문건의 관리

제63조(국가예산납부문건관리의 기본요구)

국가예산납부문건의 관리는 국가예산납부와 관련한 자료를 기록, 계산하고 보관하는 중요한 사업이다. 재정기관과 기관, 기업소, 단체는 국가예산납부사업에 리용하는 문건을 책임적으로 관리하여야 한다.

제64조(장부의 비치, 기록)

재정기관과 기관, 기업소, 단체는 정해진 장부를 의무적으로 갖추고 자금리용정형과 판매수입금을 정확히 기록하여야 한다. 자금리용정형과 판매수입금의 기록은 아래단위의 회계보고문건 또는 기초서류 같은것에 준하여 한다.

제65조(국가예산납부에 대한 결산)

국가예산납부의 결산은 년초부터 루계적으로 한다. 결산은 분기별, 년간으로 한다.

제66조(국가예산수입결산서 제출)

기관, 기업소, 단체는 국가예산납부확정계산서를 달마다 작성하고 정한 기일안으로 해당 재정기관에 제출하여야 한다. 해당 재정기관은 국가예산수입결산서를 분기마다 작성하고 정한 기일안으로 중앙재정지도기관에 제출하여야 한다.

제67조(국가예산납부문건의 보관기관)

재정기관은 국가예산수입장부와 은행기관에서 발급한 국가납부전표 같은것을 5년간 보관하여야 한다. 기관, 기업소, 단체는 국가예산납부와 관련한 분기표, 년간회계결산서 같은것을 10년간 보관하여야 한다.

제5장 국가예산수입사업에 대한 지도통제

제68조(국가예산수입사업에 대한 지도통제의 기본요구)

국가예산수입사업에 대한 지도통제를 강화하는것은 국가예산수입을 늘이기 위한 기본방도이다. 국가는 현실발전의 요구에 맞게 국가예산수입사업에 대한 지도와 통제를 강화하도록 한다.

제69조(국가예산수입사업에 대한 지도기관)

국가예산사업에 대한 지도는 내각의 통일적인 지도밑에 중앙재정지도기관이 한다. 중앙재정지도기관은 국가예산수입사업에 대한 지도체계를 바로세우고 지도방법을 끊임없이 개선하여야 한다.

제70조(재정기관의 국가예산납부사업 지도)

재정기관은 관할지역 기관, 기업소, 단체의 국가예산납부사업을 합리적으로 조직하고 장악지도하여야 한다. 기관, 기업소, 단체는 국가예산납부사업에서 제기되는 문제를 해당 재정기관과 합의하고 처리하여야 한다.

제71조(국가예산수입사업조건의 보장)

해당 재정기관은 국가예산수입사업에 필요한 조건의 보장을 기관, 기업소, 단체에 요구할수 있다. 기관, 기업소, 단체는 국가예산수입사업과 관련한 재정기관의 요구를 제때에 보장하여야 한다.

제72조(국가예산수입사업에 대한 감독통제)

국가예산수입사업에 대한 감독통제는 재정기관과 해당 감독통제기관이 한다. 재정기관과 해당 감독통제기관은 국가예산수입사업을 엄격히 감독통제하여야 한다.

제73조(계량수단에 의한 통제)

재정기관은 현대적인 계량수단 같은것을 리용하여 국가예산납부정형을 통제하여야 한다. 계량수단은 재정기관이 정한 장소에 설치하여야 한다.

제74조(연체료적용)

국가예산납부금을 정한 기일안으로 납부하지 않았을 경우에는 미납액에 체납일당 1%를 적용하여 가산한 연체료를 물린다. 이 경우 국가예산강제납부통지서를 해당 은행기관에 보낸다. 은행기관은 해당 기관, 기업소, 단체의 자금지출을 중지하고 수입금이 조성되는 차제로 국가예산납부결제를 하여야 한다.

제75조(판매수입금의 회수와 영업중지)

판매수입금과 국가예산납부조성액을 신고하지 않았거나 국가예산납부등록증을 발급받지 않았거나 연장받지 않고 생산, 경영활동을 하였을 경우에는 판매수입금을 회수하거나 그 행위를 중지시킨다.

제76조(벌금적용)

벌금을 물리는 경우는 다음과 같다.

1. 국가예산납부금을 적게 바쳤을 경우
2. 국가예산수입에 대한 감독통제사업에 지장을 주었을 경우
3. 중앙예산수입금을 지방예산수입금으로 옮겨놓았을 경우
4. 정한 서류를 갖추지 않았거나 제출하지 않았을 경우
5. 은행돈자리번호를 해당 재정기관에 등록하지 않았을 경우

6. 국가예산납부자료를 정한 기일안으로 등록하지 않았을 경우

7. 판매수입금과 국가예산납부조성액을 허위신고하였을 경우

8. 서류를 위조하였거나 납부금을 적게 또는 더 받았거나 집금한 돈을 정한 기일안으로 납부하지 않았을 경우

9. 경유를 받지 않은 국가납부전표, 카드, 관람료금표, 벌금증서 같은것을 사용하였을 경우

10. 승인없이 경리활동을 하여 소득을 얻었을 경우

제77조(행정적 또는 형사적책임)

이 법을 어겨 국가예산수입사업에 엄중한 결과를 일으킨 기관, 기업소, 단체의 책임있는 일군과 개별적공민에게는 정상에 따라 행정적 또는 형사적책임을 지운다.

【부록 6】

재정법

1995년 8월 30일 최고인민회의 상설회의 결정 제61호로 채택
1999년 2월 26일 최고인민회의 상임위원회 정령 제483호로 수정보충
2002년 5월 9일 최고인민회의 상임위원회 정령 제3025호로 수정보충
2004년 4월 22일 최고인민회의 상임위원회 정령 제416호로 수정보충
2006년 1월 24일 최고인민회의 상임위원회 정령 제1528호로 수정보충
2007년 3월 27일 최고인민회의 상임위원회 정령 제2195호로 수정보충
2008년 2월 26일 최고인민회의 상임위원회 정령 제2601호로 수정보충
2009년 11월 3일 최고인민회의 상임위원회 정령 제392호로 수정보충
2011년 4월 12일 최고인민회의 상임위원회 정령 제1572호로 수정보충
2011년 12월 21일 최고인민회의 상임위원회 정령 제2052호로 수정

제1장 재정법의 기본

제1조(재정법의 사명)

조선민주주의인민공화국 재정법은 재정의 기능과 역할을 높여 나라살림살이
에 필요한 화폐자금을 계획적으로 마련하고 통일적으로 분배, 리용하는데 이바
지한다.

제2조(화폐자금의 분배원칙)

조선민주주의인민공화국에서 화폐자금은 전적으로 사회주의건설과 인민생
활에 돌려진다. 국가는 축적과 소비의 균형, 사회주의경제의 높은 발전속도를
보장하며 로동에 의한 분배를 옳게 실현하도록 화폐자금을 분배한다.

제3조(국가예산의 편성, 집행원칙)

국가예산을 정확히 편성하고 집행하는 것은 국가의 재정정책을 관철하는데
서 나서는 근본요구이다. 국가는 군중로선과 과학성의 원칙을 구현하여 현실적

이고 동원적인 국가예산을 편성하고 집행하도록 한다.

제4조(재정의 유일적, 계획적관리원칙)

조선민주주의인민공화국의 재정은 사회주의적소유와 자립적민족경제의 튼튼한 토대에 의거한다. 국가는 재정관리를 사회주의경제제도의 요구에 맞게 유일적으로, 계획적으로 하도록 한다.

제5조(자금리용원칙)

나라의 자금을 아껴쓰고 절약하는 것은 숭고한 애국심의 발현이다. 국가는 증산절약투쟁을 힘있게 벌려 적은 자금으로 생산과 건설을 더 많이 하도록 한다.

제6조(재정총화원칙)

국가는 재정총화를 인민경제계획실행정형총화와 맞물려 하며 그 시기성과 과학성, 객관성이 보장되도록 한다.

제7조(재정사업에 대한 지도통제원칙)

국가는 재정사업에 대한 지도체계를 바로세우고 재정통제를 강화하도록 한다.

제8조(재정분야의 교류와 협조)

국가는 재정분야에서 다른 나라, 국제기구들과의 교류와 협조를 발전시킨다.

제2장 국가예산

제9조(국가예산편성기관의 임무)

국가예산은 전반적인 나라살림살이를 규정하는 기본재정계획이다. 내각과 지방정권기관은 국가예산을 인민경제계획과 맞물리고 수입원천과 자금 수요를 타산하여 나라살림살이에 필요한 자금을 원만히 보장할수 있게 편성하여야 한다.

제10조(국가예산의 심의승인)

국가예산은 최고인민회의에서 심의하고 승인한다. 승인된 국가예산은 마음대로 고칠수 없다.

제11조(국가예산의 구성과 예산년도)

국가예산은 중앙예산과 지방예산으로 구성한다. 예산년도는 1월 1일부터 12월 31일까지이다.

제12조(중앙예산, 지방예산의 집행)

중앙예산은 내각과 해당 중앙기관이, 지방예산은 지방정권기관이 집행한다. 내각과 해당 중앙기관은 최고인민회의에서 승인된 중앙예산을 정확히 집행하여야 한다. 지방정권기관은 최고인민회의에서 승인된 지방예산을 편성하고 해당 인민회의의 승인을 받아 집행하여야 한다.

제13조(국가예산수입원천)

국가예산수입은 국가의 수중에 집중되는 화폐자금이다. 재정기관은 국민소득이 늘어나는데 따라 국가예산수입을 체계적으로 늘여야 한다.

제14조(국가예산수입금)

기관, 기업소, 단체는 생산, 경영활동의 과학화수준과 로동생산능률을 높이고 원가를 낮추어 순소득 또는 소득을 더 많이 창조하는 방법으로 국가예산수입금을 늘여야 한다.

제15조(인민경제사업비)

국가예산자금은 인민경제발전을 위한 지출에 우선적으로 돌린다. 재정기관은 인민경제의 선행부문, 기초공업부문과 과학기술부문에 대한 지출을 앞세우면서 경공업과 농업에 대한 지출에도 힘을 넣어야 한다.

제16조(인민적시책비, 사회문화사업비)

재정기관은 국가의 혜택이 인민들에게 더 많이 차례지도록 인민적시책과 사회문화를 위한 지출을 늘여야 한다. 인민적시책을 위한 지출에는 교육, 보건, 사회보험 및 사회보장에 대한 지출이, 사회문화를 위한 지출에는 체육, 문화, 대외사업에 대한 지출이 속한다.

제17조(국방비)

국가는 조국을 보위하고 혁명의 전취물을 튼튼히 지킬수 있게 국방비를 지출한다.

제18조(국가관리비)

국가관리비는 항목별, 용도별로 지출한다. 해당 기관은 기구를 합리적으로 조직하고 사무를 과학화, 간소화하여 국가관리비를 줄여야 한다.

제19조(예비비)

국가는 인민경제계획의 추가적조절, 인민생활향상을 위한 추가적시책을 실

시하는데 필요한 자금을 보장하기 위하여 예비비를 적립한다. 예비비는 내각의
승인을 받아 지출한다.

제20조(국가예산자금의 계획적지출)

재정기관은 관, 항, 목별 지출계획에 따라 국가예산자금을 정확히 지출하여
그것이 효과있게 쓰이도록 하여야 한다.

제21조(중앙예산의 원천과 지출대상)

중앙예산은 중앙경제부문에서 창조된 순소득을 기본수입원천으로 한다. 전
국적의의를 가지는 경제, 문화건설과 국방건설, 대외활동, 인민생활에 필요한
자금은 중앙예산을 보장한다.

제22조(지방예산의 원천과 지출대상)

지방예산은 지방경제부문에서 창조된 순소득을 기본수입원천으로 한다. 지
방경제발전과 살림살이에 필요한 자금은 지방예산으로 보장한다.

제23조(지방예산제)

지방예산제는 국가의 지도밑에 지방의 책임성과 창발성에 의거하여 군을 기
본 단위로 실시한다. 지방정권기관은 지방의 살림살이를 짜고들어 지방예산의
수입과 지출을 자체로 맞추고 국가에 더 많은 리익을 주어야 한다. 국가는 지방
예산집행에서 모범적인 단위들에 재정적특전을 준다.

제3장 기관, 기업소, 단체의 재정

제24조(기관, 기업소, 단체의 재정관리임무)

기관, 기업소, 단체의 재정은 사회주의재정의 중요구성부분이며 인민경제계
획실행을 보장하는 기본수단이다. 기관, 기업소, 단체는 재정관리를 인민경제계
획실행과 경영활동을 원만히 보장할수 있게 하여야 한다.

제25조(재정관리의 형태)

기관, 기업소, 단체의 재정은 독립채산제 또는 예산제로 관리한다. 생산, 경
영활동을 하는 기관, 기업소, 단체의 재정은 독립채산제로 관리하며 생산, 경영
활동을 하지 않는 기관의 재정은 예산제로 관리한다.

제26조(재정계획의 작성)

기관, 기업소, 단체는 인민경제계획에 기초하여 재정계획을 세우고 해당 기관의 승인을 받아야 한다. 해당 기관의 승인을 받지 않은 재정계획은 실행할수 없다.

제27조(재정계획의 실행)

기관, 기업소, 단체는 예비를 남김없이 동원하여 생산을 늘이고 경영활동을 짜고 들어 재정계획을 항목별, 월별, 분기별로 실행하여야 한다.

제28조(재정계획실행정형의 평가)

재정계획실행정형에 대한 평가는 해당 기관이 한다. 해당 기관은 기관, 기업소, 단체의 국가예산납부계획 같은 재정계획실행정형을 정확히 평가하여야 한다.

제29조(화폐자금의 합리적리용)

기관, 기업소, 단체는 화폐자금을 생산경영활동, 인민적시책 같은 목적에 합리적으로 써야 한다.

제30조(독립채산제, 반독립채산제, 예산제)

자체수입으로 경영활동을 보장하는 기관, 기업소, 단체는 독립채산제로 관리운영한다. 국가예산에서 일정한 정도의 경비예산자금을 받으면서 자체수입으로 생활비를 줄수 있는 정도의 수입이 이루어지는 기관, 기업소, 단체는 반독립채산제로 관리운영한다. 국가예산에서 경비예산자금을 받아 운영하는 기관, 기업소, 단체는 예산제로 관리운영한다.

제31조(류동자금)

류동자금은 생산과 경영활동에 필요한 설비, 원료, 자재구입에 쓴다. 기관, 기업소, 단체는 류동자금회전을 촉진시켜 자금의 효과성을 높여야 한다.

제32조(기본건설자금과 대보수자금)

기본건설자금과 대보수자금은 계획에 예견된 설계예산범위에서 재정계획에 맞물려 국가예산에서 받아쓴다. 이 경우 기본건설 및 대보수대상의 투자계획과 자금공급계획을 해당 은행기관에 등록하여야 한다. 기본건설자금, 대보수자금의 공급은 건설주의 질검사와 건설감독기관의 질검사에서 합격된 공사실적확인에 따라 한다. 계획에 없는 공사에 대한 자금은 국가예산에서 받아쓸수 없다.

제33조(과학기술발전자금)

국가과학기술계획지표에 대한 과학기술발전자금은 국가예산에서 지출하며 그밖의 과학기술계획지표에 대한 과학기술발전자금은 기관, 기업소, 단체의 새 기술도입에 의하여 조성되는 새 기술도입리익금과 자체과학기술발전자금, 기업소기금에서 실정에 맞게 쓸수 있다.

제34조(원가의 저하)

원가는 경영활동의 질을 규정하는 기본지표이다. 기관, 기업소, 단체는 경영활동과 과학기술을 결합시켜 로동생산능률을 높이고 원가를 체계적으로 낮추어야 한다.

제35조(가격, 료금의 적용)

기관, 기업소, 단체는 생산된 제품의 판매 또는 봉사활동을 하는 경우 정해진 가격이나 료금 같은 것을 바로 적용하여야 한다.

제36조(순소득, 소득의 리용)

기관, 기업소, 단체는 경영활동과정에 이루어진 순소득 또는 소득에서 국가납부몫을 국가예산에 먼저 바치고 나머지를 자체충당금, 장려금, 상금기금 같은 경영 활동에 필요한 자금으로 쓸수 있다. 계획기간에 채 쓰지 못한 자체과학기술발전자금, 상금기금 같은 자체로 쓰게 된 자금은 국가예산에 동원하지 않는다.

제37조(수입금, 여유자금의 납부)

기관, 기업소, 단체는 생산, 경영활동과 관련이 없이 이루어진 수입금이나 여유 자금을 국가예산에 바쳐야 한다.

제38조(경영손실의 보상)

기관, 기업소, 단체는 기업관리를 잘하여 경영손실을 내지 말아야 한다. 경영손실은 자체로 보상하여야 한다.

제39조(재정회계문건의 작성과 보관)

기관, 기업소, 단체는 재정회계문건을 정확히 만들어야 한다. 재정회계문건의 내용은 고칠수 없으며 정해진 기간까지 보존하여야 한다.

제4장 재정총화

제40조(재정총화의 기본요구)

재정총화를 바로하는것은 나라살림살이를 더 잘 꾸려나가기 위한 중요방도이다. 기관, 기업소, 단체는 재정총화를 정해진 기간에 정확히 하여야 한다.

제41조(국가예산집행총화)

국가예산집행에 대한 총화는 해마다 최고인민회의에서 한다. 최고인민회의는 내각이 제출한 국가예산집행정형에 대한 보고를 심의하고 승인한다.

제42조(중앙, 지방예산집행총화)

중앙예산과 지방예산집행에 대한 분기, 반년, 년간총화는 내각에서, 중앙예산집행에 대한 월, 분기, 반년, 년간총화는 해당 중앙기관에서 한다. 지방예산집행에 대한 월, 분기, 반년, 년간 총화는 지방정권기관에서 한다. 이 경우 지방예산집행에 대한 년간총화보고는 해당 인민회의가 심의하고 승인한다.

제43조(일생산 및 재정총화)

일생산 및 재정총화는 작업반을 단위로 한다. 기관, 기업소, 단체는 일생산 및 재정총화를 제도화, 생활화하여야 한다.

제44조(순별생산 및 재정총화와 월원가검토회)

순별생산 및 재정총화와 원가검토회는 직장을 단위로 한다. 기관, 기업소, 단체는 순별생산 및 재정총화와 월원가검토회를 실속있게 하여야 한다.

제45조(기관, 기업소, 단체의 재정총화)

기관, 기업소, 단체적으로 진행하는 재정총화는 순, 월, 분기, 반년, 년간을 주기로 한다. 기관, 기업소, 단체는 재정계획에 따르는 수입과 지출, 생활비, 자체기금, 상금기금, 국가에 리익을 준 정형을 구체적으로 총화하여야 한다.

제46조(재정총화결과의 공개)

재정총화결과는 공개한다. 재정총화에 대한 공개는 기관, 기업소, 단체적으로 하고 직장, 작업반에서도 한다. 재정총화결과에 대한 공시는 월에 1차 한다.

제47조(회계결산서)

기관, 기업소, 단체는 분기, 반년, 년간회계결산서를 만들어 회계검증을 받은 다음 해당 상급기관의 비준을 받아야 한다. 회계결산서는 회계검증과 해당 상급기관의 비준을 받아야 효력을 가진다.

제5장 재정사업에 대한 지도통제

제48조(비상설재정금융위원회)

국가는 재정사업에서 집체적협의를 강화하고 필요한 대책을 세우기 위하여 내각에 비상설재정금융위원회를 둔다.

제49조(재정사업에 대한 통일적지도)

재정사업에 대한 통일적인 지도는 중앙재정지도기관이 한다. 중앙재정지도 기관은 국가예산집행정형과 재정계획실행정형을 정확히 장악지도 하여야 한다.

제50조(재정기관의 임무)

해당 재정기관은 아래단위 또는 관할지역 기관, 기업소, 단체의 재정사업을 합리적으로 조직하고 지도하여야 한다. 기관, 기업소, 단체는 재정문제를 해당 재정기관과 합의하여 처리하며 재정사업과 관련한 자료와 통계를 해당 재정기 관에 내야 한다.

제51조(국가적인 재정문제의 발기)

국가적인 재정문제의 발기와 국가가 진행하는 대외경제거래와 관련하여 제 기되는 재정적담보, 다른 나라와의 국가채권, 채무청산은 중앙재정지도기관이 한다.

제52조(재정검열)

재정검열은 재정기관과 해당 감독통제기관이 한다. 재정기관과 해당 감독통 제기관은 기관, 기업소, 단체의 재정사업을 정기적으로, 계획적으로 검열하여야 한다.

제53조(재정검열위원회와 재정검사위원회)

기관, 기업소, 단체는 재정통제에 생산자대중이 널리 참가할수 있게 재정검 열위원회 또는 재정검사위원회를 꾸리고 정상적으로 운영하여야 한다. 재정검 열위원회 또는 재정검사위원회의 결정집행정형은 해당 재정기관이 장악한다.

제54조(경영활동에 대한 재정적통제)

기관, 기업소, 단체는 경영계산체계를 바로세우고 업무계산, 회계계산 같은 경영계산을 정확히 하여 경영활동에 대한 재정적통제를 강화하여야 한다.

제55조(행정적 또는 형사적책임)

이 법을 어긴 기관, 기업소, 단체의 책임있는 일군과 개별적공민에게는 정상에 따라 행정적 또는 형사적책임을 지운다.

【부록 7】

화폐류통법

1998년 11월 26일 최고인민회의 상임위원회 정령 제285호로 채택
2003년 6월 5일 최고인민회의 상임위원회 정령 제3789호로 수정보충
2009년 11월 3일 최고인민회의 상임위원회 정령 제392호로 수정보충

제1장 화폐류통법의 기본

제1조(화폐류통법의 사명)

조선민주주의인민공화국 화폐류통법은 현금과 무현금류통에서 제도와 질서를 엄격히 세워 화폐류통을 공고히 하고 경제관리를 합리적으로 하며 인민생활을 향상시키는데 이바지한다.

제2조(류통화폐)

조선민주주의인민공화국에서 류통화폐는 중앙은행권이다. 중앙은행권의 기본단위는 〈원〉이며 보조단위는 〈전〉이다. 국가는 화폐의 기능과 역할을 높여 자주적화폐제도를 강화하도록 한다.

제3조(화폐류통조직원칙)

조선민주주의인민공화국에서 화폐류통은 현금류통과 무현금류통으로 이루어진다. 국가는 현금류통과 무현금류통을 특성에 맞게 조직하며 그것을 옳게 결합시켜나가도록 한다.

제4조(현금류통원칙)

현금류통을 원활히 하는 것은 화폐의 안정성을 보장하기 위한 근본방도이다. 국가는 현금류통에서 중앙집권적규률을 강화하며 지방별현금류통책임제를 철저히 실시하도록 한다.

제5조(무현금류통원칙)

무현금류통을 바로 조직하는 것은 기관, 기업소, 단체 사이의 물자류통을 계획적으로 보장하는데서 나서는 필수적 요구이다. 국가는 경제의 규모가 커지고 인민경제 부문간, 지역간 련계가 밀접해지는데 따라 무현금결제의 범위를 확대해 나가도록 한다.

제6조(화폐의 순환원칙)

상품보장은 화폐류통을 공고히 하기 위한 기본담보이다. 국가는 상품생산을 늘려 화폐의 구매력을 높이고 그 순환을 촉진시키도록 한다.

제7조(다른 나라 화폐의 류통금지원칙)

조선민주주의인민공화국 령역에서는 다른 나라의 화폐를 유동시킬 수 없다. 국가는 중앙은행권과 다른 나라 화폐의 교환비율을 정하도록 한다.

제8조(중앙은행권의 관리원칙)

국가는 중앙은행권의 관리를 바로하며 그에 대한 통제를 강화하도록 한다. 중앙은행권은 다른 나라에 내갈 수 없다. 그러나 다른 나라 은행과 맺은 협약에 따라 중앙은행권의 견본, 류통이 정지된 중앙은행권 같은 것은 다른 나라에 내갈 수 있다.

제9조(화폐류통분야의 교류와 협조)

국가는 화폐류통분야에서 다른 나라, 국제기구들과의 교류와 협조를 발전시킨다.

제10조(특수경제지대에서의 화폐류통)

특수경제지대에서의 화폐류통은 해당 법규에 따른다.

제2장 현금류통

제11조(현금류통조직)

현금류통은 기관, 기업소, 단체와 공민 사이의 상품거래 같은데 적용하는 화폐류통형태이다. 중앙은행은 현금류통을 계획적으로 조직하여야 한다.

제12조(현금계획의 작성)

현금계획은 해마다 인민경제계획과 재정계획에 기초하여 지역별, 항목별로 세운다. 중앙은행은 현금계획을 세워 내각의 승인을 받아야 한다.

제13조(현금계획의 집행)

중앙은행기관과 기관, 기업소, 단체는 현금계획을 정확히 집행하여야 한다. 중앙은행은 현금계획집행정형을 정상적으로 장악하여야 한다.

제14조(현금류통의 조절)

중앙은행은 현금류통을 계획적으로 조절하여 적당한 현금류통량을 보장하여야 한다. 현금류통의 조절은 현금계획범위에서 조절화폐로 하여야 한다. 현금계획을 초과하여 현금류통을 조절하려 할 경우에는 내각의 승인을 받아야 한다.

제15조(유가증권의 발행)

중앙은행은 현금류통을 조절하기 위하여 유가증권을 발행할 수 있다. 이 경우 해당기관의 승인을 받아야 한다.

제16조(현금수입보장)

기관, 기업소, 단체는 상품판매, 사회급양, 편의봉사수입 같은 것을 적극 늘려야 한다. 인민소비품생산계획과 상품류통액계획은 어김없이 집행하여야 한다.

제17조(지방살림살이에 필요한 현금의 수입)

지방정권기관과 중앙은행기관은 수입원천을 남김없이 동원하여 지방살림살이에 필요한 현금을 자체의 수입으로 보장하여야 한다.

제18조(현금의 입금)

기관, 기업소, 단체는 수입된 현금을 제때에 중앙은행기관에 입금시켜야 한다. 중앙은행기관은 기관, 기업소, 단체의 입금기간을 정하고 현금을 받아들여야 한다.

제19조(현금의 지불)

현금을 리용하려는 기관, 기업소, 단체는 현금지불신청서를 중앙은행기관에 내야 한다. 중앙은행기관은 현금지불신청서를 정확히 검토하고 현금을 지불하여야 한다. 지불받은 현금은 정해진 항목과 기준대로 써야 한다.

제20조(현금지불날자)

중앙은행기관은 시기별 현금지불의 균등성을 보장할 수 있도록 기관, 기업소, 단체별로 지불날짜를 정해주어야 한다. 규모가 큰 기업소의 로동보수자금 지불날자는 직장별로도 정할수 있다.

제21조(현금의 보관)

기관, 기업소, 단체는 현금의 수입과 지출정형을 정확히 등록하고 현금을 안전성이 보장된 금고에 보관하여야 한다. 금고관리는 정해진 일군만이 한다.

제22조(현금보유한도의 규정)

중앙은행기관의 현금보유한도는 중앙은행이 정한다. 그러나 기관, 기업소, 단체의 현금보유한도는 해당 중앙은행기관이 정한다.

제23조(현금보유한도의 준수)

기관, 기업소, 단체는 현금보유한도를 엄격히 지켜야 한다. 보유한도를 넘는 현금은 중앙은행기관에 입금시키거나 저금시켜야 한다.

제24조(유휴화폐의 동원)

지방정권기관과 중앙은행기관은 저금, 보험사업을 군중적으로 조직하여 유효화폐를 적극 동원하여야 한다.

제25조(저금의 비밀과 신용보장)

공민은 저금에 자각적으로 참가하여야 한다. 중앙은행기관은 저금의 비밀과 신용을 보장하여야 한다.

제26조(현금의 수송)

중앙은행기관과 기관, 기업소, 단체는 현금을 안전하게 날라야 한다. 현금수송을 의뢰받은 교통운수기관은 현금을 제때에 수송하여야 한다. 필요한 경우에는 현금수송을 무장경비성원의 호송밑에 할 수 있다.

제27조(돈의 교환, 회수)

중앙은행은 헌 돈과 못쓰게 된 돈을 제때에 교환, 회수하여야 한다. 공민은 돈을 정히 다루어야 한다.

제3장 무현금류통

제28조(무현금류통조직)
무현금류통은 기관, 기업소, 단체 사이의 생산수단거래 같은데 적용하는 화폐류통형태이다. 중앙은행은 화폐자금을 통일적으로 틀어쥐고 무현금류통을 합리적으로 조직하여야 한다.

제29조(무현금결제)
무현금류통은 무현금결제를 통하여 실현된다. 무현금결제는 중앙은행기관이 한다.

제30조(돈자리의 개설)
기관, 기업소, 단체는 중앙은행기관에 돈자리를 두어야 한다. 필요에 따라 보조돈자리도 둘 수 있다.

제31조(돈자리의 승인)
돈자리를 두려는 기관, 기업소, 단체는 돈자리승인신청서를 중앙은행기관에 내야 한다. 중앙은행기관은 돈자리승인신청서를 검토하고 돈자리를 승인해주어야 한다.

제32조(계획과 계약에 따르는 물자의 대금결제)
중앙은행기관은 인민경제계획과 계약에 따라 류통되는 물자의 대금결제를 바로 하여야 한다. 인민경제계획과 계약에 없는 물자는 대금결제를 할 수 없다.

제33조(화폐자금의 지불 및 청구)
화폐자금을 지불 또는 청구하려는 기관, 기업소, 단체는 결제문건을 만들어 중앙은행기관에 내야 한다. 중앙은행기관은 결제문건을 검토하고 돈자리에 화폐자금이 있을 경우에만 결제하여야 한다.

제34조(환자결제)
중앙은행은 화폐자금의 순환을 촉진하기 위하여 지점사이의 환자결제를 조직한다. 중앙은행기관은 결제를 제때에 하여야 한다.

제35조(국가예산의 결제)

중앙은행기관은 국가예산집행과 관련한 결제를 정확히 하여야 한다. 국가예산의 수입과 지출에 대한 결제는 예산소속에 따라 하며 지출은 수입범위안에서만 하여야 한다.

제36조(결제방법의 개선)

중앙은행기관은 물자류통에 자금류통을 접근시킬 수 있도록 결제환절을 줄여야 한다. 중앙은행은 현실발전의 요구에 맞게 결제방법을 개선하여야 한다.

제4장 화폐류통사업에 대한 지도통제

제37조(화폐류통사업에 대한 지도통제의 기본요구)

화폐류통사업에 대한 지도통제를 바로하는것은 화폐류통을 원활히 보장하기 위한 중요방도이다. 국가는 화폐류통사업에 대한 지도체계를 세우고 통제를 강화하도록 한다.

제38조(화폐류통사업에 대한 지도기관)

화폐류통사업에 대한 지도는 내각의 통일적인 지도 밑에 중앙은행이 한다. 중앙은행은 화폐류통실태를 정상적으로 장악하고 적은 자금으로 물자류통을 원만히 보장하도록 지도하여야 한다.

제39조(자금의 지불과 리용에 대한 지도)

중앙은행기관은 기관, 기업소, 단체들에서 생활비자금을 비롯한 로동보수자금을 사회주의분배원칙의 요구에 맞게 지불하며 화폐자금을 정확히 리용하도록 지도하여야 한다.

제40조(화폐류통사업에 대한 감독통제)

화폐류통사업에 대한 감독통제는 중앙은행기관과 해당 감독통제기관이 한다. 중앙은행기관과 해당 감독통제기관은 화폐류통사업정형을 엄격히 감독통제하여야 한다.

제41조(금액의 회수, 손해보상)

화폐자금을 류용, 랑비하였거나 분실하였을 경우에는 해당한 금액을 회수하거나 손해를 보상시킨다.

　제42조(금액의 국고납부, 은행거래중지)

　다음에 경우에는 해당한 금액을 국고에 납부시키거나 은행거래를 중지시킨다.

　　1. 보유한도를 초과하여 현금을 가지고 있을 경우

　　2. 인민경제계획과 계약을 어기고 물자거래를 하였을 경우

　　3. 계획밖에 건설을 벌려놓았을 경우

　　4. 공사실적을 허위로 제기하여 자금을 부당하게 받았을 경우

　제43조(행정적 또는 형사적책임)

　이 법을 어겨 화폐류통에 엄중한 결과를 일으킨 기관, 기업소, 단체의 책임있는 일군과 개별적공민에게는 정상에 따라 행정적 또는 형사적책임을 지운다.

【부록 8】

가격법

1997년 1월 29일 최고인민회의 상설회의 결정 제81호로 채택
1999년 2월 26일 최고인민회의 상임위원회 정령 제483호로 수정
1999년 8월 19일 최고인민회의 상임위원회 정령 제955호로 수정

제1장 가격법의 기본

제1조 조선민주주의인민공화국의 가격법은 가격의 제정, 적용에서 규률과 질
　　서를 엄격히 세워 사회주의 경제를 합리적으로 관리운영하고 인민생활을
　　높이는데 이바지한다.

제2조 국가가격은 유일가격이며 계획가격이다. 가격의 종류에는 도매가격,
　　소매가격 수매가격, 운임, 료금은 기본종류의 가격과 일부 보충적가격이
　　속한다. 국가는 인민경제발전의 요구에 맞게 가격의 종류를 새로 내오거나
　　없앤다.

제3조 조선민주주의인민공화국에서 가격은 인민들의 자주적이며 창조적인
　　생활을 보장하기 위한 중요수단이다.

제4조 가격제정은 국가의 정책을 반영하는 중요한 사업이다. 국가는 사회주
　　의기본경제법칙과 가치법칙의 요구, 제품의 쓸모와 인민경제적 의의, 수요
　　와 공급, 축적과 소비 사이의 호상관계를 옳게 타산하여 가격을 정하도록
　　한다.

제5조 가격적용을 바로하는것은 인민생활을 안정향상시키며 생산과 경영 활
동을 과학과, 합리화하기 위한 기본방도의 하나이다. 국가는 현실발전의
요구에 맞게 가격적용 방법과 절차를 정하고 그것을 정확히 지키도록한다.

제6조 가격을 일원화 하는 것은 사회주의제도의 본성적 요구이다. 국가는
가격제정기관의 통일적인 지도밑에 가격사업의 유일성을 보장하도록 한다.

제7조 상품의 가격을 체계적으로 낮추는 것은 국가의 일관된 정책이다. 국가
는 상품생산과 재정자원이 늘어나는데 맞게 상품의 가격을 낮추도록 한다.

제8조 국가는 가격제정일군양성에 깊은 관심을 돌리며 가격제정부문의 물질
기술적토대를 튼튼히 꾸리고 가격사업의 과학성, 신속성을 보장하도록 한다.

제9조 무역가격사업, 특수경제지대에서의 가격사업은 해당 법을 따른다.

제2장 가격제정

제10조 가격제정을 바로하는 것은 가격제정기관의 기본임무이다. 가격제정
기관은 해당 시기 정책적 요구와 현실적 조건에 맞게 나라의 경제발전을
자극하고 인민생활을 고르롭게 높일수 있도록 가격을 정하여야 한다.

제11조 가격제정은 중앙과지방의 가격제정기관이 한다. 내각 또는 중앙가격
제정기관이 정한데 따라 해당 기관, 기업소, 단체도 가격을 제정할수 있다.

제12조 가격제정은 표준가격, 기준가격을 먼저 정하고 거기에 균형을 맞추어
지표별 가격을 정하는 방법으로 한다. 표준가격, 기준가격 중앙가격제정기
관이 정한다. 일부 생산물의 표준가격, 기준가격은 도(직할시)가격제정기
관이 정할수 있다.

제13조 가격제정기관은 유일가격과 지역별, 계절별로 되는 가격을 제때에 합
리적으로 정하여야 한다. 유일가격과 지역별, 계절별로 되는 가격은 경리
형태, 생산방법, 계절의 영향 같은 것을 고려하여 정한다.

제14조 가격제정기관은 제품사이의 가격균형을 정확히 맞추며 제품의 생산
을 늘이고 질을 높일수 있게 가격을 정하여야 한다.

제15조 대중소비품의 가격과 어린이, 학생용 상품의 가격은 가치로부터 배리

시켜 다른 상품의 가격보다 낮게 정한다. 희귀상품, 고급상품의 가격은 높게 정한다.

제16조 국가적으로 처음 생산한 제품의 가격은 내각 또는 중앙가격제정기관이 정한다. 처음 생산한 일부 제품에 대하여서는 먼저 림시가격을 정하고 그 제품의 쓸모가 확정된 다음 가격을 다시 정한다.

제17조 수출입상품의 국내가격은 해당 가격제정기관이 정한다. 해당 가격제정기관은 수출입상품의 국내가격을 다른 상품가격의 안정성과 공고성을 보장할수 있게 정하여야 한다.

제18조 자기 가치를 부분적으로 상실한 상품의 가격은 가격제정기관 또는 해당 가격평가위원회가 정한다.

제19조 대외봉사부문의 가격, 운임, 료금은 중앙가격제정기관이 정한다. 중앙가격제정기관이 정한 범위에서 해당 기관도 정할수 있다.

제20조 인민경제발전의 일정한 단계에서 가격을 전반적으로 또는 부분적으로 고쳐 정하는 사업은 내각의 지도밑에 중앙가격제정기관이 한다.

제21조 가격을 제정받으려는 기관, 기업소, 단체는 가격제정신청문건을 해당 가격제정기관에 내야 한다. 이 경우 본보기제품 또는 기술경제적자료를 함께 내야 한다.

제3장 가격적용

제22조 가격적용은 가격정책집행의 중용공정이다. 기관, 기업소, 단체는 제품별, 규격별, 등급별 가격과 운임, 료금, 부가금을 정확히 적용하여야 한다.

제23조 도매가격, 소매가격, 수매가격, 운임, 료금 같은 기본종류의 가격과 공급가격, 부가금 같은 보충적 가격의 적용 방법, 절차, 대상은 내각 또는 중앙가격제정기관이 정한다.

제24조 국가계획기관과 재정은행기관, 통계기관은 인민경제계획을 세우거나 인민경제계획실행실적을 평가하는 경우 정해진 가격을 적용하여야 한다.

제25조 해당 기관, 기업소, 단체는 수출입상품의 국내가격을 유일적으로 적

용하여야 한다. 국가가 수출입하는 상품가격에 수출첨가금, 관세 같은 것
을 포함시킬수 없다.

제26조 가격제정기관이 가격을 정하지 않은 제품을 기관, 기업소, 단체, 공민
사이에 넘겨주고 받을 경우에는 협의가격을 적용한다. 이 경우 해당 가격
제정기관이 정한 원칙과 방법에 따른다.

제27조 대외봉사부문과 합영합작부문의 기관, 기업소, 단체는 해당 가격제정
기관이 정한 가격, 운임, 료금을 유일적으로 적용하여야 한다.

제28조 국가적인 조치로 생긴 가격편차액은 국가예산으로 보상한다. 해당
기관, 기업소, 단체는 보상액을 정확히 계산하여야 한다.

제29조 기관, 기업소, 단체는 가격이 정해진 제품을 처음 생산하였을 경우
해당 가격제정기관의 적용등록승인을 받아야 한다.

제30조 기관, 기업소, 단체는 해당 제품이나 봉사장소에 제정된 가격, 운임,
료금을 표시하거나 써붙여야 한다. 가격, 운임, 료금을 표시하지 않거나
써붙이지 않고 봉사활동을 할수 없다.

제4장 가격사업에 대한 지도통제

제31조 가격사업에 대한 지도통제를 강화하는 것은 사회주의가격제도를 공
고발전시키는데서 나서는 필수적요구이다. 국가는 가격제정기관의 역할을
높이고 가격사업의 유일성과 가격통제를 강화하도록 한다.

제32조 가격사업에 대한 통일적지도는 중앙가격세정기관이 정한다. 중앙가
격제정기관은 가격사업체계를 바로세우고 가격정책이 정확히 집행되도록
장악지도하여야 한다.

제33조 지방가격제정기관과 해당 기관은 중앙가격제정기관이 정한데 따라
가격사업을 지도하며 그 정형을 해당 가격제정기관에 정상적으로 보고하
여야 한다.

제34조 기관, 기업소, 단체는 가격제정, 적용과 관련한 문제를 해당 가격제정
기관의 합의 또는 승인을 받아 처리하여야 한다. 해당 가격제정기관의 합

의, 승인없이 가격을 제정하거나 적용할수 없다.

제35조 가격사업에 대한 감독통제는 가격제정기관과 해당 감독통제기관이
한다. 가격제정기관과 해당 감독통제기관은 기관, 기업소, 단체와 공민이 가
격의 제정, 적용 질서를 엄격히 지키도록 정상적으로 감독통제하여야 한다.

제36조 가격규률을 어겼을 경우에는 해당한 금액을 국가 예산에 회수하거나
보상시키며 정해진 가격으로 계산, 평가하지 않은 인민경제계획실행실적
의 해당 부분은 삭감한다. 정해진 가격보다 더 받은 금액과 덜 받은 금액을
서로 메꾸는 방법으로 처리할수 없다.

제37조 이 법을 어겨 사회주의경제건설과 인민생활에 지장을 준 기관, 기업
소, 단체의 책임있는 일군과 개별적공민에게는 정상에 따라 행정적 또는
형사적책임을 지운다.

【부록 9】

대외경제계약법

1995년 2월 22일 최고인민회의 상설회의 결정 제52호로 채택
1999년 2월 26일 최고인민회의 상임위원회 정령 제483호로 수정보충
2008년 8월 19일 최고인민회의 상임위원회 정령 제2842호로 수정보충

제1장 대외경제계약법의 기본

제1조(대외경제계약법의 사명)

조선민주주의인민공화국 대외경제계약법은 대외경제계약의 체결과 리행에서 규률과 질서를 엄격히 세워 계약당사자의 권리와 리익을 보호하며 세계 여러 나라들과의 경제적협조와 교류를 확대발전시키는데 이바지한다.

제2조(대외경제계약의 분류)

대외경제계약에는 무역, 투자, 봉사와 관련한 계약이 속한다.

제3조(대외경제계약의 당사자)

대외경제계약의 우리측 당사자로는 공화국의 해당 기관, 기업소, 단체가 된다.

제4조(대외경제계약의 체결과 리행원칙)

국가는 대외경제계약의 체결과 리행에서 평등과 호혜, 신용의 원칙을 지키도록 한다.

제5조(조약과 국제관례의 존중원칙)

국가는 대외경제와 관련하여 다른 나라와 맺은 조약과 국제관례를 존중하도

록 한다.

제6조(계약체결과 책임원칙)

국가는 대외경제계약당사자들이 권리능력의 범위에서 계약을 맺으며 그 리행과정에 생긴 채무에 대하여 해당 채무자가 책임지도록 한다.

제7조(계약의 체결과 리행에 대한 감독통제기관)

대외경제계약의 체결과 리행에 대한 감독통제는 중앙무역지도기관이 한다. 계약대상에 따라 해당 기관도 감독통제할수 있다.

제8조(대외경제계약법의 규제대상)

조선민주주의인민공화국 대외경제계약법은 대외경제계약의 체결, 리행에 대한 절차와 방법을 규제한다. 이 법에 규제하지 않은 사항은 공화국의 해당 법규에 따른다.

제2장 대외경제계약의 체결

제9조(계약체결범위와 신용상태의 확인)

계약당사자는 승인된 업종, 지표, 수량의 범위에서 계약을 맺어야 한다. 이 경우 상대편 계약당사자의 법인등록과 재산 리행담보 같은 신용상태를 확인하여야 한다.

제10조(표준계약서에 의한 계약체결)

계약은 중앙무역지도기관이 만든 표준계약서에 따라 맺는다. 그러나 표준계약서의 일부 내용을 달리 정하려하거나 표준계약서가 없을 경우에는 계약내용을 계약당사자들이 협의하여 정할수 있다.

제11조(계약체결의 승인대상)

공화국령역안에 외국투자기업을 창설하거나 다른 나라에 투자하는것과 관련한 계약, 거래액이 많거나 국가적의의를 가지는 계약의 체결은 중앙무역지도기관 또는 해당 기관의 승인을 받는다. 이 경우 해당 계약을 맺기 전에 계약서초안을 중앙무역지도기관 또는 해당 기관에 내고 합의를 받아야 한다.

제12조(계약의 체결방식)

계약체결은 계약당사자들이 참가하여 한다. 경우에 따라 계약당사자들의 참가없이 한편 계약당사자가 제의하고 상대편 당사자가승낙하는 방법으로도 계약을 체결할수 있다.

제13조(계약의 체결형식)

계약체결은 서면으로 한다. 팍스나 전자우편 같은 통신수단으로 맺은 계약도 서면계약으로 인정한다.

제14조(계약의 효력)

계약은 다음과 같은 때에 효력을 가진다.

1. 계약당사자들이 계약서에 수표한 때
2. 계약서에 지적한 계약효력발생조건이 이루어진 때
3. 승인을 받아야 하는 계약은 해당 기관이 승인한 때

제15조(위임, 위탁계약)

계약은 위임 또는 위탁의 방법으로도 맺을수 있다.

제16조(계약서의 부록과 계약전문서의 효력)

상품목록, 기술자료 같은 것은 계약서의 부록으로 첨부한다. 계약을 맺기 전의 합의서나 통신교환문서 같은 문서는 계약이 맺어진 때부터 효력을 가지지 못한다.

제17조(계약서의 수표)

계약서에는 계약당사자의 대표자 또는 그 대리인이 수표한다.

제18조(효력을 가지지 못하는 계약)

나라의 안전에 저해를 주거나 경제적리익에 손해를 주는 계약, 기만이나 강요로 맺은 계약은 효력을 가지지 못한다.

제3장 대외경제계약의 리행

제19조(계약리행기간, 계약내용의 준수의무)

계약당사자는 정한 기간에 계약의무를 리행하여야 한다. 상대편 계약당사자

의 동의없이는 계약내용을 변경시켜 리행할수 없다.

제20조(계약당사자의 권리)

계약당사자는 상대편 계약당사자가 계약내용과 다르게 계약을 리행할 경우 그에 대하여 거절하거나 정확한 리행을 요구할수 있으며 자기의 계약상의무리행을 보류할수 있다.

제21조(어찌할수 없는 사유에 의한 계약리행의 중지)

계약을 리행하는 과정에 자연재해, 봉쇄, 급성전염병발생 같은 어찌할수 없는 사유가 생긴 경우에는 계약의무리행의 일부 또는 전부를 중지할수 있다. 이 경우 어찌할수 없는 사유의 발생과 내용, 범위를 곧 상대편 계약당사자에게 알리고 그것을 증명하는 공증문건을 보내야 한다. 어찌할수 없는 사유로 계약리행이 지연된 기간은 그만큼 연장된다.

제22조(상대방의 허물에 의한 계약리행의 중지)

계약당사자는 상대편 계약당사자가 계약의무리행을 태공하거나 계약을 리행할 능력이 부족한 것 같은 사유로 계약을 리행할수 없을 경우 그 리행을 중지할수 있다. 이 경우 상대편 계약당사자에게 계약리행을 중지한데 대하여 알려야 한다.

제23조(중지되였던 계약의무의 리행)

계약리행을 중지한 계약당사자는 어찌할수 없는 사유가 해소되였거나 상대편 계약당사자가 계약리행을 담보하는데 따라 계약의무리행을 계속하여야 한다.

제24조(계약의무리행에 대한 동의)

계약의무를 리행하지 못한 계약당사자는 그 의무를 계속 리행하려 할 경우 상대편 계약당사자의 동의를 받아야 한다.

제25조(계약리행기간의 변경)

계약리행기간은 계약당사자들의 합의에 따라 늘이거나 줄일수 있다.

제4장 대외경제계약의 양도와 변경, 취소

제26조(계약의 양도)

계약당사자는 상대편 계약당사자의 동의를 받아 자기의 계약상권리와 의무의 일부 또는 전부를 제3자에게 양도할수 있다. 계약의 양도기간은 계약리행기간의 남은 기간으로 한다.

제27조(계약내용의 변경)

계약내용은 계약당사자들이 합의하여 일부 변경할수 있다. 계약내용의 변경에는 수정, 삭제, 보충이 속한다.

제28조(계약의 취소 경우)

계약은 다음과 같은 경우에 취소할수 있다.

1. 정한 기일에 계약을 리행할수 없거나 그 리행이 불가능한 경우
2. 계약당사자가 리유없이 계약의무리행을 중단하거나 완전히 포기한다는 것을 선언한 경우
3. 계약위반으로 계약체결의 목적을 달성할수 없거나 커다란 경제적손실을 입은 경우
4. 계약을 리행하지 못한데 대하여 시정할 기간을 주었으나 그 기간에 리행하지 못한 경우
5. 어찌할수 없는 사유가 계약리행기간이상 지속되는 경우
6. 이밖에 계약에서정한 취소조건이 발생한 경우

제29조(계약의 취소범위)

계약의 취소는 계약을 어겼거나 리행하지 못한 정도에 따라 전부 또는 일부를 할수 있다. 이 경우 상대편 계약당사자에게 미리 알려야 한다.

제30조(계약취소에 대한 권고)

계약을 승인한 기관은 해당 계약이 효력을 가진 때부터 6개월이상 리행하지 않을 경우 그 계약을 취소하도록 할수 있다.

제31조(계약에서 손해보상, 청산, 분쟁해결조항의 효력)

계약이 취소된 경우 손해보상, 청산 및 분쟁해결과 관련한 조항의 효력은 상실되지 않는다.

제32조(계약의 양도, 변경, 취소형식과 절차)

계약의 양도, 변경, 취소는 서면으로 한다. 계약을 양도, 변경, 취소하려 할 경우에는 그 계약을 승인한 기관의 허가를 받는다.

제5장 대외경제계약위반에 대한 책임과 분쟁해결

제33조(보상청구권과 보상의무)

계약을 어긴 계약당사자는 그에 대하여 책임진다. 계약위반으로 손해를 입은 계약당사자는 보상청구권을 가지며 손해를 입힌 계약당사자는 보상의무를 진다.

제34조(위약금 또는 손해보상)

계약을 위반한 계약당사자는 계약에서 정한대로 위약금을 물거나 해당한 손해를 보상하여야 한다. 손해보상은 화폐, 현물, 재산권으로 하거나 가격조절 또는 자체 비용으로 허물을 없애는 방법으로도 할수 있다.

제35조(손해보상청구기간)

손해보상청구는 계약에서 정한 손해보상청구기간에 한다. 계약에 손해보상청구기간을 정하지 않은 경우에는 해당 나라와 맺은 조약에 따르며 그것이 없을 경우에는 민사시효기간에 할수 있다.

제36조(보증조건이 설정된 계약대상의 손해보상청구기간)

보증조건이 설정된 계약대상의 허물에 대한 손해보상청구는 보증기간에 하거나 계약에서 정한 기간에 한다. 보증기간에 계약대상의 허물을 발견하였으나 그것을 완전히 확증할수 없을 경우에는 상대편 계약당사자에게 그 사유를 먼저 알리고 허물이 확증된 다음 손해보상청구를 할수 있다. 허물을 확증하는 기간이 보증하는 기간을 초과할 경우에는 손해보상청구기간은 확증하는 기간만큼 연장된다.

제37조(손해보상청구서의 제기)

손해보상을 받으려는 계약당사자는 손해보상청구서를 상대편 계약당사자에게 내야 한다. 손해보상청구서에는 계약서번호와 계약대상, 손해의 형태와 범위, 보상청구근거, 요구조건을 밝히고 해당 검사기관의 확인문건 또는 공증문건을 첨부하여야 한다.

제38조(손해보상과 그 거절)

손해보상청구서를 받은 계약당사자는 정한 기간에 손해보상을 청구한 상대편 계약당사자에게 손해를 보상하거나 그 보상을 거절하는 통지를 하여야 한다. 손해보상청구거절은 보상청구기간 또는 민사시효기간이 지났거나 보상청구근거가 명백하지 못하거나 혹은 허물을 보여준데 대한 요구에 응하지 않았거나 허물있는 계약대상물을 마음대로 처리한 것 같은 경우에 한다.

제39조(리자, 연체료)

계약당사자는 계약서에 지적한 계약금과 손해보상금, 위약금 같은 것을 정한 기간에 물지 않았을 경우 늦어진 일수에 해당한 리자 또는 연체료를 물어야 한다.

제40조(계약위반에 대한 책임면제)

어찌할수 없는 사유로 계약의 일부 또는 전부를 리행하지 못하였거나 해당 나라와 맺은 조약에서 책임면제사유를 규정하였을 경우에는 계약위반에 대한 책임에서 면제된다.

제41조(손해를 막을 의무, 보상받을수 없는 손해)

계약당사자는 손해가 생기거나 커지는 것을 제때에 막아야 한다. 고의 또는 과실로 생긴 손해는 보상받을수 없다.

제42조(분쟁해결)

계약과 관련한 의견상이는 협의의 방법으로 해결한다. 협의의 방법으로 해결할수 없을 경우에는 조선민주주의인민공화국이 정한 중재절차에 따라 해결한다. 당사자들의 합의에 따라 제3국의 중재기관에 제기하여 해결할수도 있다.

【부록 10】

무역법

1997년 12월 10일 최고인민회의 상설회의 결정 제104호로 채택
1999년 2월 26일 최고인민회의 상임위원회 정령 제483호로 수정보충
2004년 12월 7일 최고인민회의 상임위원회 정령 제807호로 수정보충
2007년 3월 27일 최고인민회의 상임위원회 정령 제2195호로 수정보충
2009년 7월 21일 최고인민회의 상임위원회 정령 제160호로 수정보충
2011년 12월 21일 최고인민회의 상임위원회 정령 제2052호로 수정
2012년 4월 3일 최고인민회의 상임위원회 정령 제2303호로 수정보충

제1장 무역법의 기본

제1조(무역법의 사명)

조선민주주의인민공화국 무역법은 무역사업에서 제도와 질서를 엄격히 세워 대외시장을 확대하고 무역수지의 균형을 보장하며 인민경제를 발전시키는데 이바지한다.

제2조(무역의 기본원칙)

무역을 발전시키는 것은 조선민주주의인민공화국의 일관한 정책이다. 국가는 현실발전의 요구에 맞게 수출구조와 무역방법을 개선하고 수출을 장려하며 지방무역활성화에 큰 힘을 넣는다.

제3조(다각화, 다양화원칙)

무역의 다각화, 다양화는 무역을 폭넓게 하기 위한 기본방도이다. 국가는 무역을 여러 나라와 회사를 대상으로, 여러 가지 형식과 방법으로 하도록 한다.

제4조(신용준수원칙)

무역에서 신용을 지키는 것은 다른 나라와 무역관계를 발전시키기 위한 선결

조건이다. 국가는 수출품의 질과 납입기일을 보장하며 지불의무를 제때에 정확
히 리행하도록 한다.

제5조(무역계획, 계약규률준수원칙)

조선민주주의인민공화국에서 무역은 인민경제계획과 계약에 따라 진행한다.
국가는 무역에서 계획 및 계약규률을 엄격히 지키도록 한다.

제6조(무역에 대한 지도원칙)

국가는 무역이 통일적으로, 균형적으로 진행될수 있게 그에 대한 지도를 강
화하도록한다.

제7조(최혜국대우, 자국인대우원칙)

국가는 무역분야의 협정에 따라 체결상대방에 호상성의 원칙에서 최혜국대
우 또는 자국인대우를 하도록 한다.

제8조(제재 또는 제한, 금지와 관련한 대응원칙)

국가는 무역분야에서 우리 나라에 대한 제재나 차별적인 제한 및 금지조치에
대하여 그에 상응한 조치를 취할수 있다.

제9조(무역분야에서 교류와 협조원칙)

국가는 무역분야에서 세계 여러 나라, 국제기구와의 교류와 협조를 발전시키
도록 한다.

제10조(특수경제지대에서의 무역질서)

특수경제지대에서의 무역사업은 해당 법규에 따른다.

제2장 무역회사

제11조(무역거래의 당사자)

무역회사는 무역거래의 당사자이다. 무역거래는 법에 따라 설립되고 영업허
가를 받은 무역회사가 한다.

제12조(무역회사의 설립조건)

무역회사의 설립조건은 다음과 같다.

  1. 명칭과 기구

　　2. 규약

　　3. 업종 및 지표

　　4. 영업장소

　　5. 자금원천

　　6. 필요한 전문가와 보장성원

　　7. 대외시장에 실현할수 있는 상품생산기지 또는 기술, 봉사원천

제13조(무역회사의 승인과 등록, 영업허가기관)

무역회사를 설립하려는 기관, 기업소, 단체는 중앙무역지도기관에 회사설립 신청문건을 내야 한다. 중앙무역지도기관은 회사설립신청문건을 검토하고 내각의 승인을 받아야 한다. 설립된 무역회사는 중앙무역지도기관에 등록하고 영업허가를 받아야 한다.

제14조(무역회사의 권리, 의무)

영업허가를 받은 무역회사는 무역거래에서 당사자로서의 권리와 의무를 지닌다. 무역당사자로서의 권리와 의무는 해당 법규에 따른다.

제15조(무역회사의 거래범위)

무역회사는 영업허가를 받은 범위에서 무역거래를 하여야 한다. 허가받지 않은 업종, 지표의 무역거래는 할수 없다.

제16조(무역계약의 체결)

무역회사는 계약을 정확히 맺고 무역거래를 하여야 한다. 중요무역계약을 맺으려 할 경우에는 해당 계약서를 중앙무역지도기관에 내고 심의를 받아야 한다.

제17조(위탁수출입업무)

무역회사는 승인된 업종과 지표로 다른 무역회사 또는 기관, 기업소, 단체의 위탁을 받고 무역거래를 할수 있다. 이 경우 계약을 정확히 맺고 리행하여야 한다.

제18조(자금거래, 결제방식)

무역회사는 자금거래를 정해진 은행을 통하여 하며 결제는 신용장결제방식을 기본으로 하여야 한다.

제19조(무역가격의 제정)

무역거래는 정해진 기준가격과 운임으로 한다. 대외기준가격과 운임은 중앙

무역지도기관이, 국내기준가격과 운임은 중앙가격제정기관이 정한다.

제20조(지사, 사무소, 출장소의 설립)

무역회사는 국내와 다른 나라 또는 지역에 지사, 사무소, 출장소를 설립운영할수 있다. 이 경우 중앙무역지도기관을 통하여 내각의 승인을 받아야 한다.

제21조(업종, 지표, 명칭의 변경)

업종 또는 지표를 변경하려는 무역회사는 중앙무역지도기관에 신청하여 변경등록을 하고 영업허가증에 확인을 받아야 한다. 그러나 명칭을 변경하거나 소속기관이 달라졌을 경우의 수속절차는 회사설립질서에 따른다.

제22조(지적소유권의 침해금지)

무역회사는 무역거래과정에 다른 기관, 기업소, 단체 또는 공민의 저작권이나 공업소유권을 침해하지 말아야 한다.

제23조(선불금지불, 상품, 기술, 봉사제공)

무역회사는 은행담보서같은 법적담보문건을 받지 않고 상대방에 정해진 금액을 초과하여 선불금을 주거나 상품, 기술, 봉사를 제공하지 말아야 한다.

제24조(영업허가증회수사유)

중앙무역지도기관은 1년동안 수출실적이 없는 무역회사의 영업허가증을 회수할수 있다.

제25조(무역회사의 책임한계)

무역회사는 무역거래에서 독자성을 가진다. 무역회사의 책임은 다른 회사 또는 국가의 책임으로 되지 않는다.

제26조(무역회사의 채권, 채무)

무역회사의 채권, 채무는 회사가 갈라질 경우 그에 맞게 나누며 통합될 경우에는 통합후에 존속하는 회사에 넘어간다. 해산되는 무역회사의 채권, 채무는 정해진 청산인이 맡아 처리한다.

제27조(무역회사의 취소등록)

통합되거나 해산되는 무역회사는 영업허가증을 중앙무역지도기관에 바치고 등록을 취소하여야 한다. 등록을 취소한 무역회사는 무역거래를 할수 없다.

제3장 무역계획

제28조(무역계획의 내용)

무역계획은 인민경제계획의 중요항목이다. 무역계획에는 수출계획과 수입계획, 수출품과 수출협동품생산계획, 무역화물수송계획 같은것이 속한다.

제29조(무역계획의 작성과 시달)

무역계획은 국가계획기관이 세운다. 국가계획기관은 해마다 정해진 기일까지 다음해 무역계획을 해당 기관, 기업소, 단체와 무역회사에 시달하여야 한다.

제30조(계획화방법)

해당 기관, 기업소, 단체는 예비수자, 계획수자를 밝힌 다음연도 무역계획초안을 국가계획기관과 중앙무역지도기관에 내야 한다. 국가계획기관은 수출입총액 같은 종합적인 계획과 중요물자의 지표만 밝혀 계획화하여야 한다. 이 경우 중요물자의 지표목록은 내각의 비준을 받아야 한다.

제31조(해당 단위의 계획화 방법)

해당 기관, 기업소, 단체는 국가계획기관이 시달한 무역계획을 월별로 분할 작성하여 중앙무역지도기관의 승인을 받아야 한다. 무역계획에 반영되지 않은 수출입지표는 해당 기관, 기업소, 단체와 무역회사가 자체로 정한다.

제32조(수출입지표설정원칙과 결과보고)

해당 기관, 기업소, 단체와 무역회사는 국가계획기관이 시달한 수출입총액범위에서 수입지표는 승인된 업종에 맞게, 수출지표는 승인된 업종과 자체수출기지에서 생산한 지표로 정하고 집행하며 그 결과를 국가계획기관과 해당 무역지도기관, 통계기관에 제때에 보고하여야 한다.

제33조(무역화물수송계획의 작성)

무역화물수송계획은 기관별, 품종별, 수송수단별, 구간별로 나누어 년간, 분기별, 월별로 세운다. 무역회사에서 낸 년간무역화물수송계획초안은 해당 기관이 종합하여 국가계획기관에 낸다.

제34조(무역화물수송계획의 시달, 무역화물수송계획의 체결)

국가계획기관은 년간무역화물수송계획을 분기별로 세워 교통운수기관과 해당 기관에 시달하여야 한다. 기관, 기업소, 단체와 무역회사는 무역화물수송계획에 기초하여 교통운수기관과 월별로 무역화물수송계약을 맺어야 한다.

제35조(무역계획의 변경)

무역계획은 승인없이 변경시킬수 없다. 기관, 기업소, 단체와 무역회사는 부득이한 사유로 무역계획을 변경하려 할 경우 국가계획기관과 중앙무역지도기관에 해당 문건을 내야 한다.

제4장 무역사업에 대한 지도

제36조(무역사업지도기관)

무역사업에 대한 지도를 강화하는 것은 국가의 무역정책을 정확히 집행하기 위한 중요담보이다. 무역사업에 대한 지도는 내각의 통일적지도밑에 중앙무역지도기관이 한다.

제37조(비상설무역지도위원회)

무역사업에 대한 지도를 바로하기 위하여 중앙무역지도기관에 비상설무역지도위원회를 둔다. 비상설무역지도위원회는 국가의 무역정책을 집행하며 무역사업을 개선하기 위한 문제를 정기적으로 토의하고 해당한 대책을 세워야 한다.

제38조(무역발전의 대외적환경조성)

중앙무역지도기관은 여러 나라, 지역과 무역협정을 체결하며 국제 및 지역경제기구가입을 통하여 무역발전에 유리한 대외적환경을 적극 마련하여야 한다.

제39조(무역거래확대를 위한 조치)

중앙재정지도기관과 중앙세관지도기관, 중앙무역지도기관은 무역거래를 확대하기 위하여 국가납부금이나 관세의 합리적조절, 장려금의 적용 같은 조치를 취할수 있다. 이 경우 내각의 승인을 받는다.

제40조(수출입의 제한 경우)

수출입을 제한하는 경우는 다음과 같다.

1. 국내수요보장과 자연부원, 환경을 보호하여야 할 경우
2. 인민경제발전에 지장을 줄수 있을 경우
3. 국제수지와 무역수지의 균형을 보장하여야 할 경우

4. 해당 조약이나 협정에 따라 수출입을 제한하여야 할 경우

제41조(수출입의 금지 경우)

수출입을 금지하는 경우는 다음과 같다.

1. 나라의 안전과 사회공공질서를 침해할수 있을 경우
2. 사람의 생명에 피해를 줄수 있을 경우
3. 환경보호와 동식물의 생장에 위험을 줄수 있을 경우
4. 경제적실리가 보장되지 않을 경우
5. 해당 조약이나 협정에 따라 수출입을 금지하여야 할 경우

제42조(수출입제한, 금지목록의 작성)

수출입제한, 금지목록의 작성은 국가계획기관과 중앙무역지도기관이 한다. 국가계획기관과 중앙무역지도기관은 수출입제한, 금지목록을 작성하여 내각의 승인을 받은 다음 해당 기관에 통지하여야 한다. 중앙통계기관과 해당 기관은 수출입제한, 금지목록을 작성하는데 필요한 자료를 국가계획기관과 중앙무역지도기관에 정상적으로 보내주어야 한다.

제43조(수출입품의 검사, 검역, 검수)

해당 기관은 가격승인문건, 반출입승인문건, 수출입상품검사신청서, 위생검역신청서, 검수신청서에 근거하여 수출입품의 검사와 검역, 검수를 제때에 정확히 하여야 한다.

제44조(상금, 특혜제공)

수출품, 수출협동품생산계획, 무역화물수송계획을 실행하였을 경우에는 상금을 준다. 수출기지를 새로 조성하였거나 첨단기술제품, 국제시장에서 경쟁력이 높은 제품을 개발하여 판로를 개척한 단위에는 특혜를 준다.

제45조(무역거래자격취득조건)

기관, 기업소, 단체는 국제시장에 실현할수 있는 새로운 제품이나 기술, 봉사원천을 개발하였을 경우 정해진데 따라 무역거래자격을 받을수 있다.

제46조(지방무역활성화)

중앙무역지도기관과 해당 기관은 지방무역을 활성화하기 위하여 수출기지조성과 판로개척 같은 무역사업에서 제기되는 문제들을 제때에 풀어주어야 한다.

제47조(시, 군무역회사의 조직)

살림살이를 자체로 해나갈수 있을 정도의 수출기지를 꾸린 시(구역), 군에는 무역회사를 조직할수 있다. 이 경우 중앙무역지도기관을 통하여 내각의 승인을 받는다.

제48조(시, 군무역회사의 운영)

시(구역), 군에 내오는 무역회사는 수출기지조성과 대외사업 같은 것을 도 (직할시)무역관리기관의 지도밑에 독자적으로 진행하며 자체의 돈자리를 가지고 독립채산제로 운영한다. 시(구역), 군에서 자체로 생산한 제품은 도(직할시)무역관리기관에 위탁하여 수출한다.

제49조(여러가지 제도의 도입장려)

해당 기관, 기업소, 단체는 중계무역, 가공무역, 보세창고의 운영 같은 무역거래형식과 수출을 위한 신용대부, 관세반환제도의 도입, 품질 및 환경관리인증체계의 도입을 장려하여야 한다.

제50조(무역사업에 대한 감독통제)

무역사업에 대한 감독통제는 중앙무역지도기관과 해당 감독통제기관이 한다. 중앙무역지도기관과 해당 감독통제기관은 무역거래와 수출품, 수출협동품의 생산, 수입품의 공급, 무역화물수송정형을 정상적으로 감독통제하여야 한다.

제5장 제재 및 분쟁해결

제51조(수출입활동의 중지, 영업허가증의 회수)

수출입을 제한하는 상품을 승인없이 수출입하였거나 금지하는 상품을 수출입하였을 경우에는 무역거래를 중지시키거나 영업허가증을 회수한다.

제52조(행정적 또는 형사적책임)

이 법을 어겨 무역사업에 엄중한 결과를 일으킨 기관, 기업소, 단체, 무역회사의 책임있는 일군과 개별적 공민에게는 정상에 따라 행정적 또는 형사적책임을 지운다.

제53조(분쟁해결)

무역거래와 관련한 의견상이는 협의의 방법으로 해결한다. 협의의 방법으로 해결할수 없을 경우에는 중재 또는 재판기관에 제기하여 해결할수도 있다.

【부록 11】

가공무역법

2000년 12월 26일 최고인민회의 상임위원회 정령 제1978호로 채택

제1장 가공무역법의 기본

제1조 조선민주주의인민공화국 가공무역법은 가공무역에서 제도와 질서를 엄격히 세워 외화수입을 늘이고 대외경제교류를 확대발전시키는데 이바지 한다.

제2조 국가는 가공무역을 장려한다. 가공무역은 거래대상자, 거래형식, 가공 지표를 잘 선정하고 가공능력과 국제시장수요를 타산하여 외화수입을 늘 이며 신용을 지키는 원칙에서 한다.

제3조 가공무역은 외국기업으로부터 원료, 반제품, 부분품을 받아 그 요구대 로 가공, 조립하여주고 가공비를 받는 위탁가공무역과 외국기업으로부터 원료, 반제품, 부분품을 세관의 감독밑에 무관세로 수입하고 그것을 가공, 조립하여 수출하는 보세가공무역 같은 여러가지 형식으로 한다.

제4조 가공무역은 여러 지역에서 한다. 그러나 보세가공무역은 라선경제무 역지대 같은 특수경제지대에서만 할수 있다.

제5조 가공무역은 국가 또는 사회협동단체의 무역회사가 한다. 필요에 따라

공장, 기업소도 가공무역을 할수 있다. 이 경우 해당 상급기관과 합의한다.

제6조 이 법에서 규제하지 않은 사항은 무역법과 대외경제계약법을 비롯한 관련법규에 따른다. 외국인투자기업은 가공무역을 외국인투자기업관련법규에 따라 한다.

제7조 국가는 가공무역분야에서 세계 여러 나라, 국제기구들과의 교류와 협조를 발전시킨다.

제2장 가공무역의 대상선정과 심의

제8조 가공무역대상의 선정은 가공무역의 선행공정이다. 무역회사와 공장, 기업소는 경제기술적잠재력과 신용있는 대상, 가공능력을 리용하여 리익을 많이 낼수 있는 대상, 과학기술발전과 해당 단위의 설비갱신에 도움을 줄수 있는 대상, 국제시장에서 수요가 높은 대상을 선정하여야 한다.

제9조 무역회사와 공장, 기업소는 가공무역대상자로 선정된 외국기업과 계약을 맺기전에 품명, 수량, 생산보장기간, 상표, 원산지명, 가공비와 그 지불방법같은것을 서면으로 합의하여야 한다.

제10조 가공무역신청의 심의는 중앙무역지도기관이 한다. 라선경제무역지대 같은 특수경제지대에서는 지대관리운영기관이 심의한다.

제11조 무역회사와 공장, 기업소는 해당 가공무역심의기관에 다음과 같은것을 밝힌 가공무역신청서를 내야 한다.

1. 위탁가공무역신청서에는 무역회사 또는 공장, 기업소의 명칭과 소재지, 업종, 외국기업의 명칭과 소재지, 외국기업에서 제공 받을 원료, 반제품, 부분품의 명세, 가공, 조립할 제품명과 그 수량, 생산보장기간, 가공능력, 경제기술타산자료, 가공비와 그 계산기초자료 같은것을 밝혀야 한다.

2. 보세가공무역신청서에는 보세지구명, 보세가공무역을 할 공장, 기업소의 명칭과 소재지, 업종, 가공능력, 수입할 원자재, 반제품, 부분품의 명세, 수입액, 가공제품명과 그 수량, 설비 및 기술상태, 수익성타산자

료, 수출실현담보자료 같은것을 밝혀야 한다.

제12조 가공제품생산을 맡아할수 있는 능력을 갖추지 못한 대상, 가공비를 낮게 정한 대상, 국가의 안전보장과 사회공동의 리익에 저해를 줄수 있는 대상에 대하여서는 가공무역승인을 할수 없다.

제13조 가공무역심의기관은 가공무역신청을 받은 날부터 15일안에 심의하고 그 결과를 가공무역신청자에게 알려주어야 한다.

제3장 가공무역계약의 체결 및 리행

제14조 가공무역계약을 정확히 맺고 리행하는것은 가공무역의 성과적보장을 위한 중요담보이다. 무역회사와 공장, 기업소는 가공무역신청이 승인된 다음 외국기업과 가공무역계약을 맺어야 한다.

제15조 위탁가공무역계약서에는 계약당사자명, 원료, 반제품, 부분품명과 그 수량, 가공, 조립할 제품명과 그 수량, 상표, 원산지명, 생산보장기간, 가공비의 규모와 지불방법, 위약책임 및 손해보상, 분쟁해결 같은것을 밝히며 보세가공무역계약서에는 계약당자자명, 거래상품명과 그 수량, 규격 및 품질, 가격, 제품을 주고 받는 방법, 위약책임관계 같은것을 밝힌다.

제16조 무역회사와 공장, 기업소는 가공무역계약을 맺은 날부터 5일안으로 세관등록을 하여야 한다.

제17조 계약당사자는 가공무역계약을 제때에 정확히 리행하여야 한다. 무역회사와 공장, 기업소는 외국기업에 계약리행담보금을 세울것을 요구할수 있다.

제18조 다음과 같은 경우 가공무역계약당사자는 위약금의 지불, 손해보상을 청구할수 있다.

1. 정당한 리유 없이 계약리행을 지연시켰거나 거절한 경우
2. 포장, 품질, 수량 같은것이 계약조건에 맞지 않을 경우
3. 계약에서 정한 가공비 또는 상품대금을 제때에 지불하지 않았을 경우
4. 그밖의 계약위반행위가 있을 경우

제19조 외국기업은 가공조립품의 포장을 계약조건대로 하지 않았거나 원료, 반제품, 부분품을 다른것으로 바꾸어 가공, 조립하였을 경우 재포장을 요구하거나 가공조립품의 접수를 거절할수 있다. 이 경우 무역회사와 공장, 기업소는 지출되는 비용을 자체로 부담하며 위약금을 지불하여야 한다.

제20조 무역회사와 공장, 기업소는 외국기업이 가공조립품을 제때에 넘겨받지 않을 경우 그에 따르는 위약금과 보관료를 받을수 있다. 가공조립품을 넘겨받을 기간이 끝난 날부터 3개월이 지난 경우에는 그것을 판매처분할수 있다.

제21조 가공무역계약당사자는 서로 협의하여 계약의 내용과 기간을 변경시킬수 있다. 이 경우 변경된 내용을 해당 가공무역심의기관과 세관에 알려야 한다.

제22조 무역회사와 공장, 기업소는 계약에 따라 외국기업이 제공한 기술의 비밀을 보장하여야 한다.

제4장 가공무역기업의 경영

제23조 경영질서를 바로세우는것은 가공무역의 중요한 요구이다. 가공무역을 하는 무역회사와 공장, 기업소는 국가가 정한 질서대로 경영활동을 하여야 한다.

제24조 무역회사와 공장, 기업소는 가공무역에 필요한 원료, 반제품, 포장재, 기계설비, 경영용 물자를 외국기업으로부터 제공받거나 수입할수 있다. 이 경우 허가를 받지 않으며 관세를 적용하지 않는다.

제25조 무역회사와 공장, 기업소는 가공작업에 필요한 국내의 로력, 원료, 동력, 용수, 포장재, 자금 같은것의 소요량을 상급기관에 내야 한다. 해당 상급기관은 제기된 소요량을 검토하고 국가계획 또는 지대계획에 맞물려 공급해 주어야 한다.

제26조 가공능력의 부족으로 일부 특수한 부분을 가공할수 없을 경우에는 다른 공장, 기업소와 외국인투자기업 또는 외국기업에 그 가공을 의뢰할수

있다. 이 경우 계약을 맺는다.

제27조 무역회사와 공장, 기업소는 가공무역으로 얻은 수입가운데서 정해진
　　　몫을 국가에 납부하여야 한다. 계약상대측으로부터 제공받아 가공무역에
　　　쓰이는 기계설비, 륜전기재 같은 고정재산은 감가상각금납부대상으로 되
　　　지 않는다.

제28조 무역회사와 공장, 기업소는 가공무역을 하여 번 외화를 거래은행에
　　　넣고 리용하여야 한다. 이 경우 정해진 몫을 기계설비, 경영용 물자, 우대
　　　상품의 구입과 무역상담, 기술교류, 연구 및 실습비용으로 쓸수 있다.

제29조 가공무역을 하는 무역회사와 공장, 기업소는 다음의 행위를 할수 없다.

　　1. 번 외화를 류용하거나 외국에 예금하는 행위

　　2. 승인없이 업종, 지표를 변경하거나 늘이는 행위

　　3. 가공조립품을 국내에 파는 행위

　　4. 가공용 물자를 류용하는 행위

제30조 무역회사와 공장, 기업소는 국가적조치로 가공용물자를 다른데 돌려
　　　쓰거나 가공품을 국내에 판매하려 할 경우 계약상대측과 사전합의를 한
　　　다음 해당 세관에 알려야 한다.

제31조 가공무역의 업종을 변경하려는 무역회사와 공장, 기업소는 신청문건
　　　을 가공무역심의기관에 내야 한다. 가공무역심의기관은 신청문건을 접수
　　　한 날부터 10일안으로 심의하고 그 결과를 신청자에게 알려주어야 한다.

제32조 가공무역을 하는 과정에 생긴 채무는 무역회사, 공장, 기업소의 비용
　　　으로 보상한다.

제33조 무역회사와 공장, 기업소는 제품의 가공, 조립을 위하여 다른 나라
　　　기업의 기술적방조를 받을수 있다. 이 경우 해당 절차에 따라 필요한 기술
　　　자를 초빙하거나 자기 기술자, 로동자를 기술전습을 위하여 외국에 보낼수
　　　있다.

제34조 무역회사와 공장, 기업소는 외국기업의 품질검사원을 체류시킬수 있
　　　으며 외국기업이 제공하였던 가공설비를 교체 또는 수리할 목적으로 반출
　　　입할수 있다.

제35조 가공무역기업의 경영기간은 가공무역계약기관과 같다. 가공무역계약

기간이 끝났거나 그밖의 사유로 가공무역승인이 취소되였을 경우에는 취
소된 날부터 5일안으로 해당 세관에 등록취소를 제기하여야 한다.

제5장 가공무역사업에 대한 지도통제

제36조 가공무역사업에 대한 지도통제를 강화하는것은 국가의 가공무역정책
을 정확히 집행하기 위한 중요담보이다. 국가는 가공무역사업이 발전하는
데 맞게 그에 대한 지도와 통제를 강화하도록한다.

제37조 가공무역사업에 대한 국가의 통일적 지도는 내각이 한다. 내각은 중
앙무역지도기관과 특수경제지대관리운영기관을 통하여 가공무역사업을
장악지도한다.

제38조 가공무역을 하여 국가에 큰 리익을 준 무역회사와 공장, 기업소에는
상금을 주는것 같은 우대를 한다.

제39조 중앙세관지도기관은 가공무역이 여러가지 형식과 방법으로 진행되는
데 맞게 세관사업을 강화하여야 한다. 세관은 중앙무역지도기관 또는 특수
경제지대관리운영기관과의 련계밑에 가공무역을 위하여 들여온 물자를 류
용하거나 가공품을 국내에 파는 일이 없도록 하여야 한다.

제40조 무역회사와 공장, 기업소가 가공용물자를 다른데 돌려썼거나 가공품
을 국내에 판매하였거나 번 외화를 류용 또는 해외에 예금시켰거나 가공무
역업종을 변경 또는 확대시켜 가공무역사업에 지장을 주었을 경우에는 영
업을 중지시키거나 가공무역승인을 취소시키며 해당 물자를 몰수하거나
벌금을 물린다.

제41조 이 법을 어겨 가공무역사업에 엄중한 결과를 일으킨 무역회사, 공장,
기업소, 지도통제기관의 책임있는 일군과 개별적공민에게는 정상에 따라
행정적 또는 형사적책임을 지운다.

제42조 가공무역과 관련한 의견상이는 협의의 방법으로 해결한다. 협의의
방법으로 해결할수 없을 경우에는 공화국의 중재 또는 재판기관에 제기하
여 해결할수 있다.

【부록 12】

세관법

1983년 10월 14일 최고인민회의 상설회의 결정 제7호로 채택
1987년 2월 26일 최고인민회의 상설회의 결정 제1호로 수정보충
1990년 5월 17일 최고인민회의 상설회의 결정 제24호로 수정보충
1993년 11월 17일 최고인민회의 상설회의 결정 제41호로 수정보충
1999년 1월 28일 최고인민회의 상임위원회 정령 제382호로 수정보충
2001년 7월 26일 최고인민회의 상임위원회 정령 제2468호로 수정보충
2005년 8월 30일 최고인민회의 상임위원회 정령 제1270호로 수정보충
2006년 8월 8일 최고인민회의 상임위원회 정령 제1901호로 수정보충
2007년 6월 26일 최고인민회의 상임위원회 정령 제2279호로 수정보충
2007년 9월 26일 최고인민회의 상임위원회 정령 제2366호로 수정보충
2009년 6월 16일 최고인민회의 상임위원회 정령 제112호로 수정보충
2012년 4월 3일 최고인민회의 상임위원회 정령 제2304호로 수정보충

제1장 세관법의 기본

제1조(세관법의 사명)

조선민주주의인민공화국 세관법은 세관등록과 수속, 검사, 관세의 부과와 납부질서를 엄격히 세워 나라의 안전을 지키고 자립적민족경제를 보호하며 대외무역을 발전시키는데 이바지한다.

제2조(세관의 정의와 설치장소)

세관은 나라의 관문이다. 국가는 국경교두, 국경철도역, 무역항, 국제항공역, 국제우편물취급장소 같은 필요한 곳에 세관을 설치한다.

제3조(세관의 임무)

세관의 임무는 다음과 같다.

 1. 우리 나라에 들여오거나 다른 나라로 내가는 짐과 운수수단, 국제우편물 기타 물품을 검사하고 감독한다.

2. 우리 나라에 들어오거나 다른 나라로 나가는 인원의 짐과 휴대품을 검사한다.

3. 관세와 선박톤세, 세관료금을 부과하고 받아들인다.

4. 보세지역, 보세공장, 보세창고, 보세전시장과 보세물자의 반출입을 감독한다.

5. 관세를 면제받은 물자, 림시반출입물자의 리용, 처리정형을 감독한다.

6. 반출입금지품, 반출입통제품을 들여오거나 내가는 행위, 밀수행위, 허위신고행위를 조사단속한다.

7. 세관통계를 작성한다.

8. 이밖에 국가가 위임한 사업을 한다.

제4조(세관등록, 수속의 간소화원칙)

국가는 세관등록을 정확히 하며 세관을 통과하는 물자의 수속공정과 절차를 간소화하고 그것을 엄격히 지키도록 한다.

제5조(세관검사원칙)

국가는 세관검사방법을 개선하고 검사수단을 현대화하여 우리 나라에 들여오거나 다른 나라로 내가는 짐, 국제우편물, 공민의 휴대품과 운수수단에 대한 검사를 제때에 정확히 하도록 한다.

제6조(관세부과원칙)

국가는 자립적민족경제를 보호하기 위하여 수입과 수출을 장려하는 물자에는 관세를 면제하거나 낮게 부과하며 수입과 수출을 제한하는 물자에는 관세를 높게 부과하도록 한다.

제7조(세관사업에 간섭하거나 지장을 주는 행위금지원칙)

국가는 세관과 그와 관련된 기관들의 임무와 책임한계를 명백히 가르도록 한다. 세관사업에 간섭하거나 지장을 주는 행위를 할수 없다.

제8조(세관일군의 책임성과 역할제고, 전문가양성원칙)

국가는 세관일군대렬을 잘 꾸리고 그들의 책임성과 역할을 더욱 높이며 세관부문의 유능한 전문가들을 계획적으로 키워내도록 한다.

제9조(세관분야의 대외교류와 협조)

국가는 세관사업분야에서 다른 나라, 국제기구들과의 교류와 협조를 발전시키도록 한다.

제10조(세관법의 적용대상)

이 법은 우리 나라 국경을 통과하여 짐과 운수수단, 국제우편물을 들여오거나 내가는 기관, 기업소, 단체와 공민에게 적용한다. ≪기관, 기업소, 단체와 공민≫에는 외국투자기업과 우리 나라에 주재하는 다른 나라 또는 국제기구의 대표기관, 법인, 외국인도 속한다. 특수경제지대의 세관사업질서는 따로 정한다.

제2장 세관등록 및 수속

제11조(세관등록)

수출입허가를 받은 기관, 기업소, 단체는 세관등록을 하여야 한다. 세관등록을 하지 않고서는 물자를 반출입할수 없다.

제12조(세관등록신청과 승인)

세관등록을 하려는 기관, 기업소, 단체는 세관등록신청서와 함께 무역회사영업허가증, 기업창설승인서, 은행담보서, 수출기지등록증, 세무등록증 같은 필요한 문건을 해당 세관에 내야 한다. 세관등록신청문건을 접수한 세관은 그것을 정확히 검토하고 등록 또는 부결하여야 한다.

제13조(세관수속의 당사자)

세관수속은 짐과 운수수단을 우리 나라에 들여오거나 다른 나라로 내가는 기관, 기업소, 단체와 공민이 한다. 해당 기관, 기업소, 단체와 공민은 세관수속을 의무적으로 하여야 한다.

제14조(세관수속기간)

세관수속은 해당 물자가 세관에 도착하기 전에 끝내야 한다.

제15조(세관수속문건의 제기와 검토)

세관수속은 정해진 세관에서 한다. 이 경우 세관수속당사자는 세관수속문건을 전자무역수속체계를 통하여 제기하여야 한다. 부득이한 경우 세관수속문건을 세관에 직접 낼수도 있다. 세관수속문건을 접수한 세관은 그것을 정확히 검토하고 수속을 제때에 해주어야 한다.

제16조(공민의 세관신고)

우리 나라에 들어오거나 다른 나라로 나가는 공민은 국경교두, 국경철도역, 무역항, 국제항공역에 도착하면 휴대품과 귀금속, 보석, 화폐, 유가증권, 따로 부친 짐을 세관에 정확히 신고하여야 한다.

제17조(중계짐의 세관수속)

우리 나라의 령역을 거쳐 다른 나라에 중계수송하는 짐에 대한 세관수속은 그 짐을 맡아 중계수송하는 기관이 한다. 이 경우 반출입통제품은 해당 기관의 승인을 받아야 세관수속을 할수 있다. 반출입금지품은 우리 나라 령역을 거쳐 중계수송할수 없다.

제18조(우리 나라를 경유하는 운수수단의 세관수속)

우리 나라를 경유하여 다른 나라로 가는 운수수단은 세관수속을 하여야 통과 할수 있다. 이 경우 세관수속당사자는 운수수단에 대한 문건과 실은 짐의 명세서를 세관에 내야 한다.

제19조(반출입물자의 통과지점)

조선민주주의인민공화국의 국경을 통과하는 짐과 운수수단은 세관이 있는 곳으로만 들어오거나 내갈수 있다.

제3장 세관검사

제20조(세관의 검사대상)

우리 나라에 들여오거나 다른 나라로 내가는 모든 짐, 국제우편물, 공민의 휴대품과 운수수단에 대한 검사는 세관이 한다. 세관검사를 받지 않은 짐, 국제우편물, 공민의 휴대품과 운수수단은 들여오거나 내갈수 없다.

제21조(세관검사제외대상)

당, 국가, 정부대표단성원, 우리 나라에 주재하는 다른 나라 또는 국제기구대표기관의 외교려권소지자 그밖에 따로 정한 공민의 휴대품과 따로 부친 짐, 외교우편물과 외교신서물에 대하여서는 세관검사를 하지 않는다. 그러나 반출입금지품, 반출입통제품이 있다고 인정될 경우에는 세관검사를 할수 있다.

제22조(세관의 단속통제대상)

반출입금지품과 해당 기관의 승인을 받지 않는 반출입통제품은 우리 나라에 들여오거나 다른 나라로 내갈수 없다. 세관은 무기, 총탄, 폭발물, 독약, 극약, 마약 같은 반출입금지품과 해당 기관의 승인을 받지 않은 반출입통제품, 국가 무역계획에 없거나 가격승인을 받지 않은 물자를 우리 나라에 들여오거나 다른 나라로 내가지 못하도록 엄격히 단속통제하여야 한다.

제23조(세관검사장소)

세관검사는 국경교두, 국경철도역, 무역항, 국제항공역, 국제우편물취급장소 와 그밖의 정해진 곳에서 한다. 공민의 짐과 휴대품에 대한 세관검사는 렬차나 배 같은 운수수단안에서도 할수 있다.

제24조(세관검사방법)

세관은 짐과 국제우편물, 휴대품을 기계로 검사하거나 헤쳐보는 방법으로 검 사할수 있다. 밀수혐의가 있을 경우에는 해당 장소 또는 운수수단, 공민에 대하 여 검색도 할수 있다.

제25조(이동세관검사, 통과짐의 세관검사)

세관은 이동검사를 하거나 우리 나라 령역을 통과하는 다른 나라 짐을 검사 할수 있다. 이동세관검사절차, 우리 나라 령역을 통과하는 짐의 세관검사절차 를 정하는 사업은 내각이 한다.

제26조(세관검사의뢰와 회보)

세관은 수입하는 대형설비, 짐함짐, 유개화차짐 같은것에 대한 세관검사를 짐도착지의 해당 기관에 의뢰할수 있다. 이 경우 짐임자는 짐의 도착정형을 해 당 기관에 제때에 신고하여야 한다. 세관검사를 의뢰받은 기관은 짐에 대한 검 사를 책임적으로 하고 그 결과를 세관에 회보하여야 한다.

제27조(세관검사를 의뢰한 짐의 수송)

세관검사를 의뢰한 짐은 도착지까지 세관의 감독밑에 수송한다. 해당 교통운 수기관은 세관검사를 의뢰한 짐을 책임적으로 수송하며 세관의 승인없이 수송 도중에 부리우거나 도착지를 변경시키지 말아야 한다.

제28조(운수수단에 대한 세관검사)

세관은 운수수단의 짐칸, 손님칸, 선원실, 승무원실 같은 필요한 장소를 검사할수 있다. 세관검사과정에 반출입금지품 또는 반출입통제품을 발견하였을 경우에는 그 리용을 중지시키거나 해당물품을 일정한 짐칸에 넣고 감독한다.

제29조(세관의 봉인)

세관은 필요에 따라 세관이 감독하는 짐 또는 그것을 보관한 창고, 짐함, 운수수단의 짐칸 같은것에 봉인을 할수 있다. 봉인은 세관의 승인없이 뜯을수 없다.

제30조(검사, 검역기관들과의 련계)

세관은 국경교두, 국경철도역, 무역항, 국제항공역에 설치된 통행검사기관, 수출입품검사검역기관과의 련계를 강화하여야 한다. 정해진 검사, 검역을 받지 않은 인원과 물자는 통과시킬수 없다.

제31조(세관이 관할하는 짐에 대한 감독)

세관은 국경교두, 국경철도역, 무역항, 국제항공역, 보세창고, 면세창고, 무관세상점 같은데서 관할하고있는 짐, 관세를 면제받은 물자 같은것이 손실되거나 승인없이 처분되지 않도록 정상적으로 감독하여야 한다. 정해진 기간안에 실어가지 않은 짐, 임자없는 짐 같은것은 세관이 해당 절차에 따라 처리할수 있다.

제32조(잘못 들여온 짐의 처리)

잘못 들여온 다른 나라의 짐, 국제우편물, 임자없는 짐은 세관의 승인밑에서만 처리할수 있다.

제33조(세관검사와 감독조건의 보장)

세관검사를 받거나 세관이 감독하는 짐을 보관, 리용, 가공, 처분하는 기관, 기업소, 단체와 공민, 외국투자기업은 세관검사 또는 감독에 필요한 조건을 제때에 보장하여야 한다.

제34조(세관이 관할하는 짐과 운수수단의 관리)

기관, 기업소, 단체와 공민은 세관이 관할하는 짐과 운수수단을 옮기거나 다른 곳으로 내가려 할 경우 세관의 승인을 받아야 한다. 짐의 포장, 재포장, 선별작업 같은것을 하려 할 경우에도 세관의 승인을 받아야 한다.

제35조(짐사고의 신고)

세관이 관할하고있는 짐을 나르거나 보관, 관리하는자는 짐의 포장이 손상되였거나 그밖의 사고가 났을 경우 즉시 신고하여야 한다.

제36조(국제우편물의 리용에서 금지할 사항)

기관, 기업소, 단체와 공민은 우리 나라에 들어오거나 다른 나라로 내보내는 편지나 인쇄물속에 물건을 넣지 말며 소포속에도 편지, 화폐, 유가증권, 귀금속, 보석 같은것을 넣지 말아야 한다. 국제우편물을 리용하여 반출입금지품과 반출 입통제품을 들여오거나 내가는 행위, 장사를 목적으로 물건을 들여오거나 내가 는 행위를 할수 없다.

제37조(공민의 짐과 휴대품)

우리 나라 국경을 넘나드는 공민은 사업과 생활에 필요한 물건과 기념품을 가지고 다닐수 있다. 직업적으로 우리 나라 국경을 넘어다니는 공민은 직무수 행에 필요한 작업용품과 생활필수품만을 가지고 다닐수 있다.

제38조(이사짐과 상속재산의 반출입)

이사짐과 상속재산은 우리 나라에 들여오거나 다른 나라로 내갈수 있다. 그 러나 이사짐과 상속재산이라도 반출입금지품은 들여오거나 내갈수 없으며 반출 입통제품은 해당 기관의 승인을 받아야 들여오거나 내갈수 있다.

제4장 관세와 선박톤세, 세관료금

제39조(관세와 선박톤세, 세관료금의 납부의무)

관세와 선박톤세, 세관료금의 부과는 세관이 한다. 해당 기관, 기업소, 단체 와 공민은 관세와 선박톤세, 세관료금을 의무적으로 납부하여야 한다.

제40조(관세를 부과하는 기준가격)

관세를 부과하는 기준가격은 수입품은 국경도착가격, 수출품은 국경인도가격 으로 하며 국제우편물과 공민이 들여오거나 내가는 물품은 소매가격으로 한다.

제41조(관세의 계산)

관세의 계산은 해당 물자의 가격과 국경을 통과하는 당시의 관세률에 따라 한다. 세관은 관세계산의 기초로 삼은 물자의 가격이 해당 시기 국제시장가격 보다 낮게 신고되였다고 인정될 경우 해당 가격제정기관에 신고된 물자의 가격 을 다시 평가해줄것을 요구할수 있다.

제42조(관세부과대상과 관세률의 제정, 공포)

관세경계선을 통과하여 반출입한 후 사용 및 소비되는 짐에 관세를 부과한다. 관세부과대상과 관세률은 비상설관세심의위원회에서 심의결정한다. 관세부과대상과 관세률을 공포하는 사업은 내각이 한다.

제43조(조약에 따르는 관세률)

우리 나라와 다른 나라사이에 맺은 조약에 관세특혜조항이 있을 경우에는 관세률을 적용하며 관세특혜조항이 없을 경우에는 기본관세률을 적용한다.

제44조(관세률이 정해져있지 않은 물자의 관세률)

관세률이 정해져있지 않은 물자에는 그와 류사한 물자의 관세률을 적용한다.

제45조(관세와 세관료금의 납부화폐)

관세와 세관료금은 국가가 정한 화폐로 납부한다.

제46조(관세의 납부방법)

기관, 기업소, 단체는 관세납부계산서에 따라, 해당 공민은 관세납부통지서에 따라 관세를 납부한다. 관세납부계산서, 관세납부통지서의 발급은 해당 세관이 한다.

제47조(관세의 납부시기)

물자를 수출입하려는 기관, 기업소, 단체는 관세를 해당 물자가 반출입되기 전에 납부하여야 한다.

제48조(정해진 기준을 초과하는 짐의 관세납부)

정해진 기준을 초과하는 국제우편물과 공민의 짐은 세관이 정한 기간안에 관세를 납부하여야 찾을수 있다. 세관은 정해진 기간안에 관세를 납부하지 못할 경우 관세액에 맞먹는 짐을 담보물로 하고 남은 짐을 먼저 내줄수도 있다.

제49조(관세의 면제대상)

다음의 물자에는 관세를 부과하지 않는다.

1. 국가적조치에 따라 들여오는 물자
2. 다른 나라 또는 국제기구, 비정부기구에서 우리 나라 정부 또는 해당 기관에 무상으로 기증하거나 지원하는 물자
3. 외교려권을 가진 공민, 우리 나라에 주재하는 다른 나라 또는 국제기구의 대표기관이나 그 성원이 리용하거나 소비할 목적으로 정해진 기준

의 범위에서 들여오는 사무용품, 설비, 비품, 운수수단, 식료품

4. 외국투자기업이 생산과 경영을 위하여 들여오는 물자와 생산하여 수출하는 물자, 무관세상점물자

5. 가공무역, 중계무역, 재수출 같은 목적으로 반출입하는 보세물자

6. 국제상품전람회나 전시회 같은 목적으로 림시반출입하는 물자

7. 해당 조약에 따라 관세를 물지 않게 되여있는 물자

8. 이사짐과 상속재산

9. 정해진 기준을 초과하지 않는 공민의 짐, 국제우편물

제50조(면제대상에 관세를 부과하는 경우)

다음의 경우에는 이 법 제49조를 적용하지 않는다.

1. 외국투자기업이 생산과 경영을 위하여 들여온 물자와 생산한 제품을 우리 나라 령역에서 판매하려 할 경우

2. 무관세상점물자를 용도에 맞지 않게 판매하려 할 경우

3. 가공, 중계, 재수출 같은 목적으로 반입한 보세물자를 우리 나라 령역에서 판매하거나 정해진 기간안에 반출하지 않을 경우

4. 국제상품전람회나 전시회 같은 목적으로 림시반입한 물자를 우리 나라 령역에서 사용, 소비하는 경우

5. 해당 대표단성원과 외교려권을 가진 공민, 우리 나라에 주재하는 다른 나라 또는 국제기구의 대표기관이나 그 성원이 정해진 기준을 초과하여 물자를 들여오거나 내가는 경우

6. 국제우편물 또는 공민의 짐이 정해진 기준을 초과할 경우

제51조(면제대상의 관세납부절차)

이 법 제50조에 따라 관세를 납부하는 경우 해당 기관, 기업소, 단체와 공민은 세관에 신고하고 해당한 관세를 납부하여야 한다.

제52조(관세의 추가부과)

세관은 관세를 부과하지 못하였거나 적게 부과하였을 경우 해당 물자를 통과시킨 날부터 3년안에 관세를 추가하여 부과할수 있다.

제53조(관세의 반환)

다음의 경우에는 받은 관세를 전부 또는 일부 돌려준다.

1. 국가적조치로 해당 물자의 반출입이 중지되였을 경우
2. 수출입물자가 어찌할수 없는 사유로 수송도중 전부 또는 일부 못쓰게 되였을 경우
3. 관세의 부과 또는 재산을 잘못하여 관세를 초과납부하였을 경우

제54조(관세의 반환신청)

관세납부당사자는 이 법 제53조의 사유가 있을 경우 관세를 납부한 날부터 1년안에 해당 관세를 돌려줄 것을 세관에 요구할수 있다. 세관은 관세반환신청을 받은 날부터 30일안에 처리하여야 한다.

제55조(보세지역, 보세공장, 보세창고, 보세전시장의 설립운영)

대외경제교류를 발전시키기 위하여 보세지역, 보세공장, 보세창고, 보세전시장을 설립, 운영한다. 보세지역, 보세공장, 보세창고, 보세전시장의 설립, 운영질서를 정하는 사업은 내각이 한다.

제56조(보세기간)

보세기간에는 보세물자에 관세를 부과하지 않는다. 보세기간은 보세공장, 보세창고에서는 2년으로 하며 보세전시장에서는 세관이 정한 기간으로 한다.

제57조(보세기간의 연장)

부득이한 사정으로 보세기간을 연장받으려는 짐임자는 보세기간이 끝나기 10일전에 보세기간연장신청문건을 해당 세관에 내야 한다. 세관은 보세기간을 6개월까지 연장하여줄수 있다.

제58조(보세물자의 반출입담보)

보세물자를 가공, 포장, 조립하기 위하여 보세지역밖으로 내가려는 경우에는 관세액에 맞먹는 담보물 또는 담보금을 세관에 맡겨야 한다. 세관은 보세물자가 정해진 기간안에 반입되면 담보물 또는 담보금을 돌려준다. 그러나 보세물자가 정해진 기간안에 반입되지 않으면 세관에 맡긴 담보물 또는 담보금을 관세로 처리할수 있다.

제59조(보호관세, 반투매관세, 보복관세의 부과조치)

중요공업부문과 나라의 자원을 보호할 필요가 있을 경우에는 일정한 기간 특별보호관세, 반투매관세, 보복관세 같은 조치를 취할수 있다. 특별보호관세, 반투매관세, 보복관세의 부과대상과 세률, 부과기간을 정하는 사업은 내각이 한다.

제60조(선박톤세의 부과)

우리 나라 항에 나드는 다른 나라 배, 다른 나라 국적을 가진 우리 나라 소유의 배, 우리 나라 국적을 가진 다른 나라 소유의 배는 선박톤세를 납부하여야 한다. 선박톤세는 외국선박대리기관이 납부한다.

제61조(세관료금의 납부)

기관, 기업소, 단체와 공민은 세관검사료, 세관짐보관료, 세관료금을 제때에 납부하여야 한다. 세관료금을 정하는 사업은 해당 기관이 한다.

제5장 세관사업에 대한 지도통제

제62조(지도통제의 기본요구)

세관사업에 대한 지도통제를 강화하는것은 국가의 세관정책을 정확히 집행하기 위한 중요담보이다. 국가는 세관사업에 대한 지도체계를 바로세우고 통제를 강화하도록 한다.

제63조(세관사업에 대한 지도와 복종)

세관사업에 대한 통일적인 장악과 지도는 중앙재판지도기관이 한다. 중앙세관지도기관은 아래세관들의 사업을 정상적으로 정확히 장악지도하여야 한다. 모든 세관은 중앙세관지도기관에 복종한다.

제64조(비상설관세심의위원회의 설치)

국가의 관세정책을 정확히 집행하기 위하여 비상설관세심의위원회를 둔다. 비상설관세심의위원회는 내각의 지도밑에 사업한다.

제65조(세관의 협조의뢰)

세관은 밀수행위를 조사, 단속하거나 또는 관할하고있던 짐, 운수수단이 없어졌거나 기술감정이 필요한 경우 해당 법기관, 국경경비기관, 전문감정기관, 과학연구기관에 협조를 의뢰할수 있다. 협조를 의뢰받은 기관은 제때에 필요한 방조를 주어야 한다.

제66조(련관기관일군협의회와 합의된 문제의 처리)

국경교두와 국경철도역 같은데서는 세관과 통행검사소, 수출입품검사검역소, 무역지사일군들이 정기적으로 모여 세관사업과 관련하여 제기되는 문제를 집체적으로 협의하여야 한다. 협의회는 세관장이 주관하며 합의된 문제들은 세관장의 지휘밑에 처리한다.

제67조(관세납부문건, 면세물자의 보관, 리용, 처리정형조사)

세관은 해당 기관, 기업소, 단체의 관세납부문건을 검열할수 있으며 필요에 따라 관세가 면제된 물자의 보관, 리용, 처리정형을 조사할수 있다.

제68조(세관사업에 대한 감독통제)

세관사업에 대한 감독통제는 중앙세관지도기관과 해당 감독통제기관이 한다. 중앙세관지도기관과 해당 감독통제기관은 세관수속과 검사, 관세의 부과와 납부정형을 정상적으로 감독통제하여야 한다.

제69조(연체료의 부과)

세관은 관세, 선박톤세, 세관료금을 정한 기일안에 납부하지 않았을 경우 그에 해당한 연체료를 부과할수 있다.

제70조(억류, 몰수, 벌금, 중지처벌)

짐, 운수수단, 국제우편물, 휴대품을 비법적으로 우리 나라에 들여오거나 다른 나라로 내가는 경우에는 억류, 몰수, 벌금, 업무활동중지 같은 처벌을 줄수 있다.

제71조(행정적 또는 형사적책임)

이 법을 어겨 엄중한 결과를 일으킨 기관, 기업소, 단체의 책임있는 일군과 개별적공민에게는 정상에 따라 행정적 또는 형사적책임을 지운다.

제72조(신소와 그 처리기간)

세관사업과 관련하여 의견이 있을 경우에는 중앙세관지도기관 또는 해당 기관에 신소할수 있다. 신소는 접수한 날부터 30일안에 료해처리하여야 한다.

【부록 13】

외국인투자법

1992년 10월 5일 최고인민회의 상설회의 결정 제17호로 채택
1999년 2월 26일 최고인민회의 상임위원회 정령 제484호로 수정보충
2004년 11월 30일 최고인민회의 상임위원회 정령 제780호로 수정보충
2007년 9월 26일 최고인민회의 상임위원회 정령 제2367호로 수정보충
2008년 4월 29일 최고인민회의 상임위원회 정령 제2688호로 수정보충
2008년 8월 19일 최고인민회의 상임위원회 정령 제2842호로 수정보충
2011년 11월 29일 최고인민회의 상임위원회 정령 제1991호로 수정보충

제1조(외국인투자법의 사명과 지위)

조선민주주의인민공화국 외국인투자법은 우리 나라에 대한 외국투자가들의 투자를 장려하며 그들의 합법적권리와 리익을 보호하는데 이바지한다. 이 법은 외국투자관계의 기본법이다.

제2조(용어의 정의)

1. 외국인투자란 외국투자가가 경제활동을 목적으로 우리 나라에 재산이나 재산권, 기술비결을 들여오는것이다.

2. 외국투자가란 우리 나라에 투자하는 다른 나라의 법인, 개인이다.

3. 외국투자기업이란 외국인투자기업과 외국기업이다.

4. 외국인투자기업이란 우리 나라에 창설한 합작기업, 합영기업, 외국인기업이다.

5. 합작기업이란 우리측 투자가와 외국측 투자가가 공동으로 투자하고 우리측이 운영하며 계약에 따라 상대측의 출자몫을 상환하거나 리윤을 분배하는 기업이다.

6. 합영기업이란 우리측 투자가와 외국측 투자가가 공동으로 투자하고

공동으로 운영하며 투자몫에 따라 리윤을 분배하는 기업이다.

7. 외국인기업이란 외국투자가가 단독으로 투자하고 운영하는 기업이다.

8. 외국기업이란 투자관리기관에 등록하고 경제활동을 하는 다른 나라 기업이다.

9. 외국투자은행이란 우리 나라에 설립한 합영은행, 외국인은행, 외국은행지점이다.

10. 특수경제지대란 국가가 특별히 정한 법규에 따라 투자, 생산, 무역, 봉사와 같은 경제활동에 특혜가 보장되는 지역이다.

제3조(외국인투자기업과 외국투자은행의 창설)

외국투자가는 우리 나라에서 외국인투자기업과 외국투자은행을 창설운영할수 있다. 이 경우 투자관리기관의 승인을 받는다. 투자관리기관에는 해당 중앙기관과 특수경제지대관리기관이 속한다.

제4조(외국투자가의 권리와 리익보호, 경영활동조건보장)

국가는 외국투자가의 합법적인 권리와 리익을 보호하며 외국인투자기업과 외국투자은행의 경영활동조건을 보장하도록 한다.

제5조(투자당사자)

다른 나라의 법인과 개인은 우리 나라에 투자할수 있다. 해외동포도 이 법에 따라 투자할수 있다.

제6조(투자부문 및 투자방식)

외국투자가는 공업, 농업, 건설, 운수, 통신, 과학기술, 관광, 류통, 금융 같은 여러 부문에 여러가지 방식으로 투자할수 있다.

제7조(투자장려부문)

국가는 첨단기술을 비롯한 현대적기술과 국제시장에서 경쟁력이 높은 제품을 생산하는 부문, 하부구조건설부문, 과학연구 및 기술개발부문에 대한 투자를 특별히 장려한다.

제8조(장려부문 투자의 우대)

장려하는 부문에 투자하여 창설한 외국인투자기업은 소득세를 비롯한 여러가지 세금의 감면, 유리한 토지리용조건의 보장, 은행대부의 우선적제공 같은 우대를 받는다.

제9조(특수경제지대에서의 특혜적인 경영활동조건보장)

국가는 특수경제지대안에 창설된 외국투자기업에 물자구입 및 반출입, 제품판매, 로력채용, 세금납부, 토지리용 같은 여러 분야에서 특혜적인 경영활동조건을 보장하도록 한다.

제10조(외국투자가들의 입출국편리보장)

국가는 우리 나라에 투자하는 외국투자가들의 입출국수속절차와 방법을 편리하게 정하도록 한다.

제11조(투자의 금지 및 제한대상)

투자를 금지하거나 제한하는 대상은 다음과 같다.

1. 나라의 안전과 주민들의 건강, 건전한 사회도덕생활에 저해를 주는 대상
2. 자원수출을 목적으로 하는 대상
3. 환경보호기준에 맞지 않는 대상
4. 기술적으로 뒤떨어진 대상
5. 경제적효과성이 적은 대상

제12조(투자재산과 재산권)

외국투자가는 화폐재산, 현물재산, 공업소유권 같은 재산과 재산권으로 투자할수 있다. 이 경우 투자하는 재산과 재산권의 가치는 해당 시기의 국제시장가격에 기초하여 당사자들사이의 합의에 따라 평가한다.

제13조(사무소, 대리점의 설립)

외국인투자기업과 합영은행, 외국인은행은 우리 나라 또는 다른 나라에 지사, 사무소, 대리점 같은것을 내오거나 새끼회사를 내올수 있으며 다른 나라 회사들과 련합할수 있다.

제14조(법인자격대상)

외국인투자기업과 합영은행, 외국인은행은 우리 나라의 법인으로 된다. 그러나 우리 나라에 있는 외국기업의 지사, 사무소, 대리점, 외국은행지점은 우리 나라의 법인으로 되지 않는다.

제15조(토지의 임대기간)

국가는 외국투자가와 외국인투자기업, 외국투자은행을 창설하는데 필요한 토지를 임대하여준다. 토지임대기간은 최고 50년까지로 한다. 임대받은 토지는

토지임대기관의 승인밑에 임대기간안에 양도하거나 저당잡힐수 있다.

제16조(로력의 채용)

외국인투자기업과 외국투자은행은 종업원을 우리 나라 로력으로 채용하여야 한다. 일부 관리인원과 특수한 직종의 기술자, 기능공은 투자관리기관과 합의하고 다른 나라 로력으로 채용할수도 있다.

제17조(세금의 납부)

외국투자가와 외국인투자기업, 외국기업, 외국투자은행은 기업소득세, 거래세, 재산세 같은 세금을 정해진데 따라 납부하여야 한다.

제18조(리윤의 재투자)

외국투자가는 리윤의 일부 또는 전부를 우리 나라에 재투자할수 있다. 이 경우 재투자분에 대하여 이미 납부한 소득세의 일부 또는 전부를 돌려받을수 있다.

제19조(투자재산의 보호)

국가는 외국투자가와 외국인투자기업, 외국투자은행의 재산을 국유화하거나 거두어들이지 않는다. 사회공공의 리익과 관련하여 부득이하게 거두어들이려 할 경우에는 사전에 통지하며 법적절차를 거쳐 그 가치를 충분히 보상해준다.

제20조(리윤과 기타 소득의 국외송금)

외국투자가가 기업운영 또는 은행업무에서 얻은 합법적리윤과 기타 소득, 기업 또는 은행을 청산하고 남은 자금은 제한없이 우리 나라 령역밖으로 송금할수 있다.

제21조(경영비밀의 보장)

국가는 외국인투자기업과 외국투자은행의 경영활동과 관련한 비밀을 법적으로 보장하며 외국투자가와 합의없이 공개하지 않도록 한다.

제22조(분쟁해결)

외국투자와 관련한 의견상이는 협의의 방법으로 해결한다. 협의의 방법으로 해결할수 없을 경우에는 조정, 중재, 재판의 방법으로 해결한다.

【부록 14】

합작법

1992년 10월 5일 최고인민회의 상설회의 결정 제18호로 채택
1999년 2월 26일 최고인민회의 상임위원회 정령 제484호로 수정보충
2004년 11월 30일 최고인민회의 상임위원회 정령 제780호로 수정보충
2006년 5월 23일 최고인민회의 상임위원회 정령 제1774호로 수정보충
2007년 9월 26일 최고인민회의 상임위원회 정령 제2367호로 수정보충
2008년 4월 29일 최고인민회의 상임위원회 정령 제2688호로 수정보충
2008년 8월 19일 최고인민회의 상임위원회 정령 제2842호로 수정보충
2011년 11월 29일 최고인민회의 상임위원회 정령 제1992호로 수정보충

제1조(합작법의 사명)

조선민주주의인민공화국 합작법은 합작을 통하여 세계 여러 나라들과의 경제기술협력과 교류를 확대발전시키는데 이바지한다.

제2조(합작의 당사자)

기관, 기업소, 단체는 투자관리기관의 승인을 받고 다른 나라 법인 또는 개인과 합작기업을 창설할수 있다. 합작기업은 생산부문에 창설하는것을 기본으로 한다.

제3조(합작의 장려부문)

국가는 첨단기술이나 현대적인 설비를 도입하는 대상, 국제시장에서 경쟁력이 높은 제품을 생산하는 부문의 합작을 장려한다.

제4조(합작의 금지, 제한대상)

환경보호기준을 초과하는 대상, 자연부원을 수출하는 대상, 경제기술적으로 뒤떨어진 대상, 경제적실리가 적은 대상의 합작은 금지 또는 제한한다.

제5조(합작투자에 대한 우대)

국가는 장려대상의 합작기업, 해외동포와 하는 합작기업에 대하여 세금의 감

면, 유리한 토지리용조건의 보장, 은행대부의 우선적제공과 같은 우대를 하도록 한다.

제6조(합작기업의 창설신청, 승인)

합작기업을 창설하려는 당사자는 합작계약을 맺고 투자관리기관에 합작계약 서사본, 합작기업의 규약사본, 경제기술타산서 같은것을 첨부한 합작기업창설 신청문건을 내야 한다. 투자관리기관은 합작기업창설신청문건을 접수한 날부터 30일안에 심의하고 승인하였을 경우에는 신청자에게 합작기업창설승인서를 발급하며 부결하였을 경우에는 그 리유를 밝힌 부결통지서를 보내야 한다.

제7조(합작기업의 등록)

합작기업창설승인서를 발급받은 당사자는 30일안에 기업소재지의 도(직할 시)인민위원회 또는 특수경제지대관리기관에 등록하여야 한다. 세무등록, 세관 등록은 도(직할시)인민위원회 또는 특수경제지대관리기관에 등록한 날부터 20 일안에 한다.

제8조(영업허가와 조업일)

합작기업은 정해진 조업예정일안에 영업허가를 받아야 한다. 투자관리기관 이 발급한 영업허가증을 받은 날을 합작기업의 조업일로 한다.

제9조(합작기업의 업종)

합작기업은 승인된 업종에 따라 경영활동을 하여야 한다. 업종을 바꾸거나 늘이려 할 경우에는 투자관리기관의 승인을 받는다.

제10조(출자몫의 양도)

합작당사자는 자기의 출자몫을 제3자에게 양도할수 있다. 이 경우 합작상대 방의 동의와 투자관리기관의 승인을 받아야 한다.

제11조(로력의 채용)

합작기업은 종업원을 우리 나라 로력으로 채용하여야 한다. 특수한 직종의 기술자, 기능공은 투자관리기관에 통지하고 다른 나라 로력으로 채용할수도 있다.

제12조(합작기업에 대한 관세)

합작기업이 생산과 경영활동에 필요한 물자를 수입하거나 생산한 제품을 수출할 경우에는 관세를 부과하지 않는다. 그러나 들여온 물자를 공화국령역에 판매할 경우에는 관세를 부과한다.

제13조(보험가입)

합작기업은 보험에 드는 경우 우리 나라에 있는 보험회사의 보험에 들어야 한다. 의무보험은 중앙보험지도기관이 정한 보험회사에 든다.

제14조(투자의 상환과 리윤분배)

합작기업에서 외국측 투자가에 대한 투자상환은 기업의 생산품으로 하는것을 기본으로 한다. 리윤분배는 합작당사자들이 계약에서 정한 방법으로 한다.

제15조(기업소득의 우선적리용)

합작기업에서 생산된 제품과 얻은 수입은 합작계약에 따라 상환 또는 분배의무를 리행하는데 먼저 쓸수 있다.

제16조(리윤과 기타 소득의 국외송금)

합작기업의 외국측 투자가는 분배받은 리윤과 기타 소득, 기업을 청산하고 받은 자금을 제한없이 우리 나라 령역밖으로 송금할수 있다.

제17조(공동협의기구)

합작당사자들은 비상설적인 공동협의기구를 조직할수 있다. 공동협의기구에서는 새 기술도입과 제품의 질제고, 재투자 같은 기업의 경영활동에서 제기되는 중요문제들을 협의한다.

제18조(회계결산)

합작기업은 경영활동에 대한 회계결산을 정기적으로 하여야 한다. 회계결산서는 정해진 기간안에 해당 재정기관에 낸다.

제19조(세금납부)

합작기업은 정해진 세금을 납부하여야 한다. 장려부문의 합작기업은 일정한 기간 기업소득세를 감면받을수 있다.

제20조(합작기업의 해산)

합작당사자들은 존속기간의 만료, 계약상의무불리행, 지속적인 경영손실, 자연재해 같은 사유가 있을 경우 서로 합의하고 투자관리기관의 승인을 받아 해산할수 있다. 합작기업의 해산으로 생긴 손해에 대한 책임은 허물있는 당사자가 진다.

제21조(청산위원회의 조직)

합작당사자들은 기업이 해산되는 경우 청산위원회를 조직하여야 한다. 청산

위원회는 합작기업의 거래업무를 결속하고 청산을 끝낸 다음 10일안으로 기업
등록취소수속을 하여야 한다. 청산과정에 기업을 파산시키는것이 옳다고 인정
될 경우에는 재판소에 파산을 제기한다.

제22조(합작기업의 존속기간연장)

합작기업은 존속기간을 연장할수 있다. 이 경우 존속기간이 끝나기 6개월전
에 투자관리기관의 승인을 받아야 한다. 존속기간은 기업창설을 승인한 날부터
계산한다.

제23조(분쟁해결)

합작과 관련한 의견상이는 협의의 방법으로 해결한다. 협의의 방법으로 해결
할수 없을 경우에는 조정, 중재, 재판의 방법으로 해결한다.

【부록 15】

합영법

1984년 9월 8일 최고인민회의 상설회의 결정 제10호로 채택
1994년 1월 20일 최고인민회의 상설회의 결정 제44호로 수정보충
1999년 2월 26일 최고인민회의 상임위원회 정령 제484호로 수정보충
2001년 5월 17일 최고인민회의 상임위원회 정령 제2315호로 수정보충
2004년 11월 30일 최고인민회의 상임위원회 정령 제780호로 수정보충
2006년 5월 23일 최고인민회의 상임위원회 정령 제1774호로 수정보충
2007년 9월 26일 최고인민회의 상임위원회 정령 제2367호로 수정보충
2008년 8월 19일 최고인민회의 상임위원회 정령 제2842호로 수정보충
2011년 11월 29일 최고인민회의 상임위원회 정령 제1993호로 수정보충

제1장 합영법의 기본

제1조(합영법의 사명)

조선민주주의인민공화국 합영법은 합영을 통하여 세계 여러 나라들과의 경제기술협력과 교류를 확대발전시키는데 이바지한다.

제2조(합영의 당사자)

기관, 기업소, 단체는 투자관리기관의 승인을 받고 다른 나라 법인 또는 개인과 합영기업을 창설할수 있다. 합영기업은 생산부문에 창설하는것을 기본으로 한다.

제3조(합영부문과 장려대상)

합영은 기계공업, 전자공업, 정보산업, 과학기술, 경공업, 농업, 림업, 수산업, 건설건재공업, 교통운수, 금융 같은 여러 부문에서 할수 있다. 국가는 첨단기술의 도입, 과학연구 및 기술개발, 국제시장에서 경쟁력이 높은 제품생산, 하부구조건설 같은 대상의 합영을 장려한다.

제4조(합영기업의 채무에 대한 책임)

합영기업은 경영활동과정에 발생한 채무에 대하여 자기의 등록자본으로 책임진다.

제5조(합영기업의 소유권과 독자성)

합영기업은 당사자들이 출자한 재산과 재산권에 대한 소유권을 가지며 독자적으로 경영활동을 한다.

제6조(합영기업의 법인자격)

합영기업은 투자관리기관에 등록한 날부터 우리 나라의 법인으로 된다. 합영기업의 합법적권리와 리익은 법적으로 보호된다.

제7조(합영기업에 대한 우대)

국가는 장려대상의 합영기업, 해외동포와 하는 합영기업에 대하여 세금의 감면, 유리한 토지리용조건의 보장, 은행대부의 우선적제공 같은 우대를 하도록 한다.

제8조(법의 적용)

합영기업의 창설, 운영, 해산 및 청산은 이 법에 따라 한다. 이 법에 규제하지 않은 사항은 해당 법규에 따른다.

제2장 합영기업의 창설

제9조(합영기업의 창설신청, 승인)

합영기업을 창설하려는 당사자들은 계약을 맺고 투자관리기관에 합영계약서사본, 합영기업의 규약사본, 경제기술타산서 같은것을 첨부한 합영기업창설신청문건을 내야 한다. 투자관리기관은 합영기업창설신청문건을 접수한 날부터 30일안에 심의하고 승인하였을 경우에는 신청자에게 합영기업창설승인서를 발급하며 부결하였을 경우에는 그 리유를 밝힌 부결통지서를 보내야 한다.

제10조(합영기업의 등록)

합영기업창설승인서를 발급받은 당사자는 30일안에 기업소재지의 도(직할시)인민위원회 또는 특수경제지대 관리기관에 등록하여야 한다. 세무등록, 세관등록은 도(직할시)인민위원회 또는 특수경제지대관리기관에 등록한 날부터 20일안에 한다.

제11조(출자몫, 출자재산과 재산권)

합영기업에 출자하는 몫은 합영당사자들이 합의하여 정한다. 합영당사자들은 화폐재산, 현물재산과 공업소유권, 토지리용권, 자원개발권 같은 재산권으로 출자할수 있다. 이 경우 출자한 재산 또는 재산권의 값은 해당 시기 국제시장가격에 준하여 당사자들이 합의하여 정한다.

제12조(출자몫의 양도)

합영당사자는 자기의 출자몫을 제3자에게 양도할수 있다. 이 경우 합영상대방의 동의와 투자관리기관의 승인을 받아야 한다.

제13조(지사, 사무소, 대리점의 설립)

합영기업은 투자관리기관의 승인을 받고 우리 나라 또는 다른 나라에 지사, 사무소, 대리점 같은것을 내올수 있다.

제14조(출자지간, 지적재산권의 출자)

합영당사자는 기업창설승인서에 지적된 기간안에 출자하여야 한다. 부득이한 사정이 있을 경우에는 투자관리기관의 승인을 받아 출자기간을 연장할수 있다. 특허권, 상표권, 공업도안권 같은 지적재산권의 출자는 등록자본의 20%를 초과할수 없다.

제15조(등록자본)

합영기업의 등록자본은 총투자액의 30~50%이상 되여야 한다. 합영기업은 등록자본을 늘인 경우 해당 기관에 변경등록을 하여야 한다. 등록자본은 줄일수 없다.

제3장 합영기업의 기구와 경영활동

제16조(리사회와 그 지위)

합영기업에는 리사회를 둔다. 리사회는 합영기업의 최고결의기관이다.

제17조(리사회의 권능)

합영기업의 리사회에서는 규약의 수정보충, 기업의 발전 대책, 등록자본의 증가, 경영계획, 결산과 분배, 책임자, 부책임자, 재정검열원의 임명 및 해임,

기업의 해산 같은 문제들을 토의결정한다.

제18조(합영기업의 관리성원)

합영기업에는 책임자, 부책임자, 재정회계원을 두며 그밖의 필요한 관리성원을 둘수 있다. 책임자는 자기 사업에 대하여 리사회앞에 책임진다.

제19조(합영기업의 재정검열원)

합영기업에는 그 기업의 관리일군이 아닌 성원으로 재정검열원을 둔다. 재정검열원은 리사회의 결정에 따라 기업의 재정상태를 정상적으로 검열하며 자기 사업에 대하여 리사회앞에 책임진다.

제20조(합영기업의 관리운영기준)

합영기업은 규약, 이사회의 결정에 따라 관리운영한다.

제21조(합영기업의 조업기간)

합영기업은 기업창설승인서에 지적된 기간안에 조업하여야 한다. 제기기간안에 조업할수 없을 경우에는 투자관리기관의 승인을 받아 조업기일을 연장할수 있다. 조업기일을 연장한 기업에는 정해진 연체료를 물린다.

제22조(합영기업의 영업허가, 조업일)

합영기업은 정해진 조업예정일안에 영업허가를 받아야 한다. 투자관리기관이 발급한 영업허가증을 받은 날을 합영기업의 조업일로 한다.

제23조(경영물자의 구입과 제품판매)

합영기업은 정해진데 따라 우리 나라에서 원료, 자재, 설비를 구입하거나 생산한 제품을 우리 나라에 판매할수 있다. 이 경우 투자관리기관에 해당 계획을 내야 한다.

제24조(합영기업에 대한 관세)

합영기업이 생산과 경영활동에 필요한 물자를 수입하거나 생산한 제품을 수출할 경우에는 관세를 부과하지 않는다. 그러나 들여온 물자를 공화국령역에 판매할 경우에는 관세를 부과한다.

제25조(합영기업의 업종)

합영기업은 승인된 업종에 따라 경영활동을 하여야 한다. 업종을 바꾸거나 늘이려 할 경우에는 투자관리기관의 승인을 받는다.

제26조(로력채용)

합영기업은 종업원을 우리 나라 로력으로 채용하여야 한다. 일부 관리인원과 특수한 직종의 기술자, 기능공은 투자관리기관에 통지하고 다른 나라 로력으로 채용할 수도 있다.

제27조(로력의 관리)

합영기업은 외국인투자기업에 적용하는 로동법규에 따라 로력을 관리하여야 한다.

제28조(합영기업의 돈자리)

합영기업은 우리 나라 은행 또는 외국투자은행에 돈자리를 두어야 한다. 다른 나라에 있는 은행에 돈자리를 두려 할 경우에는 외화관리기관의 승인을 받는다.

제29조(자금의 대부)

합영기업은 경영활동에 필요한 자금을 우리 나라 또는 다른 나라에 있는 은행에서 대부받을수 있다. 대부받은 조선원과 외화로 교환한 조선원은 정해진 은행에 예금하고 써야 한다.

제30조(재정관리와 회계계산)

합영기업은 재정관리와 회계계산을 외국인투자기업과 관련한 공화국의 재정회계규범에 따라 하여야 한다.

제31조(합영기업의 보험가입)

합영기업은 보험에 드는 경우 우리 나라에 있는 보험회사의 보험에 들어야 한다. 의무보험은 중앙보험지도기관이 정한 보험회사에 든다.

제32조(직업동맹조직의 활동조건보장)

합영기업의 종업원들은 직업동맹조직을 내올수 있다. 합영기업은 직업동맹조직의 활동조건을 보장하여 주어야 한다.

제4장 합영기업의 결산과 분배

제33조(합영기업의 결산년도)

합영기업의 결산년도는 1월 1일부터 12월 31일까지로 한다. 년간 결산은 다음해 2월안으로 한다.

제34조(합영기업의 결산방법)

합영기업의 결산은 총 수입금에서 원료 및 자재비, 연료 및 동력비, 로력비, 감가상각금, 물자구입경비, 직장 및 회사 관리비, 보험료, 판매비 같은것을 포함한 원가를 덜어 리윤을 확정하며 그 리윤에서 거래세 또는 영업세와 기타 지출을 공제하고 결산리윤을 확정하는 방법으로 한다.

제35조(예비기금의 적립)

합영기업은 등록자본의 25%에 해당한 금액이 될 때까지 해마다 얻은 결산리윤의 5%를 예비기금으로 적립하여야 한다. 예비기금은 합영기업의 결손을 메꾸거나 등록자본을 늘이는데만 쓸수 있다.

제36조(기금의 종류와 조성)

합영기업은 생산확대 및 기술발전기금, 종업원들을 위한 상금기금, 문화후생기금, 양성기금 같은 필요한 기금을 조성하여야 한다. 기금의 종류와 규모, 리용대상과 범위는 리사회에서 토의결정한다.

제37조(리윤의 분배)

합영기업은 결산문건을 재정검열원의 검열을 받고 리사회에서 비준한 다음 리윤을 분배해야 한다. 리윤분배는 결산리윤에서 소득세를 바치고 예비기금을 비롯한 필요한 기금을 공제한 다음 출자몫에 따라 합영당사자들사이에 나누는 방법으로 한다.

제38조(세금의 납부 및 감면)

합영기업은 정해진 세금을 납부하여야 한다. 장려부문의 합영기업은 일정한 기간 기업소득세를 감면받을수 있다.

제39조(기업손실의 보상)

합영기업은 당해년도의 결산리윤에서 전년도의 손실을 메꿀수 있다. 이 경우 보상기간을 련속하여 4년을 넘길수 없다.

제40조(회계결산)

합영기업은 경영활동에 대한 회계결산을 정기적으로 하여야 한다. 회계결산서를 정해진 기간 안에 해당 재정기관에 낸다.

제41조(리윤의 재투자)

다른 나라 합영당사자는 분배받은 리윤의 일부 또는 전부를 공화국령역안에 재투자할수 있다. 이 경우 이미 납부한 소득세에서 재투자분에 해당한 소득세의 일부 또는 전부를 되돌려받을수 있다.

제42조(리윤과 기타 소득의 국외송금)

합영기업의 외국측 투자가는 분배받은 리윤과 기타 소득, 기업을 청산하고 받은 자금을 제한없이 우리 나라 령역밖으로 송금할수 있다.

제5장 합영기업의 해산과 분쟁해결

제43조(합영기업의 해산사유)

합영기업은 존속기간의 만료, 지불능력의 상실, 당사자의 계약의무불리행, 지속적인 경영손실, 자연재해 같은 사유로 기업을 운영할수 없을 경우 해산된다.

제44조(합영기업의 만기전 해산)

합영기업은 존속기간이 끝나기전에 해산사유가 생기면 리사회에서 결정하고 투자관리기관의 승인을 받아 해산할수 있다. 이 경우 청산위원회는 리사회가 조직한다. 청산위원회는 합영기업의 거래업무를 결속하고 청산을 끝낸 다음 10일안으로 기업등록취소수속을 하여야 한다. 그러나 청산과정에 기업을 파산시키는것이 옳다고 인정될 경우에는 재판소에 파산을 제기하여야 한다.

제45조(합영기업의 존속기간연장)

합영기업은 존속기간을 연장할수 있다. 이 경우 존속기간이 끝나기 6개월전에 리사회에서 토의결정한 다음 투자관리기관의 승인을 받아야 한다. 존속기간은 기업창설을 승인한 날부터 계산한다.

제46조(분쟁해결)

합영과 관련한 의견상이는 협의의 방법으로 해결한다. 협의의 방법으로 해결할수 없을 경우에는 조정, 중재, 재판의 방법으로 해결한다.

【부록 16】

외국투자은행법

1993년 11월 24일 최고인민회의 상설회의 결정 제42호로 채택
1999년 2월 26일 최고인민회의 상임위원회 정령 제484호로 수정보충
2002년 11월 7일 최고인민회의 상임위원회 정령 제3400호로 수정
2011년 12월 21일 최고인민회의 상임위원회 정령 제2051호로 수정보충

제1장 외국투자은행법의 기본

제1조(외국투자은행법의 사명)

조선민주주의인민공화국 외국투자은행법은 세계 여러 나라들과 금융분야에서의 협조를 확대발전시키는데 이바지한다.

제2조(외국투자은행의 분류와 설립지역)

외국투자가는 우리 나라에서 외국투자은행을 설립운영할수 있다. 외국투자은행에는 합영은행과 외국인은행, 외국은행지점이 속한다. 외국인은행과 외국은행지점은 특수경제지대에 설립할수 있다.

제3조(외국투자은행의 소유권, 경영활동의 독자성)

외국투자은행은 은행재산에 대한 소유권을 가지며 경영활동에서 독자성을 가진다.

제4조(외국투자은행의 권리와 리익의 보호)

국가는 우리 나라에 설립된 외국투자은행의 합법적권리와 리익을 보호한다.

제5조(외국투자은행의 관리운영법규)

외국투자은행의 관리운영은 해당 법규에 따라 한다.

제6조(외국투자은행에 대한 감독통제기관)

외국투자은행에 대한 감독통제는 중앙재정지도기관과 중앙은행이 한다.

제7조(법의 규제내용)

이 법은 외국투자은행의 설립, 운영, 해산과 관련한 원칙과 질서를 규제한다.

제2장 외국투자은행의 설립과 해산

제8조(외국투자은행의 설립신청서제출)

외국투자은행을 설립하려는 투자가는 은행명칭, 책임자의 이름과 경력, 등록자본금, 불입자본금, 운영자금, 출자비률, 업무내용 같은것을 밝힌 은행설립신청서를 중앙은행에 내야 한다.

제9조(합영은행의 설립신청)

합영은행의 설립신청은 합영당사자가 한다. 은행설립신청서에는 합영은행의 규약, 경제타산서, 합영계약서, 외국환자업무승인문건사본, 투자가의 영업허가증사본 같은것을 첨부한다.

제10조(외국인은행의 설립신청)

외국인은행의 설립신청은 외국투자가가 한다. 은행설립신청서에는 외국인은행의 규약, 경제타산서, 본국의 은행감독기관 동의서, 투자가의 재정상태표, 영업허가증사본, 외국환자업무승인문건사본 같은것을 첨부한다.

제11조(외국은행지점의 설립신청)

외국은행지점의 설립신청은 외국은행본점이 한다. 은행지점설립신청서에는 본점의 규약, 년차보고서, 재정상태표, 손익계산서와 본점의 영업허가증사본, 지점의 세무 및 채무에 대하여 책임진다는 보증서, 지점의 경제타산서, 본국의 은행감독기관 동의서, 외국환자업무승인문건사본 같은것을 첨부한다.

제12조(외국투자은행설립신청과 영업허가)

외국투자은행설립신청서를 접수한 중앙은행은 50일안에 은행설립을 승인하

거나 부결하는 결정을 하여야 한다. 외국투자은행설립을 승인하였을 경우에는
영업허가증을, 부결하였을 경우에는 그 리유를 밝힌 통지서를 발급한다.

제13조(외국투자은행의 주소등록, 세무등록)

외국투자은행은 영업허가를 받은 날부터 30일안에 은행소재지의 도(직할시)
인민위원회 또는 특수경제지대관리기관에 주소등록을 하여야 한다. 주소등록을
한 외국투자은행은 주소등록증을 발급받은 날부터 20일안으로 해당 재정기관
에 세무등록을 하여야 한다.

제14조(외국투자은행의 해산사유와 등록취소수속)

외국투자은행은 승인된 영업기간의 만료, 은행의 통합, 지불능력의 부족, 계
약의무의 불리행, 자연재해 같은 사유로 영업을 계속할수 없는 경우 해산된다.
이 경우 30일전에 중앙은행에 신청하여 해산승인을 받으며 청산위원회의 감독
밑에 청산사업이 끝나면 은행설립등록기관에 등록취소수속을 하여야 한다.

제15조(외국투자은행의 영업기간연장)

외국투자은행은 영업기간이 끝난 후에도 은행업무를 계속하려는 경우 그 기간
이 끝나기 6개월전에 중앙은행에 신청하여 영업기간의 연장승인을 받아야 한다.

제16조(외국투자은행의 등록변경)

외국투자은행은 규약을 고치거나 은행을 통합, 분리하고 등록자금과 운영자
금, 영업장소를 변경하며 업종을 늘이거나 줄이고 책임자와 부책임자를 바꾸려
할 경우 30일전에 중앙은행에 신청하여 승인을 받고 등록변경수속을 하여야
한다.

제17조(투자한 자본의 양도)

외국투자은행의 투자가는 중앙은행의 승인밑에 투자한 자본의 일부 또는 전
부를 제3자에게 양도할수 있다. 이 경우 양도하는 합영은행의 한편 출자자는
상대편 출자자와 합의하여야 한다.

제3장 외국투자은행의 자본금과 적립금

제18조(등록자본의 보유한도)

합영은행과 외국인은행은 정해진 액수의 등록자본금을 해당 외화로 보유하며 1차불입자본금은 등록자본금의 50%이상 되여야 한다. 외국은행지점은 정해진 액수의 운영자금을 해당 외화로 보유하여야 한다.

제19조(1차불입자본금과 운영자금)

외국투자은행은 영업허가를 받은 날부터 30일안에 1차불입자본금과 운영자금을 중앙은행이 지정하는 은행에 예금하고 회계검증사무소의 확인을 받아야 한다.

제20조(자본금의 보유한도)

외국투자은행은 자기 자본금을 채무의 보증액 또는 자기부담채무액의 5%이상에 해당한 규모로 보유하여야 한다.

제21조(합영, 외국인은행의 예비기금적립)

합영은행과 외국인은행은 예비기금을 등록자본금의 25%에 이를 때까지 해마다 년간결산리윤의 5% 범위에서 적립하여야 한다. 예비기금은 자본금을 늘이거나 경영손실을 보상하는데 쓴다.

제22조(기금의 종류와 적립비률)

외국투자은행은 상금기금, 문화후생기금, 기술발전기금 같은 필요한 기금을 적립할수 있다. 기금의 종류와 규모, 적립비률은 자체로 정한다.

제4장 외국투자은행의 업무와 결산

제23조(외국투자은행의 업무내용)

외국투자은행은 다음과 같은 업무를 할수 있다.

1. 외국인투자기업과 외국기업, 외국인의 외화예금
2. 외화대부, 시좌돈자리잔고초과지불업무, 외화수형할인
3. 외국환자업무

    4. 외화투자

    5. 외화채무 및 계약의무리행에 대한 보증

    6. 외화송금

    7. 수출입물자대금결제

    8. 비거주자들사이의 거래업무

    9. 외화유가증권의 매매

    10. 신탁업무

    11. 신용조사 및 상담업무

    12. 기타 업무

제24조(외국투자은행의 자금대출한도)

외국투자은행은 한개 기업에 자기 자본금의 25%를 초과하는 금액을 대출할 수 없다.

제25조(예금지불준비금)

외국투자은행은 소재지의 중앙은행지점에 돈자리를 열고 예금지불준비금을 두어야 한다.

제26조(결산년도)

외국투자은행의 결산년도는 1월 1일부터 12월 31일까지이다. 년간업무결산은 다음해 2월안으로 한다.

제27조(재정관리와 재정결산문건의 제출)

외국투자은행은 재정관리를 외국인투자기업재정법규에 따라 하여야 한다. 분기재정결산문건은 분기가 끝난 다음달 15일안으로, 년간재정결산문건은 다음해 2월안으로 해당 재정기관에 내야 한다.

제28조(외국투자은행에 대한 우대)

외국투자은행은 다음과 같은 우대를 받는다.

    1. 영업기간이 10년이상인 경우 리익이 나는 첫해에는 기업소득세를 면제하며 그다음 2년간은 50%범위에서 면제받을수 있다.

    2. 우리 나라 은행과 기업에 유리한 조건으로 대부하여 얻은 리자수입에 대하여서는 영업세를 면제한다.

    3. 은행을 경영하여 얻은 소득과 은행을 청산하고 남은 자금은 우리 나라

령역밖으로 제한없이 송금할수 있다.

제5장 제재 및 분쟁 해결

제29조(벌금부과)

외국투자은행에 벌금을 물리는 경우는 다음과 같다.

1. 승인없이 은행의 주소 또는 명칭을 변경하였을 경우
2. 예비기금을 정한 규모대로 적립하지 않은 경우
3. 업무검열을 방해하였거나 검열에 지장을 준 경우
4. 정기보고문건을 정한 기간에 내지 않았거나 사실과 맞지 않게 작성제출한 경우

제30조(영업중지)

외국투자은행이 승인된 업종밖의 업무를 하였거나 승인없이 등록자본금, 운영자본금을 줄였을 경우에는 영업을 중지시킬수 있다.

제31조(은행설립승인의 취소)

은행설립신청자가 영업허가를 받은 날부터 10개월안으로 은행업무를 시작하지 않을 경우에는 은행설립승인을 취소할수 있다.

제32조(분쟁해결)

은행업무와 관련한 의견상이는 협의의 방법으로 해결한다. 협의의 방법으로 해결할수 없을 경우에는 조정, 중재, 재판의 방법으로 해결한다.

색 인

필자 소개

(현직 / 학위 / 연구분야, 가나다순)

✛ **김광진**

국가안보전략연구원 통일전략연구실 연구위원
국민대학교 정치외교학과 박사과정 수료
북한 금융, 북한 경제, 북한의 대외관계 등

✛ **김병연**

서울대학교 경제학부 교수
영국 Oxford University 경제학 박사
체제이행의 경제학, 북한 경제 등

✛ **김유리**

　한국수출입은행 북한·동북아연구센터 연구위원
　서울대학교 국제학 박사
　동북아 다자협력, 남북관계, 북중관계 등

✛ **김중호**

　한국수출입은행 북한·동북아연구센터 연구위원
　미국 University of Hawaii 정치학 박사
　북한대외경제정책, 남북경제협력, 북한개발 등

✛ **문성민**

　한국은행 경제연구원 북한경제연구실 연구실장
　연세대학교 경제학 석사
　북한 재정·금융제도, 물가·환율, 통화통합 등

✛ **박영자**

　통일연구원 북한연구실 연구위원
　성균관대학교 정치학 박사
　북한 정치경제, 정치사회, 권력구조

✛ **박지연**

한국수출입은행 북한·동북아연구센터 연구위원

이화여자대학교 북한학 박사

북한 경제, 대북제재, 대북지원 등

✛ **서봉교**

동덕여자대학교 중국학과 교수

서울대학교 경제학 박사, 중국 칭화(淸華)대학교 경제학 박사

중국 경제, 중국 금융 등

✛ **양문수**

북한대학원대학교 교수

일본 도쿄(東京)대학교 경제학 박사

북한 경제, 남북경협, 남북경제통합 등

✛ **윤덕룡**

대외경제정책연구원 국제거시금융실 선임연구위원

독일 Universität zu Kiel 경제학 박사

국제거시금융, 북한거시금융 등

✛ **이동현**

한국은행 경제연구원 북한경제연구실 연구위원
중국 대외경제무역대학교 경제학 석사
중국 금융제도, 외환시장, 아시아금융협력 등

✛ **장형수**

한양대학교 경제금융대학 교수
미국 Brown University 경제학 박사
북한 경제, 북한개발, 국제협력 등

✛ **정승호**

한국은행 경제연구원 북한경제연구실 부연구위원
서울대학교 경제학 박사
남북한 경제통합, 북한의 대외무역 및 금융 등

✛ **최지영**

한국은행 경제연구원 북한경제연구실 부연구위원
고려대학교 경제학 박사
북한 경제(산업연관표, 인구구조, 물가와 인플레이션), 체제전환경제